JN436819

러시아사 강의 ①

나남
nanam

한국연구재단 학술명저번역총서
서양편 256

러시아사 강의 ①

2009년 11월 25일 발행
2009년 11월 25일 1쇄

지은이_ C. Ф. 플라토노프
옮긴이_ 김남섭
발행자_ 趙相浩
발행처_ (주) 나남
주소_ 413-756 경기도 파주시 교하읍
출판도시 518-4
전화_ (031) 955-4600 (代)
FAX_ (031) 955-4555
등록_ 제 1-71호(79.5.12)
홈페이지_ http://www.nanam.net
전자우편_ post@nanam.net
인쇄인_ 유성근(삼화인쇄주식회사)

ISBN 978-89-300-8434-5
ISBN 978-89-300-8215-0 (세트)
책값은 뒤표지에 있습니다.

'한국연구재단 학술명저번역총서'는 우리 시대 기초학문의 부흥을 위해
한국연구재단과 (주)나남이 공동으로 펼치는 서양명저 번역간행사업입니다.

러시아사 강의 ①

С. Ф. 플라토노프 지음 | 김남섭 옮김

나남
nanam

일러두기

1. 이 번역서는 С. Ф. Платонов가 Сенатская Типография에서 1917년에 출간한 Лекции по русской истории, 제 10판(Высшая школа에서 1993년에 다시 간행)을 우리말로 그대로 옮긴 것이다.

2. 러시아어를 비롯한 폴란드어, 리투아니아어 등 외국어의 인명과 지명은 국립국어원이 정한 외래어표기법에 따라 표기되었다.

3. 책에서 일련번호 1), 2), 3)으로 표시되는 각주는 모두 번역자가 작성한 것이며, *로 표시되는 각주는 Высшая школа에서 1993년에 재간행할 때 편집자가 붙인 것이다. 본문에서 책의 가독성을 높이기 위해 편집자나 옮긴이가 덧붙인 간단한 문구나 단어 등은 〔—편집자〕, 〔—옮긴이〕 등으로 표시하였다.

4. 〈연표〉, 〈용어 해설〉, 〈러시아사 사료집 목록〉, 〈러시아 왕조 계보도〉로 이루어진 부록은 모두 번역자가 작성하였다.

5. 원문에서 강조하기 위해 사용된 것으로 판단되는 이탤릭체는 번역서에서는 고딕체로 표시하였다.

6. 본문 및 각주에서 자주 사용된 기호의 표기원칙은 다음과 같다.
   —《 》: 단행본, 희곡, 소설
   —〈 〉: 잡지, 신문
   —“ ”: 논문, 시

옮긴이 머리말

이 번역서는 러시아 역사가 플라토노프(С. Ф. Платонов)가 1917년에 출간한 Лекции по русской истории(Высшая школа 출판사에서 1993년에 다시 간행)를 우리말로 그대로 옮긴 것이다. 저자 세르게이 표도로비치 플라토노프는 1860년 우크라이나의 유서 깊은 고대 도시 체르니고프에서 한 인쇄소 직원의 아들로 태어났다. 9세가 되던 1869년 아버지를 따라 상트페테르부르크로 이주한 그는 그곳에서 중·고등학교를 마치고 1879년부터 1882년까지 상트페테르부르크대학의 역사-문헌학 학부에서 수학하였다. 대학에서 베스투제프-류민, 그라돕스키, 바실리옙스키 교수 등 당대의 쟁쟁한 러시아 역사가의 지도를 받은 플라토노프는 대학원에 진학하였고, 마침내 1888년 17세기 동란시대에 관한 논문으로 석사학위를 취득하였다. 이를 바탕으로 1890년 모교인 페테르부르크대학의 러시아사 교수직에 임명된 플라토노프는 그 후 페테르부르크 역사학계의 대표적인 인물로 성장하여 일생 동안 일급 러시아사 연구자로서 전문가들 사이에서뿐만 아니라 일반인들 사이에서도 엄청난 주목을 받았다. 무엇보다도 그가 출간한 대학 강의들이나 중등교육을 위한 교과서들은 보통 10판 이상을 거듭하였다. 또 책과 논문, 그리고 대학 강의의 형태로 100편 이상의 글을 출간하였고, 나아가 당대의 많은 러시아 지식인들처럼 행정과 강연 등 다방면에서 두각을 나타내었다. 플라토노프는 1916년 퇴직할 때까지 거의 30년 동안 페테르부르크대학의 러시아 역사담당 주임교수로 재직하면서 후학들을 길러내는 데 온 힘을 쏟았다. 동시에 그는 상당량의 1차 사료도 편집하였고, 당대의 뛰어난 학술지였던 교육부의 공식 기관지 《국민 교육성 저널》의 편집진과도 깊은 관계를 맺었다. 그는 또 페테르부르크의 수많은 중등학교에서 강연을 하였고, 로마노프조 황실의 몇몇 아이들을 개인적으로 가르치기도 하였으며, 한 여자 교육대학을 1905년부터 1916년까지 책임지기도 하였다. 사회주의 혁명 후인 1920년에는 소비에트 정부와 폴란드 사이에 맺어진 리가 조약의 협상에 전문가로 참여하였다. 또 같은 해에 소비에트 학술원 정회원이 되어, 소련 정권의 전복이라는 근거 없는 혐의로 스탈린 테러의 희생자가 되었던 1929년까지 학술원 도서관 관장이자 학술원 연구소인 푸시킨연구소 소장을 역임하였다. 5년 유형형을 받은 그는 1933년 유형지인 볼가강 유역의 사마라에서 사망한 것으로 알려져 있으나, 1967년 소련 당국에 의해 완전히 복권되었다.

플라토노프는 행정적·사회적 활동으로 분주했던 1920년대에도 《보리스 고두노프》(1921), 《이반 그로즈니》(1923), 《동란시대》(1923), 《표트르 대제》(1926) 등 일련의 뛰어난 역사서들을 간행하였지만, 그의 최고의 걸작은 혁명 전인 1899년에 자신의 박사학위 논문을 바탕으로 발간되고 그 후 몇 차례 신판을 거듭한 《16~17세기 모스크바 국가 동란사 개설》로 평가된다. 그는 새로 발굴된 사료들을 기반으로 집필된 이 연구서에서 동란시대에 관한 이전의 중요한 해석들을 반박하고 수정함으로써 동란시대 전문가로 학계에서 확고한 지위를 누리게 되었었다. 그리고 당시 좀더 대중적인 서적으로서 그에 못지않게 큰 주목을 받으면서 인기를 끌었던 책이 바로 이 《러시아사 강의》이다. 《16~17세기 모스크바 국가 동란사 개설》이 발간된 해와 같은 해인 1899년에 첫판이 간행된 이 책은 혁명이 발발한 1917년까지 무려 10판을 거듭하면서 일반인들 사이에서 널리 읽혔는데, 플라토노프는 새 판이 나올 때마다 기존 판을 정성들여 수정하였다. 따라서 본 번역의 텍스트로 삼고 있는 제 10판은 최종판으로서 당시로서는 다른 러시아 역사가들의 최신의 연구성과가 반영되어 있을 뿐만 아니라 플라토노프 자신의 수정된 견해도 고스란히 녹아 있는 역작이라 할 것이다.

이 책의 본문은 크게 3부로 나뉘어져 있으며, 서문 격으로 러시아사의 대상과 과제 및 플라토노프 자신의 시각을 서술하고 기존의 러시아 역사연구에 대한 개요와 사료들에 대한 개관을 제공하는 긴 장이 첨부되어 있다. 본문의 제 1부는 러시아 국가의 기원이 시작된 8~9세기로부터 키예프와 수즈달 및 노브고로드를 비롯한 모스크바 이외의 루시에 대한 서술을 거쳐 15세기 말~16세기 초 모스크바 공국의 이반 3세(대제) 시기까지를 다룬다. 제 2부는 처음으로 차르의 칭호를 획득한 이반 4세(뇌제)의 시대부터 17세기 말의 차르 표도르 알렉세예비치의 시대까지를 포괄한다. 끝으로 제 3부는 강력한 서구화정책을 통해 러시아를 유럽에 적극 참여하게 만든 17세기 말~18세기 초의 표트르 1세(대제)로부터 농노해방 등, 근대적 개혁을 적극 실시했던 19세기 후반의 알렉산드르 2세 시대까지를 취급한다.

러시아 국가가 형성되기 시작한 9세기 이전부터 근대화가 시작된 19세기까지 근 1,000년에 이르는 기간을 다루는 만큼 책의 서술은 복잡한 양상을 띠고 있지만, 플라토노프의 서술에는 전 시대를 관통하는 그의 균형적인 역사관이 들어 있다. 그것은 플라토노프가 당시 러시아 역사학계를 지배하고 있던 두 가지 큰 학문적 흐름을 종합하는 데 성공했음을 의미하는 것이다. 일찍이 러시아 역사학자들은 1차 사료의 수집과 그것의 엄격한 이용을 중요시하는 상트페테르부르크학파와 사회경제적 · 지정학적 접근을 중요시하는 모스크바학파로 크게 나뉘어져 있었다. 플라토노프는 이 두 학파의 전통을 매끄럽게 수용하여 러시아 역사의 다양한 사건과 사실에 대한 서술의 방법으로 적극 활용하였고, 이 책은 그 뛰어난 방법을 보여주는 결정판이라고 이야기해도 지나친 칭찬은 아닐 것이다.

한편 이 번역서에는 원문에는 없는 문헌해제나 부록 등의 형태로 추가 자료를 첨부해 다소 난해한 본 러시아사 개설서를 더욱 잘 이해할 수 있도록 돕고자 하였다. 부록은 이 책의 내용과 관련된 〈연표〉, 〈용어 해설〉, 〈러시아사 사료 목록〉, 〈왕조 계보도〉로 이루어져 있다. 그리고 〈옮긴이 해제〉는 세르게이 플라토노프라는 이 책의 저자가 한국의 일반 독자는 물론이고 전문 연구자들 사이에서도 제대로 알려져 있지 않은 인물인 점을 감안하여 그의 학문적 일생을 재구성하는 식으로 이루어졌다. 이 옮긴이 해제가 우리 학계에서 위대한 러시아 역사가 플라토노프에 대한 본격적인 연구를 촉진하는 조그만 출발점이 되기를 소박하게나마 기대해 본다.

끝으로, 이 책을 번역하면서 느낀 곤혹스런 점을 잠깐 짚고 넘어가고 싶다. 번역과정에서 제일 어려운 점은 특수한 러시아 용어를 그

의미를 제대로 살릴 수 있는 적절한 우리말 번역용어를 찾는 일이었다. 그리고 충분히 예상할 수 있듯이, 많은 경우에 러시아 단어가 우리말 단어 한 개에 그대로 조응하지 않았다. 예를 들어 народ와 земля는 번역에 곤란을 겪게 한 대표적인 용어들이었다. 주지하듯이 народ는 민족, 인민, 사람들, 민중, 서민, 평민, 국민 등의 뜻을 가지고 있어 한 단어로 시종 동일하게 결코 번역될 수가 없다. 그러나 일관성을 위해 가능한 한 한 가지 용어로 쓰려고 노력하면서 문맥에 따라 적절한 번역어를 선택하였는데, 그것이 번역문에 얼마나 매끄럽게 결합되었는지는 완벽히 자신할 수가 없다. земля도 마찬가지이다. 특히 земля의 경우 단어 자체는 물론이고 그 단어에서 파생된 다른 여러 단어들, 즉 земский , земщина, земец, земство 등도 끊임없이 옮긴이를 괴롭혔다. 옮긴이는 문맥에 따라 땅, 토지, 인민, 백성, 지방, 나라, 전국 등으로 번역하였는데, 결과적으로 용어의 통일성에 너무 집착한 나머지 어색한 부분이 없지 않은 것 같기도 하다.

이렇듯 이 번역서에서는 위에서 언급한 난감함에도 불구하고 중요한 러시아어 용어는 우리말로 거의 번역을 했지만, 일부 반복되는 용어는 우리말로 번역하지 않고 그대로 러시아어 발음대로 놓아두었다. 예를 들어 보야린, 드보랴닌, 젬스키 소보르, 탸글로, 오프리치니나, 볼로스티, 보야린 두마, 오블라스티 등이 그것이다. 이런 단어들에 대해서는 러시아사 연구자들 사이에 기왕의 여러 번역어들이 있고, 또 옮긴이 나름대로 염두에 둔 번역어들도 있었으나〔예를 들어 보야린은 '대귀족', 젬스키 소보르는 '전국회의', 볼로스티는 '공령지', 드보랴닌은 '사족'(士族), 보야린 두마는 '대귀족회의', 오프리치니나는 '황제령' 등〕, 그것들을 일관되게 적용할 경우 번역과정에서 애매한 문제들이 발생하는 경우가 종종 있다고 판단하여 결국 러시아어 발음대로 표기하기로 결정하였다. 대신 이 용어가 무엇을 뜻하는지를 명확히 하기 위해 역주를 통해 각 용어를 적절히 해석하였고, 부록으로 단 〈용어 해설〉에서 다시 한 번 이 용어들의 의미를 정리하여 독자들의 혼란을 줄이고자 노력하였다.

번역의 곤란함과 관련하여 한 가지 더 지적할 것은 저자 플라토노프가 고대 문헌이나 중세 문헌에서 자료를 인용할 경우 그것을 현대 러시아어로 옮겨 게재하지 않고 고·중세 러시아어 그대로 발췌하여 실은 데서 오는 어려움이다. 고·중세 러시아어에 익숙하지 않은 역자로서는 이러한 문구들이 나올 때마다 곤혹감을 느꼈고, 그 의미를 파악하는 데 많은 곤란을 겪었다. 다행히 이런저런 문헌에서 해당 문구에 대한 영어 번역을 운 좋게 발견할 경우 그 뜻을 빠르게 이해할 수 있었지만, 거의 대부분이 영어로도 번역되지 않은 생소한 것들이어서 그 뜻을 아는 데 많은 시간과 노력, 발품을 들이지 않으면 안 되었다. 그런데도 몇몇 부분은 여전히 번역상의 애매한 구석이 있음을 이 자리를 빌려 고백하지 않을 수 없다.

여러 사람과 기관이 이 책을 출간하는 데 결정적인 도움을 주었다. 무엇보다도 감사해야 할 곳은 한국학술진흥재단(현 한국연구재단)이다. 재단의 전폭적인 재정적 지원이 없었더라면 번역에 착수하여 책으로 나올 때까지 거의 5년에 가까운 시일이 걸린 이 작업은 애당초 시작할 엄두도 내지 못했을 것이다. 재단의 심사 절차에 따라 몇 차례나 원고를 읽고 다양한 의견을 주신 옮긴이가 알지 못하는 심사위원들께도 깊은 감사를 드린다. 그들은 옮긴이의 서툰 원고를 꼼꼼히 읽음으로써 오역과 누락을 바로잡고 어색한 문장들을 읽기 좋도록 손질해주었다. 옮긴이가 번역의 완성도를 높이기 위해 기회 있을 때마다 제기한 번거로운 질문에 친절히 대답해준 박지배 선생님을 비롯한 국내의 여러 러시아사 연구자들께도 감사의 뜻을 전한다. 그들은 아무런 보상도 받지 않고 자신의 지식을 옮긴이에게 선뜻 나누어주었다. 역주와 부록을 작성하기 위해 참조한 정보들을 특히 러시아어 웹사이트에 올려놓은, 이름을 일일이 열거할 수도 없는 많은 분들께도 감사를 표하고자 한다. 이들의 귀한 노고가 없었더라면 이 책의 각주와 부록은 훨씬 내용이 빈약해졌을 것이다. 이 모든 도움에도 불구하고 날카로운 독자들은 이 책에서 오역이나 누락, 어색한 표현 따위를 여전히 찾게 될 것이다. 이것들이 모두 옮긴이의 잘못임은 두말할 필요도 없으며, 다행히 재판을 낼 기회가 있으면 그때 바로잡을 것임을 약속한다.

끝으로, 러시아어를 비롯한 폴란드어, 리투아니아어 등 외국어의 인명과 지명은 국립국어원이 정한 외래어표기법에 따라 표기되었음을 밝혀둔다.

2009년 10월
김 남 섭

머리말

이 《강의》를 처음 발간하는 데 군사-법학 학교(Военно-юридическая Академия)의 내 수강자인 블리노프(И. А. Блинов)와 폰-라우파흐(Р. Р. фон-Раупах)의 열정과 수고에 큰 신세를 졌다. 그들은 내가 가르친 이런저런 시기에 학생들이 발간했던 '석판 인쇄된 노트들'을 모두 수집하고 정리하였다. 비록 이 '노트들'의 몇몇 부분은 나에 의해 주어진 텍스트에 따라 작성되었지만, 전반적으로 《강의》의 처음 판들은 내적인 통일성도 외적인 완성도도 높지 않았으며, 작성시기도 다르고 그 질도 다른 수업 노트들을 한데 모은 데 불과한 것이었다. 블리노프의 수고로 《강의》의 제 4판은 상당히 많은 수정을 하였으나, 그 후의 판들을 위한 《강의》의 텍스트는 나 자신에 의해서도 재검토되었다.

특히 제 8판에서는 주로 14~15세기 모스크바 공국의 역사와 니콜라이 1세(Николай I) 및 알렉산드르 2세(Александр II)의 통치의 역사를 다루는 부분을 재검토하였다. 강좌의 이 부분들에서 서술의 사실적 측면을 강화하기 위해 텍스트를 적당히 변경함과 동시에, 내 《러시아사 교과서》(Учебник русской истории)로부터 몇몇 부분을 발췌하였다. 마치 이전 판들에서 그 책으로부터 일부를 따와 12세기 전의 키예프 루시 역사 편에 삽입하였듯이 말이다. 그 밖에도 제 8판에서는 차르 알렉세이 미하일로비치(Алексей Михайлович)의 성격을 새로 서술하였다. 제 9판에서는 전반적으로 꼭 필요한 부분만 수정하였다. 제 10판을 위해서는 텍스트를 재검토하였다.

그런데도 지금 형태의 《강의》는 기대되는 완벽한 책과는 거리가 멀다. 교단에서의 실제 강의와 학문적 연구가 세밀한 부분뿐만 아니라 때때로 서술형식 자체를 변화시키면서 강사에게 끊임없이 영향을 주고 있다. 《강의》에서는 저자의 강좌들을 보통 구성하는 사실적 자료들만을 볼 수 있다. 물론 이 자료들을 인쇄하여 전달하는 과정에서 일부 간과한 부분과 부정확한 부분이 지금도 여전히 남아 있다. 이와 마찬가지로 《강의》의 서술구조도 내가 최근 몇 년 동안 고수해온 구술구조와 맞지 않는 일이 많다.

이러한 유보조건을 달고서 나는 《강의》의 이 판을 출간하기로 결심하는 바이다.

С. Ф. 플라토노프

페트로그라드, 1917년 8월 5일

러시아사 강의 ①

차 례

제 2 부

러시아사 강의 ② 차 례

제 3 부

서 문
(대강의 줄거리)

우리의 러시아 역사수업은 역사지식, 즉 역사학이라는 단어가 도대체 무엇을 의미하는지를 정의하는 것으로 적절히 시작할 것이다. 역사가 일반적으로 어떻게 이해되는지를 분명히 하면 우리는 어떤 한 민족의 역사에서 무엇을 이해해야 할지를 알게 될 것이며, 의식적으로 러시아 역사를 탐구하기 시작할 수 있을 것이다.

역사학은 당시 학문으로 간주되지는 않았지만 태고에 존재하였다. 예를 들어 고대 역사가들인 헤로도토스[1]와 투키디데스[2]에 친숙해지면 여러분은 역사학을 예술의 영역에 소속시킨 그리스인들이 나름대로 옳았음을 알게 될 것이다. 그들은 역사학을 기억할 만한 사건과 인물들에 대한 예술적 이야기로 이해하였다. 그들에게 역사가의 임무는 미적 즐거움과 함께 일련의 도덕적 교훈을 청중과 독자들에게 전달하는 데 있었다. 예술도 바로 그러한 목적을 추구하였다.

역사학을 기억할 만한 사건들에 대한 예술적 이야기로 보는 시각에 더하

1) Herodotos, BC484?~BC425?. 그리스의 역사가. '역사의 아버지'로 불린다. 저서에 《역사》가 있다.

2) Thoucydides, BC460?~BC400?. 그리스의 역사가. 저서로 전8권으로 된 미완의 《역사》가 있다.

여 고대 역사가들은 그에 해당하는 서술방식도 견지하였다. 그들은 자신들의 이야기가 진실과 정확성을 가지도록 노력하였으나, 사실에 대한 엄격한 객관적 기준이 그들에게는 존재하지 않았다. 예를 들어 극히 정직한 헤로도토스에게 많은 것들이 허구다(이집트와 스키타이인 등에 대해). 헤로도토스는 자연의 경계를 모르기 때문에 어떤 허구들은 믿는다. 또 어떤 허구들은 믿지 않으면서도 그것들이 예술적 흥미면에서 그를 유혹하기 때문에 이야기에 끌어들인다. 이뿐만이 아니라, 자신의 예술적 임무에 충실한 이 고대 역사가는 의식적인 공상으로 이야기를 꾸미는 것이 가능하다고 여겼다. 우리가 그 정직함을 의심하지 않는 투키디데스는 주인공들의 입 속으로 그 자신이 만든 말들을 집어넣지만, 그는 허구화된 형태로 역사적 인물들의 실제 의도와 생각을 충실히 전달한다는 이유로 그것이 정당하다고 간주한다.

이리하여 역사에서 정확성과 진실을 획득하기 위한 노력은 역사가가 허구로부터 진실을 성공적으로 구별해내는 것을 방해하는 다른 조건들은 말할 것도 없고, 어느 정도는 예술성과 흥미를 획득하려는 노력에 의해서도 제약을 받았다. 그럼에도 불구하고 정확한 지식을 획득하기 위한 노력은 이미 고대에서도 역사가로부터 실제적 사고를 요구한다. 우리는 헤로도토스에게서 이러한 실제적 사고의 발현, 즉 사실들을 인과관계로 연결시키고자 하는 욕구, 다시 말해 사실을 이야기할 뿐만 아니라 사실들의 기원을 과거로부터 설명하려는 욕구를 본다.

그러므로 처음에 역사학은 기억할 만한 사건과 인물들에 대한 예술적-실제적 이야기로 정의된다.

역사학에게 예술적인 인상 외에 실제적인 응용을 요구한 역사관도 태고시대로 거슬러 올라간다. 이미 고대인들은 역사는 생활의 교사라고 말했다. 그들은 역사가로부터 현재의 사건들과 미래의 과제들을 해명하며, 사회 활동가들을 위해서는 실제적인 안내자 역할을 하고 나머지 사람들을 위해서는 도덕적 학교로 기능할, 인류의 과거 생활에 대한 서술을 기대했다. 이와 같은 역사관은 중세 시대에도 그대로 유지되어 오늘날까지도 살아남았다. 한편으로 이 역사관은 역사학을 도덕철학과 직접 연결시키고, 다른 한편으로 역사학을 실제적 성격의 '계시와 규정을 기록해 놓은 석비(石碑)'로 변모시켰다. 17세기의 한 문필가(드 로콜[3])는 "역사학은 도덕철학에 고유한 의무를 수행하고 심지어 어느 점에서는 도덕철학보다 선호될 수 있는데, 왜냐하면 역사학은 그 규정들을 제공하면서 그것들에 사례도 덧붙이기 때문이다"라고 말했다. 여러분은 카람진[4]의 《러시아 국가의 역사》(История государства Российского) 첫 페이지에서 "질서를 세우고 사람들의 이익을 조화시키며 그들에게 지상에서 가능한 행복을 선사하기 위해" 역사를 아는 것이 필수적이라는 사고가 표명되어 있는 것을 찾아볼 수 있을 것이다.

서유럽적인 철학적 사고의 발전과 함께 역사학에 대한 새로운 정의가 내려지기 시작하였다. 사상가들은 인류생활의 본질과 의미를 해명하려고 하면서, 역사 속에서 자신들이 당면한 과제의 해결책을 찾는다든지 혹은 역사적 자료로 자신들의 추상적인 체계들을 확증할 목적으로 역사연구에 눈을 돌렸다. 다양한 철학체계에 따라 역사학 자체의 목적과 의미가 이런저런 식으로 규정되었다. 다음은 그러한 정의 중 몇몇이다. 보쉬에트〔정확하게는 보쉬에 — 편집자〕[5]와 로란(Лоран, 1810~1887)은 역사학을 자신의 목적 속에 인류의 생활을 주관하는 섭리가 특히 분명하게 드러나는 세계적 사건들을 묘사하는 것으로 이

3) Jean-Baptiste de Rocoles. 1620~1698. 중세 시대의 역사가.

4) Николай М. Карамзин, 1766~1826. 러시아 작가이자 역사가. 전제정치와 농노제를 옹호. 저서로 《러시아 국가의 역사》(전 12권, 1816~1829)가 있으나, 11권까지 발행하고 12권째는 미완으로 끝났다.

5) Jacques Bénigne Bossuet, 1627~1704. 프랑스의 신학자이자 역사가. 왕권신수설을 열렬히 주창. 저서로 《세계사론》과 《프로테스탄트교회 변천사》가 있다.

해하였다. 이탈리아인 비코[6]는 모든 사람들이 겪게 되는 동일한 상황을 묘사하는 것이 학문으로서의 역사학의 임무라고 간주하였다. 유명한 철학자 헤겔[7]은 역사에서 '절대정신'이 자기인식에 도달하는 과정의 표출을 보았다(헤겔은 모든 세계생활을 이 '절대정신'의 발전으로 설명하였다). 이 모든 철학들이 역사학으로부터 본질적으로 동일한 것, 즉 역사학은 인류가 겪은 과거 생활의 모든 사실들이 아니라 그 일반적 의미를 드러내는 기본적 사실들만을 보여주어야 한다는 것을 요구하고 있다고 말해도 틀리지 않을 것이다.

이러한 시각은 역사사고의 발전에서 일보 전진이었다. 즉 과거 일반을 단순히 이야기한다든가, 교훈적 사고의 증거를 위해 다양한 시간과 공간의 사실들을 우연적으로 나열하는 것으로는 더 이상 만족스럽지 않았던 것이다. 근본사상에 의해 서술을 통일하고 역사자료를 체계화하려는 노력이 등장하였다. 그러나 사람들이 철학사가 역사서술의 근본사상들을 역사 밖에서 가져왔고 또 독단적으로 사실들을 체계화했다고 비난하는 것은 정당하다. 이 때문에 역사학은 독립적인 학문이 되지 못하고 철학의 시녀로 전락했던 것이다.

역사가 하나의 학문이 된 것은 프랑스 합리주의에 대항하여 독일에서 관념론이 발전하고, 프랑스 코스모폴리터니즘에 대항하여 민족주의 사상이 유포되며, 민족의 과거가 활발하게 연구되고, 인류사회의 생활은 합법칙적으로, 즉 우연성이나 개별 인물들의 힘에 의해서 깨뜨려지거나 변경될 수 없는, 자연적으로 일관된 방식으로 이루어진다

---

6) Giambattista Vico, 1668~1744. 이탈리아의 철학자. 저서 《신과학》에서 인간의 역사는 인간 인식의 감각, 표상력, 이성의 3단계에 호응하는 3개의 주기(신의 시대, 영웅의 시대, 인간의 시대)의 끊임없는 순환을 통해 발전하는 것이며, 이 발전은 운명적인 것이 아니라 인간의 자유로운 자기실현이라고 주장했다.

7) Georg W. F. Hegel, 1770~1831. 독일의 철학자. 저서로 《정신현상학》, 《법철학강요》, 《역사철학》 등 다수.

는 신념이 지배적이었던 19세기 초에 이르러서였다. 이러한 관점에서 우연한 외적 현상이나 뛰어난 개인의 활동이 아니라 발전의 다양한 단계에 있는 사회생활에 대한 연구를 제시하는 것이 역사학의 주요 관심사가 되었다. 역사학은 인류사회의 역사적 생활의 법칙에 관한 학문으로 이해되기 시작했다.

역사가와 사상가들은 이 정의를 다양하게 공식화하였다. 예를 들어 저명한 기조[8]는 역사학을 세계문명과 민족문명에 관한 학문으로 이해하였다(문명을 시민사회의 발전이라는 의미로 이해하면서). 철학자 셸링[9]은 민족사를 '민족정신'을 인식하는 수단으로 간주하였다. 여기로부터 역사학을 민족적 자각으로 가는 길로 정의하는 널리 유포된 견해가 성장하였다. 법칙들을 일정한 공간과 시간과 민족에 적용하는데 그치지 않고 사회생활 발전의 일반 법칙들을 밝힐 의무가 있는 학문으로 역사학을 이해하려는 시도들이 더 나타났다. 그러나 이러한 시도들은 본질적으로 다른 학문 — 사회학 — 의 과제를 역사학에 부여하는 것이었다. 역사학이란 바로 시간과 공간이라는 조건에서 구체적인 사실들을 연구하는 학문이며, 그 주요 목적은 개별 역사적 사회와 전 인류의 생활이 겪어온 발전과 변화를 체계적으로 서술하는 것이다.

이와 같은 임무를 성공적으로 완수하려면 많은 것이 요구된다. 민족생활의 어떤 단계나 민족 전체의 역사를 학문적이고 정밀하며 또 예술적이고 순수하게 묘사하기 위해서는 (1) 역사적 자료를 수집하고, (2) 자료의 신빙성을 조사하며, (3) 개별 역사적 사실들을 정밀하게 복구하고, (4) 사실들 사이에 실제적 관계를 보이며, (5) 사실들을 정리하여 전반적인 학문적 개괄이나 예술적 묘사로 나타내는 것이 필

8) François Pierre Guillaume Guizot, 1787~1874. 프랑스의 정치가이자 역사가. 저서로 《프랑스사 시론》, 《영국혁명사》 등이 있다.

9) Friedrich Wilhelm Joseph von Schelling, 1775~1854. 독일의 철학자. 저서로 《자연철학》, 《철학과 종교》 등이 있다.

수적이다. 역사가들이 위에서 언급한 특정 목적들을 달성하는 방법은 학문적·비판적 방법이라고 불린다. 이 방법은 역사학의 발전과 함께 완성되지만, 지금까지 이 방법도 역사학 자체도 완전한 자기 발전을 이룩하지 못했다. 역사가들은 그들의 관할 하에 있는 자료들을 아직 모두 한데 모으지도 연구하지도 못했으며, 이것은 역사학이 좀더 정밀한 다른 학문들이 이룩한 성과를 아직 이룩하지 못한 학문이라고 말할 수 있는 이유가 된다. 그러나 어느 누구도 역사학이 광대한 미래를 가진 학문이라는 것을 부인하지는 않는다.

인류생활이 합법칙적으로 전개되며 항구적인 불변의 관계와 규칙에 종속되어 있다는 인식을 갖고 세계사의 사실들에 대한 연구에 착수하기 시작한 때부터 이 항구적인 법칙과 관계를 밝혀내는 것은 역사가의 이상이 되었다. 그 목적이 인과적 일관성을 보여주는 데 있는 역사적 현상들에 대한 단순한 분석을 넘어 더욱 광대한 무대 — 세계사 전체의 전반적 경로를 재현하고, 그 흐름에서 인류의 과거뿐만 아니라 미래에도 들어맞을 일관된 발전법칙을 보여주는 데 목적이 있는 역사적 종합 — 가 펼쳐진 것이다.

러시아 역사가는 이 광대한 이상에 따라 곧바로 행동할 수 없다. 그는 세계사 생활의 한 사실 — 자기 민족의 생활 — 만을 연구한다. 러시아 역사서술의 상태는 지금까지 단순히 사실들을 수집하고 그 사실들에 초보적인 학문적 가공을 가해야 하는 책무를 러시아 역사가에 때때로 부과하는 그런 것이었다. 우리는 사실들이 이미 수집되어 조명된 곳에서만 얼마간 역사적 일반화를 이룰 수 있고, 이런저런 역사 과정의 일반적 경로를 찾아낼 수 있으며, 심지어 일련의 부분적 일반화를 바탕으로 우리 역사생활의 기본 사실들이 연속적으로 전개되어 온 바를 도식적으로 묘사할 수 있는 대담한 시도를 할 수 있다. 그러나 자기 학문의 경계를 벗어나지 못하는 러시아 역사가는 그와 같은 전반적인 도식을 넘어 더 나아갈 수는 없다. 루시[10]의 역사에서 이런

저런 사실의 본질과 의미를 이해하기 위해서 그는 세계사에서 유사한 사실을 찾아볼 수 있다. 그는 이룩한 성과들로 세계사가에게 도움을 줄 수 있고 전체사적 종합의 기반에 자신의 돌을 놓을 수도 있다. 그러나 전체사와 그의 관계, 그리고 전체사에 대한 그의 영향력은 이것으로 그친다. 국지적 역사과정의 체계를 구축하는 일은 러시아 역사서술의 궁극적인 목표로 언제나 남아 있다.

러시아 역사학에 놓여 있는 좀더 실제적인 다른 과제는 이 체계를 건설함으로써 해결된다. 민족사는 민족적 각성으로 가는 길이라는 오랜 신념은 잘 알려져 있다. 진실로 과거에 대한 지식은 현재에 대한 이해를 도와주고 미래의 과제를 설명해준다. 자신의 역사에 익숙한 민족은 의식적으로 생활하고, 자신을 둘러싸고 있는 환경에 예민하며, 그 환경을 이해할 수 있다. 이 경우 과제는 다음과 같이 표현될 수 있다. 즉 민족사 연구의 의무는 사회에 진실되게 자신의 과거를 보여주는 데 있다는 것이다. 여기에서 편견에 치우친 시각은 어떤 것이든 역사서술에 도입되어서는 안 된다. 주관적인 사상은 학문적인 사상이 아니며 학문적 노력만이 사회적 자각에 유용할 수 있다. 엄격한 학문적 영역에 머무르고 러시아 역사생활의 다양한 단계를 특징짓는 사회생활의 지배적 원리를 추출함으로써 연구자는 사회의 역사생활의 가장 중요한 순간을 사회에 드러내며 이것으로 자신의 목적을 달성한다. 연구자는 사회에 타당한 지식을 제공하고 이 지식의 응용은 이미 연구자에 달려 있지 않다.

그리하여 추상적인 생각과 실제적인 목적은 러시아 역사학에 동일

---

10) Русь. 러시아를 가리키는 옛 이름. 그 유래에 대해서는 의견이 엇갈리고 있으나 루시는 드네프르강 중류지역에 형성된 9세기의 동슬라브족 최초의 국가명칭이 되어, 12세기 초까지는 수도 키예프의 이름을 본떠 키예프 루시라고 불렸다. 12~13세기에는 고대 루시의 '땅' 또는 '공국'이라는 식으로 불렸고, 13세기 이후에는 백루시, 소루시라는 이름도 생겨났다.

한 과제 — 러시아 역사생활의 체계적인 묘사와 우리 민족을 현 상태로 이끈 역사과정의 전반적인 개요 — 를 제시한다.

러시아 역사서술 개요

언제 러시아 역사생활의 사건들에 대한 체계적인 묘사가 시작되었고, 언제 러시아사가 학문이 되었는가? 이미 키예프[11] 루시에서 문명의 발생과 나란히 11세기에 최초의 연대기(летопись)들이 나타났다. 연대기는 중요한 사실과 중요하지 않은 사실, 역사적 사실과 비역사적 사실이 문학적 이야기와 번갈아 기록된 사실들의 목록이었다. 우리의 관점에서 볼 때 상고시대의 연대기들은 역사적 저작이 아니다.

---

11) Киев. 우크라이나의 수도이자 키예프주 주도. 하자르 한국(汗國, 7~10세기)의 군사거점으로 건설되어 9세기 중반 도시국가를 이루었다. 9세기 후반 콘스탄티노플과 발트해를 잇는 드네프르로(路)가 만들어졌는데 키예프는 이 길과 내륙상업로 및 남독일과 통하는 중심지로서 비잔티움 제국 등 동방 여러 나라와 통상하였다. 9세기 말 키예프 대공국의 수도가 되었다. 12세기에는 활발한 교역으로 더욱 번창하였으나 키예프공들의 정치적 분쟁, 드네프르 상업로의 국제적 역할 저하, 플로베츠인과의 전투 등으로 12세기 후반부터 쇠퇴하기 시작하여 1240년 몽골에 정복되었다. 그 뒤 1569년 폴란드 지배 아래 들어갔고 1648년 폴란드에 저항하여 독립전쟁을 일으켰으나 모스크바 대공국의 개입으로 1667년 러시아령에 편입되었다. 1772년 러시아 제국 남서지방의 중심도시가 되었고 1834년 키예프 대학이 설립되었다. 1860년대 이후 민족적 문화운동이 전개되고, 1870~1880년대에 걸쳐 나로드니키 운동의 중심지가 되었다. 1917년 우크라이나 소비에트 정부가 성립된 뒤 1934년 하리코프를 대신하여 우크라이나의 수도가 되었다. 제2차 세계대전 중 독소전쟁으로 독일군에 점령되어 시가지가 파괴되는 등 막심한 피해를 입었다. 1943년 독일군이 철수한 뒤 옛 소련의 지배 아래 있다가 1991년 12월 우크라이나가 독립을 선언하여 그 수도가 되었다. 초기 키예프 공국에 대해서는 이 책 135~201쪽 참조.

내용은 말할 것도 없고 연대기의 방법 자체가 지금 요구되는 바에 들어맞지 않는다. 우리에게 역사서술의 시초는 역사적 이야기와 연대기들이 서로 대조되어 처음으로 하나의 전체로 통합되기 시작했던 16세기에 나타난다. 16세기에 모스크바 루시가 성립, 형성되었다. 단 한 명의 모스크바공의 권력 아래에서 단일체로 결합하면서 러시아인들은 자신들의 기원과 정치사상, 그리고 주변국가와 자신들의 관계를 설명하려고 노력하였다.

그리하여 1512년에 **흐로노그라프**(хронограф), 즉 세계사 개관이 작성된다(아마도 수도사 필로페이[12]에 의해). 흐로노그라프의 대부분은 그리스어로부터 번역된 것들을 포함하였고, 러시아와 슬라브적인 역사적 이야기들은 단지 보충적인 것으로만 끼워넣어졌다. 이 흐로노그라프는 간략하지만 충분한 역사적 정보를 제공한다. 그 뒤를 이어 이것을 개작한 완전히 러시아적인 흐로노그라프들이 등장한다. 이 흐로노그라프들과 함께, 고대 연대기에 따라 작성되었지만, 기계적으로 비교, 대조된 사실들의 모음집이 아니라 하나의 전체 사상에 의해 묶여진 저술인 연대기 집성들이 16세기에 선을 보인다. 《계보》[13]는 최초의 그러한 저술이었다. 《계보》는 '가문', 즉 당시 쓰는 말로는 '스테펜'[14]별로 나뉘어졌기 때문에 그와 같은 이름을 얻었다. 그것은 연대기적이고 연속적인 방식으로, 즉 '순차적인' 방식으로 류리크[15] 이래

12) Филофей. 16세기 프스코프의 수도사이자 저술가.

13) Степенная книга. 류리크로부터 이반 그로즈니에 이르는 러시아 대공이나 황제의 계보.

14) степень. 등급, 정도, 단계, 수준, 지위 등을 뜻하는 러시아말.

15) Рюрик. ?~879. 러시아 류리크 왕조의 원조. 러시아의 가장 오래된 연대기에 따르면 내분으로 괴로워하는 러시아(루시)의 여러 종족들은 바랴크인(노르만인)들에게 자신들을 통치해 줄 공(公)을 요구하였다. 이 초청에 응하여 862년 무렵 러시아에 온 사람이 류리크, 시네우스, 트루보르 3형제였다. 그 중 최후까지 살아남았던 류리크가 전 권력을 장악했다고 한다. 따라

의 러시아 수도대주교[16]와 공들의 활동을 전하였다. 사람들은 수도대주교 키프리안[17]을 이 책의 저자로 잘못 생각하였다. 책은 이반 그로즈니[18] 시절에, 즉 16세기에 수도대주교 마카리[19]와 그 후계자 아파나시[20]에 의해 다듬어졌다. 《계보》의 바탕에는 공통의 경향과 개별적인 경향이 모두 놓여 있다. 공통의 경향은 모스크바공들의 권력이 우연한 것이 아니라 한편으로는 남부 루시의 키예프공들로부터, 다른 한편으로는 비잔티움 황제들로부터 계승된 것임을 보여주려는 희망 속에 엿보인다. 개별적인 경향은 정신권력에 대해 이야기할 때 한결같이 보이는 존경심으로 나타났다. 《계보》는 일정한 서술체계를 갖추고 있기 때문에 역사저술로 불릴 수 있다. 16세기 초에는 다른 역사저술인 《보스크레센스크 연대기》(Воскресенская летопись)가 작성되었는데, 이 저술은 풍부한 자료 때문에 더욱 흥미롭다. 저술의 바탕

서 후세 사람들은 고대 러시아 국가가 노르만인 류리크에 의해 건설되었다고 생각하였다. 류리크 사후 그 아들 이고리를 옹립한 올레크가 키예프를 점령하였고(882), 여기에서 류리크 왕조의 기초가 세워졌다. 이후 16세기 말에 이르기까지 공위는 전부 류리크의 자손이 차지하게 되었다.

16) митрополит. 원래 로마제국의 속주 수도에 거주하면서 교회 선교를 목적으로 그 속주를 관장하는 주교를 일컬었다. 오늘날은 슬라브 정교회에서는 자치독립교회나 주요 교구의 수장을 가리키며, 그리스 정교회에서는 모든 교구의 주교를 가리킨다.

17) Киприан. ?~1406. 러시아의 고위 성직자로 1390년 알렉세이를 이어 전러시아의 수도대주교가 되었고 1406년 사망하였다.

18) Иван Грозный. 1530~1584. 이반 4세. 러시아의 차르(재위 1547~1584). 별명 그로즈니는 뇌성벽력을 동반한 비를 가리키는 그로자(гроза)에서 파생되었다. 그래서 이반 뇌제라고 보통 번역한다. 그의 시대에 대해서는 이 책 325~349쪽 참조.

19) Макарий. 1482~1563. 전러시아의 수도대주교.

20) Афанасий. 러시아의 성직자로 1564년 사망한 마카리를 대신하여 수도대주교직에 올랐으나 1566년 병으로 수도대주교직을 그만두고 추도프 수도원에 들어갔다.

이 된 것은 《소피야 일지》(Софийский временник) 등 그 전의 모든 연대기들이었으며, 그래서 이 연대기에 들어 있는 사실들은 매우 많지만, 그것들은 단순히 기계적으로 확인될 뿐이다. 그럼에도 불구하고 《보스크레센스크 연대기》는 어떤 경향도 없이 작성되었고, 그 속에는 다른 곳에서는 발견할 수 없는 많은 정보들을 담고 있기 때문에 당시의 것이든 그 전의 것이든 모든 역사적 저술 중에서 가장 가치 있는 저술로 생각된다. 사람들은 그 단순함 때문에 《보스크레센스크 연대기》를 좋아할 수 없었고, 무미건조한 서술은 수사의 달인들에게는 빈약한 것으로 보일 수 있었으며, 그런 이유로 사람들은 그것을 다듬고 보충하여 16세기 중반에 《니콘 연대기》(Никоновская летопись)라 불리는 새 집성을 작성하였다. 이 집성에서 우리는 그리스 흐로노그라프들로부터 빌려온, 그리스와 슬라브 국가들의 역사에 관한 많은 정보들을 볼 수 있다, 그러나 이 연대기는 러시아 사건들, 특히 최근 세기들에 관해서는 상세하지만 전혀 신빙성이 없다. 즉 이전 연대기들의 소박한 문체를 고치면서, 몇몇 사건들의 의미도 뜻하지 않게 왜곡하는 등, 서술의 정확성이 문학적 개작 때문에 훼손되었던 것이다.

1674년 키예프에서 최초의 러시아 역사 교과서 인노켄티 기젤[21]의 《줄거리》(Синопсис)가 나타나 표트르 대제(Петр Велткий) 시기에 널리 보급되었다(지금도 자주 발견된다). 우리는 이 모든 연대기 개작들과 함께, 개별 역사적 사실 및 시기들에 관해 문학적으로 씌어진 다른 이야기들을 기억한다면(예를 들어 쿠릅스키[22] 공의 이야기나 동란 시대에 관한 이야기들), 표트르 대제 때까지, 즉 페테르부르크 학술원(Академия наук)의 설립 때까지 루시에서 작성되었던 모든 역사저술들을 포함하는 게 될 것이다. 표트르는 러시아 역사학의 상태에 대

21) Иннокентий Гизель, 1600?~1683. 키예프의 수도사이자 학자.

22) Андрей Михайлович Курбский, 1528~1583. 보야린이자 저술가. 이반 그로즈니의 총신이었지만, 나중에 그를 배반하였다.

해 매우 우려하였으며 이 일을 다양한 인물들에게 위임하였다. 그러나 표트르가 사망한 이후에야 비로소 역사적 자료에 대한 학문적 연구가 시작되었고, 이 분야에서 최초의 활동가는 페테르부르크 학술원 회원인 독일인 학자들이었다. 그 중 누구보다 먼저 언급하지 않으면 안 되는 사람은 **고틀리프 지크프리트 바이어**[23]이다. 그는 고대 러시아를 식민한 종족, 특히 바랴크인들에 대한 연구를 시작하였지만, 이 이상 더 나아가지는 않았다. 바이어는 많은 저술들을 남겼지만, 그 중 매우 중요한 저작 두 권은 라틴어로 씌어졌고—《**북부 지리**》(Северная География)와 《**바랴크인 연구**》(Исследования о Варягах)(이 책들은 1767년에야 러시아어로 옮겨졌다)—이것들은 지금은 러시아 역사학에서 더 이상 큰 의미를 갖지 않는다. 안나, 옐리자베타, 예카테리나 2세 여제들 때 러시아에 살았고 자신의 저작들을 러시아어로 쓸 만큼 러시아어를 잘 구사했던 **게라르트 프리드리히 뮐러**[24]의 저술들은 대단히 유용하였다. 그는 러시아를 두루 여행하였고(1733년부터 1743년까지 시베리아에서 10년을 보냈다), 러시아를 훌륭하게 연구하였다. 그는 문단과 사학계에서 러시아어 잡지 〈**월간 작품**〉(Ежемесячные сочинения, 1755~1765)의 발행인이자 독일어로 된 모음집 《러시아 역사 총서》(*Sammlung Russischer Geschichte*)의 편찬자로 등장하였다. 뮐러의 주요 공적은 러시아 역사자료의 수집이었다. 그의 수고(手稿, 이른바 뮐러 포트폴리오)는 발행인과 연구자를 위한 풍부한 사료가 되었고 지금도 그렇다. 뮐러의 연구는 중요한 의미를 지녔는데, 그는 우리 역사의 최근 시기에 관심을 보인 최초 학자들 중의 한 명이었고, 그의 저술들인 《러시아 최신사 시론》(Опыт новейшей истории России)

---

23) Готлиб Зигфрид Байер, 1694~1738. 독일인 역사가, 문헌학자. 1725년 이래 페테르부르크 학술원 회원.

24) Герард Фридрих Миллер(Gehrard Friedrich Müller), 1705~1783. 독일인 역사가, 고문헌학자, 여행가, 지리학자, 교육자.

과 《러시아 드보랴닌[25] 소식》(Известие о дворянах Российских)은 그 시기에 초점을 맞추었다. 끝으로 그는 최초의 학문적 고문서 보관자였으며, 외무 참의회(Иностранная Коллегия)의 모스크바 문서고를 정비하고 그 소장으로 근무하다 죽었다(1783). 18세기 학술원 회원 중에서 러시아 역사에 관한 교과서와 한 권짜리 《고대 러시아사》(Древняя Русская История, 1766)를 쓴 M. B. 로모노소프[26]도 러시아 역사에 관한 저술들로 중요한 자리를 차지하였다. 그의 역사저술들은 독일인 학술원 회원들과의 논쟁에 의거하였다. 독일인 학술원 회원들은 바랴크인들의 루시를 노르만인들로부터 기원했다고 보았고, 바랴크인들이 도래하기 전에는 미개한 나라라고 간주된 루시에서 문명이 발생한 것은 노르만인들의 영향력 덕분이라고 생각하였다. 로모노소프는 바랴크인들을 슬라브인들로 인정하였고, 그리하여 루시 문화를 독창적인 문화로 여겼다.

언급된 학술원 회원들은 자료를 수집하고 우리 역사의 개별 문제들을 연구하였지만, 러시아의 교육받은 사람들이 그 필수성을 느끼던, 역사의 전체 개요를 제공하는 데는 실패하였다. 이와 같은 개요를 제공하려는 시도는 학술원 밖에서 나타났다.

최초의 시도는 B. H. 타티셰프[27]에 의해 이루어졌다. 원래 지리적

---

25) дворянин. 제정 러시아시대의 귀족. 작위는 없으나 인두세와 병역을 면제받고 농노소유권을 부여받는 등 실질적인 특권을 누렸다. 러시아에서는 키예프 루시 이래 대귀족층(보야린 계층)이 존재했으나 15~16세기경부터 모스크바대공에게 봉사하는 소영주층인 드보랴닌 계층이 중앙집권국가 발전의 지주로서 등장하였다. 18세기에는 표트르 1세의 개혁에 의해 관등표에 정해진 일정한 관직에 있으면 누구나 드보랴닌이 될 수 있어 보야린 계층은 드보랴닌 계층에 흡수되었다.

26) Михаил Васильевич Ломоносов, 1711~1765. 러시아의 자연과학자, 시인. 인문학자. 모스크바 대학 창립에 주도적 역할을 하였고, 물리, 화학, 언어, 문학, 역사 등 다방면에서 활동하였다.

27) Василий Никитич Татищев, 1686~1750. 러시아의 지리학자, 역사가,

문제들을 연구하던 그는 이 문제들의 해결이 역사적 지식이 없으면 불가능하다고 보았고, 다방면의 교육을 받은 인물로 직접 러시아 역사에 대한 정보를 수집하면서 역사편찬에 종사하였다. 오랜 세월 동안 그는 역사적 저술을 집필하여 그것을 여러 번 개작하였지만, 이 저술은 그가 죽은 뒤인 1768년에야 비로소 간행되기 시작하였다. 6년 동안 4권이 나왔고, 제 5권은 우리 세기에 우연히 발견되어 '모스크바 러시아 역사 및 유물 협회'(Московское общество истории и древностей Россиских)에 의해 간행되었다. 이 다섯 권에서 타티셰프는 17세기 동란시기까지의 역사를 다루었다. 제 1권에서 우리는 러시아 역사에 대한 저자 자신의 시각과 그것을 편찬할 때 이용한 사료들을 알게 된다. 또 우리는 고대 민족들 — 바랴크인과 슬라브인 등 — 에 관한 일련의 학술적 스케치들을 발견한다. 타티셰프는 종종 타인의 저술에 의존하였다. 예를 들어 그는 바이어의《바랴크인들에 관해》(О Варягах)라는 저작을 이용하였고, 그것을 자신의 저술에 바로 포함시켰다. 물론 이 역사서는 현재 낡은 것이 되어버렸지만, (18세기에) 타티셰프가 지금에는 없는, 따라서 그가 인용한 사실들 가운데 많은 것을 더 이상 복구하는 것이 불가능한 사료들을 가지고 있었기 때문에 학문적 중요성은 잃지 않았다. 이것은 그가 참조한 몇몇 사료의 존재여부를 둘러싸고 의심을 불러일으켰으며, 사람들은 타티셰프를 부정직하다고 비난하기 시작했다. 특히 사람들은 그가 인용한《이오아킴 연대기》(Иоакимовская Летопись)를 믿지 않았다. 그러나 이 연대기에 대한 조사는 타티셰프가 이 연대기를 비판적으로 검토할 수 있는 능력이 없어서, 그 속의 모든 허구와 함께 연대기 전부를 자신의 역사서에 포함시켰을 뿐이었음을 보여주었다. 엄밀히 말해서 타티셰프의 저술은 연대순으로 서술된 상세한 연대기 자료집에 다름 아

지질학자, 경제학자.

니다. 저술의 단조로운 언어와 문학적 가공의 부재는 그것을 당대인들의 관심에서 멀어지게 만들었다.

러시아 역사에 관한 최초의 대중적인 책은 예카테리나 2세[28]의 펜에서 나왔지만, 13세기 말까지를 다루는 그녀의 저술 《러시아 역사에 관한 수기》(Записки касательно Русской истории)는 학문적 의의가 없으며 쉬운 언어로 사회에 사회의 과거를 이야기하는 최초의 시도로서만 흥미롭다. 학문적인 점에서 훨씬 더 중요한 것은 나중에 카람진도 이용하였던 M. M. 셰르바토프[29] 공의 《러시아사》(История Российская)였다. 셰르바토프는 깊은 철학적 사고력을 지닌 인물이 아니라 18세기의 계몽적 문헌들을 많이 읽고 완전히 그 영향 하에서 성숙한 사람이었는데, 이 사실은 편견에 사로잡힌 많은 생각들이 도입된 그의 저술에도 반영되었다. 그는 때로는 주인공을 두 번 죽이지 않으면 안 될 정도로 역사적 정보를 충분히 파고드는 데 실패했다. 그러나 그와 같은 큰 결점에도 불구하고 셰르바토프의 역사서는 역사자료를 포함한 많은 부록 덕분에 학문적 의의를 지닌다. 16세기와 17세기의 외교문서들은 특히 흥미롭다. 그의 저술은 동란시기까지 다룬다.

예카테리나 2세 때, 러시아 국가체제도 민족도 민족의 생활도 전혀 모르는 프랑스인 레클레르크[30]라는 사람이 보잘것없는 《러시아사》(*L'histoire de la Russie*)를 쓴 일이 있었는데, 이 속에는 너무나 많은

---

28) Екатерина II, 1729~1796. 러시아의 차리차(여황제)(재위 1762~1796). 치세 동안에 거둔 그녀의 업적 때문에 예카테리나 여제라고 불리기도 한다. 볼테르 등 많은 계몽주의 사상가들과 교분을 갖고 스스로 계몽전제 군주로 자처하면서 광범한 개혁을 실시하였다. 그러나 귀족의 특권을 늘리고 국유지 농민을 농노로 전락시키며, 농노제 폐지를 주장하는 급진 사상을 탄압하였다. 그녀의 시대에 대해서는 이 책 2권 295~345쪽 참조.

29) Михаил Михайлович Щербатов, 1733~1790. 러시아의 역사가이자 문필가.

30) Никола Габрриэл Леклерк (Le Clerc), 1726~1798. 프랑스의 의사.

비방들이 들어 있어서 책은 전반적인 격분을 불러일으켰다. 러시아 역사 애호가인 И. Н. 볼틴[31]은 레클레르크의 무지를 폭로하는 일련의 수기를 작성하여 그것을 두 권의 책으로 엮어냈다. 책에서 그는 어느 정도 셰르바토프도 자극하였다. 셰르바토프는 모욕을 느꼈고 《반박》(Возражение)을 썼다. 볼틴은 인쇄편지로 이에 대응하면서 셰르바토프의 《역사》에 대한 비판에 착수하였다. 역사적 재능을 잘 보여주는 볼틴의 저술들은 시각의 참신함에서 흥미롭다. 볼틴이 서구에 대한 맹목적인 모방, 즉 표트르 이후 우리에게 뚜렷해지기 시작한 모방이라는 점에서 많은 어두운 측면들을 언급하고 러시아가 지난 세기의 좋은 원리들을 좀더 확고히 보존하기를 바랐기 때문에 그를 때때로 '최초의 슬라브주의자'라고 부르는 것은 조금은 정확하다. 볼틴 자신은 역사적 현상으로서 흥미롭다. 그는 18세기의 사회에서 심지어 역사에 관한 비전문가들에게도 모국의 과거에 대한 생생한 관심이 존재했다는 사실을 잘 보여주는 아주 훌륭한 사례였다. 러시아 계몽활동의 유명한 열성자로서 역사적 자료와 연구들의 폭넓은 모음집(1788~1791)인 《고대 러시아 비블리오피카》(Древняя Российская Вивлиофика, 전20권)를 편찬한 Н. И. 노비코프[32]는 볼틴의 시각과 관심을 공유하였다. 그와 함께, 역사 자료의 수집가로서 상인 И. И. 골리코프[33]가 나타나 《표트르 대제 행전》(Деяние Петра Великого, 초판 1788~1790년, 재판 1837년)이라는 제목으로 표트르 대제에 관한 역사적 자료들의 모음집을 발간하였다. 이리하여 러시아에 전체 역사를 부여하

31) Иван Николаевич Болтин, 1735~1792. 러시아의 대지주로 역사가이자 위정자.

32) Николай Иванович Новиков, 1744~1818. 러시아의 사회사업가이자 교육자이며 러시아 최초의 저널리스트로 알려져 있다. 농노제를 비판하고 교육과 출판 활동을 통해 러시아를 계몽하는 데 크게 노력하였다.

33) Иван Иванович Голиков, 1735~1801. 러시아 쿠르스크 상인 출신의 역사가.

려는 시도와 나란히 그러한 역사를 위해 자료를 준비하려는 시도들도 생겨난다. 개인적인 주도 외에 학술원 자체도 그들과의 공동조사를 위해 연대기를 발간하는 등, 이러한 방향으로 활동한다.

그러나 위에서 열거한 모든 것에는 우리의 의미에서 아직 학문적 성격이 부족하였다. 즉 일관된 역사적 개념의 부재는 물론이고 엄격한 비판적 방법도 존재하지 않았던 것이다.

외국인 학자 쉴뢰처[34]는 러시아사 연구에 처음으로 일련의 학문적-비판적 방법을 도입하였다. 러시아 연대기들을 알게 된 그는 그것들에 열광하였다. 어떤 민족들에게서도 그는 이처럼 풍부한 정보와 이처럼 시적인 언어를 만난 적이 없었던 것이다. 이미 러시아를 떠나 괴팅겐 대학의 교수로 있던 그는 러시아에서 성공리에 발췌하여 반출할 수 있었던 연대기를 지칠 줄 모르게 연구하였다. 이 작업의 결과는 《네스토르》(Нестор, 1805년 독일어로, 1809~1819년 러시아어로 발간)라는 제목으로 발간된 뛰어난 저술이었다. 이 저술은 러시아 연대기에 대한 일련의 역사적 시론들이다. 서문에서 저자는 러시아 역사를 간략하게 개괄한다. 그는 러시아의 학문상태가 개탄스러움을 발견하고 러시아 역사가들에게 경멸적인 태도를 취하면서 자신의 책을 러시아 역사에 관해 거의 유일하게 쓸모 있는 저술로 간주한다. 실제로 그의 저술은 저자의 학문적 인식과 방법의 정도에서 나머지 모든 저술을 멀리 추월하였다. 이 방법은 우리에게 쉴뢰처 추종자들, 즉 포고딘[35] 같은 일급 학술 연구자들의 학파 비슷한 것을 만들어주었다. 쉴뢰처 이후 우리에게 엄격한 역사적 탐구가 가능해졌으며, 묄러가 수

---

34) Август Людвиг Шлёцер(August Ludwig von Schlözer), 1735~1809. 독일인 역사가이자 문헌학자로 1761~1767년에 러시아에서 활동하고 그 뒤 괴팅겐 대학 교수를 지냈다.

35) Михаил Петрович Погодин, 1800~1875. 러시아의 역사가, 고고학자, 저널리스트.

장으로 있는 다른 집단 사이에서도 이러한 탐구를 위한 진정으로 유리한 상황이 조성되었다. 뮐러에 의해 외무성 문서고에 모여든 사람 중에서 특히 두각을 나타낸 사람들은 슈트리터,[36] 말리놉스키,[37] 반티시-카멘스키[38]였다. 그들은 최초의 학문적 고문서보관자들의 학파를 결성하여 고문서를 완벽하게 정리하였으며, 나아가 고문서 자료들을 외면적으로 분류하는 일 외에도 이 자료들을 바탕으로 일련의 진지한 학문적 탐구도 수행하였다. 그리하여 우리에게 진지한 역사학의 가능성을 창출할 조건들이 조금씩 무르익어가고 있었다.

19세기 초에 마침내 유명한 H. A. 카람진(1766~1826)의 《러시아 국가의 역사》에서 러시아의 역사적 과거에 대한 처음으로 일관된 시각이 생겨났다. 일관된 세계관과 문학적 재능 및 훌륭한 학문적 비판 방법을 가진 카람진은 러시아의 모든 역사적 생활에서 한 가지 가장 중요한 과정, 즉 민족적 국력의 창출을 보았다. 일련의 유능한 인물들이 루시에게 이러한 국력을 갖추게 해주었는데, 그중 주요 인물 두 명 — 이반 3세[39]와 표트르 대제[40] — 이 자신들의 활동으로 우리 역사에서 이행기적 순간을 기념하면서 우리 역사의 기본 시기들을 나누는 경계선 — 고대 시기(이반 3세 전까지), 중세 시기(표트르 대제 전까지), 새로운 시기(19세기 초까지) — 에 섰다. 카람진은 자기 시대에

36) Иоганн Готтильф Штриттер, 1740~1801. 독일 나사우 출신의 역사가.

37) Алексей Федорович Малиновский, 1762~1840. 모스크바 외무성 문서고 소장 및 학술원 회원 등 역임.

38) Николай Николаевич Бантыш-Каменский, 1737~1814. 러시아의 역사가.

39) Иван III, 1440~1505. 러시아 모스크바 대공(재위 1462~1505). 이반 대제라고도 하며, 바실리 2세의 장남이다. 모스크바를 중심으로 러시아를 거의 통일시켰다. 처음으로 차르라는 용어를 사용하여 독립국 군주의 권위를 과시하였다. 그의 치세에 대해서는 이 책 291~322쪽 참조.

40) Петр I, 1672~1725, 러시아 로마노프 왕조 제4대 차르(재위 1682~1725). 그의 치세에 대해서는 이 책 2권 47~182쪽 참조.

매혹적인 언어로 러시아 역사체계를 묘사하였고, 우리 시대에까지도 《역사》에 중요한 학문적 의의를 지니게 하는 수많은 탐구에 자기 이야기의 기반을 두었다.

그러나 자체 문화적 · 법적 · 경제적 관계를 갖고 있는 사회가 아니라 국가의 운명만을 서술하는 것으로 역사가의 임무를 제한하는 카람진의 기본적 시각이 갖고 있는 편향성은 이미 그의 동시대인들에 의해서 곧 지적되었다. 1830년대의 저널리스트인 H. A. 폴레보이[41]는 자신의 저작을 《러시아 국가의 역사》라고 부른 카람진이 《러시아 민족의 역사》(История Русского народа)는 주목하지 않는다고 비난하였다. 바로 이 말로 폴레보이는 자기 저술의 제목을 달았고, 이 저술에서 그는 러시아 사회의 운명을 묘사하려고 하였다. 폴레보이는 자신의 체계로 카람진의 체계를 대신하였지만, 그 자신 역사학 분야에서 전문가가 아닌 애호가에 불과했기 때문에 완전한 성공을 거두지는 못했다. 서구의 역사적 저술들에 몰두한 그는 순전히 기계적으로 이 저술들의 결론과 용어를 러시아의 사실에 적용하였는데, 예를 들어 고대 루시에서 봉건제도를 찾아낸 것이 그것이었다. 바로 여기서 그의 시도의 취약성이 이해되고, 폴레보이의 저술이 카람진의 저술을 대체하지 못한 것이 이해된다. 폴레보이의 저술에는 일관된 체계가 전혀 없었던 것이다.

카람진을 덜 신랄하고 훨씬 신중하게 반대한 사람은 페테르부르크의 교수로서 1836년 《실제적 러시아 역사 체계에 관한 논의》(Рассуждение о системе прагматической русской истории)를 쓴 H. Г. 우스트랼로프[42]였다. 그는 역사학이 사회생활의 점진적 발전을 보여주는

---

41) Николай Алексеевич Полевой, 1796~1846. 러시아의 비평가이자 작가. 소설 《화가》, 《악마》 등을 썼으며 《러시아 민족의 역사》(전6권)를 집필하기도 하였다.

42) Николай Герасимович Устрялов, 1805~1870. 러시아의 역사가, 페테

그림이며 문명이 한 상태에서 다른 상태로 이행하는 것을 나타내는 묘사이기를 요구했다. 그러나 우스트랴로프도 역사에서 발휘되는 개인의 위력을 믿으며, 민족생활의 묘사와 함께 그 영웅들의 전기도 요구한다. 하지만 우스트랴로프 자신은 우리 역사에 대한 특정의 일반적 관점을 제공하지 않으려 했으며, 이를 위한 시기가 아직 오지 않았다고 지적하였다.

이리하여 학계와 사회 모두에서 나타난 카람진의 저술에 대한 불만은 카람진의 체계를 바로잡지도 못했고, 다른 것으로 대체하지도 못했다. 러시아 역사의 현상들 위에 그것들을 연결하는 원리로서 카람진의 예술적 묘사가 머물렀을 뿐, 학문적 체계는 이루어지지 못했다. 우스트랴로프가 그와 같은 체계를 위한 시기가 아직 오지 않았다고 말했을 때 그는 옳았다. 카람진과 가까운 시기에 생존했던 러시아 역사의 아주 훌륭한 교수들인 **포고딘**과 M. T. **카체놉스키**[43] 도 여전히 하나의 공통된 관점을 갖고 있지 않았다. 이 공통된 관점은 우리 사회의 교육받은 집단이 러시아 역사에 활발하게 관심을 갖기 시작했을 때 비로소 만들어졌다. 포고딘과 카체놉스키는 쉴뢰처의 학문적 방법을 비롯한 그의 영향력 하에서 훈련되었는데, 쉴뢰처의 영향력은 포고딘에게서 특히 강하게 나타났다. 포고딘은 많은 점에서 쉴뢰처의 연구들을 계속하였고, 우리 역사의 상고시대를 연구하면서 부분적 결론과 사소한 일반화 이상을 나아가지는 못했지만, 때때로 대상에 대한 엄격한 학문적·독립적 서술에 익숙하지 않은 청중들을 그것들로 매료시킬 수 있었다. 카체놉스키는 역사학의 다른 부문들에 대한 공부로 이미 많은 지식과 경험을 쌓았을 때 러시아 역사에 착수하였다. 당시 니부르[44] 의 탐구로 새로운 길로 들어섰던 서구에서의 고전고대사의

르부르크 학술원 회원. 저서로 《표트르 대제 통치사》 등이 있다.

43) Михаил Трофимович Каченовский, 1775~1842. 러시아의 역사가로 페테르부르크 학술원 회원.

발전을 좇아, 카체놉스키는 역사, 예를 들어 로마에 관한 가장 오래된 자료를 대할 때 사람들이 취하기 시작했던 부정적 태도에 열광하였다. 카체놉스키는 이 부정적 태도를 러시아 역사에도 들여왔다. 즉 러시아 역사의 처음 몇 세기에 관한 모든 정보를 그는 확실치 않은 것으로 간주했던 것이다. 그의 견해에 따르면 확실한 사실들은 우리에게 문명생활의 필기문서들이 나타났던 시기부터 비로소 시작되었다. 카체놉스키의 회의적 태도는 추종자들이 있었다. 그의 영향 하에, 성과가 풍부한 것은 아니지만 학술 자료에 대한 회의적 방법으로 새로이 두각을 나타낸 이른바 회의학파가 성립하였다. 카체놉스키의 지도 하에 작성된 몇몇 논문이 이 학파에 속했다. 의심의 여지가 없는 재능으로 포고딘과 카체놉스키는 두 사람 모두 러시아 역사의 거대하지만 특수한 문제들을 연구하였다. 그들은 둘 다 비판적 방법으로 두각을 나타냈지만 어느 방법도 중요한 역사적 세계관으로까지 발전하지는 못했다. 그들은 방법은 제공하였으나 이 방법의 도움으로 이룩할 수 있었던 성과들은 제공하지 못했던 것이다.

1830년대에 들어서서야 비로소 러시아 사회에는 일관된 역사적 세계관이 성립하였지만, 이 세계관은 학문적 기반 위에서가 아니라 형이상학적 기반 위에서 발전하였다. 19세기 전반기에 러시아의 교육받은 사람들은 점점 더 많은 관심을 갖고 자국사뿐만 아니라 서유럽사에도 눈을 돌렸다. 1813~1814년의 해외원정은 우리의 젊은이들을 서유럽의 철학과 정치생활에 익숙하게 하였다. 서구의 생활과 이념에 대한 연구는 한편으로는 데카브리스트들[45]의 정치운동을, 다른 한편

44) Barthold Georg Niebuhr, 1776~1831. 독일의 역사가로 본 대학 교수 등을 지냈다. 주저로 전 3권으로 된 《로마사》가 있다.

45) декабристы. 1825년 12월 14일 페테르부르크의 원로원 광장에서 발생한 러시아 최초의 무장봉기에 참가한 사람들을 가리킨다. 러시아어로 12월을 데카브리라고 하는 데서 뒤에 이 봉기에 참가한 사람들을 데카브리스트들

으로는 정치보다는 추상적인 철학에 더 끌린 일단의 사람들을 낳았다. 이 집단은 완전히 독일 형이상학을 바탕으로 우리 세기의 원리들을 발육시켰다. 이 철학은 정연한 논리적 구조와 낙관주의적 결론으로 두드러졌다. 독일 낭만주의에서와 마찬가지로 독일 형이상학에서는 18세기 프랑스 철학의 건조한 합리주의에 대한 저항이 나타났다. 독일은 프랑스의 혁명적 코스모폴리터니즘에 민족의 원리를 대립시켰고 일련의 형이상학적 체계들에서도 민속시의 매혹적인 모습으로 이 원리를 드러냈다. 이 체계들은 교육받은 러시아인들에게 알려지기 시작하였고 그들을 매료시켰다. 독일 철학에서 러시아의 교육받은 사람들은 온전한 계시를 보았다. 독일은 그들에게, 벨린스키[46]가 말했듯이 '최신 인류의 예루살렘'이었다. 셸링과 헤겔의 가장 주요한 형이상학 체계에 대한 연구는 러시아 사회의 몇몇 대표자들을 하나의 긴밀한 집단으로 결합시켰고 그들로 하여금 (러시아의) 민족적 과거의 연구에 눈을 돌리게 만들었다. 이 연구의 결과는 동일한 형이상학적 바탕 위에 세워진 두 가지 완전히 대립되는 러시아 역사체계였다. 당시 독일에서 지배적인 철학체계는 셸링과 헤겔의 체계였다. 셸링의 견해에 따르면 모든 역사적 민족은 진선미라는 어떤 절대적 이상을 실현해야 한다. 민족의 역사적 소명은 이 이상을 세계에 드러내는 것이

(12월당)이라고 부르게 되었다. 이 봉기를 계획한 사람들은 귀족출신의 청년장교들로, 그들 대부분은 1812년의 나폴레옹 전쟁과 그 후의 해외원정의 참가자였다. 그들은 전쟁 중 농민출신 병사들로부터 농노의 참상을 듣고, 또 러시아에 비해 현격하게 앞서 있는 서유럽의 생활상을 직접 목격하면서 농노제와 전제정치를 폐지하여 러시아를 서유럽과 같은 국가로 재건할 것을 다짐하였었다. 봉기는 정부군에 의해 손쉽게 진압되고 페스텔 대령 등 주동자 5명은 교수형을 당하고 가담자 121명은 시베리아로 유배를 갔다. 이 책 2권 404~409쪽 참조.

46) Виссарион Григорьевич Белинский, 1811~1848. 러시아의 비평가. 농노제와 전제정을 격렬하게 비난하였다. 작품으로 《문학적 공상》, 《푸시킨론》, 《1847년의 러시아문학 개관》, 《비평론》 등이 있다.

다. 이 소명을 실행하면서 민족은 전세계 문명사회의 무대로 나아가며, 이 소명을 실행한 뒤 역사적 무대에서 퇴장한다. 그 존재가 절대이상에 의해 고무되지는 않는 민족은 비역사적 민족이며, 다른 민족에게 정신적으로 굴종당할 운명에 처한다. 헤겔도 민족들을 역사적 민족과 비역사적 민족으로 나누지만, 그는 거의 동일한 원리를 발전시키면서 앞으로 더 나아갔다. 그는 세계과정에 일반적인 그림을 부여하였다. 헤겔의 견해에 따르면 모든 세계생활은 절대정신의 발전이고, 이 정신은 다양한 민족들의 역사에서 자기인식의 성취에 노력하나 독일-로마 문명에서 그것에 궁극적으로 도달한다. 고대 동방과 고대 세계 및 로마 유럽의 문화적 민족들은 헤겔에 의해 세계정신이 타고 올라가는 사다리인 일정한 순서로 배열되었다. 이 사다리의 꼭대기에는 독일인들이 서 있었고, 헤겔은 그들이 영원히 세계를 지배할 것이라고 예언하였다. 슬라브인들은 이 사다리에 전혀 없었다. 그는 슬라브인들을 비역사적 종족으로 간주하였으며, 그럼으로써 게르만 문명에 정신적 종속을 당하도록 운명지었다. 이리하여 셸링은 자기 민족을 위해서만 세계 시민권을 요구하였고 헤겔은 세계 지배권을 요구하였다. 그러나 시각의 차이에도 불구하고 양 철학자는 러시아의 역사생활을 살펴보고 러시아 생활에서 드러난 절대이념을 찾아내며 세계진보의 과정에서 러시아 민족의 자리와 사명을 정하려는 노력을 야기했다는 의미에서 러시아의 정신에 동일한 영향을 미쳤다. 그러나 바로 거기서, 즉 러시아의 현실에 독일 형이상학의 원리를 적용하는 과정에서 러시아인들은 분열하였다. 그들 중 한편인 서구주의자들은 독일-프로테스탄트 문명이 세계과정의 완결판이라고 믿었다. 그들에게 서구의 독일문명을 알지 못하고 자기 자신의 문명을 갖지 못한 루시는 진보가 결여되어 영원한 정체의 운명에 처해 있는 비역사적인 나라로 벨린스키가 (코토시힌[47]에 관한 글에서) 말하듯이 '아시아적인' 나라였다. 표트르는 이 오랜 아시아적 침체로부터 나라를 끌어냈는

데, 그는 러시아를 독일 문명에 참여시키고 러시아에 진보와 역사의 기회를 창출해주었다. 그러므로 러시아 역사 전체에서 표트르 〔대제—편집자〕의 시기만이 역사적 의의를 가질 수 있을 것이다. 이 시기는 러시아 생활에서 주요한 순간이다. 그것은 아시아 루시를 유럽 루시에서 분리시킨다. 표트르 전에 루시는 완전히 황야였으며 정말 아무것도 아니었다. 고대 러시아 역사에서는 고대 루시가 자신의 문화가 없었기 때문에 어떤 의미도 없었다.

그러나 1830~1840년대의 모든 러시아인들이 그렇게 생각한 것은 아니었다. 몇몇 러시아인들은 독일 문명이 진보의 최고 단계며 슬라브족은 비역사적 종족이라는 견해에 동의하지 않았다. 그들은 세계의 발전이 독일인들에게서 멈춰야 하는 까닭을 알지 못했다. 그들은 러시아 역사로부터 슬라브족은 결코 정체되지 않았고, 자신들의 과거에서 많은 극적인 순간들을 자랑할 수 있으며, 끝으로 자신들의 문화를 가졌다는 믿음을 끌어냈다. 이러한 교의는 И. В. 키레옙스키[48]에 의해 잘 서술되었다. 그는 자기 토대 위에 있는 슬라브 문화가 독자적이었고 독일 문화와 구별되었다고 말한다. 첫째, 슬라브인들은 비잔티움에서 기독교를 전해 받았고(독일인들은 로마에서), 그들의 종교생활은 가톨릭의 영향 하에서 독일인들에게 조성되었던 형태와는 다른 형태를 띠었다. 둘째, 슬라브인들과 독일인들은 상이한 문화, 즉 슬라브인들은 그리스 문화, 독일인들은 로마 문화 위에서 성장하였다. 독일 문화가 개성의 자유를 만들었다면 슬라브 공동체들은 완전히 개성을

---

47) Григорий Карпович Котошихин, 1630?~1667. 러시아의 문필가. 사절청의 서기 보좌관이었다. 사후인 1840년에 그의 《알렉세이 미하일로비치 통치 하의 러시아에 관해서》라는 전집이 발간되었는데, 이 전집은 17세기 중반 러시아의 국가 구조의 역사에 관한 중요한 사료로 평가받고 있다.

48) Иван Васильевич Киреевский, 1806~1856. 러시아의 철학자이자 문학비평가. 슬라브주의 창설자 중의 한 사람.

예속시켰다. 셋째로, 국가구조가 상이하게 창출되었다. 독일은 로마적 바탕 위에 조성되었다. 독일인들은 외래 민족이었다. 독일인들은 토착민들을 능가하면서 그들을 예속시켰다. 서유럽 국가구조의 바탕 위에 놓여 있던, 패배자와 승리자 간의 투쟁은 그 후 계층간의 대립으로 넘어갔다. 슬라브인들에게 국가는 평화적 협약, 자발적인 권력인정을 통해 창출되었다. 바로 여기에 러시아와 서유럽의 차이가 있고, 종교, 문화, 국가구조의 차이가 있다. 독일 철학적 교리의 좀더 독립적인 추종자들인 슬라브주의자들은 그렇게 생각하였다. 그들은 독립적인 러시아 생활이 모스크바 국가 시기에 자기 원리의 최대 발전에 도달했다고 확신하였다. 표트르 대제는 이 발전을 크게 교란하였고, 낯설고 심지어 대립적이기까지 한 독일 문명원리들을 강압적 개혁으로 우리에게 가져왔다. 그는 과거의 유제를 이해하지 못하고 우리 민족정신을 이해하지 못했기 때문에 민족생활의 올바른 흐름을 잘못된 차용의 길로 방향을 바꾸었다. 슬라브주의자들의 목적은 강압적인 표트르 개혁의 자취를 없애고 자연적인 발전의 길로 돌아가는 것이었다.

서구주의자들과 슬라브주의자들의 일반적 관점은 우리 역사의 의미뿐만 아니라 우리 역사의 개별적 사실들도 해설하는 근거를 그들에게 주었다. 서구주의자들과 특히 슬라브주의자들이 쓴 역사적 저술들을 수많이 헤아릴 수 있는 것은 바로 이 때문이다(슬라브주의 역사가 중에서 콘스탄틴 세르게예비치 악사코프[49] 를 거명하지 않으면 안 된다). 그러나 그들의 저술들은 사실 역사적이라기보다는 훨씬 더 철학적이거나 사회평론적이었으며, 역사에 대한 태도는 학문적이라기보다는 훨씬 더 철학적이었다.

---

49) Константин Сергеевич Аксаков, 1817~1860. 러시아의 평론가, 역사가, 슬라브주의자. 1840~1850년대에 슬라브주의자로 활동하면서 러시아의 농촌공동체를 미화하였고, 표트르 1세의 개혁에 대해 “민중과 정부의 조화로운 관계를 파괴하였다”고 비난하였다.

엄격히 학문적으로 일관된 역사적 관점은 1840년대에 들어서서야 우리에게 처음으로 성립되었다. 새로운 역사적 사상의 최초의 담지자는 모스크바 대학의 젊은 교수들인 **세르게이 미하일로비치 솔로비요프**[50]와 **콘스탄틴 드미트리예비치 카벨린**[51]이었다. 러시아 역사에 대한 그들의 시각은 당시 '씨족생활 이론'이라고 불리었으며, 그 후 그들과 그들 성향의 다른 학자들은 역사-법학파라는 이름으로 알려지게 되었다. 그들은 독일 역사학파의 영향 하에 훈련받았다. 19세기 초에 역사학은 독일에서 큰 성공을 거두었다. 이른바 독일 역사학파에 소속된 학자들은 특히 유용한 지도 이념과 새로운 연구방법을 역사연구에 도입하였다. 독일 역사학자들의 주요 사상은 인류사회의 발전이 우연성이나 개별 인물들이 발휘하는 개개 의지의 결과가 아니라는 사상이었다. 즉 사회의 발전은 역사적 우연성이나 개인이 전복시킬 수 없는 엄격한 법칙에 따라 유기체의 발전으로서 수행된다는 것이었다. 그 개인이 아무리 천재적이라 할지라도 말이다. **프리드리히 아우구스트 볼프**[52]는 이미 18세기 말에 자신의 저작 《호머 서설》(*Prologomena ad Homerum*)에서 이와 같은 관점으로 가는 최초의 발걸음을 내디뎠다. 그리스의 서사시 "오디세이"와 "일리아드"의 기원과 구성을 연구한 이 저술에서 역사적 비평의 드문 모범을 제공한 볼프는 호머의 서사시가

---

50) Сергей Михаилович Соловьев, 1820~1879. 러시아의 역사가. 1847년 모스크바 대학 역사학 교수로 취임했고, 1851년부터 《고대로부터의 러시아사》를 출판하기 시작하였다. 젊었을 때에는 슬라브주의적 경향을 지니고 있었으나, 그 후 온건한 서구주의로 기울어졌으며 표트르 1세의 개혁을 러시아 역사에서 중요한 공헌으로 높이 평가했다.

51) Константин Дмитриевич Кавелин, 1818~1885. 러시아의 역사가, 법학자, 철학자. 1840년대에는 서구주의 진영에 속했으나 차츰 자유주의적 경향이 강해져, 1861년의 농노해방 직전에는 정부에 의한 지주 귀족의 이익을 고려한 해방을 주장하였다. 그 뒤 다시 보수주의 쪽으로 기울어 강력한 군주정치의 필요성을 역설하였다.

52) Friedrich August Wolf, 1759~1824. 독일의 문헌학자이자 비평가.

개별 인물의 작품일 수가 없으며, 민족 전체의 시적 천재성에 의해 점진적으로 유기적으로 창작된 작품이었다고 주장하였다. 볼프의 저술 이후 사람들은 고대의 시적 작품에서뿐만 아니라 사회생활의 전 영역에서 그와 같은 유기적 발전을 찾아내기 시작하였고, 실제로 역사와 법에서 그것을 찾아냈다. 니부르는 로마의 역사에서, 그리고 카를 고트프리트 밀러(Karl Gottfried Miller)는 그리스의 역사에서 고대 공동체들의 유기적 성장의 징후를 관찰하였다. 법의식의 유기적 발전을 연구한 사람은 역사가-법학자들인 아이흐호른[53]〔《독일 국가사와 법제사》(*Deutsche Staats- und Rechtsgeschichte*), 전5권, 1808〕과 사비니[54]〔《중세 시대의 로마법 연구》(*Geschichte des römischen Rechts im Mittelalter*), 전6권, 1815~1831〕였다. 새로운 방향의 흔적을 안에 담은 이 저술들은 19세기 중반에 독일에서 화려한 역사가들의 학파를 창출하였는데, 이 학파는 지금까지도 아직 자신들의 사상을 완전히 상실하지 않았다.

우리의 역사-법학파 학자들은 바로 이 학파의 사상과 방법에서 성장하였다. 일부 학자들은 예를 들어 카벨린처럼 저술들을 읽음으로써 그것들을 습득하였다. 다른 학자들은 예를 들어 랑케[55]의 제자였던 솔로비요프처럼 강의를 직접 들었다. 그들은 독일 역사학 경향의 내용을 전부 습득하였다. 그들 중 몇 명은 헤겔의 독일 철학에도 매료되었다. 독일에서 정밀하고 엄격하게 사실적인 역사학파는 헤겔주의의 형이상학적 교리와 언제나 연인관계에 있었던 것은 아니었다. 그럼에도 불구하고 역사가들과 헤겔은 인류사회의 합법칙적 발전에 대

53) Karl Friedrich Eichhorn, 1781~1854. 독일의 게르만법 역사학자.

54) Karl Friedrich Savigny, 1779~1861. 독일의 법학자로서 역사-법학파의 수장.

55) Leopold von Ranke, 1795~1886. 독일의 역사학자로 근대 실증 역사학의 아버지.

한 기본 시각처럼 역사에 대한 기본 시각에서 서로 만났다. 역사가들도 헤겔도 똑같이 역사 속에서 우연성을 거부하였고, 그러므로 그들의 시각들은 동일한 한 인물 안에서 서로 공존할 수 있었다. 이 시각들도 우리의 학자 솔로비요프와 카벨린에 의해 러시아 역사에 처음으로 적용되었다. 이들은 러시아 역사 속에서 우리 종족의 원시생활에 의해 주어지고 우리 민족의 천성에 뿌리박힌 원리들의 유기적 발전을 보여주고자 하였다. 그들은 러시아 역사생활의 주요 내용이 바로 공동생활의 한 법칙이 다른 법칙으로 자연적으로 교체되는 것이라는 믿음을 가졌기 때문에, 문화적·경제적 생활이 아니라 사회 집단의 외적 형태들에 주의를 돌렸다. 그들은 이러한 교체의 순서를 알아내고 그 속에서 우리 역사 발전의 법칙을 발견하기를 원하였다. 그들의 역사적 논문들이 다소 일면적인 역사-법학적 성격을 띠는 까닭이 바로 여기에 있다. 그와 같은 일면성은 우리 학자들의 독특한 개성을 구성하는 것이 아니라 그들이 독일 스승들에게서 가져온 것이었다. 독일의 역사서술은 역사에 나타난 바로 법적 형태에 대한 연구를 자신의 주요 임무로 간주했다. 이 시각의 뿌리는 역사를 국가 형태의 창출로 가는 '인류의 길로' 이해한 칸트[56]의 사상에 있다. 러시아의 역사생활에 대한 최초의 학문적-철학적 시각이 정립된 기반들도 그랬다. 이것은 타인의 결론을 단순히 차용한 것이 아니었으며, 외래 사상을 잘못 이해된 자료에 기계적으로 적용한 것만도 아니었다. 그렇기는커녕, 그것은 독자적 학문 운동이었고, 이 운동의 시각과 방법은 독일의 그것들과 동일하나 결론들은 결코 예정되지 않았으며 자료에 달려 있었다. 그것은 자기 시대의 방향을 따른 학문적 창작이었으나, 독자적인

56) Immanuel Kant, 1724~1804. 18세기 후반 서유럽 계몽사상의 성숙과 프랑스혁명 시대에 활동한 독일의 철학자. 서유럽 근세철학의 전통을 집대성하여 근대인의 사상과 행동을 규제할 이성의 기본적 윤곽을 제시하였고, 그 뒤 낭만파로부터 오늘날에 이르는 철학적 사색을 위한 길을 열었다.

것이었다. 바로 여기에 이 운동에 참여한 모든 인물들이 독특한 개성을 보존하고 가치 있는 연구서들을 남겼으며, 역사-법학파 전체가 러시아 역사서술이 지금까지도 그 영향을 받고 있는 우리 역사 발전의 개요를 창출한 까닭이 있다.

모든 민족사의 차별적 특성들이 그 민족의 본성과 원초적 상황에 의해 만들어진다는 사상에 따라, 그들도 러시아 사회생활의 원초적 형태에 주의를 기울였는데, 이 형태는 그들이 보기에 씨족생활의 원리들에 의해 결정되는 것이었다. 그들은 러시아 역사 전체를, 혈연적 사회결사로부터, 즉 씨족생활로부터 국가생활로 유기적으로 조화롭게 순차적으로 이행하는 과정으로 제시하였다. 혈연적 결사의 시기와 국가적 시기 사이에는 혈연적 원리와 국가적 원리 간의 투쟁이 발생한 중간 시기가 놓여 있다. 혈연적 결사의 시기에 개인은 씨족에 무조건 종속되었고, 개인의 상황은 개별 활동이나 능력에 의해서가 아니라 씨족 내의 위치에 의해 결정되었다. 혈연적 원리는 공(公)들의 관계에서뿐만 아니라 다른 모든 관계에서도 지배적이었으며, 러시아의 정치생활 전체를 결정하였다. 러시아는 자기 발전의 첫 번째 단계에서 공들의 씨족적 소유로 간주되었다. 러시아는 공 가문 내의 가족 수에 따라 볼로스티[57]로 분할되었다. 소유 방법은 씨족적 고려에 의거하였다. 모든 공들의 지위는 씨족 내에서 자신이 차지한 위치에 의해 결정되었다. 연장순을 파괴하는 것은 내분을 야기하였는데, 이 내분은 솔로비요프의 시각에 따르면 볼로스티나 구체적인 어떤 것 때문이 아니라 연장순의 파괴나 사상 때문에 벌어진다. 시간이 흐르면서 공들의 생활과 활동의 상황이 변했다. 루시의 북동부에서 공들은 토지의 완전한 소유자였고, 그 자신이 직접 주민들을 초빙하였으며 도시를 건설하였다. 스스로를 새 오블라스티[58]의 창조자로 생각한 공들은 오

57) волость. 고대 러시아에서 주로 공의 영지를 가리킨다. 일반적으로는 제정 시대의 행정구역으로 우예스트(уезд)와 셀로(село)의 중간에 해당.

블라스티에 새로운 요구를 제기한다. 자신이 직접 오블라스티를 창조했다는 이유로 그는 그것을 씨족적인 것으로 간주하지 않고 자유롭게 처분하거나 자기 가족에게 물려준다. 바로 거기서 가족 소유의 개념, 씨족생활의 궁극적인 파멸을 불러일으킨 개념이 발생한다. 씨족이 아니라 가족이 주요 원리가 되었다. 공들은 심지어 타인들에서처럼 먼 친척들에서 자기 가족의 적들을 보기 시작하기까지 하였다. 하나의 원리가 해체되어 가고 다른 원리가 아직 창출되지 않은 새로운 시기가 오고 있다. 대혼란, 만인에 대한 만인의 투쟁의 시기가 오고 있다. 이 대혼란으로부터 세력과 재산의 면에서 다른 세습영지[59]보다 자신의 세습영지가 더 나은 모스크바공들의 강대해진 가족이 우연히 성장한다. 이 세습영지에서 장자상속의 원리 — 궁극적으로 표트르 대제의 개혁에 의해 확립되는 새로운 국가 질서의 최초 징후 — 가 조금씩 만들어진다.

가장 일반적인 특성에서 우리 역사의 경로에 대한 С. М. 솔로비요프의 시각은 바로 그러했다. 이 시각은 그가 쓴 두 편의 학위 논문들인, (1) "노브고로드[60]와 대공들의 관계에 관해서"(Об отношениях

---

58) область. 주, 지구, 지대, 지방, 지역, 영역 등으로 번역할 수 있는 러시아어. 이 책에서는 많은 경우 오블라스티 그대로 표기했다.

59) вотчина, 보치나. 12~18세기 러시아의 토지, 건물, 농구, 가축을 포함하는 세습영지. 이하에서는 세습영지라 번역한다.

60) Новгород. 러시아 북서부 노브고로드 오블라스티의 주도이며 러시아 유수의 고도. 9세기에 키예프 대공이 임명하는 공에 의해 지배되었으나 11세기 말부터 12세기 초에 걸쳐 귀족 공화제가 성립하여 최성기를 이루었다. 많은 시민이 수공업에 종사하였고, 특히 중요한 것은 상업이었다. 노브고로드 상인은 우랄산맥에 이르는 광대한 영토에서 수집되는 모피를 비롯한 삼림과 해산물 등으로 한자 상인 및 동방 상인과 활발한 교역을 하였다. 이들 상인이나 수공업자를 중심으로 하는 시민은 베체(민회)에 참가하여 국정에도 참여하였다. 이 시기에 노브고로드는 러시아에서 가장 번영한 도시 중의 하나가 되었다. 그러나 문벌귀족간의 대립, 하층시민의 봉기 등 내부 갈등으로

Новгорода к великим князьям)와 (2) "류리크가 공들의 관계사"(История отношений между князьями Рюрикова дома)에서 다듬어졌다. 솔로비요프의 체계는 К. Д. 카벨린이 쓴 몇 편의 역사 논문들에서 훌륭하게 뒷받침되었다〔《카벨린 저작집》(Собрание Сочинений Кавелина) 제1권, 1897년판을 보라〕. 단 한 가지 중요한 세부사항에서 카벨린은 솔로비요프와 갈라졌다. 즉 카벨린은 루시 북부에서 유리한 사태가 우연히 동시에 발발하지 않았더라면 공들의 씨족생활은 해체되어 가족생활로, 그 뒤에는 국가생활로 변할 수밖에 없었을 것이라고 생각한 것이다. 그는 다음과 같은 간략한 정식으로 우리 역사에서 원리들의 불가피하고 순차적인 교체를 묘사하였다. '씨족과 공동 소유; 가족과 세습영지 혹은 개별 소유; 개인과 국가.'

솔로비요프와 카벨린의 훌륭한 저술들이 러시아 역사서술에 가한 충격은 매우 컸다. 우리 역사에 처음으로 주어진 균형 있는 학문체계는 많은 이들을 매혹시켰고 활발한 학문활동을 불러일으켰다. 많은 연구서들이 바로 역사-법학파의 정신으로 집필되었다. 그러나 이 새로운 학파의 교리에 맞서 많은 반박의 목소리가 또한 시간이 지나면서 점점 더 강하게 울려 퍼졌다. 일련의 뜨거운 학문적 논쟁들은 결국 최초의 저술들에 나타난 형태의 솔로비요프와 카벨린의 균형 잡힌 이론적 시각을 완전히 동요시켰다. 씨족생활 학파에 대한 최초의 반박은 슬라브주의자들에 의해 수행되었다. К. С. 악사코프라는 인물을 통해 그들은 역사적 사실들의 연구에 눈을 돌렸다(모스크바 교수들인 В. Н. 레시코프[61]와 И. Д. 벨랴예프[62]가 얼마간 그들에게 가담하였다). 우

모스크바 대공국에 병합되었다. 16세기 후반부터 쇠퇴하기 시작하여, 18세기에 페테르부르크가 건설된 이후는 그 경제적 의의도 거의 사라졌다. 초기 노브고로드 공국에 대해서는 이 책 229~242쪽 참조.

61) Василий Николаевич Лешков, 1810~1881. 러시아의 법학자. 저서로 《러시아 민족과 국가》 등이 있다.

리 역사의 첫 번째 단계에서 그들은 씨족생활이 아니라 공동체생활을 보았고, 공동체에 대한 자신들의 교리를 조금씩 만들어갔다. 이 교리는 오데사(Одесса)의 교수 Ф. И. 레온토비치[63]의 저술들에서 얼마간 지지를 받았다. 레온토비치는 고대 슬라브 공동체의 원시적 성격을 좀더 정확하게 결정하고자 하였다. 그의 견해에 따르면 이 공동체는 부분적으로는 씨족적 관계에 부분적으로는 영토적 관계에 바탕을 둔, 지금도 존재하는 세르비아의 '자드루가'[64]와 매우 유사하다. 씨족생활 학파에 의해 정확하게 정의된 씨족의 자리에 못지않게 정확하게 정의된 공동체가 들어섰고, 그리하여 솔로비요프와 카벨린의 전체 역사 개요의 첫 번째 부분은 확고함을 잃어버렸다. 이 특정의 개요에 맞서는 두 번째 반박은 전체 방향에서 솔로비요프와 카벨린에 가까운 학자에 의해 이루어졌다. 솔로비요프 및 카벨린과 같은 학문적 환경에서 훈련받은 보리스 니콜라예비치 치체린[65]은 루시에서의 혈연적 씨족결사 시기를 역사의 경계 너머로 이동시켰다. 그는 우리 역사생활의 첫 페이지들에서 고대 씨족적 원리의 해체를 이미 보았다. 치체린의 시각에 따르면 역사에 알려진 우리 사회의 첫 번째 형태는 혈연적 관계 위가 아니라 시민권의 원리 위에 세워졌다. 고대 러시아 생활에서 개인은 혈연적 결사에도 국가 질서에도 결코 구속되지 않았다. 모든 사회적 관계는 시민적 협정 — 협약 — 에 의해 결정되었다. 이러한 협약적 방식으로부터 그 후 자연스럽게 국가가 성장하였다. 자신의 저술 《대공 및 분령공들의 유언장과 협약서에 관해서》(О духовных и до-

62) Иван Дмитриевич Беляев, 1810~1873. 러시아의 저명한 역사가-법학자.

63) Федор Иванович Леонтович, 1833~1911. 러시아의 법제사가.

64) задруга, 남슬라브인들의 가족공동체로 수세대의 가족이 공동으로 토지를 경작하면서 생활하는 대가족 제도이다.

65) Борис Николаевич Чичерин, 1828~1904. 저명한 러시아의 법학자이자 철학자. 저서로 전 5권으로 된 《정치 학설의 역사》 등이 있다.

говорных грамотах князей великих и удельных)에서 묘사된 치체린의 이론은 В. И. 세르게예비치[66] 교수의 저술들에서 더욱 발전하였고, 이 후자의 형태에서는 이미 씨족생활 학파에 의해 주어진 원래의 개요를 완전히 벗어났다. 세르게예비치에게 사회생활의 전 역사는 두 시기로 나뉜다. 첫 번째 시기는 사적·개인적 의지가 국가적 원리를 압도한 시기이며, 두 번째 시기는 국가적 이해가 개인적 의지를 압도한 시기이다.

첫 번째 슬라브주의적 반박이 슬라브인들의 전(全)문화적 독자성에 대한 고려에 바탕을 두고 있고, 두 번째 반박이 법적 제도의 연구에 바탕을 두고 성장하였다면, 씨족생활 학파에 대한 세 번째 반박은 역사-경제적 시각에서 이루어진 것 같았다. 상고시대의 키예프 루시는 가부장적 국가가 아니다. 그 사회적 관계는 대단히 복잡하고 금권정치를 바탕으로 이루어졌다. 이 정치 안에서는 수도의 귀족들이 압도적인 세력을 차지하고 있으며, 그 대표자들은 공들의 두마[67]에 참석한다. В. О. 클류쳅스키[68] 교수가 자신의 저서 《고대 루시의 보야린[69] 두마》(Боярская дума древней Русь)와 《러시아사 강좌》(Курс русской истории)에서 보여준 시각이 그러하다.

이 모든 반박들은 균형 잡힌 씨족생활 체계를 파괴하였으나 어떤 새로운 역사적 개요도 만들어내지 못했다. 슬라브주의자들은 자신의

---

66) Василий Иванович Сергеевич, 1832~1910. 러시아의 법제사가.

67) дума. 의회 혹은 회의를 가리킨다.

68) Василий О. Ключевский, 1841~1911. 역사가로 모스크바 대학 러시아사 교수. 그의 역사관은 역사에서 국가의 역할을 중요시하는 동시대의 다른 저서들과 달리 사회경제적 요소를 비중 있게 보고 특히 러시아사에서 이민의 의의를 강조하였다. 저서로 《러시아사 강좌》(1904~1911) 등이 있다.

69) боярин. 보야린은 러시아의 명문 대귀족으로서 대지주를 일컫는 말이다. 보야린들은 보야린 두마에 출석하고 입법 및 정책 결정에 관여하였다. 표트르 1세의 개혁으로 보야린이라는 칭호는 나중에 사라졌다.

형이상학적 기반에 여전히 충실하였으며, 가장 후기의 대표자들의 경우 역사적 탐구에서 멀어졌다. 치체린과 세르게예비치의 체계는 의식적으로 법제사만의 체계로 자처한다. 역사-경제적 시각은 당분간은 우리 역사의 전체 경로를 해명하는 데 적용되지 않았다. 끝으로 다른 역사가들의 저술에서 우리는 독자적이고 일관된 역사적 세계관을 위한 토대를 마련하려는 어떤 성공적인 시도도 만나지 못한다.

우리의 역사서술은 지금 어떻게 진행되고 있는가? К. С. 악사코프와 더불어, 우리는 지금 '역사'가 없으며, "기껏해야 지금 역사연구의 시기가 있을 뿐"이라고 말할 수 있다. 그러나 이 말로 역사서술에 지배적인 통일된 교리의 부재를 특징지으면서도, 우리는 우리의 현 역사가들 사이에서 일반적인 시각들이 존재함을 부인하지는 않는다. 최근의 우리 역사서술의 노력은 바로 이 시각들이 가진 참신함과 효율성에 달려 있다. 이 일반적 시각들은 유럽의 학계에 등장한 것과 동시에 우리 학계에도 발생하였다. 이 시각들은 학문적 방법은 물론이고 역사적 이해 일반과 관계되었다. 자연과학의 방법을 역사연구에 적용하려는, 서구에서 발생한 노력은 유명한 А. П. 샤포프[70]의 저술들을 통해 우리에게도 나타났다. 영국 학자〔프리만(Фриман) 등〕들이 만들고 모든 역사 현상은 다른 민족 및 다른 시기의 유사한 현상과 관련하여 연구할 것을 요구하는 비교역사 방법은 많은 학자들에 의해서 우리에게도 적용되었다(예를 들어 В. И. 세르게예비치). 민족지학의 발전은 우리 상고사의 현상들을 민족지학적 관점에서 일반적으로 바라보는 역사 민족지학을 창조하려는 노력도 야기하였다(Н. И. 코스토마로프[71]). 서구에서 증가한 경제생활의 역사에 대한 관심은 다양한 단계

---

70) Афанасий Прокопьевич Щапов, 1831~1876. 러시아의 역사가, 민족지학자, 사회평론가.

71) Николай Иванович Костомаров, 1817~1885. 저명한 러시아의 역사가이자 저술가.

의 민족 경제생활에 대한 많은 연구 시도들에 의해 우리에게도 나타났다(B. O. 클류쳅스키 등). 이른바 진화론도 지금의 대학 교원들 속에 대변자들이 있다.

학계에 새로 도입된 시각만이 우리의 역사서술을 진전시키는 것이 아니다. 이미 연구된 옛 문제들에 대한 재검토는 새로운 결론들을 도출하였고 이 결론들은 더욱 새로운 탐구를 위한 바탕이 되었다. 이미 1870년대에 C. M. 솔로비요프는 자신의 《표트르 대제 공개 강독》(Публичные чтения о Петре Великом)에서 표트르 대제는 전통적인 인물이고 그의 개혁작업에서 17세기 옛 모스크바인들의 이상에 의거하였으며, 이전에 준비된 그의 수단들을 이용하였다는 자신의 오랜 견해를 더욱 분명하고 확실하게 표명하였다. 표트르 이전의 모스크바가 아시아적으로 침체한 국가가 아니고 표트르 이전에 이미 실질적으로 개혁에 돌입하였으며 표트르 자신 주위의 모스크바 인사들에게서 개혁구상을 획득하였음을 지금 보여주는, 모스크바 루시에 대한 활발한 연구는 바로 솔로비요프 저술들의 영향 하에서 거의 시작되었다. 러시아 역사서술의 문제들 중 가장 오래된 문제 — 바랴크인 문제 — 에 대한 재검토(바실리옙스키,[72] 쿠니크,[73] 게데오노프[74] 등)는 우리 역사의 원리를 새롭게 조명한다. 루시 서부의 역사에 관한 새로운 연구는 리투아니아-러시아 국가의 역사와 생활에 관한 흥미롭고 중요한 자료들을 우리 앞에 펼쳐놓았다(안토노비치,[75] 다시케비치[76] 등).

---

72) Василий Григорьевич Васильевский, 1838~1899. 러시아의 역사가로 상트페테르부르크 대학 역사학 교수 역임.

73) Арист Аристович Куник, 1814~1899. 러시아의 역사가.

74) Степан Александрович Гедеонов, 1816~1877. 러시아의 저술가이자 행정가.

75) Владимир Бонифатьевич Антонович, 1834~1908. 러시아의 역사가.

76) Николай Павлович Дашкевич, 1852~1908. 러시아의 역사가이자 문학사가. 상트페테르부르크 학술원 회원 역임.

물론 우리 주제에 대한 최신 작업들의 내용은 언급된 사례들이 전부가 아니다. 그러나 이 예들은 오늘날의 역사서술이 매우 중요한 주제를 다루고 있음을 보여주고 있다. 그러므로 머지않아 역사적 종합을 시도하는 일도 가능할 것이다.

역사서술의 개관을 끝내면서 우리는 우리 학문의 점진적인 발전과 현 상황이 묘사되어 있고 그리하여 우리 역사서술을 이해하는 좀더 바람직한 지침서 역할을 틀림없이 할 러시아 역사서술에 대한 저술들을 거론하지 않으면 안 된다. (1) **베스투제프-류민**[77]의 《러시아사》(Русская история)(전2권. 사료와 연구사에 대한 매우 가치 있는 머리말이 들어 있는, 사실들과 학술적 견해에 대한 대강의 줄거리); (2) **베스투제프-류민**의 《전기와 성격묘사학》(Биографии и характериография)(타티셰프, 쉴뢰처, 카람진, 포고딘, 솔로비요프 등), 상트페테르부르크, 1882; (3) "사회 이익"(Общественная польза)사가 발행한 С. М. 솔**로비요프**, 《С. М. 솔로비요프 저작집》(Собрание сочинений С. М. Соловьева) 속의 역사서술에 관한 논문들; (4) **코얄로비치**,[78] 《러시아 민족의 자각의 역사》(История русского народного самосознания), 상트페테르부르크, 1884; (5) **이콘니코프**,[79] 《러시아 역사서술 시론》(Опыт русской историографии)(1권의 제 1책과 제 2책), 키예프, 1891; (6) 1893년 동안 〈러시아 사상〉(Русская мысль)지에 실린(그리고 따로 출간한) П. Н. **밀류코프**,[80] 《러시아 역사 사상의 주요

77) Константин Николаевич Бестужев-Рюмин, 1829~1897. 러시아의 저명한 역사가

78) Михаил Осипович Коялович, 1828~1891. 러시아의 역사가.

79) Владимир Степанович Иконников, 1841~1923. 러시아의 역사가.

80) Павел Николаевич Милюков, 1859~1943. 러시아의 역사가이자 정치가. 모스크바 대학 역사·철학과를 졸업한 뒤, 모교의 역사학 강사로 있었다. 《러시아 문화사 개설》(3권, 1896~1903), 《러시아 역사 사상의 주요 흐름》(1897)으로 명성을 얻었다. 1895년 학생운동과의 관련과 자유주의적

흐름》(Главные течения русской исторической мысли).

러시아사 사료 개관

단어의 넓은 의미에서 과거의 흔적은 건축물이든, 예술품이든, 생활 일용품이든, 인쇄된 책이든, 수고(手稿)든 아니면 끝으로 구비 설화든 상관없이 모두 사료이다. 그러나 좁은 의미에서 우리는 과거, 달리 말해, 역사가가 연구하는 시기의 인쇄된 흔적이나 필기된 흔적을 사료라고 부른다. 우리가 다루는 것은 필기된 흔적류만이다.

사료의 개관은 두 가지 방법을 통해 수행될 수 있다. 첫째, 그것은 다양한 형태의 역사적 자료에 대한 단순한 논리적-체계적 목록으로서 그 간행물 중 가장 중요한 것들이 무엇인지를 적시한다. 둘째, 사료의 개관은 역사적으로 이루어질 수 있으며, 그 속에 자료의 목록과 우리 고문헌학적 저술의 동향에 대한 개관을 결합한다. 사료를 조사하는 두 번째 방법은 우리에게 대단히 흥미로운데, 왜냐하면 첫째, 여기서 우리는 수고 형태의 유물에 대한 관심이 사회에서 어떻게 전개되는지와 관련하여 어떤 문헌학적 저술이 등장하는지를 살펴볼 수 있고, 둘째, 또한 여기서 모국사의 자료를 수집함으로써 우리 학계의 영원한 이름으로 남은 인물들을 알게 될 것이기 때문이다.

표트르 이전 시기에 모스크바 사회의 읽고 쓸 수 있는 계층들 사이

사상으로 인해 대학에서 쫓겨났으며 약 10년간을 미국 등지에서 보냈다. 1905년 러시아로 돌아와 입헌민주당 창설에 참여하고 1907년 당중앙위원회 위원장이 되었다. 1917년 2월 혁명 후 제2차 임시내각 외무장관에 취임하였으나, 곧 사임했다. 10월 혁명 후 런던과 프랑스로 망명하여 반(反) 볼셰비키 입장에서 저술활동을 했다. 앞서 말한 저서 외에 《18세기 1/4분기의 러시아 국가경제와 표트르 대제의 개혁》(1892), 《제2차 러시아 혁명사》(3권, 1921~1924) 등이 있다

에서 수고들에 대한 태도는 매우 주의 깊었다. 당시 수고는 서적을 대신하는 것이었고 지식과 미적 즐거움의 원천이었으며 가치 있는 소유의 대상이었기 때문이었다. 수고들은 항상 큰 정성을 들여 정서되었고 자주 죽기 전에 소유자들에 의해 '성의껏' 수도원에 기증되었다. 기증자는 물품을 기증하고 수도원이나 교회에게 자신의 죄 많은 영혼을 영원히 추선(追善)해 줄 것을 요구한다. 법률적 문서 및 일반적으로 법률적 성격의 모든 수고들, 즉 지금이라면 공식적·업무적 서류라고 부를 수 있는 것 또한 열심히 보존되었다. 차르 알렉세이 미하일로비치[81]의 울로제니예[82]를 제외한 인쇄된 법규들은 당시 존재하지 않았고, 손으로 쓴 이 자료들은 효력을 발휘한 법전처럼 당시 행정가와 재판관들의 지침이었다. 오늘날 법률이 인쇄된 형태를 띠고 있는 것처럼 당시 법률은 필기 형태를 띠었다. 게다가 수도원과 개인들은 자신들의 의무면제 특권과 다양한 종류의 권리를 손으로 쓴 증서에 근거를 두었다. 물론 이 모든 필기자료는 당시의 일상생활에서 귀중한 것이었으며 사람들은 그 가치를 높이 평가하여 보존하지 않으면 안 되었다.

18세기에 새로운 문화적 취향의 영향 하에 인쇄된 서적과 인쇄된 법규들이 보급되면서 옛 수고들에 대한 태도가 크게 변한다. 수고들이 가치 있다는 의식이 18세기 내내 뚜렷하게 감소한 것이다. 17세기에 수고는 당시 교양계급에 의해 가치 있는 것으로 평가되었지만, 이

---

81) Аледсей Михайлович, 1629~1676. 러시아의 차르(재위 1645~1676). 그의 치세에 대해서는 이 책 609~729쪽 참조.

82) Уложение. 법전이라는 뜻으로 여기서는 러시아 농민의 농노화를 완성한 1649년의 회의 법전(Соборное Уложение)을 가리킨다. 러시아 농민의 농노화는 이반 4세가 농민의 이탈을 방지하기 위하여 성 유리의 날(11월 26일)을 전후한 2주 동안 농민의 자유로운 이동을 금지시킨 데서 비롯한다. 이 일시적인 농민 이동의 금지는 차르 알렉세이 미하일로비치에 의해 1649년에 제정된 울로제니예로 항구적으로 되었다.

제 18세기에 이 계급은 새로운 교양층에 자리를 내주었고, 이 교양층은 옛 수고 형태의 사료를 쓸모없는 낡은 폐물처럼 경멸적으로 대하였다. 성직자들도 자신들의 풍부한 수고 모음이 갖고 있는 역사적·정신적 가치를 더 이상 이해하지 않았으며 그것들에 관심을 보이지 않았다. 17세기에서 18세기로 이전된 수고들이 많은 것도 그것들을 높이 평가하지 않는 분위기를 촉진하였다. 수고는 여전히 말하자면 생활 일용품이지 역사적인 물품이 아니었으며, 사회의 교양 상층부 사이에서 돌아다니다가 조금씩 사회의 하층으로, 나아가 우리의 고문헌학자 스트로예프[83]가 '우리 수고들의 후견인'이라고 불렀던 분리파 신자들[84]로까지 흘러들어갔다. 다량의 귀중한 자료를 포함하고 있던 오랜 문서고와 수도원의 서고들은 철저한 무시와 쇠퇴 속에서 어떤 주목도 받지 못했다. 여기 그 소유자와 보관자들이 얼마나 무지하게 이 옛 수고들을 대했는지를 보여주는 19세기의 사례들이 이미 있다. П. М. 스트로예프는 1823년에 다음과 같이 썼다. "17세기 말에 15개 이상의 다른 수도원들이 그 산하에 있던 경건한 한 수도원에는 오랜 문서고가 망루에 자리 잡고 있었는데, 망루의 창문에는 창틀이 없었다. 눈이 다량의 책과 문서 두루마리들을 반 아르신[85] 정도 덮어버렸고 나는 헤르쿨라네움[86]의 폐허 같은 그 속을 뒤적였다. 6년 전 일이

83) Павел Михайлович Строев, 1796~1876. 러시아의 고문헌학자.

84) раскольники, 17세기 후반 러시아 정교회에서 니콘의 전례개혁을 거부하여 정교회에서 분리된 분파의 총칭. 이 분파는 1667년 정교회에 의해 파문당했으며, 지도자인 사제 아바쿰은 두 번이나 유배를 당하고, 1682년에 화형에 처해졌다. 분리파는 일부 귀족, 성직자, 농민, 상인 등 광범위한 계층으로 이루어졌으며 일종의 사회운동 양상을 보였기 때문에 분리 후 약 80년 동안 심한 탄압을 받았다.

85) аршин. 옛 러시아의 척도 단위로서 71.12㎝.

86) Herculaneum, 이탈리아의 베수비오 산 기슭에 있었던 고대 도시. 기원전 6세기에 그리스의 식민시로 건설된 후 로마령이 되었다가 79년에 베수비오 산의 대분화로 폼페이와 함께 괴멸하였다.

었다. 그러므로 눈은 여섯 번이나 이 수고들을 뒤덮었고 또 여섯 번이나 수고들 속에서 녹아, 지금은 필시 적갈색의 먼지밖에 남지 않았을 것이다. …" 바로 이 스트로예프는 1829년에, 문서고의 폐쇄로 피네가[87]로 옮겨갔던 고대 도시 케브롤[88]의 문서고가 "그곳의 낡은 헛간 안에서 사라져버렸고, 그 마지막 잔재들은 얼마 전에(즉 1829년 얼마 전에) 물속으로 던져졌다고 한다"고 학술원에 보고하였다.

유명한 고대유물 연구자인 키예프의 수도대주교 예브게니[89]는 프스코프[90]의 고위성직자[91]로 있으면서 훌륭한 노브고로드-유리(Новгород-Юрий) 수도원을 둘러보기를 원하였다. 수도대주교 예브게니의 전기 작가인 이바놉스키(Ивановский)는 다음과 같이 쓰고 있다. "그는 미리 자신의 방문을 알렸고, 이 때문에 물론 수도원의 고위성직자들은 얼마간 허둥대었고 수도원의 방 중 몇 개를 좀더 보기 좋게 정돈하지 않으면 안 되었다. 그는 두 길 중 하나로 수도원에 올 수 있다. 마차가 좀더 오가는 윗길이든지, 아니면 덜 편하지만 더 즐거운, 볼호프[92]강에 가까운 적적한 아랫길 둘 중의 하나로 말이다. 그는 아랫길로 왔다. 바로 수도원 근처에서 그는 한 수도사의 호위 하에 볼호프강으로 가는 짐수레와 마주쳤다. 수도사가 강으로 무엇을 갖고 가는지 알고 싶어서 그는 물었다. 수도사는 그냥 거름 속으로 던지지

87) Пинега. 러시아 북서부 아르한겔스크 오블라스티에 위치한 도시.

88) Кевроль. 고대 노브고로드인들이 공납을 부과하던 고대 도시. 아르한겔스크 오블라스티에 위치.

89) Евгений(Болховитинов Евфимий Алексеевич), 1767~1837. 키예프와 갈리치의 수도대주교로 역사가이자 고문헌학자.

90) Псков. 러시아 북서부 프스코프 오블라스티의 주도. 903년 연대기에 나타나는 옛 소련에서 가장 오래된 도시 가운데 하나이다. 14세기 한자동맹에 가입하고, 16세기 모스크바 대공국에 병합되었다. 이 책 243~244쪽 참조.

91) архиерей. 주교, 대주교, 부주교에 대한 통속적인 호칭.

92) Волхов. 노브고로드와 레닌그라드 오블라스티를 흐르는 러시아 북서부에 위치한 강.

말고 물 속으로 던져야 하는 갖가지 쓰레기와 잡동사니를 갖고 간다고 대답하였다. 이것은 예브게니의 호기심을 불러일으켰다. 그는 짐수레로 다가가 거적을 벗겨보라고 명령하였다. 그는 찢어진 책과 수고들을 보았다. 그러자 수도사에게 수도원으로 돌아가라고 명령하였다. 이 짐수레에는 심지어 11세기의 값비싼 필기본들의 잔재도 있었다"〔이바놉스키 《수도대주교 예브게니》(Митр. Евгений), 41~42쪽〕.

심지어 19세기에도 고대문헌에 대한 우리의 태도가 그러했다. 물론 18세기는 더 나을 것도 없었다. 이와 나란히 이미 18세기 초부터 고대유물에 대해 의식적인 태도를 취하는 개별 인물이 나타나고 있었다는 사실도 언급해야지만 말이다. 표트르 1세 자신이 서유럽적 풍습에 따라 비범하고 진기한 물품이자 일종의 '괴상한 물건들'로서 옛날 동전과 메달 및 그 밖의 과거의 잔재를 수집하였다. 그러나 과거의 흥미로운 유물을 수집하면서 표트르는 그와 함께 "러시아 국가의 역사를 파악하기"를 원하였고 "세상의 원리와 다른 국가들에 대해서가 아니라 이것에 대해 더 먼저 작업해야 할 필요가 있다"고 주장하였다. "왜냐하면 이것에 대해서는 많은 것이 씌어졌기 때문이다." 1708년부터 표트르의 지시로 당시 슬라브-그리스-라틴 학교(Славяно-греко-латинская академия)의 학자였던 표도르 폴리카르포프[93]는 러시아 역사(16세기와 17세기) 저술 작업을 하였으나 그의 작업은 표트르의 마음에 들지 않았고 우리에게 알려지지 않게 되었다. 그러나 이러한 실패에도 표트르는 치세 말까지 완벽한 러시아 역사에 대한 구상들을 방기하지 않고 그것을 위한 자료의 수집에 신경을 썼다. 1720년에 그는 주지사[94]들에게 모든 수도원, 주교구, 대성당에 있는 훌륭한 역사적

93) Федор Поликарпович Поликарпов(-Орлов), ?~1731. 모스크바 인쇄소의 교정원이자 소장. 시인, 문학자, 통역관. 러시아 최초의 신문인 〈베도모스티〉의 편집인.

94) губернатор. 구베르나토르. 구베르니야(주)의 책임자. 이하 주지사로 번역.

문서와 연대기서를 전부 재검토하고 목록을 만들어 원로원(Сенат)에 비치하라고 지시하였다. 그리고 1722년에 종무원[95]은 이 목록에 따라 모든 역사적 수고를 골라 주교구에서 종무원으로 옮기고 그것들로 일람표를 만들라는 지시를 받았다. 그러나 종무원은 이 지시를 실행하는 데 실패하였다. 즉 주교구 당국의 대다수는 종무원의 요청에 자신들은 그런 수고가 없다고 응답했으며, 일부 자료로 판단한다면 전부 40편의 수고만이 종무원에 보내졌고, 그중 8편만이 실제로 역사적인 내용을 가질 뿐, 나머지는 종교적인 내용을 갖고 있었던 것이다. 그리하여 러시아를 역사적으로 서술하고 이를 위해 자료를 수집하고자 한 표트르의 희망은 동시대인들의 무지와 무관심에 부딪쳐 좌절하고 말았다.

우리의 역사학은 표트르 이후에 탄생하였으며 역사적 자료에 대한 학문적 가공은 우리에게 독일인 학자들의 등장과 함께 시작하였다. 그때 수고 형태의 자료가 우리 역사에 갖는 의미도 조금씩 밝혀지기 시작하였다. 이 후자의 점에서 우리에게 이미 잘 알려진 **게라르트 프리드리히 뮐러**(1705~1783)는 우리 학문에 매우 귀중한 도움을 주었다. 성실하고 근면한 학자이자 주의 깊은 비평가-연구자이며 동시에 지칠 줄 모르는 역사자료 수집가인 뮐러는 다양한 활동으로 우리의 역사 연구자들이 일컫듯이 '러시아 역사학의 아버지'라는 이름을 충분히 받을 만하다. 우리 학계는 지금까지도 여전히 그가 모은 자료들을 이용하고 있다. 학술원과 외무성 모스크바 주 문서고에 보관된 이른바 뮐러 '포트폴리오'에는 다양한 종류의 역사적 문서가 900호 이상 들어 있다. 이 포트폴리오는 지금도 여전히 연구자에게 귀중한 보물이며, 새 역사저술은 그곳에서 자주 자료를 퍼 올리곤 한다. 그리하여 문헌

95) Синод. 宗務院. 표트르 대제가 기존의 러시아 정교의 총대주교좌직을 없애고 1721년에 국가 산하에 설치한 정교 최고 기구. 이후 러시아 정교는 독립적 기관에서 세속 국가의 일개 기관으로 전락하였다.

학 위원회는 최근까지만 하더라도 그의 자료로 자신의 간행물 중 일부를 채웠다〔《공용 고문서들》(Акты исторические) 부록의 시베리아 편〕. 뮐러는 유럽 러시아에서만이 아니라 시베리아에서도 필기된 고대문헌을 수집하였는데, 시베리아에서 그는 약 10년을 보냈다(1733~1743). 시베리아에서의 이 탐사는 중요한 결과를 낳았는데, 왜냐하면 비로소 여기에서 뮐러는 동란에 관한 다량의 귀중한 문서를 발견하는 데 성공하였기 때문이다. 이 문서들은 그 후 《국가 증서 및 협약서집》(Собрание Государственных грамот и Договоров) 제 2권에 게재되었다. 여제 예카테리나 2세 하에서 뮐러는 외무성 문서고 소장으로 임명되었고 여제로부터 듀몽[96]의 암스테르담 판〔《국제법 공문서 총람》(*Corps universel diplomatique du droit des Gens*), 전8권, 1726~1731〕의 예를 따라 외교문서집을 만들라는 위임을 받았다. 그러나 뮐러는 그와 같은 장대한 작업을 하기에는 이미 나이가 많이 들었고, 문서고의 소장으로서 문서고 자료의 검토와 정리를 시작하고 자기 제자들로 온전한 학파를 준비하는 데 성공하였을 뿐이었다. 제자들은 스승이 죽고 나서도 문서고에서 계속 작업을 하였고 나중에 이른바 '루먄체프(Румянцев) 시기'에 자신들의 위력을 맘껏 펼쳤다. 뮐러와 나란히 활동한 사람은 바실리 니키티치 타티셰프[97]였다. 그는 러시아의 지리를 집필하려고 하였으나 역사가 없는 지리는 불가능함을 깨달았다. 그래서 그는 먼저 역사를 집필하기로 결심하여 수고 형태의 자료를 모으고 연구하는 쪽으로 방향을 돌렸다. 자료를 수집하면서 그는 《루스카야 프라브다》[98]와 《차르 법전》(Царский Судебник)을 발

---

96) Jean Dumont, ?~1726. 프랑스 출신의 사회평론가로 네덜란드에서 활약했다. 네덜란드왕 소속 역사 연구가를 역임했다.

97) Василий Никитич Татищев, 1686~1750. 러시아의 지리학자, 역사가, 지질학자, 경제학자.

98) Русская Правда. 고대 러시아의 법전집. 야로슬라프 1세의 법전, 야로슬

견하여 처음으로 그 가치를 인정하였다. 이 고대문헌들은 타티셰프의 《러시아사》(История Российская) 자체와 마찬가지로 그의 사후에 뮐러에 의해 벌써 간행되었다. 실제 역사적인 저술들 외에 타티셰프는 러시아에 관한 민족지학적·지리학적·고고학적 정보의 수집을 위한 설명서도 만들었다. 이 설명서는 학술원에 의해 승인되었다.

예카테리나 2세 시대부터 역사적 자료의 수집과 발간 업무가 크게 발달하였다. 예카테리나 자신이 러시아 역사 공부를 위해 틈을 냈고 러시아의 과거에 대해 깊은 관심을 기울였으며 역사적 저술 작업을 장려하고 고무하였다. 이와 같은 여제의 지향 속에서 러시아 사회는 자신의 과거에 더욱 관심을 갖고 이 과거의 잔재에 대해 더욱 의식적인 태도를 취하기 시작했다. 게다가 예카테리나 하에서 《이고리공 원정기》(Слово о полку Игореве)를 발견하고 수도원 도서관들에서 가장 훌륭하게 보관되고 간행된 수고 형태의 연대기들을 모두 수집하여 수도로 보내고자 했던 А. И. 무신-푸시킨[99] 백작이 역사적 자료의 수집가로서 활동한다. 예카테리나 하의 학술원과 종무원에서는 연대기들이 수많이 간행되기 시작하지만, 이 간행은 여전히 불완전하고 비학문적이었다. 사회에서도 과거를 연구하기 위한 똑같은 움직임이 시작된다.

이 일에서 가장 앞서 나간 사람은 우리 사회에 풍자잡지의 발간과 프리메이슨 운동[100] 및 교육 보급에 힘쓴 일로 더 잘 알려진 니콜라이

라프 1세 자식들의 법전, 블라디미르 모노마흐의 법전 등 모두 121조로 되어 있다. 살인자에 대한 피의 복수 금지와 공공 종사단 등 여러 공직자의 생명과 재산의 보호 그리고 각종 예속민에 대한 신분규정, 채무·상속법 등에 관한 규정 등, 형법과 소송법이 중심이 되어 있다. 이 법전은 11~13세기 러시아 사회의 상황을 잘 나타내고 있으며, 키예프 러시아 사회 연구에 귀중한 사료로 취급된다.

99) Александр Иванович Мусин-Пушкин, 1744~1817. 러시아의 문헌 애호가이자 수집가.

이바노비치 노비코프(1744~1818)였다. 개인적 자질과 인도적 이상이라는 면에서 이 사람은 자기 세기에 드문 사람이었으며 자기 시대의 빛나는 인물이었다. 그는 우리에게 이미 수집가이자 《고대 러시아 비블리오피카》— 다양한 종류의 고대 법규, 연대기, 고대 문학작품, 역사적 논문 등을 광범하게 모아놓은 책 — 의 간행자로 잘 알려져 있다. 그는 1773년에 발간을 시작하여 3년 동안 10편을 발간하였다. 《비블리오피카》의 서문에서 노비코프는 자신의 간행물을 "소박함으로 장식된 선조들의 정신이 가진 위대함"을 인식하기 위해 "그들의 도덕과 관습을 기술한 것"으로 정의한다(과거의 대한 이상화는 노비코프의 최초의 풍자잡지 《수벌》(Трутень, 1769~1770)에서 이미 심화되었음을 언급해야 한다). 《비블리오피카》의 초판은 전 20권으로 된 좀더 완벽한 두 번째 판(1788~1791) 때문에 지금은 이미 잊혀졌다. 예카테리나 2세 자신은 이 두 번째 판을 발간하는 데 자금을 제공하고, 노비코프가 외무성 문서고에서 일을 할 수 있도록 허용함으로써 그를 지원하였다. 문서고에서는 노인 뮐러가 그를 아주 성의껏 도와주었다. 《고대 러시

100) масонство(Freemasonry). 세계 최대의 국제적 우애 비밀결사. 입단의식이 상징적 신비주의 성격을 띤 것으로 유명하다. 프리메이슨의 기원은 정확하지 않으나, 일반적으로 1717년 런던에 이미 존재하던 4개의 로지(Lodge)가 결합해 '잉글랜드 대로지'(Grand Lodge of England)를 설립한 데서 비롯한 것으로 알려져 있다. 프리메이슨은 원래 비밀결사가 아니었으나 다음과 같은 점에서 비밀결사화되었다. ① 프리메이슨의 구호는 자유·평등·박애였고, 프랑스혁명에서 이 구호가 혁명 이념으로 이용되었다. 이들 이념은 종교적·정치적 박해를 받았다. ② 프리메이슨은 발전과정에서 신비주의적 상징주의로 특징지어지는 폐쇄적 단체가 되었는데, 이는 프리메이슨의 실질적 모체였던 로지가 중세 시대에 신앙심이 두터운 석공의 길드 형태로 유럽 대륙 각지에 존재하게 된 데서 유래한다. ③ 역사적으로 프리메이슨이 사적 사기행위나 음모에 이용되었다. 코스모폴리터니즘 이념으로서 프리메이슨의 세계적 활동은 19세기에 유럽 여러 나라가 상호 대립하면서 커다란 장애에 부딪쳤고 오늘날 시민사회의 완성과 더불어 역사적 역할이 끝난 것으로 평가된다.

아 비블리오피카》는 내용으로 볼 때, 우리가 오늘날 이해하고 있는 비판이나 학문적 방법이 조금도 적용되지 않고 발간된 자료가 수중에 입수되어 제작된, 우연한 집성이었다.

이 점에서 쿠르스크[101]의 상인인 **골리코프**(1735~1801)의 《표트르 대제 행전》은 훨씬 가치가 떨어진다. 그는 어릴 때부터 표트르의 행전에 열광하였고 재판에 회부되는 불행을 겪었으나 표트르 동상 제막에 즈음하여 특별 선언으로 석방되었다. 이 일을 계기로 골리코프는 전 생애를 표트르 전기 작업을 하는 데 바치기로 결심하였다. 그는 가치를 따지지 않고 입수할 수 있는 모든 소문과 표트르에 대한 편지, 그에 관한 일화 등을 수집하였다. 책 서두에 그는 16세기와 17세기에 대한 간략한 개관을 실었다. 예카테리나는 골리코프의 저술에 주의를 돌렸고 그에게 문서고를 개방하였지만, 이 저술은 어떤 학문적 의의도 없다. 하지만 사람들은 더 좋은 자료가 부족하기 때문에 지금도 이 저술을 이용하고 있다. 이 저술은 발간 당대에 고문헌학적 대사건이었다(초판, 전30권, 1778~1798. 재판, 전15권, 1838).

학술원과 개인들 외에도 고대문헌에 주목한 것은 모스크바 대학 부설로 1771년에 창립된 학자들의 단체인 '자유 러시아회'(Вольное Российское собрание)이다. 이 단체는 개별 학자에게 문서고 접근을 가능하게 해주고 그들을 위해 민속 발굴단을 조직하는 등 그들을 매우 적극적으로 지원하였으나 단체 자신은 정작 적은 고대문헌만을 발간하였다. 10년 동안 단체는 단 6권의 《저술들》(Труды)을 내놓았을 뿐이었다.

바로 이러한 것이 매우 대체적으로 본 지난 18세기 후반기의 자료

---

101) Курск. 러시아 서부 쿠르스크 오블라스티의 주도. 키예프 루시의 요새로서 10세기부터 알려졌으며, 14세기에는 리투아니아령, 16세기 초에 러시아령, 16세기 말부터는 크림 타타르족을 방어하기 위한 요새의 하나였다. 18세기부터 상업 중심지가 되었다.

수집과 발간 활동이었다. 이 활동은 우연적 성격을 띠고 있었고, 이렇게 말할 수 있다면, 저절로 수중으로 떨어진 자료만을 모았다. 즉 지방에 있던 고대문헌들에 대한 관심은 나타나지 않았던 것이다. 뮐러의 시베리아 발굴단과 연대기의 수집은, 무신-푸시킨의 생각에 따르면, 예외적인 성격을 띠는 개별적 에피소드에 불과했고, 지방에 있는 역사적 자산은 당분간 평가도 주목도 받지 못하고 있었다. 지난 세기의 역사적 간행물의 경우 그것들은 아무리 관대한 비판이라도 견디지 못한다. 갖가지 기술적으로 세밀한 부분 외에도 우리는 지금 학술 간행인에게, 가능한 한 발간된 고대문헌의 알려진 사본들을 전부 재검토하여 그중 가장 오래되고 좋은 사본을 선별할 것을 요구한다. 즉 가장 정확한 텍스트를 가진 최상의 사본 중 하나를 간행물의 기초로 삼아 그 텍스트를 공간(公刊)하는데, 그 전에 다른 모든 정확한 사본들을 그것과 비교하여 텍스트상의 아주 작은 부정확과 오식도 피할 것을 요구하는 것이다. 간행에 앞서 고대문헌의 역사적 가치에 대한 검토도 이루어져야 한다. 만일 문헌이 편찬집에 불과하다면 편찬집 자체보다 문헌의 사료들을 간행하는 것이 더 낫다. 그러나 18세기에 실제로 사람들은 그런 식으로 생각하지 않았다. 예를 들어 그들은 오류로 가득 찬 사본 하나만을 기준으로 연대기를 발간하는 것이 가능하다고 생각했고, 그래서 오늘날 필요에 따라 더 나은 것이 없기 때문에 여러 판본 중 일부를 이용하는 역사가는 오류를 범하고 부정확 등을 허용할 위험에 언제나 처해 있다. 오직 쉴뢰처만이 이론적으로 학문적 비판 방법을 확립하였으며, 뮐러는 《계보》(1775)를 발간할 때 학술적 간행의 기본 원칙들을 얼마간 지켰다. 이 연대기의 서문에서 그는 자신의 간행 방법에 대해서 말한다. 즉 아직 정교하게 되지는 않았지만 그의 방법은 학문적이었다. 그러나 정교하지 않다고 해서 그를 비난해서는 안 된다. 우리에게 비판적 방법이 완벽하게 만들어진 것은 19세기에 들어서서였으며, 그것을 무엇보다도 촉진한 사람들은 뮐러의 제자들이었다.

나이가 들어가면서 뮐러는 예카테리나 여제에게 그가 죽은 뒤 제자 중의 한 사람을 외무성 문서고의 소장으로 임명해달라고 간청하였다. 그의 청원은 존중되었고 뮐러가 죽은 뒤 그의 제자들이, 즉 처음에는 И. 슈트리터가, 그 뒤에는 Н. Н. 반티시-카멘스키가 문서고를 관리하게 되었다. 특히 반티시-카멘스키는 문서고 문서들을 기록하면서 이 문서들을 바탕으로 연구에도 종사했지만, 유감스럽게도 이 연구는 전부 발간되지는 않았다. 이 연구들은 카람진이 《러시아 국가의 역사》를 집필할 때 매우 큰 도움을 주었다.

19세기 초 외무성 문서고가 니콜라이 페트로비치 루먄체프[102] 백작의 주 소관으로 들어왔을 때, 이미 문서고에는 온전한 한 무리의 고문헌학자들이 양성되어, 루먄체프를 위해 일할 충분한 조력자들이 준비되어 있었다. 사람들은 민족적 자기인식 과정에서 이 시기 전체를 루먄체프의 이름으로 가리키고 있는데, 이것은 지당한 것이다. Н. П. 루먄체프 백작이 등장한 때는 카람진의 《러시아 국가의 역사》가 준비되고, 옛날 민족생활의 잔재들을 수집하고 보존해야 한다는 인식이 무르익었으며, 끝으로 이 분야에서 과학적 방법을 구사하는 활동가들이 나타났던 바로 그런 때였다. 루먄체프 백작은 과거에 대한 의식적 태도를 표방하는 인물이 되었다. 그는 자신의 지위와 수단 덕분에 새로운 역사-고문헌학적 움직임의 중심이 됨으로써 그의 추억 앞에 우리도 그리고 미래의 모든 세대도 고개를 숙여야 하는 존경스런 문예의 보호자였다.

루먄체프는 1754년에 출생하였다. 아버지는 저명한 루먄체프-자두나이스키[103] 백작이었다. 니콜라이 페트로비치는 예카테리나 세기의

102) Николай Петрович Румянцев, 1754～1826. 러시아의 위정자로 외무성 대신을 역임.

103) Петр Александрович Румянцев-Задунайский, 1725～1796. 러시아

러시아 외교관들 사이에서 공직생활을 시작하였으며 15년 이상 프랑크푸르트 암 마인에서 특별 전권 공사로 있었다. 황제 파벨 1세[104] 치하에서 루먄체프는 황제의 총애를 받았으나 어떤 직책도 맡지 않았고 일이 없었다. 알렉산드르 1세[105] 치하에서 통상대신직이 그에게 주어졌고, 그 후 1809년에 통상대신직을 유지하는 가운데 외무대신직도 위임받았다. 세월이 흘러 그는 재상직으로 승진하였고 국정회의(Государственный совет) 의장으로 임명되었다. 외무성과 부속 문서고를 관리하는 동안 어떤 이유도 없었던 것 같지만 과거 유물에 대한 루먄체프의 사랑이 나타났다. 이미 1810년에 니콜라이 페트로비치 백작은 반티시-카멘스키에게 국가 증서 및 협약서집의 발간계획을 세우라고 지시하고 있다. 이 계획은 신속히 마련되었으며 루먄체프 백작은 외무성 문서고 부속으로 《국가 증서 및 협약서집》 발간 위원회를 설립할 것을 군주에게 청원하였다. 그는 자기가 외무성 지휘를 그만두더라도 위원회를 자신의 소관에 두어야 한다는 조건을 달고 발간비용 전부를 직접 부담하였다. 그의 희망은 실현되었고 1811년 5월 3일 위원회가 설립되었다. 1812년에는 제1권의 발행이 지연되었으나 반티시-카멘스키는 고문서들과 함께 이 1권의 인쇄된 부분도 구하는 데 성공하였고, 제 1권은 《국가 외무성에 보존되어 있는 국가 증서 및 협약서집》(Собрание Государственных Грамот и Договоров, хранящихся в Государственной Коллегии Иностранных Дел)이라는 제목으로 1813년에 나왔다. 타이틀 페이지에는 루먄체프의 문장이 그의 다른 모든 발간물에서처럼 아름답게 박혀 있었다. 제1권의 서언

의 군인으로 원수.

104) Павел I, 1754~1801, 러시아의 차르(재위 1796~1801). 그의 시대에 대해서는 이 책 2권 346~359쪽 참조.

105) Александр I, 1777~1825, 러시아의 차르(재위 1801~1825). 그의 시대에 대해서는 이 책 2권 360~403쪽 참조.

에서 책의 주요 편집인인 반티시-카멘스키는 어떤 요구가 발간을 촉진하고 책이 어떤 목적을 추구했는지를 다음과 같이 설명하였다. "조국의 고문서학에서 지식을 획득하기를 원하는 러시아 고대의 연구자들은 고대 《비블리오피카》에 게재되어 있는 부정확하고 모순적인 증서들의 단편에 만족할 수가 없었다. 왜냐하면 러시아의 점진적인 발전을 설명할 주요한 법령과 협약들의 전집이 요구되었기 때문이었다. 지침서를 갖지 못한 연구자들은 외국 문필가들에게서 자기 국가의 사건과 동맹관계를 애써 알아내고 그들의 저술에 의존하지 않으면 안 되었다"(《국가 증서 및 협약서집》, 제1권, II쪽). 이 말은 옳았다. 왜냐하면 루먄체프 백작의 간행물은 어떤 이전의 간행물도 필적할 수가 없던 체계적인 문서들의 최초의 집대성이었기 때문이었다. 간행된 〔제1 — 편집자〕권에는 1229~1613년 시기의 중요한 증서들이 수집되었다. 이 증서들의 출현과 함께 진지하고 호화롭게 발간된 다량의 귀중한 자료가 학술적으로 유통되기 시작했다.

루먄체프의 문서집 제2권은 1819년에 나왔고 16세기까지의 증서와 동란시대의 문서들이 들어 있다. 반티시-카멘스키는 제2권이 출간되기 전(1814)에 사망하였고 그 대신에 말리놉스키가 발간작업을 하였다. 말리놉스키의 편집 하에 1822년에 제3권이 나왔고 루먄체프가 더 이상 이 세상 사람이 아니었던 1828년에 제4권이 나왔다. 이 두 권에는 17세기 문서들이 들어 있다. 제2권의 서문에서 말리놉스키는 증서의 발간이 외무성 소관으로 넘어갔고 그 처분에 맡겨졌다고 선언하였다. 그러나 이때까지도 제5권은 일이 시작 단계 이상으로 진척되지는 않았는데, 그 안에 외교문서들이 들어가는 제5권은 요즈음에야 발매되고 있다. 만일 루먄체프의 활동을 이 간행물에 국한한다 할지라도 (그는 이것을 위해 약 40,000루블의 경비를 썼다), 그에 대한 기억은 우리 학계에 영원히 살아 있을 것이다. 이 문서집은 그처럼 큰 의미를 갖고 있는 것이다. 역사적 간행물로서 이것은 과거 유물에 대한 우리의 학문적 태도의 원리를 스스로 기념하는 최초의 학문적 법규집이고, 사료로서 이것은 우리 국가의 전체 역사가 당면한 기본 문제들에게 중요한 의미를 지닌 자료들을 한데 모아놓은 지금까지도 가장 주요한 집성들 중의 하나이다.

문서고 자료들을 세상 속으로 끄집어내기 위해 그토록 열심히 노력한 루먄체프 백작은 단순한 학술 애호가가 아니었으며 러시아 유물에 대해 아주 박학다식하였다. 또 그는 과거 유물에 대한 취향이 그의 마음속에 늦게 생긴 것을 계속 아쉬워하였다. 취향이 늦게 나타났다고 해서 고대문헌들을 찾아내고 보존하는 데 많은 수고와 물질적 희생을 마다한 것은 아니었지만 말이다. 그가 학문적 목표를 위해 쓴 비용의 총계는 약 30만 은(銀)루블에 달했다. 그는 사료 발굴단을 자신의 비용으로 파견한 것이 여러 차례였고 모스크바 주위를 직접 탐사하면서 온갖 종류의 과거의 잔재들을 꼼꼼하게 찾아냈으며 발견한 물건마다 매번 후하게 값을 치렀다. 게다가 그의 편지에서 분명히 드러나는 대로 수고 한 편마다 농민 일가족 전부를 해방시켜 주었다. 루먄체프는 높은 직위 덕분에 좋아하는 일을 한결 편하고 폭넓게 수행할 수 있었다. 그리하여 많은 주지사와 고위성직자에게 접근하여 지방 유물에 대한 그들의 지시를 요청하였고, 고대문헌의 수집을 위한 프로그램을 그들에게 지침서로 보내주었다. 그뿐만 아니라 러시아 역사와 관련하여 외국의 서고를 탐사하는 일도 지휘하였으며, 러시아 고대문헌 외에도 러시아에 관한 외국 작가들의 작품도 널리 발간하기를 원하였다. 그는 러시아에 관한 약 70편의 외국인이 쓴 이야기들에 주목하고, 발간 계획도 세웠지만 유감스럽게도 이 일은 이루어지지 못하였다. 그러나 고대문헌 수집 업무만이 재상의 관심을 끈 것이 아니었다. 그는 자주 과거 유물 연구자들의 작업을 격려하면서 그들도 지원하였으며, 몸소 자주 젊은이들에게 학술적 문제를 제기하고 물질적 지원을 하는 등 그들을 고무하여 연구에 뛰어들게 하였다. 루먄체프 백작은 죽기 전에 자신이 모은 풍부한 책과 수고 및 기타 유물을 다른 러시아인들이 전반적으로 이용할 수 있도록 유언을 남겼다. 차르 니콜라이 1세[106]는 처음에 페테르부르크에서 '루먄체프 박물관'이라는 이름으로 일반인들을 위해 이 컬렉션을 개방하였다. 그러나 차르 알렉산드르 2세[107] 치하에서 박물관은 모스크바로 옮겨가서 유명한 파시코프의 집(Пашковой дом)에 위치한 공공 박물관과 합해졌다. 이 박물관들은 우리 고대문헌의 귀중한 창고이다. 우리 역사학 분야에서 루먄체프 백작의 활동은 그렇게 광범위하였다. 활동을 자극한 것은 그의 높은 교육수준과 애국적 성향이었다. 자신의 학문적 목표를 달성하기 위해 그에게는 뛰어난 재능과 물질적 수단이 있었지만, 만일 그 시대의 우수한 사람들이 조력자로서 그를 뒷받침하지 않았더라면 업적 중에서 많은 것을 이루지 못했을 것임을 인정하지 않으면 안 된다. 그의 조력자들은 외무성 문서고의 사람들이었다. 루먄체프 하에서 문서고 소장을 지낸 사람은 Н. Н. 반티시-카멘스키(1739~1814)와 А. Ф. 말리놉스키였다. Н. М. 카람진은 문서고의 정비를 위해 매우 많은 일을 한 이들의 자문과 저술을 이용하였다. 루먄체프 하에서 이 문서고에서 활동을 시작한 젊은 학자 가운데 가장 뛰어난 자들만 언급하자. 그들은 콘스탄틴 표도로비치 칼라이도비치[108]와 파벨 미하일로비치 스트로예프였다. 이 두 사람은 고대문헌의 학술적 발간 작업에 종사하고 매우 훌륭한 비판적 방법으로 무장한 채 수고들을 수집하고 그 목록을 만들면서, 저술들의 수와 중요성에서 대단히 많은

---

106) Николай I, 1796~1855, 러시아 로마노프조의 차르(재위 1825~1855). 그의 치세에 대해서는 이 책 2권 404~439쪽 참조.

107) Александр II, 1818~1881. 러시아의 차르(재위 1855~1881). 그의 치세에 대해서는 이 책 2권 440~495쪽 참조.

108) Константин Федорович Калайдович, 1792~1832. 러시아의 고문헌학자이자 역사가.

일을 하였다.

칼라이도비치의 일대기는 그다지 잘 알려져 있지 않다. 그는 1792년에 태어났으며 오래 살지 못하였는데, 광기와 극도의 가난 속에서 40년의 생애를 마쳤을 뿐이다. 1829년 포고딘은 그에 대해서 스트로예프에게 다음과 같이 썼다. "칼라이도비치의 광기는 끝났지만, 쇠약과 심기증은 그대로 남아 있어서 비애 없이는 그를 쳐다볼 수가 없습니다. 그는 가난합니다. …" 칼라이도비치는 루먄체프가 총애하는 동료로서 루먄체프 그룹 일에 자신의 활동을 거의 집중하였다. 그는 《국가 증서 및 협약서집》의 발간에 참가하였고, 1817년에는 스트로예프와 함께 고대 수고를 발굴하기 위해 모스크바 구베르니야[109]와 칼루가(Калуга) 구베르니야를 여행하였다. 이 여행은 당시 특수한 목적, 즉 고문헌 발굴의 목적을 가진 최초의 지방 사료 탐사였다. 탐사는 루먄체프 백작의 발의로 이루어졌고 큰 성공을 거두었다. 스트로예프와 칼라이도비치는 1073년 판 《스뱌토슬라프 문집》(Изборник Святослава)과 일라리온[110]의 《코간 블라디미르에게 바치는 찬사》(Похвала Когану Владимиру)를 발견하였다. 게다가 볼로콜람스크(Волоколамск) 수도원에서는 《이반 3세 법전》(Судебник Иван Ⅲ)도 찾았다. 이것은 당시 완전히 새로운 것이었다. 즉 러시아어로 된 대공의 법전을 그때까지 어느 누구도 알지 못했고, 카람진은 허버슈타인[111]의 라틴어 번역본을 이용했던 것이다. 백작은 새로 발견된 문헌들을

---

109) губерния. 표트르 1세에 의해 제정되어 1929년까지 존속된 러시아의 행정구역. 그 후 오블라스티와 크라이로 대체되었다.

110) Илларион, ?~?. 러시아 정교회의 키예프 주교. 11세기 중엽에 활동한 인물이다. 키예프 대공 야로슬라프 무드리(현공) 때 성사도(聖使徒) 교회의 사제였으며, 1051년 러시아인으로서는 처음으로 키예프의 성소피아 교회의 주교가 되었다.

111) Sigmund von Herberstein, 1486~1566. 독일의 외교관이자 여행가. 러시아 주재 독일 사절 역임.

환영하였고 젊은 학자들의 노고를 치하하였다. 법전은 1819년 그의 비용으로 스트로예프와 칼라이도비치에 의해 간행되었다〔《이오안 바실레비치 대공과 그의 손자 차르 이오안 바실레비치의 법률들》(Законы Великого Князя Иоанна Васильевича и внука Царя Иоанна Васильевича, Москва, 1819년; 재판, Москва, 1878년)〕. 간행 활동과 고문헌 발굴 활동 외에 칼라이도비치는 문헌 연구로도 유명하였다〔《불가리아 교구장, 이오안》(Иоанн, Экзарх Болгарский)〕. 요절과 불행한 삶은 이 유능한 사람에게 자신의 풍부한 능력을 맘껏 발휘할 수 있는 기회를 주지 못하였다.

П. М. 스트로예프는 젊은 시절 칼라이도비치와 긴밀하게 교류하였다. 빈한한 드보랴닌 가문 출신인 스트로예프는 1796년 모스크바에서 태어났다. 1812년 대학에 입학할 예정이었으나, 전쟁이 터지는 바람에 대학 강의가 중단되어 입학을 할 수가 없어서 1813년 8월에야 대학생이 되었다. 이곳에서 그의 스승들 가운데 가장 뛰어난 사람은 네스토르 연대기의 발간으로 유명한 로마 문학 교수 팀콥스키[112] (1820년에 사망. 네스토르 연대기는 1824년에 발간되었다. 팀콥스키는 연대기를 발간할 때 고대 고전학자들의 간행 방법을 적용하였다.)와 이른바 회의론 학파의 창시자인 카체놉스키[113] (1842년 사망)였다. 대학 입학 즉시, 즉 17살에 스트로예프는 1814년에 출판되어 널리 인정받은 교과서가 되었고 5년 뒤 신판 발행이 다시 요청된 간략한 《러시아 역사》(Российская История)를 집필하였다. 1815년에 스트로예프는 이미 자신의 잡지인 〈러시아 문학 당대 관찰자〉(Современный наблюдатель Российской Словесности)로 두각을 나타낸다. 스트로예프는

112) Роман Федорович Тимковский, 1785~1820. 모스크바 대학의 로마 및 그리스 문학 교수.

113) Михаил Трофимович Каченовский, 1775~1842. 러시아의 저널리스트 및 교수.

이 잡지를 매주 만들려고 생각했으며 3월부터 7월까지만 나왔다. 그 해 1815년 말에 파벨 미하일로비치는 대학을 끝내지 않고 그만두었으며 루먄체프의 제안으로 국가 증서 및 협약서 발간 위원회에 들어간다. 루먄체프는 그를 높이 평가하였고, 알려진 대로 이 점에서 루먄체프는 옳았다. 성공적인 연구실 활동 외에도 스트로예프는 1817년부터 1820년까지 루먄체프의 비용으로 칼라이도비치와 함께 모스크바 관구와 칼루가 관구의 서고들을 돌아다닌다. 우리는 이미 어떤 중요한 고대문헌들이 당시 발견되었는가를 알고 있다. 발견된 이 문헌들 외에 약 2,000편에 이르는 수고의 목록이 작성되었고 스트로예프는 이 여행에서 수고에 대한 큰 지식을 얻었으며 이 지식으로 그는 카람진에게 많은 도움을 주었다. 이 탐사 이후에도 1822년 말까지 스트로예프는 루먄체프 밑에서 계속 일한다. 1828년에 스트로예프는 모스크바 대학 부속의 러시아 역사 및 고대 유물 협회(Общество Истории и Древностей Российских)의 정회원으로 선출되었다(이 협회는 고대 연대기 발간을 위해 1804년에 설립되었다). 1823년 7월 14일 협회의 회의에서 스트로예프는 거대한 프로젝트를 들고 나왔다. 그는 자신의 선출을 맞이하여 훌륭한 연설을 하였다. 먼저 그는 선출에 대해 감사를 표한 뒤 협회의 목적 — 연대기의 발행 — 이 너무 협소하다고 언급하고, 협회가 다룰 수 있는 일반적으로 역사적인 고대문헌들을 모두 연구하고 간행하는 것으로 목적을 대체할 것을 제안하였다. 스트로예프는 다음과 같이 말하였다. "협회는 찾아내서 세상에 알려야 하고, 만일 스스로 다듬을 수 없으면 우리 역사와 고대 문학의 모든 필기문헌들을 다듬을 수단들을 다른 이들에게 제공해야 합니다. …" 그는 말했다. "온 러시아를 우리가 쉽게 접근할 수 있는 하나의 도서관으로 만듭시다. 우리는 우리의 할 일을 수백 편의 잘 알려진 수고에 국한하지 말고, 어느 누구도 보존하고 있지 않고 그 목록도 만들지 않은 수도원과 대성당 창고의 무수한 수고로, 시간과 태만한 부주의로 사정없이 황폐화되고 있는 문서고의 무수한 수고로, 햇빛이 닿지 않는 헛간과 지하실의 무수한 수고로 넓혀야 합니다. 고대 서적과 두루마리 더미들은 쥐, 벌레, 녹, 진딧물이 더 쉽고 더 빨리 그것들을 없애버릴 수 있도록 어쩌면 헛간과 지하실에 모아져 있는 것 같습니다! …" 요컨대 스트로예프는 지방 도서관들이 소장해 온 모든 고대문헌을 세상에 드러낼 것을 제안하였고, 이러한 목적을 달성하기 위해 지방 서고의 목록을 작성할 사료 발굴단을 파견할 것을 협회에 제안하였던 것이다. 이 발굴단의 시험 여행은 스트로예프의 프로젝트에 따르면 노브고로드에서 수행될 예정이었다. 이곳에서 발굴단은 소피야(София) 대성당에 소재한 도서관을 조사해야 했다. 나아가 발굴단은 스트로예프의 계획에 따르면 10개의 구베르니야〔노브고로드(Новгород), 페테르부르크(Петербург), 올로네츠(Олонец), 아르한겔스크(Архангельск), 볼로고다(Вологода), 뱌트카(Вятка), 페름(Перм), 코스트로마(Кострома), 야로슬라프(Ярослав), 트베리(Тверь)〕를 포괄하는 제1차 여행, 즉 북부 여행을 완수하지 않으면 안 되었다. 북부에는 도서관을 가진 수도원들이 많기 때문에, 이 여행은 2년 이상 소요되고, 스트로예프의 희망대로 훌륭한 성과, 즉 '풍부한 수확'을 거둘 예정이었다. 그곳에는 고대 수고들을 매우 주의 깊게 다루는 구교도들이 살았고 지금도 살고 있다. 그리고 북부에서는 적대적인 포그롬[114]이 가장 적게 발생하였다. 제2차 여행, 즉 중부 여행은 스트로예프의 프로젝트에 따르면 2년의 시간이 소요되고 러시아의 중부 지대〔모스크바 구베르니야, 블라디미르(Владимир) 구베르니야, 니제고로드(Нижегород) 구베르니야, 탐보프(Тамбов) 구베르니야, 툴라(Тула) 구베르니야, 칼루가 구베르니야, 스몰렌스크(Смоленск) 구베르니야, 프스코프 구베르니야〕를 포괄할 것이었다. 제3차 여행, 즉 서부 여행은

114) погром, 인종 집단, 특히 유대인에 대한 집단학살이나 폭행, 약탈을 가리키는 말.

러시아의 남서부로 향하기로 되었고〔9개 구베르니야: 비텝스크(Битеб-ск), 모길료프(Могилев), 민스크(Минск), 볼린(Волын), 키예프(Киев), 하리코프(Харьков), 체르니고프(Чернигов), 쿠르스크, 오를로프(Орлов)〕, 1년의 기간을 요할 것이었다. 이들 여행으로 스트로예프는 지방, 특히 종교기관 도서관들에 소재한 모든 역사자료를 체계적으로 기록하기를 원하였다. 그는 1년에 총 7,000루블의 비용을 책정하였다. 그는 발굴단이 작성한 모든 기록을 하나의 공통된 연대기와 역사-법 자료 목록으로 합할 생각이었으며, 그 후 그때까지 해온 대로 임의의 판본이 아니라 발굴단에 의해 기록된 것 중에서 가장 좋은 원고에 따라 역사적 고대문헌들을 발간할 것을 협회에 권고하였다. 이처럼 매혹적인 전망을 그리면서 스트로예프는 자신의 프로젝트를 수행할 가능성을 능숙하게 보여주었고 또 그것을 채택할 것을 고집하였다. 그는 고문헌학 분야에서 숙련과 경험을 쌓는 데 큰 도움을 받았던 루먄체프에게 바치는 찬사로 연설을 끝냈다. 물론 1817~1820년의 루먄체프 발굴단 덕분에 스트로예프는 자신이 제안한 거대한 발굴단을 꿈꿀 수 있었던 것이다.

협회의 회원 대다수는 스트로예프의 연설을 젊은 현인의 대담한 공상으로 간주하였고, 협회는 스트로예프가 묘사한 바 있는 노브고로드의 소피야 도서관 하나만의 조사를 위한 자금을 그에게 제공하였다. 스트로예프의 연설은 협회의 잡지에 게재되지도 않았으나 〈북부 문서고〉[115]에 등장하였다. 사람들은 연설을 읽고 잊어버렸다. 스트로예프 자신은 당시 돈 카자크[116]들의 역사를 공부하였고, 유명한 카람진

115) Северный Архив. 1820~1830년대 상트페테르부르크에서 발간된 잡지. 역사와 여행 등에 관한 글들이 실렸다.

116) казак. 코사크. 15~17세기에 농노제의 지배를 면한 변경의 자유민들을 일컫는다. 러시아혁명 전에는 돈, 쿠반, 오렌부르크 지방 등지의 군관구에서 토지 사용의 특권을 누리는 대신 군대에 복무하게 된다.

의 《러시아 국가의 역사를 여는 열쇠》(Ключ к истории Государства Российского)를 집필하였으며 여러 잡지에 글도 썼다. 또 사서로서 톨스토이(Ф. А. Толстой) 백작에게 다가가, 칼라이도비치와 함께 현재 제국 공공 도서관에 소장되어 있는 Ф. А. 톨스토이 백작의 풍부한 수고 컬렉션의 카탈로그를 작성하여 발간하였다. 스트로에프의 저술들은 학술원의 주목을 받았고, 1826년에 학술원은 스트로에프에게 객원 회원의 호칭을 부여하였다. 최신의 저술들 속에서 스트로에프는 자신의 연설에 대해서 잊어버린 듯이 보였으나 실제로는 그렇지 않은 것으로 드러났다. 소문에 의하면 대공비 마리야 파블로브나[117]가 〈북부 문서고〉에서 스트로에프의 연설을 읽고 큰 관심을 보였으며, 이 관심 덕분에 스트로에프는 학술원 원장인 C. C. 우바로프[118] 백작에게 편지를 쓰게 되었다고 한다. 이 편지에서 그는 협회에서 개진하였던 계획을 다시 개진하면서 고문헌 발굴 여행을 할 노련한 고문헌학자로서 스스로를 천거하고, 자신이 제안한 일을 수행하기 위한 상세한 계획을 알린다. 우바로프는 스트로에프의 편지를 학술원에 넘겨주었고, 학술원은 자신의 회원 크루크[119]에게 편지를 검토·평가할 것을 의뢰하였다. 1828년 5월 21일, 크루크의 매우 훌륭한 평가 덕분에 중요한 사항이 결정되었다. 학술원은 고문헌 발굴이 "제국의 제 1 학술기관이 회피해서는 안 되는 성스러운 의무"인데도 "무관심을 보인 데 대해 정당한 질책을 받지 않았음"을 인정하면서, 스트로에프를 여행 보내고 그 비용으로 10,000 아시그나치야 루블을 지출하기로 결정하였다. 그리하여 고문헌 발굴단이 창설되었다. 고문헌 발굴

117) Мария Павловна, 1786~1859. 황제 파벨 1세의 딸로 1828년에 왕위에 오르게 되는 작센-바이마르 황태자 카를 프리드리히의 부인.

118) Сергей Семенович Уваров, 1786~1855. 러시아의 위정자로 교육대신 및 학술원 원장 역임.

119) Ф. И. Круг, ?~? 러시아의 고문헌학자.

단을 위한 조수들의 선발은 스트로예프 자신에게 맡겨졌다. 그는 외무성 문서고의 직원 두 명을 선발하였고 그들과 매우 흥미로운 약정을 맺었다. 말하자면 그는 약정서에서 다음과 같이 썼다. “갖가지 오락이 아니라 온갖 종류의 수고와 곤란과 궁핍이 발굴단을 기다리고 있다. 그러므로 본인의 동반자들은 힘들고 불쾌한 모든 것을 참을 수 있는 끈기와 각오로 고무되어 있어야 한다. 소심함과 우유부단함, 그리고 불평불만이 그들을 사로잡지 않으리라는 것이다!…” 나아가 그는 열악한 주거지와 스프링이 달린 마차가 아닌 짐마차를 감내해야 할 경우가 자주 있을 것이며, 차도 항상 마시지는 못할 거라고 조수들에게 미리 경고한다. 명백히 스트로예프는 어떤 상황에서 자신이 작업을 할 것인지를 알고 있었고 기꺼이 궁핍을 감수하였다. 그의 최초의 동반자들은 어려움을 겪고서 반 년 뒤 업무에서 손을 뗐다.

여행 준비를 완벽히 한 뒤 모든 문서고를 열어줄 공식 서류들을 마련하고서 스트로예프는 1829년 5월 모스크바를 떠나 백해 연안으로 출발하였다. 아주 흥미로운 이 탐사를 상세히 서술하는 일은 매우 오랜 시간이 걸릴 것이다. 궁핍, 교통 및 작업 자체의 어려움, 생활과 노동의 살인적인 위생상태, 질병, 때로는 무례한 문서고와 도서관 직원들의 악의와 의심 등, 이 모든 것들을 스트로예프는 냉정하게 견뎌냈다. 그는 때로는 놀라울 정도로 힘들고 무미건조한 작업에 전력을 다하였고, 아주 가끔만 한 달 정도의 휴식을 위해 휴가를 이용하여 가족에게로 돌아갔다. 이 작업에서 그가 베레드니코프[120]라는 훌륭한 조수를 찾아내 1830년에 이전 관리들을 대신할 수 있었던 것은 다행스런 일이었다. 이 두 일꾼들의 열정은 놀라운 성과를 낳았다. 그들은 5년 반 동안 작업을 하면서 러시아 북부와 중부 지역 전체를 두루 돌아다녔고, 200곳 이상의 도서관과 문서고를 살펴보았으며, 14, 15,

120) Яков Иванович Бередников, 1793~1854. 러시아의 역사가 및 고문헌학자.

16, 17세기에 관계된 약 3,000편의 역사-법률 문서들을 베껴 썼고, 연대기와 문학적 성격을 지닌 다량의 고대문헌을 조사하였다. 그들이 수집하여 다시 정서한 자료들은 10권의 엄청나게 두꺼운 책으로 묶였고, 그들의 초고 속에는 다량의 정보와 발췌 및 지시들이 들어 있어서 그것들을 바탕으로 스트로예프는 두 권의 뛰어난 저술을 집필할 수 있었다. 이 저술들은 그가 죽은 뒤에 인쇄되어 세상에 나왔다〔이것은 《러시아 교회의 주교 및 수도원장 일람》(Списки иерархов и настрятелей монастырей Российской церкови)과 《역사적·문학적 내용을 가진 모든 수고들의 서지 사전 혹은 알파베트순 목록》(Библиографический словарь или алфавитный перечень всех рукописей исторического и литературного содержания)이다. 전자에는 역사가 기억하는 모든 주교와 수도원장들이 실려 있고, 후자의 수고들은 스트로예프만이 자기 생애 동안 본 것이다〕.

스트로예프의 여행은 러시아의 교육받은 사람들 전체의 주목을 끌었다. 학자들은 그에게 발췌와 지시 및 정보를 요청하였다. 당시 《러시아 제국 법령 전집》(Полное Собрание Законов Российской Империи)의 발간을 준비하던 스페란스키[121]는 명령들을 수집하는 데 스트로예프에게 도움을 청하였다. 더욱이 매년 학술원 연회(年會)의 날인 12월 29일에는 고문헌 발굴단의 활동에 관한 보고도 수행되었다. 발굴단에 대한 소식이 잡지에 게재되었다. 황제 니콜라이는 발굴단이

---

121) Михаил Михаилович Сперанский, 1772~1839. 러시아의 백작으로 정치가. 1797년부터 내무부에 근무하였다. 알렉산드르 1세의 인정을 받아 1809년 10월 러시아 최초의 헌법 초안이라고 할 만한 대폭적인 국가개조안을 작성했지만, 보수적인 관료들과 귀족층의 반대와 나폴레옹 전쟁으로 인해 그 일부만 시행되는 데 그쳤다. 1812년 황제의 총애를 잃어 시베리아로 유배되었으나 1819년에는 시베리아 총독으로 취임하였다. 니콜라이 1세의 즉위와 함께 중앙정계로 복귀하여 데카브리스트들의 심문위원회 의장이 되었고 《러시아 제국 법령 전집》의 편집을 주도하였다.

수집해 정서한 방대한 법규 책자들을 '처음부터 끝까지' 독파하였다.

1834년 말 스트로예프는 거의 일을 마무리하고 있었다. 북부와 중부 여행은 끝났다. 가장 작은 여행, 즉 소러시아,[122] 볼린,[123] 리투아니아 및 백러시아를 둘러볼 서부 여행만이 남아 있었다. 1834년에 있은 자신의 학술원 보고에서 스트로예프는 의기양양하게 이를 언급하였고, 창설 이래 고문헌 발굴단이 거둔 실적을 열거하면서 다음과 같이 말하였다. "다음 사항이 제국 학술원의 재량에 달려 있습니다. (1) 더 이상은 없다는 것, 즉 알려지지 않은 자료는 더 없다는 것을 확증하기 위해 제국의 나머지 지역에서 고문헌 발굴을 계속하든지, 혹은 (2) 거의 준비된 역사-법률 문서들의 발간과 저의 지시에 따라 다른 문서(즉 연대기 문서)들의 수집을 시작하는 것이 그것입니다. …" 스트로예프의 이 보고는 1834년 12월 29일의 경축 모임에서 행해졌으며, 거의 같은 날에 스트로예프는 당국(학술원이 아님)의 의지로 고문헌 발굴단이 더 이상 존재하지 않게 되고 스트로예프가 획득한 문서들을 검토·발간하기 위해 문부성 산하에 **고문헌 위원회**가 설립되었음을 알았다. 스트로예프는 이전 조수인 베레드니코프 및 발굴단에 전혀 관여하지 않은 두 명의 다른 인사들과 나란히 이 위원회의 평회원으로 임명되었다.* 재빨리 상설 기관으로 변모한 위원회(위원회는 지

122) Малороссия. 지금의 우크라이나를 가리킨다.

123) Волынь. 서부크 강변에 위치한 러시아의 도시.

* 귀중한 업무가 타인의 처분에 맡겨짐을 보는 것은 스트로예프에게 힘든 일이었다. 그리하여 그는 위원회를 재빨리 그만두고 모스크바에 정착하나 부득이하게 위원회의 회원들과 활발한 관계를 유지한다. 위원회는 초기에 학술 활동에서 많은 것을 그에게 의존하였다. 그는 모스크바의 문서고들을 조사하는 등, 생애 말년까지 위원회를 위해 계속 일한다. 이곳에서 그의 지도 하에 모든 이들에게 잘 알려진 자벨린[124]과 칼라쵸프[125]가 자신의 저술들을 집필하기 시작한다. 동시에 스트로예프는 역사 및 고대 유물 협회를 위해서도 계속 일을 하여, 협회의 도서관이 소장한 자료들의 목록을 만들기도 하였다. 그는 1876년 1월 5일 80세를 일기로 생을 마감하였다.

금도 존재한다)의 설립으로 우리의 고대문헌 간행에서 새로운 시대가 시작된다.

처음에 스트로예프가 발견한 문서들을 간행한다는 일시적인 목적으로 설립되었던 고문헌 위원회는 1837년부터 위에서 언급한 대로 역사 자료 일반을 검토·발간하기 위한 상설 위원회가 되었다. 위원회의 활동은 그 존속 기간 내내 발간된 수많은 간행물들로 나타났는데 그 중에서 가장 중요한 것을 몇 가지 적시하지 않으면 안 된다. 위원회는 1836년에 《제국 학술원의 고문헌 발굴단에 의해 러시아 제국의 도서관과 문서고에서 수집된 문서들》(Акты, собранные в библиотеках и архивах Российской империи Археографической экспедицией Императорской Академии наук)이라는 제하에 처음으로 대형 서적 4권을 간행하였다〔속어로 이 간행물은 《발굴단 문서들》(Акты Экспедиции)이라는 제목을 갖고 있으며, 학술적 인용에서는 AЭ라는 문자로 표시된다〕. 1838년에는 《법규들 혹은 고대 사무 서식집》(Акты юридические или собрание форм старинного делопроизводства, 1권)이 출현하였다. 이 간행물에는 18세기까지의 사적 생활에 관한 법규들이 게재되었다. 1841년과 1842년에는 5권짜리 《고문헌 위원회에 의해 수집되어 간행된 공용고문서들》(Акты исторические, собранные и изданные Археографической комиссией. 1권은 17세기 전의 문서들을, 2권부터 5권까지는 17세기의 문서들을 〔담고 있다—편집자〕)이 나왔다. 그 뒤 《공용고문서들에 대한 부록》(Дополнения к актам историческим)(총 12권으로 12~17세기의 문서들을 포함한다)이 나오기 시작하였다. 1846년부터 위원회는 《러시아 연대기 전집》(Полное Собпание Русских Летописей)의 체계적인 간행에 착수하였다. 위원회는 8권을 매우 빨

124) Иван Егорович Забелин, 1820~1908. 러시아의 저명한 역사가이자 고문헌학자.

125) Н. В. Калачев. 러시아의 역사가.

리 성공적으로 발간하였다〔1권-《라브렌티 연대기》(Лаврентьевская летопись), 2권-《이파티 연대기》, 3권과 4권-《노브고로드 연대기》(Новгородская летопись), 4권 말과 5권-《프스코프 연대기》(Псковская летопись), 6권-《소피야 일지》, 7권과 8권-《보스크레센스크 연대기》〕. 그 후 얼마간 발간이 지연되었고, 오랜 세월이 지난 뒤에야 9~14권이 나왔다(그 안에 포함된 텍스트는《니콘 연대기》이다). 그런 뒤 15권〔《트베리 연대기》(Тверская летопись) 포함〕, 16권〔《아브람카 연대기》(Летопись Аврамки)〕, 17권〔《자파드노루스키예 연대기》(Западнорусские летописи)〕, 19권〔《카잔[126] 연대기》(Казанский летописец)〕, 20권〔《리보프 연대기》(Львовская летопись)〕, 21권(《계보》), 22권〔《러시아 흐로노그라프》(Русский Хронограф)〕, 23권〔《예르몰린 연대기》(Ермолинская летопись)〕 등이 나왔다.

문서의 수와 중요성에서 엄청난 이 모든 자료는 우리의 학문에 활기를 불어넣었다. 많은 연구서(예를 들어 솔로비요프와 치체린의 아주 훌륭한 저술들)가 거의 이 자료들에만 근거하였고, 고대 사회생활의 문제들이 해명되었으며, 고대 생활의 많은 세세한 부분이 연구가 가능해졌다.

기념비적인 최초의 작업들이 끝난 이후에도 위원회는 활발하게 일을 계속하였다. 지금까지 40편 이상의 간행물이 위원회에 의해 발간되었다. 다음의 것들은 이미 언급한 것들 이상으로 매우 큰 중요성을 갖는다. (1)《러시아 서부의 역사에 관한 문서들》(Акты, относящиеся

126) Казань. 러시아 서부 타타르 자치공화국의 수도. 볼가강 중류 좌안, 카잔카강이 볼가강에 합류하는 지점에 있다. 볼가강 중류지역의 경제, 교통, 문화의 중심지이다. 13세기 후반 불가르족이 카잔카강의 중류유역에 건설하였다가 14세기 말 볼가강 근처로 옮겼으나 1399년 모스크바공 드미트리 예비치의 군대가 이를 파괴하였다. 1445년 도시가 재건되어 카잔 한국의 수도가 되었으며 볼가강 중류 지역의 중요한 상업도시가 되었다. 모스크바 대공 이반 3세의 공략을 거쳐 1552년 이반 4세가 점령하였다.

к истории Западной России, 전5권), (2) 《러시아 서부와 남부의 역사에 관한 문서들》(Акты, относящиеся к истории Западной и Южной России, 전15권), (3) 《고대 러시아의 법 생활에 관한 문서들》(Акты, относящиеся до юридического быта древней России, 전3권), (4) 《러시아 역사 도서관》(Русская Историческая библиотека, 전28권), (5) 《수도대주교 마카리의 대순교전》(Великие Минеи Четьи митрополита Макария, 약 20분책), (6) 17세기 노브고로드와 이조르스크(Ижорск)의 《토지대장》(Писцовые книги), (7) 《러시아에 관한 외국어 문서들》(Акты на иностранных языках, относящиеся к России, 전3권과 부록), (8) 《러시아에 관한 외국인 작가들의 이야기》(Сказания иностранных писателей о России, *Rerum Rossicarum scriptores exteri*), 전2권 등.

제국 고문헌 위원회를 본떠 키예프와 빌나[127]— 스트로예프가 방문하지 못했던 바로 그 지역들— 에도 그와 같은 위원회들이 생겼다. 이 위원회들은 지역 자료의 발간과 조사 작업에 종사하였고 이미 많은 일을 하였다. 특히 작업은 키예프에서 성공적으로 진행된다.

고문헌 위원회들의 간행물 외에 우리는 또한 온전한 일련의 정부 간행물도 갖고 있다. 제국 관방(Канцелярия Его Величества)의 제 2 지국은 《러시아 제국 법령 전집》(1649년부터 현재까지의 법령들)의 발간에 그치지 않았다. 제 2 지국은 《모스크바 국가와 유럽의 외교관계 문헌들》(Памятники дипломатических сношений Московского государства с Европой, 전10권), 《궁정 문서들》(Дворцовые разряды,[128] 전5권), 《문서집》(Книги разрядные, 전2권)도 발행하였다.

---

127) Вильна. 유럽 북부 발트해에 면한 리투아니아의 수도. 빌뉴스라고도 한다.

128) 라즈랴트(разряд)란 16~18세기 초에 존재한 러시아 국가의 중앙관청의 하나로서 관리들의 인사나 군(軍)관계 사무, 그리고 남쪽 도시와 군(郡)관계 사무를 총괄하였다(=разрядный приказ). 라즈랴트는 이 관청이 발

고대문헌 발간 사업에서 정부 활동과 나란히 사적 활동도 전개되었다. 스트로예프 시대 동안 겨우 명맥을 유지하던 모스크바 러시아 역사 및 유물 협회는 원기를 되찾고 새로운 간행물로 자신이 건재함을 알린다. **보댠스키**[129]가 편집한 《모스크바 역사 및 유물 협회 강독》(Чтения в Московском Обществе Истории и Древностей) 이후 협회는 **벨랴예프**[130]의 편집 하에 《제국 모스크바 역사 및 유물 협회 일지》(Временник Императорского Московского Общества Истории и Древностей, 전25책으로 풍부한 자료와 연구논문 및 일련의 문서를 담고 있다)를 간행하였다. 1858년에 보댠스키가 협회의 서기로 새로 선출되었고, 그는 벨랴예프의 《일지》 대신에 예전처럼 《강독》을 간행하기 시작하였다. 보댠스키 이후 1871년에 서기로 선출된 사람은 **포포프**(А. Н. Попов)였으며, 1881년에 그가 사망한 뒤에는 **바르소프**[131]가 그 뒤를 이었는데, 이들 하에서도 《강독》은 계속 이어진다. '러시아' 협회(1846년에 창립)라 불리는 **페테르부르크 협회**와, **모스크바 협회**(1864년에 창립) 등 고문헌 협회들도 저술들을 계속 간행하였고 지금도 간행하고 있다. 지리 협회(Географическое Общество, 1846년부터 페테르부르크에 존재)도 고문헌학과 역사학 작업에 종사하였으며 지금도 종사하고 있다. 협회의 간행물 중 우리에게 특히 흥미로운 것은 《**토지대장**》〔전2권, 칼라쵸프 편집〕이다. 1866년부터 (특히 18세기 역사에 대해) 작업을 해온 **제국 러시아 역사 협회**(Русское Историческое Общество)는 이미 약 150권에 이르는 《선집》(Сборник)을 발간하는데 성공하였다. 예를 들어 오데사 역사 및 유물 협회(Одесское Общество Истории и Древностей)와 구베르니야 학술 고문서 위원회들

행한 문서를 가리키기도 한다.

129) Осип Максимович Бодянский, 1808~1877. 러시아의 역사가.

130) Иван Дмитриевич Беляев, 1810~1873. 러시아의 역사가이자 법학자.

131) Елпидифор Васильевич Барсов, 1836~1917. 러시아의 고대문헌 연구가.

등, 학술 역사 협회들이 지방에도 자리 잡기 시작한다. 개별 인물들의 활동도 나타난다. 무하노프,[132] 오볼렌스키(M. A. Оболенский) 공, 페도토프-체홉스키,[133] 리하쵸프[134] 등의 개인 모음집들은 매우 귀중한 자료들을 담고 있다. 1830년대와 40년대부터 우리 잡지들에는 역사 자료들이 게재되기 시작하고, 예를 들어 〈러시아 문서고〉(Русский Архив), 〈러시아 과거〉(Русская Старина)처럼 심지어 러시아 역사만을 다루는 잡지도 출현한다.

* * * * *

개별 역사적 자료의 특성으로 넘어가 무엇보다도 연대기 형태의 사료, 특히 연대기를 상세히 논해보자. 왜냐하면 우리는 주로 연대기로 루시의 상고사와 친숙해져야 하기 때문이다. 그러나 연대기 문헌을 연구하기 위해서는 연대기에서 통용되는 용어들을 알 필요가 있다. 학계에서 '연대기'는 사건들에 대한 연도별 이야기를 가리킨다. 이 이야기는 어떤 곳에서는 간략하고 어떤 곳에서는 좀더 상세하며, 언제나 연도에 대한 정확한 표시가 있다. 우리의 연대기들은 엄청나게 많은 14~18세기의 판본, 즉 사본들 속에 보존되었다. 편찬 장소와 시기에 따라, 그리고 내용에 따라 연대기들은 부류들로 나뉜다(노브고로드, 수즈달, 키예프, 모스크바 부류들이 있다). 한 부류의 연대기 사본들은 말과 표현에서뿐만 아니라 심지어 소식의 선택 자체에서도 서로

132) Павел Александрович Муханов, 1798~1871. 러시아의 역사가이자 고문헌학자.

133) Александр Алексеевич Федотов-Чеховский, 1806~1892. 러시아의 법학자.

134) Николай Петрович Лихачев, 1862~1936. 러시아의 역사가 및 고문헌학자.

상이하며, 어떤 부류의 사본들 중의 하나에 있는 사건이 다른 사본에는 없는 경우도 빈번하다. 이 결과 사본들은 편찬자에 따라 이본들로 나뉜다. 한 부류의 사본들의 차이는 우리 역사가들로 하여금 우리의 연대기들이 모음집이며 그 원 사료는 순수한 형태로 우리에게 전해지지 않았다는 생각이 들게 하였다. 이러한 생각은 П. M. 스트로예프에 의해 이미 1820년대에 《소피야 일지》 서문에서 처음으로 표방되었다. 그 후 연대기들을 더욱 잘 알게 되자 궁극적으로 우리에게 알려진 연대기들은 소식과 이야기들의 집성으로서 몇몇 저술들을 편찬한 것이라는 확신이 생겨났다. 지금도 학계에서는 심지어 상고시대의 연대기조차도 편찬된 집성이라는 의견이 지배적이다. 그리하여 네스토르 연대기는 12세기의 집성이고, 수즈달 연대기는 14세기의 집성이며, 모스크바 연대기는 16세기와 17세기의 집성이라는 것이다.

연대기 문헌에 대한 연구를 이른바 네스토르 연대기에서 시작해보자. 이 연대기는 노아의 대홍수 이후 종족들의 이주에 대한 이야기로 시작하여 약 1110년 경에 끝난다. 그 제목은 다음과 같다. 《이것은 지난 세월의 이야기들(다른 사본들에는 다음이 부가되어 있다: 페체르스크 수도원[135]의 수도사 페도시예프[136]의)이다. 루시 땅은 어디서 왔고, 누가 처음으로 키예프를 다스리기 시작하였으며, 루시 땅은 어떻게 발생했는가》〔Се повести временных лет (черноризца Федосьева Печерского монастыря) откуда есть пошла Русская земля, кто в Киев нача первые княжити, и откуда Русская земля стала есть〕. 이리하여 제목에서 우리는 저자가 단지 다음과 같은 것만을 말하겠다고 약속하는 것을 본다. 누가 처음으로 키예프를 다스리기 시작하였으며, 루시 땅은 어디서 비롯하였는가. 이 땅의 역사 자체는 말하겠다고 약

---

135) Печерский монастырь. 동굴 수도원으로 번역될 수 있다.

136) Федосьев. 세례명 Феодосий에서 파생된 이름으로 여기서는 수도사 페오도시를 가리킨다.

속하지 않았지만 실제로 역사는 1110년까지 진행된다. 1110년 이후 우리는 연대기에서 다음과 같은 부언을 읽는다. 성 미하일의 수도원장 셀리베스트르[137]는 하느님의 은총을 바라면서, 키예프를 다스리던 볼로디미르[138]공의 치세 하에서 내[139]가 성 미하일의 수도원장으로 있던 당시 인딕트[140] 9년인 6624년(즉 1116년)에 이 책, 연대기를 썼다. 이리하여 연대기 집성의 저자는 실베스트르(Сильвестр)라는 결론이 나오지만, 다른 자료에 따르면 《지난 세월의 이야기》(Повести временных лет)라는 제목으로 알려진 연대기를 쓴 사람은 비두비츠(Выдубиц) 수도원의 원장이었던 실베스트르가 아니라 페체르스크 수도원의 수도사인 네스토르이다. 타티셰프도 연대기를 네스토르의 작품으로 인정하였다. 고대 《페체르스크 성자전》(Патерик Печерский)에서 우리는 네스토르가 수도원의 페오도시(Феодосий)에게 갔고 17살 때 그에 의해 머리가 깎였으며, 그리고 연대기를 썼고 수도원에서 죽었다는 내용의 이야기를 읽는다. 연대기 1051년 항목의 페오도시에 관한 이야기에서 연대기 편자는 자신에 대해서 이렇게 말한다. "나는 그(페오도시)에게 초췌한 모습으로 도착하였고 그는 나를 받아들였으며 나는 17살이었다." 게다가 1074년 항목에서 연대기 편자는 페체르스크의 위대한 고행자들에 대한 이야기를 전하고 그들의 공적에 대해서 수도사들로부터 많은 것을 들었으며, 그 자신 "다른 것의 목격자이기도 하였다"고 말한다. 1091년 항목에서 연대기 편자는 자기 시대에 심지어 자신의 참석 하에 페체르스크의 성직자들이 어떻게 성 페오도시의 유골을 새로운 장소로 옮겼는지를 직접 말하고 있다. 이 이야기에서 연대기 저

137) Селивестр. 세례명 Сильвестр에서 나온 이름으로 여기서는 수도원장 실베스트르를 가리킨다.

138) Володимир. 블라디미르를 가리킨다.

139) 셀리베스트르, 즉 실베스트르를 가리킨다.

140) индикт. 고대교회 역법의 한 단위(15년).

자는 스스로를 페오도시의 '종이자 사도'로 부른다. 1093년 항목에서는, 폴로베츠인[141] 들이 키예프를 습격하고, 그들에 의해 페체르스크 수도원이 점령당하는 이야기와 전적으로 1인칭으로 말해지는 이야기가 이어진다. 그런 뒤 1110년 항목에서 우리는 페체르스크 수도원이 아니라 비두비츠 수도원의 원장 실베스트르의 위에서 인용한 부언을 발견하는 것이다.

연대기의 저자가 자신을 페체르스크의 수도사로서 말하고 있는 것을 근거로, 그리고 연대기에 딸린 이야기들이 페체르스크 수도원의 수도사 네스토르를 연대기 편자로 부르는 것을 염두에 두면서, 타티셰프는 매우 확고하게 1110년 전의 연대기를 네스토르의 것으로 인정하였고, 실베스트르를 단지 그것을 정서한 사람으로만 간주하였다. 타티셰프의 견해는 카람진에서 지지를 받았지만, 카람진은 네스토르가 1093년까지만 연대기를 기록했다고 생각하는 반면, 타티셰프는 네스토르가 1110년까지 기록했다고 생각한다는 점에서 약간의 차이가 있다. 이리하여 연대기는 페체르스크 성직자들 중의 한 사람의 작품이며, 그는 그것을 완전히 독자적으로 작성하였다는 견해가 완벽하게 확립되었다. 그러나 스트로예프는 톨스토이 백작 수고들의 목록을 만들면서 게오르기 므니흐[142] [아마르톨(Амартол)]의 그리스 편년지를 펼쳤는데, 그것은 곳에 따라 네스토르 연대기의 도입부와 문자 그대로 유사한 것으로 밝혀졌다. 이 사실은 이 문제를 완전히 새로운 각도에서 조명함으로써 연대기의 출전을 적시하고 탐구할 기회를 제공하는 것이었다. 스트로예프는 네스토르 연대기가 다양한 역사-문학 자료들의 집성에 다름 아니라고 처음으로 시사하기도 하였다. 연대기의 저자는

141) половец. 11~13세기에 남러시아를 횡행한 투르크족.

142) Георгий Мних. 9세기경에 생존한 비잔티움의 수도사로서 842년까지의 역사를 러시아어로 기록한 유명한 연대기 《편년지》(Хроники, 전4책)의 편찬자이다.

실제로 그리스 편년지와, 그리고 간략한 수도원 기록 및 민간 설화 등과 같은 루시 자료을 총괄하였다. 연대기가 편찬된 모음집이라는 생각은 새로운 탐사를 불러일으킬 수밖에 없었다. 많은 역사가들이 연대기의 신빙성과 구성에 대한 연구에 종사하였다. 카체놉스키도 학술 논문들에서 이 문제를 집중적으로 다루었다. 그는 원초 연대기는 네스토르에 의해 작성되지 않았고 전체가 우리에게 알려지지도 않았다는 결론에 도달하였다. 카체놉스키의 말에 따르면, 우리에게 알려진 연대기들은 "그 출전이 상당 부분 우리에게 알려져 있지 않은 13세기 또는 심지어 14세기의 모음집들"이다. 전반적으로 조악한 시대에 살던 네스토르는 자신의 교양으로써는 우리에게 전해진 광범한 내용의 연대기 같은 것을 작성할 수가 없다. 그의 것은 연대기에 삽입된 '수도원 기록들'뿐이다. 이 기록들에서 네스토르는 목격자로서 자신이 거주하던 11세기 수도원의 생활에 대해서 진술하고 그 자신에 대해서 말하고 있는 것이다. 카체놉스키의 견해는 포고딘으로부터 정당한 반박을 불러 일으켰다〔포고딘의 《연구논문, 주해 및 강의》(Исследования, замечания и лекции), 제1권, 모스크바, 1846을 보라〕. 포고딘은 만일 우리가 14세기 이래의 연대기의 신빙성을 의심하지 않는다면 초기 시절에 관한 연대기의 증언도 의심할 근거가 없다고 주장한다. 연대기에 나오는 가장 늦은 이야기의 신빙성에서 출발하여 포고딘은 점점 더 옛 시절로 거슬러 올라가, 상고시대에도 연대기가 사회의 사건과 사정을 완전히 올바르게 묘사하고 있음을 보여준다. 연대기에 대한 카체놉스키와 그 제자들의 회의론적 시각은 연대기의 변호를 위해 붓코프(Бутков)의 책〔《러시아 연대기의 방어》(Оборона летописи русской), 모스크바, 1840〕과 쿠바레프[143]의 논문들("네스토르"(Нестор)와 "페체르스크 성자전")의 발표를 가져왔다. 포고딘, 붓코프, 쿠바레프,

143) Алексей Михайлович Кубарев, 1796~1881. 러시아의 고대문헌 학자.

이 세 사람의 저술들에 의해 가장 오래된 연대기 집성은 11세기에 산 바로 네스트로의 작품이라는 생각이 1840년대에 확립되었다. 그러나 1850년대에 이러한 확신은 동요하기 시작하였다. **카잔스키**〔П. С. Казанский, 모스크바 역사 및 유물 협회의 일지(Временник)에 실린 논문들〕, **스레즈넵스키**[144]〔《고대 러시아 연대기 강독》(Чтения о древн. русск. летописях)〕, **수호믈리노프**[145]〔"문학적 문헌으로서의 고대 러시아 연대기에 관해서"(О древн. русской летописи, как памятнике литературном)〕, **베스투제프-류민**〔《14세기 이전 고대 러시아 연대기들의 구성에 관해서》(О составе древнерусских летописей до XIV в.)〕, **샤흐마토프**[146]〔학술 잡지들에 실린 논문들과 분량이 엄청나나 학술적으로 매우 중요한 연구논문인 "상고시대 러시아 연대기 집성 조사"(Розыскания о древнейших русских летописных сводах), 1908년 발표〕의 저술들에 의해 연대기에 관한 문제는 다른 식으로 제기되었다. 즉 연대기의 연구에 새로운 역사-문학 자료(의심할 여지없이 네스토르의 것인 언행록 등)가 끌어들여지고 새로운 방법들이 적용되었던 것이다. 연대기의 편찬적·집성적 성격은 충분히 확립되었고 집성의 출전들은 아주 분명하게 적시되었다. 네스토르의 저술들과 연대기의 증언들을 대조하였더니 모순점이 드러났다. 연대기 집성의 수집자로서 실베스트르의 역할에 관한 문제는 이전보다 더 심각해지고 복잡하게 되었다. 현재 학자들은 원초 연대기를 다양한 시기에 다양한 인물에 의해 다양한 출전으로부터 작성된 몇몇 문학적 작품의 집성으로 생각한다. 더욱이 12세기 초기의 이 개별 작품들은 자신의 이름을 서명한 실베스트르 자신에 의해 하나의 문학적 고대문헌으로 여러 번

144) Измаил Иванович Срезневский, 1812~1880. 러시아의 고대문헌 학자이자 민속연구가.

145) Михаил Иванович Сухомлинов, 1828~1901. 러시아의 역사가.

146) Алексей Александрович Шахматов, 1864~1920. 러시아 언어학자이자 역사가.

합쳐졌다. 원초 연대기에 대한 주의 깊은 연구는 그 안에 포함되어 있는 매우 많은 구성 부분들, 즉 좀더 정확히 말해서 독립적인 문학 작품들도 볼 수 있게 해주었다. 그중 가장 현저하고 중요한 것은 다음과 같다. 첫째, 원래, 《지난 세월의 이야기》는 노아의 대홍수 이후 종족들의 이주, 슬라브 종족의 기원과 이주, 루시 슬라브인들의 종족으로의 분할, 루시 슬라브인들의 원초적 생활, 그리고 루시에서의 바랴크 공들의 정주에 관한 이야기이다(위에서 인용한 집성의 제목 《이것은 지난 세월의 이야기들이다 등》은 연대기 집성의 이 전반부와만 관련 있을 것이다). 둘째, 루시의 세례에 관한 광범한 이야기는 미상의 작자에 의해 아마도 11세기 초에 작성되었을 것이다. 셋째, 키예프 원초 연대기라고 부르는 것이 제일 적당할, 11세기 사건들에 관한 연대기. 집성을 형성하는 이 세 작품의 구성, 특히 그중 첫 번째와 세 번째 작품의 구성에서 다른 좀더 작은 문학 작품들인 '개별 이야기들'의 흔적들을 볼 수 있으며, 그리하여 우리의 고대 연대기 집성은 편찬물로부터 작성된 편찬물이라고 말할 수 있는 바, 그 내적 구성은 그만큼 복잡하다.

그 안에 이른바 네스토르 연대기를 담고 있는 것들 중에서 가장 오래된 라브렌티 사본(1377년 수즈달의 수도사 라브렌티에 의해 씌어졌다)의 이야기들에 친숙해지면 우리는 라브렌티 사본에서 특히 북동부 수즈달 루시에 관한 이야기들이 1110년 이후, 즉 원초 연대기를 잇고 있음을 알게 된다. 요컨대 여기서 우리는 지방 연대기 문제를 갖게 되는 것이다. 이파티 사본(14~15세기)은 원초 연대기의 뒤를 이어 우리에게 키예프의 사건들에 관해 매우 상세한 이야기를 들려주며, 그런 뒤 연대기의 주의는 갈리치와 볼린 땅[147]에서 일어난 사건들에 집중한다.

---

147) Галич, Волын. 갈리치는 러시아 코스트로마 오블라스티의 도시이다. 갈리치 호수 부근에 있다. 1238년 갈리치 메르스키라는 명칭으로 기록상 처음 등장하며, 13세기에는 첫 번째 군주였던 알렉산드르 넵스키의 형인 콘

그러므로 여기서도 우리는 지방 연대기 문제를 갖는다. 매우 많은 이와 같은 지방 연대기들이 우리에게 전해졌다. 그중에서 16세기와 심지어 17세기에 대해서도 이야기를 하는 노브고로드 연대기(몇몇 판본들은 매우 가치 있기도 하다)와 프스코프 연대기가 단연 중요하다. 다양한 판본으로 전해지고 리투아니아의 역사와, 그리고 14세기와 15세기에 리투아니아와 합병한 루시의 역사를 조명하는 리투아니아 연대기도 적지 않은 중요성을 갖고 있다.

15세기부터 이 지방 연대기들에 흩어져 있는 역사적 자료들을 한데 모으려는 시도가 나타난다. 이 시도들은 모스크바 국가 시대에 종종 정부의 공식 정책으로 수행되었기 때문에, 모스크바 집성들 혹은 모스크바 연대기들이라는 이름으로 알려져 있으며, 그런 만큼 더더욱 바로 모스크바 역사를 위한 풍부한 자료를 제공한다. 이 시도들 중에서 제일 빠른 것은 소피야 일지(2개의 판본)로서, 이 연대기는 노브고로드 연대기들의 이야기들과 키예프, 수즈달 및 기타 지방 연대기들의 이야기들을 합쳤으며, 이 자료들을 역사적 성격의 개별 이야기들로 보충하였다. 소피야 일지는 15세기에 관한 것이며 몇몇 연대기들을 순전

스탄틴 야로슬라비치가 지배한 갈리치 공국의 중심지였다. 14세기 초에 둘로 나뉘어 모스크바 공국에 속하게 되었으며, 1788년 코스트로마 오블라스티의 중심도시가 되었다. 볼린은 서부크 강변에 위치한 러시아의 도시이다. 원래 갈리치 공국과 볼린 공국은 인접하고 있는 별개의 나라였으나 1199년 볼린공인 로만 므스티슬라비치(?~1205)가 갈리치 공국을 합병하여 하나의 공국으로 만들고, 대공의 칭호를 채용하였다. 로만이 죽은 뒤 국내에서는 귀족이 세력을 떨치고, 헝가리와 폴란드의 개입이 있었으나 로만의 아들 다니일 로마노비치에 의하여 재건되어 새로운 경제적·정치적 고양기를 맞았다. 그러나 타타르족의 침입에 직면하여 다니일은 로마교황까지 끌어들여 대항하였지만 결국 킵차크 한국의 세력권으로 들어갔다. 14세기 초에 독립적인 여러 공이 존재하여 분열을 막을 수 없는 상태에서 14세기 후반에 폴란드와 리투아니아에 의하여 분할되었고 이후 18세기 말까지 양국의 지배 하에 있었다.

히 표피적으로 결합한 것인데, 일정 연도 항목 하에 그 연도에 관한 모든 자료들을 어떤 개작도 없이 합쳐 놓았다. 16세기 초에 생겨난 보스크레센스크 연대기도 이러한 성격을 지니고 있는데, 연대기는 그 작성자가 접근할 수 있었던 모든 자료들을 단순히 모아 놓았다. 보스크레센스크 집성은 분령(分領) 모스크바 시대에 관한 다량의 가치 있는 소식들을 순수한 형태로 우리에게 보존해주었으며, 바로 이것이 이 집성이 14~15세기 연구를 위한 가장 풍부하고 믿을 만한 사료라고 불릴 수 있는 까닭이기도 하다. 계보(16세기에 수도대주교 마카리의 측근들이 작성)와 새 편자가 작성한 니콘 연대기(Никоновская Летопись с Новым Летописцем, 16~17세기)는 다른 성격을 갖고 있다. 전술한 집성들이 이용한 자료와 같은 자료를 이용한 이 고대문헌들은 미사여구와 함께 사실들을 조명하는 데 일정한 경향을 갖고 개작된 형태로 이 자료를 우리에게 제공한다. 이것은 역사자료를 가공한 최초의 시도로서, 이로써 우리는 이미 역사서술의 길로 들어섰다. 가장 늦은 러시아 연대기 편찬은 모스크바 국가에서 두 가지 길로 진행되었다. 한편으로 연대기 편찬은 공식적인 업무가 된 바, 모스크바 궁정에서는 매년 궁정에서 일어나는 사건과 정치적 사건들이 기록되는데〔그로즈니 시대의 연대기들. 예를 들어 알렉산드로-넵스키(Александро-Невский) 연대기, 통치서(Царственная книга) 및 일반적으로 니콘, 보스크레센스크, 리보프(Львов) 연대기 등 모스크바 집성들의 마지막 부분들〕, 시간이 경과하면서 연대기들의 형태 자체도 변하기 시작하여, 그것들은 이른바 문서집(разрядная книга)들로 대체되기 시작하였다. 다른 한편 루시의 여러 지방에서 엄밀히 국지적이고 지방적이며 심지어 도시적인 성격을 지닌 연대기들이 출현하기 시작하였는데, 그 다수는 정치사적으로 중요성이 없는 것들이다〔니제고로드(Нижегород), 드빈스크(Двинск), 우글리치(Углич) 연대기들 등이 그러하며, 어느 정도는 시베리아(Сибирь) 연대기들도 그렇다〕.

16세기부터 연대기들과 나란히 새로운 형태의 역사적 저작들이 생겨난다. 이것은 흐로노그라프(хронограф), 즉 세계사(좀더 정확히는 성서, 비잔티움, 슬라브, 러시아 역사) 개관이다. 흐로노그라프의 최초 판은 특히 러시아 역사에 대한 보충적 정보가 들어 있는 그리스 사료를 바탕으로 1512년에 작성되었다. 이 흐로노그라프는 프스코프의 '수도사 필로페이(Филофей)'에 의해 씌어졌다. 1616~1617년에 흐로노그라프 두 번째 판이 작성되었다. 이 저작은 흐로노그라프 최초 판을 바탕으로 더 많은 고대 사건들을 묘사하고 러시아 사건들—16세기에서 17세기—을 새롭고 독창적으로 기술하고 있다는 점에서 흥미롭다. 이 작품의 저자는 의심할 여지없이 문학적 재능을 소유하고 있으며, 제대로 된 고대 러시아 수사를 연구하고 싶은 사람은 이 흐로노그라프에 들어 있는 러시아 역사 항목들을 읽어야 한다. 17세기에 모스크바 사회는 흐로노그라프에 대한 특별한 취향을 보이기 시작하며, 그 결과 흐로노그라프는 양이 크게 늘어난다. 포고딘은 자신의 서고에 흐로노그라프를 약 50권 수집하였다. 흐로노그라프들을 모아 놓은 웬만한 크기의 컬렉션은 양이 보통 수십 권을 헤아렸던 것이다. 흐로노그라프가 널리 보급된 까닭을 설명하기는 쉽다. 서술체계가 간략하고 문학적 언어로 씌어져 있는 흐로노그라프들은 러시아 사람들에게 연대기가 제공하는 것과 같은 정보를 제공하였으나, 흐로노그라프의 정보는 연대기의 정보보다 더 편리한 형태를 띠었던 것이다.

고유의 연대기 외에 고대 러시아 문헌에서는 역사가들이 사료로 이용할 수 있는 많은 문학작품들이 발견된다. 심지어 모든 고대 러시아의 문학적 문헌이 사료로 간주되어야 한다고까지 말할 수 있으며, 역사가가 흥미를 갖는 문제에 대한 가장 훌륭한 설명을 어떤 문학적 저술로부터 끄집어낼 것인지를 예측하기 힘들 때가 많다. 예를 들어 키예프 루시의 신분 이름인 '오그니샤닌'[148]의 의미는 역사서술에서 고대 법률 문헌뿐만 아니라 성 그리고리 보고슬로프(Григорий Богослов)

의 고대 슬라브 교훈서의 텍스트로부터도 해명된다. 이 텍스트에서 우리는 '종복(раба) 들', '비복들'(челядь)[149] 이라는 의미의 고대 단어인 '오그니셰'(огнище) 를 만난다('우쭐대는 많은 오그니셰들과 무리'). 쿠릅스키[150] 공이 번역한 성전들은 16세기의 이 저명한 인물의 전기와 성격을 보여주는 자료들을 제공한다. 그러나 모든 역사-문학 자료가 갖는 그와 같은 중요성에도 불구하고 자료의 몇몇 종류들은 역사가의 특별한 관심을 끈다. 때로는 역사적이고 때로는 사회평론적인 성격을 지니고 있는, 인물과 사실들에 관한 개별 이야기들이 그렇다. 일련의 역사적 이야기들이 통째로 우리의 연대기 집성들에 기록되었다. 예를 들어 루시의 세례, 바실코(Василько) 공의 실명, 리피츠(Липиц) 전투, 바투[151] 의 침입, 쿨리코보(Куликово) 전투[152] 등등 많은 것들에 대한 이야기들이 그렇다. 개별 사본이나 모음집들에서 특히 16세기 동안 풍부한, 고대 루시의 흥미로운 사회평론적 작품들이 우리에게 전해졌다. 그중 중요한 것은 A. M. 쿠릅스키공이 그로즈니에 대해 쓴《역사》(История), 이른바 그로즈니의 통치체제 옹호자였던 이바시카 페레스베토프[153] (Ивашка Пересветов) 의 팸플릿 저술들, 이 체제에 대

148) огнищанин. 고대 러시아의 중소 지주.

149) 러시아 고대 문헌에 나오는 челядь는 노예를 뜻하는 холоп와 раба의 복수형이다. 그러나 이하에서는 세 단어를 형태상으로 구별하기 위해 раба는 종복으로 челядь는 비복으로 холоп는 홀로프라고 번역한다.

150) Андрей Михайлович Курбский, 1528～1583. 러시아의 공으로 작가이자 위정자.

151) Батый, 1208～1255. 징기스칸의 손자로 킵차크 한국의 건국자. 1236～1242 러시아를 침입하였다.

152) 1380년 모스크바 대공 드미트리가 이끄는 15만 여명의 러시아군이 킵차크 한국의 군대를 돈강 상류 쿨리코보 평원에서 격퇴한 싸움을 가리킨다. 이 승리로 러시아는 타타르의 예속에서 완전히 벗어날 수는 없었으나 모스크바 대공의 권위를 드높이는 데는 성공하였다. 드미트리는 승리를 기념하여 '돈스코이'(돈강) 라는 이름을 얻었다.

한 반대자였던 《경건한 어떤 한 남자의 이야기》(Повесть некоего боголюбивого мужа), 모스크바 질서에 불만을 품은 보야린들의 저작으로 간주되는 《발라암 기적자들의 담화》(Беседа Валаамских чудотворцев) 등이다. 16~17세기 사회평론적 문헌들과 나란히 역사적 문헌들이 계속 생겨나서 발전하였는데, 이것들은 종종 외면적으로 분량이 많은 일련의 흥미로운 이야기와 설화들로 나타났다. 예를 들어, 16세기에 작성된 《카잔 왕국사》(История о Каханском царстве)가 그러한데, 이 이야기는 카잔의 역사와 1552년의 그 몰락을 서술하고 있다. 《러시아 역사 도서관》(Русская историческая Библиотека) 제13권에는 상당수가 동란 연구자들에 의해 이미 알려져 있던 일련의 러시아 동란시대 이야기들이 게재되었다. 수십 편에 이르는 이 이야기들 중에서 다음의 것들이 눈에 띈다. (1) 1606년 슈이스키[154] 당파에서 나온 정치 팸플릿인 이른바 《어떤 이야기》(Иное сказание); (2) 1620년에 최종적인 형태로 씌어진, 트로이체-세르기예프 대수도원(Троице-Сергиевая Лавра)의 물자관리 수도사 아브라아미 팔리친[155]의 《이야기》(Сказание); (3) 동란에 대한 매우 흥미로운 편년지인 《이반 티모페예프 일지》(Временник Ивана Тимофеева); (4) 뛰어난 문학적 재능의 흔적을 보여주는 《미하일 카티레프 로스톱스키공 이야기》(Повесть князя И. Мих. Катырева Ростpвского); (5) 동란시대 등에 관한 사실적 개관 시도인 《새 연대기》(Новый Летописец) 등. 카자크들의 아조프(Азов) 점령에 관한 이야기들, Г. К. 코토시힌이 17세기 1660년대에 작

153) Иван Семенович Пересветов. 16세기 말~17세기 초의 러시아 작가이자 사회 평론가. 이반 그로즈니 시대의 드보랴닌 계층의 이데올로그.

154) Василий Иванович Щуйский, 1553~1612. 러시아 대귀족 출신의 황제(바실리 4세, 재위 1606~1610). 농민 전쟁 및 스웨덴과 폴란드의 간섭 전쟁을 초래한 뒤 퇴위했다.

155) Авраамий Палицын, ?~1626. 동란시대의 유명한 러시아 작가로 트로이츠키 수도원의 관리인을 지냈다.

성한 모스크바 국가에 대한 기술, 그리고 마지막으로 러시아인들〔샤홉스코이(С. И. Шаховской) 공, 바임 볼틴(Баим Болтин), 마트베예프(А. А. Матвеев), 메드베데프(С. Медведев), 젤랴부시스키(Желябужский) 등〕이 남긴 표트르 대제 시대에 관한 일련의 수기들은 후기 시대에 관한 것이다. 이 수기들의 뒤를 따라 18세기와 19세기의 통치 활동과 사회생활에 참여한 러시아 인사들의 회고록들이 끝없이 이어진다. 몇몇 회고록〔볼로토프(Болотов)와 다시코바[156]의〕이 널리 알려짐으로써 회고록 중 가장 눈에 띄는 것들을 열거할 필요성이 없어졌다.

사료로서의 역사적 이야기들과 더불어 성자전, 즉 성자의 언행록과 기적에 관한 이야기도 있다. 성자가 생활하고 활동했던 시대에 관한 때때로 가치 있는 역사적 이야기를 전하는 것은 성자의 언행록만이 아니다. 언행록에 부언되어 있는 성자의 '기적들'에서도 역사가는 기적이 수행된 당대의 상황에 대한 중요한 지적들을 발견한다. 그리하여 스테판 수로시스키(Стефан Сурожский)의 언행록에 들어 있는 성자의 기적에 관한 이야기들 중의 하나는 루시 민족의 존재를 확정지을 뿐만 아니라, 연대기에 따르면 루시가 류리크(Рюрик)와 함께 노브고로드로 초청되었다고 하는 862년 이전에 이들 루시가 크림 지역에서 벌인 활동도 확정지을 수 있게 해준다. 상고시대 언행록들의 꾸밈없는 솔직한 형식은 그것의 증언에 각별한 가치를 부여하지만, 15세기부터 세밀한 사실적 내용을 수사로 대체하고 문학적 양식에 맞추어 사실의 의미를 왜곡하는 언행록 집필의 특별한 방법이 고안된다. 15세기에 예피파니 프레무드리[157]에 의해 작성된 언행록들〔성자 세르기 라도네시

---

156) Екатерина Романовна Воронцова Дашкова, 1744~1810. 러시아의 문필가이자 공작부인. 18세기 러시아 문학과 예술의 탁월한 후원자로 알려졌다.

157) Епифаний Премудрый, 14세기 후반~1418(~1422)년 경. 트로이체-세르기예프의 수도사.

스키[158]와 스테판 페름스키[159]의] 은 문학적 재능과 발랄한 감정이 넘치는데도 불구하고 이미 수사로 가득하다. 15세기에 루시에서 생활한 세르비아 학자들, 즉 수도대주교 키프리안[160]과 수도사 파호미 로고페트[161]가 작성한 언행록들에는 더 많은 수사와 무의미한 상투적 묘사가 나타난다. 그들의 저작들은 루시에서 전기 작품의 제약 형식을 창안하였고, 그 형식은 16세기와 17세기의 언행록에 널리 유포되었다. 이 제약 형식은 언행록의 내용을 종속시키면서 언행록의 증언으로부터 생기와 정확성을 앗아간다.

우리는 이런 저런 시기에 루시를 방문한 외국인들이 작성한 상당수의 러시아에 관한 수기를 언급한다면 문학적 형태의 사료를 열거하기를 끝낼 수 있을 것이다. 외국인의 이야기들 중에서 다음의 저술들이 더욱 눈에 띈다. 가톨릭 수도사 플라노 카르핀[162] (13세기), 지그문트 허버슈타인(16세기 초), 파벨 이오비[163] (16세기), 제롬 호시[164] (16세기), 게이덴시테인[165] (16세기), 플레처[166] (1591년), 마르제레트[167] (17세기), 콘라드 부소프[168] (17세기), 주키에프스키[169] (17세기), 올레아리[170] (17세

158) Сергий Радонежский, 1314~1392. 러시아의 사제로서 성자.

159) Стефан Пермский, 1340?~? 러시아의 성자.

160) Киприян, 1330~1406. 대주교.

161) Пахомий Логофет. 유명한 세르비아인 성자전 작가.

162) Плано Карпини. 13세기 이탈리아의 수도사.

163) Павел Иовий. 롬바르디아 출신의 저명한 16세기 역사가.

164) Иероним Горсей, Jerome Horsey. 16세기와 17세기에 활약한 영국인 탐험가이자 외교관이며 정치가. 1575~1591년 동안 러시아에 체류하였다.

165) Рейнгольд Гейденштейн, 1556~1620. 폴란드인 역사가.

166) Джильс Флетчер, 영국의 외교관으로서 16세기 모스크바 국가에 대한 저술을 집필.

167) Маржерет Жак, Jacques Margeret. 1550(혹은 1560)~1619년 이후. 프랑스의 모험가로서 보리스 고두노프 치하에서 봉직. 저서로 《러시아국의 상태, 1590년부터 1606년 9월까지》를 남겼다.

기), 폰-마이어베르크[171] (17세기), 고든[172] (17세기 말), 코르바[173] (17세기 말)의 이야기들. 18세기의 역사에 큰 중요성을 갖는 것은 러시아 궁정 주재 서유럽 사절들의 외교 지급 공보와 러시아 사정에 밝은 외국인들의 무궁무진한 회고록이다. 러시아를 아는 외국 작가들의 저술과 나란히 슬라브인들과 루시 역사의 초기 시절을 연구할 때 역사가들이 이용하는 외국 자료도 언급하지 않으면 안 된다. 예를 들어 하자르족[174]과 루시 및 민족들 일반을 알고 우리 평원에서 살던 아랍 작가들(9~10세기와 그 후)과 친숙해지지 않고서 우리 역사 생활의 기원을 연구하는 것은 불가능하다. 이에 못지않게 필수적으로 이용해야 하는 것은 비잔티움 작가들의 작품들인데, 이것들에 대한 좀더 훌륭한 연구는 이후 바실리옙스키와 우스펜스키[175] 등을 비롯한 우리 비잔티움 연구자들의 저술들 속에서 특별한 성과를 낳는다. 끝으로 중세 서유럽과 폴란드 작가들에게도 슬라브인들과 루시인들에 대한 정보들이 존재한다. 고트족 역사가 이오르난트〔Иорнанд, 정확하게는 이오르단

---

168) Konrad Bussow. ?~1617. 독일의 회고록 작가로서 1601~1612년 동안 러시아에 머물렀다. 《모스크바 편년지, 1584~1613》을 집필하였다.

169) Станислав Жолкевский. 1547(1550)~1620. 폴란드어로 Stanisław Żółkiewski. 폴란드의 헤트만이자 대재상.

170) Адам Олеарий. 1599?~1671. 저명한 독일인 과학자이자 여행가. 17세기 중반 홀스타인 궁정의 사절로서 두 번 러시아를 방문하여 모스크바 국가에 대한 여행기를 남겼다.

171) Августин фон Мейерберг(Meyerberg), 1622~1688. 1661~1663년 오스트리아 사절단의 일원으로 루시의 대도시들을 방문한 오스트리아의 외교관. 이 경험을 바탕으로 모스크바 국가에 대한 여행기를 남겼다.

172) Patrick Leopold Gordon, 1635~1699. 스코틀랜드인으로 모스크바 수비대 사령관으로 재직하였다.

173) И. Г. Корба. 오스트리아 외교관. 1698~1699년에 러시아에 체류하였다.

174) хазар 혹은 хозар. 7~10세기 남부 러시아에 거주하던 투르크족.

175) Ф. И. Успенский, 1845~1928. 러시아의 역사가.

(Иордан) — 편집자]와 폴란드인 마르틴 갈[176] (12세기)과 얀 들루고시[177] (15세기) 등이 그들이다.

법률적 성격을 가진 고대문헌들, 통치 활동과 시민적 사회생활에 관한 고대문헌들로 넘어가자. 이 자료들은 통상 문서(акт)와 증서(грамота)로 불리고 정부 문서고들(그중 훌륭한 것은 모스크바의 외무성 문서고와 법무성 문서고, 페트로그라드의 국가 문서고와 원로원 문서고, 빌노,[178] 비텝스크,[179] 키예프의 문서고들이다)에 다량 보존되어 있다. 문서고 자료들에 익숙해지기 위해서는 가능한 한 그것들을 정확히 분류해야 하지만 우리에게 전해진 법률적 성격의 문헌들은 너무나 많고 또 너무나 다양해서 이렇게 하기는 대단히 힘들다. 우리는 단지 주요한 것만 언급할 수 있을 뿐이다. (1) 국가 문서들, 즉 국가생활의 가장 중요한 측면들과 관련 있는 모든 문서들, 예를 들어 협약들. 이러한 종류의 문헌은 우리 역사의 초기부터 우리한테 보존되어 있는데, 그것은 올레크(Олег)와 그 후의 공들이 그리스인들과 맺은 훌륭한 협약들이다. 게다가 공들 사이에 맺은 일련의 협약이 14~16세기로부터 우리에게 전해졌다. 이 협약들에서는 고대 러시아의 공들 사이의 정치적 관계가 잘 드러난다. 영혼의 증서들, 즉 공들의 유서들도 협약서들과 나란히 놓아야 한다. 예를 들어 이반 칼리타[180]의 유언장 두 편이 우리에게 전해졌다. 첫 번째 유언장은 한국(汗國)으로 떠나기 전에 씌

---

176) Мартин Галл. 폴란드 연대기 편자.

177) Ян Длугош, 1415~1480. 폴란드의 역사가.

178) Вильно. 혹은 Вильна. 리투아니아의 수도 빌뉴스(Вильнюс)의 옛날 명칭.

179) Витебск. 벨라루시의 도시.

180) Иван Калита, ?~1340. 러시아 모스크바 대공(1325~1340)이자 블라디미르 대공(1328~1340). 모스크바 대공국의 세력 확장에 성공하고 킵차크 한국으로부터 위임받은 징세권을 이용하여 거부가 되었기 때문에 돈주머니를 뜻하는 '칼리타'라고 불렸다.

어졌고, 두 번째 유언장은 죽기 전에 씌어졌다. 유언장들에서 그는 아들들 사이에 모든 재산을 분배하면서 재산을 하나하나 열거한다. 그리하여 영혼의 증서들은 루시 공들의 토지소유와 재산의 아주 상세한 목록을 보여주며 이런 관점에서 대단히 가치 있는 역사적 · 지리적 자료이다. 영혼의 증서 다음으로 선출 증서를 살펴보자. 그중 최초의 증서는 보리스 고두노프[181]가 모스크바 제위에 선출된 것과 관계있다〔증서를 작성한 사람은 총대주교[182] 이오프(Иов)이다〕. 두 번째 증서는 로마노프(Романов)가의 미하일 페오도로비치[183]의 선출과 관계있다. 끝으로 국가 문서들과 관계있는 것은 고대 러시아의 법률 문헌이다. 무엇보다도 먼저 법률 문헌에 속하는 것은 《루스카야 프라브다》이다. 그것을 사적인 모음집이 아니라 통치 활동 문서로 인정할 수 있는 한에서 말이다. 그런 뒤 베체[184]가 확정한 노브고로드와 프스코프의 《법전》(Судебная грамота)들이 법률문헌에 속한다. 이것들은 재판업무에 관한 일련의 법규를 포함하고 있다. 1497년의 이반 3세의 법전(Судебник Ивана III, 최초의 법전 혹은 공의 법전으로 불리는)도 그와 같은 성격이 두드러진다. 1550년에 이 법전 뒤를 따라 좀 더 완벽한 두

181) Борис Годунов, 1551~1605. 러시아의 차르(1598~1605). 차르 표도르 1세(1584~1598)의 최고 고문관이었고 류리크 왕조의 대가 끊긴 뒤 모스크바 공국의 차르로 선출되었다. 1605년 표도르 1세의 이복동생임을 자처하는 가짜 드미트리 군대의 습격으로 사망하였다.

182) патриарх. 이 용어는 원래 유대인들의 가부장, 씨족장 등을 의미하였으나 4세기부터 기독교에서 쓰이기 시작하였다. 동로마 제국 황제 유스티니아누스 1세 이후로는 로마, 콘스탄티노플, 알렉산드리아, 안티오크, 예루살렘 등 5개 주요 교구들의 최고 권위자를 가리키는 말이 되었다. 1054년 교회 대분열 이후 가톨릭교에서는 중요성이 크게 감소하였지만, 동방정교회에서는 특정지역의 최고권자로서 지금도 건재하고 있다.

183) Михаил Феодорович, 1596~1645. 러시아 로마노프 왕조의 초대 차르(재위 1613~1645). 그의 치세에 대해서는 이 책 561~612쪽 참조.

184) вече, 고대 슬라브인들의 민회. 이하 민회라고 번역.

번째 혹은 이반 그로즈니의 차르 법전이 이어지고 100년 뒤인 1648~1649년에는 차르 알렉세이 미하일로비치의 **회의 법전**(Соборное Уложение)이 작성되었다. 이 회의 법전은 이미 당시의 현행법 중에서 비교적 매우 완벽한 법전이었다. 세속적 법률집들과 나란히 교회 재판과 행정 영역에서도 교회법률집들이 효력을 발휘하였다(**코름차야 크니가**, 즉 **노모카논**[185] 등). 이 모음집들은 비잔티움에서 작성되었으나 세월이 경과하면서 조금씩 러시아 생활의 특수성에 적합하게 되었다.

(2) 역사-법률 자료의 두 번째 종류는 **행정 증서**이다. 이것은 행정적 관행의 특수한 경우에 대비하여 내려진 개별 통치 명령이거나, 혹은 권력에 대한 개별 인물 및 단체의 관계를 결정하기 위해 이 인물 및 단체에 의해 내려진 개별 통치 명령이다. 이 증서 중에서 몇몇 증서는 매우 광범한 내용을 담았는데, 예를 들어 볼로스티 전체의 자치 제도를 정한 **규약**(устав) 증서와 **구바**[186] 증서가 그렇다. 이것은 대개 현행 업무에 대한 개별 정부 명령들이다. 모스크바 국가에서 법률 제정은 바로 개별 법규들이 축적됨으로써 발전하였다. 즉 개별 법규 각각이 특수한 경우에 대해 발생하여 그 후 모든 유사한 경우를 위한 선례가 되었고 결국 항구적인 법률이 되었다는 것이다. 이와 같은 법률 제정의 결의론(決疑論)적 성격 때문에 모스크바에서 이른바 개별 관청, 즉 프리카스[187]의 **명령집**(Указная книга)이 만들어졌다. 즉 모든 관청은 자신과 관련 있는 차르 법령들을 연대순으로 기록해두었고 이를 바탕으로 관청의 모든 행정 혹은 사법 관행의 지침이 되는

185) Кормчая книга 혹은 Номоканон, 교회법전집 혹은 종법집(宗法集) 등으로 번역된다.

186) губа, 16~17세기의 러시아 행정구역으로 훗날의 우예스트(уезд)에 해당.

187) приказ. 16~18세기 초반 러시아에 존재했던 관청을 가리킨다. 표트르 대제에 의해 18세기 초에 폐지되고 대신 콜레기야(коллегия, 참의회) 제도가 도입되었다. 이하에서는 프리카스를 청(廳)이라고 번역한다.

《명령집》이 생겨났던 것이다. (3) 법률 자료의 세 번째 종류로 간주될 수 있는 것은 탄원, 즉 갖가지 일에 대해 정부에 제출된 청원이다. 탄원의 권리는 고대 루시에서 17세기 중반까지 전혀 억압되지 않았으며 정부의 법률 활동은 자주 탄원들에 대한 직접적 응답의 형태를 띠었다. 이것으로부터 탄원의 중요한 역사적 의의는 명확하다. 그것은 주민들의 필요와 생활을 알게 해줄 뿐만 아니라 법률 제정의 방향도 설명하는 것이다. (4) 네 번째로 언급할 것은 개인들의 사적 관계와 재산 관계가 반영된, 사적 시민 생활의 증서로서 종신 노예 문서(кабальная запись)와 부동산 등기 증서 등이 그것들이다. (5) 게다가 소송 수속 문헌도 고대문헌의 또 다른 형태로 간주될 수 있다. 이 문헌에는 재판뿐만 아니라 시민적 관계, 즉 재판에 관계된 실제 생활의 역사를 위한 많은 자료가 발견된다. (6) 끝으로, 일련의 사료에서 또 다른 자리를 차지하는 것은 이른바 지령집(Приказная книга)이다(그 한 종류—명령집—에 대해서는 이미 언급하였다). 지령집은 종류가 많지만, 우리는 역사적인 측면에서 가장 중요한 것만 조사하지 않으면 안 된다. 가장 흥미로운 것들은 다음과 같다. 과세 목적으로 작성된 모스크바 국가의 우예스트[188]들의 토지 목록을 담고 있는 토지대장; 납세계급 사람들의 상태에 관한 조사를 담고 있는 인구조사 대장; 프리드보르니[189]들과 관리들의 재산 상태를 보여주면서 그들의 명부를 담고 있는 코름[190] 대장(кормленная книга) 및 데샤트니[191]; 보야린 계층

188) уезд. 고대 러시아의 도시 주변 지역을 일컫는 말.

189) придворный. 러시아의 차르 궁정이나 차르 가족 궁정에서 근무한 관리. 이하 정신(廷臣)으로 번역.

190) 14~15세기의 러시아의 농민은 봉건지대 외에 공이나 국가 관리에 대해 코름(корм)을 현물이나 화폐로 납부할 의무를 졌다. 관리는 이것을 받아 자신의 급여로 하였다. 이 제도는 15세기 말부터 폐지되기 시작하여 17세기 초까지는 완전히 없어졌다.

191) десятни. 16~18세기 초 러시아 우예스트 관리들의 명부들. 16세기 후

과 드보랴닌 계층의 궁정 및 국가 봉사와 관계있는 모든 것이 기입되어 있는 **문서집**〔книга разрядная, 이른바 **궁정 문서들**(дворцовые разряды). 달리 말해 이것은 궁정 생활과 직무를 기록한 일지이다〕.

만일 우리가 외교 관계의 역사를 위한 자료('훈령', 즉 사절에 대한 지시들과 '조목별 목록집'[192], 즉 교섭과 사절의 보고 등을 기록한 일지)를 언급한다면, 역사-법률 문헌은 충분히 열거한 것이다. 표트르 시대 루시의 이런 종류의 문헌들에 관해서는 18세기 이 문헌들의 용어와 분류의 주요 특성이 지금과 거의 차이가 없기 때문에 따로 설명이 필요 없다.

반 이반 4세의 군제 개혁과 함께 등장하였다.

192) статейные списки. 15~18세기 초 러시아 국가에서 발행된, 문제별로 정리된 기록 문서집.

제1부

- 역사적 사전 정보들
- 키예프 루시
- 수즈달-블라디미르 루시의 식민화
- 분령 루시에 대한 타타르 권력의 영향력
- 수즈달-블라디미르 루시의 분령 생활
- 노브고로드
- 프스코프
- 리투아니아
- 15세기 중반까지의 모스크바 공국
- 이반 3세 대공 시대

역사적 사전 정보들

우리나라의 상고사

지금 국토의 자연환경이 민족의 생활에 영향을 미치고, 민족 경제의 특수성을 조건지우며, 사회의 역사발전 경로 전체에 흔적을 남긴다는 사실을 오늘날 새삼 지적할 필요는 없다. 우리 국토가 루시 종족의 이주와 생활 및 역사에 미친 영향력에 관한 문제를 알아보기를 원하는 사람은 C. M. 솔로비요프의 《러시아 역사》 제1권과 클류쳅스키 교수의 《러시아 역사 강좌》에서 훌륭한 자료들을 찾을 수 있을 것이다. 이 역사가들은 역사적 요인으로서 우리 평원이 가진 의미를 각별한 주의를 갖고 상세히 해명한다. 우리의 강좌에서는 단지 문제가 가진 가장 중요한 측면의 윤곽만을 살펴볼 수 있을 것이다. 무엇보다도 먼저 우리는 평평한 토지와 여러 방면으로 흐르는 풍부한 강물들이 슬라브인들의 광범한 이주를 촉진하였고, 또 슬라브 종족이 엄청난 면적의 토지를 획득한 거대한 식민화 과정을 용이하게 하였을 뿐만 아니라 심지어 그것을 야기할 수밖에 없었음을 언급해두자. 식민화 사실은 민족 경제의 영역과 민족 법의 영역에서 역사가에게 많은 것을 설명해주는, 우리 역사의 가장 중요한 사실들 중의 하나이다.

게다가 비옥한 토양과 풍부한 삼림은 농업과 임업을 발달시키는 한편, 평원의 중앙으로부터 변경에 위치한 네 개의 바다 전부로 흘러들어가는 강들은 국지적 교역과 인접지방과의 교역을 낳고 그 발달을 촉진할 수밖에 없었다. 그리하여 국토의 특수성 때문에 민족의 경제활동은 다양한 모습을 갖게 되었던 것이다.

그러나 국토의 자연환경은 주민들의 이동을 위한 넓은 공간을 부여하고 그들이 대규모의 사회를 이루는 것을 촉진하기도 하였지만, 동시에 이민족의 침입으로부터 이 사회를 보호하지도 못했다. 아시아쪽으로부터 전혀 방어되지 않았던 우리의 선조들은 몇 번씩이나 야만적인 아시아 유목민들의 제물이 되었고, 자연은 이러한 적들에 맞서 신뢰할 수 있는 동맹자가 아니었다. 주지하듯이 우리 역사 초기에 키예프의 공들은 인공적 국경으로, 즉 일련의 요새로 자신의 땅을 스텝 유목민으로부터 방어하였다. 그 뒤 모스크바의 군주들도 타타르족[1]을 막기 위해 그와 같이 인공적으로 요새화된 국경('경계', '둑')을 만들었다. 그리하여 민족 생활의 성공을 촉진하는 조건들과 나란히 국토는 이 성공을 방해하는 조건들도 창출하였다.

인류 활동의 발전에 유리한 러시아 남부의 조건들은 매우 일찍부터 다양한 종족을 그곳으로 끌어들였다. 남부 러시아 전역에서 엄청난 양의 '유물과 유적들', 즉 개별 분묘(쿠르간[2]), 묘지군(모길니크[3]들), 도시와 요새의 폐허(고로디셰[4]), 다양한 생활물품들(그릇, 동전, 값비싼 장식품) 등의 형태로 상고시대 주민들이 남긴 유물과 유적들이 발

1) татар. 13~15세기에 킵차크 한국으로 통합된 투르크, 몽골계 민족 등을 총체적으로 일컫는 말.

2) курган. 남부 러시아의 초원에 있는 작은 언덕 모양의 고대 분묘를 가리킨다.

3) могильник. 고대의 묘지.

4) городище. 고도와 고성의 폐허나 유적.

견된다. 이 유물과 유적들에 대한 학문(고고학)은 이런저런 고대의 물건들이 바로 어떤 민족의 것인지 결정하는 데 성공하였다. 그 중 가장 오래되고 주목할 만한 것은 그리스인과 스키타이인들의 유물과 유적들이다. 고대 엘라다[5]의 역사로부터, 흑해〔그리스인들의 말로는 즉 예프크신스키 폰트(Евксинский Понт)〕 북부 연안에 있는, 특히 큰 강의 하구와 편리한 바다의 작은 만에서 많은 그리스 식민지들이 발생했음은 잘 알려져 있다. 이 식민지에서 가장 유명한 것은 부크(Буг)강 하구의 올비야(Ольвия), 지금의 세바스토폴(Севастополь) 근처의 헤르소네스〔Херсонес, 고대 러시아어로는 코르순(Корсунь)〕, 타만스크(Таманск) 반도의 파나고리야(Фанагория), 지금의 케르치(Керчь)에 있던 판티카페이(Пантикапей), 돈강 하구의 타나이스(Танаис)이다. 해안을 식민화하면서 고대 그리스인들은 통상 연안을 떠나 내륙 깊숙이 들어가지 않고 원주민들을 연안의 시장으로 끌어내는 쪽을 택하였다. 흑해 연안에 바로 그런 것이 있었다. 언급된 도시들은 영토를 내륙으로 확대하지는 않았지만, 그럼에도 불구하고 지방 주민들을 자신의 문화적 영향권에 두었으며 그들을 활발한 교역으로 끌어들였다. 그리스인들이 스키타이인들을 두고 일컬었던 원주민 바르바르[6]들로부터 그들은 지방 산물, 주로 곡물과 물고기를 획득하여 엘라다로 보냈고 그 대신 원주민들에게 그리스 생산품(직물, 포도주, 기름, 사치품)을 팔았다. 상업은 그리스인과 원주민을 가깝게 만들어 이른바 혼성 '그리스-스키타이'의 마을이 형성될 정도였으며, 심지어 B.C. 5세기 판티카페이에서는 보스포르스키〔Боспорский, 보스포르 킴메리이스키(Боспор Киммерийский) 해협 이름으로부터 파생〕라고 불리는 중요한 국가가 발생하기도 하였다. 때로는 그리스계이고 때로

5) Эллада. 그리스어로 그리스를 일컫는 말.

6) варвар. 고대 그리스와 로마인들이 이국인을 일컬어 부르던 말.

는 지방 토착계인 보스포르스키 왕들의 권력 하에, 연안의 몇몇 그리스 도시와 크림으로부터 카프카스(Кавказ)의 산기슭에 이르는 해안에 거주하는 원주민들이 연합하였다.

보스포르스키 왕국과 헤르소네스 및 올비야 도시들은 상당히 융성하였고 일련의 현저한 유물과 유적을 남겨놓았다. 케르치에 있는 고대 판티카페이 자리와 헤르소네스 및 올비야에서 수행된 발굴 작업은 도시 요새 및 거리, 개별 주거지와 신전(이교 및 그 후의 기독교 시기)의 흔적들을 찾아냈다. 분묘에서는 때때로 큰 예술적 가치를 지닌 많은 그리스 공예품이 발견되었다. 이 발굴에 의해 획득된 아주 세밀한 작업의 황금 장식품과 화려한 꽃병들은 예술적 의의와 물품의 질에서 세계에서 유례가 없는 페트로그라드 제국 에르미타시(Эрмитаж)의 컬렉션을 구성하고 있다. 이 컬렉션은 에르미타시의 하층 홀들에 전시되어 있다. 아테네인들이 만든 전형적인 물품들(예를 들어 순수한 그리스풍 그림이 그려진 꽃병)과 나란히 이 컬렉션에서는 아마도 지방 '바르바르들'의 주문에 따라 그리스 숙련 직공들이 지방 스타일로 제작했을 물품들도 볼 수 있다. 그리하여 그리스 검과 모양이 다른 스키타이 검을 위해 제작된 황금 칼집은 그리스 직공의 취향에 따라 순수한 그리스적 장식으로 꾸며졌다. 그리스 형으로 제작된 금속 꽃병이나 도자기 꽃병에는 때때로 그리스 식이 아니라 스키타이 식, 즉 '바르바르'식 그림이 그려졌다. 그것들에는 원주민의 모습과 스키타이 풍습에서 나오는 장면이 묘사되었던 것이다. 이와 같은 꽃병 두 개가 세계적으로 유명하다. 그중 하나는 황금 꽃병으로서 케르치시 부근의 쿠르간 쿨-오바(Куль-Оба)의 분묘에서 발굴되었다. 다른 하나는 은으로 만든 것인데, 드네프르(Днепр)강 하류 지역 체르톰리크(Чертомлык) 강변의 니코폴(Никополь) 마을 근처에 있는 큰 쿠르간에서 발견되었다. 두 꽃병에는 민속 의상을 입고 무기를 든 한 무리의 스키타이인들이 예술적으로 그려져 있다. 스키타이인들의 모습을 지닌 이와 같은 은제 꽃병은 얼마 전에 보로네시(Воронеж) 구베르니야에서 발견되었다. 1913년 베셀롭스키(Н. И. Веселовский) 교수는 드네프르강 하류지역의 쿠르간 솔로하(Солоха)에서 일련의 아주 뛰어난 그리스 공예품을 발견하는 데 성공하였다. 그 중에서 최고는 보병과 기병, 즉 전투 순간의 그리스인과 스키타이인들의 모습이 주조되어 있는 황금 빗이다. 이에 못지않게 뛰어난 것은 전투에 참가한 스키타이인들의 모습이 부조된 은제 활집(화살통)이다.

이리하여 그리스 예술은 지방 '바르바르들'의 취향에 도움을 주었다. 이러한 사정은 흑해 연안에 거주하던 그리스인들이 관계하고 있던 스키타이인들의 외적 생김새를 직접 연구할 수 있는 기회를 주기 때문에 우리에게 중요하다. 그리스 직공들이 탁월하게 조각하거나 그려놓은 스키타이 전사와 기병의 모습에서 우리는 아리아 종족의 특성과 그리고 십중팔구 아리아 종족의 이란계 사람들의 특성을 명확히 식별한다. 그리스 작가들이 남겨놓은 스키타이인 생활의 묘사와 고고학자들이 발굴한 스키타이인 무덤에서도 동일한 결론을 내릴 수 있다. 그리스 역사가 헤로도토스(B.C. 5세기)는 스키타이인들에 대해 이야기하면서 그들을 많은 종족들로 나누고 그들 사이에서 유목민과 농민을 구별한다. 그는 유목민들을 바다 쪽에 더 가까운 스텝에 자리 잡게 하고, 농민들을 좀더 서쪽과 북쪽에 — 대략 드네프르강의 중류에 — 자리 잡게 한다. 일부 스키타이 종족은 곡물 매매를 통해 엘라다로 보낼 많은 양의 곡물을 그리스 도시들에게 제공할 만큼 농업을 발달시켰다. 예를 들어 아티카[7]는 그들이 필요한 곡물의 절반을 바로 보스포르스키 왕국을 통해 스키타이인들로부터 획득한 것으로 알려져 있다. 그리스인들은 그리스인들과 교역한 스키타이인들 및 바다 가까이서 유목생활을 한 스키타이인들을 얼마간 알고 있었고 헤로도

7) Аттика, Attice. 그리스 중부, 남동쪽으로 돌출한 아티카반도 끝에 있는 주. 에게해의 페탈리온만과 테르마만에 면해 있으며, 주도는 아테네이다.

토스는 그들에 대해서 흥미롭고 기본적인 정보를 제공한다. 지금의 러시아 내륙 깊숙한 지역에 살던 종족들은 그리스인들에게 알려지지 않았고, 헤로도토스에게서 우리는 그들에 대한 믿을 수 없는 황당무계한 이야기들을 읽는다.

그리스도가 탄생할 즈음 스키타이인들 대신에 남부 루시의 그리스 식민지들 인근에 **사르마트**(сармат) 인과 그 후 **로크살란**(роксалан) 인 및 **알란**(алан) 인이 나타났다. 그들에 대해서는 알려진 것이 거의 없다. 그러나 아마도 이 모든 종족들은 이전의 스키타이인들이 속했던 바로 그 이란계에 속했을 것이다. 이 이란인들은 시간이 지나면서 다른 종족들에게 자신의 자리를 물려준 뒤 카프카스 산맥에서만 명맥을 유지하였는데, 그들은 이곳에서 지금 오세트인(осетин) 이라는 이름으로 알려져 있다. 흑해 북부 연안에서는 그들 대신에 A. D. 2~3세기부터 **고트족**이라는 일반적 이름으로 알려진 게르만 종족들이 들어섰다. 그들은 발트해 남부 연안 비수아(Висла) 강 하류로부터 도착하여 도나우강에서 돈강과 쿠반강에 이르는 흑해 전역을 차지하였고, 소아시아 및 발칸 반도의 바다와 육지를 습격함으로써 로마제국 동부에 살던 주민들을 완전히 복속시켰다. 4세기에 고트족은 그들의 주교 불필〔Вульфил, 혹은 울필(Ульфил)〕에 의해 그들에게 전해진 기독교 교리의 영향을 받고 비교적 진정되었다. 그때 그들은 두 개의 주요 종족, 즉 도나우강 및 드네프르강의 **서고트족**〔вестготы, 테르빈기(тервинги)〕과 드네프르강 및 돈강의 **동고트족**〔остготы, 그레이튠기(грейтунги)〕으로 분열하였다. 동고트족 중에서 4세기 중반에 고트족뿐만 아니라 그들과 인접한 민족들(아마도 핀족과 슬라브족) 도 하나의 '왕국'으로 연합시킨 지도자가 나왔다. 그는 헤르만리히[8] 였는데, 헤르만리히 하에서 고트족은 훈(гунн) 족의 습격을 받아 그 후 서쪽으

8) Германрих, Hermanrich. 동고트족의 왕(재위 350~375).

로 이주를 개시하지 않으면 안 되었다.

훈족의 습격은 러시아와 유럽에 대한 아시아인들의 순차적인 일련의 침입으로 이어진다. 훈족의 몽골군은 동쪽에서 돈강으로 점차 전진하면서 375년 동고트족을 습격, 고트 왕국을 격파함으로써 고트족을 서쪽으로 이동하게 만들었다. 훈족에 쫓긴 고트족은 로마제국의 국경을 침입하였고, 훈족은 흑해를 점령한 뒤 볼가강과 도나우강 사이를 돌아다니면서 자신들이 정복한 많은 종족들을 결합한 광대한 국가를 형성하였다. 그 후 5세기에 훈족은 서쪽으로 더욱 전진하였고, 지금의 헝가리에 근거지를 두면서 그곳으로부터 공격을 가하며 콘스탄티노플과 현재의 프랑스까지 도달하였다. 그들의 뛰어난 지도자 아틸라[9] 이후 5세기 후반에 훈족의 세력은 그들 사이에 벌어진 내분과 그들이 종속시킨 유럽 종족들의 반란으로 쇠약해졌다. 훈족은 드네프르강 너머 동쪽으로 쫓겨났으며 국가 자체도 사라져버렸다. 그러나 훈족 대신에 6세기에 아시아로부터 새로운 몽골 아바르(авар)족이 등장하였다. 이 종족은 일찍이 훈족이 차지한 지역을 점령하였고 8세기 말까지 흑해와 헝가리 평원에 자리 잡았다. 그리고는 게르만족과 슬라브인들이 마침내 자신들을 절멸할 때까지, 정복한 유럽 종족들을 억압하였다. 아바르족 세력의 몰락은 너무나 빠르고 결정적으로 이루어져서 슬라브인들에게 특별한 속담의 대상이 되었다. 즉 아바르족을 오브르(обр)족이라고 부르는 러시아 연대기 편자는 그들 중 한 사람도 살아남지 못했고, "지금까지도 루시에서는 오브르족 같이 멸망하였다

---

9) Аттила, 406?~453. 훈족의 왕(재위 434~453). 카스피해에서 라인강에 이르는 지역을 정복하고, 많은 민족을 지배하였는데, 중심거점은 헝가리평원이었다. 종종 비잔티움제국을 침략하여 공납을 강요하였다. 451년 북갈리아에 침입하였으나 서로마장군 아이티우스 지휘 하의 서고트, 프랑크, 부르군트 등의 연합군에 패하자 이듬해 이탈리아 각지를 유린하다가 교황 레오 1세의 설득으로 철군하였다. 453년 신혼의 왕비에게 살해된 뒤, 그가 세운 대제국은 급속히 와해되었다.

라는 격언이 있다"고 말한다. 그러나 오브르족은 멸망하였지만, 그들의 자리에 늘 그렇듯 동쪽으로부터 또 하나의 새로운 몽골군대, 즉 우그르〔угр, 즉 헝가리(венгр)〕족과 하자르(хазар)족이 등장하였다. 남부 러시아에서 얼마간 이동한 후 우그르족은 지금의 헝가리를 차지하였으며, 하자르족은 카프카스 산맥에서 볼가강과 드네프르강 중류에 이르는 광범한 국가를 건설하였다. 하지만 동쪽으로부터의 민족들의 이동은 하자르 국가의 형성 이후에도 그치지 않았다. 하자르족의 뒤를 이어 남부 러시아의 스텝에서는 투르크[10]-타타르족의 새로운 아시아 민족들이 등장하였다. 이들은 페체네크(печенег)족, 토르크〔торк, 투르크 — 편집자〕족, 폴로베츠족이며, 그리고 가장 늦게 타타르족(13세기)이 나타났다.

그리하여 거의 천년 동안 계속하여 지금의 러시아 남부 스텝은 이 민족들의 쟁탈 무대가 되었다. 고트족은 훈족에 의해, 훈족은 아바르족에 의해, 아바르족은 우그르족과 하자르족에 의해, 하자르족은 페체네크족에 의해, 페체네크족은 폴로베츠족에 의해, 폴로베츠족은 타타르족에 의해 대체되었다. 훈족으로부터 시작하여 아시아는 유럽에 연속적으로 유목민들을 보냈다. 우랄이나 카프카스를 통해 흑해로 침입하면서 유목민들은 흑해 연안 가까이 유목에 편리한 스텝 지대에 머물렀고, 북쪽으로 멀리 즉 지금의 러시아 중부의 삼림 지역으로 진출하지는 않았다. 여기서 삼림은 이민족 군대의 궁극적인 파괴로부터 주로 슬라브인들과 핀족으로 이루어진 지방 원주민들을 지켜냈다.

10) тюрк. 투르크인, 타타르인, 우즈베크인, 바스키르인, 키르기스인 등의 총칭.

루시 슬라브인들과 그들의 이웃

슬라브인들(славяне)에 관해 말하자면, 유럽에서 그들이 거주한 가장 오래된 장소는 아마도 카르파티아(Карпат) 산맥의 북부 비탈일 것이다. 이곳에서 슬라브인들은 이미 로마, 고트족 및 훈족 시대에 베네트(венед)족, 안트(ант)족, 스클라베네(склавене)라는 이름으로 알려졌다. 슬라브인들은 이곳으로부터 각지로, 즉 남쪽으로(발칸 슬라브인들), 서쪽으로〔체코인, 모라비아인(морав), 폴란드인〕, 그리고 동쪽으로(루시 슬라브인들) 흩어졌다. 동슬라브인들은 아마도 이미 7세기에 드네프르강에 도달하였을 것이고, 점차 이주하면서 일멘호[11]와 오카강[12] 상류까지 진출하였다. 카르파티아 산맥 근처의 루시 슬라브인들 중에서 **호르바트**(хорват)족과 볼린족〔волыняне. 둘레프(дулеб)족, 부자네(бужане)〕이 남았다. **폴랴네**(поляне), **드레블랴네**(древляне), **드레고비치**(дрегович)족은 드네프르강 우안과 강의 오른쪽 지류들에 자리 잡았다. **세베랴네**(северяне), **라디미치**(радимич)족, **뱌티치**(вятич)족은 드네프르강을 넘어 강의 왼쪽 지류들에 정주하였고, 게다가 뱌티치족은 심지어 오카강까지 진출하는 데도 성공하였다. **크리비치**(кривич)족 또한 드네프르강 일원을 벗어나 북쪽의 볼가강 및 서드비나강[13] 상류까지 나아갔으며, 그들의 한 분파인 **슬로베네**(словене)는 일멘호의 하천 일대를 차지하였다. 드네프르강 상류로 이동하는 가운데, 슬라브인들은 새 정착지의 북부 및 북동부 변경에서 **핀족**과 직접 근접하게 되었고 점차 그들을 더욱 멀리 북쪽 및 북동쪽으로 밀어 올렸다. 그와 동시에 북서부에서 슬라브인들의 이웃으로 있던 종족은 슬라브 식민화의 압박 앞에서 발트해 쪽으로 조금씩 밀려났던

---

11) Ильмень. 러시아의 노브고로드 오블라스티에 있는 호수.

12) Ока. 러시아의 이르쿠츠크 오블라스티에 있는 강. 볼가강 우안의 지류이다.

13) 서 Двина. 러시아의 서부를 흐르는 강.

리투아니아족이었다. 반면에 스텝의 동부 변경에서 슬라브인들은 아시아 유목 이민족으로부터 많은 시련을 겪었다. 이미 알고 있듯이, 오브르족(아바르족)은 특히 슬라브인들을 "무척 괴롭혔다." 그 뒤 스텝 지역과 아주 가깝게 있던 나머지 종족들보다 더 동쪽에 거주하던 폴랴네, 세베랴네, 라디미치족 및 뱌티치족은 하자르족에 의해 정복되었으며, 하자르 국가의 일원이 되었다고 할 수 있을 것이다. 이런 식으로 루시 슬라브인들의 이웃 민족들이 처음으로 정해졌다.

슬라브인들과 이웃하고 있던 모든 종족들 중에서 가장 미개한 종족은 몽골계의 한 종족을 이루던 핀족이었다. 핀족은 태고 때부터 현재의 러시아 변경에서 살면서 스키타이인과 사르마티아인의 영향뿐만 아니라 그 후에는 고트족, 투르크족, 리투아니아인 및 슬라브인들의 영향도 받았다. 많은 소수 민족 그룹들〔추티(чудь), 베시(весь), 옘(емь), 에스토니아인, 메랴(меря), 모르드바(мордва), 체레미스(черемис)족, 보탸크(вотяк)족, 지랴네(зыряне)와 그 외 많은 종족들〕로 나뉘는 핀족은 띄엄띄엄 마을을 이루면서 러시아 북부 전역의 거대한 삼림 지대를 차지하였다. 분산되고 체계적인 내부 조직을 전혀 갖지 못한 취약한 핀족은 원시적 야만 상태와 단순함에 머무르면서 그들 영토내로의 어떤 침입에도 쉽게 굴복하였다. 그들은 더 개화된 이민족들에게 급속히 종속되어 동화되거나, 이렇다 할 반격도 하지 못한 채 영토를 내주고 북쪽이나 동쪽으로 떠나갔다. 이리하여 슬라브인들의 점진적인 중부 및 북부 러시아로의 이주와 함께 광대한 핀족의 토지가 슬라브인들에게로 넘어갔고 루시화된 핀적 요소가 평화적으로 슬라브인들에게로 흘러 들어갔다. 가끔씩 신관-샤먼들〔고대 러시아 명칭으로는 '볼흐프'(волхв)와 '쿠데스니크'(кудесник)들〕이 자신의 민족을 투쟁에 나서게 하는 곳에서만 핀족은 루시인들에게 맞서게 되었다. 그러나 이 투쟁은 항상 슬라브인들의 승리로 끝났고 8~10세기에 시작된 핀족의 루시화는 부단히 계속되었으며 오늘날까지도 계속되고 있다. 핀족에 대한 슬라브인들의 영향과 동시에 **불가리아 볼가강**(불가리아 도나우강과 구별하여 그렇게 불렸다)의 투르크족으로부터도 강력한 압력이 시작되었다. 볼가강 하류로부터 카마[14]강 하구에 도달한 불가리아인 유목민들은 여기에 자리를 잡고서는 유목 활동에 국한하지 않고 도시들을 건설하여 활발한 교역을 시작하였다. 아랍 상인들과 하자르 상인들은 볼가강을 따라 남쪽에서 이곳으로 자신의 상품들(말하자면, 은제 용기, 접시, 큰 술잔 등)을 반입하였다. 여기서 그들은 이 상품들을 카마강 중류와 볼가강 상류에서 공급된 값비싼 모피와 교환하였다. 아랍인 및 하자르족과의 접촉은 불가리아인들 사이에 이슬람교와 얼마간 높은 수준의 지식을 확산시켰다. 불가리아인 도시들〔특히 바로 볼가강에 있던 볼가르(Болгар) 혹은 불가르(Булгар)〕은 핀족이 식민한 볼가강과 카마강 상류 전 지역에서 매우 유력한 중심지가 되었다. 불가리아인 도시들의 영향력은 루시 슬라브인들에게도 미쳤다. 루시 슬라브인들은 불가리아인들과 상거래를 하였고, 그 뒤에는 그들과 반목하였다. 정치적인 면에서 볼가강의 불가리아인들은 강한 민족이 아니었다. 그들은 처음에 하자르족에 의존하였지만 독립적인 한[15](汗)과 그에게 종속된 많은 소군주나 공들을 갖고 있었다. 하자르 왕국의 몰락과 함께 불가리아인들은 독립적으로 존재하였으나 루시인들의 침입으로 많은 시련을 겪었고 13세기에 타타르족에 의해 궁극적으로 파멸하였다. 그들의 후손인 추바시(чуваш)족은 현재 취약하고 발전이 더딘 종족이다.

아리아계의 한 독립 분파를 이루는 **리투아니아 종족**〔리투아니아인, 즈무티(жмудь), 라티시(латыш)족, 프루스(прусс)족, 야트바크(ятвяг)족 등〕은 이미 태고 때(A. D. 2세기) 훗날 슬라브인들이 그들을 만났던 지역에 식민하였다. 리투아니아인들의 정착지는 네만[16]강과 서드

14) Кама. 러시아 서부를 흘러 볼가강 왼쪽 연안으로 흘러드는 큰 지류.
15) хан. 칸. 타타르 왕의 칭호.

비나강 유역을 차지하였고, 발트해로부터 프리퍄티[17]강까지, 그리고 드네프르강과 볼가강 발원지까지 도달하였다. 점차 슬라브인들에 의해 격퇴되면서 리투아니아인들은 네만강과 서드비나강을 따라 바다에 근접한 지대의 울창한 삼림 속으로 모여들었고 그곳에서 오랫동안 자신의 원시생활을 보존하였다. 리투아니아 종족들은 단합하지 못하고 개별부족으로 분열하였으며 서로 반목하였다. 리투아니아인들의 종교는 자연력 숭배(페르쿤[18]-뇌신)와 죽은 조상 숭배에 있었고, 전반적으로 낮은 발전수준을 보였다. 리투아니아 신관들과 다양한 신전들에 대한 고래의 이야기들에도 불구하고 리투아니아인들에게는 어떤 유력한 신관 계급도, 어떤 성대한 종교적 의례도 없었던 것으로 지금 보인다. 모든 가족은 대소 신들에게 바치는 제물들을 지참하였고, 동물과 성스러운 참나무를 숭배하였으며, 죽은 사람들의 영혼을 환대하였고, 점을 쳤다. 리투아니아인들은 조악하고 거친 생활, 궁핍함과 야만스러움 때문에 슬라브인들보다 아래에 위치하였고, 루시인들의 식민화가 집중된 자신의 토지를 슬라브인들에게 양도하게 되었다. 리투아니아인들은 직접 루시인들과 이웃하는 곳에서 그들의 문화적 영향을 뚜렷이 받았다.

핀족과 리투아니아인 이웃에 대하여 루시 슬라브인들은 우월감을 느꼈고 공격적인 자세를 취하였다. 하자르족과의 관계는 달랐다. 유목 투르크 종족인 하자르족은 카프카스와 남부 러시아 스텝 지역에 확고히 자리를 잡고 농업과 포도 재배, 어로와 상업에 종사하기 시작하였다. 하자르족은 도시에서 겨울을 보냈고 여름에는 풀밭과 동산을 이용하고 그리고 들일을 하기 위해 스텝으로 이동하였다. 유럽으로부터 아시아에 이르는 상업로는 하자르족의 토지를 지났기 때문에 이 도상

16) Неман. 벨라루시와 리투아니아를 흐르는 강.

17) Припять. 우크라이나 북서부를 흐르는 드네프르강 최대의 지류.

18) Перкунь. 리투아니아의 신화에 나오는 뇌신(雷神).

에 위치한 하자르 도시들은 큰 상업적 중요성과 영향력을 획득하였다. 특히 볼가강 하류의 중심 도시 이틸[19]과 볼가강 부근의 돈강에 있는 요새 사르켈[20]〔러시아어로는 벨라야 베자(Белая Вежа)〕이 유명해졌다. 이 도시들은 아시아 상인들이 유럽 상인들과 서로 상거래를 하고 동시에 이슬람교도와 유대인들, 이교도와 기독교도들이 서로 만나던 거대한 시장이었다. 이슬람과 유대교의 영향은 하자르족 사이에 특히 강력했다. 하자르의 한〔'카간'(каган) 혹은 '하칸'(хакан)〕은 자신의 조신들과 함께 유대교를 믿었다. 일반 사람들 사이에는 무엇보다도 이슬람교가 유포되어 있었으나 기독교와 이교도 유지되었다. 이와 같은 다양한 종교의 존재는 신앙의 자유를 가져왔고 많은 지방으로부터 여러 이주민들을 하자르족에게로 불러들였다. 8세기에 몇몇 루시 종족들(폴랴네, 세베랴네, 라디미치족, 뱌티치족)이 하자르족에 의해 정복되었지만 이 하자르의 멍에는 슬라브인들에게 무거운 것이 아니었다. 멍에는 슬라브인들에게 하자르족의 시장들에 접근할 수 있는 용이한 통로를 제공하였고 루시인들을 동방과의 무역으로 끌어들였다. 러시아의 곳곳에서 발견되는 수많은 아랍의 동전〔디르겜(диргем)〕은 루시가 직접적인 하자르 권력 하에 있고 그 후 상당한 하자르의 영향력을 받고 있던 바로 8세기와 9세기에 동방 무역이 발달했음을 입증한다. 그 뒤 10세기에 하자르족이 새로운 유목 종족 — 페체네크족 — 과의 계속되는 전쟁 때문에 허약해지자 루시인 자신들이 하자르족을 공격하기 시작하였고 그럼으로써 하자르 국가의 몰락을 크게 촉진하였다.

루시 슬라브인들의 이웃을 열거하는 일은 슬라브인들의 직접적인 이웃은 아니지만 '바다 건너' 살면서 '바다로부터' 슬라브인들에게로

19) Итиль. 8세기 중엽~10세기에 번성한 하자르 한국의 수도. 볼가강 하구에 위치.

20) Саркел. 하자르족의 요새.

건너왔던 바랴크인(варяг)들에 대한 언급으로 보충되어야 한다. 슬라브인들뿐만 아니라 다른 민족들(그리스인, 아랍인, 스칸디나비아인)도 스칸디나비아의 다른 지방으로부터 온 노르만인들을 '바랴크'〔'바란크'(варанг), '베린크'(вэринг)〕인이라는 이름으로 불렀다. 이와 같은 외지인들이 전사단이나 대상(隊商)의 형태로 볼호프강과 드네프르강, 그리고 흑해와 그리스의 슬라브인들 사이에 나타나기 시작한 것은 9세기부터였다. 그들은 무역에 종사하거나 루시 군대와 비잔티움 군대에 고용되었고, 가능한 곳에서는 그저 약탈품을 바라면서 노략질을 하였다. 정확히 무엇 때문에 바랴크인들이 그렇게 자주 고향을 버리고 타지를 떠돌아다닐 수밖에 없었는지는 말하기 힘들다. 당시에는 노르만인들이 스칸디나비아 지방을 떠나 유럽의 중부나 심지어 남부로 이주하는 일은 일반적으로 매우 빈번하였다. 그들은 영국, 프랑스, 스페인, 심지어 이탈리아도 공격하였다. 9세기 중반부터는 루시 슬라브인들 사이에 바랴크인이 너무나 많이 존재하고 또 슬라브인들이 바랴크인에게 너무나 익숙해져서 바랴크인들을 루시 슬라브인들의 직접적인 동거인이라고 부를 수 있을 정도였다. 그들은 함께 그리스인 및 아랍인들과 상거래를 하였고, 함께 공동의 적에 맞서 싸웠으며, 때로는 바랴크인들이 슬라브인들을 예속시키기도 하고 때로는 슬라브인들이 바랴크인들을 '바다 너머' 그들의 고향으로 쫓아내기도 하는 등 이따금 서로 싸워 반목하였다. 슬라브인들과 바랴크인들의 긴밀한 관계 속에서 바랴크인들이 슬라브인들의 생활에 큰 영향력을 미쳤다고 예상할 수 있을 것이다. 그러나 그와 같은 영향은 전반적으로 뚜렷하지 않았는데, 이것은 문화적인 면에서 바랴크인들이 이 시기의 슬라브 주민보다 수준이 높지 않았음을 보여주는 증거이다.

루시 슬라브인들의 원시생활

우리는 루시인들이 독자적인 정치적 생존을 개시할 때까지 몇 세기 동안 원시적 생활을 하였음을 보여주는, 슬라브인들에 관한 사실들을 잘 알게 되었다. 고대 비잔티움 작가들〔프로코피(Прокопий)와 마브리키(Маврикий)〕과 게르만 작가(고트족 이오르단)도 어떤 상황에서 그리고 어떤 단계의 사회 발전에서 역사가 슬라브인들을 만나는지를 이해할 수 있도록 매우 흥미로운 연구를 통해 슬라브인들의 원시생활의 특성을 우리에게 밝혀준다. 지금의 러시아 국경인 포드네프로비예(Поднепровье)에 이른 슬라브인들은 서로마 제국을 침입한 게르만족이 발견한 것과 같은 문화와 문명을 이곳에서 발견하지 못했다. 게르만족 자신은 원주민들의 수준으로까지 높아질 수밖에 없었지만, 슬라브인들은 아주 순수한 원시생활을 영위하면서 우리 앞에 나타난다. 이미 18세기에 이 생활을 바라보는 두 가지 시각이 형성되었다. 첫 번째 시각의 대표자는 유명한 쉴뢰처였고, 두 번째 이론은 최근에 작고한 학자 И. Е. 자벨린의 《러시아 생활의 역사》(История русской жизни)에서 최종 발전을 보았다. 쉴뢰처는 슬라브인들의 원시생활이 이로코이족[21]의 야만 생활보다 수준이 더 높지 않았다고 상상한다. 이미 연대기 편자는 슬라브인들이 "야수처럼 생활하였다"고 말하였으며 쉴뢰처도 그렇게 생각하였다. 그의 견해로는 문명과 문화의 씨앗은 슬라브인들을 역사 무대로 불러낸 바랴크인들에 의해 처음으로 뿌려졌다. 이 시각은 필시 극단적인 견해일 것이다. 자벨린(《러시아 생활의 역사》, 전2권, 모스크바, 1876~1879)은 9~10세기 루시 슬라브인들의 생활을 매우 복잡하고 크게 발달한 것으로 우리에게 묘사함으로써 또 다른 극단으로 치닫는다. 이 양 관점을 모두 버리고 이 문제

---

21) Ирокез. Iroquois. 북아메리카 인디언의 한 부족.

를 해명하기 위해 어떤 확실한 자료를 고대 사료들에서 발견할 수 있는지를 검토해보자.

무엇보다도 먼저 슬라브인들은 유목민이 아니라 정착민이다. 슬라브인들과 사르마트인들의 유사점을 발견하는 타키투스[22]는 슬라브인들이 미개인이기는 하지만 정착하여 살고 집을 짓는다는 점에서 사르마트인들과 구별되었다고 언급한다. 슬라브인들의 정착은 그들의 주요 자본이 가축이나 말이 아니라 토지에 있었고 경제는 토지의 이용에 기반을 두고 있었다는 의미로 이해해야 한다. 그러나 이 정착은 슬라브인들이 한 장소의 경지를 소모한 뒤 자신의 주거지를 쉽게 버리고 다른 주거지를 구했기 때문에 확고하지 않았다. 이리하여 슬라브인들의 부락은 처음에 매우 동적인 성격을 지니고 있었다. 이것에 대해 그리스 작가들과 한 연대기 편자의 증언도 일치한다. 연대기 편자는 드레블랴네와 뱌티치족이 이제 막 토지경작을 개시한 것으로 이해될 수 있을 정도로 그들에 대해서 이야기한다. 편자의 말에 따르면 '야수처럼 생활한' 드레블랴네는 이제 연대기 편자의 시대에 "자신의 밭과 토지를 개간한다". 슬라브인들이 거주하고 경작하지 않으면 안 되었던 지역은 삼림지대였고, 그러므로 농업과 나란히 삼림도 이용되었으며, 공업적 목적의 임업과 야생벌꿀 채취 및 수렵이 발달하였다. 밀랍과 벌꿀 및 가죽은 아주 오랜 옛날부터 도나우강에서 루시의 명성을 높이던 교역 물품이었다. 예를 들어 스뱌토슬라프[23]는 도나우강에 남기를 바라면서 다음과 같이 말한다. "나는 도나우강의 페레야슬

22) Publius Cornelius Tacitus, 55?~?. 로마의 정치가이자 역사가. 콘술을 역임하고 게르만인의 습속을 소개한 《게르마니아》와 대작 《역사》 등을 저술하였다.

23) Игоревич Святослав, ?~972. 키예프의 대공(재위 945~972?). 이고리 대공의 아들이며 오카강 및 볼가강 유역과 북카프카스 지방 및 발칸 반도에 원정하여 고대 키예프의 위세를 높였다. 투르크계의 유목민 페체네크족에 의해 살해당했다.

라베츠(Переяславец)에 살고 싶다. 왜냐하면 그곳은 내 영지의 중심지이고 모든 좋은 것이 그곳으로 모여들기 때문이다." 나아가 스뱌토슬라프는 그리스와 로마에서 이곳으로 무엇이 반입되는지를 열거하고 루시에 대해 다음과 같이 말한다. "루시로부터는 손질하지 않은 짐승 가죽과 벌꿀, 밀랍, 비복들이 반입된다." 모피를 제공하는 짐승들을 잡기 위한 수렵은 바로 목제품(조그만 배 따위)을 만드는 일처럼 슬라브인들의 기본 생업 중의 하나였다.

상업도 옛날부터 슬라브인들의 경제생활에 포함되었다. 발트해 남부 연안으로부터 우랄 산맥과 볼가강에 이르는 광대한 지역에서 8세기, 심지어 7세기와 관련된 아랍(쿠파[24]) 동전들이 발견되고 있다. 아랍인들에게 칼리프[25]마다 동전을 다시 주조하는 관습이 있었다는 사실을 염두에 둔다면, 그 재화들이 땅 속에 파묻힌 시기, 적어도 세기는 대략 정확히 결정할 수 있다. 이것을 근거로 8, 9, 10세기에 루시에 거주한 사람들은 아랍인들과 상거래를 하였다는 결론을 내릴 수 있다. 이 고고학적 가정은 아랍인들이 지금의 러시아 국경 부근에서, 말하자면, 러시아 민족과 상거래를 하였다는 사실을 우리에게 전해주는 아랍 작가들의 이야기들과 맞아 떨어진다. 재화는 그 발견 장소로 보건대 상거래가 적어도 강을 통해 필시 행해졌을 것임을 시사한다. 상업적 거래의 규모를 우리는 예를 들어 벨리키예 루키[26]와 최근에 트베리[27]에서 수천 루블 상당의 재화가 발견되었다는 사실에 의해 짐

24) Куфа. 유프라테스강 하류의 도시.

25) халиф, caliph. 무함마드의 후계자로서 이슬람 국가의 교주이자 국왕.

26) Великие Луки. 러시아 공화국 프스코프 오블라스티의 로바치 강변의 공업 도시로 12세기 이래 본격적으로 발달한 고대 도시이다.

27) Тверь. 러시아 서부 칼리닌 오블라스티의 주도. 모스크바 북서쪽 약 160㎞ 지점의 볼가강 상류변에 있다. 12세기 무렵 노브고로드 공화국 지배 아래 있다가 13세기 초 블라디미르-수즈달 공국의 지배를 거쳐 1246년 트베리 공국의 수도가 되었다. 14~15세기에는 러시아의 패권을 놓고 모스크바 공국

작할 수 있다. 그 정도로 가치 있는 재보가 한꺼번에 파묻힐 가능성은 상거래가 대자본에 의해 수행되었음을 보여주는 것이다. 이미 보았듯이 동방과의 무역에서 슬라브인들에게 큰 중요성을 가진 사람들은 그들에게 카스피해에 이르는 안전한 길을 확보해준 하자르족이었다. 이 하자르족의 보호 하에 슬라브인들은 아시아로도 진출하였다. 이것은 슬라브-루시인들의 상업의 한 방향이었다. 두 번째 방향은 남쪽 그리스로 정해졌다. 올레크와 그리스인들이 맺은 고대 협정은 유사한 상업적 협정들이 이미 그 전에도 체결되었으며 10세기에 이미 상업적 관계의 일정한 형식과 전통이 만들어졌음을 보여준다. 루시에서 서유럽으로 나아가는 또 하나의 길도 존재한다. 바실리옙스키 교수는 훌륭한 자료에 근거하여 태고 적부터 슬라브인들은 '루크(руг)족'이라는 이름으로 도나우강 상류지역에서 언제나 상업활동을 해왔다고 말한다. 이리하여 상고시대로부터 우리가 갖고 있는 정보는 슬라브인들이 농업과 함께 상업에도 종사했음을 보여준다. 이러한 상황에서 우리는 슬라브인들에게 일찍부터 상공업 중심지로서 도시들이 있었음을 가정할 수 있다. 이러한 결론 — 의심할 여지없는 결론 — 은 고대 키예프 생활의 몇몇 현상을 명료하게 해명해준다. 이오르단이 슬라브인들에게는 도시가 없다고 주장했음에도 불구하고, 슬라브인들의 역사생활의 초기부터 우리는 그들에게서 도시생활이 발달한 징후를 본다. 루시와 친숙한 스칸디나비아의 전설들은 루시를 '가르다리크'(Гардарик), 즉 도시들의 땅이라고 부르고 있다. 연대기는 루시에서 많은 도시들이 발생한 시기가 언제였는지를 더 이상 기억하지 못한다. 도시들은 '오래 전부터' 존재하였다. 고대 루시의 가장 주요한 도시들(노브고로드, 폴로츠크,[28] 로스토프,[29] 스몰렌스크,[30] 키예프,

---

과 대립하였으나, 1485년 모스크바에 병합되었다. 역사상 러시아 북동부 경제와 문화의 중심지로 1931년 칼리닌으로 개칭되었다가 1991년 소련 붕괴 후 옛 지명으로 환원되었다.

체르니고프[31])은 모두 강 상업로에 위치하고 있고 바로 상업적 중요성을 갖지, 단지 종족 방어의 거점에 불과한 것만은 아니었다.

바로 이것이 슬라브인들이 결코 미개인들이 아니며, 그들 대다수가 "야수처럼 생활하였다"고 말한 연대기 편자가 부정확했음을 보여주는 그들의 원시생활에 대한 의심할 여지없는 증거이다. 하지만, 다른 한편으로 우리는 이 생활이 높은 수준의 사회문화에 도달했음을 지적하는 어떤 가능성도 갖고 있지 못하다.

슬라브인들은 어떤 내부 조직을 갖고 있었는가? 이 문제의 해결은 우리를 흥미 있는 논쟁으로 안내한다.

슬라브인들의 생활은 처음에 의심할 여지없이 종족적이었다. 연대기 편자는 연대기 첫 부분에서 그들을 항상 종족으로 부른다. 그러나

---

28) Полоцк. 벨라루시 공화국 북동부 비텝스크 오블라스티에 있는 도시. 민스크 북동쪽 약 200㎞ 지점, 서드비나강 연안에 있다. 862년 이래 무역 중심지로 번영을 누리다가, 13세기 리투아니아의 지배를 받았으며, 1498년 자유 도시가 되었다. 1772년 러시아령이 되고, 제2차 세계대전 중 큰 피해를 입었다.

29) Ростов. 러시아 북서부, 야로슬라블 오블라스티에 위치하는 도시. 러시아의 고도. 10세기에 로스토프-수즈달 공국의 수도가 되었으나, 블라디미르-수즈달 공국에 병합되었다. 그 후 1207년에는 로스토프 공국의 수도가 되었으나, 1238년의 몽골군의 침략으로 공국은 분열하였다. 14세기에는 모스크바 대공국의 영향 아래 들어갔으며, 1474년 완전히 합병되었다. 그 뒤 18세기 말경까지는 주교좌 소재지로서 종교적으로 중요한 의미를 지녔다.

30) Смоленск. 러시아 서부 스몰렌스크 오블라스티의 주도. 드네프르강 상류의 구릉지대에 있으며 전략상의 요지로 17세기 초 폴란드와의 전쟁, 1812년 나폴레옹군과의 전쟁, 제2차 세계대전 때인 1941년 독일군과의 전투 등 자주 외세 공격의 표적이 되어 피해를 입었다.

31) Чернигов. 우크라이나 체르니고프 오블라스티의 주도. 키예프의 북동쪽으로 약 130㎞, 드네프르강의 지류인 제스나강 오른쪽 연안에 있다. 러시아 고대 도시의 하나이며 11~13세기에는 체르니고프 공국의 수도로서 번창하였다.

연대기를 계속 읽어나가면서 우리는 폴랴네, 드레블랴네, 뱌티치족 같은 이름들이 점차 사라지고 볼로스티에 대한 이야기들로 대체되는 것을 본다. 즉 "노브고로드인, 스몰렌스크인, 키예프인, 폴로츠크인은 옛날부터, 그리고 모든 블라스티〔власть, 즉 볼로스티(волость)〕도 두마처럼 민회에 모인다"라고 연대기 편자는 말하는데, 여기서 '블라스티'는 어떤 종족의 구성원이 아니라 도시와 볼로스티의 거주자들을 의미하는 것이다. 이리하여 종족 생활은 명백히 볼로스티 생활로 넘어갔다. 이것은 의심할 여지가 없으며, 이제 우리는 거대 종족들과 볼로스티 내부에 어떤 사회구조가 작동하고 있었는지를 이해하기만 하면 된다. 처음에 종족들, 그 후에는 볼로스티는 어떤 소규모 집단들로 구성되어 있었는가? 어떤 연계가 사람들을 단단히 묶고 있었는가? 데르프트[32]의 교수 에베르스[33]는 1826년 《러시아 최고법(最古法)》(*Das aelteste Recht der Russen*)이라는 책을 출간하였는데, 이 책에서 그는 이 문제에 대한 학문적 답변을 최초로 시도하였다(그의 책은 러시아어로도 번역되었다). 첫째, 그는 슬라브인들에게서 사적 소유가 부재한 가운데 공동 소유가 지배적이었다는 사실에 주목한다. 둘째, 연대기에서는 "씨족으로 살았다", "씨족이 씨족에 맞서 궐기하였다"처럼 항상 씨족에 대해 언급한다. 스뱌토슬라프는 "살해된 사람들 대신에 씨족이 그것을 가질 것이라고 약속하였다." 셋째, 《루스카야 프라브다》는 사적 토지소유에 대해 말하지 않았다. 이러한 증거들을 바탕으로 슬라브인들은 생활의 최초 단계에서 로마족의 예를 따라 씨족별로, 즉 씨족적 원리 위에 성립된 집단별로 살았으며, 이 씨족의 정점에 씨족장의 권력 — 족장의 권위 — 이 위치해 있었다는 이론이 생겨나기도 하였다. 씨족장의 죽음과 함께 씨족 재산은 분할되는 것이

32) Дерпт. 에스토니아의 도시인 지금의 타르투(Тарту).

33) Иоганн-Филипп-Густав Эверс, 1781~1830. 독일 출신의 저명한 법학자이자 역사가.

아니라 동산과 부동산 모두 씨족의 소유로 남아 있었다. 씨족생활은 실제로 사적 소유의 가능성을 배제하였다. 에베르스의 이론은 우리 '씨족생활 학파'에 의해 받아들여졌다. 즉 솔로비요프와 카벨린은 이 이론을 더욱 발전시켜 정치사의 영역으로 가져들어왔던 것이다. 그러나 씨족 이론이 우리 역사 전체의 바탕에 놓이자, 이 이론은 "슬라브인들 일반과 특히 루시인들의 고대 생활에 관해서"(О древнем быте у Славян вообще и у Русских в особенности)라는 논문을 들고 나온 유명한 슬라브주의자 К. С. 악사코프와 역사-법학자들인 벨랴예프 및 레시코프로부터 가차 없는 비판에 직면하였다. 그들은 연대기에 나오는 '씨족'(род)이라는 단어가 로마의 '게누스'(*genus*)로 사용된 것이 아니며, 몇 가지 의미를 갖고 있다고 주장한다. 왜냐하면 이 단어는 때로는 가족을 의미하고〔키(Кий), 셰크(Щек), 호리프(Хорив)에 관한 진술에서〕, 때로는 씨족을 의미하기(공들의 호소에서) 때문이다. 따라서 민족(народ)의 경우도 연대기 편자는 여러 가지 의미로 사용하였다. 공동 소유와 사적 토지소유의 부재는 생활의 씨족적 형태가 아니라 공동체 조직을 증명할 수 있을 뿐이다. 이와 같은 비판으로 씨족 학설은 확고함을 잃어버렸고, 사람들은 씨족생활이 상고시대에만, 아마도 전사(前史) 시대에만 존재하였을 뿐이며 그 뒤에는 공동체 생활로 대체되었다고 말하기 시작하였다. 공동체 학설은 악사코프와 벨랴예프에 의해 발전하였다. 그들의 의견에 따르면 슬라브인들은 생리적·혈연적 원리를 바탕으로 해서가 아니라 동일 장소에서의 공동 거주 및 경제적·물적 이해의 통일에 의해 공동체별로 생활하였다. 공동체는 선출된 장(長)들의 권력체인 이른바 민회가 통치하였다. 소규모 공동체, 즉 베르피(вервь)들은 볼로스티로 결합하였으며, 이 볼로스티들은 이미 정치적 공동체였다. 공동체에 관한 초기 논의들에서는 애매한 구석이 많았다. 슬라브인들의 원시생활에 관한 문제를 더욱 성공적이고 구체적으로 제기한 사람은 레온토비치 교수였다(베스투제프-류민이 그를 지지하였다). 레온토비치의 시각은 자드루가-옵시나(задруга-община) 생활 이론이라는 이름으로 알려져 있다. 이 이론에 따르면 씨족적 슬라브 가족들은 엄격한 씨족적 조직을 취하고 있는 것이 아니라 자신의 육체적 친족 관계를 잊지 않으면서도 이미 영토적·지역적 원리를 바탕으로 생활하였다. 이와 유사한 종류의 공동체 사례는 세르비아의 자드루가였다. 최근 민족지학자들(예피멘코[34] 씨 등)의 저술들에서는 역사시대에도 루시인들에게 고대적 성격의 독특한 공동체가 존재하였음이 지적되었다. 이 저술들은 궁극적으로 역사생활의 초기 단계에서 슬라브인들에게 씨족적 생활이 아니라 독특한 공동체가 존재하였음을 확증하게 해준다.

슬라브인들이 오직 혈연적 생활만 고수한 것이 아니며 경제적 이익에 따라 쉽게 공동체로 연합하였다면, 종족 생활이 어떻게 그리고 왜 빠르게 와해되고 볼로스티 생활로 대체되었는지를 해명할 수 있다. 일멘호와 드네프르강에서의 생활 초기에 우리의 선조들은 "각자 자신의 씨족에 따라 소유하면서 자신의 씨족별로 자신의 장소에서" 생활하였다. 연대기 편자의 이 판단에 따르면, 씨족의 족장들은 자신의 씨족에서 큰 권력을 지녔다. 그들은 함께 회의(민회)에 모여 종족 전체를 위해 업무를 결정하였다. 그러나 일이 이런 식으로 된 것은 특히 중요한 경우, 예를 들어 종족 전체를 위협하는 전반적으로 위험한 순간뿐이었다. 시간이 경과하면서 종족과 씨족들이 광범한 지역으로 이주해가자 씨족들 간의 연계가 약해졌을 뿐만 아니라 씨족 자체도 독립적인 가족들로 분열하면서 붕괴하였다. 각 개별 가족은 널찍한 공간에 자신만의 경지를 만들었고 자신만의 풀 베는 장소를 가졌으며 숲 속에서 따로 사냥을 하고 생업에 종사하였다. 씨족적 공동 소유는 씨족을 구성하는 가족들이 뿔뿔이 흩어짐에 따라 더 이상 존재하지

34) Александра Яковлевна Ефименко, 1848~1919. 러시아의 저명한 역사가이자 민족지학자.

않게 되었다. 공동 소유는 가족 소유로 대체되었다. 씨족장들의 권력도 바로 그런 식으로 더 이상 효력이 없게 되었다. 그는 씨족 경제가 큰 간격을 두고 흩어짐에 따라 이 경제 전체를 한꺼번에 관리할 수 없었던 것이다. 씨족장들의 권력은 개별 가족의 아버지인 가부장에게로 넘어갔다. 씨족관계의 와해와 함께 씨족 구성원들은 더 이상 씨족적 상호관계를 느끼지 못하였고 필요한 경우 전체 업무를 위해 씨족관계가 아니라 지역에 따라 이미 결합하였다. 전체 회의(민회)에는 일정 지구의 가장들, 즉 서로서로 씨족관계를 맺고 있지만 전부 동일한 씨족의 구성원은 아닌 가장들이 모였다. 어떤 하나의 공통된 이익으로 결합된 그들은 공동체(자드루가, 베르피)를 구성하였고 공동 업무의 수행을 위해 족장들의 대표들을 선출하였다. 그리하여 상고시대의 씨족 구조는 점차 공동체 구조로 대체되었고, 이 공동체의 구성에는 다양한 씨족들뿐만 아니라 심지어 다양한 종족들에도 속하는 가족들이 들어갈 수 있게 되었다. 다양한 종족들이 서로 이웃해 있거나 몇몇 종족들에 의해 식민화가 동시에 진행되었던 곳에서(예를 들어, 크리비치족과 뱌티치족이 함께 식민하였던 볼가강 상류 지역) 그런 식으로 일이 이루어졌다.

러시아 강들을 따라 흑해와 카스피해 시장 쪽으로 상업이 발달하면서 슬라브인들의 땅에 대도시들이 발생하기 시작하였다. 그리하여 폴랴네는 키예프를, 세베랴네는 체르니고프를, 라디미치족은 류베치[35]를, 크리비치족은 스몰렌스크와 폴로츠크를, 일멘 슬라브인들은 노브고로드를 갖게 되었다. 이와 같은 도시들은 상인들의 집결지이자 상품을 보관하는 장소로서 기능하게 되었다. 도시들에서는 외국 상인들, 주로 바랴크인들이 루시 실업가 및 상인들과 만나 거래가 이루어졌으며, 대상이 구성되어 상업로를 따라 하자르와 그리스 시장으로

---

35) Любеч. 우크라이나 체르니고프 오블라스티에 위치한 소도시로 드네프르 강변에서 가장 오래된 도시 중의 하나이다.

향했다. 창고와 도로에서의 상품의 보호는 무장 세력을 요구하였고 그리하여 도시들에서는 군사 드루지나,[36] 즉 조합이 형성되었다. 이 조합은 다양한 국적의 자유롭고 힘센 사람들(무사들)로, 가장 빈번하게는 바랴크인들로 이루어졌다. 이러한 종사단을 이끈 사람은 통상 바랴크인들의 지도자들 — 코눈크〔конунг, 슬라브어로 코눈크는 공(公)이다〕들 — 이었다. 코눈크들은 무기로 자신의 상품을 보호하면서 스스로 상거래에 종사하든지, 도시의 군무에 고용되어 도시와 도시의 상단을 지키든지, 혹은 종국적으로 도시의 권력을 장악하여 도시를 지배하는 공들이 되었다. 그리고 도시 주변의 볼로스티는 보통 도시에 종속되었기 때문에, 이 경우 자신의 지역에서 온전한 공국이 다소 뚜렷하게 형성되었다. 이와 같은 바랴크인들의 공국들이 창건된 것은 예를 들어 키예프에서는 아스콜트와 디르,[37] 노브고로드에서는 류리크, 폴로츠크에서는 로그볼로트[38]에 의해서였다. 이따금 슬라브 종족에게도 바랴크인 코눈크들과 관계없이 공국이 발생하기도 하였다. 그리하여 드레블랴네에게는 말[39]이라는 이름의 지방 공이 존재하였다("데레바[40]의 공인 그의 이름은 과연 말이었다"라고 당대인은 말한다).

도시들, 그리고 그와 함께 루시에서의 외국 상인들 및 군사 종사단의 출현은 새로운 장소로의 이주보다 훨씬 더 루시 종족의 옛 종족 생활을 동요시켰다. 각지에서 도시로 모여든 사람들은 씨족 집단을 떠나 일과 업무에 따라 다른 단체들로 결합하였다. 즉 사람들은 무사-종사단원이 되었고 상단에 들어갔으며 도시의 업종들로 눈을 돌렸다.

---

36) дружина. 고대 러시아공들의 친위병이나 제정 시대에 주로 예비역으로 구성된 민병대나 의용대를 가리킨다. 이하에서는 종사단(從士團)이라고 번역한다.

37) Аскольд(?~882)와 Дир. 키예프 최초의 공들.

38) Рогволод. 폴로츠크 최초의 공.

39) Мал, ?~946?. 드레블랴네 종족의 공.

40) Дерева. 드레블랴네를 가리킨다.

씨족 구성원들의 가부장적 연합 대신에 단어의 우리가 쓰는 의미에서 사회계급들이 탄생하였다. 즉 더 이상 족장들이 아니라 도시 권력—공들과 주인들—에 종속되는 군인과 상공인들이 나타났던 것이다. 볼로스티 내 자신의 경지와 숲 속에 남아 있던 사람들도 도시와 그 상공업의 영향력을 느꼈다. 이전의 가부장 시대에는 각각의 씨족과 심지어 농가에서 따로 살던 각각의 가족도 자기 자신만의 경제를 가졌다. 각자는 자신을 위해 토지를 경작하고 사냥을 하였으며 직접 나무로 집을 지었고 자신이 생산한 직물과 가죽으로 옷과 신발을 만들어 착용하였다. 각자는 자신을 위해 필요한 모든 도구들을 스스로 마련하였다. 어느 누구도 사지도 않고 팔지도 않았다. 자기 가족이나 씨족에게 필요한 것만 저장용으로 준비하고 마련하였다. 다른 경제와 관계없고 생산물의 상업적 교환을 알지 못하는 그와 같은 경제는 '자연' 경제라고 불린다. 루시에서 상업이 발달하고 도시들이 성장하자 도시의 시장들에서는 물건들, 무엇보다도 예전에는 러시아의 주요 수출 품목이었던 벌꿀과 밀랍 및 모피가 요구되었다. 이 물품들은 농촌 주민들에 의해 숲 속에서 획득되었다. 도시로부터의 수요의 영향을 받고 그것들은 이미 자급용으로뿐만 아니라 판매용으로도 획득되기 시작하였다. 그것들을 가정 소비용품에서 상품으로 돌려 다른 귀중품들과 교환하거나 이전에는 알지 못하던 돈을 받고 판매하였다. 무엇보다도 모든 것을 자급자족하던 곳에서 제3자가 많은 것을 구매하여 판매용으로 상품을 저장하거나 판매된 상품의 이익을 축적하는 일이 벌어지기 시작하였다. 달리 말해 자본이 형성되었던 것이다. 자연경제 대신에 화폐경제가 시작되었다.

그리하여 점차 우리 선조들의 생활형태가 변하였다. 가부장적인 씨족적·종족적 생활로부터 슬라브인들은 조금씩 공동체적 구조로 이행하였고 도시들의 주요 '최연장자들'의 영향 하에 볼로스티나 공국으로 결집하였다. 그리고 볼로스티나 공국에서 사람들을 연합시킨 것은 더 이상 씨족 관계가 아니라 시민적·국가적 관계였다. 시간이 경과하면서 개별 도시적·종족적 볼로스티와 공국들은 함께 모여 하나의 국가 권력 하에 결합하였다. 바로 그때 통일된 루시 국가가 시작되었다. 그러나 루시 국가는 처음에 결속력이나 동질성이란 면에서 두드러지지 않았다. 걸출한 공 올레크가 그리스인들에게서 공물을 받았을 때, 자신만을 위해서가 아니라 도시들을 위해서도 그것을 받았다. "왜냐하면 이 도시들에는 올레크에게 종속된 대공들이 자리 잡고 있기 때문이다." 키예프공은 자신과 유사한 다른 공들을 여전히 용인하고 있었던 것이다.

키예프 루시

키예프 공국의 형성

루시에서 통일된 대공(키예프) 지배가 어떻게 형성되었는지에 관한 문제는 루시에서 정치적 단결과 질서의 확립을 가져온 바랴크인-루시에 관한 문제로 우리를 안내한다.

처음에는 노브고로드를 다음에는 키예프도 정복한 이 바랴크인-루시는 누구였는가? 이 문제는 이미 오래 전에 러시아 역사서술에서 제기되었지만 150년 동안의 연구는 문제를 너무나 복잡하게 만들어서 지금도 그것을 해결하기 위해서는 매우 신중할 필요가 있다.

우선 무엇보다도 연대기의 두 부분, 즉 본질적으로 바랴크인 문제를 야기한 중요한 부분들을 상세히 논해보자. (1) 연대기 편자는 발트해 연안에 거주하는 종족들을 열거하면서 다음과 같이 말한다. "이 바랴크(Варяг, 즉 발트)해에 바랴지(Варязи)가 자리잡고 있다."… "그리고 다음은 바랴지이다: 스베이(Свеи), 우르마네(Урмане, 노르웨이[1] 인들), 고테(Готе), 루시, 안글랴네(Англяне)." 이 모든 사람들은 북게르만 종족들이고 바랴크인들은 자신들의 씨족 이름으로 그

1) 혹은 노르만.

들, 즉 종명(種名)들 사이에 놓여 있다. (2) 나아가, 공들의 초청에 관한 연대기 편자의 이야기에서 우리는 다음을 읽는다. “바다 건너 바랴크인-루시에게로 갔다. 바로 그런 식으로 이름이 붙여졌기 때문에 다른 사람들이 스베이라 불리고 또 다른 사람들이 안글랴네와 우르먀네[2]라 불리며 또 다른 사람들이 고테라고 불리는 것처럼, 이 바랴지는 루시라 불린다.” 이리하여 연대기의 말에 따르면 바랴크인들 중 어떤 사람들은 루시라 불리었고, 어떤 사람들은 안글랴네와 우르마네 따위로 불리었다. 연대기 편자는 명백히 루시가 많은 바랴크 종족들 중의 하나라고 생각하고 있다. 연대기의 이 진술들과 여타의 진술을 근거로 학자들은 더욱 정확한 정보를 찾기 시작하여 우리의 연대기 편자뿐만 아니라 그리스인들도 바랴크인들을 알고 있었음을 깨달았다. ‘바랴크’라는 단어는 비음을 나타내는 고대 슬라브어 자모로 씌어졌고 그러므로 그것은 ‘바렌크’(вapeнг)로 발음되었다. 이 단어는 그리스 작가들에게도 발견되며 완전히 명확한 개념을 갖고 있다. 즉 그리스인들에게 βάραγγοι〔바란크인(варанг)들〕라는 이름은 비잔티움 제국에 복무하는 노르만인들, 즉 고용된 북부인 종사단의 의미를 갖고 있었다. 스칸디나비아의 전설에서 마주치는 Waeringer(바란크인들)라는 단어도 바로 그와 같은 북부 종사단의 의미를 갖는다. 아랍 작가들 또한 바란크인들을 노르만인들로 알고 있다. 그러므로 ‘바란크인들’은 민족지학적 의미에서 완전히 명확한 어떤 것 — 노르만계 종사단 — 을 나타낸다. 그 후 바실리옙스키 교수가 발견하여 자신의 논문 “11세기 한 비잔티움 보야린의 자문과 회답”(Советы и ответы Византийского боярина XI века)에 실은 한 가지 사실 덕분에, 바랴크인들의 모국, 즉 바란기야(Варангия)도 정확히 결정하는 데 성공한 것 같다. 이 비잔티움 보야린은 가랄트(Гаральд)에 관한 유명

2) Урмяне. 즉 우르마네.

한 스칸디나비아 전설을 전하면서 가랄트를 바란기야 왕의 아들로 직설적으로 부르고 있는데, 이 가랄트는 노르웨이에서 온 것으로 알려져 있다. 그런 식으로 노르웨이와 바란기야, 노르웨이인들과 바랴크인들이 동일시된다. 이러한 결론은 이전에 바란크인이라는 단어를 떠돌아다니는 용병을 기술적으로 부르는 명칭으로 설명하려는 경향〔варяг(바랴크)-враг(적)-хищник(약탈자, 맹수)-бродячий(방랑하는)〕이 있었다는 점에서 매우 중요하다. 이러한 이해에 바탕을 두고 솔로비요프는 바랴크인들은 개별 종족을 나타내는 것이 아니라 어중이떠중이 종사단일 뿐이며 슬라브인들에게 종족적 영향을 미칠 수 없었다고 주장하는 것이 가능함을 알았었다.

그리하여 바랴크인들은 노르만인들이다. 그러나 이 결론은 이른바 '바랴크인-루시' 문제를 아직 해결하지는 못한다. 왜냐하면 누가 루시라는 이름으로 불리어졌는지를 우리에게 말해주지 않기 때문이다. 연대기 편자는 바랴크인들과 루시를 동일시하였다. 지금 학자들은 그들을 서로 구별하며, 이를 뒷받침하는 근거도 있다. 외국인 작가들에게 루시는 바랴크인들과 혼동되지 않으며 바랴크인들 전에 알려졌다. 고대 아랍 작가들은 루시 민족에 대해 누차 이야기하고 있고, 루시의 거주지를 흑해에 위치시키면서 그 해안에 있는 도시 루시야(Русия)의 존재도 지적한다. 몇몇 그리스 작가들〔콘스탄틴 바그랴노로드니[3]와 조나라(Зонара)〕도 루시를 페체네크족과 이웃하여 흑해에 위치시킨다. В. Г. 바실리엡스키가 연구한 두 편의 그리스 언행록〔스테판 수로시스키와 게오르기 아마스트리츠키[4]의〕은 9세기 초, 따라서 바랴크인들을 노브고로드로 초청하기 전에 흑해에 루시 민족이 존재했음을 확인한다. 일련의 다른 사실들도 바랴크인들과 루시가 따로 행동하며 그들

3) Константин VII Порфирогенет Багрянородный. 마케도니아 왕조의 비잔티움 황제. 재위 908~959. 저술 《제국 통치에 관해서》를 남겼다.

4) Георгий Амастридский. 9세기 초에 활동한 크롬나 출신의 주교로 성자.

이 서로 동일한 존재가 아님을 증명한다. 이것으로부터 루시라는 이름이 바랴크인들이 아니라 슬라브인들의 것이고 그것이 12세기에 의미한 바, 즉 키예프 지방과 그 주민들을 언제나 의미하였다고 추론하는 것은 당연했다. 일로바이스키[5]도 문제를 그런 식으로 해결하고 싶어 하였다. 그러나 루시를 슬라브인들의 종족 이름으로 볼 수 없는 이야기들이 존재한다.

이 이야기들 중 제일 중요한 것은 카를 대제[6]의 왕국에서 작성된 성 베르탱 연대기들[7]이다. 이 연대기들에 따르면 829년에 차리그라드[8]의 황제 페오필(Феофил)은 루드비히 경건왕[9]에게 사자(使者)들과 사람들을 파견하였다. 여기서 사람들은 "Rhos vocari dicebant", 즉 스스로를 로스인[10]이라고 부르고, 하칸(Хакан)이라고 하는 그들의 황제("*rex illorum Chacanus vocabulo*")에 의해 비잔티움 제국에 보내진 사람들이다. 루드비히는 그들에게 방문한 목적을 물었다. 그들은 그의, 즉 루드비히의 땅을 거쳐 고국으로 돌아가기를 원한다고 대답

---

5) Дмитрий Иванович Иловайский, 1832~1920. 저명한 러시아의 역사가이자 사회평론가.

6) Karl der Grosse, 742~814. 카롤링거 왕조 제2대 프랑크 국왕(재위 768~814). 샤를마뉴대제, 카롤루스대제라고도 한다. 카롤링거 왕조 초대 왕 피핀의 장남으로 대부분의 게르만계 부족들을 통합하여 동과 서로 엘베강에서 피레네산맥, 남과 북으로 중부 이탈리아에서 북해 연안에 이르는 서유럽의 정치적 통일을 이루었다.

7) Annals of St. Bertin. 트로와의 프루덴티우스 주교와 랭스의 힝크마르 대주교에 의해 작성된 연대기로 카롤링거 왕조, 특히 서프랑크 왕국의 국왕 카를 2세(재위 843~877)와 바이킹족에 대한 상세한 정보를 담고 있다.

8) Царьград. 옛 콘스탄티노플. 지금의 이스탄불.

9) Людовик Благочестивый. Louis Ⅰ. 778~840. 카를 대제의 아들로 프랑크 왕국 카롤링거 왕조의 2대왕(재위 814~840)이자 신성로마제국의 황제(재위 813~840). 교회와 수도원을 보호해 경건왕이라고 불린다. 그의 세 아들 간의 상속문제로 프랑크 왕국은 3분되었다.

10) росс. 즉 러시아인.

하였다. 루드비히는 스파이 짓을 하는 게 아닐까 하고 의혹을 품고 그들이 누구이고 어디서 왔는지 상세히 탐문하기 시작하였다. 그들은 스웨덴 종족에 속하는 것(*eos gentis esse Sueonum*)으로 밝혀졌다. 이리하여 839년에 루시는 스웨덴 종족에 관계되고 있으며, 그들의 황제 이름 — 'Chacanus' — 하칸은 당시 이 스웨덴 종족과 맞지 않는 것 같아서 많은 다양한 설명을 야기하였다. 어떤 사람들은 이 이름을 게르만, 스칸디나비아 이름인 '가콘'(Гакон)으로 이해하며, 어떤 사람들은 이 'Chacanus'를 바로 '카간'(каган)으로 직접 번역하는데, 이 경우 그것은 '카잔'(казан)이라는 칭호로 불린 하자르의 한(汗)을 의미한다. 어쨌든 베르탱 연대기들의 이야기는 지금까지의 모든 이론들을 논파한다. 다음의 이야기도 베르탱 연대기들의 이야기보다 더 낫지 않다. 10세기의 작가 리우트프란트 크레몬스키[11]는 "그리스인들은 우리가 노르드만노스(*Nordmannos*)라고 부르는 — 거주 장소에 따라(*a position loci*) — 민족을 루소스(*Russos*)라고 부른다"라고 말하면서, 그 자리에서 "우리가 노르만인들이라고 부르는 페체네크, 하자르, 루스" 민족들을 열거한다. 분명히 작가는 뒤죽박죽되었다. 처음에 그는 루시, 이들은 북쪽에 살기 때문에 노르만인들이라고 말하고 곧 그 뒤를 이어 그들을 페체네크족 및 하자르족과 함께 남부 러시아에 위치시키는 것이다.

이리하여 우리는 바랴크인들을 스칸디나비아인들로 판단하면서도 루시는 누구인지 결정할 수가 없다. 일부 이야기에 따르면, 루시는 바로 그 스칸디나비아인들이고, 다른 이야기에 따르면 루시는 발트해가 아니라 하자르족 및 페체네크족과 이웃하여 흑해에 거주한다. 루시 민족의 정체를 결정하는 데 가장 믿을 만한 자료 — 루시 언어의 잔재들 — 는 매우 부족하다. 그러나 이른바 노르만 학파는 주로 이 자료

11) Лиутпранд Кремонский, 920?~972?. 주교로 게르만 왕 오토 1세의 콘스탄티노플 사절을 지냈다.

에도 근거를 둔다. 노르만 학파는 루시 공들의 고유한 이름들이 노르만 이름 —류리크(Hrurikr), 아스콜트〔오스콜트(Осколд), Höskuldr〕, 트루보르〔Трувор, 트루바르(Трувар), 토바르트(Товард)〕, 이고리〔인그바르(Ингвар)〕, 올레크, 올가(Helgi, Helga; 콘스탄틴 바그랴노로드니에게 우리의 올가는 Ελγαα라 불린다), 로크볼로트〔Рогволод, 라그느발트(Рагнвальд)〕— 이며, 이 모든 단어들은 게르만어로 발음됨을 보여준다. 드네프르강의 급류의 명칭은 콘스탄틴 바그랴노로드니에게서〔저술 《제국 통치에 관해서》(Об управлении империей) 에서〕 러시아어와 슬라브어로 인용된다. 루시 이름들은 슬라브어로 들리지 않고 독일어 뿌리로 설명된다〔유수피(Юссупи), 울보르시(Ульворси), 게나드리(Генадри), 에이파르(Ейфар), 바루포로스(Варуфорос), 레안티(Леанти), 스트루분(Струвун)〕. 이에 반해 콘스탄틴 바그랴노로드니가 슬라브어로 부르는 이름들은 실제로 슬라브어 이름들이다〔오스트로부니프라흐(Островунипрах), 네야시트(Неясит), 불니프라흐(Вулнипрах), 베루치(Веруци), 나프레지(Напрези)〕. 그 후 몇몇 노르만 학파의 대표들은 루시와 슬라브인들의 차이를 고수하면서 루시를 스칸디나비아 북부에서가 아니라 기원후 초기 시절에 흑해 부근에 살았던 게르만 종족의 잔재들에서 찾는다. 그리하여 부딜로비치[12] 교수는 루시의 고트족 기원을 주장할 수 있는 가능성을 발견하며, 루시 혹은 로스(Рос)라는 단어 자체를 고트족의 명칭('로스'라고 발음된다)으로부터 파생시킨다. 바실리옙스키의 귀중한 연구들은 오래전부터 이 방향으로 나아가고 있으며 그 후계자들로부터 좀더 뛰어난 성과들을 기대할 수 있을 것이다.

샤흐마토프[13]의 독창적인 의견도 노르만 학파 쪽이다. "루시는 노

12) Антон Семенович Будилович, 1846~1908. 러시아의 언어학자이자 슬라브 학자.

13) Алексей Александрович Шахматов, 1864~1920. 러시아의 언어학자

르만인들이고, 스칸디나비아인들이다. 루시는 상고시대의 바랴크인들로서 스칸디나비아에서 최초로 이주한 자들이었다. 이 이주자들은 자신들의 후손들이 삼림이 우거지고 늪이 많아 덜 매력적인 슬라브 북부에 자리 잡기 시작하기 전에 러시아 남부에 정착하였다." 그리고 실제로, 고대 시대에 개별 바랴크 종족이 아니라 바랴크인 종사단 일반을 루시라고 불렀다는 식으로 문제를 설명하는 것이 가장 올바를 듯하다. 개별 바랴크 종족을 루시라고 일컫는 일은 없었기 때문이다. 슬라브 명칭 숨(сумь)이 스스로를 수오미(*suomi*)라고 부르는 핀족을 의미하듯이, 슬라브인들에게 루시라는 명칭은 무엇보다도 바다 건너 저편의 바랴크인들 — 핀족이 루오치(*ruotsi*)라고 부른 스칸디나비아인들 — 을 의미하였다. 이 루시라는 명칭은 바랴크인들이라는 명칭과 동시에 슬라브인들 사이에 사용되었고, 연대기 편자가 이 두 명칭을 서로 합치고 뒤섞은 것은 이 사실로도 설명된다. 루시라는 이름은 바랴크인 루시와 함께 활동했던 슬라브 종사단에게도 적용되었고 서서히 슬라브인들의 드네프르강 유역을 가리키는 것으로 고정되었다.

현재 바랴크인-루시 문제는 이와 같은 사정에 처해 있다〔이 문제는 네덜란드 학자 빌헬름 톰센[14]의 저술에서 가장 이해하기 쉽게 서술되어 있다. 이 저술의 러시아어 번역인 《러시아 국가의 기원》(Начало русского государства)은 개별 책으로도 나왔고 1891년에 《모스크바 역사 및 유물 협회 강독》(Чтения Московского Общества Истории и Древностей), 제1책에도 실렸다〕. 우리 학계의 가장 권위 있는 세력은 전부 이미 18세기에 바이어에 의해 기초가 놓이고 최근의 학자들〔쉴뢰처, 포고딘, 크루크, 쿠니크, 바실리옙스키〕의 저술들에서 완성된 노르만 학파의 시각을 견지한다. 오래 전부터 지배적인 학설과 나란히 다른 학설들도

및 역사가.

14) Вильгельм Томсен, Vilhelm Thomsen, 1842~1927. 네덜란드의 언어학자.

존재해왔는데, 그중 문제를 위해 큰 유용성을 지닌 것은 이른바 슬라브 학파였다. 로모노소프로부터 시작하여 베넬린[15]과 모로시킨,[16] 나아가 게데오노프, 그리고 끝으로 일로바이스키로 계속되는 이 학파의 대표자들은 루시가 항상 슬라브인이었음을 보여주고자 하였다. 노르만 학파의 논거들을 논박하면서 이 슬라브 학파는 문제를 거듭 재검토하게 만들었고 새로운 자료를 문제에 끌어들였다. 게데오노프의 저서 《바랴크인들과 루시》(Варяги и Русь, 전2권, 페테르부르크, 1876)는 많은 노르만주의자들로 하여금 바랴크인들과 루시를 혼합하는 일을 포기하게 만들었고 그럼으로써 문제에 큰 역할을 하였다. 검토 중인 문제에 대한 다른 시각들의 경우 풍부한 개관을 위해서만 그 존재를 언급할 수 있을 뿐이다(코스토마로프는 한때 루시의 리투아니아 기원을 주장하였고, 셰글로프[17]는 핀족 기원을 주장하였다).

바랴크인-루시 문제의 사정을 아는 것은 우리에게 한 가지 점에서 중요하다. 최초의 루시 공들과 그들의 종사단이 어떤 종족인지의 문제를 해결하지도 못한 우리는 루시의 바랴크인들에 관한 연대기의 빈번한 이야기들이 슬라브인들이 이방인, 즉 게르만 종족과 같이 거주했음을 보여준다는 것을 인정하지 않으면 안 된다. 그들 사이의 관계는 어떠했으며, 바랴크인들이 우리 선조들의 생활에 미친 영향은 과연 강력했는가? 이 문제는 여러 번 제기되었고, 바랴크인들이 우리 선조-슬라브인들의 사회생활의 기본적인 형태들에 영향을 주지 못했다는 의미에서 오늘날 해결된 것으로 간주될 수 있을 것이다. 바랴크인 공들이 노브고로드에, 그리고 그 뒤 키예프에 정착한 일은 슬라브인들의 생활에 뚜렷한 이질적 영향을 주지 못하였으며, 이방인들 자신, 즉 공들과 그 종사단은 루시에서 급속도로 슬라브화되었다.

---

15) Юрий Иванович Венелин, 1802~1839. 러시아의 슬라브 학자.

16) Федор Лукич Морошкин, 1804~1857. 러시아의 저명한 법학자.

17) В. Г. Щеглов. 러시아의 역사가.

그리하여, 이방인 공들의 출현 문제와 관련된 루시에서의 국가 기원 문제는 일련의 탐구들을 야기하였는데, 이 탐구들은 노브고로드인들이 국내의 반목과 혼란에 염증을 느끼고 바다 건너 바랴크인-루시에게 유명한 초청장을 보냈다고 이야기하는 연대기의 전설을 전적으로 믿지 못하게 만들었다. "'우리의 땅은 크고 풍요롭지만 질서(몇몇 판본들에서는 질서를 잡는 사람)가 없습니다. 이곳으로 오셔서 우리를 통치하고 다스려주십시오.' 그러자 류리크와 그 형제 두 명[18]이 '자신의 씨족들과 함께', '루시 전체를 데리고' 그들에게로 왔다." 이 이야기의 서사시적 성격은 이와 유사한 다른 이야기들에 비교하여 명확하다. 즉 브리튼인들에 의한 앵글로색슨족의 바로 그와 같은 초청에 관한 잉글랜드 연대기 편자 비두킨드[19]의 이야기가 알려져 있으며, 여기에서도 브리튼인들은 노브고로드인들이 자신의 땅을 찬양한 것과 같은 말로 자기 땅을 찬양하고 있는 것이다. 즉 "넓고 광활하며 모든 물산이 풍부한 대지."

민간 전설의 아름다운 안개를 통과한 역사 활동은 노브고로드의 통치자, 즉 올레크공[879~912. 이하, 공들의 통치기간으로 표시 — 편집자] 시대부터 비로소 명확해진다. 올레크공은 일멘호에서(882) 드네프르강으로 옮기면서 스몰렌스크와 류베치를 정복하였고, 키예프에 정착하여 키예프가 '루시 도시들의 어머니'가 될 거라고 말하면서 키예프를 자기 공국의 수도로 만들었다. 올레크는 큰 물길을 따라 자신의 손으로 모든 주요 도시들을 통일시키는 데 성공하였다. 이것은 그의 첫 번째 목표였다. 키예프로부터 그는 계속 통일 활동을 전개하였다. 드레블랴네와 그 뒤 세베랴네에게로 가서 그들을 정복하였으며 라디미치족도 복속시켰다. 이리하여 변경의 루시 슬라브인들을 제외

---

18) 세 명으로 알려져 있다.

19) Видукинд Корвейский. 925?~973?. 색슨족 출신의 수도사이자 역사가.

하고 모든 주요 루시 슬라브 종족과 모든 주요 루시 도시가 그의 수중에 들어갔다. 키예프는 대 국가의 중심지가 되었고 루시 종족들을 하자르족에 대한 종속으로부터 해방시켰다. 하자르족의 멍에를 벗어버리고 올레크는 동쪽의 유목민들(하자르족과 페체네크족)의 공격을 막기 위해 요새들로 나라를 강화하려고 하면서 스텝 경계에 도시들을 건설하였다.

그러나 올레크는 슬라브인들의 통일에 그치지 않았다. 비잔티움 제국을 습격한, 키예프의 선임자들인 아스콜트와 디르의 예를 따라 올레크는 그리스인들을 정벌하기로 결심하였다. 그는 '말과 배로' 대군대를 이끌고 콘스탄티노플로 접근하여(907) 그 주변을 유린하고 도시를 포위하였다. 그리스인들은 협상을 시작하였고 올레크에게 '공물'을 바쳤다. 즉 그들은 파멸에서 벗어나 루시와 협정을 맺었으며, 이 협정은 912년에 재차 확인되었다. 올레크의 성공은 루시에게 깊은 인상을 남겼다. 즉 사람들은 올레크를 노래로 찬미하였고 그의 공적을 믿기 어려울 정도의 특성들로 꾸몄던 것이다. 이 노래들로부터 연대기 편자는 올레크가 자신의 배들을 바퀴 위에 올리고 돛을 달아 육로로 '들판을 가로질러' 차리그라드로 갔다는 이야기를 자신의 연대기에 옮겨 실었다. 물론 노래로부터 올레크가 '승리를 나타내면서' 자신의 방패를 차리그라드 입구에 내걸었다는 상세한 이야기도 연대기로 옮겨졌다. 사람들은 올레크에게 '현자'(다른 사람들은 알지 못하는 것을 아는 현명한 인물)라는 별명을 부여하였다. 올레크의 활동은 실제로 각별한 의의를 지녔다. 그는 뿔뿔이 흩어진 도시와 종족들로부터 대국가를 창건하였고 슬라브인들을 하자르족에 대한 종속에서 끌어냈으며 조약을 통해 루시와 비잔티움 제국의 올바른 상업 관계를 정립하였다. 요컨대 그는 루시-슬라브인들의 독립과 권력의 창조자였다.

올레크가 사망하자 이고리(912~945)가 권좌에 올랐다. 그는 명백히 재능 있는 인물이나 전사, 지도자를 갖고 있지 못했다. 그는 두 차레 그리스 영토를, 즉 소아시아와 콘스탄티노플을 습격하였다. 첫 습격에서 그리스인들이 불을 가진 특수 배들을 동원하여 "루시의 큰 배들에게 관으로 불을" 날리는 바람에 해전에서 대패를 당했다. 두 번째 공격에서 이고리는 차리그라드에 도달하지 못하였고 945년 협정에 서술된 조건으로 그리스인들과 강화를 맺었다. 이 협정은 올레크의 협정보다 루시에게 덜 유리한 것으로 간주된다. 처음에는 이고리 하의 루시 땅을 공격하고 그 후 이고리와 화해했던 페체네크족도 그리스인들에 맞선 이고리의 작전에 참가하였다. 이고리는 드레블랴네로부터 공물을 두 배로 받기를 원했지만 그들의 땅에서 죽고 말았다. 그의 죽음과 이고리의 미망인 올가(Ольга)를 취하고 싶어 한 드레블랴네 공 말(Мал)의 구혼, 그리고 남편의 죽음을 둘러싸고 올가가 벌인 드레블랴네인들에 대한 복수는 연대기에서 상술한 매혹적인 전설의 대상이 된다.

올가(고대 스칸디나비아어와 그리스어로 Helga)는 이고리 이후 어린 아들 스뱌토슬라프와 함께 남았으며 공국의 통치를 맡았다(945~957). 고대 슬라브 관습에 따르면 미망인들은 시민적 독립과 완전한 권리를 향유하였으며, 슬라브인들의 경우 여성들의 상황은 전반적으로 다른 유럽 민족의 경우보다 나았다. 그러므로 올가 공비(公妃)가 통치자가 된 것은 놀랄 일이 아니었다. 연대기 편자는 그녀에게 매우 공감하는 태도를 취했다. 그는 올가를 "모든 사람들 중에서 가장 현명하다"고 간주하고 있으며, 그녀가 나라를 정비하는 데 큰 심려를 하고 있다고 말한다. 올가는 영지를 돌아다니면서 가는 곳마다 질서를 확립하고 좋은 기억을 남겼다. 기독교를 수용하고 차리그라드로 경건한 여행을 떠난 일(957)은 그녀가 한 주요 일이었다. 올가의 세례는 그녀가 그리스로 여행을 가기 전에 루시의 집에서 이루어진 것이 더 확실하지만, 연대기 편자의 이야기에 따르면 '황제와 총대주교'가 차리그라드에서 올가에게 세례를 행하였다. 자신의 궁정에서 올가를 정중하게 영접하고 《비잔티움 궁정의 의식에 관해서》(Об обрядах Византийского двора)라는 글에서 그녀의 영접 과정을 묘사한 황제 콘스탄틴 바그랴노로드니는 신중하고 차분하게 루시 공비에 대해 이야기한다. 공비의 여행에 관해 루시에서 만들어진 전설은 황제가 올가의 재색에 눈이 멀어 심지어 그녀와 혼인을 원하기까지 했지만 올가는 이 영예를 회피했다는 것이다. 그녀는 총대주교에 대해서는 공손하게 처신하였지만 황제는 거들떠보지도 않았다. 연대기 편자는 올가가 두 번씩이나 황제를 계략으로 속이는 데 성공하였다고 확신하기까지 하였다. 첫째로 그녀는 그의 구혼을 교묘하게 거절할 수 있었고, 둘째로 올가는 황제의 공물이나 선물도 거절했다. 황제는 그녀가 그것들을 받아들일 거라고 쉽게 예상했던 것 같다. 바로 이것이 올가에게 매우 뛰어난 지혜와 계교를 부여한 소박한 전설의 내용이었다. 루시의 기독교 의식에서 올가 공비의 기일[20]은 옐레나[21]의 거룩한 세례 속에서 정교회에 의해서도 숭배되기 시작하였다. 올가 공비는 성녀의 반열에 올랐다.

올가의 아들 **스뱌토슬라프**(957~972)는 이미 슬라브 이름을 가졌으나, 성격은 여전히 전형적인 바랴크-전사이자 종사단원이었다. 그는 성인이 되자마자 용맹스런 대 종사단을 스스로 조직하여 그들과 함께 명예와 전리품을 구하였다. 그는 일찍이 어머니의 품을 벗어났으며, 어머니가 세례를 받으라고 설득했을 때 "그녀에 대해 격분하였다." "어떻게 제 혼자 신앙을 바꾸란 말입니까? 종사단이 나를 비웃어요"라고 그는 말했다. 스뱌토슬라프는 종사단과 아주 친밀해졌으며 그들과 더불어 엄격한 원정 생활을 하였고 그리하여 아주 날쌔게 전진하였다. 연대기 편자의 표현에 따르면, "그들은 표범처럼 날쌔게 나아갔다."

---

20) 올가는 969년 7월 11일(구력)에 사망하였다. 그리하여 러시아 정교에서 7월 11일은 성녀 올가의 공식적인 축일이다.

21) Елена. 옐레나는 올가의 세례명이다.

스뱌토슬라프는 여전히 어머니가 살아 있는 동안 키예프 국가를 올가에게 맡겨 두고 최초의 훌륭한 원정들을 수행하였다. 그는 오카강으로 진출하여 당시 하자르족에게 공물을 바치던 뱌티치족을 복종시켰다. 그런 뒤 하자르족에게 눈을 돌려 그들의 주요 도시들(사르켈과 이틸)을 장악하면서 하자르 왕국을 괴멸시켰다. 이와 함께, 스뱌토슬라프는 쿠반[22]강의 야스[23]족과 카소크〔касог, 체르케스(черкес)〕족을 패퇴시키고 타마타르흐〔Таматарх, 나중에는 트무타라칸(Тмутаракань)〕라 불리는 쿠반강 하구와 아조프해 연안 지방을 점령하였다. 끝으로 스뱌토슬라프는 볼가강으로 침투하였고, 카마[24]강의 불가리아인들을 몰락시키면서 그들의 도시인 볼가르[25]를 점령하였다. 요컨대 스뱌토슬라프는 하자르 국가 체제에 편입되어 있던 루시의 동쪽 인근 국가들을 모두 격퇴하고 파멸시켰던 것이다. 이제 루시가 흑해의 주요 세력이 되었다. 그러나 하자르 국가의 몰락은 유목 페체네크족을 강화시켰다. 이전에 하자르족이 차지하고 있던 루시 남부의 스텝 전체가 이제 그들의 수중에 들어갔다. 루시 자신도 곧 이 유목민들 때문에 큰 곤란을 곧 겪지 않으면 안 되었다.

동방에서의 정복을 마친 후 키예프로 돌아온 스뱌토슬라프는 도나우강의 불가리아인들과 맞서 싸우는 데 비잔티움 제국을 도와달라는 요청을 그리스인들에게서 받았다. 대병력을 소집한 그는 불가리아를 정복하고 그것을 자신의 소유물로 간주했기 때문에 그곳 도나우강의 페레야슬라베츠(Переяславец)에 살기 위해 잔류하였다. 그는 다음과 같이 말했다. “나는 도나우강의 페레야슬라베츠에 살고 싶다. 그곳은 내 영토의 중심지고, 그리스인들로부터는 금과 직물, 포도주와

22) Кубань. 러시아 남서부의 강.

23) яс. 오세틴(осетин) 민족의 옛 이름.

24) Кама. 러시아 서부를 흘러 볼가강 왼쪽 연안으로 흘러드는 큰 지류.

25) Болгар. 10~15세기 타타르스탄에 존재했던 볼가불가르 나라의 수도.

과일, 체코인들과 우그르족으로부터는 은과 말, 루시로부터는 모피와 밀랍, 벌꿀과 노예 등 온갖 것들이 그곳으로 모여든다." 그러나 스뱌토슬라프는 자신이 없는 동안 페체네크족이 루시를 공격하고 키예프를 포위하였기 때문에 잠시 불가리아에서 키예프로 돌아가지 않으면 안 되었다. 키예프 주민들은 올가 공비 및 스뱌토슬라프의 아이들과 함께 위협적인 적들로부터 가까스로 자신을 방어하였고 스뱌토슬라프를 질책하는 동시에 그에게 도움도 요청하였다. 스뱌토슬라프는 키예프에 당도해 페체네크족을 스텝으로 쫓아버렸으나 키예프에 남지 않았다. 죽어가고 있던 올가는 자신이 죽을 때까지 루시에서 기다려달라고 그에게 요청하였다. 그는 올가의 소원을 들어주었으나 어머니의 장례식이 끝나자마자 루시에 아들들을 공으로 남겨둔 채 불가리아로 떠났다. 하지만 그리스인들은 불가리아인들에 대한 루시인들의 지배를 허용하고 싶지 않아 스뱌토슬라프에게 루시로 되돌아갈 것을 요구했다. 스뱌토슬라프는 도나우 강변을 떠나기를 거부하였다. 전쟁이 시작되었고 비잔티움 황제 이오안 치미스히[26]는 스뱌토슬라프를 격퇴하였다. 일련의 힘든 노력 뒤 그는 루시인들을 도로스톨〔Доростол, 지금의 실리스트리야(Силистрия)〕 요새에 가두었고 스뱌토슬라프로 하여금 강화를 체결하고 불가리아에서 물러나도록 강요했다. 전쟁으로 몹시 지친 스뱌토슬라프의 군대는 집으로 돌아오는 길에 드네프르강의 급류에서 페체네크족에 의해 포획되어 뿔뿔이 흩어져버렸으며 스뱌토슬라프 자신도 살해되었다(972). 그리하여 페체네크족은 그리스인들에 의해 시작된, 루시공의 패배를 마무리하였다.

스뱌토슬라프가 사망한 뒤 루시에서는 그의 아들들〔야로폴크(Ярополк), 올레크(Олег), 블라디미르(Владимир)〕 사이에 내분이 발생하였고, 이 과정에서 야로폴크와 올레크가 죽었으며 블라디미르가 유

26) Иоанн Цимисхий, 925~976. 비잔티움 황제(재위 969~976).

일한 군주로 남았다. 내란에 의해 동요된 국가는 내부 붕괴의 징후들을 나타냈고 블라디미르는 자신에게 봉사하는 바랴크인들의 기강을 잡고 자유롭게 된 종족들(뱌티치족과 라디미치족)을 평정하기 위해 많은 힘을 소모하지 않으면 안 되었다. 루시의 외적 위력도 스뱌토슬라프의 실패 이후 약해졌다. 블라디미르는 국경 지역을 둘러싸고 다양한 인접 국가와 많은 전쟁을 치렀고 또 카마강의 불가리아인들과도 싸웠다. 그는 그리스인들과의 전쟁에 끌려 들어갔고 그 결과 그리스식 의식에 따른 기독교를 승인하였다. 루시에서의 바랴크조(朝) 권력의 최초 시기는 이와 같이 아주 중요한 사건들로 마무리되었다.

그리하여 루시 슬라브 종족의 대부분을 정치적으로 통일하고 있던 키예프 공국이 형성되어 확고히 자리 잡게 되었다.

키예프 공국의 초기 시대에 관한 일반적인 의견들

국가의 형성은 다양하게 이루어진다. 그것은 어떤 사회가 자연적으로 조성되는 식으로 일어날 수 있다. 즉 평화적인 활동과 경제적 토지 점유의 영향 하에 종족들이 차지한 영토의 이런저런 국경들이 나타나고, 일정한 사회적 관계들이 조성되며 그 후 통상 고귀한 혈통이나 우월한 경제력으로 지배하는 통치계급이 사회에 두각을 나타내는 것이다. 세계사는 켈트 사회가 이런 식으로 발달하였음을 우리에게 보여준다. 이 사회에서는 경제적 성격의 일련의 완전히 명백한 관계들이 조성되고 이 관계를 바탕으로 많은 양의 토지와 역축을 소유한 인물들이 지도자로서 사회의 정점에 위치하였다. 이들은 또한 귀족들로서 조금씩 완전한 우세를 점한 지배계급이었다. 혈연관계와 경제관계의 힘으로 이루어진 사회의 성장은 이런 식으로 진행되었다. 그러나 다른 모습의 성장도 존재한다. 일정한 사회가 이미 조성되었고 그 속에 정치권력이 형성되었거나 형성되고 있는데, 적들이 갑자기 등장하여 노골적인 강압으로 정치적 우세와 권력을 자신의 수중에 탈취하고 이와 함께 이전의 모든 사회적 관계들을 개조하는 것이다. 게르만족이 쳐들어가 구 사회의 맨 앞자리를 차지하고 토지를 탈취했을 때의 서로마 제국이 그랬다. 여기서 이전에 존재하던 경제질서는 지배계급에 유리하게 재편되었다.

키예프에서는 이와 같은 방식들 중에서 어떤 방식이 존재하였는가? 우리는 슬라브인들의 종족 생활이 볼로스티 생활로 자연스럽게 변화하였으며 사회생활의 이미 형성되어 있던 이 유기체에서 바랴크공들의 권력이 발생하였음을 알고 있다. 이 공들과 그들의 종사단이 슬라브인들의 사회관계에 영향을 미쳤는지의 여부를 결정하는 것이 특히 중요하다. 역사적 자료로 판단한다면 우리는 영향을 미치지 않았다고 즉각 말할 수 있다. 바랴크인들의 영향은 극히 미미하였다. 그들은 이전 사회생활의 공동 질서를 깨트리지 않았다. 바랴크공들은 어떤 역할을 하였고 그들의 활동은 어디에 존재하였으며 그들의 권력은 어떠했는가? 이 권력은 너무나 모호하고 독특해서 그것을 기성의 공식에 집어넣기는 특히 힘들다. 일반적으로 말해서 국법 이론은 세 가지 주요한 정치권력 형태를 구분한다. 첫 번째 형태는 혈연관계를 바탕으로 성장한다. 즉 귀족적(지배적) 씨족이 점진적으로 발달하고 그 씨족장이 전종족의 족장이자 동시에 정치권력으로 인정받는 것이다. 그와 같은 권력에는 족장적 권력이라는 명칭이 부여되는데, 이 권력은 유목민과 반(半) 유목민들에게 나타난다. 두 번째 형태는 이른바 세습영지적, 즉 세습재산적 권력이다. 일정한 인물이 종족의 모든 영토를 자신의 소유지로 간주하고, 이것을 근거로 그 영토에 사는 사람들도 자신에게 종속된 것으로 인정하는 것이다. 그와 같은 유형의 권력은 우리에게 있어서 13, 14, 15세기의 분령 시대에, 그것도 매우 순수한 형태로 관찰된다. 세 번째 권력 형태는 더 이상 혈연적·씨족적 원리나 영토적 기반이 아니라 좀더 복잡한 바탕 위에 세워진다. 우리와 동시대의 정치권력은 종족적·종교적 통일을 인식한 종족이 역사적 과거도 인식하여 민족적 자각을 가진 민족으로 변할 때, 민족적 자각을 기반으로 발생한다. 루시의 역사에서 16세기에 처음으로 그와 같은 순간이 있었다. 바랴크공들의 권력에 관한 한 그것은 본질적으로 위에서 말한 형태 중 어느 쪽에도 해당하지 않는다. 첫째, 바랴크의 공들은 혈연적 원리에 의해 우리를 지배할 수가 없었고, 둘째, 그들은 토지를 자신의 소유지로 간주하지 않았으며, 셋째, 루시 토지라는 개념 자체는 무엇보다도 자신의 전사들에게 다음과 같이 말한 스뱌토슬라프공의 말 속에서 역사 앞에 처음으로 형성된다. "루시의 토지를 욕되게 하지 말자!" 키예프의 공들은 본질적으로 일정한 보수를 받고 적들에게서 사회를 보호하는 나라의 방어자들이다. 얼마 안 되는 연대기의 증언들을 읽으면 우리는 공들의 주요 활동이 다음을 지향하고 있음을 본다. (1) 루시 종족들을 결집하고 루시에 통일된 국가를 창출하는 것; (2) 가능한 한 이웃들과 좀더 유리한 상업 관계를 확립하고 안전하게 외국 시장으로 상업적 진출을 하는 것; (3) 외부 적들로부터 루시를 방어하는 것.

(1) 키예프공들은 처음에 라도가[27]호에서 키예프에 이르기까지 '바랴크인들로부터 그리스인들로' 가는 대 물길 전체를 손에 넣은 뒤, 그 다음 이 물길의 측면에 거주하던 슬라브 종족들(드레블랴네와 뱌티치족)을 복종시키려고 애썼다. 정복한 지역에서 그들은 직접 질서를 확립하든지, 관리를 위해 지사('포사드니크'[28])의 자격으로 자기 아들과 종사단을 그곳으로 보내든지, 혹은 끝으로 '자신의 수하에 있는' 지방 공들을 그곳에 잔류시켰다. 당시 관리자들의 주요 임무는 '공물'을 수

27) Ладога. 러시아와 핀란드 국경지대에 있는 유럽 최대의 호수.

28) посадник. 고대 러시아에서 공이 임명한 시(지방) 장관. 이하에서는 시장관(市長官)이라고 번역한다.

집하는 것이었다. 콘스탄틴 바그랴노로드니는 공 자신이나 그의 시장관들이 어떻게 재판을 하고 돈이나 현물로 공물을 거두면서 볼로스티를 돌아다녔는지를 세밀하면서도 흥미롭게 전한다. 그와 같은 순회는 폴류디예[29] 라고 불렸고 썰매 길을 따라 수행되었다. 봄까지 공이 수집한 공물은 강의 나루터로 운반되었고 배들에 적재되어 봄에 키예프로 보내졌다. 이와 동시에 사람들은 "포보스[30] 도 운반하였다." 즉 그들은 공들이 종사단원들과 함께 직접 방문하지 못하는 곳으로부터 키예프로 공물을 배달하였다. 이리하여 키예프공들의 수중에 많은 양의 갖가지 물품들이 집중되었으며, 공들은 그것들을 매매하면서 그리스나 하자르족 혹은 (스뱌토슬라프처럼) 도나우강으로 보내기도 하였다.

(2) 봄에 키예프에서는 슬라브어로는 '라디야[31]'로, 그리고 그리스어로는 모노크실라(моноксила), 즉 통나무배로 불리는 작은 선박들로 만들어진 큰 상단들이 구성되었다. 라디야들에게 이와 같은 명칭이 주어진 까닭은 그것들의 밑바닥(용골)이 하나의 나무로 이루어졌기 때문이다. 이러한 라디야들은 수백 푸트[32] 의 화물과 40~50명 정도의 승무원들을 실었다. 공의 라디야들에는 공 종사단과 상인('고스티[33]') 들의 라디야들이 합류하였다. 상단 전체를 공의 경비대와 대상인들의 무장 종사단이 보호하였다. 꾸려진 상단들은 드네프르강을 따라 하류로 보내졌다. 다음은 콘스탄티노플행 상단에 관해 당대인들이

29) полюдье. 고대 러시아의 공물 징수를 위한 공의 순행을 일컫는 말.

30) повоз. 고대 러시아에서 농민이 영주에 진 봉건적 의무의 하나로서, 농민은 영주의 명령으로 영주의 저택이나 시장 등으로 농작물을 운반한다든지 짐마차를 제공한다든지 하였다.

31) ладья. 노나 돛으로 움직이는 배.

32) пуд. 구러시아의 무게 단위로 1푸트는 16.38kg에 해당한다.

33) гость. 10세기 무렵의 상인(주로 외국 상인)이나 16~17세기 무렵의 대상인을 일컫는 말. 통상 규모가 큰 가장 부유한 상인이었으므로 이하에서는 대상인으로 번역한다.

이야기한 바다. 마침내 키예프에서 50베르스타[34] 아래에 위치한 비티체프[35]에 집결한 상단은 그곳으로부터 '그리스 길'로 나아갔다. 드네프르강을 따라 항해하면서 상단은 '급류'에, 즉 지금의 예카테리노슬라프[36]시에서 멀지 않는 몇몇 장소들에서 드네프르강의 흐름을 가로막는 많은 화강암 바위로 이루어진 암초들에 도달하였다. 급류에서는 짐을 가득 싣고 바위들 사이로 항해할 수가 없다. 이따금 뱃길이 완전히 없어지기도 하였다. 그러면 루시는 강기슭으로 배를 대 짐을 부리고, 팔기 위해 운송하던 묶인 노예들을 풀었다. 그리고는 급류를 우회하여 기슭을 따라 물건들을 끌고 갔고 때로는 심지어 육로로 라디야 자체를 끌고 가기까지 하였다. 일부가 급류를 우회하였을 때 다른 사람들은 상단을 노리는 페체네크족의 습격을 우려하면서 기슭을 방위하였다. 급류를 통과하여 루시는 흑해로 빠졌고 불가리아 해안을 따라 항해하여 콘스탄티노플에 도착하였다. 그리스인들은 거대한 루시 상단을 수도의 성벽 안으로 들이지 않았다. 루시는 성 마마[37]의 외곽에 자리를 잡고 상업활동을 끝낼 때까지 반 년 정도 그곳에 살았다. 그리스인들은 도착한 루시 사절과 상인들의 명부를 만든 다음 그 명단에 따라 국고로부터 식량을 그들에게 제공하였다. 그리스인들은 근교로부터 한 번에 50명이 넘지 않는 비무장 루시인들을 호위대를 딸려 차리그라드 안으로 들여보냈다. 그리고 그리스에서 겨울을 나는 것은 어느 누구에게도 허용되지 않았다. 이리하여 그리스인들은 루시로 하여금 자신들의 후원 하에 일종의 시장을 콘스탄티노플 근교에 설립하도록 허가하였지만, 동시에 이들에 대한 감시와 경계도 게을리하지 않았던 것이다. 그리스에서 루시인들의 상거래 질서를 확립하고

---

34) верста. 구러시아의 거리 단위로 1.067㎞에 해당.

35) Витичев. 지금의 키예프 오블라스티 비티체프 마을.

36) Екатеринослав. 우크라이나 동부의 드네프로페트롭스크시의 옛 명칭.

37) св. Мама. 콘스탄티노플 교외의 성 마만트(св. Мамант) 수도원이 있던 곳.

매매시에 루시와 그리스인들 사이에 발생하는 모든 관계를 결정하는 규정들이 보통 조약에 기입되고 조약의 주요 내용을 이루었다. 바로 이것이 이 조약들이 통상조약이라 불리기도 하는 이유이다. 루시 전체의 그리스행 공동 연례 상단과 다른 장소(하자르의 이틸과 도나우강 지역)로 보내는 그와 같은 상단들을 꾸리기 위해 키예프의 공들은 많은 노력을 들이지 않으면 안 되었다. 그들은 공물의 형태로 받은 물건과 모든 상인들의 물품을 적시에 키예프에 집결시키고 그런 뒤 상단에 강력한 호위를 제공하여 그들을 지정된 장소까지 인도하며 종국적으로 평화적 관계에 의해서든 무력에 의해서든 낯선 나라에서 유리한 상업 조건을 마련해야 한다는 걱정으로 가득 차 있었다. 키예프공들의 그리스로의 원정과 스뱌토슬라프의 돈강 및 볼가강으로의 원정은 키예프의 상업활동과 긴밀히 관련되었다. 이리하여 나라의 상업은 키예프공들의 대외정책을 방향지었다.

(3) 이밖에도 공들은 외부의 적들로부터 국가를 방어해야 한다는 걱정이 있었다. 스텝에 사는 사람들은 루시의 경계뿐만 아니라 그 수도인 키예프도 공격하였다. 이 도시는 스텝 지역에서 극히 가까웠고 스텝에 사방으로 노출되어 있었다. 그러므로 키예프의 공들은 조금씩 도시를 성채들로 둘러싸고 스텝의 경계에 "요새들을 만들며" 토성과 다른 축조물로 경계 자체를 강화한다. 스텝 주민들인 페체네크족이 스텝 전역의 상업활동을 방해하지 않도록 공들은 스텝의 페체네크족을 공격하든지, 아니면 그들을 끌어들여 함께 그리스인들에게로 가는 등 친선과 심지어 동맹관계까지 맺는다. 그러나 그와 같은 친선은 역시 예외적이었고, 통상 루시는 페체네크족과 첨예한 적대관계에 있었다.

루시의 상업에 관해 상술한 바로부터 키예프의 의의가 정확히 어디에 있고, 올레크가 왜 키예프에 '루시 도시들의 어머니'라는 이름을 부여했는지 결론을 맺을 수 있을 것이다. 키예프는 드네프르강에서 가장 남쪽에 위치한 도시였고 스텝과 인접하였다. 그러므로 키예프에는 루시로부터 남부와 동부로 물품들을 운반한 온갖 상인들이 자연히 모여들었다. 이곳에는 반출될 물품들의 큰 창고가 세워졌고, 또 루시 상인과 외국 상인에 의해 하자르족과 그리스인들로부터 루시로 반입된 물품들을 위한 큰 시장도 존재하였다. 요컨대 키예프는 당시 루시 전체의 상업적 중심지였던 것이다. 나머지 상업적 루시 도시들은 상품들의 유통에서 키예프에 의존하였다. 가장 강력한 루시공들이 어떤 다른 도시보다 키예프를 왜 더 좋아했는지, 그리고 정확히 왜 키예프가 이 공들에 의해 형성된 국가의 수도가 되었는지 이해가 된다.

바로 이것이 초기 루시공들의 활동과 권력의 성격에 관해 확실히 말할 수 있는 바이다. 그들 활동의 역사적 의의를 파악하기는 힘들지 않다. 일찍이 분산된 많은 세계들 사이에서 최초의 공통된 권력이었던 바랴크공들은 그들의 종사단과 함께 종족적 통일의 최초의 대표자였다. 루시 땅의 여기저기를 옮겨 다니고 공동의 군사 및 상업 활동 속에 종족과 도시들을 결집시키면서 공들은 이들에게 민족적 통일과 민족적 자각을 위한 토대를 구축해주었다. 그들은 국가를 외적으로 결합시킨 후 내적인 결합의 가능성도 창출하였다.

루시의 세례

루시에게 또 하나 더욱 강력한 통일의 요소로 기능한 것은 기독교였다. 키예프공 블라디미르 스뱌토슬라비치[38]가 기독교를 받아들인

---

38) Владимир Святославич, 956?~1015. 러시아의 키예프 대공(재위 980~1015). 980년 무렵 형 야로폴크를 살해하고 키예프를 탈취하였으며 사방의 적과 싸워 키예프 대공국의 판도를 크게 확장하였다. 988년 비잔티움 황제의 여동생 안나와 결혼한 것을 계기로 비잔티움 제국을 모방하여 동방 그리스도교를 국교로 채택하였다. 이 때문에 성 블라디미르(블라디미르 스뱌토

사실은 이미 상술(上述)하였다. 공의 세례를 즉시 뒤따른 것은 루시 전체의 기독교 수용과 루시에서의 이교도적 예식의 폐지였다.

우리 선조들의 이교도 신앙에 대해서는 일반적으로 알려진 것이 거의 없다. 모든 아리아족과 마찬가지로 루시 슬라브인들은 눈에 보이는 자연의 힘에 머리를 조아렸고 조상들을 숭배하였다. 자연의 힘은 그들에게서 인격적 신으로 구체화되었다. 그들 중에 첫째 자리를 차지한 것은 태양신 — 다시보크(Дажьбог) 혹은 다티 보크(Даждь бог), 호르스(Хорс), 벨레스(Велес) 혹은 볼로스(Волос) — 이었다. 왜 그에게 다양한 이름들이 주어졌는지는 말하기 힘들다. 다시보크는 온기와 빛의 원천이자 모든 선(善)의 제공자로서 그리고 벨레스는 가축의 보호자, 즉 '가축신'으로서 숭배되었다. 또 태양 자체는 하늘에 길을 낸다고 해서 아마도 '위대한 호르스'라고도 불렸던 것 같다. 또 다른 신은 페룬(Перун)이었는데, 페룬은 무서운 뇌성과 죽음의 벼락을 가진 뇌우가 인격화한 것이다. 바람도 자신의 신 스트리보크(Стрибог)를 가졌다. 다시보크가 머무르는 하늘은 스바로크(Сварог)라고 불렸고 태양의 아버지로 간주되었는데, 이것이 스바로지치(Сварожич)라는 부성이 다시보크에게 붙은 까닭이다. 토지의 신은 어머니-대지(Мать-Земля сырая)라는 이름을 지녔다. 슬라브인들은 토지를 어머니로 숭배하면서 다시보크와 벨레스를 인간의 시조로 우러러보았다. 그러나 이 모든 신의 형태들은, 예를 들어, 더욱 발달한 그리스 신화에서와 같은 명료함과 확실함을 슬라브인들로부터 받지 못하였다. 슬라브인들에게서는 외적 숭배 또한 발달하지 못했다. 어떤 사원도 어떤 특별한 신관 계층도 없었다. 공개된 장소 이곳저곳에 조악한 신상들, 즉 '우상들'이 세워졌다. 그들에게는 제물, 이따금 인간 제물도 바쳐졌다. 우상에 대한 예식은 이것으로 그쳤다. 바랴크인들의 정

이)라고 한다.

치적 지배에도 불구하고 바랴크(게르만) 신화가 슬라브 신화에 어떤 영향력도 미치지 못한 것은 주목할 만하다. 그렇게 된 것은 바랴크인들의 이교 신앙이 슬라브인들의 신앙보다 더 명확하지도 더 확고하지도 않았기 때문이었다. 바랴크인들은 그리스 기독교를 받아들이지 않았을 경우 매우 쉽게 자신의 이교를 슬라브식 숭배로 바꾸었던 것이다. 혈통이 바랴크인인 이고리공과 그의 바랴크 종사단은 이미 슬라브인들의 페룬에게 맹세하였고 그의 우상들에게 머리를 조아렸다.

러시아 슬라브인들에게는 눈에 보이는 자연에 대한 숭배보다는 씨족생활과 관련된 조상숭배가 더 발달하였다. 오래 전에 죽은 시조가 숭배되고 마치 후손들의 살아 있는 보호자처럼 생각되었다. 그는 **로트**(род) 혹은 **슈르**(щур, 여기서 우리의 단어 **프라슈르**[39]가 나왔다)라고 불렸고, 그에게는 제물이 바쳐졌다. 씨족의 여자 조상들은 **로자니차**(рожаница)라고 불렸고 이들 또한 로트처럼 숭배되었다. 가족들이 개별 농가로 낱낱이 분리되었을 때, 씨족관계가 와해되면서 가족의 조상 — **가신**(家神, дедушка домовой) — 이 로트의 자리를 대신하였는데, 이 가신은 농가의 수호신으로서 농가 경제의 경로를 보이지 않게 주관하였다. 이 모든 조상 숭배에 스며들어 있는 내세에 대한 믿음은 죽은 자들의 영혼이 지상을 돌아다니고 있는 것 같고 들판과 숲과 물에 거주하고 있다(**루살카**[40]들)는 신앙으로 나타났다. 인간의 주택을 실질적으로 소유한 비밀스런 주인들의 존재를 믿은 슬라브인은 주택 바깥에서도, 즉 숲(**레시**[41]들)과 물(**보댜노이**[42]들)에서도 그러한 주인들을 찾았다. 슬라브인에게는 자연 전체가 고도의 정신적 능력이 있고 살아 있는 듯이 보였다. 그는 자연과 소통하였고 자연에서 수행

---

39) пращур. 고조부모의 아버지, 혹은 시조라는 뜻.

40) русалка. 고대 슬라브 전설에 나오는 인어 비슷하게 생긴 숲과 물의 요정.

41) леший. 숲의 요정.

42) водяной. 물의 요정.

되는 변화에 참여하고 싶어 하였으며 이 변화들을 갖가지 예식으로 쫓아다녔다. 그리하여 자연숭배 및 조상숭배와 관련된 이교적 축일들의 주기가 만들어졌다.

여름이 겨울로 바뀌고 겨울이 여름으로 바뀌는 규칙적인 교체를 관찰하고, 또 마치 태양과 온기가 겨울이 오면 사라졌다가 여름에 다시 돌아오는 것을 보면서, 슬라브인들은 특별한 축일 — 콜랴다[43] 〔라틴 역법에 의함. 이 축일의 다른 명칭은 '오-베센'(о-весень)에서 나온 '옵센'(овсень)이다〕 — 로 "태양이 여름으로 돌아가는 것"을 환영하였다. 바로 이 태양을 기려서 다른 축일들이 이 축일의 뒤를 이었다. 겨울을 떠나보내고 봄을 맞이하고('크라스나야 고르카'[44]) 여름을 보내고 〔'쿠팔라'[45] 축일〕 하는 식으로 말이다. 이와 동시에 망자들을 추모하는 축일도 진행되었는데, 이 축일들은 트리즈나[46]라는 공통 명칭을 갖고 있었다. 조상들에 대한 봄 트리즈나 — '라두니차'[47] — 가 있었고 그와 같은 추도적 성격의 여름 축일인 '루살리'[48]가 있었다. 이교적 축일들에 수반된 예식들은 이교 자체보다 더 오래 살아남았다. 예식들은 심지어 우리 시대까지도 사람들 사이에 유지되었고 기독교 역법의 축일에 맞추어졌다. 즉 콜랴다는 크리스마스 주간[49]과, 겨울을 떠

---

43) коляда. 크리스마스나 신년에 마을의 청년 남녀들이 노래를 부르면서 집집마다 돌아다니는 풍습.

44) красная горка. 고대 슬라브인들의 봄의 축제.

45) купала. 쿠팔라는 세례자 요한을 일컫는다. 성 요한제는 러시아 구력으로 6월 24일에 있었다.

46) тризна. 기독교가 도래하기 이전의 슬라브인들의 추도회로 주연과 무기(武技), 투기(鬪技) 등을 동반하였다.

47) радуница. 초혼제. 부활절 후 첫째 주에 망자에게 제를 지내는 관습.

48) русалий. 고대 슬라브인들의 추도제로 5순절 전에 죽은 자들의 영혼을 위로하였다.

49) святки. 크리스마스(구력 12월 25일, 신력 1월 7일)부터 세례제(구력 1월 6일, 신력 1월 19일)까지의 12일간.

나보내는 일은 마슬레니차[50]와, 크라스나야 고르카와 라두니차는 부활절 주간 및 부활절 후 최초의 주간과, '쿠팔라'와 루살리는 세례자 성요한 일과 시기적으로 일치하였던 것이다.

블라디미르공이 세례를 받기 전의 루시에서의 기독교

큰 발전을 보지 못하고 내적인 견고함을 갖지 못한 우리 조상들의 이교적 세계관은 외부의 종교적 영향력에 쉽게 굴복할 수밖에 없었다. 슬라브인들이 야만적 핀족의 미신을 자신들의 미신과 쉽게 뒤섞어 핀족 샤먼들—'볼흐프들'과 '쿠데스니크들'—의 영향을 받았다면 기독교 신앙은 기독교를 이해할 수 있었던 슬라브인들에게 훨씬 더 많은 영향을 줄 수밖에 없었다. 그리스인들과의 상업적 관계는 루시로 하여금 기독교 신앙에 친숙해지는 것을 용이하게 해주었다. 슬라브인들보다 앞서 더 자주 차리그라드를 찾은 바랴크 상인들과 종사단원들은 그곳에서 슬라브인들보다 먼저 기독교에 눈을 돌렸다. 그리고는 새로운 교리를 루시로 들여와 슬라브인들에게 전해주었다. 키예프의 이고리 공국에서는, 연대기 편자의 말에 따르면 키예프에는 "바랴크인 기독교도들이 많았기 때문에" 이미 성 일리야(св. Илия)라는 기독교 교회가 존재하였다. 이고리공 자신의 종사단에는 매우 많은 기독교도들이 있었다. 공의 부인인 성녀 올가도 기독교도였다. 요컨대 기독교 신앙은 이미 초기 바랴크공들 치하의 키예프 주민들에게 대단히 친숙해져 있었던 것이다. 사실 스뱌토슬라프는 그리스 신앙에 냉담했으며 그의 아들 블라디미르 하의 키예프에는 여전히 이교 '신상'(우상)이 서 있었고 여전히 이 신상들 앞에 인간 '희생물', 즉 제물이 놓여 있었다. 연대기 편자는 블라디미르 하에서 한 무리의 이교도 키예프 주민들이 한번은(983) 아버지가 아들을 '신에게' 제물로 자발

50) масленица. 대재(大齋. 부활절 전 7주간)의 전주.

적으로 갖다 바치라는 요구를 거부했다고 해서 바랴크-기독교들인 그 아버지와 아들을 어떻게 살해했는지를 이야기한다. 그러나 기독교도들의 수난에도 불구하고 키예프에서 기독교는 계속 확대되었고 전반적으로 큰 성공을 거두었다. 블라디미르공은 새 신앙과 친숙해지고 그 우수성과 내적 힘을 알게 될 완전한 기회를 갖게 되면서 그것을 수용하였다.

블라디미르공의 세례에 관한 연대기의 전설

블라디미르공이 어떻게 세례를 받고 또 그가 자신의 민족에게 어떻게 세례를 주었는지에 관해 루시에는 많은 전설이 존재했다. 사건의 정확한 정황을 기억하지 못하면서 일부는 공이 키예프에서 세례를 받았다고 이야기하였다. 다른 일부는 그의 세례 장소로 바실레프(Василев, 키예프에서 35베르스타 거리에 위치) 시를 가리켰고, 또 다른 일부는 블라디미르가 크림의 그리스 도시 코르순(헤르소네스)을 그리스인들로부터 탈취한 뒤 이 도시에서 세례를 받았다고 말하였다. 루시가 세례를 받은 지 100년이 지난 뒤 연대기 편자는 연대기에 이 사건에 관해 다음과 같은 전설을 적어 넣었다.

처음에 볼가강의 불가리아인들이 자신의 이슬람교를 찬미하면서, 그 다음에는 로마 교왕이 보낸 독일인[51]들이, 그 다음에는 자기 교법에 대한 설교를 갖고 하자르 유대인들이, 그리고 마지막으로 정교 교리를 갖고 그리스 철학자가 블라디미르에게 도착했다(986) [라고 그(연대기 편자)는 말한다]. 그들 모두는 블라디미르를 자기 신앙 쪽으로 끌어들이고 싶어 했다. 블라디미르는 그들의 이야기를 충분히 듣고 그리스인 외에는 모두 물리쳤다. 그는 오랫동안 그리스인과 대화를

---

51) немец. 고대 러시아에서는 독일인을 포함하여 러시아어를 하지 못하는 외국인 일반을 네메츠라고 지칭하는 경우가 많으나 여기서는 편의상 독일인이라고 번역한다.

나누었고 선물을 하사하고 경의를 표하면서 그를 놓아주었지만, 당장은 세례를 받지 않았다. 이듬해(987) 블라디미르는 자문단을 구성하여 설교자들의 방문을 받았다고 그들에게 말하면서 그들 중에 가장 감동적인 것은 정교 신앙에 관한 그리스 철학자의 이야기였다고 부언하였다. 자문관들은 공에게 다양한 나라로 사자들을 보내서 "누가 어떻게 신을 섬기고 있는가?"를 살펴보게 하라고 조언하였다. 동쪽과 서쪽을 방문한 뒤 사자들은 차리그라드에 이르렀고 그곳에서 그리스 예배의 이루 말할 수 없는 웅장함에 깊은 감동을 받았다. 그들은 블라디미르에게 그렇게 말하였고 그들 자신들은 정교를 알게 된 이상 더 이상 이교도로 남고 싶지 않다고 부언하였다. 사자들을 통한 신앙의 이러한 경험은 문제를 결정지었다. 블라디미르는 자문관들에게 노골적으로 물었다. "어디서 세례를 받아야 하느냐?" 그들은 이구동성으로 대답하였다. "폐하께서 마음에 드시는 곳에서 하십시오." 그리고 바로 이듬해 988년에 블라디미르는 코르순으로 출병하여 도시를 포위하였다. 도시는 완강하게 저항하였다. 블라디미르는 코르순을 점령한다면 세례를 받겠다고 맹세하였고 실제로 코르순을 점령하였다. 여전히 세례를 받지 않은 그는 차리그라드의 형제 황제들인 바실리와 콘스탄틴에게 사람을 보내 그들을 공격하겠다고 위협하면서 그들의 누이인 안나(Анна)와의 혼인을 요구하였다. 황제들은 블라디미르에게 공주를 '종교적으로 부정한 자', 즉 이교도에게 시집을 보낼 수가 없다고 말하였다. 블라디미르는 세례를 받을 준비가 되어 있다고 대답하였다. 그러자 황제들은 누이와 성직자들을 코르순으로 보냈는데, 이 성직자들은 루시공에게 세례를 주고 그를 공주와 결혼시켰다. 세례 전에 블라디미르는 병이 들고 시력을 잃었으나 세례식 동안에 기적적으로 완치되었다. 그리스인들과 화해한 그는 정교 성직자들과 함께 키예프로 돌아왔고 전 루시에게 세례를 주어 그리스 정교 신앙을 받아들이게 하였다.

연대기의 이야기는 이러하다. 그 속에는 갖가지 전설들이 하나의 이야기로 통합되어 있는 것처럼 보인다. 첫째, 키예프에 도착하여 그곳에서 생활한 불가리아인, 하자르족, 독일인 및 그리스인들이 블라디미르에게 자신들의 신앙을 제안했다는 전설과, 둘째, 이교의 암흑 속에 머무르고 있었을 뿐만 아니라 육체적으로 실명 당한 블라디미르가 세례를 받는 동안 정신적으로도 육체적으로도 기적적으로 즉시 눈이 뜨이게 되었다는 전설, 그리고 셋째, 그리스 신앙의 수용을 위해 블라디미르가 그리스 도시 코르순을 포위하고 그와 함께 마치 그리스 신앙도 정복하여 승리자의 손으로 신앙을 받아들이는 것처럼 하는 것이 필요하다고 생각했다는 전설이 그것들이다.

마지막 전설은 블라디미르가 코르순으로 실제로 원정을 간 사실에 근거하였다. 당시 비잔티움 제국에서는 바르다-포카(Варда-Фока) 장군이 지휘하는 군 반란이 발생하였다. 힘이 없던 그리스 정부는 키예프공 블라디미르에게 도움을 요청하였다. 동맹이 체결되었다(987). 즉 블라디미르는 비잔티움 제국을 도와주기 위해 군을 파견하는 데 동의하였고, 그 대가로 그리스 공주 안나의 혼인 승낙을 받았지만 그 자신은 기독교를 수용하지 않으면 안 되었던 것이다. 루시의 개입 덕분에 반란은 진압되었고 바르다-포카는 살해되었다(988). 그러나 비잔티움 사람들은 승리를 한 후 블라디미르에게 했던 약속을 지키지 않았다. 그러자 블라디미르는 그리스인들과 전쟁을 시작하였고 코르순 — 크림에 있는 그리스인들의 주요 도시 — 을 포위, 점령하여 그리스인들이 계약을 시행할 것을 종용하였다. 그는 기독교를 받아들였고 공주와 결혼하였다(989). 도대체 그가 어디서 세례를 받았고, 또 언제 세례가 이루어졌는지 — 988년 혹은 989년 — 는 정확히 알려져 있지 않다.

코르순 원정에서 그리스 성직자들과 함께 키예프로 돌아온 블라디미르는 키예프 주민들과 루시 전부에게 새로운 신앙을 부과하기 시작하였다. 그는 키예프에서 드네프르강과 그 지류인 포차이나(Почайна) 강 유역의 사람들에게 세례를 주었다. 낡은 신들의 우상들은 땅에 나뒹굴었고 강에 버려졌다. 그것들이 서 있던 자리에는 교회가 세워졌다. 공의 지사들이 기독교를 확립시킨 다른 도시들에서도 그랬다. 전설에 따르면 새로운 신앙은 소수의 장소를 빼고는 평화적으로 보급되었다. 하지만 노브고로드에서는 무력을 사용하지 않으면 안 되었다. 오지에서는(예를 들어 뱌티치족의 경우) 기독교 설교에 굴복하지 않고 이교가 수세기 동안 더 유지되었다. 게다가 나라 전체에서도 낡은 신앙은 사람들에 의해 곧 바로 잊혀지지 않았고 새로운 교리와 뒤얽혀 잡다한 신앙과 미신으로 다시 태어나기도 하였다.

루시에 의한 기독교 수용의 결과

고대 루시에서의 교회의 외적 구조

루시의 세례는 단순히 신앙의 교체로 간주되어서는 안 된다. 루시에서 지배적인 종교가 된 기독교는 설교와 예배뿐만 아니라 일련의 새로운 기관과 기구로도 나타났다. 그리스에서 루시로 고위 성직자들이 도착했다. 키예프에는 콘스탄티노플의 총대주교에 의해 임명된 루시 수도대주교가 거주하기 시작했다. 다른 도시들에는 수도대주교에 종속된 주교들(처음에 5명이었으나 이후 그 수는 15명에 달했다)이 임명되었다. 키예프와 모든 감독관구에는 교회가 세워졌고, 수도원이 설치되었다. 교회의 직원 전부와 수도원의 형제단은 자신의 주교와 그리고 주교를 통해 수도대주교에 종속되었다. 이리하여 수도대주교의 권력은 루시 전체로 뻗쳤고 나라의 모든 성직자들을 결집시켰다. 기독교와 함께 루시에 학문이 같이 도래하였고 그와 더불어 서적으로 이루어지는 교육도 출현하였다. 교육은 처음에는 아무리 약했다 할지라도 그래도 그것을 알게 된 사람들에게 강력한 영향력을 발휘하였다. 기도서와 성전들은 모든 사람들이 이해할 수 있는 언어 — 그들의 최초의 슬라브인 교사들인 성 키릴로스[52] 와 메토디오스[53] 및 그들의 불가리아인 제자들이 설명할 때 사용한 바로 그 슬라브어 — 로 루시에 소개되었다. 이 책들의 언어는 루시인들에 의해 완벽하게 이해되었고 그러므로 '서적으로 이루어지는 가르침'은 어렵지 않았다. 루시에서 세례가 행해지면서 곧 교사 사제들을 가진 학교들이 생겨나고, 서적들을 수집하고 정서하는 성경학자-교육 옹호자들도 출현한다. 수도대주교와 성직자 일반은 그리스 교회들에서 그랬듯이, 특별 법률집인 《노모카논》을 바탕으로 그들 휘하의 사람들을 관리하고 재판하였다. 이 《노모카논》은 불가리아어 번역으로 루시에서 《코름차야 크니가》라는 이름을 얻었다. 이 법률집에는 전기독교 총회의 교회 사도(使徒) 규정뿐만 아니라 정교 비잔티움 황제들의 민법도 포함되었다. 교회는 토지를 소유하였는데, 성직자와 수도원들은 비잔티움 관습과 법률에 의거하여, 그리스에서 받아들여졌던 것과 같은, 농부들에 대한 법적 관계를 확립하면서 직접 이 토지를 경영하였다.

이리하여 루시에서는 새로운 신앙과 함께 새로운 권력, 새로운 교육, 새로운 법률과 사법제도, 새로운 농부들과 새로운 농업 관습이

52) Кирилл, Cyrillos, 827~869. 그리스의 성직자. 형 메포디(메토디오스)와 함께 슬라브어로 번역된 예배서로 러시아와 불가리아, 모라비아 등지에서 선교 활동을 벌였다. 슬라브 알파벳인 키릴 문자의 창시자로 알려져 있다.

53) Мефодий, Methodios, 815?~884. 그리스의 성직자. 테살로니카 출생. 863년 비잔티움 황제 미카엘 3세의 명령으로 동생 콘스탄티노스(키릴)와 함께 모라비아에 가서 그곳 언어로 그리스도교 전도에 힘썼다. 동생은 키릴문자(슬라브 알파벳)를 고안하여 형제가 협력해서 전례서와 성서 등을 슬라브어로 번역하였다. 형제의 전도 활동으로 945년 불가리아교회가 국교로서의 자리를 굳혔다. 그들은 끊임없이 게르만계 성직자의 방해를 받았으나 굴하지 않았고, 후에 모라비아와 판노니아의 대주교로 서품되었다.

출현하였다. 루시가 비잔티움 제국에서 신앙을 받아들였기 때문에, 신앙과 함께 도래한 새로운 것은 전부 비잔티움적 성격을 지녔고 루시에 대한 비잔티움의 영향력을 전파하는 안내자의 역할을 하였다. 이 영향력이 어떻게 나타났는지를 이해하기 위해서는 당시 사회관계의 원시성을 가장 잘 특징짓고 있는 기독교 이전 시기 루시 사회생활의 특성을 어느 정도 알지 않으면 안 된다.

루시 슬라브인들의 기독교 이전 생활의 특성들

우리가 이해한 바에 따르면, 우리가 살고 있는 국가는 법을 갖고 있으며, 이와 동시에 범죄와 과실에 대해 죄인들을 징벌하고 질서와 법의 온갖 위반을 가능한 한 예방할 의무를 지닌다. 도둑질이나 살인은 그것을 당한 사람들이 요구를 하던 요구를 하지 않던 상관없이 색출되고 처벌된다. 기독교 전 상고시대는 그렇지 않았다. 공들은 주민들이 직접 그들에게 호소하지 않는 이상, 사회생활에 개입하고 질서를 유지할 의향도 가능성도 없었다. 범죄는 당시 '모욕'으로 간주되었고 모욕을 당한 사람이나 그 씨족은 이 모욕에 대해 직접 보복, 즉 '복수하지' 않으면 안 되었다. 그 사람을 방어한 것은 공이 아니라 그와 가까운 자기 사람들이었다. 피살자를 위해 '복수한' 사람은 아버지와 형제, 자식, 그리고 조카였다. '혈연 보복'과 '보복' 일반의 관습은 너무나 널리 퍼져 있어서 심지어 법으로, 정상적인 규칙으로까지 인정될 정도였다. 공의 권력이 이제 막 발생했으며 공이 다른 종족이고 그와 같은 다른 종족-바랴크인들의 종사단에 의해 둘러싸여 있는 사회에서는 그럴 수밖에 없기도 하였다. 바랴크인 종사단이 자신들의 공인 코눈크와 함께 슬라브인들 사이에서 특별한 집단을 이룬 것과 유사하게, 슬라브인 자신들도 그와 같은 특별한 단체와 집단을 가졌다. 그들은 씨족별이나 공동체별로 생활하였다. 다른 경우에 그들은 스스로 도시에 종사단도 조직하고 상업 조합도 설립하였다. 어떤 단체에 소속되거나 어떤 집단에 들어간 사람들은 모두 씨족, 공동체, 종사단, 조합의 보호를 이용하였을 뿐, 공의 권력이 아직 취약했기 때문에 공에게는 적게 의존하였다. 친지들의 보호를 상실하고 어떤 단체로부터 추방당한 사람은 어느 누구도 그에게 도움을 주지 않았기 때문에 무방비 상태가 되었다. 옛날 표현에 따르면 그를 "개처럼 죽일" 수 있었고 그러고도 아무 처벌이나 보복을 받지 않을 수 있었다. 이와 같이 돌보는 이가 없고 보호해주는 자가 없는 사람들은 이즈고이[54]〔'고이'(гой)라는 단어와 같은 어근으로부터 파생되었다. '고이 예시'(гой еси)는 건강하세요, 평안하세요를 뜻했다〕라고 불렸다. 이즈고이들은 마치 생활로부터 '제거되고' 내버려진 사람과 같았다. 12세기의 한 교회 규정에는 이즈고이들에게 다음과 같은 정의가 내려져 있다. "이즈고이들은 세 가지 경우에 발생한다. 사제의 아들이 읽고 쓸 능력이 없을 때, 홀로프[55]가 몸값을 지불하고 홀로프 신분으로부터 자유롭게 될 때, 그리고 상인이 장사에서 손해를 볼 때가 그렇다. 그리고 여기 네 번째 이즈고이 상태를 부언해보자. 그것은 공(公)이 고아가 될 때다."

씨족생활은 처음에 사람들을 따로따로 고립시켰다. 씨족들은 폐쇄적으로 생활하였고, 한 씨족이 다른 씨족을 멀리하였으며, 서로 적대시하였다. 하지만 각 씨족은 자기 씨족원들의 결혼을 위해 다른 쪽에서 신부를 구하지 않으면 안 되었다. 이것으로부터 '신부 약탈'을 통해, 즉 신랑이 신부를 훔쳐 달아남으로써 신부를 완력과 간계로 획득하려는 풍속이 발생하였다. 나중에 이 풍속은 완화되었다. 즉 만일 신부를 '약탈했다'면, 그것은 그녀와 사전 약속에 따라 이루어졌던 것이다. 그와 동시에 신부를 찾고 있는 남자가 평화적으로 신부한테 와

---

54) изгой. 해방된 노예, 파산한 상인, 계승권이 없는 공, 사회로부터 이탈한 사람 등, 고대 러시아에서 종래의 사회적 신분을 잃은 사람을 가리킨다.

55) холоп. 고대 러시아의 노예.

서 '몸값'을 지불하고 그녀를 씨족으로부터 사는 등, 다른 식의 혼인 방법도 생겨났다. 또 어디에선가, 풍습이 좀더 부드러운 곳에서는 신부가 지참금을 지니고 신랑의 집에 옴으로써 우리와 좀더 유사한 풍속에 의해 혼인이 이루어졌다. 하지만 연대기 편자의 말에 따르면 폴랴네에게만 그런 식으로 일이 진행되었다. 그 밖의 다른 지방들에서는 일부다처의 풍속이 도처에 존재한 만큼 가족생활이 더욱 거칠었다. 전설은 블라디미르공 자신이 세례를 받기 전에 이러한 풍속을 유지하였다고 말한다. 가족에서 여성이 놓여 있던 처지는 특히 일부다처 하에서는 매우 힘들었는데, 이것에 대해서는 민요들이 잘 말해준다. 노래에서는 낯선 씨족에게 넘겨지거나 팔려버린 처녀들의 운명이 슬프게 애도되고 있다.

이교 시대에 루시에는 단 하나의 계층적 구분이 있었다. 사람들은 자유민과 부자유민, 즉 노예로 나뉘었다. 자유민들은 무시(муж)라고 불렸고 노예들은 첼랴티〔челядь, 단수는 홀로프(холоп)와 로바(роба)이다〕라는 명칭을 지녔다. 매우 수가 많은 노예들의 처지는 고통스러웠다. 그들은 주인들의 농장에서 역축으로 간주되었다. 그들은 재산을 가질 수도 없었고 재판에서 증인이 될 수도 없었으며 자신의 범죄에 책임도 지지 않았다. 그들의 범죄에 책임을 진 사람은 자신들의 노예에 대해 생사여탈권을 갖고 있고 원하는 대로 직접 그를 처벌하였던 주인이었다. 자유민들은 자신의 씨족과 집단에서 보호를 받았지만 홀로프는 주인한테서만 보호를 받을 수 있었다. 주인이 그를 자유로이 풀어주거나 쫓아내었을 때 노예는 이즈고이가 되어 보호와 피난처를 완전히 상실하였다.

이리하여 이교 사회에서 공의 권력은 지금의 국가권력이 갖고 있는 것과 같은 힘과 의미를 갖고 있지 않았다. 사회는 독립적인 단체들로 나뉘었으며, 이 단체들은 자신들의 힘만으로 구성원을 보호하고 방어하였다. 단체에서 떨어져 나간 사람은 보호자가 없는 무권리의 이즈고이로 판명되었다. 일부다처, 신부 약탈 및 신부 매입의 풍속 하에서 가족은 거친 이교적 성격을 지녔다. 노예제도가 널리 확산되어 있었으며, 게다가 그 형태는 매우 고통스러웠다. 난폭한 힘이 사회를 지배하였고 그 속에서 인간의 인격 자체는 어떤 의미도 갖지 못했다.

시민생활에 미친 교회의 영향력

블라디미르공에 의해 루시에 자리 잡게 된 기독교 교회는 이와 같은 질서와 화해할 수 없었다. 사랑과 관용에 관한 그리스도의 가르침과 함께 교회는 비잔티움 문화의 원리도 루시로 들여왔다. 이교도들에게 신앙을 가르치면서 교회는 그들의 세속 질서도 개선하고자 하였다. 기독교의 영향 하에 이교도 중에 개별 인물은 자신의 시각과 법률을 더 나은 것으로 변경하고, 그리스도의 뒤를 따라갔으며, 도덕적인 기독교 생활과 심지어 헌신적 행동의 고상한 사례를 보여주었다. 블라디미르공 자신에 대해서도 전설은 공이 새로운 신앙의 영향으로 부드러워졌으며 관용적이고 상냥해졌다고 말한다. 종사단과 지방민 중에도 교회를 존중하고 책을 사랑하며 때때로 속세의 유혹을 떠나 수도원과 고독한 생활로 칩거하는 경건한 기독교도가 다수 나타났다. 새로운 신앙의 모범적 열성자들로 이루어진 자신들의 위계조직을 통해서도 교회는 루시의 풍습과 제도에 영향을 미쳤다. 설교와 관례로써 교회는 개인과 사회의 업무에서 어떻게 생활하고 행동해야 하는지를 보여주었다.

교회는 공 권력의 중요성을 제고하고자 하였다. 교회는 공들이 어떻게 통치해야 하는지, 즉 어떻게 "악한 자들을 억제하고 약탈자들을 벌해야" 하는지를 공들에게 가르쳤다. "폐하는 악한 자들에게는 형벌을 과하고 선한 자들에게는 자비를 베풀 것을 신으로부터 부여 받았습니다"라고 성직자들은 블라디미르공에게 말하면서, 공이 자신의 영지에서 일어나는 폭력과 악에 무관심해서는 안 되며 영지의 질서를 보호해야 한다고 주의시켰다. 성직자들은 이와 같은 시각을, 공 권력은 모든 현세의 권력과 마찬가지로 하느님의 행위이며 하느님의 뜻을 행해야 한다는 신념에 근거하였다. 그러나 "모든 권력은 하느님으로부터 나오고" 공은 '하느님의 하인[56]이기' 때문에 하느님에게 복종하고 신을 숭상하지 않으면 안 된다. 교회는 공의 신하들에게 공에게 "우호적 태도를 가질 것을", 그리고 그의 악행을 생각하지 말고 신에 의해 선택된 자로서 그를 바라볼 것을 요구하였다. 공들을, 영지에 대한 군사적 봉사의 대가로 공물을 받으며 사람들의 마음에 들지 않으면 쫓겨날 수도 있을 뿐만 아니라 심지어 죽임을 당할 수도 있는(드레블랴네가 이고리를 죽인 것처럼[57]) 종사단 코눈크로 바라보는 이교도 루시의 시각은 매우 거칠었다. 교회는 그와 같은 시각과 온갖 방법으로 싸웠으며, 공들을 하느님이 내린 타고난 군주로 바라보면서 그들의 권위를 지지하였다. 공들 자신이 난폭한 싸움과 내분('코토라'[58]와 '코로몰라'[59])으로 자신의 품위를 떨어트리면, 성직자들은 그들을 화해시키면서, 그들이 "최연장자들을 존경하고" "타인의 경계를 넘지 않도록" 가르치고자 하였다. 그리하여 성직자들은 올바른 국가질서라는 이념이 실현된 국가로서, 황제의 권력이 매우 높았던 비잔티움 제국의 예를 들었다.

교회는 루시에서 일련의 씨족적·종족적 단체들과 종사단·도시 단체들을 발견하는 한편으로 자신만의 독특한 단체 — 교회 공동체 — 를 형성하였다. 공동체를 구성한 것은 성직자들과, 그 뒤 교회가 보살피고 부양하는 사람들, 그리고 끝으로 교회에 봉사하고 교회에 의존하

56) слуга. 이하 하인으로 번역.

57) 《원초 연대기》에 따르면, 드레블랴네에게서 공물을 더 받기를 원했던 이고리는 그들에 의해 945년 살해당했다.

58) котора. 다툼, 싸움, 불화, 반목 등을 뜻하는 말.

59) коромола. 반란이나 폭동, 소란 등을 뜻하는 말로 지금의 крамола에 해당.

는 사람들이었다. 교회는 거지, 병자, 빈민 등 스스로 먹고 살 수 없는 사람들을 돌보고 부양하였다. 교회는 속세의 공동체와 단체들의 보호를 상실한 모든 이즈고이에게 피난처와 후원을 제공하였다. 교회는 노예들이 사는 촌락을 자신의 영지로 받았다. 그리고 이즈고이와 노예들은 교회의 보호 하에 놓이면서 교회의 일꾼이 되었다. 교회는 자체 법(코름차야 크니가)과 교회 관습에 따라 자기 사람들을 모두 동등하게 재판하고 감독하였다. 이 모든 사람들은 공의 예속에서 벗어나 교회에 종속되었다. 그리고 교회의 사람이 아무리 약하고 보잘것없다 할지라도 교회는 그를 기독교적으로 — 자유로운 인간으로 — 간주하였다. 교회의 의식에서 모든 사람들은 그리스도 안에서 형제였고 주 앞에서는 노예도 주인도 없었다. 교회 안에는 노예제도가 존재하지 않았다. 즉 교회에 증여된 노예들은 인신적으로 자유로운 사람들로 바뀌었다. 그들은 교회 토지에 결박되어 있을 뿐으로, 그곳에 거주하면서 교회를 위해 일을 하였다. 이리하여 교회는 모든 허약한 사람과 의지할 데 없는 사람이 보호와 도움을 받을 수 있는, 좀더 완전하고 인도적인 새로운 조직의 예를 세속사회에 보여주었다.

한편 교회는 루시 사회의 가족관계와 도덕 일반의 개선에도 영향을 미쳤다. 초기 루시 공들에 의해 자신들의 '교회 규약'에 채택되고 확정된 그리스 교회법을 바탕으로, 신앙과 도덕에 위배되는 모든 과실과 범죄는 공의 재판소가 아니라 교회 재판소의 관할이 되었다. 첫째, 교회 재판소는 성물 모독, 이단, 마법, 이교적 기도를 심판하였다. 둘째, 교회 재판소는 남편과 부인, 부모와 자식들 사이에서 발생하는 모든 가족 문제를 처리하였다. 교회는 일부다처제, 신부 약탈 및 매입, 남편에 의한 부인의 추방, 부인과 자식들에 대한 잔혹행위 등, 가족생활에서 보이는 이교적 관습과 풍습을 근절하려고 노력하였다. 재판에서 이교 사회의 조악한 법적 관습보다 발달된 비잔티움 제국의 법률을 적용하면서 성직자들은 루시에서 더욱 좋은 풍습을 고취하고 더욱 좋은 제도를 보급하였다.

특히 성직자들은 루시의 난폭한 노예제도 형태에 반발하였다. 교훈과 설교, 대담과 담화를 통해 성직자들의 대표자들은 노예도 주인과 같은 사람이고 기독교도라는 것을 상기시키면서 주인들에게 노예에게 동정심을 가지라고 활발히 가르쳤다. 설교에서는 노예를 죽이는 것은 물론이고 학대하는 것도 금지되었다. 몇몇 경우에 교회는 주인들에게 남녀 노예를 자유롭게 풀어줄 것을 직접 요구했다. 노예들을 증여받은 교회는 그들에게 자유민의 권리를 부여하였고 그들을 자신들의 토지에 정주시켰다. 교회의 예를 좇아 속세의 토지소유자들도 때때로 똑같이 행동하였다. 그와 같은 사례들이 드물고 경건한 설교의 훈계가 노예제도를 뿌리 뽑지 못했음에도 불구하고 노예를 바라보는 눈길 자체는 변하고 누그러졌으며, 노예들에 대한 악질적인 대우는 '죄악'으로 간주되기 시작하였다. 그것은 여전히 법률에 의해 처벌되는 것은 아니었지만 이제 교회에 의해 유죄로 인정되어 비난의 대상이 되었다.

이교 사회의 시민 생활에 대한 교회의 영향은 너무나 광범했다. 영향은 사회구조의 모든 측면을 포괄하였고, 공들의 정치 생활과 모든 가족의 사적 생활이 똑같이 그 영향을 받았다. 이 영향은 어떤 상황 때문에 특히 활발하고 강력하였다. 루시에서 공 권력이 여전히 취약하고, 숫자가 많아진 키예프공들이 국가의 분할을 지향하고 있던 바로 그때, 교회는 통일되어 있었고 수도대주교의 권력은 루시 땅 전역에 동등하게 뻗쳐 있었던 것이다. 루시에서 진정한 통일 권력은 무엇보다도 먼저 교회에서 출현하였고, 이것은 교회의 영향에 내적 통일과 힘을 부여하였다.

루시에서의 기독교 교육

루시의 시민생활에 대한 교회의 영향과 나란히 교회의 교육활동도 나타난다. 교육활동은 다양한 형태를 띠었다. 무엇보다도 먼저 교육적 의의를 지닌 것은 루시 사람들에게 개별 고행자와 고행자들의 공동체 — 수도원 — 를 제공한 새로운 기독교 생활의 실제 사례들이었다. 또 번역된 그리스 문헌과 고유의 루시 문헌도 교육적 영향력을 발휘하였다. 끝으로 교육적 의의를 가진 것은 교회가 그리스 예술가들의 도움을 받아 루시에서 창조하였던 공예품과 예술품이었다.

세속인도 교회인도 모두 기독교 생활의 실제 사례를 보여주었다. 연대기 편자는 블라디미르공 자신이 세례를 받은 뒤 선하고 온유하게 되었고, 빈민과 거지들을 걱정하였으며, 책으로 이루어지는 교육에 대해 생각하였다고 전한다. 그의 아들 중에는 독실한 공들도 존재하였다. 새로운 신앙을 받아들인 초기 시절에 평민들 사이에서도 단어의 가장 고상한 의미에서의 기독교도들이 출현한다. 예를 들어 베레스토프(Берестов, 키예프 부근) 마을의 사제 가운데 일라리온[60]이 그러했는데, 그는 경건함과 박식함 및 놀라운 연설 재능으로 러시아 수도대주교라는 고위직에 올랐다. 페체르스크 키예프 수도원의 수도원장으로 수도사였던 성 페오도시도 그러했는데, 그는 어릴 때부터 기독교 교리를 흡수하였으며, 가난한 수도사 생활을 위해 부유한 집을 버렸고 고행자이자 작가이자 설교자의 영예를 획득하였다. 루시 사회에서 이와 같은 사람들의 영향은 매우 크고 유익하였다. 그들의 주위에는 추종자와 제자들이 몰려들었고 수도원이라고 불리는 온전한 공동체들이 형성되었다. 고대 수도원들이 지금의 수도원과 항상 닮은 것은 아니었다. 도시를 벗어나 깊은 숲 속의 오지로 들어간 당시의 수도사들은 고립된 정착촌을 만들었는데, 이 정착촌은 황야 같은 곳에 세워지면서 당분간은 신전도 수도원의 담장도 갖지 못하였다. 수도사들의 공동체는 노동으로 생계를 유지하였으며, 명성을 얻고 독실

---

60) Иларион. 11세기 중엽에 활동한 키예프의 수도대주교.

한 신앙인들을 끌어들일 때까지 심지어 모든 기본 필수품마저 곤궁을 면치 못했다. 수도사들의 엄격한 생활과 감명 깊은 친밀성, 수도사들의 개인적 청렴과 형제 성직자들을 위한 지칠 줄 모르는 노동에 바탕을 둔, 이교도들에게 완전히 새로운 경제방식 등, 이 모든 것은 당대인들의 민심에 매우 강한 영향을 미쳤다. 사람들은 자신들의 능력보다 더 많이 독실한 성직자들을 돕기를 원하였다. 그들은 수도원에 신전을 건설하고 토지와 노예를 증여하였으며 금과 귀중품을 기부하였다. 수도사들의 검소한 공동체는 부유하고 잘 정돈된 수도원으로 바뀌었고 자기 지역에서 종교적 · 교육적 중심이 되었다. 수도원은 신앙뿐만 아니라 '서적 강독'과 경제방법도 가르쳤다. 수도원에는 온전한 도서관이 만들어졌고 문자해득이 꽃을 피웠다. 키예프 루시의 거의 모든 저명한 작가들이 수도원 출신이었다. 수도원의 경제는 비잔티움의 모델을 따라 이루어졌고 비잔티움의 법과 규정에 의거하였다. 이 경제에는 교회가 노예제도를 허용하지 않았기 때문에 노예가 없었다. 노동하는 사람들은 인신적으로 자유로웠으나 교회의 토지에 결박되어 있었고 교회 당국의 지배를 받았다. 수도원의 광범한 토지에서 경제질서 전체는 그리스 법률의 지시에 준하여 확립되었고, 규칙성과 조화로움이 두드러졌다. 이리하여 수도원(그리고 교회 일반)의 토지소유는 사적인 토지 경영뿐만 아니라 심지어 공들의 토지 경영에게도 모범이 되었다.

초기에 루시의 기독교 문헌은 많지 않았다. 세례와 함께 루시에 반입된 서적들은 성서, 기도서, 교훈서 및 역사서들의 불가리아어 번역본이었다. 이 불가리아어 문헌들의 영향 하에 고유의 러시아어 문헌들이 제작되었으며. 그 문헌 중에서 주요한 자리를 차지한 것은 연대기와 성자전, 그리고 교훈서와 기도문이었다. 이 문헌들은 소수의 문헌을 제외하고는 박학하지도 않았고 문학적 예술성도 없었다. 초기의 키예프 작가들은 얼마간의 지식을 습득한 읽고 쓸 줄 아는 사람에 불과했다. 그들은 번역물들을 모방하였고 그래서 학자적 박식함이나 수사적 기교 없이도 글을 쓸 수 있었다. 그렇지만 그들의 저술은 우리 선조들의 정신생활에 뚜렷한 영향을 미쳤고 루시에서 풍습의 유화를 촉진하였다.

끝으로 루시에서 기독교 신앙은 조형미술의 영역에서 혁명을 완수하였다. 이교 루시는 신전이 없었고 우상들의 조상에 만족하였다. 기독교는 대도시에 거대한 석조 신전의 건설을 가져왔다. 블라디미르가 키예프 수입 중에서 떼 낸 '십일조'(즉 십분의 일)를 그 유지에 할당했기 때문에 데샤티나(Десятина) 교회라는 이름을 얻은, 키예프의 성모승천(Успение Богоматери) 신전은 키예프에서 가장 오래된 석조 신전이었다. 키예프의 성소피야 교회와 노브고로드의 성소피야 교회를 비롯한 루시 대도시의 신전들이 데샤티나 교회의 뒤를 이어 건설되었다. 그것들은 비잔티움 양식에 따라 건축되었고 아주 풍부한 모자이크와 프레스코벽화로 장식되었다. 교회 건축의 영향 하에 건축과 회화가 키예프에서 크게 발달하였다. 그와 함께 특히 보석세공과 유약생산 분야에서 다른 기예와 공예도 발달하였다. 예술품 제작의 모든 분야에서 최초의 거장들은 물론 그리스인이었다. 그 후 그들의 지도하에 루시 거장도 나타났다. 이리하여 민족예술이 발달하였다. 그러나 키예프 루시의 민족예술은 비잔티움적 성격이 강렬하게 표현된 것으로 두드러졌고 그러므로 학계에서는 루시-비잔티움 예술이라는 이름으로 알려져 있다.

11~12세기의 키예프 루시

다양한 결과를 초래한 기독교의 수용은 키예프 루시의 역사에서 상고시대와 11세기 및 12세기를 구분하는 경계를 이룬다. 기독교 이전 시기를 연구하면서 우리는 당시에 군주제란 없었다는 결론에 이른다. 루시는 공국들로 몇 차례 세분되었다(스뱌토슬라프와 블라디미르 스뱌토슬라비치 이후에). 아버지-공이 살아 있는 동안에 아들들은 주요 도시들의 지사로 있었고 아버지에게 공물을 바쳤다. 아버지가 죽으면 토지는 아들 수에 따라 세분되었고 단지 정치적 우연으로 종국적으로 군주제가 복구되었을 뿐이었다. 유산을 둘러싸고 반목한 형제들은 보통 서로서로를 절멸시켰다. 블라디미르 스뱌토슬라비치의 아들들 사이에 벌어진 그와 같은 투쟁 이후 루시는 두 부분, 즉 므스티슬라프(Мстислав)가 영유한 드네프르강 좌안과 야로슬라프(Ярослав)가 영유한 우안으로 분할되었다. 므스티슬라프가 죽자 야로슬라프는 전 토지를 영유하였다. 그리고 야로슬라프는 죽으면서(1054) 토지를 다음과 같이 나누었다. 장남 이쟈슬라프[61] (Изяслав)에게는 키예프와 노브고로드, 즉 상업적 물길의 양 끝이 주어졌고(이쟈슬라프가 가장 부유하고 힘센 공이었음이 분명하다), 둘째 아들 스뱌토슬라프에게는 체르니고프가, 셋째 프세볼로트(Всеволод)에게는 페레야슬라블[62] (Переяславль, 키예프에서 멀지 않음)이, 넷째 뱌체슬라프(Вячеслав)에게는 스몰렌스크가, 다섯째 이고리에게는 블라디미르-볼린스키(Владимир-Волынский)가 주어졌다. 그러나 야로슬라프에게는 이쟈슬라프의 형 블라디미르 야로슬라비치에게서 난 손자도 있었는데, 그는 수많은 전설의 대상이 되었던, 용맹무쌍한 로스티슬라프(Ростислав)였다. 로스티슬라프는 트무타라칸을 직접 공격, 점령하고 그것을 유산

61) 야로슬라프에게는 이쟈슬라프를 비롯하여 총 7명의 아들이 있었다. 엄밀하게 말해서 이쟈슬라프는 야로슬라프의 셋째 아들이었다. 첫째 아들 일랴와 둘째 아들 블라디미르는 아버지 야로슬라프가 사망하기 전인 1020년과 1052년에 각각 사망함으로써 이쟈슬라프는 야로슬라프 생전에 사실상 장남이 되었다.

62) Переяславль. 15세기 이후에는 Переяславль-Залесский라고 함. 야로슬라블 오블라스티에 위치한 고대 도시.

으로 남겼다. 야로슬라프는 이쟈슬라프를 장남으로 존중해 주라고 명령하였다. 그러나 이쟈슬라프는 권위를 유지할 수가 없었고 키예프인들을 적으로 만듦으로써 결국 그들에 의해 쫓겨나고 말았다. 그 후 키예프로 되돌아온 이쟈슬라프는 재차 형제들에 의해 쫓겨났다. 이쟈슬라프는 폴란드로 도주하였고 스뱌토슬라프가 키예프의 공위를 차지하여 죽을 때까지 키예프를 지배하였다. 그런 뒤 키예프는 다시 이쟈슬라프에게 넘어가는 한편 이 시기에 체르니고프가 프세볼로트의 것이 된다. 이쟈슬라프가 사망한 뒤 프세볼로트는 키예프의 공위도 차지하였지만, 두 번째 큰 도시 — 체르니고프 — 를 자신의 장남 블라디미르에게 넘겨주었다. 블라디미르는 스뱌토슬라프의 자식들을, 그들의 아버지가 연장순을 잘 지켜서 그보다 오래 산 그의 형[63]을 공위에서 쫓아내지 않았더라면 대공이 되었을 수가 없었기 때문에, 대공위에 대한 권리를 갖지 못한 이즈고이들로서 전체 상속영지로부터 완전히 축출하였다. 1093년 프세볼로트는 어머니 쪽의 이름을 따라 모노마흐(Мономах)라고 별명이 붙여진[64] 아들 블라디미르를 남겨둔 채 사망하였다. 블라디미르는 아버지의 대공위를 차지하고 싶었지만, 키예프인들의 저항이 두려웠다. 그는 새로운 내분을 바라지 않았고 씨족의 연장순을 지키기로 하였다. 모노마흐는 키예프의 공위를 사촌형제들 중에서 가장 연장자인 스뱌토폴크 이쟈슬라비치(Святополк Изяславич)에게 맡겼는데, 스뱌토폴크는 씨족에서 최연장자로서 대공위에 대한 모든 권리를 가지고 있었다. 하지만 이 공은 루시 땅에서 평온을 유지할 수가 없었고 그리하여 사람들의 호의를 받지 못했다. 그의 공으로서의 통치 기간 동안 자신들의 삼촌들인 이쟈슬라프

---

63) 스뱌토슬라프는 1076년에, 그의 형 이쟈슬라프는 1078년에 각각 사망하였다.

64) 그의 어머니는 그리스 황제 콘스탄틴 모노마흐의 딸로서 프세볼로트의 마지막 부인이었다.

와 프세볼로트 쪽으로부터 이즈고이로 인정된 스뱌토슬라비치들[65] 은 완전한 권리를 획득하려고 노력하기 시작했고 모노마흐가 차지한 체르니고프의 공위에 대한 권리를 천명하였다. 오랜 동란 끝에 1097년 류베치[66] 회의로 체르니고프에 대한 스뱌토슬라비치들의 권리가 회복되었고, 그와 함께 회의는 "각자 자신의 오치나[67] 를 소유하게 하라" 는 원칙을 확인한 뒤 모든 루시의 볼로스티들을 공평의 원리 위에서 공들 사이에 분할하였다. 그러나 공평성은 이 원리의 주요 수호자로, 다비트 이고레비치[68] 와 공동으로 행동하면서 이즈고이 공들 중 한 명인 바실코(Василько)의 눈을 멀게 한 스뱌토폴크에 의해 곧 유린되었다. 이 폭력은 새로운 내란을 낳았고, 내란의 종식을 위해 새로운 회의가 정해졌다. 1100년 우베티차흐(Уветичах), 즉 비티체프[69] 에서 스뱌토폴크, 모노마흐, 스뱌토슬라비치들은 루시에서의 평화의 복구를 위해 서로 동맹을 맺었다. 비티체프 회의에 의해 내정의 질서가 확립되자 이제 외정에 대해 — 폴로베츠인들과의 싸움에 대해 — 생각해볼 수 있게 되었다. 블라디미르와 스뱌토폴크는 돌롭스크(Доло-бск)호 연안에 모였고(1103), 힘을 합쳐 폴로베츠인들을 공격하기로 결정하였다. 이 회의들 — 류베치, 비티체프, 돌롭스크 회의들 — 은 우리에게 중요한 분쟁 문제들에서 공들 — 야로슬라프의 손자들 — 이 이의를 허락하지 않는 결정권을 갖는 최고 기관으로 회의들에 의존하고 있음을 보여준다. 그들을 소집한 사건들은 루시가 스뱌토폴크 치

---

65) 스뱌토슬라프의 아들들.

66) Любеч. 체르니고프의 공 블라디미르가 드네프르강 좌안에 건설한 러시아의 고대 도시.

67) отчина. 말 그대로 '아버지의 토지'(земля отца)를 의미하며, 토지, 건물, 농구, 가축을 포함하는 고대 러시아의 세습영지, 보치나를 가리킨다.

68) Давид Игоревич. 이고리 야로슬라비치의 아들. 이즈고이로서 블라디미르-볼린공(재위 1059~1112).

69) Витичев. 10~13세기 드네프르강 우안에 위치한 고대 루시의 도시.

세 동안 평온을 누리지 못했으며, 대공 자신이 종종 이 평온의 파괴자였음을 증명한다. 스뱌토폴크가 죽었을 때(1113), 언제나 고인이 된 공을 찬미할 준비가 되어 있던 연대기 편자마저 왜 그에 대해 완벽한 침묵을 지키는지 이해가 된다.

사랑받지 못한 공이 사망한 뒤 키예프인들은 사람을 보내 블라디미르 모노마흐를 대공위에 초대하지만, 일단 인정된 스뱌토슬라비치들의 권리를 침해하고 싶지 않던 모노마흐는 대공위를 거절한다. 하지만 스뱌토슬라비치들을 좋아하지 않던 키예프인들은 스뱌토슬라비치들도 모노마흐의 거절도 수용하지 않고, 모노마흐에게 동일한 제안을 가진 새로운 사절들을 파견하여 그가 고집을 피울 경우 소요가 일어날지도 모른다고 위협하였다. 이에 블라디미르는 동의하여 키예프를 받아들일 수밖에 없었다. 그리하여 시민들의 의지로 가장 나이 많은 사람이 아니라 가장 훌륭한 사람의 수중에 권리가 넘어감으로써 연장순의 권리는 침해되었다. 하지만 이 연장순에 대한 침해는 어쩔 수 없는 것이었다 할지라도 새로운 내분을 불러일으킬 수밖에 없었다. 그리하여 강력하고 모든 사람들의 사랑을 받은 모노마흐의 생존시에 자신들의 권리에 대한 비자발적 침해자에 대한 증오를 숨기지 않으면 안 되었던 스뱌토슬라비치들은 이 증오심을 자식들에게 넘겨주었다. 그것 또한 스뱌토슬라프의 후손들과 프세볼로트의 후손들 사이 벌어진 유혈 내분의 원인으로 작용하였다. 이 내분은 상당히 뒤늦게 발생하였다. 스뱌토슬라프 체르니곱스키(Святослав Черниговский)의 후손들은 모노마흐가 죽은(1125) 뒤에 그의 아들 므스티슬라프(Мстислав)가 키예프 공위를 차지하는 것을 환영하지 않았다. 하지만 그의 대공위를 논박하는 것은 결코 쉽지 않았다. 스뱌토슬라비치들은 당시의 관념으로는 키예프에 대한 권리를 상실하였고 이 때문에 모노마흐에 의한 키예프 공위의 접수에 반대하지 않았다. 이것으로 그들은 자신들의 씨족을 모노마흐의 씨족보다 낮추었고 지금은 물론이고 앞으로도 대공위에 대한 모든 권리를 상실하였다. 또한 므스티슬라프가 죽고(1132) 연장순이 그의 동생 야로폴크 블라디미로비치[70]의 수중으로 넘어가 모노마호비치가 외에 어느 누구도 바라지 않은 키예프인들의 희망과 완전히 일치하게 되었을 때도 체르니고프의 공들에 의한 키예프에 대한 권리의 복구는 뒤따르지 않았다. 체르니고프의 공들은 모노마흐의 씨족 내에 평화가 지배적인 동안 자신들이 힘이 없었기 때문에 항의를 할 수가 없었다. 그러나 야로폴크의 통치 동안 이 평화는 깨어졌다. 죽기 전 므스티슬라프는 동생이자 계승자인 야로폴크로 하여금 페레야슬라블을 야로폴크의 장남 프세볼로트 므스티슬라보비치(Всеволод Мстиславович)에게 넘겨주게 하였다. 대공위를 차지한 야로폴크는 형의 유지를 실행하였는데, 이는 모노마흐의 작은 아들들 — 유리 로스톱스키[71]와 안드레이 블라디미로-볼린스키[72] — 측으로부터 불만을 야기하였다. 그들은 조카가 페레야슬라블로 옮긴 것을 알고서 이것을 자신들을 제외한 연장순 조치로 간주하였으며 프세볼로트를 페레야슬라블에서 서둘러 쫓아냈다. 그러자 야로폴크는 둘째 므스티슬라비치[73] — 폴로츠크를 통치하던 이쟈슬라프 — 를 그곳에 살게 하였다. 그러나 이 조치도 젊은 공들을 진정시키지 못하였다. 페레야슬라블에 거주한 조카들에서 그들은 연장순 상속자, 미래의 키예프공을 보았던 것이다. 동생들을 진정시키기 위해 야로폴크는 이쟈슬라프도 페레야슬라블에서 철수시키고 자신의 동생인 뱌체슬라프[74]를 그곳으로 보냈지만, 뱌체슬라프 자신 이 영지를 급히 남겨두

70) Ярополк Владимирович. 블라디미르 모노마흐는 총 8명의 아들을 두었다. 그중 므스티슬라프는 가장 큰 아들이며, 야로폴크는 네째 아들이다.

71) Юрий Ростовский. 블라디미르 모노마흐의 일곱째 아들.

72) Андрей Вдадимиро-Вольıнский. 블라디미르 모노마흐의 여덟째(막내) 아들.

73) 므스티슬라프의 아들.

74) Вячеслав. 블라디미르 모노마흐의 다섯째 아들.

고 떠나버려, 영지는 유리 로스톱스키에게 양도되었다.

스뱌토슬라비치들은 모노마흐의 자손들에서 발생한 삼촌들과 조카들 사이의 반목을 이용하는 데 주저하지 않았으며, 대공위에 대한 자신들의 권리를 주장하였다. 상황은 스뱌토슬라비치가에게 유리하게 조성되었다. 즉 야로폴크 블라디미로비치가 1139년에 죽었고 개성 없고 능력 없는 동생 뱌체슬라프가 그를 대신하였던 것이다. 스뱌토슬라비치가는 프세볼로트 올고비치[75]를 내세워 대공의 무능력을 이용하였다. 프세볼로트는 키예프로 접근하여 그곳을 점령하였다. 뱌체슬라프는 프세볼로트의 대공위에 이의를 제기하지 않았다. 프세볼로트는 그 자신 죽을 때까지 키예프에 잔류하였을 뿐만 아니라 그의 뒤를 이어 동생 이고리를 그곳에 자리 잡게 하기까지 했다. 그러나 이고리가 통치하기 시작하자마자 키예프인들은 사절들을 보내 이쟈슬라프 므스티슬라비치를 키예프 공위에 초대하였다. 이쟈슬라프는 지체 없이 키예프로 진출하여 큰 누이의 남편으로서 프세볼로트가 최상위 공위에 머무르는 것은 허용하지만 올고비치가의 다른 사람이 키예프 공위에 머무르는 것은 허용하지 않겠다고 선언하였다. 키예프인들은 그의 지지로 돌아섰다. 이고리는 생포되어 죽임을 당했고 이쟈슬라프는 대공위를 차지하였다.

이쟈슬라프라는 인물 속에서 모노마흐 씨족은 스뱌토슬라프 씨족에게 다시 승리하였다. 그러나 이쟈슬라프가 멋대로 키예프 공위를 차지함으로써 그는 두 명의 최연장 모노마호비치,[76] 즉 두 명의 삼촌—프세볼로트 올고비치에 의해 쫓겨난 뱌체슬라프와 로스토프공 유리—으로부터 반대에 직면하지 않으면 안 되었다. 형이 아니라 조카가 연장순을 획득했다는 사실에 불만을 품은 유리는 이쟈슬라프와 투쟁을

75) Всеволод Ольгович. 12세기 전반에 활동한 루시의 대공으로 올레크 스뱌토슬라비치의 아들.

76) 모노마흐의 아들.

개시하여 승리를 거두었다. 이쟈슬라프는 블라디미르-볼린스키에게로 피난하였고 키예프는 유리가 통치하기 시작하였다. 그러나 그도 잠시 동안만 키예프 공위를 유지하였을 뿐이었다. 이쟈슬라프가 그를 축출하고 키예프를 탈환하는 데 성공하였다. 그는 공위의 무단 탈취에 대한 비난을 모면하기 위해 가장 나이 많은 삼촌인 뱌체슬라프를 키예프로 초대하였고, 조카가 보인 존경심에 만족한 뱌체슬라프는 모든 권력을 그에게 바쳤다. 하지만 유리는 이쟈슬라프가 완전히 합법적으로 일을 도모하여 호기를 잡자마자 키예프에 접근하였음에도 불구하고, 키예프에 대한 자신의 권리를 포기하지 않았다. 이쟈슬라프와 뱌체슬라프는 도시를 떠났고 유리가 다시 도시를 소유하였지만 역시 오래 가지 않았다. 키예프 시민들은 이쟈슬라프를 사랑하였고 그가 출현하자마자 그의 편으로 넘어갔다. 유리는 다시 키예프를 떠났으며, 이전 계획에 충실한 이쟈슬라프가 뱌체슬라프의 이름으로 통치하기 시작하였다. 1154년 이쟈슬라프가 죽었다. 고령의 뱌체슬라프는 다른 조카—로스티슬라프 스몰렌스키(Ростислав Смоленский)—를 호출하였고, 키예프인들은 그에게 맹세하였지만 고인이 된 형이 그랬듯이 그가 삼촌 뱌체슬라프를 존중하라는 약정을 맺었다. 뱌체슬라프가 사망한 뒤 키예프인들은 스뱌토슬라비치가의 대표인 이쟈슬라프 다비도비치(Изяслав Давидович)를 받아들였다. 하지만 유리가 그곳에 새로 나타나 공위는 세 번째로 그에게 넘어갔고 유리는 죽을 때까지 공위를 차지하게 된다. 1157년 유리가 죽자 모노마호비치가의 일원이었음에도 불구하고 이 공을 좋아하지 않던 키예프인들은 이쟈슬라프 다비도비치를 키예프 공위로 다시 초대한다. 그러자 젊은 모노마호비치들 중의 한 사람인 므스티슬라프 이쟈슬라비치 블라디미로-볼린스키(Мстислав Изяславич Владимиро-Волынский)는 키예프 공위가 모노마호비치가의 수중을 떠나는 것을 우려하여 이쟈슬라프를 키예프에서 축출하고 그 자리에 자신의 삼촌 로스티슬라프를 앉혔으며, 1168년

로스티슬라프가 죽자 그 자신이 대공위를 차지하였다. 동시에 유리의 아들 — 안드레이(이전에 므스티슬라프의 아버지 이자슬라프가 삼촌 유리를 추월하였듯이, 므스티슬라프도 안드레이를 추월하였다) — 은 키예프 공위의 요구자로 등장한다. 안드레이 측은 투쟁에서 승리하였다. 1169년 키예프는 안드레이에 의해 점령되었고 므스티슬라프는 자신의 볼린스키 영지로 떠났다. 키예프는 약탈되고 불탔으며 승리자 자신도 그곳에 있을 수가 없어서 북쪽으로 떠났다.

바로 이러한 것이 이른바 키예프 시기 정치생활의 사실들이었다. 상술한 모든 사실로부터 우리는 이 기간 동안 씨족적 상속과 소유의 질서 — 형제로부터 형제로, 삼촌으로부터 조카로 — 가 정당한 것으로 인정되었으며 이 질서는 존재 초기에 파괴를 당했다는 결론을 내릴 수 있다. 야로슬라프 손자 및 증손자 시대의 사건들은 이 파괴가 특히 빈번하고 공위의 상속은 극히 혼란스러웠음을 명확히 보여준다. 그러므로 키예프 루시의 정치구조에 관한 문제는 많은 어려움을 제기한다. 그것은 역사가들 사이에 수많은 연구와 논쟁을 불러일으켰다. 학문적 논쟁은 여기서 두 가지 문제를 둘러싸고 진행된다. (1) 고대 루시의 공국들로의 세분화를 낳고 유지한 것은 무엇이었는가? (2) 그와 같은 상황에서 어떤 원칙 위에 루시 땅의 통일이 유지되었는가?

첫 번째 문제에 대한 대답은 처음에 매우 간단한 것처럼 보였다. 지난 세기의 역사가들과 어느 정도 카람진은 공들이 아들들을 화나게 하고 싶지 않아서 그들 모두에게 토지를 주었다는 식으로 그것을 설명하였다. 그러나 그 후 공의 개인적 전횡은 민족적 통일을 이루고 있는 국가를 분열시킬 수 없는 것으로 이해되었으며 다른 현상들, 즉 종족의 풍속과 여러 이론적 시각에서 원인이 모색되기 시작하였다. 일부는 슬라브인들의 습성과 풍속 속에 정치적 분열이 일반적으로 있다고 생각하였다(이러한 사고는 나데즈딘[77]에 의해 처음으로 표명되었다). 다른 사람들(포고딘같은)은 토지 소유자로서의 공이 슬라브인들의 풍속에 따라 토지를 공동 소유할 권리가 있다고 간주했다는 사실에서 많은 공위들이 형성된 원인을 발견하였다. 끝으로 또 다른 일부(씨족생활 학파)는 씨족의 공위 상속 제도를 성공적으로 찾아냈으며, 한 시대의 공들의 씨족생활이 지방의 통일을 유지하였고 씨족 재산을 점유할 권리를 가진 씨족원들의 수에 따라 땅을 분할하였다고 생각하였다. 그 뒤 연구자들은 사회생활의 현실적 조건들에서 루시 세분화의 원인을 탐색하였다. 파세크[78]는 자치를 향한 도시 공동체들의 노력에서 이 원인을 찾았다. 코스토마로프는 이 원인이 도시 공동체가 아니라 키예프 공국의 구성원이 된 종족들(그는 6개 종족을 거론하였다)의 분리를 향한 노력에서 비롯하였다고 주장하였다. 클류쳅스키는 다음과 같이 말하면서 본질적으로 파세크의 시각을 지지하였다. "루시 땅은 처음에 두 귀족층 — 군사 귀족층과 상업 귀족층 — 의 긴밀한 연합에 의해 독립적인 도시 지역으로부터 형성되었다. 지방 세력의 이 연합이 붕괴하여(공들의 이동과 방랑 때문에), 땅의 구성 부분들도 이전의 정치적 고립으로 되돌아가자, 상업자본의 명문귀족들이 지방사회의 수장으로 남았고, 군사 귀족층도 자신들의 공들과 함께 이 지방사회 위에 슬그머니 등장하였다"〔《보야린 두마》(Боярская Дума)〕.

두 번째 문제 — 어떤 기반 위에서 땅의 통일이 유지되었는가? — 도 다양하게 해결되었다. 지난날의 역사가들은 물론이고 심지어 카람진조차 이 문제를 자세히 기술하지 않았다. 그들은 땅의 통일이 공들을 하나의 전체로 연결시킨, 공들의 친족의식에 바탕을 두었다고 말하였다. 최초의 씨족생활 학파는 씨족 소유라는 개념에 입각하여 문제에 학문적 체계를 부여하였다. 공들의 씨족은 하나의 깨질 수 없는 전체를 대표하면서 토지를 씨족의 영지로 결합한다. 모든 공들은 그들 자

77) Н. И. Надеждин, 1804~1856. 러시아의 비평가이자 출판인.

78) В. В. Пассек, 1807~1842. 러시아의 역사가.

신이 '같은 할아버지의 후손'이라는 사실을 상기하면서 곧 바로 토지를 영유한다. 이리하여 루시가 통일된 국가가 된 것은 루시가 한 씨족의 영지였기 때문이다. 연방 이론의 대표자들은 의견이 달랐는데, 그 선두에는 코스토마로프가 있었다. 그는 고대 루시에서 혈통과 언어의 통일, 신앙과 교회의 통일, 끝으로 나라를 통치한 왕조의 통일에 입각한 연방을 보았다. 그러나 연방은 전 연방에 공통된 몇몇 상설적인 기관의 존재를 상정하지만, 사실 루시에는 그와 같은 기관을 볼 수 없었다. 예를 들어 공들의 회의는 법적으로 정해진 바를 전혀 제시하지 못한다. 바로 이것이 세르게예비치가 내세운 새로운 계약 이론이 연방 이론을 대체한 이유이다. 치체린도 고대 루시가 국가 제도를 알지 못했으며 사적인 법률, 계약 제도에 근거하여 생활하였다고 말했다. 이러한 생각에 입각하여 세르게예비치는 고대 루시는 정치적으로 통일되어 있지 않았으며 생활의 유일한 추동원리는 사적 이해의 원리였다고 결론을 내렸다. 공들은 개인적 전횡을 억제할 줄 모르고, 공위를 법률에 따라 상속받는 것이 아니라 무력이나 기교로 '획득하며', '랴트'(ряд), 즉 계약의 조건들에 다른 공들 및 농촌 주민과의 관계를 정식화한다. 그리고 국가 통일의 문제는 있을 수가 없다. 클류쳅스키는 루시 땅 통일의 바탕에는 두 가지 관계, 즉 첫째, 공들을 연결하는 친족적 관계와 둘째, 지역을 연결하는 경제적 관계가 놓여 있다고 말한다. 볼로스티의 경제생활에서 비롯한 조건들과 공들의 씨족생활의 조건들의 독특한 결합은 공들의 항상적인 도시로의 이동과 지방 세계들의 항상적인 상호작용을 가져왔다. 루시 땅의 통일은 이것으로도 나타났다.

위에서 인용된 학설들은 전부 문제의 어떤 한 측면을 정확하게 조명하였기 때문에 모두 옳았다. 일부는 법적 소유의 공식, 제도 관념만을 포착하였다(씨족생활 학파). 다른 일부는 그런 규준 — 관념적이기는 하나 — 을 연구하기보다 그것의 침해에 대한 연구에 종사하였다

(세르게예비치). 또 다른 일부는 고대 루시에서 사회의 역할에 주목하고 그 역할을 다양하게 상정하였다(코스토마로프와 파세크). 각자는 자신의 시각을 끌어들였고 이 시각은 다른 시각의 반박을 야기하였다. 하지만 문제에 존재하는 온갖 차이에도 불구하고 문제는 지금 기본 특성들이 충분히 해명되었다고 말할 수 있을 것이다. 관념적인 법률적 규준으로서 씨족적 공위 상속 제도는 의심할 여지없이 존재하였다. 그러나 그와 함께 이 제도의 규칙성을 훼손하는 조건도 존재하였다. 그리하여 공들의 회의는 상속의 법률적 흐름에 역행하는 결정을 심심치 않게 내놓곤 하였다. 류베치의 공들의 회의(1097)는 공들에 대해 그들 각자는 "자신의 오치나를 소유한다"는 결정을 내렸다. 이 오친노스티(отчинность) 원칙, 즉 아버지로부터 아들로의 가족 상속 원칙은 씨족적 원리를 분해하면서 이 시기 사람들의 마음속에 자리잡기 시작한 것은 확실하다〔이것은 프레스냐코프[79]의 신간 서적인 《고대 루시에서의 공의 법률》(Княжное право в древней Русь)에서 매우 훌륭하게 밝혀졌다〕. 법률적 제도 및 연장자들의 권위를 인정하지 않거나, 힘이 세고 나이가 많다는 이유로 젊은 공들의 이익을 침해하는 공들의 횡포 또한 정치생활의 규칙성을 저해하였다. 이즈고이로 만드는 것, 즉 공들을 신분에 따른 권리로부터 배제하는 일은 루시 땅의 변두리에 이즈고이들의 영지들을 창출시켰는데, 이즈고이들은 이미 이 영지를 씨족적 제도가 아니라 바로 가족적 제도에 따라 소유하였다. 소유자-이즈고이들은 다른 볼로스티에 대한 권리를 주장할 수 없지만 다른 공들도 그들의 볼로스티에 대한 권리를 주장해서는 안 된다. 끝으로, 이따금 공들의 연장순에 대한 고려를 스스로 의무적인 것으로 인정하지 않고 자신의 선택에 따라 공들을 도시로 초대한 도시 민회들의 정치와 상속 문제에 대한 개입을 상기한다면, 우리는 정

79) А. Е. Пресняков, 1870~1929. 러시아의 역사가.

치생활의 규칙적 제도를 파괴한 가장 중요한 조건들을 모두 보여주는 것이 될 것이다.

이러한 조건들의 존재는 키예프 공국의 정치적 구조가 불안정했음을 가리키는 분명한 증거이다. 수많은 종족적 공동체와 도시 공동체로 이루어진 이 공국은 우리가 쓰는 단어의 의미에서 통일된 국가를 이루지 못하고 11세기에 붕괴하였다. 그러므로 키예프 루시를 하나의 왕조에 의해, 그리고 통일된 종교, 종족, 언어 및 민족적 자각에 의해 연합한 수많은 공국들의 총체로서 정의하는 것이 제일 정확할 것이다. 이 민족적 자각은 확실히 존재하였다. 민족은 저 높은 곳으로부터 정치적 문란을 비난하였고 공들이 '코토라', 즉 불화 때문에 "토지를 따로따로 갖는 것"을 비난하였으며, '통일된 루시 땅'을 위하여 그들로 하여금 통일을 이룰 것을 설득하였다.

키예프 사회의 정치적 연계는 사회의 다른 모든 연계보다 더 취약하였으며, 이것은 키예프 루시가 몰락한 가장 뚜렷한 원인 중의 하나이기도 하였다.

* * * * *

정치생활의 일반적 형태에서 세세한 부분으로 넘어가자. 우리는 도시생활이나 지방생활이 루시에서 생겨난 최초의 정치 형태였음을 지적하였다. 지방생활과 도시생활이 이미 형성되어 있었을 때, 도시와 지방들에서 이 모든 지방들을 하나의 공국으로 결합시킨 공의 왕조가 나타났다. 공의 권력이 도시 권력과 병립하였다. 11~12세기에 루시에 두 개의 정치 당국, 즉 (1) 공 당국과 (2) 도시 혹은 민회 당국이 관찰되는 사실은 이것에 의해서도 설명된다. 민회는 공보다 더 오래되었으나 그 대신에 공은 종종 민회보다 더 뚜렷하다. 민회는 이따금 일시적으로 자신의 중요성을 공에게 양보하곤 한다.

키예프 루시의 공들은 나이 많은 공이든 젊은 공이든 모두 정치적으로 서로 독립적이었으며 그들에게는 단지 도덕적 의무만이 존재하였다. 볼로스티 공들은 나이 많은 대공을 '아버지처럼' 존경하지 않으면 안 되었고, 그와 더불어 '이교도들로부터' 자신의 볼로스티를 보호해야 했으며, 그와 공동으로 루시 땅에 대해서 이리저리 생각해보고 루시 생활의 중요한 문제를 결정하지 않으면 안 되었다. 우리는 고대 키예프 공들의 활동이 가진 세 가지 주요 기능을 식별한다. 첫째, 공은 법률을 제정하였으며, 고대 법률인 《루스카야 프라브다》는 몇몇 조항으로 바로 이 사실을 확인한다. 예를 들어 《프라브다》에서 우리는 야로슬라프의 아들들인 이쟈슬라프와 스뱌토슬라프 및 프세볼로트가 살인에 대한 보복을 벌금으로 대체할 것을 공동으로 결의하였다고 읽는다. 《프라브다》에 실린 몇몇 조항의 제목은 이 조항들이 공의 '판결'이라는 것, 즉 공들에 의해 만들어진 것임을 증명한다. 이리하여 공들의 입법 기능은 고대 문헌에 의해 입증된다. 공 권력의 둘째 기능은 군사적 기능이다. 공들은 국경의 방어자로서 루시 땅에 처음 등장하였으며 이 점에서 그 후의 공들은 초기 공들과 다르지 않았다. 블라디미르 모노마흐가 폴로베츠족으로부터 국경을 방어하는 일을 거의 자신의 주요 임무로 간주했음을 상기하자. 그는 회의들에서 다른 공들도 폴로베츠족과의 투쟁에 나서도록 설득하였으며 그들과 함께 유목민에 대한 공동 원정을 계획하였다. 셋째 기능은 재판 및 행정 기능이다. 《루스카야 프라브다》는 공들이 직접 형사 사건을 재판했음을 증언하고 있다. 《루스카야 프라브다》에 따르면, "도로고부시[80] 인들이 가축 떼와 같이 있던, 이쟈슬라프의 우두머리 말구종을 죽였을 때 이쟈슬라프가 결정했듯이", 공의 말구종을 살해한 데 대해 80그리브나[81]의 벌금이 징수되었다. 여기서 《프라브다》는 실질적인 재판의

80) Дорогобуж. 볼린스키 영지에 소재한 도시.

경우를 가리키고 있다. 공들의 행정 활동에 관해서 우리는 그들이 옛날부터 관리의 의무를 졌으며, '포고스트'[82]를 설치해서 '공물'을 수집하였다고 말할 수 있다. 그리하여 연대기 첫 부분에서 우리는 올가가 어떻게 "메스타[83] 강에 포고스트를 설치하고 공물을 수집하였는지, 또 루자[84] 강에서 연공과 공물을 수집하였는지"를 읽는다(포고스트는 행정 구역이었다). 바로 이것이 키예프 시기 공들의 주요 의무이다. 즉 그는 법률 제정자이고 군사 지도자이며, 최고 재판관이고 최고 행정가인 것이다. 이러한 성격들은 언제나 최고 정치권력의 특징을 이룬다. 공들은 자기 활동의 특성에 따라 하인과 이른바 종사단, 그리고 측근 자문관도 가지며, 이들의 도움을 받아 나라를 통치한다. 연대기에서는 공들과 종사단의 긴밀한 관계를 보여주는, 심지어 시적(詩的)으로 표현된 많은 증거를 발견할 수 있다. 그리하여 연대기의 이야기에 따르면 블라디미르 스뱌토이[85]는 은과 금으로 종사단을 손에 넣을 수는 없으나 종사단으로 금도 은도 획득할 수 있다는 생각을 표명하였다. 도덕적으로 공과 관계를 맺고 있는 매수되지 않는 자로서의 종사단에 대한 이와 같은 시각은 연대기 전체를 관통한다. 고대 루시에서 종사단은 나랏일에 많은 영향력을 발휘하였다. 종사단은 공이 자기들 없이는 아무 것도 하지 말도록 요구하였고, 한 젊은 키예프공이 자신들과 협의 없이 원정을 결정했을 때 그에게 지원을 제공하기를 거부하

---

81) гривна. 고대 러시아의 화폐 단위로 15세기부터 루블로 바뀌었다.

82) погост. 고대 러시아의 상인의 교역소, 토지 공유 촌락 혹은 토지 공동체를 가리킨다.

83) Места. 므스타(Мста) 강. 북동부에서 노브고로드 인근의 일멘호로 흘러드는 강.

84) Луза. 루가(Луга) 강. 노브고로드 북쪽에서 시작하여 핀란드만으로 흘러드는 강.

85) Владимир Святой. 블라디미르 스뱌토슬라비치를 말함. 이 책 155쪽의 주 38번 참조.

였으며, 공의 동맹자들도 종사단 없이는 그와 함께 떠나지 못하였다. 공과 종사단의 연대는 어떤 법률에 의해서도 정해진 바가 없었음에도 불구하고 현실생활 조건 자체에서 비롯하였다. 종사단은 공의 권위 뒤에 숨었으나 그것을 뒷받침하였다. 종사단 규모가 큰 공은 힘이 강했고 작은 공은 힘이 약했다. 종사단은 노장 종사단과 소장 종사단으로 나뉘었다. 노장 종사단은 '무시'[86] 들과 '보야린'들이라고 불렸다〔한편 이 단어의 기원은 다양하게 설명되는데, 그것이 '볼리이'(болий), 즉 볼시이[87] 라는 단어에서 발생하였다는 추측이 존재한다〕. 보야린들은 공의 유력한 자문관이었고 반박할 여지없이 종사단에서 최고 계층을 형성하였으며 때로는 자체 종사단을 소유하기도 하였다. 이들 뒤를 따른 사람들은 이른바 '무시들' 혹은 '공 무시들' — 무사와 공의 관리들 — 이었다. 소장 종사단은 그리티(гридь) 들이라고 불린다. 그들은 이따금 '오트로크[88] 들'이라고 칭해지기도 하는데, 여기서 이 단어는 아마도 매우 나이든 사람과 관계될 수 있었을 사회생활의 용어로서만 이해되어야 할 것이다. 바로 이상이 종사단이 나뉘어져 있던 모습이다. 공의 노예들 — 홀로프들 — 을 제외하고 종사단 전체는 공과 평등한 관계를 맺는다. 종사단은 공에게 가서는 그와 '계약'을 체결하였는데, 이 계약에는 자신들의 의무와 권리가 기술되었다. 공은 종사단원이 공을 언제든지 버리고 다른 직무를 찾을 수 있었기 때문에 종사단원과 '무시'를 완전히 독립적인 인간으로 대하지 않으면 안 되었다. 공은 종사단으로부터 자신의 행정가들을 뽑았으며, 그들의 도움으로 토지를 관리하고 보호하였다. 이 조력자들은 '비르니크'[89] 와 '티운'[90]

---

86) муж. 성년 남자라는 뜻.

87) больший. 볼쇼이(большой) 혹은 벨리키(великий)의 비교급으로서 '더 큰', '더 많은' 이라는 뜻이다.

88) отрок. 고대 러시아에서 공의 소년 종사단원을 가리킨다.

89) вирник. 수사와 재판 및 징벌을 위해 볼로스티에 파견된 공의 관리. 이하

이라고 불렸다. 그들의 의무는 재판과 벌금, 즉 재판세의 징수, 토지 관리 및 공물수집에 있었다. 공물과 벌금은 공과 종사단을 먹여 살렸다. 공은 때로는 관리들의 도움으로, 때로는 직접 공물을 수집하였다. 공물은 현물과 현금으로 수집되었고 바로 똑같이 종사단에게 현물뿐 아니라 현금으로도 주어졌다. 13세기 초의 어떤 연대기 편자는 이전 시기에 대해 공이 "정당한 벌금이 있는 곳에서는 그것을 징수해서 종사단에게 무기를 구입하도록 주었다. 그리고 그의 종사단은… 공이시여, 저에게 200그리브나는 적습니다 라고 말하지 않았다. 그들의 부인들을 황금 머리 장식으로 치장시키지는 못했으나, 부인들은 은으로 치장하고 나다녔다"라고 쓰고 있다. 200그리브나라는 액수는 당시의 개념으로는 종사단원 개개인에게 매우 컸으며 키예프공들이 대단히 부유했다는 사실을 의심할 여지없이 증언하는 것이다(만일 1그리브나를 1/2푼트[91]의 은으로 간주한다면, 1그리브나의 총 가치는 약 10루블에 해당한다). 이 부(富)는 어디서 나타났으며, 공들은 어떤 수입원을 가지고 있었는가? 첫째, 공들의 재판 활동이 그들에게 재부를 가져다주었다. 둘째, 공들은 이미 이야기한 대로 공물을 받았다. 셋째, 전리품이 공들에게 이익이 되었다. 끝으로 공 수입의 마지막 형태는 사적 수입들이었다. 공들은 특권적 처지를 이용하여, 정치적 영지와 엄격히 구분되는 사적인 토지(촌락들)를 획득하였다. 공은 정치적 영지를 여성이 아니라 단지 아들이나 형제에게만 유산으로 물려줄 수 있었지만, 우리는 공이 자신의 사적 토지를 부인이나 딸, 혹은 수도원에 주고 있음을 본다.

민회는 공보다 더 오래되었다. 연대기에서 우리는 다음과 같이 읽

검찰관이라고 번역한다.

90) тиун. 11~17세기 러시아에서 귀족의 가정 관리인이나 하급 판사 등의 역할을 한 관리를 가리킨다. 이하에서는 대행관(代行官)이라고 번역한다.

91) фунт. 옛 러시아의 중량단위로 0.41kg에 해당.

는다. "옛날부터 노브고로드인들, 스몰렌스크인들, 키예프인들, 폴로츠크인들 및 모든 블라스티(власть)들이 두마처럼 민회에 모이며, 가장 오래된 〔도시들—옮긴이〕이 생각하는 것을 예속 도시들도 받아들인다." 이 말의 의미는 다음과 같다. 옛날부터 도시와 볼로스티들('블라스티들')은 민회에 의해 통치되었으며 가장 오래된 도시의 민회가 도시뿐만 아니라 도시의 볼로스티 전역을 통치하였다는 것이다. 모든 주요 가족들이 발언권을 누리는 이들 민회와 나란히 공들의 권력이 등장하였지만, 공들은 민회를 폐지하지 않았으며 때로는 민회의 협력을 받고 때로는 반대를 받으면서 땅을 다스렸다. 많은 역사가들은 민회에 대한 공의 태도와 거꾸로 공에 대한 민회의 태도를 우리의 정치적 개념의 관점에서 결정하려고 하였지만, 이것은 단지 억지 이론을 낳았을 뿐이었다. В. И. 세르게예비치의 저서《공과 민회》(Князь и вече)에 수집된 민회 활동의 사실들은 민회를 단순한 민중집회와 매우 쉽게 혼동하게 하므로 무엇보다도 먼저 민회의 형태 자체를 확정짓지 못하게 하며, 이 형태의 애매함 때문에 종종 연구자들은 합법적 민회와 불법적 민회를 구분할 수밖에 없었다. 공에 의해 만들어진 민회는 합법적 민회라고 불렸으며 반란의 기풍 속에서 공의 의지에 대항하여 소집된 민회는 불법적 민회로 간주되었다. 민회 지위의 법률적 애매함의 결과, 민회는 순전히 지역적인 조건이나 시간적인 조건에 크게 의존하였다. 즉 규모가 큰 종사단을 가진 강력한 공 하에서는 민회의 중요성이 떨어졌으며, 거꾸로 약한 공 하에서 민회는 강해졌다. 게다가 대도시의 민회는 소도시의 민회보다 정치적 중요성이 더 컸다. 이 문제의 연구는 우리로 하여금 공과 민회의 관계가 항상 불안정한 상태임을 확신케 해준다. 그리하여 야로슬라프와 그의 아들들 하에서 민회는 그의 손자와 증손자 하에서의 민회와 같은 힘을 전혀 갖지 못하였다. 공들의 권력이 강화되고 결정적으로 되자 민회는 정치적 활동으로부터 경제적 활동으로 넘어가 도시의 내부 생활 업무에 종사하기 시작하였다. 그러나 류리코비치[92]들의 씨족이 확대되고 상속 방법이 뒤엉키자, 도시 민회들은 정치적 중요성을 회복하려고 노력하였다. 동란을 이용하여 민회들은 원하는 공을 초대하여 그와 '계약'을 체결하였다. 조금씩 민회는 공과 논쟁을 벌이겠다고 결심할 만큼 힘이 세어졌음을 느꼈다. 공이 한쪽 편을 들고 민회가 다른 쪽 편을 드는 일이 발생했으며 그럴 때 민회는 때때로 "공에게 길을 가리켜주곤", 즉 그를 축출하곤 하였다.

* * * * *

고대 키예프 루시의 사회적 분화 문제로 넘어가자. 발전의 초기 단계에 있는 사회는 언제나 동일한 사회적 분화를 겪는다는 것을 언급해 둘 필요가 있다. 즉 아리아 종족의 모든 민족들에게서 우리는 다음과 같은 세 집단을 만난다. (1) 기본 대중〔키예프 루시에서는 류디(люди)〕, (2) 특권층〔스타레츠들(старцы)과 보야린들〕, (3) 권리를 상실한 노예들(혹은 고대 키예프어로는 홀로프들). 이리하여 원초적인 사회적 분화는 어떤 예외적인 지역적·역사적 조건에 의해서가 아니라 만일 그렇게 표현할 수 있다면 종족의 본성에 의해서 창출되었다. 지역적 조건들이 형성되어 발전한 사실은 이미 역사 속에서 명백하다. 《루스카야 프라브다》— 키예프 루시의 사회 구조를 판단하는 데 거의 유일한 사료 — 는 이러한 발전의 증거를 제공한다. 《루스카야 프라브다》는 두 이본, 즉 약기본과 확장본으로 우리에게 전해졌다. 약기본은 43개 조항으로 이루어져 있고 그중 처음 17개 조항은 논리적 체계 속에서 서로 이어진다. 《프라브다》의 이 텍스트를 담고 있는 노브고로드 연대기는 그것이 야로슬라프에 의해 간행된 법률인 것처

92) Рюрикович. 류리크의 아들.

럼 말한다. 《프라브다》의 약기본은 많은 점에서 이 고대문헌의 몇몇 확장본과 구별된다. 의심할 여지없이 약기본은 확장본들보다 오래되었고, 상고시대 생활의 키예프 사회를 반영한다. 이미 100개 조항 이상으로 구성된 《프라브다》의 확장본들은 이것들이 전반적 구성에서 적어도 12세기 이후에 발생했다는 지적을 텍스트 속에 포함하고 있다. 확장본들은 바로 12세기(블라디미르 모노마흐 시기) 공들의 법규를 포함하고 우리에게 완전히 발달한 키예프 루시 사회를 묘사한다.

《프라브다》의 갖가지 이본들에 들어 있는 텍스트의 다양함 때문에 이 고대문헌의 기원에 관한 문제는 해결하기가 힘들다. 옛 역사가들(카람진과 포고딘)은 《루스카야 프라브다》를 야로슬라프 무드리[93]가 작성하고 그 계승자들이 보충한 공식 법률집으로 인정하였다. 최근 《프라브다》의 연구자인 란게[94]도 그와 같은 견해를 견지한다. 그러나 대다수 학자들(칼라쵸프, 듀베르누아,[95] 세르게예비치, 베스투제프-류민 등)은 《프라브다》가 사적 필요 때문에 당시 통용되고 있던 법규들을 집성하고 싶어 한 개인들이 만든 모음집이라고 생각한다. B. O. 클류쳅스키의 견해에 따르면 《루스카야 프라브다》는 세속 법률을 알 필요가 있었고 그래서 이 법률을 여기에도 기록한 교계에서 발생하였다.

《루스카야 프라브다》의 사적인 기원은 거의 확실한데, 왜냐하면 첫째 텍스트에서는 사적 생활을 위해서만 그 중요성이 있는, 법적 내용이 아니라 경제적 내용의 조항을 지적할 수 있고, 둘째 《프라브다》의 개별 조항과 이본들 전체의 외적 형태가 마치 공의 법제정 활동을 지켜본 제3의 관찰자에 의해 작성된 것 같은 사적 기록의 성격을 띠고 있기 때문이다.

---

93) Мудрый. '현명한'이라는 뜻의 러시아어. 그러므로 야로슬라프 무드리는 보통 야로슬라프 현공이라고 번역한다.

94) Николай Иванович Ланге, 1821~1894. 러시아의 법학자.

95) Н. Л. Дювернуа. 러시아의 역사가.

《루스카야 프라브다》와 연대기에서 고대 키예프 사회의 구성을 연구할 때, 우리는 사회의 가장 오래된 세 계층을 식별할 수 있다. (1) '도시' 스타레츠(градский старец)들, '류츠코이 스타레츠'(людской старец)들이라고 불린 상류층. 이들은 지방 귀족층으로 몇몇 연구자들은 이들에 오그니샤닌(огнищанин)들도 포함시키기기도 한다. 스타레츠들에 관해서는 이미 언급되었다. 오그니샤닌들에 관해서는 의견이 분분하다. 옛 학자들은 그들을 가옥 소유주 혹은 토지 소유자로 간주하였고 그 용어가 오그니셰라는 단어에서 파생된 것이라고 생각하였다〔지역 방언에서 오그니셰는 화덕이나 이즈가리(изгарь)에 있는 경지, 즉 불에 탄 숲에 있는 경지를 의미한다〕. 블라디미르스키-부다노프[96]는 자신의 《러시아법 역사 개관》(Обзор истории русского права)에서 노장 종사단원들이 처음에 '오그나샤닌들'이라고 불렸다고 말하고 있지만, 바로 그곳에서 체코의 고대문헌 《어원 출처》[97]는 오그니샤닌이라는 단어를 '해방된 노예'로 해석한다〔"해방노예, 노예 상태에서 나중에 자유를 얻은 자"(*libertus, cui post servitium accedit libertas*)〕고 덧붙이고 있다. 필자는 노장 종사단원들이 공의 젊은 비자발적 하인들에서 기원할 수 있다는 판단으로 명백한 모순을 숨기고자 한다. 고대 시대에 오그니셰라는 단어는 실제로 종복이나 비복을 의미하였다. 그리고리 보고슬로프[98] 설교문의 고대 11세기 번역에서는 이 단어가 바로 그런 의미로 사용된다. 그러므로 몇몇 연구자(클류쳅스키)는 오그니샤닌들에서 노예소유자들, 달리 말해 토지가 아니라 노예가 주된 재산 형태였던 사회생활의 상고시기에 존재했던 부유한 사람들을 본다. 약기본 《루스카야 프라브다》의 '오그니샤닌' 대신에 '공의 무시' 혹은 '오그니

96) М. Ф. Владимирский-Буданов, 1838~1916. 러시아의 역사가.

97) Mater verborum. 13세기 체코의 교회-슬라브어 해석 사전.

98) Григорий Богослов. 약 330~390. 콘스탄티노플 총대주교(380~381)를 역임한 고위 성직자이자 사상가.

시니 대행관'에 대해 이야기하는 확장본 《루스카야 프라브다》의 조항들에 주의를 돌린다면, 오그니샤닌을 바로 공의 무시, 특히 공의 홀로프들을 감독한 관리인인 대행관, 즉 이후의 드보르스키[99]나 드보레츠키[100]에 선행하는 사람들로 간주할 수 있을 것이다. 궁신과 궁정관은 공의 궁정에서 신분이 매우 높았으나 동시에 그 자신 홀로프일 수도 있었다. 노브고로드에서는 궁정관만이 아니라 공의 조신들 전체(나중의 드보랴닌들)를 오그니샤닌들이라고 불렀던 것 같다. 그리하여 이런 이유로 오그니샤닌을 신분이 높은 공의 무시로 간주하는 것이 가능하다. 그러나 오그니샤닌들이 지방 사회의 상류계급인지는 의심스럽다. (2) 공동체인 베르피들로 결집한 무시들을 가리키는 류디〔люди, 단수는 류딘(людин)〕가 중간계급을 구성하였다. (3) 홀로프들이나 첼랴티—노예들로서, 그것도 절대적인 노예, 즉 완벽하고(полный) 완전한(обельный, 즉 облый-круглый) 노예들이었다—가 세 번째 계층이었다.

세월이 흐르면서 이 사회적 분화는 매우 복잡해진다. 사회의 상층부에는 이제 공의 종사단이 자리 잡고, 이전의 상류 지방 계급이 이들에 합류한다. 종사단은 노장 종사단('생각하는 보야린들과 용감하게 싸우는 무시들')과 소장 종사단(오트로크들과 그리티들)으로 이루어지며, 공의 노예들도 소장 종사단에 들어간다. 종사단 대열에서 공의 행정관리들과 재판관들(시장관, 대행관, 검찰관 등)이 임명된다. 류디 계급은 도시 주민(상인과 수공업자)과 농촌 주민으로 분명히 나뉘고 농촌 주민들 중 자유민들은 스메르트(смерд)라고 불리고, 예속민들은 자쿠프(закуп)라고 불린다〔예를 들어, 농촌의 농업 날품팔이는 롤레이니(ролейный) 자쿠프라고 한다〕. 자쿠프는 노예는 아니지만 루시에서 조건부로 예속

99) дворский. 프리드보르니(придворный). 궁신(宮臣), 정신(廷臣). 이하 궁신으로 번역.

100) дворецкий. 궁정관, 청지기, 집사, 가령(家令). 이하 궁정관으로 번역.

된 류디 계급, 즉 시간이 경과하면서 완전 노예들을 대신하게 되는 계급은 이들에 의해 시작된다. 종사단과 류디는 폐쇄적인 사회계급이 아니다. 즉 한 계급으로부터 다른 계급으로 이동할 수 있었다. 그들 신분의 근본적인 차이는 한편으로는 공과의 관계에(한 쪽은 공에게 봉사하였지만, 다른 쪽은 지불하였다. 홀로프들에 관해서 말하자면 그들은 공이 아니라 주인을 자신의 '지배자'로 가졌다. 공은 홀로프들과 전혀 관련이 없었다), 다른 한편으로는 사회계급들 상호간에 맺는 경제적 · 재산적 관계에 있었다.

우리는 키예프 사회의 완전히 특수한 계급의 사람들, 즉 공이 아니라 교회에 종속된 계급에 대해서 언급하지 않는다면 큰 공백을 허용하는 것이 될 것이다. 이것은 다음 사람들로 이루어진 교회 사회이다. (1) 고위 성직자, 사제, 수도사; (2) 교회에 봉사하는 인물들인 교회 관리들; (3) 교회의 보살핌을 받는 사람들인 노인, 불구자, 병자; (4) 교회의 후견을 받는 인물들인 이즈고이들; (5) 교회에 종속된 인물들인 '비복들'(홀로프들)로 이들은 세속 소유자들로부터 교회에 희사되었다. 공들의 교회 규정들은 교회 사회의 구성을 다음과 같이 묘사한다. "다음은 교회 사람들이다: 남자 수도원장, 여자 수도원장, 사제, 보제 및 그들의 자녀들. 다음은 찬양대석에 있는 사람들이다: 사제의 부인, 수도사, 여자 수도사, 성병(聖餅)을 굽는 여자, 순례자, 초를 끄는 사람, 문지기, 장님, 절름발이, 과부, 푸셴니크[101](즉 기적적으로 회생된), 해방 노예[102](즉 유언에 따라 해방된), 이즈고이들(즉 시민의 권리를 상실한 사람들); … 수도원 사람, 병원 사람, 여관 사람, 순례 임시수용소 사람, 즉 교회 사람들과 양로원 사람들." 교회의 고

101) пущенник. 부채가 면제되거나 범죄가 용서된 사람으로서 교회가 국가로부터 사들여 자신의 보호 하에 두었다.

102) задушный человек. 영혼의 구원을 위해(за душу) 주인에 의해 자발적으로 해방된 노예.

위 성직자들은 이 모든 사람들의 행정과 재판을 담당한다. "수도대주교나 주교, 이들은 그들 사이의 재판을 담당하고 모욕을 처리한다." 교회는 이즈고이와 홀로프를 비롯한 자신의 모든 사람들에게 확고한 사회적 지위를 만들어주고 시민권을 부여하지만 그와 동시에 그들을 속세에서 완전히 끌어낸다.

키예프 사회의 사회적 분화는 12세기까지 그 정도로 심화되고 복잡해졌다. 이미 보았듯이 이전의 사회는 구성에서 좀더 단순하였으며, 분화는 역사 속에서 분명히 진전되었다.

* * * * *

우리의 키예프 루시에 대한 개관을 문화적 상황의 전반적 특성을 살펴보는 것으로 마무리 짓자. 키예프 생활을 들여다보자마자 우리는 루시에 오래되고 강력한 도시 공동체들이 존재하였고 이 도시 정착지들이 전반적으로 풍요로웠음을 알게 된다. 이러한 사정은 국가의 상거래가 상당하였음을 보여주는 좋은 징표이다. 스칸디나비아의 전설에서 키예프를 '도시들의 나라'라고 불렀고, 따라서 도시생활은 외국인들이 보기에 루시의 뚜렷한 특성이었다는 사실은 흥미롭다. 연대기에 따르면 루시에서는 '가장 오래된' 도시 중심지들에 소속된 수백 개의 도시들이 존재한다. 물론 이처럼 도시들의 수가 많은 것은 행정적·군사적 필요 때문만이 아니라 도시에 시장의 의의를 부여한 상업의 발달 때문이기도 하였다. 도시생활의 주요 일이 상업이고 다수의 도시민이 상공민으로 이루어져 있음은 의심할 여지없다. 고대의 많은 필자들이 키예프 루시에서 상업이 발달한 사실을 지적한다. 루시 상인들은 그리스, 불가리아, 독일, 체코 및 동방으로 여행하였다. 키예프와 노브고로드에서는 상인들의 흐름이 끊이지 않았다. 노브고로드에는 독일인 상인들이 거주하였고 자신들만의 교회 —'바랴크 예배당'

—가 있었다. 독일인 상인들은 폴란드를 거쳐 키예프로 갔다. 키예프에는 유대인 지구가 있었고 폴란드 지구도 있었던 것 같다. 또한 키예프에는 '라티나'(Латина) 라고 불린 가톨릭 상인들도 상시적으로 거주하였고 아르메니아인들에 관한 이야기도 존재한다. 키예프는 북부와 남부, 즉 바랴크인들과 그리스 사이뿐만 아니라 서방과 동방 사이, 즉 유럽과 아시아 사이의 상업 요충지이기도 하였다. 바로 이 사실로부터 키예프를 비롯한 루시 남부 전체의 상업적 중요성은 명백하다. 이곳에서는 조용한 농업 노동이 번잡하고 시끄러운 상업활동과 뒤섞였다. 생활은 갖가지 기능으로 두드러졌다. 많은 민족들과의 접촉을 야기한 상업은 부와 지식의 축적을 촉진하였다. 이곳에서는 문화적 발전을 위한 좋은 여건이 조성되었고, 이 발전이 개시되었으며 찬란한 꽃으로 피어났다. 기독교가 들여온 계몽적 지식은 루시의 수도원들에서 피난처를 발견하였고 많은 옹호자들을 획득하였다. 우리는 기독교 윤리가 이교적 구습의 조악한 시각과 성공적으로 싸워 이겼음을 알고 있다. 우리는 공들이 책을 읽고 수집하며, 교회의 경전들을 러시아어로 번역하라고 명령하는 것을 본다. 또 우리는 문자해득의 보급과 교회 및 주교좌 성당에 부속된 학교들을 본다. 우리는 그리스 모델을 따라 루시 화가들에 의해 제작된 프레스코에 감탄한다. 우리는 신학 교육을 받은 루시인들의 작품들을 읽는다. 요컨대, 키예프 루시의 계몽 수준은 다른 젊은 국가들과 인근의 슬라브인들보다 낮지는 않았던 것이다. 루시와 폴란드간의 초기 관계를 연구하는 사람들은 루시의 문화적 우월을 바로 인정한다. 키예프 사회의 물질문화도 나머지 유럽 지역과 비교하여 낮지 않았다. 키예프의 외적 모습은 11세기 작가들의 찬사를 불러일으켰다. 서방 외국인들에게 키예프는 콘스탄티노플의 경쟁자처럼 보였다. 키예프가 외국인들에게 준 인상은 그들로부터 어쩔 수 없는 과장을 가져왔다. 예를 들어 그들은 키예프에 400개의 교회가 있다고 생각하였는데, 사실은 그렇지 않았

다. 그러나 어쨌든 키예프는 유럽 동부의 대 상업도시였고, 다양한 인종의 주민들이 거주하는 도시였으며, 그 상류계급은 주변국가의 각종 훌륭한 산물에 익숙하였고 우리의 연대기 편자로부터 심지어 사치에 대한 비난마저 불러 일으켰다. 만일 키예프와 다른 도시들을 제외하고 나라의 나머지 지역 전체가 여전히 미숙한 사회생활 및 경제생활 상태에 있었다 하더라도, 그래도 우리는 명백히 문화적 특성이 뚜렷한 고대 도시들의 생활에 주의를 한다면 키예프 루시를 비문화적 나라라고 부를 권리는 없을 것이다.

우리는 또한 태고시대에 루시가 여전히 국가생활의 궁극적인 형태를 이루지는 못했을지라도 족장시대적인 종족적 구조의 특성을 잃어버리기 시작했음을 보았다. 오랜 공동 거주와 종족과 언어 및 종교의 통일은 루시로부터는 하나의 나라를, 러시아 슬라브인들로부터는 하나의 민족을 형성시켰다. 그리고 이 통일은 우리의 선조들에 의해 감지되었고 명료하게 인식되었다. 《이고리공 원정기》를 노래한 시인은 자기 시대에 이미 태고의 과거가 되어버린 많은 과거들을 상기하면서, 남부 갈리치 및 카르파티아 산맥으로부터 볼가강 상류에 이르는 하나의 통일된 루시 땅을 상상하였다. 그는 북부와 남부의 모든 공들에게 한결같이 이고리의 고난을 도와주고 '루시 땅을 위해' 궐기할 것을 요청하고 있다. 그가 보기에 이고리의 고난은 비단 이고리 공국뿐만 아니라 루시 땅 전체의 고난이다. "근심이 루시 땅에 넘쳤고, 큰 슬픔이 루시 땅에 흘렀도다!"라고 그는 이에 대해 말한다. 11세기에 연대기 편자는 자신의 《이야기》(Повесть) 에서 이런저런 공국에 대해서가 아니라 루시 땅 전체에 대해서 쓴다. 그리하여 확고한 민족적 자각이 이야기들에서, 연대기들에서, 그리고 생활 자체에서 점차 발달하였다. 12세기에 마침내 루시 민족이라는 것이 확정되었다.

이럴진대 13세기경에 발생한 키예프 루시의 몰락은 이해하기 힘들 수밖에 없는 듯하다. 몰락의 원인은 무엇이었는가? 제일 주된 원인은 영토와 사회의 통일에도 불구하고 통일된 정치권력이 부재하였다는 사실에 있었다. 수많은 공의 씨족이 루시를 소유하였던 것이다. 연장순이나 어떤 모욕 때문에 생겨난 씨족적 · 가족적 원한이 뒤얽힌 가운데 공들은 종종 내란을 벌였고 주민들을 내전에 끌어들였다. 이 내란 때문에 사람들은 고통을 받았고 민족생활의 발달이 지체되었다. 포고딘은 170년(1055~1224) 중에서 80년이 내란 속에, 90년이 평화롭게 지나갔다고 계산한다. 포고딘은 대중들에게 내란이 중요한 의미를 갖지 않았다고 말하고 있지만, 실제로 내란은 주민들이 개별 파멸을 얼마나 쉽게 인내했을지라도 나라에게는 불행이었다. 키예프 루시의 두 번째 불행은 12세기 중엽 이래 스텝 지역의 적들이 강대해진 것이었다. 남부 스텝에서는 폴로베츠족이 출현하여 2세기 동안 40차례나 대규모 공격으로 루시 땅을 유린하였고, 소규모 공격은 헤아릴 수조차 없다. 이 폴로베츠족 때문에 남부와의 교역은 사라졌다. 그들은 드네프르강과 드네스트르강 하류에서 상인들을 약탈하였고, 상단은 강력한 군사적 보호 하에서만 안전하게 활동하였다. 1170년에 남부 루시의 공들은 므스티슬라프 이쟈슬라비치의 발의로 회의를 개최하였는데, 회의에서는 폴로베츠족과의 투쟁 방법이 협의되었고, 폴로베츠족이 "이미 우리로부터 (차리그라드로 가는) 그리스 길과 솔야니(Соляный, 크림 혹은 체코) 길, 그리고 잘로즈니(Залозный) 길(도나우강 하류의)을 탈취하였다"고 언급되었다. 이것은 나라에 재앙이었다. 이 폴로베츠족의 위협 때문에, 우리의 선조들은 자신들의 교역이 또 다른 이유로도, 즉 십자군 원정에 의해 키예프를 거치지 않고 서유럽과 아시아를 연결하는 — 지중해 동부 연안을 통과하는 — 새로운 길이 창출되었기 때문에도 쇠퇴하고 있음을 깨닫지 못했다. 13세기까지 키예프 루시의 생활은 빈곤해졌고 최후의 안전을 상실하였다. 멀리 떨어지면 질수록 남부에서 생활하기가 더욱 힘들어졌다. 바로 이것이 도시와 볼로스티들 전체가 황폐화되기 시작하고, 그런 만큼 더욱더 공들이 이전에는 연장순 때문에 싸웠듯이 지금은 사람들 때문에, 즉 '포로들'을 획득하기 위해 싸우기 시작한 까닭이었다. 그들은 이웃 공국들을 공격하기 시작하였고 사람들을 무리로 끌고 갔으며, 주민들은 공들이 자신들을 땅으로부터, 즉 경제로부터 떼어놓았기 때문에 평온하게 살 수가 없었다.

이러한 사정 — 공들의 내분, 외적 안전의 부재, 상업의 쇠퇴, 주민들의 탈주 — 이 남부 루시의 사회생활이 쇠퇴한 주요 원인들이었다. 타타르족의 출현은 이 생활에 최후의 타격만을 가했을 뿐이다. 타타르족의 침입 이후 키예프는 200가구 정도의 작은 도시로 변했다. 상업은 완전히 중단되었고 적들은 조금씩 부분적으로 키예프 루시를 점령하였다. 이와 동시에 루시 땅의 변경에서는 새로운 생활이 탄생하였고 새로운 사회 중심지들이 발생하였으며 새로운 사회관계가 형성되었다. 수즈달 루시와 노브고로드 및 갈리치의 발생과 발달은 이미 그 자체 또 다른 러시아 역사 시기를 개시한다. *

---

* 키예프 루시의 역사는 최근 고대 키예프 공국의 역사적 전통이 중단된 것이 아니라 우크라이나 민족과 리투아니아 공국의 제도들에서 계속 살아 있었다는 시각을 견지하는 학자들의 특별한 기술 대상이 되었다(흐루솁스키,[103] M. C. 예피멘코).

103) M. C. Грушевский, 1866~1934. 우크라이나의 역사가. 1894년 렘베르크 대학 교수, 1917년 2월혁명 후에는 우크라이나 라다의 지도자가 되었다. 1919년 망명하였다가 1924년 귀국하여 키예프 대학의 교수가 되었다. 저서로 《우크라이나의 역사》(전9권, 1913) 등이 있다.

수즈달-블라디미르 루시의 식민화

12세기, 공들의 내분과 폴로베츠족에 의한 유린의 결과 키예프 루시의 쇠퇴가 시작되자, 키예프 생활의 혼란으로 주민들이 드네프르강 중류에서 남서부와 북동부로, 즉 당시 루시의 중심지인 키예프에서 그 변경으로 이동한다.

북동부에서 루시 이주민들은 새로운 지역, 즉 드네프르 유역과는 다른 지리적 특성을 가진 땅을 만난다. 이 땅의 특수성들은 점차 식민자들의 신체적 형태에서 새로운 특성과, 그들의 생활에서 새로운 사회적·경제적 질서를 창출한다. 북동부에서 루시인들이 차지한 지역은 볼가강 상류와 오카강 사이의 땅이었다. 이곳의 자연은 드네프르강 유역의 자연과 매우 다르다. 평평하고 비옥한 토양은 이곳에서 모래가 섞인 점토지와 소택지 및 원시림으로 대체된다. 풍부한 강의 수량은 이곳에서도 나타나지만 강의 특성이 다르다. 루시 남부는 그 대다수가 하나의 중심지, 즉 드네프르강으로 흘러 들어가는 큰 강들을 갖고 있으나, 루시 북부에서는 공통된 중심지를 갖지 않은 많은 소규모 강들이 온갖 방향으로 흐른다. 루시 북동부의 기후는 풍부한 수량과 삼림의 결과 더욱 혹독하며 토양은 경작을 하려면 많은 노동을 필요로 한다. 북동부 변경의 원시 주민들은 핀 종족들인 메랴(меря) 와 무로마(мурома) 였고 그들의 생활에 관해서 역사는 확실한 것을 알지 못한다. 수즈달 루시의 상고시대 역사 연구자인 코르사코프[1] 교수〔《메랴와 로스토프 공국》(Меря и Ростовское княжество), 1872〕는 다음과 같은 방법으로 메랴 생활의 복구를 시도한다. (1) 연대기는 이 지방의 원시 주민들에 대해 매우 적게 말하고 있기 때문에, 각종 사료에 나오는 다른 정보들을 이용한다. (2) 모스크바, 블라디미르, 코스트로마, 야로슬라프 구베르니야들에 사는 지금 주민들과 다른 대러시아 구베르니야들의 주민들이 영위하는 생활을 비교한다. 이 생활의 특성은 열거한 구베르니야들에 거주한 원시 주민들의 생활에 의해 설명될 수 있다. (3) 메랴와 무로마의 생활에 관한 연대기의 자료들과 그들에 이웃하여 지금 살고 있는 핀 종족들, 즉 모르드바족과 체레미스족의 생활을 비교한다. 그들의 민족지학은 얼마간 조사되었고, 이 종족들의 생활은 어느 정도 확실히 사라진 그들 친척들의 생활에 관한 결론들의 근거를 줄 수 있다. (4) 메랴와 무로마의 정착지들에서 발굴된 정보를 이용한다. 이곳에서 고고학자들인 사벨리예프(Савельев) 와 우바로프[2] 백작에 의해 수행된 이 발굴들은 단편적이기는 하지만 메랴와 무로마의 특성에 관한 일련의 정보를 제공한다. 코르사코프의 주의 깊은 탐구는 큰 성과를 가져오지는 못했다. 그는 메랴와 무로마가 생활에서 모르드바족과 가까운 핀계 종족이며, 그들의 종교는 발달하지 못했고, 정치조직은 존재하지 않았으며 도시들이 없었음을 보여준다. 또 그들의 문화가 매우 낮은 발달단계에 있었고 신관들이 가장 중요한 의의를 갖고 있었음도 보여준다.

볼가강 유역에서의 루시의 식민 운동은 매우 오래된 현상이다. 연

---

1) Д. А. Корсаков. 러시아의 역사가.

2) Сергей Семенович Уваров, 1786~1855. 러시아 고대문헌 연구가이자 정치가. 1833~1849년 교육성 대신 재직시, 대학에 대한 감독 강화 등 니콜라이 1세의 반동적 정책을 추진하였다.

대기의 처음 몇 페이지에서 우리는 그 출현 시기가 알려지지 않은 도시들인 수즈달과 로스토프를 만난다. 로스토프가 고대시대에 마치 노브고로드 공국의 일부를 구성하면서 정치적으로 노브고로드에 종속되어 있었다는 사실에 의해 어디서부터인가, 즉 루시의 어떤 장소들로부터 수즈달 지방의 식민화가 처음으로 진행되었다고 추측할 수 있다. 이것은 볼가강 유역의 최초의 식민자들이 모든 루시 식민자들이 그렇게 했듯이 강을 따라 동쪽으로 온 노브고로드인들이라고 가정할 이유를 제공하였다. 이와 같은 가정에 반대하여 사람들은 노브고로드가 볼가강 및 그 유역 하천들과 분수령들(자유로운 이동의 방해물)에 의해 분리된다고 주장했으며 수즈달과 노브고로드 방언들의 차이를 지적하였다. 그러나 전자의 주장에 맞서 분수령은 이주를 막을 수 없으며, 후자는 역사적 원인들에 의해 설명이 된다고 말할 수 있다. 즉 이민족 및 다른 언어와의 만남이라는 새로운 자연적 조건의 영향 하에서 일정한 특성이 식민자들의 언어에 생겨날 수 있다는 것이다. 여하튼 수즈달 루시에서의 최초의 루시인 식민자들이 노브고로드인들이리라는 것을 부정할 충분한 근거는 없다. 근자에 학자들(A. A. 샤흐마토프, 스피친,[3] 소볼렙스키[4] 등)은 슬라브인들에 의한 볼가강 중류 지역의 식민 문제를 새로 제기하였다. 그들은 세세한 부분에서는 차이가 있지만, 슬라브 민족의 흐름이 크리비치족과 아마도 뱌티치족의 지역에서부터 북동부로 끊임없이 이어지면서, 여러 장소로부터 여러 길을 거쳐 볼가강 유역을 채웠는데, 그 장소 중에 노브고로드는 당시 가장 중요하지만 반드시 독점적이지만은 않은 역할을 하였다고 한결같이 제시할 정도까지 이르렀다. 그 후 12세기에 키예프의 쇠퇴와 함께 상당수의 주요 식민자들이 남쪽 키예프로부터 이 지역으로 진출하

---

3) A. A. Спицын, 1858~1931. 러시아의 고고학자.

4) Алексей Иванович Соболевский, 1856~1929. 러시아의 문헌학자.

기 시작하였다. 루시 생활 초기에 키예프와 수즈달 땅의 교통은 통과할 수 없는 숲이 뱌티치족들로 하여금 드네프르강에서 바로 오카강으로 건너가는 것을 방해했기 때문에, 드네프르강과 볼가강 상류를 따라 빙 돌아서 이루어졌고, 12세기 들어서서야 비로소 키예프에서 오카강으로 가는 안전한 길을 설치하려는 시도가 나타난다. 이 시도와 힘든 길 자체는 일리야 무로메츠[5]가 고향 마을 카라차로프(Карачаров)로부터 키예프로 가는 여행을 노래한 영웅 서사시에서 사람들의 기억 속에 남았다. 12세기 후반부터 뱌티치족을 관통하는 이 길은 확고해지고 수즈달 공국의 현저한 융성이 시작된다. 주민들이 수즈달 공국으로 흘러들어가고 도시들이 건설된다. 식민화의 이 최종 시기에는 흥미로운 현상이 눈에 띈다. 즉 북부에서 남부의 지리적 이름들〔페레야슬라블, 스타로두프,[6] 갈리치, 트루베시(Трубеж), 포차이나(Почайна)〕이 나타난 것인데, 이는 주민들이 남부로부터 왔으며 이곳으로 남부의 어휘를 가져왔다는 확실한 증거이다. 주민들은 남부 서사시도 가져왔는데, 남부 루시권(圈) 영웅 서사시들이 오늘날까지 북부에 보존되어 있다는 사실도 그것들을 지은 사람들 역시 북부로 건너왔다는 것을 명확히 보여준다.

이주민들이 도착한 땅은 자신의 특성으로 식민자들의 분포에 영향을 끼쳤다. 식민자들이 정착한 작은 강들은 이주지들을 조밀한 덩어리로 결합시키지 않고 개별 그룹들로 배치시켰다. 도시들은 적었고 촌락의 지배적인 형태는 농촌이었으며, 이리하여 남부의 도시생활은 이곳에서 농촌생활로 대체되었다. 아주 비옥한 토양에 자리 잡지 못한 새 이주민들은 농업 외에 목탄 채취, 나무의 속껍질 벗기기, 야생벌꿀 채취 등 여전히 숲 속에서의 일에 종사하지 않으면 안 되었다. 우

---

5) Илья Муромец. 12세기에 존재했다고 생각되는 루시의 영웅.

6) Стародуб. 러시아 고대 도시의 하나. 모스크바와 우크라이나 및 서부를 연결하는 상업 중심지였다.

골니키(Угольники), 스몰로테치예(Смолотечье), 됴고티노(Дёготино) 등, 지역의 명칭도 이것을 가리킨다. 키예프 루시의 생활과 비교하여 수즈달 루시의 전반적 특성에는 큰 차이들이 있었다. 즉 생활이 도시적·상업적 생활에서 농촌적·농업적 생활로 변화하였던 것이다. 수즈달 지방으로 이주하면서 루시인들은 이미 말했듯이 핀계의 원주민들과 마주쳤다. 핀족에게 이 만남의 결과는 그들의 완전한 루시화였다. 우리는 지금 그들을 옛 지역들에서 찾지 못하며, 그들이 수즈달 루시로부터 이주한 것에 대해 알지 못한다. 단지 슬라브인들이 그들을 절멸시키지 않았고 따라서 옛 지역들에 남아 있던 그들은 좀더 세련된 인종으로서 루시인 이주민들에 완전히 동화되면서 민족성을 상실하였다는 사실만을 알 뿐이다. 그러나 이와 함께 슬라브인 이주민들에게도 새로운 상황 하에서의 정착과 핀족과의 혼합은 여러 결과를 낳았고 낳을 수밖에 없었을 것이다. 첫째, 그들의 말씨가 변했다. 둘째, 생리적 형태에서 얼마간 변화가 이루어졌다. 셋째, 이주민들의 정신적·도덕적 성격이 변형되었다. 요컨대 결과적으로 북부 루시 이주민들 사이에 자신들을 독립적인 대러시아 민족으로 분리시키는 몇몇 특성들이 나타났던 것이다.

류베치 회의 시기, 즉 12세기 초 이래 수즈달 지방의 운명은 모노마흐 씨족과 관련된다. 로스토프와 수즈달로 독립된 공국이 이루어지고 모노마흐의 아들, 유리 블라디미로비치 돌고루키[7]가 최초의 독립적인 수즈달공이 된다. 새로 정착된 이 공국은 다른 오래된 공국들 사이에서 매우 빠르게 가장 강력해진다. 이 12세기 말에 유리 돌고루키의 아들로서 블라디미르-수즈달공인 프세볼로트 3세[8]는 《이고리공

7) Юрий Владимирович Долгорукий, 1090?~1157. 모노마흐의 아들. 수즈달 대공.

8) Всеволод III Большое Гнездо. 1154~1212. 모노마흐의 열 번째 아들. 1177~1212년 동안 대공으로서 블라디미르를 통치하였다. 볼쇼예 그네즈도

원정기》 시인의 말에 따르면 "볼가강을 노로 모두 흩뿌리고 돈강을 투구로 전부 퍼낼" 수 있는 위력적인 공으로 이미 간주된다. 수즈달 공국의 외적 강대화와 동시에 우리는 공국 자체 내에서 창조적 과정의 흔적들을 관찰한다. 즉 이곳에서는 남부와는 다른 사회적 구조가 형성되는 것이다. 11세기와 심지어 12세기에도 남부에서와 마찬가지로 수즈달 루시에서도 우리는 도시 공동체(로스토프와 수즈달)의 발달과 함께 그들의 민회생활을 본다. 이 지방의 새로운 도시들은 다른 유형으로 발생한다. 솔로비요프는 다음과 같이 말한다. "옛 도시들과 새 도시들의 차이는 옛 도시들이 자신들이 공들보다 더 오래되었다고 생각하면서 그들을 이방인들로 보는 반면에, 그들에게 자신들의 존재를 빚진 새 도시들은 당연히 공들을 자신들의 건설자로 보며 그들에 대해 스스로를 종속적 지위에 둔다는 것이다." 실제로 북부에서 공은 종종 맨 먼저 그 지역을 차지하였으며, 새 이주민들에게 도시를 세워주든지 아니면 경지를 보여주면서 그들을 교묘히 그곳으로 끌어들였다. 옛날에 남부에서는 사정이 달랐다. 공은 일정 도시에서 이방인이었으며, 민회가 태고이래 도시 토지의 소유자였다. 이제 북부에서는 주민들이 이방인들로 드러난 반면 최초의 토지소유자는 공이었다. 역할이 바뀌었고, 관계도 변하지 않으면 안 되었다. 정치적 주인으로서 공은 북부에서 오랜 관습에 따라 통치를 하였고 법률을 제정하였다. 최초의 토지 점유자로서 그는 가족들을 포함하여 자기 자신을 보친니크[9] — 일정 지역의 주인 — 로 간주하였다. 공이라는 인물 속에서 토지에 대한 두 가지 범주의 권리, 즉 정치적 주인의 권리와 사적 소유자의 권리가 결합하였다. 공의 권력은 더욱 확대되고 완전하게 되었다. 옛 민회 도시들은 이 새로운 현상을 받아들일 수가 없었다. 그들

는 큰 둥지라는 뜻이다. 프세볼로트에게 이런 별명이 붙은 것은 그가 적어도 12명 이상의 자식들을 두었기 때문이다.

9) вотчинник. 세습영지 소유자. 이하에서는 세습영주로 번역한다.

과 공 사이에 투쟁이 발생하였다. 벨랴예프와 코르사코프의 견해에 따르면 이 투쟁에서 도시들의 지도자는 '지방 보야린들'(земские бояре) 이었다. 《루스카야 프라브다》와 연대기에 따르면, 루시 남부에서도 공 보야린들 — 도시 스타레츠들 — 이 아니라 지방 보야린들로 이루어진 지방 귀족들의 흔적이 어른거린다. 북부에서도 농업적 성격을 지닌 그러한 귀족들이 도시에 존재했음이 틀림없다. 실제로 노브고로드 '보야린들'이 동부를 식민하면서 로스토프와 수즈달 땅에 소유지를 매점하였고 그곳 자신들의 토지로 일꾼들을 초빙하는 등, 스스로 어느 정도 대토지 소유자 계급이 되었다고 가정해볼 수 있을 것이다. 공과는 관계없이 그들의 수중에 민회에 대한 영향력이 집중되었고, 공들은 바로 이 토지소유 귀족들과, 즉 옛 도시들에 자리 잡은 이 세력과 싸우지 않으면 안 되었다. 공들에 의해 새로 건설된 도시에는 물론 그러한 귀족들이 없었다. 옛 도시와 공들의 투쟁은 불가피하게 옛 도시와 새 도시들의 투쟁도 초래한다. 이 투쟁은 공들의 승리로 마무리되며, 공들은 옛 도시들을 복속시키고 새 도시들을 옛 도시 위로 끌어올린다. 일체의 공 권력은 기정사실이 된다. 공은 나라에서 최고 권력의 담지자일 뿐만 아니라 권력의 상속자인 '세습영주'이기도 하다. 권력의 이 세습영지적(세습재산적) 원리 위에, '분령제도'라는 일반적 명칭으로 알려지고 키예프 루시의 제도와는 완전히 상이한 사회적 관계 전체가 구축된다.

분령 루시에 대한 타타르 권력의 영향

새로운 제도가 수즈달 루시에 나타난 때는 타타르 권력이 이 루시에 막 압박을 가하기 시작했을 무렵이었다. 우리 역사에서 이 우연에 대해서는 연구가 불충분한 편이어서 타타르 멍에의 역사적 영향이 어느 정도인지는 명확하고 확정적으로 드러나지 않고 있다. 일부 학자들은 이 영향에 큰 중요성을 부여하고 다른 일부는 그것을 완전히 부정한다. 타타르족의 영향에서 무엇보다도 우선 두 가지 면, 즉 (1) 고대 루시의 국가 및 사회 구조에 대한 영향과 (2) 루시의 문화에 대한 영향을 구분할 필요가 있다. 현 강좌에서 우리는 주로 정치 및 사회 구조에 대한 타타르 영향의 정도를 다루어야 한다. 이 정도는 첫째, 공위 상속 제도와 둘째, 공들 사이의 관계 및 셋째, 주민들에 대한 공들의 태도 변화에 따라 추측할 수 있다. 첫째 면에서는 타타르 권력의 첫 세기(1240~1340)에 대공위의 상속 제도가 타타르 이전 그대로 — 씨족적 방식. 그러나 이 방식은 드물지 않게 제한되고 위반되었다 — 유지되었음을 지적할 수 있다. 대공위는 프세볼로트 볼쇼예 그네즈도의 후손에, 즉 그의 아들 야로슬라프계에 그대로 남아 있었다. 100여 년 동안(1212년부터 1328년까지) 4세대의 15명의 공들이 대공위에 올랐는데, 그중 세 명의 공만이 삼촌이나 형을 제치고 명백히 불법을 저지르면서 공위를 탈취하였다〔프세볼로트의 아들들: (1) 유리, (2) 콘스탄틴, 그 뒤 다시 유리. 유리는 연장순이 아니라 더 일찍 공위를 차지하였다. (3) 야로슬라프, (4) 스뱌토슬라프; 야로슬라프 프세볼로도비치의 아들들: (5) 형들을 제치고 스뱌토슬라프의 삼촌들로부터 공위를 무력으로 탈취한 미하일 호로브리트(Михаил Хоробрит), (6) 안드레이, (7) 안드레이보다 나이가 많았고 머지않아 그를 타도한 알렉산드르 넵스키(Александр Невский), (8) 야로슬라프 트베르스코이(Ярослав Тверской), (9) 바실리 코스트롬스코이(Василий Костромской); 알렉산드르 넵스키의 아들들: (10) 드미트리, (11) 안드레이; (12) 야로슬라프 트베르스코이의 아들 미하일; (13) 알렉산드르 넵스키의 손자 유리 다닐로비치(Юрий Данилович); (14) 야로슬라프 트베르스코이의 손자 알렉산드르 미하일로비치; (15) 알렉산드르 넵스키의 손자 이반 다닐로비치 칼리타(Иван Данилович Калита)〕. 타타르족 이전 시기, 이른바 키예프 루시로 눈을 돌린다면, 그곳에서 우리는 이와 동일한 종류의 방식과 동일한 종류의 법위반을 보게 된다. 타타르 권력이 이러한 관습의 오랜 시행을 조금도 변화시키지 않은 것은 분명하다. 그뿐만 아니라, 타타르 권력은 자신의 이 권리를 소중히 하지 않는 것 같았고 이 권리를 실현하기 위해 늘 서두른 것도 아니었다. 공들의 불법적인 권리행사는 오랫동안 여전히 처벌되지 않았던 것이다. 미하일 호로브리트는 권력찬탈에 대해 처벌을 받지 않고 대공위를 소유한 채 죽었다. 그에 의해 유린당한 삼촌 스뱌토슬라프의 권리는 일찍이 타타르족에 의해 인가되었음에도 불구하고, 심지어 호로브리트가 죽은 뒤 스뱌토슬라프의 조카들인 안드레이와 알렉산드르가 권력과 공위 도시들 — 블라디미르와 키예프 — 을 요구했을 때에도 회복되지 않았다. 프세볼로트 볼쇼예 그네즈도의 손자와 증손자의 세대에서는 심지어 약해진 타타르족의 권위와 영향력을 명백히 보여주는 습관마저 형성되었다. 분령공들은 타타르족에 의해 승인된 대공과 변함없이 반목하였으며, 혼자서 혹은 모두 함께 대공을 약화시키고자 하였다. 알렉산드르 넵스키는 대공 야로슬라프 트베르스코이와, 드미트리 알렉산드로비치는 대공 바실리 코스트롬스코이와, 안드레이 알렉산드로비치는 대공 드미트리 알렉산드로비치와 반목하였다. 타타르족은 이 모든 다툼과 내분을 보았으며 그것들의 존재가 루시에서 타타르 권력의 중요성을 훼손한다고 생각하지는 않았다. 오히려 그들은 이 일에서 어떤 정해진 원칙도 따르지 않고 공들의 다툼을 여분의 수입원으로서 바라보았으며, "네가 더 많은 비호트(выход, 즉 공물)를 주면" 즉 경쟁자보다 더 많이 바치면, 공이 될 거라고 냉소적으로 공에게 말하였다. 이것을 안 공들은 한국(汗國)에서 심지어 서로 직접 흥정하기까지 하였다. 예를 들어 미하일 트베르스코이와 유리 모스콥스키는 대공위를 획득하고자 하였고, 미하일이 유리보다 더 많은 '비호트'를 약속하였다. 그러자 유리는 "그에게 가서 말하였다. 존경하는 형님, 나는 형님께서 더 많은 공물을 줌으로써 루시 땅을 파멸시키기를 바란다고 들었습니다. 이에 나는 내 세습영지를 내놓고, 루시 땅이 우리 때문에 파멸되지 않기를 원합니다. 그리고는 한에게 가서 이것에 대해 설명하였다. 그러자 한은 미하일에게 대공위 증서를 주었고, 나는 풀려났다." 이리하여 타타르 권력은 의식적인 동기에 전혀 의거하지 않았기 때문에 이곳에 어떤 것도 설치하거나 폐지할 수가 없었다. 타타르족은 루시에서 씨족적 상속의 와해와 가족적-세습영지적 소유의 맹아를 만났다. 타타르족 하에서 와해는 계속되었고 가족적-세습영지적 소유의 맹아는 발달하고 강화되었다. 우리는 사회 조직의 토대를 오랫동안 깊이 변화시켜온 이 과정이 문란되었음을 알지 못한다.

13세기와 14세기에 북부 루시 공들의 상호관계에서 의심할 여지없이 변화가 일어나며, 이 변화된 관계를 그 전의 제도와 비교해 볼 때 우리는 몇몇 강렬한 특성들을 보게 된다. 많은 학자들은 이 특성들을 타타르 멍에의 탓으로 돌린다. 그러나 좀더 주의 깊게 들여다보면 우리는 이러한 특성을 가져온 원인들이 타타르족 이전에도 루시 땅에 작동하고 있었음을 확인한다. 다음의 것들이 이 특성에 속한다. (1) 씨족적 결속에 대한 완전한 무시, (2) 아버지로부터 아들로의 소유지의 양도, 달리 말해 세습영지적 상속의 원리, (3) 볼로스티별 공 가계의 정착. 대공위를 획득한 북동부 루시의 공들(최초의 공들: 야로슬라프 트베르스코이와 바실리 코스트롬스코이 야로슬라비치)은 자신들이 공으로서 지배하는 분령지로부터 블라디미르로 간 것이 아니라 블라디미르를 자신들의 공국에 병합하고 자신들의 분령지로부터 그것을 지배한다. (4) 협약에 의한 공들 간의 관계 결정. 이 협약에서는 공동 활동의 모든 세세한 부분과 한 공의 다른 공에 대한 종속의 정도가 상세하게 설명된다. 이상에서 열거한 이 모든 특성들은 공 권력이 수즈달 땅에서 활동을 개시한 바로 그때부터 획득한 세습영지적 성격의 직접적인 결과이다. 루시 땅의 질서에 대한 감독을 나이가 제일 많은 대공에게 위임한 타타르족은 공들을 소집하지도 않았으며 공들의 일에 간섭할 동기도 희망도 없었다. 끝으로 (5) 주민들에 대한 공들의 관계도 타타르 권력의 항상적인 감독과 법규 적용을 받는 것이 아니라 세습영지 제도의 원리에 의해 정해졌다. 물론 일체의 공 권위는 그것이 타타르족에 의존하고 있다는 사실로부터 성장하였으나 공 권력의 본질 자체는 동일하게 남아 있었다.

그렇다면, 타타르족이 자신들에게 불리한 삼림이 풍부한 루시 땅에 남아 살지 않고 남부의 광활한 스텝으로 떠나버렸음에도 불구하고, 어떻게 계속 루시의 생활에 상당한 영향력을 미칠 수 있었는가? 타타르족은 감시를 위해 군대와 함께 자신들의 지사인 '바스카크'(баскак)들을 루시에 잔류시켰다. 타타르족의 특별 관리들인 '치슬렌니크'(численник) 혹은 '서기'(писец)들은 교회 사람들을 제외한 루시의 모든 사람들의 수를 세고 명부를 만들어서 '비호트'라는 명칭을 얻은 공물을 그들에게 부과하였다. 킵차크 한국(汗國)에서는 특별 관리들인

'다루가'(даруга) 혹은 '도로가'(дорога)들이 루시에서의 이 공물의 수집과 타타르 지배 일반을 담당하였는데, 이들은 루시에 공물을 위해서는 '단시크'(данщик)들을, 다른 위임 업무를 위해서는 '사절'들을 파견하였다. 루시의 공들은 자신들의 집에서 바스카크와 사절들을 상대하지 않으면 안 되었다. 공들이 인사나 업무 때문에 한국으로 소집되었을 때는 그들의 공국을 담당하는 도로가들이 그들을 "울루스[1]로 안내하였다." 지배 초기에 간혹 피정복국에 무리를 지어 나타났던 타타르족은 그 후 더욱더 드물게 나타났는데, 타타르족을 볼 수 있었던 것은 공물을 수집하러 왔거나 대체로 루시 공들이 개인적 목표를 위해 타타르족으로 이루어진 군대를 이끌고 왔을 때뿐이었다. 종사단을 이웃 민족들로부터 데리고 오는 이러한 관행은 극히 오래된 관행이다. 이미 10세기와 11세기에 공들은 바랴크인들과 폴로베츠족 등의 도움을 받았던 것이다. 이와 같은 상황 하에서 타타르족 영향력의 흔적이 행정과 외적 지배 방식에서 발견된다 하더라도, 그 흔적은 크지 않고 특수한 단편적 차용의 성격을 띤다. 이와 같은 차용은 바랴크인들로부터도 왔고 비잔티움으로부터도 왔다. 이리하여 우리는 타타르 멍에라는 사실에 주의를 돌리지 않고, 그럼으로써 다음을 특별히 강조한 C. M. 솔로비요프의 생각을 따를 때, 13세기 루시 사회의 내부 생활을 더욱 깊이 들여다볼 수 있다. "역사가들은 13세기 중엽부터 사건들의 자연적 연결, 즉 씨족적 공 관계의 국가적 공 관계로의 점진적 이행을 중단시키고 타타르 시기를 삽입해서 타타르족과 타타르 관계를 가장 중시할 권리가 없다. 그렇게 되면 주요 현상들, 그리고 이 현상들의 주요 원인들이 필연적으로 은폐되는 결과를 빚는다"〔《러시아사》(История Россия), 제1권〕.

타타르족의 영향은 이렇듯 뚜렷하지 않았다. 루시 땅에 대한 타타

1) улус. 유목민의 천막 부락.

르족의 지배라는 사실 자체가 유일하게 뚜렷이 나타난 것은 그 사실이 루시를 두 부분, 즉 북동부와, 잠시 갈리치가 그 중심지였던 남서부로 궁극적으로 분할되는 것을 촉진하였다는 점에서 뿐이었다. 리투아니아도 폴란드인들과 함께 13세기부터 루시 남부와 서부의 위험한 이웃이 된다. 리투아니아의 융성은 민다우가스[2] 공 시대와 함께 시작하는데, 그는 리투아니아의 여러 소 종족들을 자신의 권력 하에 통일시킨 뒤 루시 서부의 몇몇 취약한 이웃 공국들을 합병하여 자기 공국을 확대하였다. 이와 동시에 발트해 연안에 기반을 둔 독일인 기사들인 두 기사단이 루시 북서부의 적으로 등장하는데, 이들은 메체노세츠(меченосец) 기사단과 튜턴 기사단으로서 나중에 하나로 합쳐졌다. 무력으로 노예화함으로써 리투아니아를 기독교로 개종시키기 위해 이곳에 온 독일인들은 매우 빠르게 루시와도 충돌하였다. 그들은 프스코프 땅과 노브고로드 땅을 괴롭히기 시작했지만 강력한 저항을 받았다. 독일인들과의 투쟁에서 두각을 나타낸 영웅은 프스코프에서는 리투아니아로부터 프스코프로 달려온 도브몬트[3] 공이었고, 노브고로드에서는 알렉산드르 넵스키였다. 루시에서의 타타르족의 출현과 동시에 새로운 타국인들인 기사들과 오랜 적인 리투아니아의 루시에 대한 공격을 지켜볼 때, 우리는 러시아 역사에서 13세기야말로 나중에 루시 종족이 그 속에서 오랜 세월 활동하게 될 외적 상황이 만들어진 시기라고 말할 수 있을 것이다. 즉 루시가 비교적 최근에야 투쟁을 끝낸 적들이 13세기에 등장하는 것이다. 그처럼 중요한 세기에서 영웅이 된 사람들은 바로 이 적들과의 투쟁에서 앞으로 나아간 알렉산드르 넵스키와 도브몬트 프스콥스키, 그리고 다니일 갈리츠키(Даниил Галицкий)이다.

---

2) Миндовг. 리투아니아어로 Mindaugas. ?~1263. 리투아니아를 통일한 리투아니아의 대공. 리투아니아 군주 가운데 최초의 기독교도이다.

3) Довмонт, Daymantas, Daumantas, ?~1299. 1266년부터 프스코프의 대공.

수즈달-블라디미르 루시의 분령생활

타타르족의 영향 문제에 대해 입장을 정하고서 우리는 분령 시대 사회생활의 기본 특성들에 대한 탐구를 시작할 수 있다. 이때는 루시 북동부가 정치적인 면에서 서로 독립적인 분령지들로 세분화된 시기이다. 우리는 이 시기의 시작을 공들이 심지어 블라디미르를 소유하면서도 자신들의 분령지에 거주하는 습관이 들기 시작하는 순간으로 간주할 수 있고, 모든 큰 분령지가 이미 모스크바의 권력 하에 통합되었던 이반 3세[1]의 통치를 이 시기의 끝으로 생각할 수 있을 것이다. 이리하여 분령 시대는 13세기부터, 군주제가 이미 확립되는 15세기 말까지의 기간을 포괄한다. 그렇다면 분령지란 무엇인가?

문헌에 따라 여러분은 어떤 공의 가족이 세습적으로 소유하는 영지로서 분령지에 대한 개념을 구성한다. 우리의 연구자들은 이와 같은 정의를 13세기 이후의 분령지들에게 비로소 부여하는데, 이 시기는 공들이 더 이상 분령지에서 분령지로 옮겨 다니지 않고 어떤 지역에 정착하여 자신들의 영지를 씨족이 아니라 유언에 따라 자기 개인의

---

1) Иван III, 1440~1505. 러시아 모스크바 대공(재위 1462~1505). 이반 대제라고도 하며, 바실리 2세의 장남이다. 그의 치세에 대해서는 이 책 291~322쪽 참조.

자식들에게 넘겨주는 시기이다. 13세기 전에는 남부에서 우리는 분령지가 아니라 볼로스티를 본다. 그러나 '분령의'(удельный), '분령-민회의'(удельно-вечевой) 라는 용어들이, 완전히 틀린 것이기는 하지만 11세기와 12세기의 루시 남부 생활의 다양한 현상에도 이따금 적용되고 있음을 잠시 언급하지 않으면 안 된다. 우리는 앞으로의 기술에서 분령지와 분령시대를 오직 13세기와 그 이후 세기들의 공 소유지 및 고대 생활의 모든 특성만을 가리키는 것으로 이해할 것이다. 이 분령시대의 특성은 당시 생활의 모든 영역에서 국가적 통일의 약화(일부 시각에 따르면 완전한 부재)와 사법(私法) 원리의 지배이다. 그와 같은 이 시기의 특징화는 키예프 루시의 생활과는 구분되는, 분령 생활의 주로 세 측면에 대한 연구를 바탕으로 이루어졌다. (1) 지배하에 있는 영지와 주민들에 대한 공들의 태도, (2) 공들 상호간의 관계, (3) 사회계급들의 상태가 그것들이다.

이 시기에 대한, 즉 이 시기 특성에 대한 연구는 그 이전 시기 및 그 이후 시기와 비교하여 얼마 전에 시작하였다. 이전에는 13세기부터 15세기까지의 루시의 역사생활을 독자적인 시기로 구별하지 않았다. 그리하여 쉴뢰처는 이 시기의 특징화를 위해 타타르족에 의한 예속화라는 순전히 외적인 사실만을 가져왔고 이 시기의 루시를 '짓밟힌 러시아'(*Russia opressa*) 라고 불렀다. 카람진의 기술에 따르면 이반 3세 이전에는 하나의 시기, 즉 '상고' 시기만이 존재하였고 "분령지 제도가 그 특징이었다." С. М. 솔로비요프는 자신의 학위논문, "대공들과 노브고로드의 관계에 관해서"(Об отношениях Новгорода к великим князьям, 모스크바, 1845) 에서 분령 시기의 특성을 처음으로 지적하였고, 자신의 연구 "류리크조의 공들에 관해서"(Об отношениях князей Рюрикова дома) 에서 자신의 견해를 더욱 발전시켰다.

솔로비요프에 의해 주어진 루시 역사의 개요는 우리에게 잘 알려져 있다. 그의 견해에 따르면 키예프 루시는 공들이 공동 소유한 공들의 씨족적 재산이다. 볼로스티 소유 순서는 씨족적 방식에 의거하였다. 공 각자의 정치적 지위는 씨족에서 그가 차지하는 지위에 의해 결정되며 다른 공들에 의해 이 지위가 침해를 받으면 내분이 발생한다. 내분은 볼로스티가 어떤 한 공에 소속되는 것이 아니기 때문에 볼로스티 때문이 아니라 볼로스티 소유 순서 때문에 일어난다. 그러나 12세기에 루시 북부의 소도시들 때문에 씨족적 질서가 붕괴하기 시작한다. 이 도시들은 특별한 공을 받아들이면서 오래된 상급 도시들이 아니라 그에게 종속되고, 이것은 공들로 하여금 자신의 권력을 강화하도록 해주었던 것이다. 공들은 오래된 도시들을 희생으로 이 도시들의 지위를 높이면서, 그것들을 자신들의 개인적 노동에 의해 건설된 재산으로 바라보고 개인적 소유지로서 씨족이 아니라 가족에게 넘겨주고자 한다. 이 때문에 씨족적 소유는 쇠퇴하고 씨족적 연장순은 그 중요성을 잃어버리며 공의 힘은 씨족적 중요성이 아니라 물질적 수단에 의거한다. 각자는 자신의 토지, 자신의 분령지를 확대함으로써 힘과 수단을 증가시키려고 애를 쓴다. 내분은 이제 토지를 둘러싸고 진행되고 공들은 자신들의 권리를 씨족적 연장순이라는 정신이 아니라 자신들의 실질적인 힘에 바탕을 둔다. 이전에는 토지의 통합이 씨족에서 가장 나이 많은 공이라는 인물에 의해 유지되었다. 지금은 혈연적 관계가 파괴되고 국가가 여전히 창출되지 않았기 때문에 통합은 없다. 물질적 우세를 차지하기 위해 반목하는 분령지들만이 존재하며 — 즉 '물질적인 힘의 투쟁'이 진행되며 — 이 투쟁으로부터 모스크바가 우세를 점함으로써 국가적 관계가 탄생한다. 그리하여, 씨족, 씨족의 붕괴, 물질적 힘의 투쟁, 국가, 바로 이것이 우리 역사의 개요이다. 거기에는 세 부분이 있다. 중간 시기는 분령시대이다. 솔로비요프에 따르면 이것은 과도기이다. 이 시기에는 국가적 통일은 존재하지 않고, 공 각자가 자기 경제의 주인이며, 공의 정치는 "타인의 권리와 자기 의무를 무시하는 속에서의 개인적 목표"라는 모습에 의거한다. 이 시기에 혈연적 관계의 종언이 있고 국가적 관계의 발생이 있다.

К. Д. 카벨린은 사정을 달리 본다. 카벨린은 자신의 저술들〔《저작집》(Сочинения), 제1권과 2권〕에서 바로 그 분령시대에 대한 솔로비요프의 역사적 시각에 수정을 가한다. 그의 견해에 따르면 소도시들의 지위가 높아진 것은 시민생활의 변화에 영향을 미치지 못한 우연한 사실에 불과하다. 씨족의 공-성원이 세습영지의 공-주인으로 대체될 수밖에 없던 것은 자연스러운 일이었다. 루시에서의 공 씨족의 극한적인 발전은 씨족의 해체와 씨족관계의 상실을 가져왔다. 씨족생활은 자연스럽게 가족생활로 대체되었고, 씨족적 소유는 자연스럽게 사적 소유로 넘어갔다. 분령지들이 세분화되는 가운데 공들은 단순히 세습영지-토지 소유자, 즉 '아버지 재산의 세습적 주인'이 되었고, 분령지는 단순히 세습영지가 되었다. 공들은 이 세습영지를 국가 영토가 아니라 단순히 재산으로서 유산으로 물려주기 시작하였다. 그리하여 씨족과 씨족적 소유는 자연스럽게 가족과 사적 소유로 대체되었다. 이 교체의 결과는 정치적 통일의 붕괴와 모든 생활 및 통치의 사적 성격이었다. 그 뒤 이 사적 생활의 우세 속에서 자연스럽게 사적 원리가 발달하고 이 사적 원리는 모스크바공이라는 개인으로 구체화된 국가 질서를 창출한다. 바로 이런 것이 분령시대의 특징이었고, 이 시기로부터 모스크바 국가가 생겨났다. 즉 이 시기에는 사적 원리가 완전히 지배적이었던 것이다.

Б. Н. 치체린은 논문 "대공 및 분령공들의 유언장과 계약서들"(Духовные и договорные грамоты князей великих и удельных)에서 이론적 법 개념에 입각한다. 그는 분령시대의 특징을 결정하고 싶어 하면서 다음과 같은 질문을 제기한다. 분령생활은 어떤 법률 위에서 창출되었는가? 그는 말한다. "민법의 출발점은 사적 관계를 갖고 있는 개인이고 국법의 출발점은 통일된 전체로서의 사회이다." 분령시기의 사실들에 대한 연구는 분령생활에는 사법(私法)이 지배적이

었음을 그에게 확신시킨다. 공들은 자신들의 분령지에서 한편으로는 분령지의 도시들 및 모든 영지를 소유하고 다른 한편으로 옷이나 세간 같은 자잘한 일상용품을 소유한 근거들을 구별하지 않았다. 개인의 유언장에서 그들은 아주 다양한 자기 소유의 물건들을 한결같이 처리하였다. 공들 간의 관계는 계약에 의해 조정되었고 계약은 사법의 사실이다. 따라서 개별 분령지에서도 루시 땅 전체에서도 국가권력은 존재하지 않았고, 공들 사이에는 국가 관념과 국가 관계가 없었으며, 공과 주민들의 관계에서도 그것들은 존재하지 않았다. 당시 소슬로비예[2]는 존재하지 않았고, 사회의 구성원들은 각자 국가적 관계가 아니라 계약적 관계에 의해 공들과 연결되었다. 한 마디로 분령사회는 '사법에 기반을 둔 사회'이다. 그 후 공 한 명의 실질적인 우세에 의해 전제권력과 국가질서가 형성된다.

이리하여 위에서 언급한 역사-법학파의 모든 연구자들은 본질적으로 한결같이 분령생활을 국가 법규와 관념이 없는 시민적·사적 생활로 특징지었다. 그들은 열성적으로 사실을 수집하여 아주 뛰어나게 분석하였으나, 이 관점은 다양한 성향의 사람들로부터 여러 측면에서 반박을 불러 일으켰다.

국법을 연구하는 교수인 그라돕스키(А. Д. Градовский)는 분령생활에 대하여 처음으로 유력한 반박을 가하였다[《러시아에서의 지역통치의 역사》(История местного управления в России), 제1권]. 그의 견해에 따르면, 분령공들은 유언장에 따라 볼로스티 및 그와 나란히 촌락들을 유산으로 물려주면서, 본질적으로 볼로스티(즉 행정 관구)와 촌락들에 있는 다양한 소유 물건들을 상속인에게 넘겨준다. 그

---

2) сословие. 복수는 소슬로비야(сословия). 봉건시대의 계급 관계에서 비롯한 사회적 그룹, 계층, 계급. 예를 들어 귀족 소슬로비예, 특권 소슬로비야, 상인 소슬로비예, 납세 소슬로비야, 성직자 소슬로비예 등으로 표현되었다. 이하에서는 신분으로 번역한다.

들은 촌락들을 완전한 재산으로 통째로 물려주고 볼로스티들에서는 수입과 통치의 권리만이 그들에 의해 후손에게 유산으로 넘겨진다. 공들은 촌락과 볼로스티 소유의 차이를 의식하였는데, 이것은 그라돕스키에게 분령시대에 민법 영역으로부터 벗어나 국가적 관념의 성격을 가진 관념이 존재했음을 보여주는 증거의 역할을 한다. K. H. 베스투제프-류민은 이러한 그라돕스키의 의견을 전적으로 함께 한다(《러시아사》, 제1권). 그는 두 범주의 소유의 존재를 인정하나 14~15세기 사람들의 논리는 그것들을 명확히 식별하고 정식화할 수 없었다고 생각한다.

이상의 견해들 사이에 B. O. 클류쳅스키가 존재한다. 자신의 《강좌》와 저술 《보야린 두마》에서 그는 키예프 루시와 북동부의 수즈달 루시를 확실히 구별한다. 북동부는 남부와 토양과 자연이 다르고, 민족(대러시아인들)의 생리적·정신적 성격이 다르며, 경제적 생활조건이 다르다. 그래서 사회생활의 형태도 달라진다. 루시 북동부의 사회는 특히 농촌적인 성격을 갖고 있으며, 공들은 단순한 농촌의 주인형에 가깝다. "공 소유가 사적 소유자의 세습영지 소유에 가까운 것"은 분령지들이 (1) 여성들에게 유산으로 전달되고, (2) 공의 홀로프들에 의해서 관리된다는 두 가지 특징으로부터 명확하다. 이것은 고대 키예프 루시의 보야린들의 토지소유 특징들이다. 그러나 세습영주가 되고서 공은 분령지에서 정치권력으로도 남았다. 그는 다른 단순한 세습영주들이 갖지 못한 권리들을 보유하였다. 그렇지만 그는 이 최고 권리들을 국가적 의미에서가 아니라 이따금 다른 인물들에게 특전의 형태로 양도한 중요한 수입 항목들로서 이해하였다. 그러므로 북동부의 분령공은 "군주의 권리를 지닌 세습영주, 세습영주의 습관을 지닌 군주"로 정의할 수 있다. 공은 소유권에서 촌락을 볼로스티와 완전히 구별하였으나 이용 방법에서는 그것들을 완전히 혼합하였다.

분령시대를 독창적으로 특징지으려는 시도는 И. E. 자벨린에 의해 수행되었다〔1881년 〈역사학 통보〉(Исторический Вестник)에 실린 그의 논문 "모스크바 군주정의 발달에 관한 한 견해"(Взгляд на развитие московского единодержавия)를 볼 것〕. 이 특징묘사에는 법적 정의의 특성들이 완전히 빠져 있다. 자벨린의 견해에 따르면 분령 시대에 루시 땅을 유일하게 연결한 끈은 민족 속에 존재하는 민족적 통일 의식이었다. 공들은 이 통일을 완전히 망각하였고, 자신의 분령지만 신경을 썼다. 그리고 주인 노릇을 가장 잘 하면서 분령지를 가장 잘 돌본 자, 즉 '분령지를 한데 모은' 자가 가장 훌륭한 공으로 간주되었다. 군주제를 향해 나아간 공이 아니라 자신의 경제를 더 잘 돌본 자가 공-수집가로 불려졌다. 공들의 경제적 경향은 모든 주민들, 특히 '포사트'[3] 주민, '노동과 공업' 주민들의 경향에 달려 있었다. 민족의 호감은 주인 노릇을 더 잘 한 공들(즉 모스크바공들)을 점차 전국적 군주의 높은 위치로 밀어 올렸다.

바로 이러한 것들이 우리의 문헌에 존재하는 분령생활에 대한 가장 중요한 평가였다. 이 평가들 모두는 무엇으로 귀착되는가? 역사-법학파는 우리에게 분령시대의 사적 생활을 묘사하면서, 이 생활을 국가생활을 위한 준비 생활이나 국가생활로 나아가는 과도기 생활로 이해하였다. 분령지에 대한 이 학파의 견해를 바탕으로 우리는 분령지란 사적 토지재산, 즉 세습영지로서 민법상으로 공에게 종속된 영지라고 말할 수 있을 것이다. 하지만 몇몇 연구자들은 분령시기에 국가질서의 현상과 관념을 발견하였고 그러므로 분령지에서 사법 원리의 배타적 지배를 부정하였다. 그들의 견해를 바탕으로 우리는 분령지란 공에게 세습적으로 종속되고 국법과 사법 모두의 원리들을 바탕으로 그에 의해 지배되는 영지이며, 이 원리들의 차이는 공들에 의해 감지되지만 실제로는 실현되지 않는다라고 말할 수 있을 것이다. 클류쳅스키의 견해에는 사법 현상들 쪽이

3) посад. 러시아 고대에 성 밖에 있던 시가지의 상공업 지대를 일컫는다.

우세하다. 그는 공 권력의 정치적 중요성을 인정하고 있기는 하지만, 이 권력의 발현을 국가 활동이 아니라 경제-행정적 수법으로 간주한다. 그의 견해를 바탕으로 우리는 분령지란 국가 소유지의 특성을 지닌 세습영지 혹은 세습영지적 관리나 생활을 지닌 국가 소유지라고 말할 수 있을 것이다. 끝으로 분령생활에 대한 민족적-경제적(그렇게 표현할 수 있다면) 시각에서 자벨린은 분령지에 대한 옛 정의를 들고 오지만, 이 정의에 법적 형식이 아닌 새로운 형식을 부여한다. 그의 관념에 따르면 분령지란 대러시아 종족이 정착한 토지의 일부를 구성하는 공의 사적 경제이다. 분령지에 대한 기왕의 모든 견해에 친숙해지면 모든 연구자들에게 분령지의 본질을 나타내기 위해 한 가지 용어가 수용되고 있음을 깨닫기는 어렵지 않다. 이 용어는 세습영지이다. 모두가 이 용어를 사용하는 것이 가능하다고 인정하지만, 이 용어의 가치에 대해서는 모두가 달리 정한다. 일부는 분령지와 세습영지를 동일한 것으로 보며, 다른 일부는 단지 유사한 것일 뿐(그것도 다양한 정도로)이라고 본다. 또한 왜 '세습영지'라는 용어가 일반화되어 생존권을 갖고 있는지를 이해하기도 어렵지 않다. 즉 상속인들 사이에 분령지들이 계속 세분화되는 속에서 분령제도가 발달하면서 많은 분령지들이 잘게 부스러져 실질적으로 단순한 세습영지들(예를 들어 어떤 도시도 없었고 토지도 매우 작았던 야로슬라프계 공들의 많은 분령지들처럼)로 변해버렸던 것이다. 더욱이 분령지들의 소규모화라는 이와 같은 사정은 분령시기에 관해 우리가 살펴본 모든 이론들의 약점을 보여준다는 면에서도 중요성을 갖고 있다. 이 이론들 모두는 공의 분령 소유지들이 크기가 극히 다양하다는 사실을 잊어버린 것 같다. 그것들 중 일부는 사적 소유지와 전혀 구별될 수 없을 정도로 사소하였던 반면 다른 일부는 엄청난 크기의 땅으로 확대되었다(15세기의 모스크바 분령지). 이 후자의 분령지들은 크기에서 이미 그 소유자들의 권력이 몇 가지 국가적 특징에 의해 구분되지 않으면 안 된다고 주장하게 만든다.

이것을 염두에 두면서 우리는 일부 부정확하고 불완전한 부분을 피하고 동시에 학문적으로 확정된 견해들과 모순되지 않도록 분령지의 정의를 내리지 않으면 안 된다. 만일 북동부 공의 분령지란 정치적 지배자로서의 공의 세습적 토지 재산인데(사적 토지소유자로서 공은 촌락을 소유하였다), 이 재산은 관리와 생활 유형에서 단순한 세습영지에 근접하고 때로는 완전히 그것으로 이행중이다 라고 말한다면, 우리는 이것을 달성한 것 같다.

지난날의 공 '볼로스티'가 공이 재산으로 소유하고 있는 '분령지'로 대체되면, 정치적 통일의 모든 기반은 사라지고, 공들은 자신들이 '동일한 할아버지의 자손'이며, 자신들에게 루시 땅에 대해 '이리저리 생각해볼' 최연장자가 있어야만 한다는 것을 상기하는 습성을 더 이상 갖지 않는다. 타타르족에 종속되어 있다는 사실만이 다양한 공의 가족들에게 유일하게 공통된 것이었고, 나머지 점에서 이 가족들은 서로 따로 살았다. 이 가족들 각각은 번창하면서 씨족으로 변모하였고, 씨족원들이 자신들의 씨족관계를 기억하는 동안 한 명의 '대공'을 두었다. 블라디미르의 대공과 나란히 트베리, 랴잔[4] 등지에도 그러한 공들이 존재하였다. 그리고 이 공 씨족 및 공 가족들 사이의 관계는 더 이상 씨족 관계적인 것은 없고 계약에 의해 결정되었다. 공 씨족 및 토지의 세분화가 충분히 발달하자 심지어 친형제들의 관계조차 계약에 의해 결정되기 시작하였다. 공들이 왜 계약이 필요했는지 원인

---

4) Рязань. 러시아 서부, 랴잔 오블라스티의 주도. 12세기 무렵부터 있었으며, 랴잔 공국은 남쪽 스텝지대에 대한 러시아의 중요한 방어지점이었는데, 그 수도인 랴잔은 오늘날에는 스타라야 랴잔으로 불리며, 현재의 랴잔 남동쪽 50㎞ 지점에 있었다. 스타라야 랴잔은 1237년 몽골의 바투원정 때 파괴되어 점점 쇠퇴했다. 14세기 중엽 랴잔 공국의 수도는 페레야슬라블 랴잔스키로 옮겨졌다. 이것이 오늘날의 랴잔인데, 페레야슬라블 랴잔스키라는 호칭은 1788년까지 이어졌다. 랴잔 공국은 1521년 모스크바 공국에 병합되었으며, 그 뒤 상업도시로 번영했다.

을 지적하기는 어렵지 않다. 개인적·가족적 재산을 확대하는 데 관심이 있는 사적 토지소유자로서 공은 획득(промысел)에, 즉 다른 공들을 희생하여 자신의 동산 및 부동산을 확대하는 일에 신경을 썼다. 그들은 토지를 구입하고 탈취하였으며, 타타르족을 위해 수집되었으나 때때로 전부 혹은 일부분이 그들에게 전달되지 않았던 공물을 자신들을 위해 축적하였다. 획득에 대해 이처럼 신경을 쓰는 일은 공들을 약탈자로 변모시켰으며, 그들의 이웃들은 이들 때문에 손해를 보았다. 이 이웃들에게 계약은 용감하고 강한 공을 동맹에 끌어들인다든가 그에게 약간의 권리를 양도하고 약정서를 교부한다든가 하여 그의 강압으로부터 자신들의 이익을 보호하는 수단이었다. 계약을 맺은 공들의 상호관계와 루시의 나머지 공들 및 외부 적들에 대한 그들의 정책적 통일도 계약에 의해 정해졌다. 공들이 평등한 지배자로서 계약을 맺는다면, 그들은 스스로를 '형제'라고 불렀다. 한 공이 다른 공의 힘이 제일 세다고 인정하거나 그의 보호 하에 들어가면 그는 힘이 제일 센 공을 '아버지'나 '큰 형'이라고 불렀으며, 그 자신은 '동생'이라고 불렀다. 블라디미르스키-부다노프는 공들 사이의 계약들은 북부 루시 공국들의 상호관계를 정확히 결정지으면서 이 공국들을 '북부 루시 동맹'으로 변모시켰다고 생각하는 쪽으로 기울었다. 14세기와 15세기에 계약들에서는 공 **봉직**이라는 관념이 나타난다. 15세기의 봉직공은 세습영지에 대한 실제적인 지배를 상실하지 않으면서도 조금씩 군주로부터 단순한 세습영주이자 다른 공의 하인이 되어간다. 계약들에서는 어떻게 소 공들이 점점 더 강한 공들에 종속되어 가다가 마침내 모두가 모스크바공 한 명에 완전히 종속되는지, 그리고 나아가 분령공들이 자신들의 세습영지를 대공에게 넘겨주는 과정에서 그에게 의식적으로 자신들의 세습영지에 대한 주권을 양도하면서도 그와 동시에 이 세습영지에서 대권을 지닌 소유자의 권리를 계속 보유하는지를 추적할 수 있다. 일부 공들의 다른 공들에 대한 이와 같은 종속은 서유럽의 봉건제도와 많은 유사점을 제공한다는 점에서 흥미롭다. 루시 북동부 공들 전체는 주권의 권리를 단순한 토지소유의 권리와 결합하면서 주권을 공유하는 것 같다. 공들은 모두가 자신의 분령지에서 '군주'로 있으면서, 동시에 가신들이 주군에게 종속되듯이, 한 공이 다른 공에 종속된다. 토지를 둘러싸고 다양한 형태의 종속이 확립되며, 이 형태들에 대한 연구는 최근 많은 학자들을 끌어들이고 있다. '루시의 봉건제도'를 특히 집중적으로 연구한 사람은 고 파블로프-실반스키[5]였다. 이 문제에 대해 지금까지 이루어진 개요는 카레예프[6] 교수의 저서 《포메스티예[7]-국가》(Поместье-государство, 상트페테르부르크, 1906. 부록 I)에서 찾아볼 수 있다.

사적 원리가 우세한 가운데 국가적 원리와 사적 원리가 혼합되어 있는 사정을 우리는 분령사회 자체의 구조 및 공들과 분령사회의 관계에서도 만난다. 공들에 대하여 주민들은 공에게 봉사하는 관리들(служилые люди)과 공에게 세금을 납부하는 탸글로 주민들[8]로 나뉜다(이것은 그 후 시기, 즉 모스크바 국가 시기의 용어이지만 13세기와 14세기에 사회 집단들을 표시하는 정해진 명칭이 존재하지 않았기 때문에 이 경우에도 쓸 수 있을 것이다). 관리들의 선두에 서 있는 사람들은 공의 행정부에 참여한 사람들이었다. 공 궁정(двор)의 관리인인 궁신

5) Николай Павлович Павлов-Сильванский, 1869~1908. 러시아의 역사가.

6) Н. И. Кареев, 1850~1931. 러시아의 역사가.

7) поместье. 세습영지(вотчина)와는 달리 봉록(封祿)으로서 영주로부터 하사받은 토지. 이하에서는 봉지(封地)라고 번역한다.

8) тяглые люди. 탸글로는 15~18세기 러시아에서 상공업자와 농민 등에게 부과된 국세, 혹은 농노제 시대(18~19세기)의 조세, 연공, 부역의 부과 단위(농민 부부 또는 일가족 중의 노동 능력자)나 그 단위에 대한 연공 및 부역을 일컫는다. 따라서 тяглые люди는 이러한 탸글로를 납세하는 납세민들을 가리킨다. 이하에서는 탸글로 주민들이라고 번역한다.

(дворский, дворецкий) 이 처음으로 재정 관리를 한 인물로 간주되었다. 궁신 직무의 중요성을 정확히 결정하려는 시도에서 학자들은 의견이 갈린다. 일부는 궁신이 공 궁정을 전반적으로 관리했다고 말하며, 다른 일부는 그는 단지 공의 농업 경제만 관리했다고 말한다. '카즈나체이',[9] '클류치니크',[10] '대행관', '포셀스키'(посельский, 촌락 관리인)는 궁신에 종속되어 있었다. 재무관의 직무는 시간이 흐르면서 더욱 명예롭게 되었고 그 후 그것은 '보야린의' 직무가 되었다. 그 전의 시대에는 재무관도 클류치니크도 종종 홀로프들로부터 선발되곤 하였었다. 이 모든 인물들은 궁전 경제, 즉 공의 사적 경제를 담당하였다. 통치 행정의 선두에 있는 사람들은 보야린들이었다. 그들은 도시와 볼로스티를 관리하였다. 도시를 관리하는 사람들은 나메스트니크[11]라는 이름을 지녔고, 볼로스티를 관리하는 사람은 '볼로스텔'[12]이라는 이름을 가졌다. 보야린들은 도시와 볼로스티로부터 공들을 위한 수입뿐만 아니라 자신의 부양을 위한 수단도 직접 뽑아냈다. 즉 그들은 주민들에 의존해 '먹고살았다'(кормились). 이 사실로부터 그들의 직무 자체는 '코르믈레니예'[13]라는 이름을 얻었고, 이리하여 지방의 통치는 국가의 요구보다는 차라리 공들의 하인들을 부양한다는 목표를 가지게 되었다. 보야린들의 궁전 관리 참여에 관해 말하자면, 여기서 우리는 '푸트니(путный) 보야린'이라는 용어와 만난

---

9) казначей. 재산의 출납을 관리하는 사람. 이하 재무관으로 번역.

10) ключник. 창고관리인.

11) наместник. 도시를 관리하는 문무 양권을 지닌 지사. 이하 지방장관이라고 번역한다.

12) волостель. 볼로스티의 장관으로 1555년까지 행정, 재정, 사법을 담당하였다. 이하 볼로스티 장관으로 번역.

13) кормление. 연공부과권 부여. 고대 러시아의 13~16세기에 지방행정과 사법을 담당한 귀족에게 그 지배권으로 자신을 위해 연공을 획득할 권리로 인정된 것이다.

다. 공의 수입 항목이 '푸티'(путь) 라고 일컬어졌다. 공이 '푸티'에 대한 관리를 위임한 인물이 보야린이면 그는 '푸트니 보야린'이라고 불렸고, 보야린이 아니면 '푸트니크'(путник) 라고 불렸다. '푸트니 보야린' 외에 우리는 '베됸니'(введенный) 와 '볼쇼이'(большой) 보야린이라는 용어도 만난다. 이 용어들이 의미하는 바는 지금까지 정확히 해명되지 않았다. 보야린들은 공의 두마를 구성하였고 두마에서 키예프 루시 때보다 더 적은 중요성이 아니라 더 큰 중요성을 누렸다. 하급 단계의 공 행정에 종사한 사람들은 '하인', '보야르스코예 디탸',[14] '궁신 하의 하인'이라는 이름으로 알려졌다. 이들은 보야린 및 자유로운 하인들과는 달리, 토지를 잃지 않으면서 한 공으로부터 다른 공으로 직무를 옮길 수가 없었다. 전반적으로 공의 하인들은 공에 대해 이중의 관계를 맺었다. 그들은 공의 홀로프든지 아니면 공의 자유로운 하인이었다. 자유로운 하인들은 한 공으로부터 다른 공으로 봉직을 바꿀 권리를 가졌는데, 이 경우 떠나 온 분령지에 있던 자신의 토지(세습영지) 를 계속 보유할 수 있었다. 단 한 가지 경우에만 보야린들은 자신들의 토지가 위치해 있는 분령지의 공에게 무조건 봉직을 하지 않으면 안 되었다. 즉 보야린의 세습영지가 소재한 지역에 있는 도시가 포위된 경우, 보야린은 포위된 도시를 도와줄 의무가 있었던 것이다. 이와 같은 자유로운 하인들을 둔 공은 그들에게 '은상'(恩賞, жалованье, 현금과 세습영지) 이나 '코르믈레니예'(즉 '지방장관'과 '볼로스티 장관' 직책의 부여) 로 보답을 하지 않으면 안 되었다. 이러한 보장 수단 외에 '봉지'(封地) 를 부여하는 일도 관습화되었다. 공이 하인들에게 조건부로, 즉 하인의 봉직이 계속되는 한에서만 소유하도록 제공한 토지가 봉지라고 불렸다. 봉지의 발생 시기와 과정에 대한 문제는 해결되지 않았다. 14세기에 이미 봉지가 존재한 것으로 알려져 있는데, 내친김

---

14) боярское дитя. 보야린의 자식이라는 뜻. 복수는 보야르스키예 데티(боярские дети) 이다.

에 말하자면 이는 이반 칼리타의 유언으로부터 분명하다. 봉지 제도의 기원에 대해서는 다양한 의견이 존재한다. 옛 학자들〔노볼린(Новолин)〕은 코르믈레니예와 봉지를 동일한 형태의 조건부 소유로 혼합하여 봉지가 코르믈레니예로부터 비롯하였다고 말하였다. 그러나 두 형태 사이에는 큰 차이가 존재한다. 코르믈레니예로 어떤 지방이 부여된 것은 공법상으로였다. 즉 관리의 책무에 대해 공물을 수집할 권리가 주어졌던 것이다. 봉지는 개인적으로 공에게 종속된 촌락들 중에서 개인의 봉직에 대한 소유지로서 사법상으로 주어졌다.

관리 계층에 속하지 않은 사람들, 즉 '탸글로' 주민들은 상인들, 즉 고스티들과, 그리고 '검은'(черный) 사람들, '수로 표시되는'(численный) 사람들, 즉 그 후의 '농민들'로 나뉘어졌다. 루시 북동부에서 상인들은 상업이 그다지 발달하지 않았기 때문에 수가 많지 않았고, 일정한 법적 특징을 갖는 별개의 계층이 아니었다. 원하면 누구나 상인들이 될 수 있었다. 검은 사람들 혹은 수로 표시되는 사람들은 자기 자신의 땅이나 사유지(즉 수도원이나 보야린의 땅), 혹은 이른바 '흑'토라는 공의 땅에 살았다. 흑토에 거주하는 농민들은 그것을 이용하는 대가로 공에게 공물과 연공(оброк)을 바쳤다. 사유지의 농민들은 공에게 연공을 바치는 동시에 토지소유자에게도 화폐나 현물 혹은 부역으로 연공을 바쳤으며, 한 토지소유자로부터 다른 토지소유자로 이동할 권리를 누렸다.

노브고로드

수즈달-블라디미르 공국 외에 분령시대 루시 북부의 역사생활의 중심지는 노브고로드였다. 노브고로드는 특이하게 발생해서 삶을 살다가 내분 때문에 몰락에 들어간 온전한 국가였다. 자신을 루시의 여타 지방과 뚜렷이 구분시키는 생활의 독창적인 특성들의 결과 노브고로드는 많은 연구자의 주목을 받고 있으며 그리하여 우리는 노브고로드의 역사를 다루는 다수의 문헌을 갖고 있다. 가장 중요한 저술들은 다음과 같다. 벨랴예프의 《러시아 역사 이야기들》(Рассказаы по Русской Истории), 제2책에 있는 《대 노브고로드의 역사》(История Новгорода Великого) ; 코스토마로프의 《역사 연구서와 연구논문》(Исторические монографии и исследования), 제6권과 8권에 있는 《북부 루시의 민주정》(Севернорусское народоправство) ; 《제정시대 사회 역사와 유물 강독》(Чтения Имп. Общ. Истории и Древностей), 1869, 제4책과 파세크의 모음집 《러시아사 분야 연구》(Исследования в область Русской Истории), 모스크바, 1870에 있는 파세크의 《내부에서 본 노브고로드》(Новгород сам в себе) ; 니키츠키[1]의 (가) 《프

1) А. И. Никитский, 1842~1886. 러시아의 역사가.

스코프 내정사 개요》(Очерк внутренней истории Пскова), 상트페테르부르크, 1873, (나) 《대 노브고로드 교회 내정사 개요》(Очерк внутренней истории церкви в Великом Новгороде), 상트페테르부르크, 1879, (다) 《대 노브고로드의 경제생활사》(История экономического быта Великого Новгорода), 모스크바, 1893.

오래 전에 노브고로드를 식민한 종족에 대해서는 수많은 갖가지 의견이 존재한다. 예를 들어 벨랴예프 및 일로바이스키 같은 몇몇 학자는 노브고로드의 슬라브인들을 폴로츠크와 스몰렌스크 지방에 거주하는 크리비치족과 동일한 사람들로 간주한다. 코스토마로프는 노브고로드 주민들의 말이 남부 루시 주민들의 말과 비슷하기 때문에 그들을 남부 루시인으로 간주한다. 힐퍼딩[2]은 노브고로드 슬라브인들을 발트해 슬라브인과 가깝다고 생각한다. 노브고로드 슬라브인들이 식민한 지역은 늪과 삼림이 많고 비옥하지 못하였으며, 그 결과 이 지역에서는 상업과 공업 및 식민화가 특히 발달하였다. 열정적이고 용맹스러우며 진취적인 주민들의 성격과 배들이 다닐 수 있는 강들이 가까이 있는 사정, 그리고 '바랴크인들로부터 그리스인들로' 가는 주요 상업로에 노브고로드가 위치해 있는 사실도 이것을 크게 촉진하였다. 노브고로드 슬라브인들의 주요 도시는 노브고로드였다. 그것의 발생 시기 문제는 전혀 풀리지 않고 있다. 《지난 세월의 이야기》에는 노브고로드가 바랴크인들을 인정한 종족들의 선두에 서 있었고, 따라서 9세기에 노브고로드는 이미 큰 영향력과 세력을 갖고 있었다는 이야기가 있다. 노브고로드가 나중에 '코네츠'(конец)라는 이름을 얻은, 오랜 개별 정착지들로부터 성장하였다는 견해가 존재한다. 도시는 일멘호에서 멀지 않은 볼호프강 양안에 위치하였다. 볼호프강에 의해 노브고로드는 두 '지구'(сторона)로 나뉘었다. 그중의 하나인 동

2) Александр Федорович Гильфердинг, 1831~1872. 러시아의 슬라브 학자이자 민속학자.

쪽 지구는 이곳에 위치해 있는 시장으로부터 '상업' 지구라는 명칭을 얻었고, 다른 하나는 성 소피야라는 이름의 성당으로부터 '소피야' 지구라는 이름을 얻었다. 노브고로드 성채는 '데티네츠',[3] 즉 크레믈(кремль)이라고 불렸다. 지구들은 다섯 개의 '코네츠'들로 나뉘었다. 코네츠는 십중팔구 처음에는 개별 슬로보다[4]였는데, 주민들이 점차 중앙으로 이동하였기 때문에 슬로보다였던 지역은 코네츠가 되었을 것이다. 코네츠들이 독립적인 개별 슬로보다였다는 사실은 그들의 독특한 통치와 그들 사이에 빈번하게 벌어진 적대적 충돌에 의해 확인된다. 노브고로드 주위에는 노브고로드에 속하고 '성 소피야의 토지'라고 불린 매우 광활한 토지가 놓여 있었다. 이 토지는 퍄티나[5]들과 오블라스티들로 나뉘었다. 퍄티나의 수는 코네츠의 수와 일치하였다. 노브고로드 북동부 쪽으로 오네가[6]호 양안에 오보네시스카야(Обонежская) 퍄티나가, 북서부 쪽으로 볼호프강과 루가강 사이에는 보디스카야(Водьская) 퍄티나가, 남동부 쪽으로 므스타강과 로바티[7]강 사이에는 데렙스카야(Деревсая) 퍄티나가, 남서부 쪽으로 셸론[8]강 양안에 걸쳐서는 셸론스카야(Шелонская) 퍄티나가 놓여 있었다. 그리고 끝으로 남동부에는 베제츠카야(Бежецкая) 퍄티나가 펼쳐져 있었다. 퍄티나들에는 노브고로드의 예속 도시들인 프스코프, 이조브르스크(Изобрск), 벨리키예 루키, 스타라야 루사(Старая Лусса), 라도가 등이 있었다. 예속 도시들은 노브고로드에 종속되어 있었고 그 업무

---

3) детинец. 고대 러시아의 도시 중앙의 성채. 14세기부터는 크레믈(кремль)이라고 했다.

4) слобода. 11~17세기 러시아에서 국유지 또는 사유지에 있던 자유농민들의 큰 촌락.

5) пятина. 고대 러시아 노브고로드의 각 행정구역. 다섯 구역으로 나뉘어졌다.

6) Онега. 러시아의 북서부에 있는 담수호.

7) Ловать. 일멘 호수로 흘러들어 가는 강.

8) Шелонь. 프스코프와 노브고로드 오블라스티들에 걸쳐 있는 강.

에 참여하였으며 노브고로드 민회로 소집되었다. 그중 프스코프만이 14세기에 국가적 독립을 달성했고 '노브고로드의 동생'으로 불리기 시작했다. 퍄티나 너머에는 노브고로드의 '볼로스티'나 '땅'들이 위치해 있었는데, 이들은 퍄티나와 다른 구조를 갖고 있었다. 그 수는 시대마다 달랐다. 그들 중에 가장 분명한 자리를 차지한 것은 오네가호, 서드비나강 및 볼가강 유역의 분수령 너머에 놓여 있던 **자볼로치예**(Заволочье)와 **드빈스카야**(Даинская) 땅이었다. 동쪽으로는 비체그다[9] 강과 카마강 유역에 놓여 있는 **페름스카야**(Рермская) 땅이 펼쳐져 있었다. 자볼로치예와 페름스카야 땅으로부터 북동쪽으로는 페초라[10] 강 유역에 놓여 있는 **페초라** 볼로스티가 위치해 있었다. 우랄 산맥 다른 측면으로는 **유고르**(Югор) 땅들이 있었고 백해 연안에는 **테르스카야**(Терская) 땅, 즉 '트레'(Тре) 등이 위치해 있었다.

노브고로드의 고립화 과정과 노브고로드 생활의 특성들을 창출한 조건

노브고로드의 역사를 들여다보면 우리는 루시 남부에는 없는 노브고로드 생활의 특성들을 깨달을 수 있다. 원래 노브고로드도 다른 도시들이 대공과 맺는 바로 그 관계를 대공과 맺고 있었다. 노브고로드에서 키예프로 이주하면서 올레크는 노브고로드에 시장관을 임명하였고 300그리브나의 공물을 부과하였다. 그 이후의 공들 하에서 노브고로드의 상황은 고대 루시의 여타 도시들의 상황과 동일하였으며, 이러한 사정은 12세기 전까지 계속되었다. 12세기 중엽부터 우리는 노브고로드의 생활에서 다른 지방의 생활과 본질적으로 판이한 일련의 현상들을 만난다. 공들은 키예프에서 멀리 떨어져 있는 노브고로드를

---

9) Вычегда. 러시아 북서부에 위치한 강. 북드비나강의 첫 번째 지류이다.
10) Печора. 러시아의 서부를 지나 바렌츠해로 흘러 들어가는 강.

아주 중요한 볼로스티로 생각할 수가 없었고, 이리하여 공들의 분쟁 대상을 면한 노브고로드는 조금씩 공과 종사단의 압력으로부터 벗어나 완전히 자유롭게 자신의 생활을 발달시킬 수 있었다. 비옥하지 못한 토양 때문에 노브고로드인들은 농업 외의 일을 구할 수밖에 없었고, 그 결과 이미 위에서 언급하였듯이, 노브고로드에는 도시를 풍족하게 만든 공업과 상업이 크게 발달하였다. 노브고로드의 상업적 중요성에 대해서 우리는 연대기에서 많은 이야기들을 가지고 있다. 노브고로드의 광범위한 상거래에 대해서는 옛 노브고로드의 토지들에서 다량으로 발견된 동방의 화폐들이 이를 증명한다. 노브고로드는 그리스 및 서구와도 교역을 하였다. 발트 슬라브인들의 상업적 중요성이 고틀란드[11] 섬으로 옮겨가자, 노브고로드는 이 섬과 교역을 하였으나, 상업적 우위가 한자[12] 도시인 뤼베크[13]로 옮겨갔던 12세기에 노브고로드인들은 고틀란드를 제외하고 독일인들과 상거래를 하였으며, 이 사실은 독일인 상인, 고틀란드인 상인, 루시 상인들의 관계가 규정된, 우리에게 전해진 계약들에 잘 나타나 있다. 노브고로드의 상업적 위세가 끊임없이 성장하는 가운데 분령지를 둘러싼 공들의 반목과 노브고로드에서의 그들의 빈번한 교체는 노브고로드인들의 면전에서 그들의 권위를 떨어뜨렸으며, 노브고로드의 정치적 고립성을 촉진하는 노브고로드 생활의 두 가지 특성, 즉 공들과의 계약 및 선출된 행정부의 독특한 성격이 강화되고 법제화될 가능성을 부여하였다. 통상 십자가 선서로 확인되면서 공과 노브고로드와의 관계를 결정하는 목표를

---

11) Готланд. Gottland. 스웨덴에서 가장 큰 섬으로 발트해에 위치해 있다.

12) Hansa 동맹. 중세와 근세 초 북독일을 중심으로 북유럽에 존재하던 상업 도시들의 정치적·상업적 동맹. 독일 북서부의 뤼베크(Lübeck)는 한자 동맹의 대표적인 중심지였다.

13) Любек, Lübeck. 독일 북서부 슐레스비히 홀슈타인 주의 항만 도시. 발트해로 흐르는 트라베강 하구 가까이에 있다. 중세 이래 발트해로 향한 독일의 창구였다.

가진 공들과의 '계약'을 우리는 이미 12세기에 만난다. 비록 13세기 후반 이전까지는 이 계약들의 조건들을 알지 못하지만 말이다. 그리하여 예를 들어 1132년에 있었던 프세볼로트-가브리일(Всеволод-Гавриил)의 계약에 관한 이야기가 우리에게 전해졌다. 1218년 노브고로드인들이 토로페츠[14] 공인 므스티슬라프 우달로이(Мстислав Удалой)의 자리에 스뱌토슬라프 스몰렌스키를 초청했을 때 스뱌토슬라프는 스스로 선언하였듯이 '죄가 없는' 시장관인 트베르디슬라프(Твердислав Михаилович)를 교체할 것을 요구하였다. 그러자 노브고로드인들은 스뱌토슬라프에게 그가 죄 없이 무시의 직책을 박탈하지 않겠다고 십자가 선서를 하였다고 지적하였다. 우리에게 전해진 가장 오래된 계약서는 1264~1265년과 1270년에 야로슬라프 트베르스코이와 맺어진 것인데, 이 계약서들로부터 우리는 공과 노브고로드와의 관계, 공 권력의 정도 및 공의 활동 범위를 완전히 결정할 수 있다. 공은 일정한 수입을 받으면서 시장관의 통제 하에서와 다르게 통치할 수 없었다. 또 공과 그의 종사단은 토지와 사람들을 재산으로 획득할 권리가 없었다. 법원의 권리도 정확하게 규정되었다. 공은 노브고로드에서 시장관과 협력하여 재판을 하지 않으면 안 되었다. 더욱이 공은 자신의 분령지에서 노브고로드 상인들에게 상업상의 특권을 부여할 뿐만 아니라 전반적으로 상업을 보호할 의무가 있었다. 공의 실질적인 지위는 자신을 초청한 당파의 힘과 강력한 적수의 부재, 그리고 공 자신의 개성에 달려 있었다. 통치에서의 공의 조력자인 '시장관'은 초기 공들 하에서는 공에 의해 임명되었고 노브고로드인들 앞에서 공의 이익을 대변하는 역할을 하였다. 12세기 중반부터 우리는 사정이 거꾸로 된 것을 알아차린다. 시장관은 이제 노브고로드인들에 의해 선출되고 공 앞에서 노브고로드의 대표자 역할을 한다. 대략 이

14) Торопец. 트베리 오블라스티에 위치한 도시.

시기에 티샤츠키[15]의 직책도 선출된다. 노브고로드의 통치에서 큰 중요성을 갖는 것은 최고 성직자인 주교(나중에는 대주교)이다. 12세기 전까지 주교는 키예프의 수도대주교에 의해 임명되었는데, 왜냐하면 당시 노브고로드가 키예프에 종속되어 있었기 때문이었다. 그러나 1156년 노브고로드인들은 스스로 아르카디(Аркадий)를 주교로 뽑았고 두 해 뒤 서품을 위해 그를 키예프로 보냈다. 이후 노브고로드인들은 항상 스스로 주교들을 선출하였다(그렇지만 아르카디는 직접 후계자를 임명하였다). 세 명의 후보자들(민회가 임명한)로부터 주교를 선출하는 절차가 빠르게 확립되었다. 주교들로 지명된 세 인물들의 이름이 적힌 제비 세 개를 성 소피야 성당의 옥좌에 놓았고, 그중 두 개를 소년이나 장님으로 하여금 잡게 하였다. 남은 한 개의 제비는 신의 뜻에 의해 선택된 것으로 간주되었고, 키예프의 수도대주교에게 확정을 위해 보내졌다. 이리하여 계약들과 선출된 권력의 확립에 의해 노브고로드는 정치적 구조면에서 다른 지방으로부터 분리되었다. 노브고로드의 최고 정치기구는 당시의 북동부 루시와는 달리 이때부터 공권력이 아니라 민회가 되었다.

구조와 통치

노브고로드 민회는 그 기원에서 다른 도시들의 민회와 동일한 기구였으며, 단지 좀더 우수한 형태로 만들어졌을 뿐이었다. 하지만 그럼에도 불구하고 그것은 완벽하게 정비된 항상 작동하는 정치기관은 아니었다. 민회는 정기적이 아니라 필요할 때에만 공이나 시장관 혹은 천인대장에 의해 도시의 상업 지구나 야로슬라프 궁정에서 소집되거나, 인민의 의지에 의해 상업 지구나 소피야 지구에서 민회의 종이 울렸다. 민회는 노브고로드와 그 예속 도시들의 주민들로 구성되었

15) тысяцкий. 고대 러시아의 천인대장으로 노브고로드의 경우 군 통수권을 장악하였다. 이하에서는 천인대장(千人隊長)으로 번역한다.

다. 노브고로드 시민들 중에는 제한이 없었으며, 자유롭고 독립적인 모든 개인이 민회에 참석할 수 있었다. 민회는 공들을 초청하고 축출하고 재판하며, 시장관들과 대사교[16]들(대주교들)을 선출한다. 또 전쟁과 평화에 대한 문제를 결정하고 법률을 제정한다. 결정은 만장일치로 내려졌다. 만장일치가 되지 않은 경우 당파로 분열되었고 가장 강력한 당파가 가장 약한 당파에게 동의를 강요하였다. 때때로 반목의 결과 한 개는 상업 지구에, 다른 한 개는 소피야 지구에 소집되는 식으로 두 개의 민회가 소집되기도 하였다. 알력은 두 민회가 볼호프강 다리에서 합류하는 것으로 끝났고 성직자들의 개입만이 유혈사태를 예방하였다. 이와 같은 민회의 구조 하에서는 민회가 당면한 문제들을 올바르게 심의할 수가 없었고 법안을 만들 수도 없었음은 분명했다. 민회가 결정을 내려야 하는 아주 중요한 문제들을 미리 조사할 기관이 따로 필요하였다. 노브고로드에서 이러한 기관은 특별 통치협의회(правительственный совет)였다. 이 협의회는 독일인들에 의해 '헤렌'(Herren), 즉 '지배자들의 협의회'라고 불렸는데, 그것은 통치협의회가 나이든 현직 시장관들과 천인대장 및 소츠키[17]들로 구성되었고, 귀족적 성격을 띠고 있었기 때문이었다. 15세기에 그 구성원의 수는 50명까지 이르렀다. 학술 문헌들에서 이러한 협의회가 존재했었다는 지적이 이루어진 것은 그리 오래되지 않았다. 오랫동안 역사가들도 협의회의 존재에 대해서 상상할 수가 없었는데, 왜냐하면 이 기관은 정규적인 법적 구조를 가진 적이 없었기 때문이었다. 그것을 연구하는 영광은 니키츠키에게 돌아간다.

---

16) владыка. 주교(епископ) 이상의 성직자들을 높이 부르는 말. архиерей.

17) сотский. 12~17세기의 러시아 공국 시대 소트냐(сотня, 백인대)로부터 선출된 우두머리. 이하에서는 백인대장(百人隊長)이라고 번역한다. 백인대는 12~17세기 러시아 공국 시대의 직인, 상인, 공업가 등으로 이루어진 조합을 가리킨다.

노브고로드에서 주요 집행권력은 큰 중요성을 가진 '시장관'이었다. 도시의 대표로서 그는 공 앞에서 도시의 이해를 방어하였다. 그 없이 공은 노브고로드인들을 재판할 수가 없었고 볼로스티를 분여할 수도 없었다. 그리고 공이 없을 때에 그는 도시를 통치하였고 종종 군을 지휘하고 노브고로드의 이름으로 외교적 협상을 수행하였다. 시장관에게 정해진 봉직 기간은 없었다. 그는 민회가 그를 면직시킬 때까지 통치하였는데, 그의 면직은 자신이 대표로 있는 당파가 민회에서 패배했음을 의미하였다. 노브고로드의 모든 완전한 권리를 가진 시민은 시장관으로 선출될 수 있었지만, 연대기에 따르면 시장관의 직무는 소수의 유명한 보야린 가문에 집중되었음이 분명한데, 그리하여 13세기와 14세기에 미하일 스테파노비치(Михаил Степанович) 한 씨족으로부터만 12명의 시장관들이 선출되었다. 시장관은 정해진 급료를 받지 않았고 대신 '포랄리예'[18] 라고 불리는, 볼로스티에서 나오는 일정한 수입을 획득하였다. 시장관과 함께 우리는 다른 중요한 노브고로드의 고위 관리—'천인대장'—를 본다. 천인대장 권력의 성격은 분명치 않다. 독일인들은 그를 '헤르초크'[19] 라 부르는데, 그러므로 이 권력은 군사적인 것이고 '천인대장'이라는 러시아어 명칭도 이를 시사한다. 즉 천인대장은 티샤차[20] 라고 하는 도시 부대의 우두머리인 것이다. 그는 판단할 수 있는 한, 노브고로드 사회의 하층계급의 대표로서 시장관과 대립한다. 천인대장은 자체 재판소를 갖고 있었다. 도시 천인대는 백인대로 나뉘었고 그 우두머리인 백인대장은 천인대장

---

18) поралье. 고대 노브고로드와 프스코프에서 시장관과 천인대장이 받은 토지세. 원문에는 볼로스티가 포랄리예라고 불리는 식으로 묘사되어 있으나, 포랄리예는 그곳에서 나오는 수입을 가리킨다.

19) Herzog. 장군이라는 뜻.

20) тысяча. 소트냐(백인대)를 하부 단위로 둔 고대 러시아의 군대. 이하에서는 천인대라고 번역한다.

에게 종속되었다. 시장관, 천인대장, 백인대장 외에 노브고로드에는 또 다른 지역 권력들이 눈에 띄는데, 이들은 코네츠와 거리의 장로들이다. 코네츠와 거리는 자율적 행정단위였다. 노브고로드의 오블라스티 생활에 대해서 말하자면, 오블라스티 통치의 문제는 매우 혼란스럽다. 베제츠카야 퍄티나를 제외하고 노브고로드의 모든 퍄티나는 자신의 경계가 노브고로드에 맞닿아 있다. 이것을 바탕으로 노브고로드의 퍄티나들은 원래 코네츠에 부속되어 있고 코네츠의 수장인 코네츠 장로(кончанский староста)가 통치하는 작은 오블라스티였다고 추정할 수 있다. 노브고로드의 정복이 확산되면서 모든 피정복 오블라스티는 이런저런 코네츠에 편입되었고 그리하여 노브고로드 영토는 노브고로드에서 주변 지역으로까지 멀리 확대되었다. 그러나 이 가정은 퍄티나의 수와 코네츠의 수가 일치한다는 점, 그리고 모든 예속 도시들이 도시 코네츠들에 부속되었던 프스코프와 유사하다는 점에 근거를 둔 의심스러운 추측에 불과함을 숨겨서는 안 된다. 문서 증거에 관해서 말하자면, 그것은 러시아에 관한 허버슈타인의 메모에 있는 불명확한 언급에만 들어 있다. 즉 허버슈타인은 노브고로드가 다섯 부분으로 나뉜 광대한 오블라스티를 갖고 있었다(*Latissimam ditionem, in quinque partes distributam habebat*)고 말한다. 나아가 허버슈타인은 부분들 각각이 자체 우두머리에 의해 관리되었고 주민은 자기 부분에서만 계약을 맺을 수 있었다(*in sua dumtaxat civitatis regione*)고 언급한다. 여기에 번역하기 힘든 곳이 두 군데 있다. 첫째, 'ditio'를 어떤 단어로 옮겨야 하는가? 도시가 차지하고 있는 지역인가? 국가가 차지하고 있는 영토인가? 아니면 이 단어가 고전 라틴어에서 이해된 대로 국가 권력인가? 둘째, 'civitas'라는 단어를 어떻게 이해해야 하는가? 도시인가, 아니면 국가인가? 허버슈타인이 사용한 이 단어의 해석을 둘러싸고 러시아 학계에서는 의견이 엇갈린다. 노볼린, 벨랴예프, 베스투제프-류민은 그것을 오직 도시로 이해하나 클류쳅스키와 자미슬롭스키[21]는 여기서 노브고로드 영토 전체를 보는 쪽으로 기울어져 있다. 이리하여 퍄티나 통치의 문제는 미해결인 채로 남아 있다. 노브고로드의 예속도시와 볼로스티의 경우, 노브고로드는 그들에게 완전한 내정상의 독립성을 부여한 것으로 알려져 있다. 그리하여 프스코프는 자체 공과 재판권을 갖고 있었으며, 자체 공들을 갖고 있는 드빈스카야 땅의 예는 노브고로드와 그 권력에 크게 종속되어 있지 않았음을 말해준다. 이리하여 노브고로드 생활의 정치 형태는 민주 공화정이었다. 그것이 민주적인 까닭은 주권이 노브고로드의 모든 자유 시민들이 참여할 수 있었던 민회에 있었기 때문이었다. 그러나 노브고로드의 모든 자유민들이 통치와 재판에 참여하였음에도 불구하고 그들은 완전한 정치적 평등 속에서 다양한 계층과 계급으로 나뉜 것으로 나타난다. 이 분열의 기저에는 경제적 불평등이 놓여 있었다. 이 불평등은 강력한 귀족층을 형성시키면서 노브고로드의 발전과 몰락에 큰 영향을 미쳤으며, 또 그 속에서 정치적 평등이 반드시 실현되지도 않았다.

노브고로드 주민

노브고로드 주민은 상급 주민과 하급 주민으로 나뉘었다. 하급 주민은 정치적 권리가 아니라 단지 경제적 상태와 실질적인 중요성에서만 하급이었다. 14세기 이래 노브고로드에서 발생한 동란의 원인도 완전한 법적 평등 속에서의 경제적 불평등 때문이다. 상류층의 경제적 압박 하에서 대중은 정치적 권리를 누릴 수 없었고, 이와 같은 권리와 실제의 대립은 사람들을 자극해 동란으로 몰고 갔다. 연대기들을 보면 분명하듯이, 노브고르드 생활의 이전 시기에는 동란이 공들의 초청 때문에 발생하였다. 파세크의 견해에 따르면 노브고로드로

21) Егор Егорович Замысловский, 1841~1896. 러시아의 역사가.

초청된 공들은 노브고로드인들에게 루시의 다른 부분에서의 교역을 개설해주지 않으면 안 되었다. 그리하여 공들을 초청할 때 어떤 지역이 노브고로드의 상업에 가장 편리한지가 고려되었으며, 이를 둘러싸고 노브고로드의 대상인들인 다양한 그룹의 노브고로드 귀족들의 이해관계가 상충하였다. 이리하여 14세기 전까지 동란은 상업적 이해관계 때문에 발생하였고 상층계급들 사이에서 일어났다. 그러나 14세기부터는 사정이 달라졌다. 한편으로는 모스크바가, 다른 한편으로는 리투아니아가 강력해지면서 공들의 수가 줄어들었다. 그리하여 그들을 초청하는 문제는 단순해졌고 이 문제는 더 이상 동란의 원인으로 작용하지 않았다. 그러나 이와 함께 14세기에 노브고로드에서 신분의 차이가 크게 확대되었고 그 결과 동란은 줄지 않고 단지 다른 성격을 띠게 되었을 뿐이었다. 즉 상업적-정치적 동기가 경제적 동기로 대체되었던 것이다. 이 동란은 노브고로드 국가의 완전한 몰락을 촉진하기도 하였다.

노브고로드 주민은 '상급 주민과 하급 주민'으로의 일반적인 분열 외에도, 세 계급으로 나뉘었다. 즉 상층계급인 보야린들과, 중간계급인 지티 류디(житьи люди) 및 상인들, 그리고 하층계급인 검은 사람들이 그것이다. 노브고로드 사회의 상부에는 보야린들이 있었다. 이들은 대자본가와 토지소유자였다. 대자본을 소유한 그들은 판단할 수 있는 한 상업활동에 직접 참가하지는 않고 대신 상인들에게 자본을 대부한다든지 다른 사람을 통해 교역을 한다든지 하면서 노브고로드의 상거래에 앞장섰다. 보야린층이 어떻게 출현했는지를 둘러싼 문제는 많은 학자들의 흥미를 끌어왔다. 이 보야린층은 보통 고대 루시에서는 공권력이 항상 취약한 지역에서 공에 대한 봉사에 의해 형성되었었다. 벨랴예프는 보야린층의 기원을 사적 토지소유의 발전으로 설명한다. 그는 대 보야린 세습영지가 노브고로드가 나머지 루시로부터 고립되지 않은 시기에 이미 형성되었다고 본다. 클류쳅스키는 노브고로드의 보야린 계층이 다른 지방과 동일한 원천에서 기원하였다고 말한다. 이 원천은 공에 대한 봉사이고, 이 봉사는 공의 임명에 따른 고위 통치 직무의 일이다. 즉 그의 견해에 따르면 공들은 노브고로드에 도착하여 토착민들 중에서 천인대장과 시장관을 임명하였고, 이들이 보야린이라는 위계를 획득하여 그것을 유지한 뒤 후손들에게 물려주었다. 전자의 의견을 더 존중해야 할 것이다. 다음 계급을 구성한 사람들은 '지티 류디'였다. 일부 견해에 따르면, 이들 — 다른 일부 견해에 따르면 노브고로드의 토지소유자들 — 은 자신의 자본에서 나오는 이자로 먹고사는 중간 규모의 자본가들이다. 그들 뒤를 이은 사람들은 상인들인데, 이들의 주요 일은 교역이었다. 상인들은 백인대로 나뉘었고 상사(商社)를 만들어 50은(銀)그리브나를 불입한 사람들을 받아들였다. 이와 같은 상인 단체의 회원들은 각자 상거래에서 자신들이 속한 공동체의 지지를 받았다. 그 밖의 나머지 사람들은 뭉뚱그려 '검은 사람들'이라는 명칭을 가졌다. 이들에 속한 사람은 도시에 거주하는 수공업자 및 노동자들과 포고스트에 거주하는 스메르트와 제메츠(земец)들이었다. 제메츠는 소토지소유자를 의미해야 할 것 같으며, 스메르트의 경우는 코스토마로프의 의견에 따르면 토지 없는 사람들이고, 베스투제프-류민의 의견에 따르면 노브고로드 지방의 모든 촌락민들이었다. 노브고로드 생활의 정치적 구조와 경제적 구조의 불일치는 위에서 언급한 대로 노브고로드에서 발생한 동란의 원인으로서 민회 생활의 몰락을 가속화하였다. 15세기에 통치는 사실상 소수 보야린의 수중으로 넘어갔고 민회는 소수 보야린 가문의 장난감으로 변질되었다. 이들은 사람들을 매수하고 자신들의 영향력을 행사하여 이른바 '민회원들 중 악당들'로 민회에 큰 당파를 형성해서 그들로 하여금 자신들에게 유리하게 활동하도록 강요하였다. 이리하여 시간이 흐르면서 노브고로드의 구조는 과두정치를 은폐하는 우민정치로 퇴화하였다. 내부의 계층간 불화 외에도 노브고로드의 정치적 약화를 불러일으킨 또 하나의 원인은 주요 도시의 운명에 대한 오블라스티들의 무관심인데, 이 무관심 때문에 모스크바는 노브고로드 지방을 예속시킬 것을 생각하기 시작했을 때에도 노브고로드 주민들로부터 강한 저항에 봉착하지 않고 슬그머니 이 예속을 달성하는 데 성공할 수 있었다. 이리하여 노브고로드의 몰락 원인은 외적 — 모스크바 국가의 강화 — 이었을 뿐만 아니라 내적이기도 하였다. 만일 모스크바가 없었더라면 노브고로드는 다른 이웃의 제물이 되었을 것이다. 노브고로드의 몰락은 노브고르드가 내부에 붕괴의 씨앗을 키우고 있었기 때문에 필연적이었다.

프스코프

노브고로드 예속 도시의 하나로, 루시와 리투아니아의 변경에서 독일인들과 이웃하면서 노브고로드 영지의 끝에 위치한 프스코프는 서쪽에서 루시의 전초기지의 역할을 하였고, 성실하게 자신의 임무를 수행하여 독일인들이 루시 땅으로 들어오는 것을 저지하였다. 프스코프는 내부 구조가 노브고로드에 근접하였다. 프스코프에는 지배적 통치기관으로서 똑같은 민회와 똑같은 시장관 권력(두 명의 시장관), 그리고 노브고로드와 유사한 계층적 분열이 있었다. 단지 프스코프는 더 중앙집권화되고 민주적이었을 뿐이었다. 그리고 이것은 생활의 지역적 특성과 함께, 프스코프의 역사에 다른 내용을 부여하였다. 작은 영토를 가진 도시로서 프스코프는 노브고로드가 도달할 수 없었던, 통치의 중앙집권화에 도달하였다. 프스코프의 예속 도시들은 프스코프가 리투아니아와 리보니야[1] 국경에 설치한 행정기지이거나 군사기지였으며, 독립성을 갖지 못했다. 프스코프는 이 도시들을 이곳에서 저곳으로 이동시키고 또 그들에게 징벌을 과할 정도로 충분한 통제권

---

1) Ливония. 발트해 동부 해안지역의 역사적 명칭. 현재의 라트비아와 에스토니아 지방.

이 있었다. 영토가 작은 덕분에 프스코프 땅에서는 보야린들의 영지가 노브고로드에서와 같은 크기에 도달하지 못했으며, 그 결과 신분들 사이에 큰 차이가 없었다. 하층계급은 상층계급에 노브고로드만큼 종속되어 있지 않았고 보야린 계급도 노브고로드만큼 폐쇄적이지 않았다. 다른 한편 보야린들은 노브고로드에서와는 달리 프스코프의 정치적 운명을 자신의 수중에 넣지 않았다. 프스코프에서 평화적이었던 민회는 보통 시장관을 두 명 뽑았고(노브고로드에서 민회는 한 명만 뽑았다), 빈번하게 그들을 교체하면서 좀더 성공적으로 통제하였다. 사회 전체는 상층계급에 대한 중간계급의 우세 속에서 좀더 민주적인 성격을 지녔다. 노브고로드를 파멸시킨 것과 같은 그런 내적 불화는 없었다. 프스코프의 독립성은 내부의 질병 때문이 아니라 외적 원인 — 국가적 통합을 이루려고 하는 대러시아 종족의 노력으로 나타난 모스크바의 강화 — 때문에 몰락하였다.

리투아니아

노브고로드와 수즈달-블라디미르 루시에서 정치생활이 활짝 피어나는 동안에 볼린과 특히 갈리치도 활기가 넘치고 힘이 강해졌다. 베스투제프-류민 교수는 다음과 같이 말한다. "루시 남부에서 생활의 중심은 드네프르강에서 카르파티아산맥으로 옮겨갔다. 역사생활 중심의 이 이동은 이미 오래 전부터 뚜렷해졌다. 비록 공들이 계속 키예프를 획득하려고 노력하고 타타르족에 의해 키예프가 점령되기[1] 직전까지 키예프 때문에 공들 사이에 불화가 계속되었지만 말이다.… 하지만 이 불화와는 상관없이 키예프는 보골륩스키[2]의 군대에 의해 점령(1169)된 이후 벌써 몰락한 상태였다.…" 역사생활은 새로운 기반을 찾았다. 이 기반은 갈리치 땅이었다. 그러나 볼린과 갈리치에 자리를 잡은 모노마호비치들은, 공으로부터 독립된 정치적 세력으로 성장하였고 타타르족, 폴란드인, 우그르족,[3] 라투아니아인 등 인접 타국인

1) 1240년 키예프는 타타르족에 의해 정복당했다.

2) Андрей Боголюбский. 대략 1111~1174. 유리 돌고루키의 아들로 1157년 이후 수즈달-블라디미르의 공. 1169년 키예프를 점령하고 보야린들을 살해했다.

3) угры. 우그르어를 말하는 인종들(우랄 이동에 거주하는 만시족, 한티족 및

들의 큰 압력을 견디고 있던 갈리치의 강력한 보야린 계층과 권력을 둘러싸고 투쟁을 벌이지 않으면 안 되었다. 이 이웃들과의 공공연한 전쟁과 외교 게임에서 궁극적으로 승리한 쪽은 갈리치가 아니었다. 볼린은 14세기 중엽에 리투아니아의 권력 아래로 들어갔고, 이 리투아니아는 1340년부터 폴란드와 더불어 갈리치의 소유도 요구하였다. 갈리치의 영광은 짧았고, 바로 갈리치의 숙명처럼 보였던 루시 남부와 서부의 통합이라는 임무는 갈리치로부터 리투아니아로 넘어갔다.

리투아니아 국가가 특히 루시 지방들로 구성되었고 폴란드와 공동의 정치적 생활을 영위하였으며 독일인들과 적대적이지만 항상적인 관계를 맺었다는 사실 때문에, 러시아인 역사가들뿐만 아니라 폴란드인과 독일인 역사가들도 리투아니아 국가의 운명에 관심을 가졌다. 독일과 폴란드 문헌들에는 리투아니아의 민족지학과 역사에 관해 매우 진지한 저술들이 있다. 독일 문헌은 포이크트(Voigt)의 《프로이센의 역사》(*Geschichte Preussens*)(1827~1837) 및 뢰펠(Röppel)과 카로(Caro)의 《폴란드의 역사》(*Geschichte Polens*)(1840~1869)와 같은 탄탄한 저작들을 포함한다. 폴란드 문헌에는 나르부트〔Нарбут, 《고대 리투아니아 민족사》(*Dzieje starozytne narodu Litewskirgo*) 등〕와 렐레빌〔Лелевиль, 《리투아니아와 러시아의 역사》(*Dzieje Litwy i Russi*) 등〕 같은 옛 신화들 이후, 예를 들어 스타드니츠키〔Стадницкий. 《수노비에 게두미나》(*Sunowie Gedumina*) 등과 같은 리투아니아 공들에 관한 일련의 연구서들〕, 볼프〔Wolff, 《루드 게두미나》(*Ród Gedumina*)〕, 스몰카(Smolka, 《역사개요》(*Szkice historyczne*) 등〕, 프로하스카〔Prochazka, 《비톨드의 말년》(*Ostatni lata Witolda*), 1882; 《15세기 이래의 역사 개요》(*Szkice historyczne z XV weku*), 1884〕와 같은 리투아니아 역사에 관한 매우 훌륭한 연구서들이 출현하였고, 일련의 아주 우수한 고대

헝가리에 거주하는 마자르족 등)이나 헝가리인, 우그르인, 오스탸크인의 총칭.

문헌 간행물들도 모음집 《중세 역사 기념물들, 영광스런 폴란드 사료집성》(*Monumenta medii aevi historica, res gestas Poloniae illustrantia*)에 실렸다〔이 모음집에는 소콜롭프스키(Соколовский), 슈이스키(Шуйский), 레비츠키(Левицкий) 같은 다른 학자들도 참여하고 있다〕. 러시아인 학자들의 경우, 그들은 이전에는 리투아니아의 역사에 주의를 거의 기울이지 않았고 최근에야 리투아니아가 루시 주민의 국가이며 민족지학적 · 역사적 관점에서 리투아니아에 대한 연구는 러시아 역사가에게 가장 중요한 관심사라는 인식이 발달하였다. 그 역사가 모스크바의 역사와 다른 길을 걸었던 리투아니아에서 고대 러시아 생활의 좀더 순수하고 명확한 일부 특성들이 보존되었으며, 리투아니아의 루시 사회는 힘든 생활 및 발전 조건에 놓였음에도 불구하고 대체로 자신의 민족성에 충실하게 남았다. 옛 역사가들 중 카람진은 자신의 저서 《러시아 국가의 역사》에서 리투아니아에 대해 거의 아무 것도 말하지 않았다. 솔로비요프는 리투아니아의 사건들을 언급하고 있지만 리투아니아에 대한 그의 서술 부분은 모스크바 루시의 역사보다 덜 다듬어져 있다. 그 후 시기의 학자들의 저술에서 리투아니아의 역사는 좀더 완벽한 형태로 나타난다. 좀더 이른 시기의 연구서 중에서 다음이 눈에 띈다. 블라디미르스키-부다노프의 《리투아니아와 폴란드에서의 독일법》(Немецкое право в Литве и Польше) 등; 바실리옙스키의 《빌노시 역사 개요》(Очерк истории города Вильны) 등; 안토노비치(Антонович)의 《리투아니아 대공국 역사 개요》(Очерк истории Великого княжества Литовского)〔《서부 및 남서부 루시 러시아 역사 연구들》(Монографии по истории западной и юго западной России), 제1권, 1885년에 수록〕; 다시케비치의 《리투아니아-루시 공국의 역사에 관한 단상들》(Заметки по истории Литовско-Русского княжества). 초보적 지침을 위해서 방금 언급한 안토노비치의 저술을 들지 않으면 안 되는데, 이 저술에는 리투아니아 역사의 처음부터 폴란드와의 합병에 이르는, 리투아니아에 관한 일련의 확실한 사실들이 들어 있다. 다시케비치는 자신의 저서 《단상들》에서 이 저술을 세밀하게 비판적으로 검토하였다. 안토노비치와 다시케비치는 상호 보완하고 있으며, 그들의 저술들에서 우리는 학문적으로 신빙성 있는 리투아니아 역사를 처음으로 갖는다. 그 후 일로바이스키의 《러시아 역사》(История России)에서 리투아니아의 역사는 모스크바의 역사와 함께 다양한 입장에서 서술된다. 우리는 베스투제프-류민의 《러시아 역사》(Русская история)에서도 리투아니아 역사에 관한 상세한 개관을 발견한다. 끝으로 최근에 다음과 같은 연구들이 나타났다. 블라디미르-부다노프의 《리투아니아 국가의 봉지》(Поместье Литовского Государства), 《리투아니아에서의 농민 토지 소유의 형태들》(Формы крестьянского землевладения в Литве) 등; 류밥스키[4]의 《리투아니아-루시 국가의 지방 분할과 지역 통치》(Областное деление и местное управление Литовско-Русского государства)와 《리투아니아-루시의 세임[5]》(Литовско-русский сейм); 레온토비치의 《리투아니아-루시 법 역사 개요》(Очерки истории литовско-русской права); 막시메이코[6]의 《1569년까지의 리투아니아-루시 국가의 세임들》(Сеймы Литовско-Русского государства до 1569 г.); 라포[7]의 16세기 후반기의 《리투아니아 대공국》(Великое княжество Литовское), 전2권; 도브나르-자폴스키[8]의 《리투아니아 대공국의 국가 경제》(Государственное хозяйство вел. княжества Литовского)

---

4) М. К. Любавский, 1860~1936. 러시아의 역사가.

5) сейм. 봉건시대에 폴란드, 리투아니아, 체코 등지에 존재하던 계층 대표기관으로서 일종의 의회.

6) Н. А. Максимейко. 러시아의 역사가.

7) И. И. Лаппо, 1869~1944. 러시아의 역사가.

8) М. В. Довнар-Запольский, 1867~1934. 러시아 역사가.

와 《16세기 서부 루시 농민들의 조직에 관한 개괄》(Очерки по организации западнорусского крестьянства в XVI в.). 리투아니아와 서부 루시의 역사에 관한 대중적 서술 중에서 다음을 언급해야 한다. 벨랴예프의 《러시아 역사에서 나온 이야기들》(Рассказы из русской истории), 제4권; 코얄로비치의 《서부 러시아 역사 강독》(Чтения по истории Западной истории)과 M. K. 류밥스키 교수의 탁월한 강좌 《루블린 연합까지를 포함한 리투아니아-루시 국가 역사 개요》(Очерк по истории Литовско-Русского государства до Люблинской унии включительно, 모스크바, 1910).

리투아니아인이라는 이름으로 알려진 종족은 오래 전부터 서 드비나강과 비수아강 사이의 발트해 연안에 흩어져 있었다. 동부에서 리투아니아 종족은 네만강 거의 전 유역에 확산되어 있고 멀리 있는 남부 정착지로 서 부크강의 중류까지 도달한다. 리투아니아어의 잔재로 추론할 수 있듯이, 리투아니아인들은 슬라브인들에 가까운, 아리아 종족의 한 독립적 분파를 이루었다. 리투아니아인들의 원시생활에 관해 우리에게 전해진 얼마 되지 않는 정보로 우리는 10세기와 11세기에, 리투아니아 종족이 분해되어 생긴 다음과 같은 민족과 종족을 지적할 수 있다. 즉 리투아니아 영토의 북부 드비나강 우안에는 레트골라(летгола)라고 불리는 종족이, 그들로부터 남쪽으로 드비나강 좌안에는 젬골라(жемгола) 혹은 세미골라(семигола)라고 불리는 종족이, 발트해와 리가만 사이의 반도에는 코르스(корс) 혹은 쿠론(курон)족이라고 불리는 종족이, 서쪽으로 네만강과 비수아강 하구 사이에는 프루스(прусс)족이라고 불리는 종족이 거주하였던 것이다. 그들은 10개의 혈통으로 분열되었다. 기원 후 2세기의 작가 프톨레마이오스[9]에게서 우리는 두 프루스족 혈통의 이름인 '수딘'(судин)족과 '갈

9) Klaudios Ptolemaios ?~? 2세기 초엽 그리스의 천문학자. 영어이름은 톨레미(Ptolemy). 천동설적 우주론에 관한 저서 《천문학 대집성》을 써서 르네

린트'(галинд)족을 발견한다. 프톨레마이오스는 이 두 종족을 그들이 뒷날 머물렀던 지역에 위치시키는데, 이것을 바탕으로 학자들은 리투아니아 종족이 매우 일찍 발트해 연안에 정착하였다고 생각하는 경향이 있다. 네만강 유역의 경우 하류에는 즈무티(жмуть)족이, 중류에는 리투아니아족이 거주하였다. 끝으로 나레브[10] 강 유역에는 마지막 리투아니아 민족인 야트뱌크(ятвяг)족의 정착지가 퍼져 있었다. 고대 리투아니아인들의 생활에 관해서 말하자면 위에서 언급한 대로 정보가 부족하다. 그들의 종교는 자연의 힘에 대한 숭배에 있었을 것이다. 리투아니아 신들(페르쿤만 제외하고)의 이름과 종교 의식들(소수의 의식을 제외하고)에 관한 역사적 이야기들은 최근 학자들로부터 강한 의심을 받고 있으며, 종종 학술적 저술들에서 생략되고 있다. 우리에게 전해진 정보에 의하면, 그들에게는 매우 유력한 신관계급이 존재했으며, 이들은 엄청난 존경을 받았던 대 신관인 크리베(Криве) 혹은 크리보-크리베이토(Криво-Кривейто)에 종속되었다고 결론지을 수 있다. 리투아니아인들의 생활의 특성은, 예를 들어 슬라브인들에게는 도시의 건설로 나타났던, 국가조직의 최초 원리들이 부재한 사실이었다. 리투아니아에로의 루시인들의 원정을 묘사하는 상고시대의 연대기들에는 리투아니아 영토에 위치한 도시들에 대한 언급이 없다. 안토노비치는 연대기들을 참조하여 13세기에 들어서서야 도시가 발생했다고 보는데, 이 연대기들은 1252년 항목에서 처음으로 리투아니아의 도시들인 '보루타'(Ворута)와 '트베레메티'(Твереметь)에 대해 언급하고 있다(보루타는 리투아니아 종족이 차지한 지역에 위치하였고 트베레메티는 즈무티족이 차지한 지역에 위치하였다). 다시케비치는 연대기들이 1252년 항목에서 도시의 건설이 아니라 도

상스시대까지 서양의 우주관을 지배하였다.

10) Нарев. 비수아강 오른쪽 지류로 폴란드에 흐르는 강.

시의 존재에 대해서 언급하고 있다고 말한다. 그의 견해에 따르면 도시는 조금 더 일찍 건설되었다. 상고시대 리투아니아에서는 통일적 중심지로서의 도시의 부재와 나란히 정치권력의 완전한 부재도 뚜렷이 드러난다. 13세기 중엽까지 폴란드와 독일의 연대기들은 리투아니아인들과 이웃 민족들의 충돌을 묘사하면서 리투아니아 지도자의 이름을 들고 있지 않을 뿐만 아니라 어떠한 통치자의 존재에 대해서도 언급하지 않는다. 14세기 중엽까지는 지도자들은 언급되지만 그들의 권력은 사소한 지역에 퍼져 있었다. 연대기들에서는 보통 사소한 영토에 일단의 그와 같은 우두머리들이 존재하였음을 지적한다. 이들은 종족의 통치자들이라기보다는 개별 씨족의 대표자들이었다. 이리하여 리투아니아 종족은 14세기 중엽까지는 국가는 물론이고 심지어 종족들의 결속도 이루지 못했으며, 상호간에 전혀 정치적 연계가 없는 독립적 지도자들에 의해 통치되는 다량의 작은 볼로스티들을 출현시켰다. 단지 동일한 기원, 생활, 언어, 전설, 종교적 예식만이 이 종족의 개별 부분들을 단합시키고 있을 뿐이었다. 그러나 외부의 적들이 가하는 위험 때문에 리투아니아인들은 자신들의 정치적 조직화 과정을 가속화하고 도덕적 영향력에 의존하는 신관들의 권력을 공들의 권력으로 대체하지 않으면 안 되었다. 이 적들은 13세기 초부터 리투아니아인들을 기독교로 개종시키고 이와 함께 그들을 승리자들에게 농노제적으로 종속시키기 위해 리투아니아 땅의 변경에 출현하였던 독일인 기사들이었다. 13세기 말까지, 독일인들은 프루스족을 복속시켰고, 레트골라와 젬골라의 땅을 합병하였으며, 리투아니아인들과 즈무티족의 원 정착지에 접근하였다. 그러나 리투아니아와 즈무티 민족들은 그들의 동시대인들이 독일인들과 싸우고 있을 때 아주 강력한 국가 구조를 만드는 데 이미 성공하여 독일인들에게 강력하게 저항하였다. 이렇게 하는 데 도움을 준 것은 13세기에 리투아니아와 즈무티족이 루시인들과 맺었던 관계였다. 블라디미르 루시의 융성(13세기)과 동시에, 리투아니아 국가에 인접한 루시의 서부 공국들—스몰렌스크, 폴로츠크 등—은 외적들의 침입과 내부 혼란의 결과 쇠약해지면서 작은 부분들로 쪼개진다. 루시 공들의 내분을 이용한 사람들은 루시인 자신들이 도움을 받기 위해 불러들이고 자신들의 분쟁에 개입시킨 리투아니아인들이다. 그들은 이편이나 저편을 도와주면서 루시인들의 생활에 참견하고 자신의 목적을 위해 이를 이용한다. 누구보다 일찍 리투아니아인들은 폴로츠크 땅의 내정에 개입하고 상황에 친숙해지면서 그 약점과 내적 구조에 익숙해진다. 12세기 말부터 리투아니아인들은 이제 폴로츠크의 내분에 관여하는 데 그치지 않고 영토점령을 목적으로 원정 실행에 착수한다. 13세기부터 리투아니아인들은 다른 루시 공국들, 그리하여 예를 들어 노브고로드 땅과 스몰렌스크 및 키예프 공국에도 간섭하기 시작한다. 최초의 리투아니아 공들이 누구였는지는 알려지지 않았다. 그들에 대한 가장 이른 이야기들—그것도 전설적인—은 13세기로부터 우리에게 전해졌을 뿐이다. 리투아니아 전설에 따르면 13세기에 바투와 동시대인인 에르디빌[11]은 루시 땅으로 원정을 수행하였고 고로든(Городн)을 손에 넣었다. 동시에 다른 리투아니아 공, 민가일로(Мингайло)는 폴로츠크로 원정을 가서 그곳에 두 번째 리투아니아 공국을 건설했던 것 같다. 하지만 루시 땅에 세워진 최초의 리투아니아 공국들에 대한 이 이야기들은 믿기 어렵다. 믿을 수 있는 최초의 공국은 민다우가스[12] 공국이다. 린골드[13]의 아들인 민다우가스는 1235년경에 루시 도시인 노브고로드〔노보그루데크(Новогрудек)〕를 손에 넣고 그곳에 반(半)루시,

11) Эрдивил. 즈무티족에 영지를 갖고 있던 바투의 동시대인. 몬트빌의 아들.

12) Миндовг, 1230~1263. 리투아니아어로 Mindaugas. 리투아니아의 대공. 러시아 땅에 리투아니아를 처음으로 수립한 인물.

13) Ромгольд. 리투아니아어로 Ryngold 혹은 Rimgaudas. 리투아니아 최초의 왕인 민다우가스의 아버지.

반(半)리투아니아 공국을 건설하였다. 루시인들과 리투아니아인들의 희생으로 자신의 영지를 확대하면서, 그는 루시인들의 도움을 받아 리투아니아인들에 맞서 행동하기도 하고 리투아니아인들의 도움을 받아 루시인들에 맞서 행동하기도 하였다. 자신의 공국을 확대하려고 노력하는 과정에서 민다우가스는 두 적들, 즉 남부에서 번창한 갈리치 공국 및 리보니아 기사단과 맞닥뜨렸다. 민다우가스(좀더 정확하게는 그의 아들 바이셀가[14])는 다니일 갈리츠키(Даниил Галицкий)의 아들 로만(Роман)에게 민다우가스 리톱스키(Миндовг Литовский)가 차지한 루시 땅을 양도하지만 이 땅에 대한 민다우가스의 주권을 인정하는 조건으로 갈리치공 다니일과 협약을 맺는 데 성공하였다. 민다우가스에게 유리한 이 협약은 민다우가스의 딸과 다니일의 아들 시바른(Шварн)의 혼인 동맹에 의해 확인되었다. 리보니아 기사단에 관해서 말하자면, 민다우가스는 1250년 세례를 받고 자신에게 직접 속하지 않은 리투아니아 땅에 대한 증서들을 기사단에 교부함으로써 그들을 진정시켰다. 그리하여 최초의 리투아니아 공국이 발흥하여 형성되었다. 하지만 이 공국은 민다우가스가 자신에 반대하는 분령공들의 음모로 살해된 이후 곧 붕괴하고 말았다.

민다우가스가 죽은 뒤 리투아니아에는 내분이 발생하였고, 그 결과 리투아니아 공국은 민다우가스 하에서 획득하였던 힘과 내적 응집력을 상당 정도 상실하였다. 하지만 공국은 민다우가스 하에서 충분히 튼튼하게 되어 그의 사망 뒤에도 궁극적으로 해체되지는 않았다. 리투아니아 공국을 강대국으로 만든 자는 게디미나스[15]로 간주되고 있다. 비록 그 전임자인 비테니스[16]도 이 점에서 많은 일을 하였지만

14) Войшелк, 1223~1267. 리투아니아어로 Vaišelgar 혹은 Vaisalgas. 리투아니아의 세 번째 대공(1264~1267).

15) Гедимин, 1275~1341?. 리투아니아어로 Gediminas. 리투아니아의 대공(1316~1341). 게디미나스조의 시조.

말이다.

비테니스 및 게디미나스의 출신과 그들이 공으로 통치하던 시기에 관해서 연대기들은 정확한 정보를 주고 있지 않다. 연대기 편자들의 이야기에서 우리는 비테니스(1293~1316)와 게디미나스(1316~1341)의 군사활동에 관한 이야기들을 만난다. 여기서 그들의 군사행동의 성격은 리투아니아 공국의 내부 구조에서 발생한 새로운 격변을 가리킨다. 비테니스와 게디미나스는 이전의 무질서한 국민군(ополчение) 대신에 규율 잡힌 군대를 이미 갖고 있었다. 이 군대는 도시들을 포위하고 요새들을 돌격하여 점령할 수 있으며 포위 무기들을 익숙하게 사용한다. 리투아니아는 울창한 삼림과 늪뿐만 아니라 요새와 성, 도시들에 의해서도 방어되었으며, 이 요새와 성, 도시의 거주자들은 할당된 국가에 대한 납세나 부역의 의무를 정확히 떠맡고 특히 자신들의 도시와 요새를 방어하지 않으면 안 되었다. 국가 군사력 조직에서의 변화는 리투아니아공들이 특히 의존한 루시 민족의 유입에서 비롯하였다. 이 사실을 잘 보여주는 것은 연대기들의 이야기에서 비테니스와 게디미나스의 국민군이 리투아니아인만의 국민군이 아니라 항상 리투아니아-루시인 국민군이라는 호칭으로 불린다는 점이다. 루시인들의 참여는 단지 리투아니아공들에 대한 군사적 원조에만 국한되지 않았다. 그들은 외교 업무에 참여하고 리투아니아공들의 사절들을 관리하며 리투아니아의 내부 통치에도 영향을 미친다. 그리하여 게디미나스와 위업을 함께 한 주요 인사는 그로드넨스크(Гродненск)의 보예보다[17]로서 루시인이었던 다비트(Давид)였다. 우리에게 전해진 그에 관한 정보에 따르면, 그는 나라에서 고위직을 차지하였고 리투아

---

16) Витень, ?~1316?. 리투아니아어로 Vytenis. 리투아니아의 대공(1293~1316).

17) воевода. 고대 러시아의 군사령관으로 문무 양권을 지닌 지사를 일컫는 말. 이하 군사령관이라고 번역한다.

니아의 내부 통치에 큰 영향을 미쳤다. 리투아니아인 역사가들의 말에 따르면, 그는 대공 바로 다음으로 가장 비중 있는 자리를 차지하였다. 게다가 그에게는 가장 중요한 요새 중의 하나인 그로드노[18]를 방어하고 게디미나스가 직접 참여하지 못한 원정들에서 군을 통솔하는 임무가 맡겨졌다. 그와 같은 원정들의 하나에서 다비트는 배신을 당해 안드레이라는 마조비야[19]공에 의해 살해당했다.

게디미나스는 전임자들과 마찬가지로 정복 정책을 견지하였다. 그러나 연대기와 전설들은 게디미나스가 죽은 뒤에 리투아니아에 의해 정복되었거나 평화적으로 리투아니아에 합병된 지방들도 종종 그가 정복한 것으로 기록한다(예를 들어 우리는 연대기들에서 1320년에 게디미나스가 볼린과 키예프로 원정을 갔다는 이야기들을 발견한다. 여기서 연대기 편자들은 이것을 충분히 믿을 만한 사실로 전하고 마치 볼린과 키예프의 종속을 결과한 것 같은 전투들을 묘사한다. 하지만 이 이야기들을 더 상세히 연구하고 좀더 믿을 만한 사료들과 비교해 본 결과 이것이 날조된 것임은 분명하다). 이와 같이 신뢰할 수 없는 사료들 속에서 역사적 비판은 키예프, 폴로츠크, 민스크, 투롭스크(Туровск), 핀스크,[20] 비텝스크 등 일부 땅들만 게디미나스에 의해 리투아니아에 합병된 것을 보여준다. 우리가 루시인과 리투아니아인들이 식민한 영토의 양적 비율을 생각해볼 때 영토의 약 3분의 2를 루시인들이 차지한 것을 보는데, 그것은 14세기 첫 4분기에 리투아니아 공국은 강력한 중심부라는 중요성을 획득했고, 그 주위에는 약한 루시 지방들이 모여 있었기 때문이다. 모스크바 국가도 그와 똑같은 처지에 있었다. 모스크바공들의 정책과 리투아니아공들의 정책은 동일하였다. 즉 모스크바공들과 리투아니아공들 모두 약한 루시 지방들을 강한 정치적 중심부 주위로

18) Гродно. 벨라루시에 위치한 도시.

19) Мазовия. 지금의 폴란드 중부 비수아강 양안에 위치한 지역.

20) Пинск. 벨라루시에 위치한 도시.

결집시키려고 노력하였던 것이다.

14세기의 모스크바와 리투아니아의 사이에는 이 두 강대국 간의 다툼의 대상이 된 일련의 공국들이 존재하였다. 게디미나스는 프스코프와 노브고로드의 국정에 대한 영향력 때문에 그리고 그 이후에는 스몰렌스크공들에 대한 영향력 때문에 모스크바와 경쟁하였다. 예를 들어 프스코프가 노브고로드로부터 분리하려는 기도 때문에 발생한 노브고로드 땅에서의 불화 시기 동안 리투아니아는 프스코프인들을 지지하였고 모스크바의 공들은 노브고로드를 지지하였다. 이 일련의 아주 취약한 나라들 때문에 14세기와 15세기에 모스크바와 리투아니아 사이에 항상적이고 끝임 없는 투쟁이 전개되었던 것이다.

게디미나스는 아들 일곱을 남겼고 그들 사이에 리투아니아 땅을 나누어주었다. 그들 중에 알기르다스[21]는 크레보(Крево)와 비텝스크를 받았고 켕스투티스[22]는 트로키(Троки), 그로드노, 즈무티를, 그리고 막내 야우누티스[23]는 수도 빌노를 받았다. В. Б. 안토노비치는 게디미나스 이후 야우누티스가 대공으로 간주되기 시작했다는 오랜 견해에 맞서 야우누티스는 나이가 제일 어리고 통치 업무에 경험이 없는 사람으로서 아버지에 의해 대공으로 임명될 수 없었다는 의견을 표명한다. 그는 사료들에서 대공으로서의 야우누티스가 당시의 사건들에 미친 영향력에 관해 언급되고 있지 않다는 사실로 자신의 견해를 뒷받침한다. 반대로 분령공들은 각자 외국인들과 협약을 맺고 원정을 수행하는 등, 완전히 독자적으로 행동한다. 이리하여 안토노비치는 알

---

21) Ольгерд, 1296~1377. 리투아니아어로는 Algirdas. 비텝스크의 공. 리투아니아의 대공. 게디미나스의 아들.

22) Кейстут, 1297~1382. 리투아니아어로 Kęstutis. 리투아니아의 대공. 트로키의 공.

23) Явнутий, 1300?~?. 리투아니아어로 Jaunutis. 리투아니아 대공 게디미나스의 막내아들.

기르다스와 켕스투티스가 리투아니아에 대공 권력을 재건할 목적으로 동맹에 들어갈 때까지 이 중간 기간 동안에는 오히려 어느 누구도 최고 공위직을 상속받지 못했다고 주장하기까지 한다. 베스투제프-류민의 견해에 따르면 대공위직은 나중에 알기르다스 또한 대공위직을 막내아들인 요가일라[24]에게 물려주었듯이, 바로 가장 어린 야우누티스에게 주어졌다. 베스투제프는 오랜 시민적 관습과 유사한 유명한 관습을 지적하면서 이렇게 말한다. 즉《루스카야 프라브다》에 따르면 아버지의 집은 막내아들에게 주어졌다는 것이다. 그러나 야우누티스는 그렇게 오랫동안 대공위직에 머물러 있지 못했다. 알기르다스와 동맹을 맺은 켕스투티스가 야우누티스를 타도하였고 알기르다스가 대공으로 선포되었다. 다른 공들은 그의 권력을 인정하지 않으면 안 되었고 대공이자 그들 분령지의 최고 관리자로서 그에게 복종할 의무가 있었다.

안토노비치는 우리에게 다음과 같은 알기르다스의 대가적 특성을 전한다. "당대인들의 증언에 따르면 알기르다스는 특히 깊은 정치적 재능으로 두드러졌다. 그는 상황을 이용할 줄 알았고 정치적 노력의 목표를 올바르게 설정하였으며 동맹을 유리하게 처리하였고 정치적 구상의 실현을 위해 시기를 성공적으로 선택하였다. 극도로 신중하고 선견지명이 있는 알기르다스는 정치적·군사적 계획을 탐지 불가능하게 비밀리에 지킬 수 있는 수완이 탁월하였다. 알기르다스와 북동부 루시의 충돌의 결과 전반적으로 알기르다스에게 호감을 갖지 않은 루시 연대기들은 그를 '사악하고', '신앙이 없고', '아첨하는' 자라고 부르고 있다. 그러나 그가 상황을 이용할 줄 알고 신중하며 교묘하다는 것, 요컨대 국가에서 자신의 권력을 강화하고 국가의 경계를 확대하

24) Ягайло, 1351?~1434. 리투아니아어로는 Jogaila, 폴란드어로는 Władysław Jagiełło. 비텝스크공. 리투아니아 대공(1377~1382). 폴란드 국왕(1386~1434).

는 데 필요한 모든 자질을 갖고 있음을 인정한다. 다양한 민족들에 대하여 알기르다스의 공감과 주의는 전부 루시 민족에게 집중되었다고 말할 수 있다. 알기르다스는 시각과 습성과 가족 관계에서 루시 민족에 속했으며 리투아니아에서 루시 민족의 대표로 활동하였다." 알기르다스가 루시 지방의 합병으로 리투아니아를 강화시키고 있는 바로 그때 켕스투티스는 십자군 전사들 앞에서 리투아니아의 보호자로 나타나며 민족적 영웅의 영예를 획득한다. 켕스투티스는 이교도이지만, 그의 적인 십자군 전사들조차 그가 모범적인 기독교도-기사의 자질을 갖고 있음을 알아본다. 폴란드인들도 켕스투티스의 그와 같은 자질을 눈치 챘다.

이 두 공은 리투아니아의 통치를 너무나 정확하게 양분하여 루시 연대기들은 알기르다스만 알고 있고, 독일 연대기들은 켕스투티스만 알고 있다. 켕스투티스와 독일인들의 투쟁의 성격에 관해서 우리는 이미 언급된 안토노비치의 책(99쪽)에서 풍부한 서술을 발견한다. 십자군 전사들은 매년 리투아니아에 대해 '라이제'[25]라고 불리는 공격을 가하였다. 리투아니아인들은 기사단에 같은 공격으로 보복하였으나, 리투아니아인들의 공격은 많은 준비를 요하였기 때문에 공격은 두 배로 드물었다. 전쟁은 매년 이런 식으로 진행되었고 알기르다스가 공으로 지배하던 시기 전체 동안 리투아니아인들과 루시인들의 주된 일이 되었다. 다소 파괴적이고 유혈사태를 불러일으킨 이 공격들은 보통 궁극적인 결과를 가져오지 못했으며, 결정적인 대전투는 많지 않았다. 알기르다스가 공으로 있던 시기에 그런 전투는 스트라바(Страва)강에서의 전투(1348)와 루다바(Рудава)성에서의 전투(1370) 등 두 차례를 헤아린다. 이 전투들은 비록 그것들에 독일 연대기들이 결정적인 성격을 부여하고 승리의 정도를 과장하고 있음에도 불구하고 어떤

25) рейз. 여행을 뜻하는 독일어 Reise를 가리킨다.

결과도 낳지 못하였다. 루시에 대해서 알기르다스는 아버지의 정책을 계속 잇는다. 그는 노브고로드, 프스코프, 스몰렌스크에 영향을 미치고자 하고 모스크바에 맞서 트베리공들을 지지한다. 이 경우 그의 개입은 성공하지 못했지만 말이다. 리투아니아와 맞닿은 루시 땅을 종속시키고자 하는 노력에서 벌어진 알기르다스와 모스크바의 경쟁은 노브고로드와 프스코프 모두에서 모스크바에 유리하게 기울어졌지만, 대신 알기르다스는 브랸스크,[26] 노브고로드-세베르스키(Новгород-Северский) 등 루시 북부를 차지할 수 있었다.

알기르다스의 사망 후 요가일라가 공위에 올랐고 1386년의 합병으로 리투아니아와 폴란드의 왕조적 연합 시기가 시작되었다. 이 연합은 양국의 힘을 공동의 적인 독일인들에게 향하게 할 목적으로 폴란드에 의해 제안되었다. 연합은 성공을 거두었다. 리투아니아-루시와 폴란드 연합군은 그룬발트〔Грюнвалдь, 탄넨베르크(Танненберг), 1410〕에서 독일군에게 괴멸적인 타격을 가하였고 독일 기사단은 영구히 파괴되었다.[27] 그러나 리투아니아에게 불리한, 합병의 다른 결과도 있었다. 리투아니아는 루시 문화를 갖고, 루시공 및 정교가 지배적인 완전한 루시 국가였다. 그러나 요가일라와 가톨릭교도들의 견해에 따르면 정치적 합병은 종교적 합병도 가져올 수밖에 없었다. 폴란드인들은 '이교' 리투아니아를 가톨릭으로 개종시키고 리투아니아에 '문

---

26) Брянск. 러시아 서부 브랸스크 오블라스티의 주도. 12세기부터 알려진 옛 도시로 17세기까지 국경의 요새였으며, 우크라이나 및 폴란드와의 교역 중심지였다.

27) 1410년 7월 폴란드의 탄넨베르크(지금의 스템바르크)에서 일어난 독일 기사단과 폴란드-리투아니아 연합군의 전투를 가리킨다. 폴란드에서는 그룬발트 싸움이라고 한다. 13세기 발트해 연안 북부를 지배하던 독일기사단은 세력 확장을 꾀하여 리투아니아를 공격하였으나 부아디수아프 2세가 이끄는 폴란드-리투아니아 연합군은 러시아의 지원을 얻어 이를 격파하였다. 이로써 독일의 동진을 막았으며 이 패배로 독일기사단은 후퇴하기 시작하였다.

화', 즉 폴란드 관습을 가져다주고자 노력하였다. 이교 리투아니아는 오랫동안 이미 매우 취약해져 있었고 그것에 맞선 투쟁은 곧 정교와의 투쟁으로 넘어갔다. 바로 이런 식으로 새 국가에서는 그 정치적 위력에 나쁜 영향을 미칠 수밖에 없는 상황이 조성되었고, 민족적·종교적 내부 붕괴의 결과 리투아니아는 그 힘이 완전하게 꽃 피운 것 같은 바로 그때 파멸의 길로 기울어지기 시작한다. 이것은 비타우타스[28] 하에서 그랬다. 리투아니아의 루시 부분에서 합병과 특히 공식 인물들에 의한 가톨릭교의 수용은 저항 없이 넘어갈 수가 없었다. 요가일라가 폴란드왕이 된 때부터 루시인들은 자신들만의 공을 갖기를 원하였고, 이것은 그들로 하여금 처음에 안드리우스 알기르다이티스[29] 주위에 모이게끔 하였지만, 권력을 장악하려는 그의 시도는 무위로 돌아가고 말았다. 그럼에도 불구하고 리투아니아에서는 합병에 대한 불만이 여전히 거세졌고 켕스투티스의 아들 비타우타스는 이러한 상황을 이용하였다. 동맹자들을 확보한 그는 요가일라와 투쟁에 들어갔고, 결국 요가일라는 비타우타스에게 리투아니아를 양보하고 비타우타스를 리투아니아공으로 인정할 수밖에 없었다.

이제 리투아니아의 군주에게는 폴란드로부터 국가의 독립을 보존하는 임무가 제기되었지만, 비타우타스의 지혜는 이번에는 이 일에서 그가 의존해야 하는 원리를 보여주지 않았다. 카로(Каро)는 가톨릭교도도 정교도들도 각자 비타우타스를 자기 쪽 사람이라고 간주하였으며, 이교도들은 비타우타스에게서 선조들의 정신이 꺼지지 않았다고 생각하였다고 말한다. 바로 이 점에 비타우타스는 강점과 약점을 동

---

28) Витовт, 1350~1430. 리투아니어로 Vytautas. 리투아니아의 대공(재위 1392~1430). 비타우타스 하에서 리투아니아는 동부로의 영토 확장과 중앙집권적 개혁, 그리고 튜턴 기사단의 격파 등으로 최성기를 맞았다.

29) Андрей Ольгердович, 1325?~1399. 리투아니아어로는 Andrus Algirdaitis. 리투아니아의 알기르다스의 아들. 프스코프, 폴로츠크공.

시에 갖고 있었다. 실제로 모두와 친하게 지내고 결단성이 없으며 몇 번이나 자신의 종교를 바꾼 비타우타스는 순수 정교적인 공과는 달리, 리투아니아에서 가장 강력한 요소인 루시 민족에 확고하게 의존할 수가 없었다. 루시인들은 결국 비타우타스를 루시 일반의 적으로서 대하였다. "비타우타스공은 이전에는 기독교도였고(연대기 편자는 말한다), 그의 이름은 알렉산드르였다. 그러나 그는 정교 신앙과 기독교를 포기하고 폴란드 신앙을 받아들였다. … 그리고 다음과 같이 생각했다: 루시 땅과 노브고로드와 프스코프를 정복하고 싶다." 일단 이와 같은 시각이 형성되자, 비타우타스는 리투아니아로부터 통일된 독립 국가를 형성하고자 하였으나 폴란드와 긴밀한 관계를 맺는 것으로 종결된 자신의 정책을 지지할 가장 확실한 지주를 잃어버렸다. 비타우타스가 공으로 지배한 전 시기는 화려한 일로 가득 차 있지만, 그와 함께, 폴란드는 점점 리투아니아에 대한 영향력을 확대하였다. 1413년 고로들로[30] 시에서 폴란드-리투아니아 세임이 소집되었고, 이 세임에서 폴란드와 리투아니아의 동맹이 의식적(意識的) 행위에 의해 확인되었다. 이 고로들로 의식을 바탕으로 리투아니아 대공의 신하들은 가톨릭교를 수용하고 폴란드에서 해당 계층의 인물들이 가지는 권리와 특권을 받았다. 리투아니아의 궁정과 행정은 폴란드 모델에 따라 만들어졌고, 그곳의 직무는 가톨릭교도에게만 허용되었다. 리투아니아 국가에서 폴란드 영향력을 강화한 고로들로 합병은 리투아니아 조로부터 정교 루시 민족을 소외시켰고, 리투아니아와 루시의 궁극적인 분열과 반목의 출발점으로 기능하였다. 리투아니아는 이때부터 점점 폴란드의 영향을 받게 되면서 궁극적으로 폴란드와 분리 불가능한 국가로 융합된다.

30) Городло. 서부크강에 위치한 도시.

15세기 중반까지의 모스크바 공국

모스크바의 기원

13세기 후반과 14세기 초에 루시 북동부에서 그때까지 뚜렷한 움직임을 보이지 않던 모스크바 공국이 발흥하기 시작한다. 이 공국의 발흥 원인과 과정을 확정하기 전에 공국의 주 도시인 모스크바에 대해 몇 마디 해두자. 모스크바에 관한 최초의 이야기들로부터 시작하고 카람진에서 인용된 모스크바의 기원에 대한 우화들(제Ⅱ권, 주 301)은 언급하지 않을 것이다. 우리는 모스크바에 관한 최초의 기술을 연대기에서 12세기보다 이르지 않는 시기에 만난다. 연대기는 1147년에 유리 돌고루키가 동맹자인 체르니고프의 스뱌토슬라프 올고비치[1]공을 모스크바로 초청하여 회담을 가졌는데, 이 모임에서 그들은 연회를 개최하고('만찬'을 들고) 선물을 교환하였다고 말한다. 그렇지만 여기에서 모스크바는 '도시'라고 말해지고 있지는 않으며 그래서 1147년에 모스크바는 일개 마을로 공의 세습영지에 불과했다고 생각할 수 있다. 이것은 특히 1156년에 모스크바-도시의 건설에 관한 이야기가

1) Святослав Ольгович, ?~1164. 체르니고프공 올레크 스뱌토슬라비치의 아들로서 노브고로드, 쿠르스크, 노브고로드-세베르스키, 벨고로드, 체르니고프를 지배하였다.

존재하는 것으로 미루어 확실한 듯하다. 이 이야기는 다음과 같다. "그 해(6664[2]) 유리 볼로디메리치[3] 대공은 모스크바시를 아우자(Ауза)강 위 네글린나(Неглинна)강 하구에 세웠다." 이 말의 직접적인 의미는 실제로 모스크바시가 모스크바-세습영지에서 공의 만찬이 있은 지 9년 뒤에 건립되었음을 말하는 것이다. 그러나 모두가 이것을 믿는 것은 아니다. 후자의 이야기를 설명하고 해명하기가 매우 힘들기 때문이다. 첫째, 이 이야기는 나중(16세기)의 트베리 연대기 모음집에서 우리에게 전해졌는데, 이 모음집의 필자는 그 전 출전들의 문학적 형식을 바꾸는 습관을 가지고 있었다. 그러므로 이 경우 모음집의 편자가 분석되고 있는 이야기의 최초 형태를 바꾸지 않았다고 믿어서는 안 된다. 그의 편찬물은 지리적 표기가 아주 세밀하고 정확한 것으로 두드러지는데, 이는 편찬물이 나중에 제작되었음을 시사한다. 이리하여 출전의 전반적인 특성들 때문에 이미 출전이 전하는 정보가 양질의 정보인지를 의심하지 않을 수 없는 것이다. 둘째, 트베리 연대기의 필자는 1156년의 모스크바 건립에 대해 진술한 뒤 스스로 더 이른 시기의 모스크바에 대해서 이야기한다. 그는 1147년에 모스크바에서 있은 공들의 회담에 관한 이파티 연대기의 이야기를 축소하고, 발생하는 모순을 무엇으로도 해명하지 않으며, 자신의 1147년 모스크바를 무슨 의미로 이해해야 하는지 설명하지 않는다. 이것은 필자가 이 경우에 모순되는 자료를 스스로 서투르게 이해했든지 아니면 그 자료로부터 척 보면 알 수 있는 것을 모스크바시의 건립에 관한 이야기에서 전혀 말하고 싶지 않았다는 생각을 바로 들게 한다. 이 경우든 저 경우든 이 이야기를 이용하는 데 각별한 주의를 요한다. 셋째, 마지막으로 이 이야기와 다른 연대기들의 텍스트를 비교해보

2) 이 연도는 교회력에 따른 연도이다. 교회력은 세상이 창조된(아담이 태어난) 상상의 해인 기원전 5509년부터 시작한다.

3) Юрий Володимерич. 수즈달공 유리 돌고루키를 일컫는다.

면, 트베리 모음집의 필자는 유리공으로 하여금 공이 완전히 남부로 이주하고 그의 모든 가족이 수즈달로부터 스몰렌스크를 거쳐 이미 키예프로 이주했던 바로 그때 "모스크바 도시를 세우도록" 만들었다. 이 모든 것을 고려해볼 때 이야기를 완전히 믿는 것도 불가능하고 그것을 임의로 정정하는 것도 불가능하다.

이리하여 모스크바에 관한 가장 이른 이야기 두 가지 중에서 한 가지는 그 자체로 1147년에 모스크바시가 존재했음을 가리키지는 못할 만큼 너무 막연하고, 또 한 가지는 아주 분명하긴 하지만 모스크바시가 1156년에 건립되었다는 증거로 받아들여질 수가 없다. 이리하여 모스크바-도시의 발생 시기가 우리에게 정확히 알려져 있다는 견해를 공유하기는 힘들다. 이러한 점에서 1170년대에 들어서서야 모스크바가 존재했음을 충분히 보여줄 수 있는 다른 증거들에 의존하는 것이 더 올바르다. 안드레이 보골륩스키가 사망한 뒤를 이어 수즈달 루시에서 일어난 사건들을 묘사하면서 연대기들은 처음으로 도시로서 모스크바와 그리고 그 주민들로서 '모스크블랴네'(Москьвляне)에 대해 언급한다. 이파티 연대기는 1176년(6684) 항목에서 병이 든 미할코(Михалко) 공이 남쪽에서 수즈달 루시로 향하면서 '쿠츠코보(Куцково)까지, 즉 모스크바까지' 들것에 실려 운송되었으며 그곳에서 그는 자신의 적인 야로폴크가 다가온 것을 알고 모스크바 주민들을 대동하여 '모스크바로부터' 블라디미르로 서둘러 갔다고 이야기한다. 연대기 편자는 계속한다. "모스크바 주민들은 야로폴크가 오지 않는다는 소식을 듣고 돌아가 자신들의 집을 지켰다." 이듬해 1177년(6685)에 연대기 편자는 랴잔의 글레프(Глеб)가 프세볼로트공을 공격한 일에 관한 이야기에서 모스크바를 도시라고 바로 부른다. "글레프는 가을에 모스크피(Москвь, 다른 사본들에서는 모스크바)에 와서 도시 전체와 마을들을 불태웠다." 이 이야기들은 모스크바시의 존재에 대한 어떤 의혹도 더 이상 남겨두지 않으면서 동시에 한 가지 흥미로운 시사점을 던진다. 이야기들에는 도시에 대한 한 가지 동일한 이름이 아직 확립되어 있지 않다는 것이다. 도시는 어떤 때는 '모스크피'로, 어떤 때는 '쿠치코보'로, 어떤 때는 '모스크바'로 불린다. 이것은 연대기 편자들이 그 이름에 자신들의 귀가 아직 익숙하지 않은 새로운 촌락지를 다루었음을 보여주는 것은 아닌가? 이것을 고려하면 모스크바의 발생을 필연적으로 유리공의 이름과 연결시키지 않는 것도 가능하다. 카람진이 수집한 모스크바의 기원에 관한 전설들은 이와 같은 가능성을 없애주지 못하며, 그러므로 12세기의 사건들을 연구하기 위한 사료로서 그것들을 이용해서는 안 된다.

이리하여 연대기 자료로써는 우리는 12세기 전반기 혹은 심지어 중반에 모스크바-도시가 건립되었다는 사실이 확정된 사실로 간주될 수 없다는 생각에 도달한다. 다른 한편 존재 초기에 모스크바가 가진 상업적 중요성도 연대기들의 텍스트에 의해서 해명되지 않는다. 13세기 중반(심지어 그 이후)까지의 모스크바에 관한 연대기들의 이야기를 깊이 생각해보면, 모스크바의 상업적 역할이 아니라 국경-군사적 역할이 명백해진다. 모스크바가 수즈달-블라디미르 공국의 가장 남쪽에 위치한 진지였음은 의심할 여지가 없다. 남쪽 체르니고프 공국에서 블라디미르로 가는 도로는 모스크바를 거쳤고, 바로 모스크바는 남서부 루시에서 수즈달-블라디미르 루시로 오는 사람들이 마주치는 최초의 도시였다. 보골륩스키가 죽은 뒤 미할코 유리예비치[4] 공과 야로폴크 로스티슬라비치[5] 가 체르니고프로부터 북쪽으로 갔을 때 안드레이 보골륩스키 공국의 국경인 바로 모스크바에서 로스토프인들이 그들을 만났다. 로스토프인들은 야로폴크를 더 깊숙이 초청하였으나 공국 안

4) Михалко Юрьевич, ?~?. 유리 돌고루키의 아들로서 블라디미르-수즈달의 대공.

5) Ярополк Ростиславич, ?~1180. 로스티슬라프 유리예비치공의 아들로 블라디미르 대공(재위 1174~1175).

으로 들이고 싶지 않았던 미할코에게는 다음과 같이 명령하였다. "모스크바에서 조금 기다리시오." 야로폴크는 '페레야슬라블의 종사단'에게 보내졌고, 미할코는 로스토프인들의 말을 듣지 않고 블라디미르로 갔다. 여기서 모스크바는 교차점으로 그려지고 있는데, 이 교차점으로부터 북쪽의 로스토프로도 북동쪽의 블라디미르로도 길을 갈 수 있는 것이다. 수즈달 루시의 국내 길들은 모스크바에서 하나의 길로 합쳐졌으며, 이 길은 남쪽 체르니고프 땅으로 통하였다. 1년 뒤 블라디미르에서 쫓겨난 미할코는 블라디미르인들의 초청에 따라 체르니고프에서 북쪽으로 다시 간다. 미할코의 친구들인 블라디미르인들도 그의 적인 조카 야로폴크도 그를 향해 떠난다. 블라디미르인들은 그를 만나서 보호하기를 원하고 야로폴크는 로스티슬라비치가가 차지한 땅에 그를 들이지 않기를 바란다. 상이한 목적으로 적들은 서둘러 한 지점, 즉 모스크바로 달려간다. 이 경우 미할코를 무슨 목적으로 만나든 공국의 국경에서 그를 만나는 것이 가장 편리하였다. 마침내 미할코와 그의 동생 프세볼로트는 블라디미르에서 확고히 자리를 잡았고, 체르니고프공인 스뱌토슬라프 프세볼로도비치[6]는 그들에게 부인들을 보냈는데, "아들인 올레크를 그녀들에게 붙여 모스크바까지 전송하게 하였다." 공비들을 전송한 뒤 올레크는 '로파스나(Лопасна)의 자기 볼로스티'로 되돌아왔다. 여기서 그는 모스크바의 국경 상태가 어떠한지 증거를 내놓을 것을 요구하지 않는다. 즉 그들은 공비들의 남편 영지 첫 지점 앞까지 그녀들을 전송하였던 것이다. 이 모든 인용된 정보들은 1175~1176년에 관한 것이다. 가장 늦은 사실도 이에 못지않게 흥미롭다. 프세볼로트 유리예비치공은 1207년(6715) 남쪽 올고비치(Ольгович)가에 대한 원정을 계획하고("체르니고프로 가고 싶다"라고 그는 말한다), 노브고로드로 사람을 보내 자신의 아들 콘스탄틴

6) Святослав Всеволодович, ?~1194. 체르니고프의 공.

이 군대를 이끌고 그곳으로부터 자신과 합류할 것을 요구하였다. 콘스탄틴은 이 말을 듣고 "모스크바에서 아버지를 기다렸다." 프세볼로트 자신도 모스크바에 도착하였고 그곳에서 아들들과 합쳐서는 "모스크바를 떠나 … 오카강에 이르렀는데," 오카강은 당시 수즈달 공국의 국경 밖에 있었다. 이 경우 모스크바는 프세볼로트의 영지들에서 가장 남쪽에 위치한 마지막 도시임이 명백하고 이곳에서 공은 낯선 땅인 체르니고프 영지로 바로 들어간다. 모스크바의 국경 상황 때문에 모스크바는 이번에는 자연히 프세볼로트 종사단의 집결지, 실행된 원정의 작전 근거지로 변모할 수밖에 없었다.

그러나 체르니고프 땅에 대해서만 모스크바가 국경 도시의 역할을 한 것이 아니었다. 모스크바는 이따금 수즈달 땅과 랴잔 땅에 대해서도 동일한 중요성을 갖고 등장하였다. 1177년(6685) 랴잔공 글레프는 프세볼로트의 영지를 공격하면서 위에서 말한 대로 바로 모스크바로 향했다. 1208년(6716)에 같은 일이 되풀이되었다. 즉 랴잔공들은 "모스크바 주위 프세볼로트 대공의 볼로스티를 공격하기 시작했다." 랴잔과 관련하여 모스크바는 랴잔인들이 처음으로 접근할 수 있는 수즈달 땅의 한 장소로 나타난다. 랴잔인들은 모스크바강을 따라 이 장소로 가는 편리한 길이 있었다. 랴잔 땅 콜롬나[7]로부터 무엇보다도 먼저 모스크바에 도착한 바투의 타타르족도 여하튼 이 길을 이용하였다.

그리하여 연대기들을 따라 모스크바의 초기 운명들을 쫓아가면 우리는 무엇보다 먼저 시대의 군사적 사건들에 관한 이야기들에서 모스크바라는 이름과 마주친다. 모스크바는 우군을 만나고 남쪽에서 온 적군을 격퇴하는 장소였다. 모스크바는 수즈달-블라디미르공들의 적들이 무엇보다도 먼저 공격을 가하는 장소였다. 끝으로 모스크바는 수즈달-블라디미르공의 군작전이 개시되는 지점이었고, 남부에 대항

7) Коломна. 러시아 서부 모스크바 오블라스티의 도시. 모스크바강이 오카강과 합쳐지는 지점에 있다. 12세기부터 그 존재가 알려졌다.

하는 작전에서 그의 군대가 집결하는 장소였다. 이 도시가 체르니고프 국경 쪽에서는 수즈달-블라디미르 땅을 에워싸는 형태로 건설되었음이 명백하다. 문헌 자료들이 적어도 이것을 증언하고 있음은 거의 확실하다.

새로 생겨난 조그마한 도시로서 모스크바는 아주 늦게 독립된 공국의 수도가 되었다. 초기 모스크바공들 중에서 가장 탁월한 공은 미하일 야로슬라비치 호로브리트[8] 인데, 그는 단지 용감무쌍했던 덕분에 아무 권리도 없이 스뱌토슬라프공을 타도하고 대공국을 수중에 넣은 이유로 그런 별명이 붙었다. 모스크바 공위는 호로브리트 뒤를 이어 곧 다니일 알렉산드로비치[9] 공에게 넘어갔는데, 그는 모스크바 공국조(朝)의 창건자로서 1303년에 죽었다. 그 후 모스크바는 공이 상시적으로 존재하는 독립된 공국이 되었다.

모스크바와 모스크바 공국의 발흥 원인

수즈달-블라디미르 루시의 정치생활 상태를 떠올려보자. 수즈달-블라디미르 루시 전체는 프세볼로트 볼쇼예 그네즈도 후손들의 소유였다. 그의 후손들은 공의 가계를 형성했다. 트베리에는 프세볼로트의 손자이자 알렉산드르 넵스키의 동생인 야로슬라프 야로슬라비치가 있었다. 수즈달에는 프세볼로트의 손자인 안드레이 야로슬라비치가 있었고 그 후 1279년경에는 알렉산드르 넵스키의 아들 안드레이 알렉산드로비치가 그곳에 있었다. 로스토프에는 콘스탄틴 프세볼로도비치[10] 가 있었고 모스크바에는 알렉산드르 넵스키의 아들이자 프세볼

8) Михаил Ярославич Хоробрит, ?~1248. '미하일 야로슬라비치 용맹공(재위 1229~1248). Хоробрит는 '용감한', '용맹한'이라는 뜻을 가진 хоробрый(храбрый)에서 나온 말이다.

9) Даниил Александрович, 1261~1303. 알렉산드르 야로슬라비치 넵스키의 막내 아들. 1263년, 실질적으로는 1276년 이래 최초의 모스크바 분령공.

로트의 증손자인 다니일이 있었다. 정치적 · 지리적으로 수즈달 루시와 공동생활을 하는 랴잔 땅만 모노마호비치가의 영지가 아니라 스뱌토슬라프 야로슬라비치의 후손들로서 좀더 젊은 스뱌토슬라비치가의 영지에 위치해 있었다. 이 공국들 중에서 14세기에 가장 강력해진 것은 트베리 공국과 랴잔 공국, 그리고 모스크바 공국이다. 이 공국들 각각에는 '대'공들과 '분령'공들이 있었다. 블라디미르 공국은 별개의 왕조 없이 존재하고 대공들은 그것을 개인적 분령지에 포함시킨다. 블라디미르 자체에서 옛날 관습에 따라 공으로 지배한 대공들 중에서 마지막 대공은 알렉산드르 넵스키였다. 그의 동생들인 야로슬라프 트베르스코이와 바실리 코스트롬스코이는 블라디미르의 대공위를 받은 뒤 블라디미르가 아니라 자신의 분령지에 거주한다. 블라디미르 공위를 얻은 것은 공들에게 이제 물질적 부와 '대'공의 권위를 얻는 것을 의미한다. 대공국을 확보하는 수단은 이미 도덕적인 것이 아니다. 그것은 이전처럼 연장순의 권리만이 아니라 분령공의 힘이고, 그러므로 블라디미르를 소유하기 위해 강력한 분령공들 사이에서만 투쟁이 발생한다. 그리하여 1304년에 트베리공과 모스크바공 사이에 대공위를 차지하기 위한 투쟁이 시작된다. 여러 해에 걸친 유혈 내분은 1328년 한국(汗國)의 도움으로 대공위직을 확고히 차지한 모스크바공 이반 칼리타의 승리로 끝났다. 이때부터 대공위는 모스크바와 떨어지지 않게 되었지만, 1328년 이전 약 30년 동안 모스크바는 보잘것없는 분령지에 불과했다. 다니일은 모자이스크[11] 도 클린[12] 도 드미트로프[13] 도 콜롬나도 아직 소유하지 않았고, 모스크바강을 따라 이 장소들 사이

10) Константин Всеволодович, 1186~1218. 로스토프의 공이자 블라디미르의 대공.

11) Можайск. 러시아 서부 모스크바 오블라스티에 위치한 도시.

12) Клин. 러시아 서부 모스크바 오블라스티에 위치한 도시.

13) Дмитров. 러시아 서부 모스크바 오블라스티에 위치한 도시.

에 있는 하찮은 공간만 소유하였다. 칼리타는 1328년에 모스크바, 모자이스크, 즈베니고로드,[14] 세르푸호프,[15] 페레야슬라블만, 즉 지금의 모스크바 구베르니야보다 작은 지역만 소유하였다. 무엇이 모스크바에게 대공위를 받고 확대될 가능성을 부여하였으며, 이 발흥은 어떤 경로로 이루어졌는가?

이 문제에 대한 많은 대답을 우리는 역사적 문헌들에서 찾는다. 예를 들어 카람진은 《러시아 국가의 역사》, 제5권에서 모스크바 공들의 재능, 보야린과 성직자들의 협력, 타타르 정복의 영향력 등을 언급한다. 그의 견해에 따르면 루시 민족의 역사생활에서 '새로운 사물의 질서'를 개시한 타타르의 멍에는 주민들에 대한 공들의 관계와 공들 상호간의 관계를 변화시켰고, 공들을 한(汗)에 종속시켰으며, 이것으로 모스크바 공국의 발흥 과정에 영향을 미쳤다. 카람진은 "모스크바가 위대해진 것은 한 덕분"이라는 것을 발견한다. 포고딘은 카람진을 반박하면서 언제나 모스크바 공국의 발흥과 강화에 때맞추어 유리하게 조성된 '우연들'의 행운의 일치에 깜짝 놀란다. 솔로비요프는 모스크바 공국 강화를 화려하게 특징짓는다. 그는 자신의 《러시아 역사》 제1권과 제4권에서 지리적 조건이 갖는 주요 영향력 일반에 대해 말하면서 모스크바의 유리한 입지를 여러 번 지적한다. 모스크바는 한편으로는 키예프 땅과 다른 한편으로는 블라디미르 및 수즈달 땅 사이의 한가운데에 위치하여 남쪽으로부터 오는 이주민들이 지나는 곳에 있다. 남쪽에서 온 이주민들은 모스크바강 유역에 조밀하게 자리를 잡고서는 가장 주민이 많이 모인 곳 중의 하나로 모스크바 공국을 만들었다. 남쪽에서 온 이주민말고도, 모스크바 공국에서 내분과 타타르족에 의한 참화가 사라지면서 북부 루시의 다른 지역에서도 이주민들이 모스크바로

---

14) Звенигород. 러시아 서부 모스크바 오블라스티에 위치한 도시.

15) Серпухов. 러시아 서부 모스크바 오블라스티에 위치한 도시.

왔다. 주민들은 공에게 수입과 많은 재원을 가져다주었다. 우리는 모스크바공들이 도시들을 사들이고 모스크바 공국에도 정착하고 있던 포로들을 한국으로부터 되사는 데 많은 자금을 소비한 사실을 알고 있다. 노브고로드와 동부(랴잔) 사이의 중심에 모스크바강이 위치해 있다는 사실도 매우 중요한 의의를 지녔다. 우리는 지도를 들여다보면 모스크바강이 노브고로드와 오카강 사이의 물길을 축소하며, 따라서 모스크바가 노브고로드와 랴잔의 상업로에 놓였음을 본다. 모스크바의 중심적 입지는 교회 기관에게도 중요하였다. 수도대주교들은 루시 북부와 남부 지역 사이의 중심부에 있는 것이 필수적이라고 생각했기 때문에 블라디미르에서 모스크바로 이주하였다. 이리하여 솔로비요프의 의견에 따르면 모스크바 발흥의 주요 조건은 정치적 · 상업적 · 종교적 우월함을 부여한 그 위치의 중심성이다. 솔로비요프는 저술의 여러 지면에서 모스크바의 성공을 촉진한 다른 조건들 — 공들의 개성, 보야린들의 활동, 사회의 동정 등 — 을 지적하지만, 갖가지 사실들의 평가에서 그는 차이를 분명히 한다. 즉 어떤 것은 모스크바 강화와 발흥의 제 1 원인이고 다른 것은 이 강화를 도와준 유리한 조건이다. 코스토마로프는 모스크바 공국의 발흥 과정을 기술하면서 모스크바의 강화를 주로 타타르족의 도움으로 설명하고 심지어 전제정과 군주제의 구상 자체도 타타르족에게서 빌려온 것으로 해석한다. 베스투제프-류민은 대공국이 한에 종속되어 있는 가운데 공들의 상황은 정치적 교묘함과 외교적 기민함으로 한의 호의를 끌어내서 대공위를 차지하기 위해 이 교묘함과 기민함을 공들 속에 발달시킬 수밖에 없었음을 발견한다. 바로 모스크바공들이 이와 같은 교묘함과 기민함을 소유하였다. 게다가 큰 세습영지들을 소유하는 가운데 모스크바 공국에서의 내분의 부재로 이익을 보았던 성직자들이 모스크바의 강화를 도와주었다. 더욱이 모스크바공의 일체의 권력은 비잔티움 제국에서 가져온, 지배자의 군주제적 권력에 대한 성직자들의 고급 관념에도 조응하는 것이었다.

나아가 보야린들의 활동도 모스크바 군주들을 도와주는 쪽으로 맞춰져 있었다. 모스크바 위치의 중심성에 관해서 K. H. 베스투제프-류민은 이것을 부차적 원인으로 간주한다. 자벨린은 이 문제를 독창적인 시각으로 바라본다. 그는 모스크바공들의 경제활동으로 야기된 민족적 동정에서 모스크바 공국 부흥의 주요 조건을 본다. 타타르족에 의한 유린과 공들의 내분에 짓눌린 민족은 당연히 모스크바공들에게 동정적인 태도를 취하였다. 일로바이스키의 견해는 절충주의적 성격으로 두드러지는데, 그는 민족적 본능의 각성을 정치적 중심지로서 모스크바가 성장한 원인으로 간주한다. 즉 타타르족으로부터 위험을 느낀 민족은 단결하지 않으면 안 되었던 것이다. 게다가 일로바이스키는 모스크바 공국의 강화를 촉진한 다음과 같은 원인들을 발견한다. (1) 정치적·상업적 이익을 가져다주는 지리적 위치; (2) 공들의 개성과 그들의 정책(공들은 타타르족 자체를 권력 부흥의 도구로 삼았으며, 이는 트베리와 모스크바의 투쟁에서 분명히 드러난다); (3) 모스크바에게 유리하게 결정된 타타르족의 정책; (4) 보야린들과 성직자들의 동정; (5) 모스크바에서의 공위 상속의 규칙성.

위에서 언급된 견해들을 검토해볼 때, 우리는 모스크바 공국 부흥의 원인에 관한 문제는 진전이 없고 시간상으로 제일 나중의 견해는 썩 만족스러운 것이 아님을 알 수 있다. 우리는 미미한 모스크바 공국이 강력한 트베리 공국과 싸울 수 있었던 원인이었던 조건들을, 모스크바 공국이 이 조건들 덕분에 딛고 일어섰던 상황에서 모스크바 공국을 뒷받침하고 그 강화를 도와주었던 조건들로부터 구별해야 한다. 전자의 원인들로 다음을 언급해야 한다. (1) 모스크바 공국에게 주민과 자원을 부여한 지리적 위치; (2) 초기 모스크바공들의 개인적 능력, 그들의 정치적 기민함과 경제적 수완, 트베리 공국과 모스크바 공국이 똑같이 유리한 위치에 있었음에도 불구하고 트베리의 공들이 갖지 못한, 상황을 활용하는 능력. 공국의 강화를 촉진한 원인들로 다음을 들 수 있다. (1) 수도대주교 관구의 소재지를 교체하는 것으로 나타난 성직자들의 동정; (2) 자신들에게 위험한, 공국의 강화를 적시에 눈치 채지 못한 타타르족의 정치적 근시안; (3) 노브고로드는 강하지 않았고 트베리에서는 공들의 항상적인 내분이 일어났기 때문에 초래된 강력한 적들의 부재; (4) 보야린들과 주민들의 동정.

최근 M. K. 류밥스키 교수는 뛰어난 논문 "모스크바의 부흥"〔Возвышение Москвы, 논문집 《모스크바, 그 과거와 현재》(Москва в ее прошлом и настоящем), 제1부〕에서 모스크바 부흥의 근본적 원인에 관해 새로이 문제를 제기하였다. 그의 해석에 따르면, 타타르족에 의한 유린 이후 "수즈달 땅의 동부 및 일부 북부 공국들에서 타타르족에 의해 저질러진 유린과 파괴의 영향 하에" "수즈달 땅의 동부로부터 서부로 주민들의 이동"이 일어났고 "이것은 당연히 이 땅의 서부에 있던 트베리 공국과 모스크바 공국이 부흥하는 원인이 되었다." "그리하여 (류밥스키는 결론을 맺는다) 모스크바의 부흥과 그것의 정치적 성공 전체를 가져온 주요하고 기본적인 원인은 타타르족의 유린과 관련된 유리한 지리적 위치와 이 덕분에 모스크바 지역에 발생한 주민들의 밀집이었다."

14세기와 15세기 모스크바 공국의 대외 역사. 최초의 모스크바공들

최초의 두 모스크바공인 다니일 알렉산드로비치와 그의 아들 유리는 랴잔공으로부터 모스크바강 하구에 위치한 콜롬나시를, 그리고 스몰렌스크공으로부터 모스크바강 상류에 위치한 모자이스크시를 빼앗은 뒤 모스크바강 유역 전체를 '획득하는'16) 데 성공하였다. 게다가 다니일공은 자식이 없는 페레야슬라블공의 유언에 의해 페레야슬라블-잘레스키(Переяславль-Залесский) 시를 받았다. 유리 다닐로비치17)의

16) примыслить(프리미슬리티)란 구입과 탈취 등의 수법으로 다른 공들을 희생하면서 자신의 동산과 부동산을 확대하는 일을 가리킨다.

토지와 재산은 그가 야로슬라프 프세볼로도비치의 후손들에서 큰집을 대표하는 사람으로서 한국에서 블라디미르 대공위에 대한 명령서[18]를 구하기로 결심하고 트베리공 미하일 야로슬라비치[19](미하일공은 알렉산드르 넵스키공의 조카이고 모스크바의 다니일에게 사촌동생뻘이 되며, 그러므로 유리 다닐로비치공에게 삼촌뻘이었다)와 블라디미르를 두고 투쟁에 들어갈 만큼 성장하였다. 투쟁은 음모와 폭력 속에 한국에서 벌어졌다. 모스크바와 트베리의 두 공은 한국에서 살해당했다. 그러자 대공위는 미하일의 아들인 트베리의 알렉산드르의 것이 되었다. 그리고 모스크바에서는 유리의 동생으로 별명이 칼리타(즉 돈주머니)인 이반이 공이 되었다. 때를 포착하여 칼리타는 트베리와 새로 투쟁을 개시하고 마침내 1328년 대공위를 확보하였으며, 그때부터 공국은 모스크바 조의 수중을 더 이상 벗어나지 않았다.

이반 다닐로비치 칼리타 대공의 활동에 관해서는 별로 알려지지 않았다. 그러나 알려진 사실은 그의 지혜와 재능에 대해서 이야기한다. 그는 대공위에 올랐고 연대기 편자의 말에 따르면 "그때부터 루시 땅 전역에 40년 동안 평온함이 확대되었고 타타르족의 루시 땅 침공이 중단되었다." 칼리타가 타타르족 공물 징수인들의 참여 없이 자신의 재력으로 한국으로 들어가는 '비호트' 확보를 해결하기 위해 분주히 돌아다닌 중요한 공적은 바로 이 공에게 속한다. 이리하여 타타르족이 루시 땅에 들어갈 주요 동기가 없어졌고 루시에서 국내 평화와 안전이 확보되었다. 전설에 따르면 이반 칼리타는 자신의 땅에서 '도적

---

17) Юрий Данилович, 1281~1325. 모스크바의 공(1303~1325), 블라디미르 대공(1319~1322), 노브고로드의 공(1322~1325).

18) ярлык. 야를리크란 타타르족의 한이 루시의 공들에게 내린 (통치에 관한) 명령서를 일컫는다.

19) Михаил Ярославич, 1271~1318. 트베리공(1282 혹은 1286~1318), 블라디미르 대공(1305~1318).

들', 즉 내부 강도와 도둑들을 제거하였다. 칼리타의 영지에서 이룩된 평안과 질서는 그곳으로 주민들을 끌어 모았다. 평범한 사람들뿐만 아니라 고귀한 보야린들이 많은 비복들을 데리고 봉직을 하고 거주를 하기 위해 칼리타에게 왔다. 칼리타의 가장 큰 정치적 성공은 모스크바로 루시 수도대주교를 유치한 일이었다.

나이 많은 공들이 못 본체 함으로써 키예프가 몰락한 이래 전(全) 루시의 수도대주교가 어디에 있어야 하는지에 관한 문제가 발생할 수밖에 없었다. 황폐한 키예프에 남아야 하는가, 아니면 새로운 거주지를 찾아야 하는가? 대략 1300년경에 수도대주교 막심(Максим)은 키예프에서 타타르족에 의한 유린들 중 하나가 있은 뒤에 블라디미르-나-클랴지메[20]로 옮김으로써 이 문제를 해결하였다. 수도대주교의 북부로의 이동은 갈리치의 공들로 하여금 콘스탄티노플의 총대주교에게 남서부 루시에 따로 수도대주교의 관구를 설치해달라고 요청하게 만들었다. 그러나 총대주교는 루시 교회를 분할하는 데 동의하지 않았다. 막심이 죽은 뒤 총대주교는 볼린 출신의 수도원장 표트르를 수도대주교로서 루시로 발령하였다. 그러나 표트르는 키예프에 익숙해지고 나서 막심처럼 행동하여 북부로 옮겼다. 수도 블라디미르가 그의 공식 체류지가 되었다. 그러나 대공들이 이미 이 도시에 살고 있지 않았고 블라디미르를 두고 모스크바와 트베리가 다투고 있던 상황에서, 표트르는 결정적으로 모스크바에게 유리하게 기울어졌고 모든 면에서 모스크바공 이반 칼리타를 지지하였으며 오랫동안 그의 모스크바에서 살았다. 그리고는 그곳에 블라디미르의 우스펜스키 대성당과 유사한 유명한 우스펜스키 대성당을 건립하였다. 그는 모스크바에서 불의에 죽었을 때 이 대성당에 매장되었다. 그의 계승자인 그리스인 페오그노스트(Феогност)는 이미 궁극적으로 모스크바에 자리 잡

20) Владимир-на-Клязьме. 12~13세기 북동부 루시의 중심지였던 고대 도시.

았고, 이리하여 모스크바는 전 루시 땅의 교회 중심지가 되었다. 이 사건의 중요성은 분명하다. 정치권력과 교회권력의 중심이 모스크바에 동시에 형성되었고, 이리하여 이전에 작은 도시에 불과했던 모스크바는 '전 루시'의 중심이 되었다. 전설은 발생한 국가의 주요 성소로서 모스크바에 우스펜스키 대성당을 건립하면서 수도대주교 표트르가 당시 아직 대공위를 받지 못한 이반 칼리타에게 모스크바의 영광스런 미래를 예언하였다고 전한다. 감사의 마음을 갖고 있던 모스크바 주민들은 수도대주교 표트르의 기억을 유난히 숭상하였고, 그가 서거한 뒤 곧 그를 '전 러시아의 기적을 행하는 자'로서 성인들의 반열에 올려놓았다.

바로 이러한 것들이 모스크바공들이 교묘한 수완과 분령지의 유리한 위치 덕분에 이룩한 최초의 성공들이었다. 즉각 이 성공의 결과들이 나타나기 시작하였다. 칼리타 자신(1328~1340)과, 아버지와 마찬가지로 전 루시의 대공이었던 그의 두 아들, **세묜 고르디**(Семен Гордый, 1341~1353)와 **이반 크라스니**(Иван Красный, 1353~1359) 하에서 모스크바는 결정적으로 다른 공국들보다 우위를 갖기 시작하였다. 이반 칼리타는 자신이 굴복시킨 트베리와, 노브고로드 및 취약한 로스토프에서 전제적으로 일을 처리하였다. 연대기 편자에 따르면 '루시의 모든 공들이' 그의 아들 세묜의 '수중에 들어갔다.' 세묜의 별명 '고르디'[21] 자체는 그가 신하들과 함께 어떻게 행동하였는지를 보여준다. 자신들의 힘과 부에 의존하고 한국의 지지를 받으면서 모스크바공들은 자신들의 분령지에서만이 아니라 블라디미르-수즈달 지방 전체에서 질서와 평온을 유지할 수 있는 실제적 권력으로 나타났다. 이것은 타타르족과 내부 혼란에 의해 괴롭힘을 당한 민족에게 너무나 중요하고 바람직하여 그들은 자진해서 모스크바 권력 하에 들어갔고

---

21) гордый는 '자신만만한', '거만한'이라는 뜻이다.

모스크바공들을 지지하였다. 수많은 지체 높은 하인들과 보야린들이 종사단을 데리고 남쪽으로부터 그리고 다른 수즈달 분령지로부터 모스크바공들에게로 건너왔다. 모스크바공들에게 봉직하면서 이 하인들은 모스크바 군세를 강화시켰지만, 그 자신들도 강력한 공에게 봉사하면서 자신의 지위를 개선시키고 더욱더 존귀하게 되었다. 대공의 하인과 보야린이 되는 것은 평범한 분령지에서 봉사하는 것보다 나았다. 그러므로 모스크바공들의 하인들은 대공위가 언제나 모스크바에 속하도록 노력하였다. 모스크바 보야린들은 공들 자신이 허약하거나 무능력하였을 때조차도 공들의 충직한 하인들이었다. 연대기의 표현에 따르면 '온화하고 편안하였던' 이반 이바노비치 크라스니 대공 하에서와 아버지가 죽었을 때 아홉 살에 불과했던 그의 아들 디미트리(Димитрий) 하에서 그러했다.

보야린들과 함께 성직자들도 모스크바공들에게 특별한 동정을 보이면서 협력하였다. 수도대주교 페오그노스트가 궁극적으로 모스크바에 자리를 잡은 후, 그는 후계자로 태생이 모스크바인으로서 저명한 보야린 가문인 플레셰예프(Плещеев) 출신의 알렉시(Алексий)라는 모스크바 수도사를 준비하였다. 수도대주교로 임명된 알렉시는 허약한 이반 크라스니와 어린 그의 아들 디미트리 하에서 모스크바 공국을 이끌었는데, 말하자면 공국의 통치자였다. 특출한 지혜와 능력을 소유한 수도대주교 알렉시는 한국에서 큰 총애를 누렸고〔그는 한국에서 눈병을 앓던 한의 비 타이둘라(Тайдула)를 완쾌시켰다〕, 대공위가 궁극적으로 모스크바공들의 차지가 되는 것을 도와주었다. 루시에서 그는 모스크바공들의 변함없는 지지자였으며, 자신의 권위를 언제나 그들에게 이익이 되도록 이용하였다. 성 알렉시의 모스크바에 대한 공적은 너무나 크고 그의 인격은 너무나 고상하여 모스크바에서 그의 기억은 비상한 숭상을 받았다. 서거한 지 50년 후에(그는 1378년에 사망하였다) 그가 건립한 모스크바의 추도프(Чудов) 수도원에서 그의 유골이 발견되었고 그를 기념하는 축일이 정해졌다. 성 알렉시가 이끄는 루시의 성직자들은 그가 잡은 방향을 고수하였고 루시에서 강력한 권력과 확고한 질서를 확립하려는 모스크바공들의 노력을 언제나 지지하였다. 주지하듯이, 성직자들은 권력이 신에 의해 확립되었으며 정상적인 국가 질서가 필수적이라는 내용의 설교를 처음부터 루시에서 행하였다. 성직자들의 선진적인 대표자들은 아주 예리하게 모스크바에서 국가 중심지가 될 가능성을 봄으로써 모스크바에 협력하기 시작하였다. 이 점에서 수도대주교 알렉시의 뒤를 이어 그의 동료로서 유명한 트로이츠키(Троицкий) 수도원의 건립자인 보제 수도사 세르기(Сергий)가 언급되어야 한다. 수도대주교 알렉시와 함께, 또 독자적으로, 이 저명한 고행자는 민족생활의 모든 힘든 순간에 모스크바를 도와주었고 자신이 지닌 큰 도덕적 권위로 모스크바공들의 사업을 뒷받침하였다.

저명한 보야린들과 고위 성직자들의 뒤를 이어 민족의 대다수도 모스크바에 이끌렸다. 모스크바 공국은 내부적 평온에 의해 두드러졌다. 모스크바 공국은 주변 공국들(랴잔 공국, 니제고로드[22] 공국, 스몰렌스크 공국 등)의 국경 공격에서 보호되었다. 그리고 한국과 친선 관계에 있었다. 이것은 모스크바에 더 가까이 정주하여 그 보호 하에 있고 싶은 희망을 불어넣기에 충분하였다. 민족은 모스크바 땅으로 갔고 모스크바공들은 그들을 위해 도시와 크고 작은 촌락을 건설하였다. 그들은 영락한 공들〔야로슬라프공, 벨로제르스크(Белозерск)공, 로스토프공들〕로부터는 분령지 전체를, 그리고 소소유자들로부터는 간단한 촌락들을 사들였다. 그들은 한국에서 루시 '포로'를 되사서 자신들의 땅으로 데려갔으며 이들 포로들, 즉 '오르디네츠'[23]들을 온전

22) Нижегород. 니즈니 노브고로드를 말한다.

23) ордынец. 말 그대로 '오르다(Орда) 사람'이라는 뜻. 오르다는 한국, 특히 킵차크 한국을 가리킨다.

한 슬로보다들에 거주시켰다. 그리하여 모스크바 볼로스티에 거주하는 주민들이 증가하였고 이와 함께 모스크바공들의 힘과 재력도 성장하였다.

이리하여 모스크바공들에게 대공위를 가져다 준 모스크바공들의 최초 성공들의 결과 다른 분령지에 대한 모스크바의 결정적 우위가 확립되었다. 이것은 차례로 보야린과 성직자 그리고 민족 대중들로부터 모스크바에 대한 동정과 지지를 불러 일으켰다. 14세기말까지 칼리타와 그의 아들 하에서 이룩된 모스크바 세력의 성장은 요행의 '획득'에 의한 외적 강화의 특성만 지녔다. 이후 모스크바공들이 한국과 리투아니아에 맞서 루시 땅을 수호하는 전사로 전 루시의 선두에 서자 모스크바는 민족적 단결의 중심이 되었고 모스크바공들은 전국적 군주가 되었다.

드미트리 이바노비치 돈스코이공과 쿨리코보 전투

이반 칼리타의 아들들은 젊은 시절에 죽음을 맞이하여 그리 오랫동안 통치하지 못하였다. 세묜 고르디는 당시 전 유럽을 휩쓸던 유행병(페스트)으로 죽었다. 이반 크라스니는 미상의 원인에 의해 고작 31세에 사망하였다. 세묜 뒤에는 자식들이 전혀 남아 있지 않았고 이반 뒤에는 겨우 아들 두 명만이 남아 있었다. 이리하여 모스크바공들의 가족은 늘어나지 않았고 모스크바의 분령지들은 다른 분령지와는 달리 세분되지 않았다. 그러므로 모스크바 공국의 힘은 약해지지 않았고 모스크바공들은 한 명 한 명 한국에서 대공위를 받아, 그것을 확고히 유지하였다. 이반 크라스니가 죽고 모스크바공들 중 성인이 한 명도 남아 있지 않게 되었을 때 비로소 대공위에 대한 명령서가 수즈달공들에게 주어졌다. 그러나 10살 먹은 모스크바공 드미트리 이바노비치는 수도대주교 알렉시와 보야린들의 지도를 받아 정적들과 투쟁을 개시하였고 한을 자기편으로 끌어들이는 데 성공하였으며 블라디미르 대공위를 다시 소유하였다. 수즈달공 드미트리 콘스탄티노비치[24]는 겨우 약 2년 동안 대공을 지냈을 뿐이었다.

이리하여 드미트리 이바노비치공의 비범한 통치가 시작되었다. 그의 초기 시절 동안 국사에 대한 지휘는 수도대주교 알렉시와 보야린들에 의해 수행되었다. 그 후 드미트리가 어른이 되자 그는 국사를 직접 챙겼다. 드미트리 하의 모스크바 정책은 내내 한결같이 열정과 대담성으로 두드러졌다.

첫째, 대공위 문제에서 모스크바공은 대공위와 블라디미르시는 모스크바공들의 '세습영지', 즉 상속 재산을 구성하며 어느 다른 사람의 것도 될 수 없다는 시각을 노골적이고도 단호하게 지지하였다. 드미트리는 트베리공과의 협정에서 그렇게 말하였고, 또 대공위, 즉 자신의 세습영지를 장남에게 직접 물려준다는 내용의 유언장에서도 바로 그렇게 썼다.

둘째, 블라디미르-수즈달 루시의 나머지 공들과 랴잔 및 노브고로드에 대해 드미트리는 고압적이고 강압적인 태도를 취하였다. 연대기 편자의 표현에 따르면 그는 "모든 루시 공들을 자신의 의지 하에 두었고, 그의 의지를 따르지 않는 자들에게 위해를 가하기 시작하였다." 그는 다른 공들의 업무에 개입하였다. 즉 그는 수즈달-니제고로드공들의 가족에 영향력을 확립하였고 랴잔공 올레크를 굴복시켰으며 오랜 투쟁 끝에 트베리를 모스크바에 종속시켰다. 트베리와의 투쟁은 특히 장기간 끈질기게 계속되었다. 트베리의 대공 미하일 알렉산드로비치는 당시 이미 큰 힘을 보유하고 있던 리투아니아공들에게 도움을 요청하였다. 리투아니아공 알기르다스는 새 석벽으로 막 둘러싸인 모스크바 자체를 포위하였으나 점령할 수 없어서 리투아니아로 떠나버리고 말았다. 그 후 모스크바 군대가 트베리를 포위하였다. 마침내

---

24) Дмитрий Константинович, ?~1383. 수즈달의 공, 블라디미르 및 니제고로드 대공.

1375년 트베리와 모스크바 사이에 강화가 맺어졌으며, 그 강화에 따라 트베리공은 스스로를 모스크바공의 '동생'으로 인정하였고 블라디미르 대공위에 대한 모든 권리를 포기하였다. 그러나 모스크바에게는 트베리와의 강화 후에도 리투아니아와의 반목이 계속되었다. 끝으로 노브고로드와의 관계에서 드미트리는 고압적으로 처신하였다. 그는 치세 말에 노브고로드인들이 복종하지 않자, 노브고로드로 원정을 가서 굴복시키고는 노브고로드인들에게 8,000루블의 '오쿠프'(окуп, 배상금)를 부과하였다. 그리하여 북부 루시에서 모스크바가 차지하는 중요성은 드미트리 하에서 증대하였다. 모스크바는 궁극적으로 모든 경쟁자와 적에게 승리를 거두었다.

셋째, 드미트리 하에서 루시는 처음으로 타타르족과 노골적인 투쟁을 감행하였다. 타타르의 멍에로부터 루시를 해방시키고자 하는 열망은 일찍부터 루시 공들 사이에서 살아 있었다. 그들은 자신들의 유언과 계약들에서 "신이 한국(汗國)으로부터 우리를 해방"시키고, "신이 한국을 교체"해 달라는 희망을 심심치 않게 표명하였다. 세묜 고르디는 자신의 유언장에서 "우리 부모들과 우리를 계속 기억하고, 초가 꺼지지 않도록" 아버지의 유언에 따라 형제들이 평화롭게 살 것을 훈계하였다. 이 초는 민족해방에 대한 꺼지지 않는 생각을 의미하였다. 그러나 한국이 강력하고 위협적으로 남아 있는 한 그 멍에는 이전처럼 루시를 압박하였다. 타타르족과의 투쟁은 한국에서 '수많은 자먀트냐[25]', 달리 말해 장기간의 내분이 개시되었을 때, 비로소 가능하고 필수적으로 되었다. 그곳에서는 한이 한을 살해하고 군주들이 매우 빈번히 교체되었으며 항상 유혈이 낭자하였다. 그리고 끝으로 한국은 두 개로 쪼개져 끊임없는 반목으로 괴로워하였다. 이제 루시는 한국에게 바치는 공물을 줄이고 좀더 독립적인 자세를 취할 수 있었다.

---

25) замятня는 눈보라, 소음, 소동 등을 뜻하는 замять(자먀티)라는 단어에서 파생되었다.

그뿐만이 아니었다. 개별 타타르족 도당에 맞서 무기를 들어야 할 필요도 나타났다. 내분 동안 한국에서 살해의 위협을 당한, 유배당한 타타르족과 실패한 자들이 한국으로부터 북쪽으로 도주하였다. 그들은 자기 공들의 지휘 하에 대규모 군대를 형성하였고 오카강과 수라(Сура)강 유역에서 루시인 마을과 모르드바인 마을들을 약탈하면서 살았다. 루시인들은 그들을 단순히 약탈자들로 간주하여 가차 없이 몰아내고 쳐부수었다. 랴잔과 니제고로드 공들 및 드미트리 대공 자신은 그들에 맞서 군대를 보냈다. 루시의 저항은 타타르족을 격분시켰고 그들로 하여금 다시 루시에 맞서 점점 더 많은 힘을 결집하게끔 하였다. 그들은 황태자 아라프샤〔Арапша, 아랍-샤흐(Араб-шах)〕의 지휘 하에 단결하여 피야나(Пьяна)강(수라강 지류)에서 루시군을 격파하였으며 랴잔 및 니즈니 노브고로드를 파괴하였다(1377). 이에 모스크바인들과 니즈니 노브고로드인들은 타타르족이 점령하고 있던 수라강의 모르드바인 지역을 황폐화시켰다. 투쟁은 노골적이고 격렬해졌다. 당시 한국을 소유하고 스스로를 한으로 선포한 마마이(Мамай)공은 완강한 공들을 징벌하기 위해 루시로 군대를 파견하였다. 니즈니 노브고로드가 불탔고, 랴잔은 고통에 시달렸다. 그러나 모스크바의 드미트리 이바노비치는 타타르족을 자신의 땅에 들이지 않았고 보자[26]강의 랴잔 지방에서 그들을 쳐부수었다(1378). 양측은 새로운 충돌이 임박하였음을 알았다. 루시공들은 약탈자 무리들을 격퇴하면서 약탈자들을 지지한 한의 군대와 점차 투쟁에 들어갔다. 그들에 대한 승리는 루시인들에게 향후 투쟁을 위한 용기를 주었다. 루시의 반항을 경험한 마마이는 루시에 대한 지배를 포기하든지 아니면 자신에 맞서 무기를 든 루시를 새로 정복하지 않으면 안 되었다. 보자강에서 패배를 당한 지 2년 뒤 마마이는 루시 정벌에 나섰다.

---

26) Вожа. 오카강의 지류.

자신에 대한 루시의 저항이 강력함을 깨닫고 마마이는 군대를 대대적으로 모집하고 게다가 알려진 대로 당시 모스크바에 적대적이었던 리투아니아와 교섭에 들어갔다. 리투아니아공 요가일라는 마마이에게 1380년 9월 1일 그와 합치겠다고 약속하였다. 마마이의 준비를 알고서 랴잔공 올레크도 타타르족에 의한 필연적인 새로운 유린으로부터 우크라이나 땅을 보호하려고 하면서 마마이 및 요가일라와 교섭에 들어갔다. 타타르족의 원정 준비는 모스크바공의 시선도 피할 수 없었다. 모스크바공은 수하의 모든 공들(로스토프공, 야로슬라프공, 벨로제르스크공)을 자신의 주위에 결집시켰다. 그는 또 다른 대공들의 도움을 요청하기 위해 노브고로드로도 사람을 보냈지만, 그들 중 어느 누구로부터도 큰 원군을 확보하는 데 실패하여 자신의 군대에만 의존하였다. 그렇지만 이 군대는 대규모였고 당대인들은 모스크바 군대의 규모와 질에 깜짝 놀랐다. 마마이의 움직임에 대한 소식을 듣고 드미트리공은 1380년 8월에 원정에 나섰다. 원정을 시작하기 전에 그는 수도원으로 장보제(長補祭) 세르기를 찾아가 전쟁에 대한 축복을 받았다. 고명한 수도원장은 드미트리공의 자기희생적 행동에 대한 동정의 명백한 표시로서 수도원의 성직자들 중에서 페레스베트(Пересвет)와 오슬레뱌*라는 이름의 두 용사를 대공에게 뽑아 주었다. 처음에 모스크바 군대는 마마이가 랴잔을 지나 모스크바로 갈 거라고 생각했기 때문에 랴잔의 국경 쪽 콜롬나로 진격하였다. 타타르족이 리투아니아와 합세하기 위해 더 서쪽으로 갈 것임을 알게 되자, 대공도 서쪽 세르푸호프[27]로 움직여 국경 내에서 마마이를 기다리지 않고 그를

* Ослебя. Ослебя(Ослябя)라는 단어는 осля, щеня, теля, Ослебяти 등처럼 격 변화하였다. 이 이름에서 Ослебятевых라는 성이 발생하였다. 트로이츠키 수도원의 이 두 용사는 타타르족과의 전투에서 사망하였다. 그들의 무덤은 모스크바의 시모노프(Симонов) 수도원에 보존되었다.

27) Серпухов. 러시아 서부 모스크바 오블라스티에 위치한 도시

향해 '황야'로 가서 마마이가 그곳에서 리투아니아 군대와 합류하는 데 성공하기 전에 그와 대적하기로 결정하였다. 적들이 합세하지 못하게 하여 따로따로 격퇴하는 것은 통상적인 전술이다. 드미트리는 오카강을 건너 남쪽으로 향하였고 돈강 상류에 이르러 돈강도 건넜다. 그리고는 네프랴드바(Непрядва, 오른편에서 돈강으로 흘러들어가는)강 하구의 쿨리코보 평원에서 마마이 군대와 마주쳤다. 리투아니아공은 그들과 합세하는 데 실패하였고, 당시 말해진 대로 그는 루시군과 타타르군이 마주친 장소에서 불과 하루 행군 거리에 있었다. 임박한 전투의 나쁜 결말을 우려한 대공은 사촌 형제인 블라디미르 안드레예비치공과 볼린 출신인 보야린 보브로크(Боброк)의 지휘 하에 특수 부대를 돈강의 활엽수림의 은폐된 장소에 매복시켰다. 드미트리의 우려는 적중했다. 격렬한 전투에서 타타르군은 루시군을 격퇴하였다. 수많은 공들과 보야린들이 쓰러졌다. 대공 자신은 아무도 모르는 새에 사라져버렸다. 쓰러진 그는 정신을 잃고 나무 밑에 누웠다. 결정적인 순간 매복 부대가 타타르군에게 타격을 가하고 그들을 분쇄하여 쫓아냈다. 타격을 예상치 못한 타타르군은 자신들의 진영을 버리고 쏜살같이 도망치고 말았다. 마마이 자신은 소수의 수행원을 데리고 전장에서 도주하였다. 루시군은 타타르군을 수십 베르스타 추적하여 많은 노획물을 획득하였다. 대공의 모스크바 귀향은 성대하였으나 참혹하기도 하였다. 대승을 거두었으나 희생도 컸다. 2년 뒤(1382), 마마이를 쓰러뜨린 한국의 새로운 한(汗) 투크타미시[28]가 돌연 군대를 이끌고 루시에 쳐들어왔을 때 대공은 적과 맞설 충분한 인력이 수중에 없었고, 또한 그들을 빠른 시일 내 모을 수도 없었다. 타타르군이 모스크바에 가까이 다가오자 드미트리는 북쪽으로 도주하였다. 모스크바는 타타르군에 의해 점령되어 약탈당하고 불태워졌다. 다른 도

28) Тохтамыш, ?~1406. 타타르어로 Tugtamiş. 킵차크 한국의 마지막 한.

시들도 황폐화되었다. 타타르군은 많은 노획물 및 포로들과 함께 떠났으며, 드미트리는 타타르족의 조공자임을 다시 인정하고 아들 바실리를 인질로 한에게 바치지 않으면 안 되었다. 이리하여 멍에는 벗겨지지 않았고 북부 루시는 해방투쟁의 실패로 무력하게 되었다.

그럼에도 불구하고 쿨리코보 전투는 북부 루시와 모스크바에게 큰 의의를 지녔다. 당대인들은 이 전투를 최대의 사건으로 간주하였고 타타르군을 물리친 드미트리 대공에게 돈강에서의 승리를 기념하여 '돈스코이'라는 명예스런 별칭을 붙여주었다. 쿨리코보 전투의 군사적 중요성은 이 전투가 한국을 물리칠 수 없다는 이전의 믿음을 불식하고 루시가 독립투쟁을 위해 강력해졌음을 보여주었다는 데 있었다. 투크타미시의 공격은 마마이 대전투가 가진 이와 같은 중요성을 축소시키지 못하였다. 타타르군이 1382년에 승리한 것은 그들이 갑자기 몰래 '재빨리' 도착하는 바람에 모스크바가 그들을 제대로 보지 못하여 자신을 보호하지 못했기 때문이었다. 모든 이들은 이제 루시는 이전처럼 한국의 공격에 굴복하지 않으며 타타르족은 불의의 급습에 의해서만 루시를 공격할 수 있음을 깨달았다. 쿨리코보 전투의 정치적·민족적 중요성은 이 전투가 모스크바공이라는 단일한 군주의 권력 하에 민족이 결정적으로 단결하는 추동력을 주었다는 데 있었다. 당시의 루시인들의 관점에서 볼 때 1380년의 사건은 다음과 같은 의미를 갖고 있었다. 북부 루시 전체가 공포에 떨며 마마이의 습격을 기다렸다. 겁을 먹은 랴잔공은 '배신하여' 적과 무저항의 타협에 들어갔다. 다른 강력한 공들(수즈달-니제고로드공과 트베리공)은 사건이 일어나기를 기다리면서 어디론가 숨어버렸다. 대노브고로드는 원조 제공을 서두르지 않았다. 오직 모스크바공만이 힘을 모아 마마이에게 저항하기로 결심하였다. 게다가 그 저항은 모스크바공의 국경 내에서가 아니라 황야에서, 즉 자신의 분령지만이 아니라 루시 전체를 공격으로부터 차단할 황야에서 이루어질 것이었다. 타타르군의 습격을 스스로 책임진 드미트리는 루시 땅 전체를 위한 선량한 수난자로 등장하였다. 이 습격을 격퇴한 드미트리는 자연스럽게 자신을 전 민족의 수장으로서 다른 모든 공보다 위에 올려놓은 그런 힘을 보여주었다. 민족 전체가 자신들의 유일한 군주로서 그에게 끌렸다. 모스크바는 모든 이들에게 명백히 민족적 단결의 중심지가 되었고, 모스크바 공들에게는 단지 돈스코이 정책의 과실을 활용하여 자신들의 수중에 들어온 땅 전체를 하나로 모을 일만 남았다.

돈스코이의 계승자들

돈스코이는 겨우 39살에 죽었고 아들 몇 명을 남겼다. 그는 장남인 바실리에게 블라디미르 대공위를 주고 모스크바 분령지의 일부도 남겼다. 나머지 아들들에게는 다른 도시와 모스크바 분령지의 볼로스티들을 나누어주었다. 이에 대해 그는 자신의 유언장에서 다음과 같이 표명하였다. "죄업으로 신이 내 아들 바실리공을 빼앗아 가면 그의 아래의 아들인 다른 아들에게 바실리공의 분령지가 주어진다." 이 말을 근거로 드미트리의 차남인 유리가 모스크바의 땅뿐만 아니라 대공위에서도 스스로를 자기 형의 상속자로 간주하였다. 이 점에서 그는 틀렸다. 왜냐하면 드미트리는 바실리가 후사 없이 죽을 경우만을 염두에 두고 있었기 때문이었다. 일반적으로 모스크바 공들은 유언장에서 씨족 상속이 아니라 가족 상속의 원리를 고수하였고, 그 자신 스스로를 대공 및 자기 분령지의 '세습영주'라고 불렀다.

바실리 드미트리예비치(Василий Дмитриевич) 대공(1389~1425)은 개성이 없고 신중한 인물이었다. 그의 치하에서 모스크바는 당시 통상적이었던 획득 방식으로 수즈달의 공들로부터 니즈니 노브고로드를 탈취하였다. 대공은 이 일에서 한(汗) 투크타미시에게 의존하였는데, 투크타미시는 그에게 대공위에 대한 명령서 외에도 니즈니에 대한 명령서를 주었다. 그러나 투크타미시가 아시아의 한 티무르-렌크(Тимур-Ленк) 즉 타메를란[29]에 의해 타도되자 바실리 하에서 타타르족과의 관계는 악화되었다. 루시는 타타르족의 무서운 공격을 예상하였고 방어 준비를 하였다. 대공은 대규모 군대를 모집하였고 오카강변의 국경에서 적을 격퇴하겠다고 마음을 단단히 먹었다. 모스크바는 포위 공격을 준비하였다. 수도대주교 키프리안(Киприан)은 민족의 사기를 돋우고자 대공국 전체의 주요 성물 — 안드레이 보골륩스키공에 의해 남쪽에서 블라디미르로 반입된 블라디미르 성모상 — 을 모스크바로 들여온다는 구상을 내놓았다(이때부터 이 성화는 모스크바의 우스펜스키 대성당에 남았다). 그러나 타메를란은 오카강까지 이르지 못했고 옐레츠[30]시에서 되돌아갔다(1395). 아마도 무서운 타타르 정복자들의 갑작스런 퇴각은 루시에 의해 타타르족 약화의 징조로서 해석되었을 것이다. 대공은 생산물의 지불을 중단하였고 한의 사절에게 어떤 예우도 하지 않았다. 그러자 한국(汗國)은 루시에 대한 공격을 계획하였다. 타타르공 이데게이[31]는 속임수를 써서 갑자기 몰래 루시 땅을 침입하여 모스크바를 포위하였다. 대공은 북쪽으로 도망쳤고 이데게이는 그의 지역 거의 전역을 황폐화시켰으며, 모스크바로부터 '오쿠프'[32]를 받고 벌주지 않고 한국으로 돌아갔다. 타타르족과의 관계는 이러하였다. 바실리 하에서는 그의 아버지 하에서와 마찬가지로 리투아니아와도 적대적이었다. 계속 강대해진 리투아니아공들은 드네프르강과 서드비나강 상류의 루시 지역을 자신들에게 복속시켰다. 그러나 루시 땅을 모으고 있던 모스크바도 그 지역을 되찾고자 하였다. 모스크바 대공이 리투아니아 대공 비타우타스의 딸(소피야)과 결혼했음에도 불구하고 그들 사이의 관계는 노골적 전쟁으로까지 치달았다.

---

29) Тамерлан. 1336?~1405. 티무르 제국의 창시자인 티무르를 가리킨다.

30) Елец. 러시아 리페츠크 오블라스티에 위치한 도시.

31) Едиге, 1352~1419. 타타르어로 Idegey. 킵차크 한국의 한(1406~1419).

32) окуп. 배상금.

충돌은 리투아니아와 모스크바 영지의 경계가 오카강의 왼쪽 지류인 우그르(Угр) 강으로 인정됨으로써 끝났다. 장인과 화해한 바실리 드미트리예비치는 비타우타스에게 자신의 아들이자 그의 외손자인 바실리 바실리예비치(Василий Васильевич) 대공에 대한 후견을 부탁하였다. 이것은 모스크바 루시에 대한 리투아니아의 압도적 우위를 보여주는 순간이었다.

별명이 툠니(Темный. 즉 장님) 인 바실리 바실리예비치 대공은 아버지가 죽었을 때 겨우 10살이었다. 그의 재위(1425~1462) 는 매우 불안정했고 불행하였다. 삼촌인 유리 드미트리예비치(Юрий Дмитриевич) 대공은 어린 조카를 대공으로 인정하고 싶지 않았고 자신이 가장 연장자이고 싶어 하였다. 그는 비타우타스가 사망하자(1430), 모스크바와 블라디미르를 두고 조카와 노골적인 투쟁을 시작하였다. 유리의 아들들인 바실리 코소이(Василий Косой) 와 드미트리 셰먀카(Дмитрий Шемяка) 도 투쟁에 참여하였다. 유리는 자신의 풍요로운 갈리치 분령지〔코스트로마강 상류의 갈리치 메르스키(Галич Мерский)〕에 의존하였다. 주민의 다수와 성직자들 그리고 보야린들이 바실리 바실리예비치의 편을 들었다. 모스크바는 여러 번 주인이 바뀌었다. 모스크바를 소유한 유리가 대공국에서 죽었다. 그의 사후 특히 바실리 코소이가 바실리 바실리예비치에 맞서 행동하였다. 그러나 그는 붙잡혀 대공의 명령으로 시력을 잃게 되었다. 이에 드미트리 셰먀카는 바실리 바실리예비치에게 승리하였을 때 바실리 자신의 눈을 멀게 하였다(1446). 투쟁은 툠니가 공으로서 통치한 거의 전 시기 동안 계속되었고 셰먀카와 그를 지지한 다른 분령공들에 대한 대공의 완전한 승리로 마무리되었다. 1450년 셰먀카는 갈리치의 대전투에서 격파되어 노브고로드로 도주하였고 그곳에서 곧 독살 당했다고 전해진다. 그의 땅은 그의 동맹자들의 땅과 마찬가지로 대공의 것이 되었다. 북부 루시에서 마지막으로 벌어진, 갈리치 공들과 대공과의 투쟁에서 씨족 상속과 조카에 대한 삼촌의 연장순적 우위라는 옛 원칙이 등장하고 있다. 아버지로부터 아들에게로 전해지는, 모스크바 세습영지 상속 관습은 여기서 전반적인 공감 덕분에 결정적이고 돌이킬 수 없이 낡은 질서에 대해 승리하였다. 민족은 이제 나라가 희망하는 독재의 확립을 가져올 가족 상속의 우월성을 존중하였다.

모스크바의 내란 동안 타타르족은 예전처럼 약탈적 습격으로 루시 땅을 괴롭혔다. 한편 킵차크 한국의 몰락은 타타르의 공들이 내분 동안 점점 더 많이 한국에서 추방되어 피난처를 구하지 않으면 안 된 사실로 나타났다. 그들 중 일부는 평화적으로 허가를 받아 모스크바 공들을 위해 봉직하였고, 또 다른 일부는 루시 땅을 유린하기 시작하다 그 자신 루시인들의 반격을 당하였다. 이와 같은 추방자들 중에서 이 시기 특히 두각을 나타낸 사람은 한 올루그-모함마드[33]였다. 오카강의 루시 볼로스티들을 유린한 후 그는 볼가강으로 가서 볼가강의 카잔카(Казанка)강 하구 근처에 카잔(Казань)시를 건설하였다. 별개의 카잔 제국을 세운 후 그는 그곳에서부터 루시를 격멸하기 시작하였는데, 자신의 공격으로 모스크바 자체까지 도달하였다. 바실리 바실리예비치 대공은 타타르군에 맞서 출정하였으나 수즈달 근교에서 격파되고 자신은 타타르군의 포로가 되고 말았다(1445). 모스크바는 대공포에 빠져 타타르군을 기다렸다. 그러나 타타르군은 오지 않았다. 그들은 거액의 몸값을 받고 대공을 풀어주었고, 이 몸값은 민족에게서 징수되어 그에게 무거운 짐이 되었다. 민족의 불만은 대공이 포로 상태에서 풀려나 돌아올 때 그와 함께 많은 타타르족이 봉직을 위해 모스크바에 온 사실에 의해서 더욱 심화되었다. 모스크바인들에게는 대공이 "타타르족과 그들의 말을 정도 이상으로 좋아하고 가차없이 기독교도들을 괴롭히는" 것처럼 보였다. 그러자 셰먀카가 민족

33) Улу-Махмет, ?~1445. 타타르어로는 Olugh Mokhammad. 킵차크 한국의 한이자 카잔 한국의 창건자.

의 분위기를 이용하여 대공을 사로잡고서는 그의 눈을 멀게 하였다.

많은 고난을 겪은 바실리 바실리예비치공 치세에 루시 교회의 생활에서 중요한 사건이 발생하였다. 알려진 대로 1439년에 피렌체에서 열린 정교와 가톨릭 성직자들의 공의회에서 동방 교회와 서방 교회의 통합이 이루어졌다. 콘스탄티노플의 황제와 총대주교는 동방과 서방의 교회 불화가 불식될 때 교황과 서방의 군주들이 투르크인들과의 투쟁에서 그리스인들을 도와줄 거라고 바라면서 이러한 통합을 모색하였다. 투르크인들 때문에 재난에 빠진 그리스 당국은 교황에 대해 온갖 양보를 준비하였고, 그리하여 통합은 그리스인들이 자신의 교회 의식을 존치시키나 모든 가톨릭 교리와 교황의 최고 지배권을 인정하는 선에서 이루어졌다. 차리그라드에서 공의회를 준비하고 있던 바로 그때 루시에 수도대주교를 임명해야 했다. 통합에 적극 찬성하던 그리스의 학자 이시도르(Исидор)가 임명되었다. 모스크바에 도착한 그는 이제 이탈리아에서의 공의회를 준비하기 시작하여 대규모 수행원들을 대동하고 그곳으로 떠났다. 그리고는 그곳에서 가톨릭교와의 통합을 가장 열렬히 옹호하는 사람들 중의 한 사람이 되었다. 교황의 호의를 얻은 그는 1441년 모스크바로 되돌아왔고 로마와의 협상 성립을 널리 알렸다. 그러나 그리스인 자신들이 수세기 동안 루시인들 사이에서 가톨릭교에 대한 증오심을 배양해왔기 때문에 모스크바에서 그 협상은 받아들여지지 않았다. 이시도르는 구금되었으며 교묘히 도망을 쳤고 '슬그머니 빠져나와' 리투아니아에 몸을 숨긴 다음 그곳에서 이탈리아로 건너갔다. 모스크바에서는 교황에게 정교를 맡겨버린 콘스탄티노플의 총대주교 관구에서 떨어져 나와 앞으로는 직접 루시 고위성직자 회의의 선거에 따라 수도대주교를 내세우기로 결정하였다. 새로운 제도에 의해 랴잔의 주교 이오나(Иона)가 모스크바의 수도대주교가 되었다. 동시에 남서부 루시에서는 옛 키예프 관구에 이전처럼 콘스탄티노플에서 임명하는 수도대주교들이 따로 자리를 잡았다.

이반 3세 대공 시대

시대의 의의

바실리 톰니의 후계자는 그의 장남 이반 바실리예비치(Иван Васильевич)였다. 역사가들은 그를 다양하게 바라본다. **솔로비요프**는 일련의 현명한 선임자들 이후 이반 3세가 처한 좋은 상황이 그에게 폭넓은 계획을 대담하게 실행할 기회를 주었을 뿐이라고 말한다. **코스토마로프**는 이반을 더욱 엄중히 심판한다. 그는 이반이 정치적 능력이 전혀 없으며 인덕도 없다고 생각한다. **카람진**은 이반 3세의 활동을 완전히 달리 평가한다. 표트르 변혁의 폭력적 성격에 공감하지 않는 그는 이반 3세를 심지어 표트르 대제보다 더 높이 친다. **베스투제프-류민**은 이반 3세에 대해 훨씬 공평하고 차분한 태도를 취한다. 그는 이반의 선임자들에 의해 많은 것들이 이루어졌고 그러므로 이반이 일하기가 좀더 용이해졌음에도 불구하고, 이반은 해묵은 과제들을 완수하고 새로운 과제를 제기할 수 있었기 때문에 위대하다고 말한다.

눈이 먼 아버지는 이반을 자신의 동반자로 삼았고 나아가 자신의 생애 동안 그에게 대공의 직함을 부여하였다. 내분과 동란의 힘든 시기에 성장한 이반은 일찍이 세상사의 경험과 국사에 대한 익숙함을 획득하였다. 천부적으로 심오한 지혜와 강한 의지를 가진 그는 업무를 훌륭하게 수행하였고, 말하자면, 대루시의 땅을 모스크바 권력 하에 결집하는 일을 완수하고서 자신의 영지로 통일된 대루시 국가를 형성하였다. 이반이 공으로서 통치하기 시작했을 때, 그의 공국은 거의 모든 곳에서 루시 영지들, 즉 대노브고로드 지배자의 영지와 트베리공, 로스토프공, 야로슬라프공, 랴잔공의 영지들에 의해 둘러싸여 있었다. 이반 바실리예비치는 이 모든 땅을 무력이나 평화적 협상으로 복속시켰다. 치세 말기에 그는 스웨덴인, 독일인, 리투아니아인, 타타르족 등, 이교도와 다른 종족들만을 이웃으로 갖고 있었다. 이러한 상황만으로도 그는 자신의 정책을 바꿀 수밖에 없었다. 이전에 그 자신과 같은 소유자들에 의해 둘러싸인 이반은 가장 강력하기는 했지만 많은 분령공들 가운데 한 명에 불과했다. 지금 그는 이 공들을 제거하고서 전 민족의 통일된 군주로 변모하였다. 통치 초기에 그는 그의 분령 선조들이 꿈꾼 것처럼 영토 획득을 꿈꾸었다. 말기에 그는 이교도 및 외국 적들로부터 전 민족을 보호하는 것을 생각하지 않으면 안 되었다. 간단히 말해서 처음에 그의 정책은 분령지에 국한되었으나 그 후 이 정책은 전국적인 것이 되었다.

그와 같은 중요성을 획득한 이반 3세는 물론 자신의 권력을 모스크바 조의 다른 공들과 나눌 수가 없었다. 다른 분령지들(트베리, 야로슬라프, 로스토프의)을 제거한 그는 자신의 씨족들 사이에 분령제도를 남겨둘 수가 없었다. 이 제도의 연구를 위해 우리는 수많은 14~15세기 모스크바공들의 유언장을 갖고 있는데, 그것들에서 한 가지 형태의 소유 및 상속제도를 확립시키는 상설 규칙이 존재하지 않음을 본다. 모든 것은 원하는 사람에게 자기 소유지를 넘겨줄 수 있었던 공들의 유언에 의해 매번 결정되었다. 그리하여 예를 들어 이반 칼리타의 아들 세묜공은 자식 없이 죽었는데, 자신의 개인 분령지를 형제들이 아니라 부인에게 물려주었다. 공들은 자신들의 소유지를 자기 경제의 품목으로 간주하였고 동산도 사유지도 국유지도 완전히 동일하게 나누었다. 국유지는 경제적 중요성과 역사적 기원에 따라 보통 우예스트[1]와 볼로스티로 나뉘었다. 각 상속자는 바로 동산의 각 품목들에서 자기 몫을 받는 것처럼 이 토지들에서 자기 몫을 받았다. 공들의 유언장 형식 자체는 개인의 유언장 형식 바로 그것이었다. 유언장은 증인들이 참석하고 참회 청문사제들이 축복하는 가운데 정확히 그런 식으로 완성되었다. 유언장에 의해 공들의 상호관계를 훌륭히 추적할 수 있다. 각 분령공은 자신의 분령지를 독립적으로 소유하였다. 젊은 분령공들은 아버지로서 가장 나이 든 공의 말을 들어야 했으며, 가장 나이 든 공은 젊은 공들을 보살펴야 했다. 그러나 이것은 정치적 의무라기보다는 도덕적 의무였다. 큰 형의 중요성은 여분의 권리와 권력이 아니라 순전히 물질적인 양적 우위에 달려 있었다. 그리하여 예를 들어 드미트리 돈스코이는 아들 다섯 중 장남에게 전 재산의 3분의 1을 주었고, 바실리 툠니는 반을 주었다. 이반 3세는 동일한 물적 자원이 더 풍부하다는 사실에 만족하고 싶지 않았고 형제들을 완전히 지배하기를 원하였다. 기회가 오자마자 그는 형제들로부터 분령지들을 빼앗았고 그들의 오랜 권리들을 제한하였다. 그는 군주가 신하들에게 복종을 요구하듯이 형제들에게 복종을 요구하였다. 유언장을 작성하면서 이반 3세는 차남 이하의 아들들을 완전히 빠트리고 장남인 바실리 대공에게 유리하게 분배하였으며, 게다가 그들의 온갖 대권들을 박탈하고 단순한 봉직 공들로서 대공에게 종속시켰다. 요컨대 어디에서든지 그리고 모든 면에서 이반은 봉직 공들도 단순한 하인들도 모두 한결같이 군주에 종속되는, 독재적이고 전제적인 군주로서의 대공에 대한 시각을 표출하였다. 민족적인 전제적 군주라는 새로운 사상은 궁정 생활을 변화시키고 궁정 예절〔'친'(чин)〕을 확립시켰다. 또 관습이 매우 화려해지고 장엄하게 되었으며 대공 권력의

1) уезд. 고대 러시아의 도시 근교의 촌락.

고귀한 지위에 대한 관념을 표현하는 다양한 문장과 증표들을 사용하게 되었다. 그리하여 북부 루시의 통합과 함께 모스크바 분령공이 전 루시의 군주-독재자로 변모되었다.

끝으로 전국적 군주가 된 이반 3세는 루시의 대외관계에서 새로운 방향을 잡았다. 그는 킵차크 한국의 한에 대한 종속의 마지막 잔재들을 벗어던졌다. 그는 모스크바가 그때까지 방어만 하고 있던 리투아니아에 맞서 공세를 개시하였다. 심지어 그는 게디미나스 시대 이래 리투아니아 공들이 소유하고 있던 모든 루시 지방들에 대한 권리를 표명하기까지 하였다. 스스로를 '전 루시'의 군주라고 칭하면서 그는 이 말로 북부 루시는 물론이고 남부와 서부 루시도 의미하였다. 이반 3세는 리보니아 기사단에 대해서도 확고한 공세적 정책을 수행하였다. 그는 선조들이 축적하고 그 자신 통일된 국가에서 창출하였던 힘과 자원을 결정적으로 이용할 수 있었다.

이반 3세 통치의 역사적 중요성은 바로 이 점에 있다. 루시 북부를 모스크바 주위에 통합시키는 일은 오래 전에 시작되었다. 드미트리 돈스코이 하에서 그 최초의 징후들이 나타났고, 이반 3세 하에서 그것은 완수되었다. 그러므로 완전한 권리를 갖고 이반 3세를 모스크바 국가의 창건자라고 부를 수 있을 것이다.

대노브고로드의 복속

우리는 노브고로드 독립생활의 마지막 시기에 노브고로드에서 상급 주민과 하급 주민 사이에 항상적인 반목이 존재하였음을 알고 있다. 이 반목은 자주 노골적인 내분으로 발전하면서 노브고로드를 약화시켰고 강한 이웃들 — 모스크바와 리투아니아 — 에게 노브고로드를 손쉬운 노획물로 만들었다. 모든 대 모스크바공들은 노브고로드를 수중에 넣고 그곳에 자신들의 봉직 공들을 모스크바 지사의 자격으로 두고자 노력하였다. 대공들에 맞선 노브고로드인들의 반항에 대해 모스크바인들은 여러 차례 노브고로드와 전쟁을 벌였고, 그들로부터 오쿠프(배상금)를 받았으며 노브고로드인들에게 복종의 의무를 지웠다. 노브고로드에 숨어 있던 셰먀카에게 승리를 거둔 후 바실리 톰니는 노브고로드인들을 격멸하였고 그들로부터 10,000루블을 받았다. 또 노브고로드가 그에게 복종할 것이며 그에게 적대적인 공들 중 어느 누구도 받아들이지 않겠다는 맹세를 강요하였다. 노브고로드에 대한 모스크바의 권리주장은 노브고로드인들로 하여금 리투아니아 대공들로부터 동맹과 보호를 구하게끔 만들었다. 그러나 리투아니아 대공들로서는 가능한 한 노브고로드인들을 자신들에게 복속시키려 하였고 그들도 모스크바처럼 오쿠프를 징수하였으나 모스크바에 맞서 전반적으로 노브고로드인들을 잘 도와주지는 못하였다. 두 무서운 적들 사이에 놓인 노브고로드인들은 그들 스스로는 독립을 보존하고 유지할 수 없으며 이웃들 중 누구와 상시적으로 동맹을 맺는 길만이 노브고로드 국가의 존속을 연장할 수 있다는 확신에 도달하였다. 노브고로드에서 두 개의 당파가 형성되었다. 하나는 모스크바와의 협정을 주장하였고 다른 하나는 리투아니아와의 협정을 주장하였다. 모스크바를 지지한 사람은 특히 민중들이었고 리투아니아를 지지한 사람은 보야린들이었다. 평범한 노브고로드인들은 모스크바공에게서 정교도 루시 군주를 보았고 리투아니아에서는 가톨릭교도와 이국인을 보았다. 모스크바에 대한 종속으로부터 리투아니아에 대한 종속으로 넘어가는 것은 그들에게 자신의 신앙과 민족을 바꾸는 것을 의미했다. 보레츠키(Борецкий) 가문을 선두로 하는 노브고로드의 보야린들은 모스크바로부터 낡은 노브고로드 구조의 완전한 붕괴를 예상하였고 바로 리투아니아와 동맹을 맺음으로써 그것을 보존하기를 열망하였다. 바실리 톰니 하에서 노브고로드가 황폐화된 후 리투아니아 당파는 노브고로드에서 우위를 점하였고, 리투아니아공의 후원 하에 들어감으로써 톰니 하에서 확고히 된 모스크바에 대한 종속으로부터의 해방을 준비하기 시작하였다. 1471년 보레츠키 당파가 이끄는 노브고로드는 리투아니아 대공이자 폴란드왕이었던 카지미에라스 요가일라이티스[2]〔다른 이름은 야겔론치크(Ягеллончик)〕와 동맹을 맺었다. 이 동맹에 따르면 왕은 노브고로드를 모스크바로부터 보호하고 노브고로드인들에게 지사를 파견하며 모든 노브고로드의 특권과 구습을 준수하기로 되어 있었다.

모스크바는 노브고로드가 리투아니아로 넘어간 것을 알게 되었을 때 이것을 대공을 배신하는 것일 뿐만 아니라 신앙과 루시 민족도 배신하는 것으로 보았다. 이런 의미에서 이반 대공은 노브고로드로 편지를 써 노브고로드인들이 리투아니아와 가톨릭교도인 왕으로부터 떨어지라고 설득하였다. 대공은 성직자들과 더불어 사령관과 관리들로 대 회의를 소집하고, 회의에서 노브고로드의 부정과 배신을 전부 널리 알렸으며, 당장 노브고로드와 전쟁을 개시할 것인지 아니면 노브고로드의 강과 호수와 늪지대가 얼어붙을 겨울을 기다릴 것인지 회의에서 의견을 물었다. 즉각 전쟁에 돌입하기로 결정되었다. 변절자들에 대한 종교 원정의 형식이 노브고로드인들에 대한 원정에 주어졌다. 그리하여 연대기 편자의 말에 따르면 드미트리 돈스코이가 신앙이 없는 마마이를 무기를 들고 공격하였듯이 정교를 믿는 이오안[3] 대공은 정교로부터 가톨릭교로 변절한 이들과 전쟁을 개시하였다. 모스크바 군대는 다양한 길로 노브고로드 땅으로 들어갔다. 다니일 홀름스키(Даниил Холмский) 공의 지휘 하에 군대는 노브고로드인들에게 곧 승리를 거두었다. 처음에 모스크바의 한 분견대가 일멘호의 남부 연안에서 노브고르드군을 격파하였고, 그 후 셸론강의 새 전투에서

2) Казимир Ягайлович, 1427~1492. 폴란드어로는 Kazimierz Jagiellończyk, 리투아니어로는 Kazimieras Jogailaitis. 리투아니아의 대공 출신으로 폴란드 국왕(재위 1447~1492).

3) Иоанн. 이반을 가리킨다.

노브고로드군의 주력은 참패를 당하였다. 시장관인 보레츠키는 포로로 잡혀 처형당했다. 노브고로드로 가는 길은 열렸지만 리투아니아는 노브고로드를 도와줄 수 없었다. 노브고로드인들은 이반에게 굴복하여 용서를 구할 수밖에 없었다. 그들은 리투아니아와의 관계를 단절하였고 모스크바를 배신해서는 안 되었다. 게다가 그들은 대공에게 15,500루블에 달하는 거액의 오쿠프를 지불하였다. 이반은 모스크바로 돌아왔고 노브고로드에서는 내부 동란이 재발하였다. 자신들의 폭압자들에 의해 모욕을 당한 노브고로드인들은 대공에게 고통을 주는 사람들에 대해 불평하였고 이반은 1475년 재판과 처분을 위해 몸소 노브고로드로 향하였다. 자신의 재판에서 유력한 보야린들을 용서하지 않은 모스크바공의 공정한 재판은 자신의 고국에서 모욕을 당한 노브고로드인들이 이반에게 재판을 청하기 위해 해마다 모스크바로 오게 하는 결과를 빚었다. 이처럼 내왕이 이루어지고 있는 동안 노브고로드 관리 두 명이 대공에게 '군주'(государь)라는 직함을 부여하였다. 이전에 노브고로드인들은 모스크바공을 '지배자'(господин)라고 불렀었다. 차이는 컸다. '군주'라는 단어는 지금 '주인'(хозяин)이라는 단어가 의미하는 바를 당시에 의미했다. 당시 노예와 하인들이 자신의 주인을 군주라고 불렀던 것이다. 자유로운 노브고로드인들에게 공은 '군주'가 아니었고, 그들은 바로 자신들의 자유로운 도시를 '지배자 대노브고로드'라고 불렀듯이 그를 '지배자'라는 명예 직함으로 불렀다. 이반은 당연히 노브고로드의 자유를 절멸할 이 기회를 붙잡을 수 있었다. 그의 사절들은 노브고로드에서 다음과 같이 물었다. 노브고로드인들은 어떤 근거로 그를 군주라고 부르며 어떤 국가를 원하는가? 노브고로드인들이 새로운 직함을 거부하고 어느 누구에게도 이반을 군주라고 부를 전권을 부여한 적이 없다고 말했을 때, 이반은 그들의 거짓과 거부를 응징하러 노브고로드로 원정을 떠났다. 노브고로드는 모스크바와 싸울 힘이 없었고, 이반은 도시를 포위하고 노브고로드의 주권자인 페오필(Феофил) 및 보야린들과 협상을 시작하였다. 그는 무조건 굴복을 요구하였고 노브고로드에서 모스크바에서와 같은 국가를 원한다고 선언하였다. 즉 민회도 없고 시장관도 없어야 하는 반면, 군주인 대공들이 모스크바 땅에서 자신의 국가를 직접 경영하는 것 같은 모스크바 관습이 있어야 한다. 노브고로드인들은 오랫동안 숙고하였고 마침내 굴복하였다. 1478년 1월 그들은 대공의 요구를 받아들였고 그에게 선서하였다. 노브고로드 국가는 더 이상 존재하지 않게 되었다. 민회의 종은 모스크바로 옮겨졌다. 시장관의 미망인인 마르파(Марфа. 그녀는 노브고로드에서 반모스크바 당파의 여성 지도자로 간주되었다)가 이끌던 보레츠키 가문의 보야린들의 가족들도 모스크바로 보내졌다. 대노브고로드를 이어 모든 노브고로드 땅들이 모스크바에 종속되었다. 그중 뱌트카[4]는 약간의 저항을 하였다. 1489년 모스크바 군대는 〔다니일 셰냐티(Даниил Щеняти)공의 지휘 하에〕 무력으로 뱌트카를 복속시켰다.

노브고로드가 종속된 후 첫 해에 이반 대공은 노브고로드인들을 처벌하지 않았고 그들에 맞서 엄중한 조치도 취하지 않았다. 노브고로드가 봉기하여 옛날로 돌아가려고 하자 — 대공에게 항복한 지 겨우 1년 뒤에 — 이반은 노브고로드인들에게 엄중한 제재를 가하기 시작하였다. 노브고로드 주권자 페오필은 붙잡혀 모스크바로 압송되었고 그를 대신하여 대주교 세르기가 노브고로드로 파견되었다. 수많은 노브고로드 보야린들이 처형되었고 훨씬 많은 보야린들이 동쪽 모스크바 땅으로 이주되었다. 서서히 노브고로드의 상류층 사람들 모두가 노브고로드에서 쫓겨났고, 그들의 토지는 군주에게 압수되어 대공이 대규모로 노브고로드의 퍄티나들에 정착시킨 모스크바의 관리들에게 분배되었다. 이리하여 노브고로드의 귀족층은 완전히 사라졌고 그들과 함

4) Вятка. 러시아 서부 키로프 오블라스티에 위치한 지금의 키로프시의 옛 이름.

께 노브고로드의 자유에 대한 기억도 사라졌다. 노브고로드 하급 주민, 스메르트, 그리고 폴로브니크[5]들은 보야린들의 압제에서 벗어났다. 그들로부터 모스크바의 본보기를 따라 농민 납세 공동체들이 형성되었다. 그들은 상황이 전반적으로 개선되었고, 노브고로드의 과거를 아쉬워할 이유가 없었다. 노브고로드 귀족층의 절멸과 함께 서구와 노브고르드의 교역도 감소하였으며, 더욱이 이반 3세는 노브고로드에서 독일 상인들을 추방하기까지 하였다. 그리하여 대노브고로드의 독립은 소멸하였다. 프스코프는 자치를 당분간은 보존하였지만, 대공의 의지에서 전혀 벗어나지 못하였다.

분령 공국들의 복속

이반 3세 치하에서 분령지들의 복속과 합병이 활발하게 계속되었다. 작은 야로슬라프공들과 로스토프공들 중에서 이반 3세 전까지 독립을 유지하였던 공들은 모두 이반 하에서 자신의 토지를 모스크바에 넘겨주고 대공이 자신들을 신하로 받아들이도록 그에게 머리를 조아렸다. 모스크바의 하인들이 되고 모스크바공의 보야린들로 모습을 바꾼 이 공들은 조상 전래로부터 내려온 토지를 그대로 유지하였지만, 그 토지는 더 이상 분령지가 아니라 단순한 세습영지였다. 토지는 그들의 사적 재산이었지만 이미 모스크바 대공은 그들 토지의 '군주'로 존중되었다. 이리하여 모스크바에 의해 모든 소분령지들이 한데 모아졌다. 단지 트베리와 랴잔만이 남았다. 한때 모스크바와 싸웠던 이 '대공국들'은 지금은 취약해졌고 독립의 그림자만 유지하고 있을 뿐이었다. 마지막 랴잔의 공들로 형제인 이반과 표도르는 이반 3세의 조카들(이반 3세의 누이 안나의 아들들)이었다. 그들의 어머니와 마찬가지로 그들 자신들도 이반의 의지에서 벗어나지 못했고 말하자면 대공

5) половник. 고대 러시아의 예속 농민으로 수확물의 2분의 1을 지주에게 바치는 소작인이다.

자신이 그들을 대신하여 랴잔을 통치하였다. 형제 중 한 명(표도르공)은 후사 없이 생을 마감했고 외삼촌인 대공에게 분령지를 물려주었으며 이로써 자발적으로 모스크바에게 랴잔의 절반을 넘겨주었다. 다른 한 명(이반)도 젊은 나이에 죽었고 이반이라는 유아를 남겨두어, 그의 할머니와 그녀의 오빠인 이반 3세가 그를 대신하여 통치하였다. 랴잔은 모스크바의 절대 권력 하에 들어갔다. 트베리공 미하일 보리소비치[6]도 이반 3세에 복종하였다. 트베리 군대는 심지어 노브고로드를 정벌하기 위해 모스크바군과 행동을 같이 하기까지 하였다. 그러나 그 후 1484~1485년에 관계가 악화되었다. 트베리공은 리투아니아 대공으로부터 반(反)모스크바 지원을 받을 거라고 생각하면서 리투아니아와 친선을 도모하였다. 이 사실을 안 이반 3세는 트베리와 전쟁을 개시하고 마침내 승리를 거두었다. 미하일 보리소비치는 리투아니아로 도피하였고 트베리는 모스크바에 합병되었다(1485). 그리하여 북부 루시의 최종적인 통합이 완수되었다.

게다가 모스크바의 민족통합 정책은 북부 루시가 아니라 리투아니아-루시 공국에 속한 봉직공들도 모스크바 군주에게로 끌어들였다. 리투아니아 국가의 동부 변경에 자리잡은 뱌젬스크(Вяземск)공, 오도예프(Одоев)공, 노보실(Новосиль)공, 보로틴스크(Воротынск)공 및 그 밖의 많은 공들이 자신들의 대공들을 버리고 모스크바에 봉사하러 왔고 자신들의 토지도 모스크바공에게 복속시켰다. 가톨릭교 리투아니아 군주로부터 북부 루시의 정교 공으로의 구 루시공들의 이주 자체도 모스크바공들로 하여금 스스로를 전 루시 땅과, 심지어 리투아니아 지배하에 있으면서 아직 모스크바에 통합되지는 않았지만 그들이 보기에 신앙, 민족 그리고 블라디미르 스뱌토이의 구 왕조에 따라 통합되지 않으면 안 되었던 땅의 군주로 간주할 동기를 부여하였다.

---

6) Михаил III Борисович, 1453~1505. 마지막 트베리 대공(1461~1485).

가정사와 궁정사

루시 땅을 모으는 데 대공 이반 3세가 거둔 매우 급속한 성공은 모스크바 궁정생활의 본질적인 변화를 수반하였다. 이반 3세의 첫째 부인인 트베리의 공비 마리야 보리소브나(Мария Борисовна)가 이반이 아직 30세가 안 되었던 1467년에 일찍 죽었다. 그녀가 사망한 후 이반에게는 평상시 불린 대로, 아들 이반 이바노비치 '몰로도이'7) (Иван Иванович Молодой)가 남았다. 당시 모스크바는 이미 서방의 여러 나라와 교류를 하고 있었다. 다양한 이유로 로마 교황은 모스크바와 관계를 확립하고 모스크바를 자신의 영향력 하에 두는 데 관심을 가졌다. 교황으로부터 젊은 모스크바공을 마지막 콘스탄티노플 황제의 조카딸 조야-소피야 팔레올로크(Зоя-София Палеолог)와 결혼시키자는 제안도 나왔다. 투르크족이 차리그라드를 점령한(1453) 후 살해된 황제 콘스탄틴 팔레올로크의 형제인 폼(Фом)은 가족과 함께 이탈리아로 도주하여 그곳에서 교황에게 자식들을 맡겨놓고 죽었다. 자식들은 피렌체 통합 정신 속에 양육되었고, 교황은 소피야를 모스크바공에게 시집보내면 모스크바로 이 통합을 도입할 수 있다는 희망의 근거를 갖게 되었다. 이반 3세는 혼담을 개시하자는 데 동의하였고 신부를 위해 이탈리아로 사절들을 파견하였다. 1472년 그녀가 모스크바에 도착하였고 혼인이 성사되었다. 그러나 교황의 희망은 실현될 운명에 있지 않았다. 소피야를 데리고 간 교황의 사절은 모스크바에서 성공하지 못했다. 소피야 자신은 통합의 승리를 전혀 촉진하지 못하였고 이리하여 모스크바공의 혼인은 유럽과 가톨릭교에게 어떤 가시적인 결과도 낳지 못했다.*

---

7) Молодой. '젊은'이라는 뜻.

* 소피야 팔레올로크의 역할은 사바(В. И. Савва) 교수〔《모스크바 차르들과 비잔티움의 바실레우스들》(Московские цари и Византийские василевсы), 1901)〕에 의해 철저하게 연구되었다.

그러나 혼인은 모스크바 궁정에게는 일부 결과를 가져왔다.

첫째, 혼인은 당시 모스크바와 서방, 특히 이탈리아 사이에 맺어진 관계를 활성화하고 강화하는 데 기여하였다. 소피야와 함께 그리스인과 이탈리아인들이 모스크바에 왔다. 그들은 그 뒤에도 왔다. 대공은 그들에게 성채와 교회 및 큰 건물의 건설, 그리고 대포와 화폐의 주조를 위임하면서 그들을 '대가'(大家)로서 곁에 두었다. 때때로 이 대가들에게 외교 업무도 맡겨졌고, 그들은 대공으로부터 의뢰를 받고 이탈리아로 갔다. 떠난 이탈리아인들은 모스크바에서 '프랴진'(фрязин. '프랴크'[8]나 '프란크'[9]서 나온 말)이라는 일반적 이름으로 불렸다. 이리하여 이반 프랴진, 마르크 프랴진, 안토니 프랴진 등등과 같은 사람들이 모스크바에서 활동하였다. 이탈리아 대가 중에서 특히 명성이 높았던 사람은 모스크바 크레믈에 유명한 우스펜스키 대성당과 그라노비타야 궁[10]을 건설한 아리스토텔 피오라벤티[11]였다. 이반 3세 하에서 크레믈은 전반적으로 이탈리아인들의 노동에 의해 새로 건설되고 치장되었다. 이반 3세 하에서 '프랴크' 대가들과 나란히 독일인들도 활동을 하였지만, 이들은 그의 시절에 주요한 역할을 하지는 못하고 단지 '독일인' 약제사들만이 두드러졌다. 대가들 외에 모스크바에는 외국인 방문객(예를 들어 소피야의 그리스인 친척들)과 서유럽 군주의 사절도 나타났다(한편 로마 황제의 사절단은 이반 3세에게 왕의 직함을 제안하였으나 이반은 이를 거부하였다). 방문객과 사절들의 접대를 위해서 모스크바 궁정에서는 이전에 타타르족 사절단의 접대에서 지

8) фряг. 이탈리아인을 일컫는 옛 말.

9) Франк. 프랑크인. 고대에 라인강 하류에 거주하던 게르만계 종족.

10) Грановитая Палата. 모스크바 크레믈 안에 있는 궁전 이름.

11) Альберти (Аристотель) Фиоравенти. 저명한 이탈리아인 건축가. 그라노비타야 궁을 건설한 건축가는 실제로는 마르코 루포와 페트로 안토니오 솔라리로 알려져 있다. 두 이탈리아 건축가는 이반 3세의 지시로 1487~1491년 동안 이 궁전을 건립했다.

켜지던 '친'(의식)과는 구분되는 일정한 '친'이 고안되었다. 그리고 새로운 상황 하에서 전반적으로 궁정생활의 제도가 바뀌어 좀더 복잡해지고 엄격하게 되었다.

둘째, 모스크바 주민들은 이반 3세의 성격 변화와 공 가족에서의 혼란을 소피야의 모스크바 출현 탓으로 돌렸다. 그들은 그리스인들과 함께 소피야가 도착하면서 나라가 뒤죽박죽되었고 대혼란이 찾아왔다고 말했다. 대공은 주위 사람들에 대한 태도를 바꾸었다. 그는 이전처럼 간단하고 쉽게 접근할 수 없게 되었고 자신에 대한 숭배의 징표를 요구하였으며 까다롭게 되었고 쉽게 보야린들에게 화를 냈다〔실총[12](失寵)에 처하였다〕. 그는 자신의 권력에 대한 새롭고 이례적으로 고상한 관념을 드러내었다. 그리스 공주와 결혼한 그는 스스로를 사라져버린 그리스 황제들의 계승자로 간주하고 비잔티움 제국의 문장—쌍두 독수리—을 채택함으로써 이 계승을 암시하였다. 요컨대, 소피야와의 혼인 이후 이반 3세는 나중에 대공비 자신도 몸소 느낀 큰 권력욕을 드러냈던 것이다. 생애 말년에 이반은 소피야와 거의 완전히 불화하여 그녀를 가까이 하지 않았다. 그들의 불화는 공위 계승 문제를 둘러싸고 발생하였다. 첫 번째 혼인에서 난 이반 3세의 아들 이반 몰로도이가 1490년에 사망하면서 어린 손자 드미트리를 대공에게 남겨주었다. 그러나 대공에게는 소피야와의 혼인에서 난 다른 아들—바실리—이 있었다. 누구에게 모스크바 공위를 물려주어야 할 것인가? 손자 드미트리인가, 아들 바실리인가? 처음에 이반 3세는 드미트리에게 유리하게 일을 결정하였고, 그와 함께 소피야와 바실리를 실총에 처하였다. 그는 자신의 생애 동안 드미트리에게 차르 제위(царство. 대공위가 아니라 바로 차르 제위)를 씌워주었다. 그러나 1년 뒤 태도가 바뀌었다. 드미트리가 멀리 되고 바실리와 함께 소피야가

---

12) немилость. опала(오팔라)라고도 한다. 표트르 1세 이전의 러시아에서 황제의 노여움을 받아 실각·추방·유배에 처해지는 것을 말한다.

다시 총애를 받게 되었던 것이다. 바실리는 대공의 직함을 받았고 아버지의 공동 통치자가 되었다. 이러한 변화들에서 이반 3세의 정신(廷臣)들은 고난을 겪었다. 소피야의 실총과 함께 그 측근들도 총애를 상실하였고, 게다가 일부 사람들은 사형에 처해지기까지 하였다. 드미트리의 실총과 함께 대공은 또 몇몇 보야린도 박해하였고 그중 한 명은 처형되었다.

이반 3세가 소피야와 결혼한 뒤 그의 궁정에서 발생한 이 모든 일을 생각해낸 모스크바 주민들은 소피야를 비난하였고 남편에 대한 그녀의 영향력을 유용한 것이 아니라 유해한 것으로 생각하였다. 그들은 옛 관습의 쇠퇴와 모스크바 생활에서 보이는 갖가지 새로운 현상, 또 고압적이고 무서운 군주로 변해 버린 남편과 아들의 성격 타락을 그녀의 탓으로 돌렸다. 하지만 소피야 개인의 중요성을 과장해서는 안 된다. 모스크바 궁정에 그녀 개인이 없었다 하더라도 여하튼 모스크바 대공은 자신의 세력과 전권을 창출했을 것이고 서방과의 교류도 여하튼 이루어졌을 것이다. 모스크바 대공이 강력한 대러시아 민족의 통일된 군주이자 몇몇 유럽 국가의 이웃이 된 모스크바 역사의 과정 전체가 이것으로 귀결되었다.

이반 3세의 대외정책

이반 3세 치세 동안 지금의 러시아 국경에 이미 세 개의 독립적인 타타르 한국이 존재하였다. 내분으로 쇠약해진 킵차크 한국은 일생을 마쳤다. 킵차크 한국과 나란히 15세기에 흑해에 크림 한국(Крымская Орда)이 형성되어 기레이 왕조(아지-기레이[13]의 후손들)가 그곳에 확고히 자리를 잡았다. 킵차크 한국 출신자들은 또한 15세기 중반에 타타르 권력 하에 핀계 이민족들인 모르드바족, 체레미스족, 보탸크족

13) Ази-Гирей. 대략 1420~1466. 기레이 왕조의 시조. 하지 기레이(Хаджи-Гирей)라는 이름의 크림의 한(汗)을 잘못 발음한 것으로 알려져 있다.

을 결합한 별개의 한국을 카잔에 창건하였다. 타타르족 사이의 불화와 항상적인 내분을 이용하여 이반 3세는 조금씩 카잔을 자신의 영향권에 두고 카잔의 한, 즉 '차르'(царь. 당시 모스크바인들은 한을 차르라고 불렀다)를 자신의 신하로 만들었다. 이반 3세와 크림의 차르는 함께 대항하는 공동의 적 — 킵차크 한국 — 이 있었기 때문에 그들은 견고한 친선관계를 맺었다. 킵차크 한국에 대해서 이반 3세는 그에 대한 어떠한 종속적 관계도 중단하였다. 공물도 납부하지 않았고 한국으로 가지도 않았으며 한에게 존중심을 보이지도 않았다. 심지어 이반 3세가 한번은 '바스마'(басма), 즉 한이 자신들의 전권과 권력의 증거로서 이반에게 파견된 사절들에게 맡긴 증표(확실히, 황금 평판으로서 한의 조상이 든 '인장')를 땅 바닥에 던지고 발로 짓밟았다고 이야기되었다. 힘이 없는 킵차크 한국의 한 아흐마트[14]는 리투아니아와 동맹하여 모스크바에 대항하고자 했다. 그러나 리투아니아가 그에게 믿을 만한 도움을 주지 않았기 때문에 그는 모스크바 국경을 공격하는 데 그쳤다. 1472년 그는 오카 강변에 도착하여 약탈을 저질렀으나 감히 모스크바로는 가지 못하고 되돌아갔다. 1480년 그는 공격을 재개하였다. 오카강 상류를 자신의 오른쪽에 남겨두고 아흐마트는 우그라강, 모스크바와 리투아니아 사이의 경계에 위치한 지역에 도달하였다. 그러나 여기서도 그는 리투아니아에게서 어떤 도움도 받지 못했으나, 모스크바는 그의 강력한 군대와 마주쳤다. 아흐마트와 이반 3세는 우그라강에서 서로 대적하게 되었다. 양측은 직접적인 전투의 개시를 주저하였다. 이반 3세는 타타르족뿐만 아니라 친형제들도 두려워하면서, 포위에 대비하라고 수도에 명령하였고 부인 소피야를 모스크바로부터 북쪽으로 대피시켰으며 그 자신은 우그라강에서 모스크바에 도착하였다〔이것은 A. E. 프레스냐코프의 논문 "우그라강의 이반 3세"

---

14) Ахмат, ?~1481. 아흐메드(Ahmed)라고도 한다. 킵차크 한국의 한(재위 1465~1481).

(Иван III на Угре)에서 훌륭하게 지적되고 있다〕. 형제들은 그와 불화 관계에 있었고 결정적인 순간 변할지도 모른다는 의심을 그에게 불러 일으켰다. 이반의 용의주도함과 완만함은 사람들에게 소심함으로 비쳐졌고, 포위에 대비하고 있던 모스크바의 평범한 사람들은 이반에게 노골적인 분노를 표시하였다. 대공의 참회 청문사제인 로스토프의 대주교 바시안(Вассиан)은 말과 글로 된 '훈계'로 이반에게 '도망자'가 되지 말고 적에 맞서 용감하게 궐기하라고 충고하였다. 그러나 이반은 타타르족을 공격하기로 단단히 마음먹지는 못했다. 여름부터 11월까지 우그라강에 계속 머무른 아흐마트 편으로서도 눈과 추위를 만나 집으로 돌아가지 않으면 안 되었다. 아흐마트 자신은 곧 내분에서 살해되었고 그의 아들들은 크림 한국과의 싸움에서 죽었으며 킵차크 한국 자신은 궁극적으로 붕괴하였다(1502). 그리하여 점차 감퇴하고 말기에는 명목적으로 되어 버린 '타타르의 멍에'가 모스크바로부터 벗겨졌다. 그러나 루시 전체에게 타타르족이 가한 고난은 끝나지 않았다. 크림인들뿐만 아니라 카잔인들, 나가이[15]족, 루시 국경 및 '우크라이나'[16]에 가까운, 모든 작은 유목 타타르 한국들은 점차 이 우크라이나들을 공격하였다. 그들은 집과 재산을 불태우고 황폐화시켰으며 사람들과 가축들을 끌고 갔다. 루시 주민들은 항상적인 이 타타르족의 약탈과 약 3세기를 더 싸우지 않으면 안 되었다.

카지미에라스 요가일라이티스 대공 하의 리투아니아에 대한 이반 3세의 태도는 평화적이지 않았다. 모스크바의 강화를 바라지 않는 리투아니아는 모스크바에 맞서 대노브고로드와 트베리를 지지하고자 하였고 타타르족을 선동하여 이반 3세에게 대항하게 하였다. 그러나 카지미에라스는 모스크바와 공공연히 전쟁을 할 만한 충분한 힘이 없었

---

15) нагай. ногаец. 카프카스 등지에 사는 타타르족.

16) украйна, украина. 변경 지역.

다. 비타우타스 이후 리투아니아에서 일어난 내부 분규는 리투아니아를 약하게 하였다. 폴란드 영향력과 가톨릭 선전의 강화는 불만을 가진 공들을 양산하였다. 우리가 아는 대로 그들은 자신들의 세습영지와 함께 모스크바로 귀화하였다. 이것은 리투아니아의 힘을 더욱더 축소시켰고 모스크바와의 공공연한 충돌을 리투아니아에게 매우 위험하게 만들었다. 하지만 이 충돌은 카지미에라스가 죽고(1492) 리투아니아가 폴란드와는 별도로 대공을 스스로 선출했을 때 불가피하게 되었다. 카지미에라스의 아들 얀 올브라흐트[17]가 폴란드 왕이 되었을 때 리투아니아에서 그의 동생 알렉산데르 야기엘론치크[18]가 대공이 되었다. 이 분열을 이용하여 이반 3세는 알렉산데르에 대해 전쟁을 개시하였으며, 리투아니아가 그에게 모스크바로 이주한 공들〔바젬스크공, 노보실공, 오도예프공, 보로틴스크공, 벨레프(Белев)공〕의 토지들을 형식적으로 양도하고, 게다가 그가 '전 루시의 군주'라는 직함을 갖는 것이 지당하다는 것을 인정하게 하는 데 성공하였다. 강화의 체결은 이반 3세가 딸 옐레나(Елена)를 알렉산데르 야기엘론치크에게 시집보냄으로써 확고히 되었다. 알렉산데르 자신은 가톨릭 교도였으나 자신의 정교도 부인에게는 가톨릭교를 강요하지 않겠다고 약속하였다. 하지만 그는 가톨릭교도 자문관들의 훈계 때문에 이 약속을 지키기가 힘들었다. 대공비 옐레나 이바노브나(Елена Ивановна)의 운명은 매우 애처로웠고 그녀의 아버지는 알렉산데르에게 그녀를 좀더 잘 대우해달라고 헛된 요구를 하였다. 다른 한편 알렉산데르는 모스크바 대공도 무례하게 대하였다. 리투아니아 출신의 정교도 공들은

---

17) Ян Альбрехт, 1459~1501. 폴란드어로 Jan Olbracht. 폴란드 국왕(재위 1492~1501).

18) Александр Казимирович Ягеллон, 1461~1506. 폴란드 이름은 Aleksander Jagiellończyk. 카지미에라스 요가일라이티스의 넷째 아들. 리투아니아 대공(1492~1506). 폴란드 국왕(재위 1501~1506).

리투아니아의 권력 하에서 자신들의 신앙에 대한 박해가 있기를 바라지 않는다고 천명하면서 이반 3세에 대한 봉직을 계속 청하였다. 그리하여 이반 3세는 벨스크(Бельск)공과 노브고로드-세베르 및 체르니고프공들을 드네프르강과 데스나[19]강 유역의 막대한 세습영지와 함께 받아들였다. 모스크바와 리투아니아 사이의 전쟁은 불가피하게 되었다. 전쟁은 1500년부터 1503년까지 진행되었는데, 리보니야 기사단은 리투아니아 편에 섰고, 크림의 한은 모스크바 편을 들었다. 전쟁은 휴전으로 마무리되었지만, 이 휴전에 따라 이반 3세는 자신이 획득한 공국들을 전부 유지하였다. 당시 모스크바는 바로 기사단보다도 강했던 것처럼, 리투아니아보다 강한 것이 분명하였다. 기사단은 개별적인 군사적 성공에도 불구하고 모스크바와 또한 그리 명예스럽지는 않은 휴전을 맺었다. 이반 3세 전에, 모스크바 공국은 서구의 압력 하에 굴복을 하였고 손해를 보았었다. 이제 모스크바 대공 자신이 이웃들을 공격하기 시작하고 서구로부터 땅을 빼앗아 영지를 확대하며 일반적으로 루시 땅 전체를 모스크바에 합병할 권리를 노골적으로 표명한다.

서방 이웃들과 전쟁을 벌이면서 이반 3세는 유럽에서 친선과 동맹을 모색하였다. 그의 치세에 모스크바는 덴마크, 황제,[20] 헝가리, 베네치아, 투르크와 외교관계에 들어갔다. 강력해진 루시 국가는 조금씩 유럽의 국제관계 틀 속으로 들어갔고 서구의 문화 국가들과 교류를 시작하였다.

바실리 3세 이바노비치 대공

선조들의 예를 따라 이반 3세는 영지를 아들 다섯 명에게 배분하는

19) Десна. 러시아와 우크라이나에 걸쳐 흐르는 드네프르 동안의 지류.

20) 신성로마황제이자 독일 왕이었던 막시밀리안 1세(1459~1519)를 가리키는 것으로 보인다.

내용의 유언장을 작성하였다. 형식면에서 이 유언장은 공들의 옛 유언장과 닮았으나 본질에서 그것은 궁극적으로 모스크바 국가에서 군주제라는 새로운 제도를 확립시켰다. 이반 3세는 장남 바실리를 직접 동생들 위에 군림하는 군주로 삼았고 그에게만 주권을 부여하였다. 바실리는 혼자 66개의 도시들을 받았고, 동생 4명은 30개, 그것도 작은 도시들만 받았다. 바실리 홀로 화폐 주조권과 다른 국가들과의 교섭권을 가졌다. 그는 자식이 없는 친척들의 상속인 없는 토지 전부를 물려받았다. 일찍이 동생들이 포기한 대공위는 그의 자식들에게만 속했다. 이리하여 바실리는 군주였고, 그의 동생들과 나머지 친척은 신하였다. 이반 3세 유언장의 기본 사상은 이러했다.

바실리 3세는 아버지의 권력욕을 물려받았으나 그의 재능은 물려받지 못했다. 그의 모든 활동은 아버지 활동의 연장선상에 있었다. 이반 3세가 끝마치지 못한 것을 바실리는 마무리하였다. 노브고로드를 정복한 뒤 이반은 프스코프에 이전의 자치를 그대로 남겨두었다. 프스코프의 내부 생활은 당시 국정에 개입할 동기를 부여하지 못했다. 프스코프에서는 내분이 없었다. 루시 땅의 변경에 위치하여 리투아니아와 독일인들로부터 항상 공포를 느끼고 있던 프스코프는 모스크바에 굳게 매달렸고 모스크바의 말을 들었으며 독자적인 공 대신에 언제나 모스크바의 지사를 받아들였다. 이와 같은 상황에서 프스코프의 민회는 이전의 독립적인 정치적 중요성을 유지하지 못했다. 민회는 모스크바 군주의 지배권 하에서 지방자치기관이 되었다. 그러나 대공에 대한 프스코프인들의 순종은 그들을 모스크바 지사들의 압박으로부터 지켜주지 못했다. 프스코프인들은 모스크바에 자신들의 '공들'에 대해 불평을 털어놓았고 지사들은 프스코프인들을 나쁘게 말하였다. 1510년 이와 같은 불화들 중의 하나가 있은 뒤 바실리 3세는 프스코프의 민회를 폐지하고 민회의 종을 모스크바로 옮겼다. 그리고는 300가구의 프스코프인들을 프스코프로부터 모스크바 볼로스티의 거주지로 축출시켰고, 그만큼의 가족들을 모스크바 도시들로부터 그들의 자리로 보냈다. 프스코프는 대공에게 어떠한 저항도 하지 않았다. 프스코프인들은 자신들이 누려온 오랜 자유의 상실을 눈물로 애도하였을 뿐이었으며, 그들의 도시가 모욕당하고 파괴되었으되 "가련한 프스코프인들은 모스크바의 정의를 알지 못한다"고 불평하였다.

랴잔에 대해서도 똑같은 일이 벌어졌다. 랴잔의 절반을 소유한 이반 3세는 나머지 반을 어린 랴잔공 이반을 위해 남겨두었으나, 그 대신에 아버지로서 랴잔을 통치하였다. 모스크바의 후견은 바실리 3세 치세에서도 계속되었다. 그러나 성인이 된 랴잔공은 모스크바에 대한 종속의 부담을 느끼고 독립을 열망하게 되었다. 이것을 알아차린 바실리는 이반공을 감금하고 그의 볼로스티를 모스크바에 합병하였다(1517). 프스코프에서처럼 랴잔인들은 모스크바 볼로스티로 대량으로 축출되었고 모스크바인들이 그들의 자리를 메웠다. 정복된 땅으로부터의 이와 같은 '축출'은 그 땅에서 반란을 일으켜서 모스크바로부터 이탈할 가능성을 미연에 차단하기 위해 행해졌다.

끝으로, 리투아니아 대공으로부터 자신들의 볼로스티와 함께 이반 3세에게로 옮겨간 세베르(Север) 땅의 공들이 또한 남았다. 바실리 3세는 이 공들의 불화를 이용하여 그들을 그들의 도시들로부터 쫓아내고 그들의 소유지를 모스크바에 병합하였다(1523). 이리하여 이른바 모든 '분령지'가 폐지되었고 모스크바 국가에는 자신의 세습영지에서 어떤 주권도 갖지 못하고 평범한 보야린으로서 대공에게 봉사하는 평범한 봉직공들만이 남았다.

바실리의 대외정책은 이전 공국 정책의 연장선상에 있었다. 모스크바는 이전처럼 리투아니아로부터 이주자들(글린스키 형제 공들)을 끌어들였고,[21] 리투아니아는 이전과 마찬가지로 공들이 리투아니아 국

21) 타타르족 기원의 글린스키 미하일 리보비치(Глинский Мизаил Львович) 공과 그의 동생 글린스키 이반 리보비치(Глинский Иван Львович) 공은

가를 떠나는 것을 두고 볼 수 없었다. 바실리 3세와 리투아니아 대공 지기만타스 세나시스[22] 사이에 전쟁이 두 번 발발하였다. 바실리 3세는 1514년 중요한 군사적 의의를 가진 스몰렌스크를 차지하였다. 리투아니아인의 노력에도 불구하고 이 요새는 모스크바인들의 수중에 남았고, 리투아니아는 '영원한 평화', 즉 '도콘차니예'[23]에 앞서 스몰렌스크를 모스크바에 양도하는 내용의 휴전을 체결하지 않으면 안 되었다(1522년에). 그러나 이 '도콘차니예'는 리투아니아와 모스크바가 그들 사이에 분쟁 지역으로 존재하는 루시 볼로스티들의 경계를 확정할 수 없었기 때문에 1세기 이상 동안 확실히 달성되지도 못했다.

타타르족과의 관계는 킵차크 한국의 몰락 이후 모스크바에게 순탄하지 않았다. 크림과의 친선은 바실리 3세 하에서 중단되었고 카잔에서의 모스크바의 영향력은 견고하지 않았다. 크림 측에서도 카잔 측에서도 루시 지방에 대한 항상적인 공격이 이루어졌다. 모스크바 국가의 남부 국경지역에서는 크림인들이 약탈을 일삼았다. 니제고로드, 코스트로마, 갈리치 지역에서는 카잔 타타르족과 그들에게 종속된 모르드바족 및 체레미스족이 날뛰었다. 타타르족과 체레미스족과의 '전쟁' 때문에 루시인들은 집에서 편안하게 살 수가 없었고 오카강 남부의 비옥한 흑토 지대(이른바 황야)에도 볼가강 너머 운자[24]강과 베틀루가[25]강 유역의 삼림지에도 식민할 기회를 갖지 못했다. 국가의 동부와 남부 변경 전체는 타타르족 공격의 공포에 항상 시달렸다. 게다

1508년 리투아니아 공국을 떠나 모스크바로 이주하였다. 이들은 바실리 3세의 측근이 되었다.

22) Сигизмунд Казимирович, 1467~1548. 리투아니아 이름은 Žygimantas Senasis, 폴란드 이름은 Zygmunt I stary. 1506~1548년 동안 폴란드 국왕이자 리투아니아 대공. 폴란드 국왕 알렉산데르 1세의 동생.

23) докончание. 강화조약이라는 뜻.

24) Унжа. 볼가강 왼쪽 지류로서 러시아 서부를 흐르는 강.

25) Ветлуга. 볼가강 왼쪽 지류로서 러시아 서부를 흐르는 강.

가 타타르족은 루시 국경에서 모스크바의 경계 부대를 마주치지 않는데 성공할 경우 중앙 루시 볼로스티들로 돌진하여 심지어 모스크바 자체까지 도달하였다. 바실리 3세는 국경을 지키고 기회 있을 때 타타르족의 내정에 개입하여 그들 사이에 영향력을 강화하는 수밖에 없었다. 카잔에서 이것은 성공하였다. 유감스럽게도 크림은 모스크바에서 너무 멀리 떨어져 있어서 크림인들을 양호하게 관리하고 그들에게 영향을 미칠 수가 없었다. 모스크바 정부는 '폼니카'(помника), 즉 적들을 매수하고 꼼짝 못하게 할 선물을 들려 크림에 사절단을 파견하는 데 그쳤다. 그러나 동시에 매년 여름 국가의 남부 국경[오카강 중류 강변을 따라 위치하여 당시 '베레크'(берег)라고 불린]에서는 '베레크'를 기습으로부터 지키기 위해 군대가 주둔하였다. 더욱이 오카강과 오카강 너머의 가장 위험한 지역에는 타타르족이 접근할 수 없는 석조 요새들(칼루가,[26] 툴라,[27] 자라이스크[28])을 구축하여 그곳에 군대를 주둔시켰다.

바실리 3세는 사부로프(Сабуров)라는 보야린 가문 출신의 솔로모니야(Соломогия)와 결혼했으나 자식이 없었다. 그러나 그는 대공위를 동생들(유리와 안드레이)에게 넘기고 싶지 않았다. 왜냐하면 그가 보기에 동생들은 자신들의 분령지도 관리할 능력이 없기 때문이었다. 그러므로 수도대주교(다니일)의 허가를 얻어 바실리 3세는 부인으로

26) Калуга. 러시아 서부 칼루가 오블라스티의 주도. 1371년의 기록에 나타났고 러시아 남쪽 경계를 지키는 요새였다. 17~19세기에는 상업 중심지로 발전하였다.

27) Тула. 러시아 서부에 있는 툴라 오블라스티의 주도. 모스크바 남쪽, 오카강 지류인 유파강 기슭에 있다. 12세기부터 알려지게 되었고, 16세기에는 타타르족의 침입에 대해 모스크바를 수호하는 방어지점으로 중요하였다. 러시아의 오래된 제철 중심지(16세기 말부터)로서 1713년 표트르 대제에 의해 병기공장이 이곳에 건설되었다.

28) Зарайск. 러시아 서부 모스크바 오블라스티에 위치한 도시.

하여금 수도원(소피야라는 이름을 가진)에서 삭발하여 수녀가 되도록 강요하였고, 그녀를 수즈달의 포크롭스키(Покровский) 수녀원에서 생활하도록 보내버렸다. 그리고 자신은 재혼하여 리투아니아 이주자 가문 출신의 옐레나 바실리예브나 글린스카야(Елена Васильевна Глинская) 공비를 취하였다. 이 결혼에서 그는 두 아들, 이반과 유리를 낳았다. 그중의 장남은 바실리 3세가 우연한 종기로 병이 들어 60세가 되지 않아 죽었을 때 겨우 세 살이었다.

보야린 계층과의 관계

고압적이고 까다로우며 엄격한 바실리는 이반 3세의 장점을 갖지 못했으나 그 때문에 이반 3세보다 훨씬 더 권력을 좋아하였고 그의 측근 모두에게 자신의 힘과 독재를 보여줄 수 있었다. 그의 치하에서 군주에 대한 신하들의 단순한 분령관계는 사라진다. 당시 모스크바에 거주했던 독일 사절 허버슈타인은 바실리 3세가 어떤 군주도 갖지 못한 권력을 가졌다고 언급한 뒤, 모스크바인들에게 그들이 모르는 것에 대해 질문을 하면 그들은 공과 신을 동일시하면서 다음과 같이 말한다고 덧붙인다. "우리는 이것을 모릅니다. 하느님과 군주께서 이것을 아십니다." 군주의 권력은 외국인들에게 이런 식으로 보였다. 그러나 그들이 포착한 어구들은 외국인들과의 외교적 관계에서 군주를 높이기 위해 사용된 것만은 아니었다. 내부 관계는 실제로 변하였고 모스크바 군주 권력은 강력한 국가의 단일한 주권자의 권력으로서 분령공들에 대해서뿐만 아니라 신하들의 관계에서도 성장하였다. 신하들에 대한 관계의 이러한 변화는 보야린 계층의 생활상의 변화로 무엇보다 예리하게 나타났다.

모스크바에서는 옛날부터 모스크바공들의 부와 다른 원인들 때문에 수많은 보야린들이 모여들었다. 이반 칼리타 시절부터 남부와 서부에서 고귀한 보야린들이 이곳에 도착하였고, 다른 루시공들 중 그 누구에게보다도 더 많은 하인들이 모스크바 대공위 주위로 조금씩 모였다. 15세기 중반까지 모스크바에서 공들과 보야린들 간의 관계를 결정짓는 기초는 계약이었다. 보야린은 '공에게 봉사하기' 위해 왔고 공은 이것에 대해 그를 '부양하지'(кормить) 않으면 안 되었다. 바로 이것이 계약의 주요 조건이었다. 이에 따라 모든 봉직 보야린은 공로에 따른 '코르믈레니예' 권리를 가졌고, 이와 함께 떠날 권리와 공의 회의에 참여할 권리도 가졌다. 15세기 중반까지 보야린들의 이해는 공의 이해와 긴밀하게 연관되었다. 보야린은 자신의 공을 강화하도록 노력하지 않으면 안 되었는데, 왜냐하면 공이 강하면 강할수록 보야린을 위해 더 낫게 일할 수 있고 보야린의 세습영지가 더욱더 안전해지기 때문이었다. 차례로 공들은 보야린들의 공로를 인정하였는데, 드미트리 돈스코이의 유언장에서 볼 수 있듯이 그는 자식들에게 모든 면에서 보야린들의 조언을 들을 것을 충고한다. 요컨대 모스크바 공들과 보야린들은 하나의 협력적 정치세력을 구성하였다. 그러나 15세기 중반부터 모스크바 보야린 계층의 구성이 변하고 군주와 보야린 계층의 관계도 변한다. 이 시기부터 분령지의 궁극적인 종속과 합병의 시대인 이반 3세와 바실리 3세 치세에 모스크바 궁정으로 새 하인들의 유입이 두드러진다. 첫째, 이들은 자신들의 분령지를 모스크바 공에게 상실하거나 양도한 분령공이다. 둘째, 이들은 일찍이 독립성을 상실하고 다른 분령공들에게 봉사한 분령공이다. 끝으로, 이들은 자신의 공들과 함께 모스크바공에 대한 봉사로 나아간, 분령공들의 하인인 보야린이다. 공 하인들의 무리는 리투아니아로부터 온 새 이국인들에 의해서도 확대되었다. 이들은 리투아니아 주권자의 권력 하에서 정교를 고수하고 1386년의 통합 이후 자신들의 분령지와 함께 정교 군주 권력 하로 이동하고자 한 리투아니아공들과 루시공들이었다. 열거한 이들 이국인은 모두 구 모스크바 보야린들과 그리고 상호간에 일정한 관계를 맺었다. 이 관계는 문벌제도[29]라는 풍속으로 나타났다. 이것은 15~16세기에 모스크바에서 조성되고, '본향'(отечество)에, 즉 선조로부터 물려받은 관계로서 관직에 봉사하는 개인과 가문이 다른 개인과 가문에 맺는 관계에 바탕을 둔 보야린 가문들의 관직제도를 일컫는다. 모든 공이나 보야린은 관직 임명을 받으면서 출신에서 자신보다 덜 가문이 좋은 인물에 대해 동등한 관계나 종속적 관계를 갖고 있는 것은 아닌지 조사를 하였고, 그럴 경우 자신뿐만 아니라 가문 전체를 능욕하는 것으로서 이 임명을 거부하였다. 이와 같이 '문벌의 상하를 다투는' 풍속은 조금씩 모스크바의 모든 보야린 가문들을 출신의 고귀성에 따라 일정한 서열 속으로 편입시켰고, 이 귀족제적인 토대 위에서 좀더 주요한 공 가문들이 가장 고귀한 가문으로서 다른 가문들보다 상위에 섰다. 이 가문들은 고위직을 차지하였고 모스크바 군주들의 주요 조력자이자 협력자로 등장하였다. 그러나 모스크바 군주에 봉직하러 와서 그와 보야린 관계를 맺게 된 옛 분령공들은 대부분 사적 권리에 바탕을 둔 자신의 분령지를 보야린의 세습영지로서 그대로 보존하였다. 독립적인 분령지의 소유자가 더 이상 아닌 그들은 토지경영에서 이따금 이전의 통치권력의 일부 특성을 유지하곤 하면서, 분령지에서 단순한 세습영지-토지소유자로 남았다. 이리하여 세습영지에서 그들의 지위는 거의 변하지 않았다. 즉 그들은 자신들의 세습영지에 거주하는 주민들에 대해 주권자적 관계로 남아 이전의 관념과 습관을 유지하였던 것이다. 보야린이 된 이 공들은 모스크바에서 보야린적 사고와 감정을 갖지 않았다. 독립적 인간에서 종속적 인간이 된 이들은 물론 자신들의 독립성을 박탈한 모스크바공에 대해 좋은 감정을 지닐 수가 없었다. 그들은 모스크바공 하에서 이전의 보야린들이 처했던 지위에 만족하지 않으며, 새로운 권리를 획득하고 새 지위의 이익을 철저히 이용하고자 노력한다. 자신의 출

29) местничество. 모스크바 공국의 귀족이 가문의 상하와 조상 관직의 고하에 따라 관직에 올랐던 풍속.

신을 기억하고 자신이 루시 땅의 옛 지배자의 후손이라는 것을 알고 있는 그들은 지금도 스스로를 루시 땅의 '주인'으로 간주하였는데, 차이가 있다면 그것은 그들의 조상들이 한 사람씩 부분적으로 루시 땅을 지배했던 반면 모스크바공 주위라는 한 장소에 모인 그들은 땅 전체를 모두 함께 지배하지 않으면 안 되었다는 것이다. 이와 같은 관념에 바탕을 둔 그들은 나라의 통치에 참여하고 싶어 하며 모스크바공들이 모든 업무에 대해 자신들과 의논할 것을 요구한다. 그리고 뜻대로 되지 않을 때에는 떠나겠다고 위협하였다. 그러나 봉직공들은 분령공의 보야린과는 달리 떠날 수가, 즉 한 분령공에서 다른 분령공으로 옮길 수가 없었다. 이제는 분령지가 없었고 리투아니아나 이교도 권력 하의 독일인들에게로만 떠날 수 있었지만, 리투아니아로 가든 독일인들에게로 가든 그것은 루시 국가에 대한 배신으로 간주되었다. 결국 그들이 처한 지위는 이런 식으로 결정되었다. 즉 문벌제도를 허용한 모스크바공들은 당분간 자문권에 반대하였으나 떠남을 중지시키려고 노력하였다. 그와 함께 역사적 사건들의 과정 자체가 점점 더 떠나는 것을 막았고 자문권은 때때로 실행되지 않았던 것이다. 이반 3세 치세 이래, 정확히는 그가 자신의 권력욕 때문에 보야린들을 좋아하지 않았던 소피야 포미니시나(София Фоминишна)와 혼인을 한 이래 군주가 그들의 말에 귀를 기울이지 않는다는, 보야린 측으로부터의 불평이 들리기 시작한다. 바실리 3세 시대는 이 점에서 보야린들에게 훨씬 더 나빴고 공에 대한 그들의 불만은 더욱 심화되었다. 이와 같은 보야린들의 분위기를 표명하는 역할을 할 수 있는 사람은 베르센-베클레미셰프[30]인데, 그는 매우 지혜롭고 박식한 자로서 16세기 초의 보야린 계층의 전형적인 대표자였다. 그는 자주 막심 그레크[31]에게 가서 루시의 국정에 대해 의논을 하였으며, 자신의 견해를

30) Иван Никитич Берсень-Беклемишев, ?~1525. 보야린의 아들이자 외교관. 이반 3세와 바실리 3세 때의 대공 회의의 구성원.

솔직하게 표명하였다. 그는 "소피야가 도착하면서" 루시에서 모든 것이 변했고 그녀가 모든 제도를 중지시켰으며 그러므로 국가는 곧 정지될 것이라고 말했다. 모스크바공은 이전과는 달리 보야린들과 의논하는 것을 싫어하고 국정을 '침대 옆에서 세 명에 의해', 즉 자신과 비명문가 출신의 두 사람으로 구성된 내부 회의에서 결정한다. 베클레미셰프의 이러한 언급은 취조에 의해 드러났으며, 그 때문에 그는 혀가 잘리고 말았다.[32]

그리하여 16세기 초에 전권을 갖게 된 군주와 폐쇄적이고 가문이 좋은 정도에 따라 정확히 배치되는 귀족정치 형태를 받아들인 보야린 계층은 서로 맞서게 되었다. 대공은 그의 역사가 인도하는 쪽으로 나아갔다. 보야린 계급은 시대에 뒤떨어진 정치 형태의 이름으로 활동하였고 마치 역사의 진행을 멈출 것처럼 노력하였다. 이리하여 이 역사적 과정에서 전혀 동등하지 않은 두 세력이 충돌하였다. 전 주민의 동정과 당시 성립된 대로의 국가생활 방식 전체가 모스크바 군주를 지지한다. 반면에 나라에서 동맹자도 영향력도 없던 보야린들은 자신들의 고위직 지위와 사회적 지위 속에서 전해 내려오는 동일한 계보 이야기에만 의존하고 자신의 지위와 권리를 보호하는 실질적인 힘을 갖지 못한 폐쇄된 귀족 집단이었다. 하지만 동등하지 않은 세력에도 불구하고 모스크바 보야린 계층과 군주가 투쟁을 벌인 사실은 의심할 여지가 없다. 보야린 측에서의 불평은 이반 3세 이래 시작되었고 바실리 하에서 더욱 심해졌으며, 이 두 공들 하에서 우리는 보야린들의

---

31) Максим Грек. 1480?~1556. 러시아의 저명한 작가, 사회평론가, 번역가, 문헌학자. 알바니아에서 출생하였다. 1518년에 교회 서적들을 저술하고 번역하기 위해 바실리 3세와 수도대주교에 의해 그리스에서 모스크바로 초빙되었다.

32) 막심 그레크와 더불어, 정치가이자 외교관으로서 바실리 3세의 반대파를 형성하였던 베클레미셰프는 바실리의 정책을 비판했다 하여 1525년에 처형당했다.

실총과 처형을 본다. 그러나 이 투쟁은 보야린들 중 족히 절반 이상이 피흘리며 죽어간 이반 그로즈니 하에서 특히 격심하게 고조되었다.

모스크바, 제3의 로마

이상이 모스크바 분령지가 전국적 대러시아 국가로 변모한 사정의 사실적 측면이었다. 이 급속한 역사적 운동에는 이념적 측면도 있었다. 까다롭지 않은 '획득'으로 힘과 자원을 단순히 축적하는 일은 14세기 말까지의 모스크바 정책의 특징이었다. 이 시기부터 모스크바의 강화에는 더욱 완전한 체제의 구축이라는 동기가 뚜렷해진다. 이와 같이 분기점으로 나아가게 한 동인의 역할을 한 것은 유명한 쿨리코보 전투였다. 서서히 준비된, 한국으로부터의 단절은 루시를 총체적 붕괴라는 위험 앞에 노출시켰다. 랴잔은 파멸을 굴종으로 피해보고자 했고, 모스크바는 방어를 준비하였으며, 나머지 '대공국들'과 '대노브고로드 지배자'는 기다렸다. 드미트리 돈스코이의 '고귀한 권세' 하에는 단지 그의 봉직공과 신분이 낮은 분령공, 그리고 이주한 리투아니아공들만이 모여들었다. 드미트리는 전략적 고려 하에 — 타타르족으로 하여금 리투아니아와 연합하지 못하도록 — 군대를 이끌고 자신의 땅 경계 너머로뿐만 아니라 루시 정착지 일반 너머의 '황야'로 밀고 들어가, 돈강 상류 쿨리코보 평원이라는 이름을 지닌 지역에서 타타르군과 마주쳤다. 열악한 조건에서 루시군이 치른 전투는 그러나 그들의 승리로 끝났다. 타타르군과 리투아니아는 떠났고, 이리하여 돈스코이는 모스크바뿐만 아니라 루시 전체를 보호하고 구조하였다. 루시 전체도 정확히 누가 자신의 구원자였는지를 깨달았다. 오직 모스크바공만이 노브고로드 및 여타 공국들이 재난을 기다리면서 숨어 있을 때 전민족적인 일을 위해 궐기할 수 있는 힘과 의지를 가졌다. 이때부터 드미트리는 모스크바공으로부터, 당시의 문학 작품들에서 부르기 시작한 대로 '루시의 차르'로 변모하였으며, 그의 공국은 전국적인 모스크바 국가로 성장하였다. "그것은 이반 칼리타의 돈궤가 아니라 쿨리코보 평원에서 태어났다"고 B. O. 클류쳅스키는 정확하고 멋지게 말하였다. 15세기 고대 루시의 문헌은 우리에게 사실에서의 이와 같은 변화와 민족의식에서의 급전을 보여주었다. 쿨리코보 전투에 관한 수많은 종류의 이야기들이 그것을 '민족적 공적'으로 제시한다〔《마마이 대전투 이야기》(Сказание о Мамаевом побоище), 전투에 관한 《이야기》(Повесть), 《자돈시나 이야기》(Слово о Задонщине)〕. 《드미트리 돈스코이 전기》(Слово о житии Дмитрия Донского)는 민족적 의식으로 가득 차 있다. 14세기 말과 15세기 초의 교회 설교들은 모스크바 공들을 민족적 군주로 언급한다. 민족체는 자신의 통합을 인식한 것 외에도, 그 후 곧 자신의 힘을 깨달았으며, 심지어 정도 이상으로 자신의 정치적 성공을 평가하는 것 같았다. 나아가 이 민족체는 스스로를 신에 의해 선택된 민족으로, 즉 다른 정교 민족들 사이에서 가장 중요한 역할을 하고 이 점에서 퇴색하고 투르크인들의 압박을 받으며 교황에 종속되어 있는(피렌체 공의회에서) 비잔티움의 자리를 차지하도록 운명지어진 '새 이스라엘'로 간주하기 시작하였다. 당시의 문헌들, 즉 피렌체 공의회에 관한 이야기들(세라피온[33]의), 사도 안드레이 페르보즈반니[34]의 루시 체류에 관한 이야기, 황제 아우구스트(Август)의 형제 프루스(Прус)로부터 모스크바공들이 기원했다는 내용의 전설, 노브고로드 대주교들이 지니고 있던 '흰 두건'[35]과 그리고 비잔티움 제국으로부터 반출되어 루시에서 발견된 모노마흐의 왕관과 기타 '차르의 일상용품' 및 그 밖의 성물들이 그리스로부터 루시로 전해졌다는 전설 등에서 이와 같은 추세를 엿볼 수 있다.

---

33) Серапион. 고대 루시 작가.

34) Андрей Первозванный. ?~?. 예수가 복음 전파를 위해 직접 선택한 12 사도 중의 한 명. 시몬의 형제.

35) белый клобук. 그리스 정교의 대주교가 쓰는 흰 두건을 가리킨다.

교회 성물과 정치적 최고 지배권의 상징에 관한 이 모든 이야기들은 일찍이 구 로마와 '신 로마'(*Roma nova* — 비잔티움)에 속한 정교 세계의 정치적 수위가 신의 감독에 의해 루시, 모스크바로 넘어갔고, 모스크바는 '제3의 로마'가 되었음을 보여주려는 목적을 갖고 있다. 투르크족이 동방의 모든 정교 군주국을 절멸시키고 총대주교들을 모조리 포로로 잡은 그때 모스크바는 타타르의 멍에를 벗어버렸고 루시를 강력한 국가로 통합시켰다. 이제 자기 자신과 동방 전체에서 정교를 보존하고 유지하는 것은 모스크바의 일이었다. 모스크바공은 이제 정교 세계 전체의 수장 — '정교의 차르' — 이 된다. 프스코프의 수도사('스타레츠') 필로페이는 대공 바실리에게 보낸 서한에서 처음으로 모스크바와 그 '제국'의 세계적 의의에 관한 이와 같은 사상을 처음으로 명확하게 표명하였다. "경건한 차르여, 모든 기독교 제국들이 폐하의 유일 제국으로 통합되었음을 알려드리옵니다. 두 로마가 몰락했고, 세 번째 로마(모스크바)가 일어서며, 네 번째 로마는 없을 것이옵니다."

16세기의 이 화려한 문학적-정치적 허구는 모스크바 애국자들의 정신을 사로잡았고 민족적 신앙의 대상이 되었으며 모스크바인들에게 민족적 생존이라는 고귀한 세계적 과제를 조명해주었다. 하나의 이상으로서 이 허구는 모스크바 정치의 지침이 되기 시작하였고, 모스크바 권력으로 하여금 모스크바공이 '카이사르' — '차르' — 라는 직함을 공식적으로 획득함으로써 모스크바 공국을 '제국'으로 만들기로 결심하게 하였다(1547). 얼마 뒤(1589) 모스크바 수도대주교도 총대주교라는 최고 교회 직함을 받았고 이리하여 모스크바 교회는 가장 오래된 동방 교회와 같은 높이에 서게 되었다.

모스크바 사회에서 민족의식의 발달과 민족적 긍지의 성장을 지켜보면서 몇몇 역사가들(밀류코프)은 모스크바인들의 정신적 각성이 표현된 문학적 형식들이, 발칸 슬라브인들을 통해 비잔티움으로부터 들여온 문학적 차용의 결과이고, 모스크바 정치 이론의 구조 자체는 모스크바로 이주한 남슬라브인들에 의해 완수된, 남슬라브인들의 민족적-정치적 지향의 모스크바로의 반입에 다름 아니다 라고 생각하는 경향이 있다. 모스크바 루시의 애국적 이야기들의 구성을 훌륭하게 연구한 즈다노프[36]의 시각은 좀더 심오하고 올바르다. 그는 말한다. "이야기들의 내용은 피렌체 통합, 특히 콘스탄티노플의 함락 이후 우리 문학에 나돌기 시작한 일단의 역사-정치적 관념들에 의해 설명된다. 참된 신앙은 모스크바에서만 유지되었고 모스크바는 제 3의 로마이며 모스크바공은 로마 황제 권력의 상속자이다 라는, 다양한 형태로 되풀이된 이 모든 구 모스크바 사회평론의 문헌들은 어떤 의미를 가졌는가? 이 사회평론에서 평론의 살아 있는 역사적 의미와 상징적인 문학적 외관을 구분할 필요가 있다. 아우구스트와 프루스에 관한 이야기, 비잔티움 왕관에 관한 이야기, 제 3의 로마에 관한 이야기의 의미는 이반 3세와 바실리 이바노비치 치세에 모스크바 공국이 받은 중요성을 상기한다면 우리에게 아주 명확하다. 루시에서는 스스로를 모스크바공과 동등하다고, 모스크바공에게 종속되어 있지 않다고 간주할 수 있는 권력의 대표자들이 그와 병립하지 않았다. 모스크바공 위에 위치한 세력은 사라졌다. 비잔티움 차르들의 권력은 붕괴하였고 킵차크 한국의 '멍에'도 몰락하였다. 모스크바공은 어떤 불가사의한 높이로까지 고양되었다. 모스크바에는 새롭고 전례 없는 무언가가 탄생하였다. 식자들은 이 새롭고 전례 없는 것에, 그 스타일이 그들 시대의 역사관과 문학적 취향에 조응하는 일정한 형식을 부여하고자 하였다. 이 형식에 독자적인 중요성을 부여하는 것, 프루스와 제 3의 로마에 관한 이 이야기들에서 루시 국가생활에 반입된 비잔티움 원리에 대한 지적을 보는 것, 모스크바 공이 사실상 '전세계적 차르'로 변모

---

36) Иван Николаевич Жданов, 1846~1901. 러시아의 문학 연구자.

했음을 확인하는 것은 루시의 역사적 전설 — 국가적 전설과 교회적 전설 — 에 극히 적은 가치만을 부여하는 것을 의미했으리라. 비잔티움 이상을 체현한 국가구조가 파멸을 겪던 바로 그때, 즉 비잔티움 '제국'이 혹독한 역사적 선고를 들어야 했던 바로 그때, 루시 주민들 사이에서 비잔티움 이상으로의 어떤 특별한 끌림이 시작된다고 생각할 수 있을까? 우리의 선조들은 비잔티움이 서서히 사멸해가는 과정을 오랫동안 뚫어지게 지켜보았다. 이 관찰은 모방을 가져온 것이 아니라 부정적인 의미를 갖는 교훈을 줄 수 있었고 끌림이 아니라 혐오를 불러 일으킬 수 있었다. 그리고 우리는 실제로 우리에게 비잔티움 이상이 마치 확립된 것 같은 바로 그때부터 우리의 국가생활과 사회생활은 서서히 그러나 돌이킬 수 없이 '표트르 개혁'으로 이끈 전혀 새로운 길로 들어섬을 보는 것이다."

제2부

- 이반 그로즈니 시대
- 동란 전의 모스크바 국가
- 모스크바 국가에서의 동란
- 차르 미하일 표도로비치 시대 (1613~1645)
- 차르 알렉세이 미하일로비치 시대 (1645~1676)
- 16~17세기 남부와 서부 루시 역사에서의 주요 순간들
- 차르 표도르 알렉세예비치 시대 (1676~1682)

이반 그로즈니 시대

이반 그로즈니 시대는 루시 역사에서 비상한 극적 상황과 성격의 선명성 때문에 학자와 소설가들의 주의를 끈다. 그로즈니 시대에는 수많은 내용이 들어 있다. 대공의 폭풍 같은 유년시절; 명석한 개혁과 동부에서의 만족스런 전쟁 시기; 자문관들과의 불화와 그들의 실총; 본질적으로 심오한 국가적 변혁이었던 오프리치니나[1]; 국가 중심부의 황폐화를 낳은 복잡한 사회적 위기; 발트 연안을 획득하기 위한 강력한 투쟁의 실패 등, 바로 이러한 것들이 이반 그로즈니의 치세 중에 우리의 주의를 끄는 가장 주요한 사실들이다. 그러나 우리가 이 사실들을 잘 안다고 말해서는 안 된다. 그로즈니의 역사를 위한 자료는 결코 충분하지 않으며 그로즈니에 직접 친숙하지 않은 사람들은 그로즈니의 전기에 개인생활과 개인사에 관한 정보가 조금도 없는 해들, 심지어 연속적인 몇 년간이 존재한다는 사실을 알게 되면 깜짝

1) опричнина. 이반 4세(그로즈니)가 중앙 집권 국가의 강화를 위해 채택한, 친위군에 의한 반대파 귀족의 탄압 정책이 실시된 황제 직속의 영지를 일컫는다. 그로즈니는 1560년대에 들어서면서 부인의 죽음, 대귀족의 반항, 총신 A. 쿠릅스키의 도망에 자극을 받아 공포정치를 펴고, 황제직할령과 이에 부속되는 행정과 군대 등의 여러 제도를 특설한 오프리치니나제(1565~1572)로 대귀족을 처형하고 영지를 몰수하였다. 이 책 330~338쪽 참조.

놀랄 것이다.

초기

무엇보다도 유년시절과 청년시절이 그러하다. 여덟 살 때 그는 양친이 없는 고아가 되어 동생 유리와 함께 보야린들의 후견을 받았는데, 보야린들은 그들을 '외국인이나 가난한 하인처럼' 키웠고, 그래서 그로즈니는 그의 말에 따르면 '의복과 굶주림'으로 크게 고생하였다. 외적 박탈에 도덕적 모욕도 뒤따랐다. 그로즈니는 격분하여 슈이스키(Шуйский)가(家)가 어떻게 행동하였는지를 상기하였다. "아이 때 우리가 놀고 있으면, 슈이스키(И. В. Шуйский)는 팔꿈치를 괴고 벤치에 앉아 아버지 침대에 다리를 올려놓고 우리에게 머리를 숙이지도 않았다." 그러나 공식적인 자리에서 사람들이 지켜보고 있으면 이 슈이스키들은 '의식'에 따라 어린 대공 앞에서 머리를 조아렸고 그럼으로써 그에게 위선과 허위를 가르쳐주었다. 대공 재산 중 많은 재산을 조금씩 빼내간 보야린들은 소년 군주 앞에 약탈자이자 '반역자'로 나타났다. 서로 으르렁거리면서 '떼거리로 몰려온' 보야린들은 밤에 군주의 궁전에 침입하여 자신들의 적들을 무력으로 그에게서 끌어내면서 군주 자신을 모욕하는 데 주저함이 없었다. 벨스키(И. Ф. Бельский) 공은 슈이스키가를 친구들로 교체하였고 슈이스키가가 다시 벨스키를 대신하였으며 글린스키가가 슈이스키가를 대신하였다. 어린 군주는 보야린 가문과 당파들의 투쟁을 지켜보았으며, 마침내 그 자신 폭력을 사용하고 격노하여 실총을 부과하였다. 그리고 "거기에서 보야린들은 군주에 대해 공포를 느끼고 순종하기 시작하였다." 보야린들은 그가 용감하고 남자다운 차르가 될 거라고 말하면서, 그의 사악한 본능에 아첨하였고 그가 재미삼아 하는 가혹한 행동을 찬미하였다. 그리고 이 소년은 타락하고 방종한 젊은이가 되었으며. 이리하여 백성들의 불평불만이 생겨났다. 그러나 1546년 말과 1547년 초에 이 젊은이는 얼마간의 박학다식과 정치의식이라는 특성을 갖고 우리 앞에 등장한다. 수도대주교와 보야린들을 향한 문학적으로 꾸며진 연설에서 그는 결혼에 대한 바람과 차르 왕관을 받고 싶은 희망을 언급한다. "짐은 옛 관직들의 시조들을 찾아보고 싶고 제국의 대공위에 취임하고 싶도다." 그로즈니는 왕관을 받으면서(1547), 이미 보았듯이, 백성들이 자신들의 사명으로 정한 이상의 소유자로 등장한다. 그는 비단 대공국만이 아니라 제국을 요구하고 있고 차리그라드 총대주교의 확인서에서 제국을 공식적으로 획득한다(1561). 그리고 차르 왕관 문제에서뿐만 아니라 성직자와 보야린들 앞에서 행한 모든 발언에서 젊은 차르는 박식과 지적 성숙을 드러낸다. 자기 시대에 그는 교양인이었던 것이다. 그의 학문과 높은 지적 관심이 어떻게 도덕적으로 타락한 젊은이에게 이를 수 있게 되었는지를 숙고해볼 때 우리는 그로즈니에게 좋은 영향을 준 단 한 가지 원천만을 지적할 수 있다. 그것은 1542년에 노브고로드 대주교좌로부터 모스크바 수도대주교좌로 자리를 옮긴 수도대주교 마카리 일파였다. 마카리와 함께 모스크바로 그의 문예 작업 — '대성인전' 모음집 — 동료들이 건너왔고, 그들 속에 저명한 사제 실베스트르가 있었다. 마카리 자신은 그로즈니의 변함없는 존경을 받았고 그에게 좋은 영향을 미쳤다. 그리고 실베스트르는 그로즈니 하에서 바로 총신이 되었고 "마치 차르이자 고위 성직자처럼 고위 성직자 권력과 차르 권력의 이중 권력을 소유하였다." 이들의 영향력은 그로즈니의 관심을 오락거리에서 독서로, 즉 신학적 지식과 정치 이론 문제로 돌렸다. 천성적으로 재능 있고 감수성이 풍부한 그로즈니는 지혜를 살찌우고 선진적 모스크바인의 감정을 생기게 하는 모든 것을 재빠르게 습득하였다. 그리고 그 자신 〔아주 가까운 후손 중의 한 사람이었던 카티레프-로스톱스키[2]의 표현을 빌면〕 "뛰어난 판단력

2) Иван Михайлович Катырев-Ростовский, 17세기 전반에 활동한 저명한 보야린 가문 카티레프가의 마지막 대표자.

을 가진 남자였고 학문적 가르침에 만족하였으며 매우 다변적이었다." 이리하여 그로즈니의 도덕적 교양은 지적 교양에 조응하지 않았다. 그로즈니의 영혼은 그의 지력보다 언제나 낮았던 것이다.

1550~1564년 시기

그로즈니가 성년에 도달하면서 좀더 훌륭한 치세기가 시작된다. 한편 실베스트르의 영향력은 실베스트르가 차르 주위에 통상 '선발 회의'(избранная рада. 쿠릅스키공이 그로즈니에 관한 자신의 저술에서 이렇게 이름 붙였다)라는 특별 자문단을 차르 주위에 소집하는 것으로 나타났다. 이것은 '측근 두마'(ближняя дума)도 아니고 일반적 두마도 아니며 모스크바 국정을 익혀서 자기 식대로 조정한다는 한 가지 목표를 위해 연합한 특별한 보야린 무리였다. 이 무리를 상기하면서 그로즈니는 이 보야린들이 "자신들의 추종자를 배치하지 않은 곳은 한 곳도 남겨놓지 않았다"고 분노하여 말했다. '선발 회의'가 지배권을 수중에 장악하고 모스크바 전제 군주에게 불리한 일련의 법령과 관습으로 국정에 대한 자신들의 영향력을 강화하고자 했음은 의심의 여지가 없다. 아마도 분령공들의 후손인 '크냐자타'[3]들로 이루어졌을 회의는 바로 공의 정책을 수행하였고, 이리하여 조만간 자신의 전권을 자각한 군주와 날카롭게 충돌할 수밖에 없었다. 충돌은 그로즈니가 중병에 걸렸던 1553년부터 시작되었는데, 이때 회의는 그로즈니의 어린 아들, 드미트리가 아니라 그(그로즈니)의 사촌 형제인 블라디미르 안드레예비치[4]공을 즉위시키기를 원하는 것으로 드러났다. "거기서부터 대군주와 블라디미르 안드레예비치의 불화가 시작되었고(연대기는

3) княжата. 분령공(князь) 가문 출신자(15~16세기의 귀족으로 분령공의 자손들을 가리킨다).

4) Владимир Андреевич Старицкий, 1533~1569. 이반 그로즈니의 사촌 형제로서 스타리차(Старица)의 공.

말한다), 보야린들 사이에는 동란과 소요가 있었으며, 제국은 모든 면에서 궁핍해지기 시작하였다." 차르와 회의의 완전한 결렬은 실베스트르와 다른 차르의 총신인 아다셰프[5]를 모스크바에서 제거했던 1560년경에 발생하였다. 그때까지 12~13년 동안 그로즈니의 통치활동은 '선발 회의'의 영향 하에 있었으며, 선량한 본성이 두드러지게 잘 나타났다. 이 시기에 카잔이 정복되었고(1552), 아스트라한[6]이 점령되었으며, 진지한 개혁들이 수행되었다.

카잔의 정복은 민족생활에 엄청나게 큰 의미를 띠었다. 카잔의 타타르 한국(汗國)은 모르드바족, 체레미스족, 추바시족, 보탸크족, 바시키르족 등, 복잡한 이민족 세계를 자신의 권력 하에 하나의 강력한 전체로 연결시켰다. 볼가강 너머 운자강과 베틀루가강에 거주하는 체레미스족과 오카강 너머의 모르드바족은 동부에서 루시의 식민 운동을 저지하였다. 루시 정착지에 대한 타타르족과 여타 '민족'들의 공격은 경제를 황폐화시키고 많은 루시 주민들을 '포로'로 데려감으로써 그들에게 극심한 해를 끼쳤다. 카잔은 모스크바 생활의 만성적인 재앙이었고, 따라서 카잔의 점령은 민요로 찬미할 정도로 민족적 축제가 되었다. 점령 후 카잔은 겨우 20년 만에 루시의 대도시로 변모하였다. 이민족들이 사는 볼가강 유역의 다양한 장소들에는 루시 권력과 루시 정착지의 지주로서 요새화된 도시들이 세워졌다. 많은 사람들이 풍요로운 볼가강 유역의 땅과 우랄 중류 삼림지역으로 빠르게 유입되었다. 엄청난 크기의 귀중한 토지가 모스크바 권력에 의해 평

---

5) Алексей Федорович Адашев, ?~1560. 궁내관으로 유명한 이반 그로즈니의 총신.

6) Астрахань. 러시아 남서부 아스트라한 오블라스티의 주도. 볼가강의 삼각주에 있는 하항 도시로 카스피해에서 100㎞ 떨어져 있다. 도시의 기원은 13세기의 취락 아스타르한에서 시작되는데 1460년대부터 아스트라한 한국의 수도였으며, 1556년 러시아에 합병되었다. 요새이며 아울러 아시아와 유럽을 연결하는 교역의 중심지로서 번영하였다.

정되었고 사람들의 노동으로 개간되었다. 민족적 통찰력이 간파한 '카잔 점령'의 중요성은 바로 여기에 있었다. 루시의 식민화에 장벽으로 작용한 카잔 제국을 제거함으로써 볼가강 하류와 서부 시베리아의 점령이 자연스럽게 이루어졌던 것이다.

그로즈니의 내부 개혁이 카잔 원정과 동시에 진행되었다. 개혁의 개시는 1550~1551년에 모스크바에서 소집한 장엄한 '소보르'[7]와 관련 있었다. 이것은 용어의 통상적 의미에서 젬스키 소보르[8]가 아니었다. 1550년에 그로즈니가 도시의 '모든 관등들'의 대표회의를 모스크바에서 소집한 것 같다고 전해오는 이야기는 지금 신빙성이 없는 것으로 인정되고 있다. 즈다노프가 처음으로 보여주었듯이 당시 모스크바에서는 교회 문제와 '지방'(земские)의 문제로 성직자와 보야린들의 소보르가 소집되었다. 이 소보르에서 혹은 이 소보르의 승인으로 1550년에 1497년의 법전(Судебник)이 '수정'되었고 1551년에는 교회법적 성격의 법령집인 《100항목 결의집》(Стоглав)이 작성되었다. 이 문헌들과 당대의 통치활동 문서 일반을 정독해보면 우리는 당시 모스크바에 온전한 지방행정 개혁안이 만들어졌다는 생각에 도달하게 된다. В. О. 클류쳅스키는 말한다. "이 안은 지방자치체(земство)와 코르믈렌시크[9] 간의 경쟁의 조속한 철폐로 시작하여, 코르믈렌시크, 선출된 장로, 첼로발니크[10]들을 어디든 의무적으로 재판에 출석

---

7) собор. 역사적으로 대회의를 가리킨다.

8) Земский собор. 16~17세기에 러시아에 존재한 신분제의회를 가리킨다. 전국회의로 번역된다. 각 신분별 대표의 의견을 듣고 정부에 대한 지지를 구하기 위하여 개최되었으며, 1549년 이반 4세가 소집한 회의가 처음이라고 한다. 필요에 따라 비정기적으로 차르의 명령에 의해 귀족회의, 성직자회의의 구성원, 고위 관리와 지주, 대상인의 대표들을 소집하였다. 명확한 조직과 권한을 갖지 못하고 절대주의로 이행하면서 소멸하였다.

9) кормленщик. 13~16세기 고대 러시아에서 연공 부과 권리를 부여받은 귀족.

10) целовальник. 모스크바 공국 시대에 세무, 사법, 경찰 행정을 담담한 관

하게 한 법전을 개정하는 것으로 계속되었으며, 코르믈레니예를 철폐하는 지방 행정법규(уставная грамота)로 완성되었다."[11] 코르믈레니예라는 원시적 제도는 국가의 성장과 사회질서의 복잡화라는 시대의 요구를 충족시킬 수 없었기 때문에 그것을 다른 행정형태로 대체하기로 결정되었다. 일정 지역에서는 코르믈레니예를 철폐하기 전에 코르믈렌시크들을 선출된 공동체 대표들의 통제 하에 두었으나, 그 뒤 그들을 자치기관들로 완전히 대체하였다. 이 점에서 자치는 두 가지 모습을 띠었다. (1) 지구('구바')의 재판과 경찰 업무는 선출된 대표들의 관할로 넘어갔다. 주민들이 여러 계층으로 이루어진 곳에서는 보통 이런 식으로 일이 진행되었다. 통상적으로 관리들이 구바 장로로 선출되었으며, 별도의 집무실, '구바 사무소'에서 사무를 본, 선출된 징세사법관(즉 배심원)들과 디야크[12]가 그들을 도왔다. 주민의 모든 계급들이 함께 선출에 참여하였다. (2) 재판과 경찰 업무뿐만 아니라 공물의 수집과 공동체 경제의 관리 등, 재무행정도 선출된 대표들의 관할로 넘어갔다. 완전 탸글로 주민들이 거주하고, 조세 자치를 위해 옛날부터 젬스키 스타로스타[13]들이 존재해온 우예스트와 볼로스티들에서 통상 그렇게 되곤 하였다. 구바 제도(즉 다름 아닌 지사들)의 기능마저 이 장로들에게 넘어갔을 때, 지방생활의 모든 측면을 포괄하는, 가장 완벽한 자치형태가 확보되었다. 이 자치의 대표자들은 친애하는 장로(излюбленный староста), 친애하는 수장(излюбленный голо-

리. 이하 징세사법관으로 번역.

11) 이 조치의 의미는 지방 자치체(즉 지방 공동체)들이 보야린-지방장관들의 후견에서 해방되어 직접 공물을 수집하고 재판을 할 수 있게 되었음을 의미한다.

12) дьяк. 14세기 고대 러시아에서는 княжеский писец를 가리키고, 14~17세기에는 국가 기관에서 책임 있는 지위를 차지한 관리를 일컫는다. 이하 서기관이라고 번역한다.

13) земский староста. 이하 지방장로로 번역한다.

ва), 지방 재판관(земский судья) 등 다양한 이름으로 불렸다. 코르믈레니예의 폐지는 원칙적으로 대략 1555년에 결정되었고 모든 볼로스티와 도시는 새로운 자치 제도로 이행하는 것이 허용되었다. '코르믈렌시크들'은 이제부터 '코름'[14] 없이 지내지 않으면 안 되었고, 정부는 코름을 대체하기 위해 재원이 필요하였다. 이와 같은 재원을 확보하기 위해 도시와 볼로스티들은 자치권의 대가로 '코르믈레니예 보상세'[15] 라는 명칭을 얻은 특별 연공을 국고에 납입하기로 되었다. 연공은 '체트베르티'(четверть) 혹은 '체티'(четь) 라는 명칭을 얻은 '국고'인 특별 금고로 들어갔고, 이전의 코르믈렌시크들은 '체티로부터' 매년 '우로키'(уроки) 를, 즉 봉급을 수령할 권리를 얻어 '체트베르치크'(четвертчик) 라고 불리게 되었다.

지방행정의 개혁과 관련된 그리고 그와 동시에 관리계급을 조직하기 위한 조치들이 시행되었다. 관리들은 '스타티야'(статья), 즉 등급별로 나뉘었다. 그들 전체로부터 1550년에 1천 명에 이르는 훌륭한 보야린의 자식들(боярские дети) 이 선발되어 모스크바 부근('모스크바 근교')의 영지가 분여되었다. 이리하여 '모스크바 명부'에 따라 근무하는 '모스크바 드보랴닌' 등급이 형성되었다. 나머지는 '도시들로부터' 근무하였고 '궁정' 혹은 '도시' 보야르스키예 데티(나중에는 '드보랴닌들'과 '보야르스키예 데티') 라고 불렸다. 1550년대에는 드보랴닌 봉직제도가 확립되었고('수장'들의 지휘 하에 '수백 개'의 직무가 설치되었다), 세습영지와 봉지에게 직무 기준량이 정해졌다('비옥한' 토지 100체트베르티,[16] 즉 100반(半) 데샤티나[17] 당 '갑옷을 입고 말을 탄 사람 한 명'이

---

14) корм. 연공 부과권인 코르믈레니예를 가리킨다.

15) кормление окуп. 코르믈레니예 폐지 이후에 도입된 주민세.

16) четверть. 여기서는 러시아의 구 지적 단위로 1200평방 사젠 정도 크기의 땅을 가리킨다. 1사젠은 약 2.134m.

17) десятина. 2400평방 사젠으로 약 1.09ha 크기의 땅을 가리킨다.

었다). 문벌제도도 법규로 정해졌다. 요컨대 일정한 질서가 실생활에, 즉 지금까지 규율이 거의 없던 대중이었던 관리계급의 직무와 경제에 도입되었던 것이다.

이 조치들과 나란히 교회행정의 개선과 교회 관구의 유지 및 풍속의 개혁에 대해《100항목 결의집》에서 인용된 조치들을 상기한다면, 그로즈니와 그의 '회의'가 궁리한 일단의 개혁이 매우 광범하고, 그 구상에서 모스크바 생활의 모든 측면을 혁신할 수밖에 없었다는 것을 알게 된다. 그러나 그로즈니의 정부는 그 내부에 일치와 협동이 없었기 때문에 개혁 작업을 완전히 성공적으로 수행할 수는 없었다. 이미 1552~1553년에 그로즈니는 공식 연대기에서 보야린들이 내부 개혁에 종사하느라 "카잔의 건설을 미루고" 있고, 자신의 아들에게 봉사하기를 원치 않으며 블라디미르 안드레예비치공 쪽으로 투항했다고 그들에 대한 불만을 털어놓고 있다. 1557~1558년에 그로즈니는 아마도 보야린 두마가 원하지 않았을 것 같은 리보니야 전쟁 때문에 그들과 충돌하였다. 1560년에는 그로즈니의 부인 아나스타시야 로마노브나(Анастасия Романовна)의 죽음과 함께, 그로즈니와 그의 자문관들 사이에 노골적인 불화가 발생하였다. 실베스트르와 아다셰프는 추방당했고, 그들을 복귀시키려는 보야린들의 기도는 탄압을 불러일으켰다. 그러나 이 탄압은 아직 유혈의 처형사태까지 이르지는 않았다. 박해는 보야린들의 이탈(배신)과 관련해서만 가차 없고 잔혹한 성격을 띠었다. 불만을 품은 보야린들의 이탈경향을 알아차린 그로즈니는 리투아니아로 떠나고 싶어 하는 것으로 의심을 받는 보야린들에게서 몇몇 인물의 보증으로 떠나지 않겠다는 약속을 받았다. 이와 같은 '보증서'로 그는 보야린 계층 전체를 옭아매었다. 그렇지만 불만자들의 이탈이 종종 발생하였으며, 1564년에는 안드레이 미하일로비치 쿠릅스키가 전장에서 자신의 지휘 하에 있던 군대와 요새를 버리고 리투아니아로 도주하는 데 성공하였다. '선발 회의'의 일원이었던 그는 그로즈니가 자기 쪽 보야린들에 대해 '참을 수 없는 분노와 격심한 증오'를 보였기 때문에 도주하였다고 설명하면서 그것을 정당화하고자 하였다. 그로즈니는 보야린의 비난과 보야린들에 대한 자신의 비난을 대립시키는 폭로 편지로 쿠릅스키에게 대응하였다. 양측—'직접 통치하고자' 하는 군주와, 보야린 과두정 원리를 대표하는 공-보야린—은 유례없이 노골적이고 격렬하게 의견을 주고받았다. 베스투제프-류민은 자신의 《러시아 역사》에서 차르 권력과 보야린-크냐자타의 권리에 관한 이 문제에서 문제의 근본이 왕조에 있음을 처음으로 드러내주었다. 구 루시 왕조의 후손인 '크냐자타'는 모스크바 차르 일가의 봉직 보야린으로 변모한 후 권력에의 참여를 요구하였다. 반면 차르는 그들을 자신이 '수백 명이나' 갖고 있는 단순한 신하들로 생각하였고, 그리하여 그들의 권리주장을 완전히 거부하였다. 그로즈니와 쿠릅스키 사이의 논쟁에서 '선발 회의'의 진정한 성격이 드러났다. '선발 회의'는 명백히 관료-보야린들의 도구가 아니라 분령-공 정치의 도구로 기능하였고, 기관(두마)을 위해서가 아니라 일정한 사회 계층(크냐자타)을 위해 차르 권력을 제한하였던 것이다.

오프리치니나

반대파의 이러한 성격 때문에 그로즈니는 급진적인 조치로 크냐자타의 중요성을 제거하기로 결심하였다. 아니 그들을 모두 죽여 버리기로 작정한 것 같았다. 구래의 귀족층을 향한 이와 같은 조치 전체는 오프리치니나라고 불린다. 오프리치니나의 핵심은 그로즈니가 봉직 공-보야린들의 세습영지가 소재한 옛 분령 공국의 영토에 통상 모스크바가 피정복지에 적용한 제도를 적용했다는 점에 있었다. 그로즈니의 아버지와 할아버지는 노브고로드와 프스코프 및 여타 지역을 정복할 때 모스크바의 통치 전통을 따르면서, 모스크바에게 가장 뚜렷이 위험한 인물들을 그곳에서 자신의 내부 영지로 방출하는 한편으로,

옛 모스크바 지역의 사람들을 피정복지로 이주시켰다. 이것은 모스크바 국가 유기체가 새로운 사회요소들을 받아들이는 검증된 동화방식이었다. 이러한 방식은 이반 3세 하의 대노브고로드와 이반 4세 자신 하의 카잔에서 특히 분명하고 효과가 있었다. 지역 지도층을 빼앗긴 피정복지는 즉각 모스크바에서 지도층을 받았고 이들과 더불어 공통의 중심지인 모스크바로 끌리기 시작하였다. 그로즈니는 외부의 적에게 통했던 것을 내부의 적에게도 시도하기로 작정하였다. 그는 분령상속 세습영지에서 그 소유자들 — 크냐자타 — 을 끌어내어 분령의 기억도 없고 반대파에게 유리한 조건도 없는, 그들의 이전 정착지로부터 동떨어진 지역에 이주시키기로 결심하였다. 이주 당한 귀족 대신 그로즈니는 옛날의 대 세습영지로부터 형성된 소 봉지에 사소한 관리들을 앉혔다. 그로즈니는 이러한 계획을 시행하는 한편 이를 보완하고자 동시대인들의 당혹을 불러일으킨 세세한 조치도 취하였다. 그는 1564년 12월 아무도 모르게 모스크바를 떠나 1565년 1월에야 비로소 알렉산드로프 슬로보다[18]에서 자신에 관한 소식을 전하는 것으로 시작하였다. 그로즈니는 보야린들의 배신 때문에 제국을 버리겠다고 위협하였다. 그리고는 모스크바인들의 간청에 따라 반역자들에게 "실총을 부과하고, 또 다른 이들을 처형하고, 그들의 재산을 남김없이 몰수하고, 국가에 오프리시니나[19]를 만드는" 것, 즉 "순전히 내 자신만을 위해 사용될 수 있는 특별 궁정을 만드는" 것을 조건으로 해서만 권좌에 머물렀다. '반역자'와의 투쟁은 목적이었고 오프리치니나는

18) Александровская слобода. 14세기부터 알려진 슬로보다로 16기 중반 이반 그로즈니의 거주지로서 오프리치니나의 중심지였다. 1778년부터 알렉산드로프시가 되었다. 슬로보다란 11~17세기 러시아에서 국유지 또는 사유지에 있는 자유농민들의 큰 마을이나 도시(이전에는 수도원) 근교의 마을을 일컫는다.

19) опришнина. 즉 오프리치니나.

수단이었다. 그로즈니의 새로운 궁정은 보야린과 드보랴닌들, 즉 1550년에 모스크바에서의 봉직을 위해 1천 명의 훌륭한 드보랴닌들을 선발한 것처럼 선발하였던, 새로운 '1천 수장들'로 구성되었다. 첫 천 명에게는 당시 모스크바 근교의 봉지가 주어졌다. 두 번째 천 명에게 그로즈니는 "오프리시니나로 몰수하였던" 도시들의 봉지를 부여한다. 이들은 실총된 크냐자타를 그들의 분령지에서 교체하기로 예정된 오프리치니나 대원들이었다. 오프리치니나 대원들의 수는 오프리치니나로 몰수된 토지의 양이 늘어났기 때문에 증가하였다. 그로즈니는 구분령 루시의 모든 지역에서, 그 자신의 표현에 따르면, "쓸모없는 인간들을 솎아내고", 그 밖의 사람들을 '추방하였으며', 대신 다른 사람들을 '받아들였다.' 그로즈니의 치세 마지막 20년 동안 오프리치니나는 국가의 절반을 포괄하였고 '공 가문'과 그들의 분령지와의 연계를 끊고 공들의 토지소유를 괴멸시키면서, 모든 분령 일족들을 파괴하였다. 크냐자타는 옛 경영방식을 유지하고 있던 '젬시나'[20] 혹은 '젬스키'(земский)라는 이름을 지닌 국가의 변경으로 쫓겨났다. 오프리치니나 토지의 관리는 복잡한 조직을 요구하였기 때문에 그로즈니의 새로운 '궁정'에서 우리는 특별한 보야린들(두마), 특별한 비복(дворовый)들, 서기관들, 청(廳)들, 요컨대 국가기제와 병존하는 통치기제 전체를 본다. 또 오프리치니나 토지에서 나오는 세금이 납입되는 특별 국고를 본다. 오프리치니나의 재원을 강화하기 위해 그로즈니는 모스크바 북부 전체를 오프리치니나로 몰수하였다. 조금씩 오프리치니나는 엄청난 크기로 확대되었고, 국가를 두 개의 적대적인 지역으로 양분하였다. 아래에서는 이처럼 타지의 정복 방식을 자기 땅에 적용한 그로즈니의 독특한 '개혁'의 결과를 보여줄 것이며, 여기서 우리

20) земщина. 오프리치니나(황제령) 창설 후 이반 4세가 특별 통치령으로 삼은 지역으로 오프리치니나에 속하지 않은 대귀족 관리 지구.

는 오프리치니나의 직접적인 목적이 달성되었고, 반대파 전체가 분쇄되었음을 알 수 있다. 이것은 믿을 수 없는 사람들을 강제로 이주하는 체제에 의해서뿐만 아니라 테러 조치에 의해서도 성취되었다. 의심 받는 사람들의 실총과 추방 및 처형, '반역자들'에 대한 오프리치니나 대원들의 폭력, 방탕의 시대에 자신의 신하들을 무자비하게 학대하는 그로즈니의 엄청난 타락 등, 이 모든 것은 모스크바를 폭군 앞에서 공포로 떨게 만들고 순종하게 만들었다. 당시에는 어느 누구도 이 테러가 정부 자체의 힘을 무엇보다도 잠식하고 그에게 해외에서의 가혹한 실패와 국내에서의 위기를 준비시키는 것을 몰랐다. 한편으로는 노브고로드의 유린과 다른 한편으로는 시메온 베크불라토비치[21]의 대공으로서의 즉위는 그로즈니의 과도한 변덕과 기괴함이 어디까지 도달할 수 있는지를 잘 보여준다. 1570년 그로즈니는 어떤 의심 때문에 노브고로드로 온전한 원정을 단행하였다. 그로즈니는 도중에 트베리 우예스트를 파괴하였으며, 노브고로드 자체에서는 6,000개 이르는 농장(우수리를 버린 개수) 가운데 약 5,000개를 황폐화시키면서 영구히 노브고로드를 약화시켰다. 그러는 동안 그는 '오셔서', 황폐화된 도시의 절반과 두 개의 노브고로드 퍄티나를 오프리치니나로 편입시켰다. 그리고는 모스크바로 돌아가 자신에게 노브고로드인들에 대한 적의를 불어 넣은 사람들을 향해 분노를 터뜨렸다. 1575년에 그는 세례를 받은 타타르족의 '차르'(즉 한) 시메온 베크불라토비치를 '전 루시의 대공'으로 삼았으며, 스스로를 '모스크바공'이라고 부르기 시작하였다. 차르라는 직함은 완전히 사라진 것 같았고, 오프리치니

21) Симеон Бекбулатович. ?~1616. 킵차크 한국 한들의 후손으로 아버지와 함께 이반 4세 휘하에서 봉직. 1575년 우스펜스키 대성당에서 대관식을 한 후 전 루시의 대공으로 불리기 시작하였으며 이반 4세는 여전히 모스크바 대공에 머물렀다. 그러나 나라의 통치는 실제적으로는 이반 4세가 쥐고 있었다.

나는 모스크바공의 '궁정'이 되었으며, '젬스키' 대공위는 전루시의 대공위가 되었다. 1년도 채 지나지 않아 타타르 '차르'는 모스크바로부터 트베리로 옮겨졌으며 모스크바에서는 모든 것이 이전처럼 되었다. 모스크바를 방문한 서구의 모험가들이 유럽의 흥미를 끌게 했던 그로즈니의 처형과 잔혹함에 대한 허풍 친 이야기들을 전적으로 신뢰할 수는 없다. 그러나 그로즈니가 행한 테러가 전반적으로 끔찍하였으며 나라를 동란과 내분으로 이끌었음을 인정하지 않을 수 없다. 그로즈니의 동시대인들도 이것을 이해하였다. 예를 들어 이반 티모페예프[22]는 자신의 《일지》(Временник)에서 그로즈니가 "어리석은 사람들을 조정하면서" 자신의 토지를 분할함으로써 스스로 '로즈글라시예'(розгласие), 즉 동란을 '예시하였다'고 말한다.

리보니야 전쟁

내부의 혼란 및 투쟁과 나란히 1558년부터 그로즈니는 발트해 연안을 차지하기 위한 집요한 투쟁을 전개하였다. 발트 문제는 당시 가장 복잡한 국제 문제의 하나였다. 많은 발트해 연안의 국가들이 발트해에서의 우위를 둘러싸고 다투었고, 연안에 강고한 입지를 마련하고자 했던 모스크바의 노력은 스웨덴과 폴란드와 독일을 '모스크바인들'에 맞서게 하였다. 그로즈니가 투쟁에의 개입을 위한 성공적인 순간을 선택한 것은 인정하지 않으면 안 된다. 그가 집중적으로 공격하였던 리보니야는 당시 적절한 표현에 따르면 적대적 나라를 대표하였다. 리보니야에서는 독일인과 지역 원주민 — 레트족,[23] 리투아니아족, 그리고 에스토니아족 — 사이에 오랜 종족 투쟁이 전개되었다. 이 투쟁은 드물지 않게 외지 출신의 봉건 지배자와 농노제 하의 원주민 대

---

22) Иван Тимофеев. 이반 4세 하에서 서기관을 지냈다.
23) латыш. 라트비아의 주요 종족.

중 사이의 첨예한 사회적 충돌 형태를 띠었다. 독일에서 종교개혁이 전개됨과 함께 종교적 동요가 리보니야로도 파급되면서 기사단 소유지들의 세속화를 자극하였다. 마침내 모든 여타 적대에 정치적 적대가 부가되었다. 즉 기사단 권력과 로마 대주교 사이에 최고 지배권을 둘러싼 만성적인 불화가 있었고, 그와 함께 도시들이 자치를 위해 기사단과 항상적인 투쟁을 전개하였던 것이다. 베스투제프-류민의 표현에 따르면, 리보니야는 "카이사르의 통일 권력이 없는, 로마 제국의 축소판이었다." 리보니야의 해체는 그로즈니의 시선을 비껴갈 수가 없었다. 모스크바는 리보니야에게 종속관계를 인정할 것을 요구하면서 정복에 나서겠다고 위협하였다. 이른바 유리예프(Юрьев. 데르프트[24])의 공물에 관한 문제가 제기되었다. 모스크바는 데르프트시가 대공을 위해 납부해야 하는 지역적 의무 중에서 '세금' 즉 공물을 리보니야에 대한 자신의 보호권을 확립하는 이유로, 그리고 그 후에는 전쟁을 위한 이유로 삼았다. 2년(1558~1560) 동안 리보니야는 모스크바 군대에 의해 파괴되어 붕괴하고 말았다. 가증스런 모스크바인들에게 굴복하지 않기 위해 리보니야는 다른 이웃들에게 한 부분씩 양도하였다. 리플랸디야[25]는 리투아니아에게, 에스틀랸디야[26]는 스웨덴에, 에젤[27]은 덴마크에 합병되었고, 쿠를랸디야[28]는 폴란드왕으로부터 봉지를 받고 종속되는 과정에서 세속화되었다. 리투아니아와 스웨덴은 그로즈니에게 그들의 새로운 소유지를 비워줄 것을 요구하였다.

---

24) Дерпт. 지금의 타르투(Тарту)로 에스토니아에서 두 번째로 큰 도시의 이름.

25) Лифляндия. 13~16세기 리보니야의 독일이름. 17~19세기 초에는 라트비아 북부와 에스토니아 남부 지역의 공식 명칭이었다.

26) Эстляндия. Estland. 발트해 북부지역으로 지금의 에스토니아에 해당.

27) Эзель. 발트해 리가만 입구에 있는 섬.

28) Курляндия. Kurland. 라트비아 공화국 서드비나강 남쪽에 있는 지역. 이 지역에 사는 라트비아 종족인 쿠르족에서 명칭이 유래하였다.

그로즈니는 그렇게 하고 싶지 않았고 이리하여 리보니야 전쟁은 1560년부터 리투아니아와 스웨덴 전쟁으로 넘어간다.

이 전쟁은 오래 끌었다. 처음에 그로즈니는 리투아니아에서 큰 성공을 거두었다. 1563년에 그는 폴로츠크를 점령하였고 그의 군대는 빌나까지 도달했다. 1565~1566년에 리투아니아는 그로즈니에게 명예로운 강화를 준비하였고 모스크바에게 자신의 모든 획득물을 양도하였다. 그러나 1566년의 젬스키 소보르는 더 많은 토지 획득을 목적으로 전쟁을 계속하는 것을 지지하였다. 그들은 리보니야 전체와 폴로츠크시 인근의 폴로츠크군(повет)을 원하였던 것이다. 전쟁은 지지부진하게 계속되었다. 마지막 요가일라이티스[29]의 사망(1572)과 함께, 모스크바와 리투아니아가 휴전에 들어갔을 때 그로즈니가 폴란드-리투아니아 왕국[30]으로 연합한 리투아니아와 폴란드의 왕위 후보자로 나서는 일까지 발생하였다. 그러나 이 입후보는 성공하지 못했다. 처음에는 겐리흐 발루아(Генрих Балуа)가, 다음에는(1576) 트란실바니아공 스테판 바토리[31]〔모스크바어로는 '오바투르'(Обатур)〕가 선출되었던 것이다. 바토리의 등장과 함께 전쟁은 양상이 변하였다. 리투아니아는 방어에서 공세로 전환하였다. 바토리는 그로즈니로부터 폴로츠크를(1579), 그 후에는 벨리키예 루키를 탈취하였고, 전쟁을

---

29) Ягеллон. 폴란드어로는 Jagiellończyk, 리투아니아어로는 Jogailaitis. 폴란드어로 야기엘로노비에(Jagiellonowie), 리투아니아어로 요가일라이치아이(Jogailaičiai)라고 불리는 이 가문은 폴란드 왕조(1386~1572) 및 리투아니아 대공 가문(1377~1572)이었다. 이 가문은 체코(1471~1526)와 헝가리(1440~1444, 1490~1526)도 통치하였다. 그 시조 요가일라(Ягайло, Jogaila)의 이름에서 비롯하였다.

30) Речь Посполита. 1569~1795년 동안 존재한 왕국.

31) Стефан Баторий, 폴란드어로는 Stefan Batory, 리투아니아어로는 Steponas Batoras. 1533~1586. 폴란드 왕(재위 1576~1586). 리보니야 전쟁에서 이반 4세와 싸우고 승리하였다.

모스크바 국가의 국경으로 가져가면서 프스코프를 포위하였다(1581). 그로즈니는 바토리가 군사적 재능과 훌륭한 군대를 가지고 있었기 때문만이 아니라 이 시기에 그로즈니에게 전쟁을 수행할 재원이 고갈되었기 때문에도 패배하였다. 당시 모스크바 국가와 사회에 타격을 가한 내부 위기의 결과 나라는 당대의 표현에 따르면 "황폐화 속에 기진맥진해지고 황량해졌다." 이 위기의 성격과 중요성에 관해서는 아래에서 언급될 것이다. 지금은 그와 같은 힘과 재원의 결핍이 에스틀란디야에서 스웨덴인들에 맞서서도 그로즈니의 성공을 불가능하게 했다는 점만 지적해두자. 영웅적으로 방어된 프스코프 근처에서의 바토리의 실패로 그로즈니는 교황의 사절 예수회 회원 포세빈(Поссевин. Antonius Possevinus)의 도움으로 강화 협상을 시작할 수 있었다. 1582년 바토리와의 강화(정확하게는 10년 동안의 휴전)가 체결되었으며, 그로즈니는 바토리에게 리플란디야와 리투아니아에서 획득한 모든 땅을 양도하였다. 그리고 1583년에 그로즈니는 스웨덴과도 강화를 맺고 스웨덴에게 에스틀란디야와 그 외에 핀란드만 연안의 나로바[32] 강에서 라도가호에 이르는 땅〔이반-고로드,[33] 얌,[34] 코포리예,[35] 오레셰크,[36] 코렐라[37]〕을 양도하였다. 이리하여 4반세기를 끈 투쟁은 완전한 실패로 끝났다. 물론 실패의 원인들은 모스크바의 힘과 그로즈니가 제시한 목적의 불일치에 있다. 그러나 이 불일치는 그로즈니가 투쟁을 시작한 뒤에야 드러났다. 모스크바는 1570년대부터서야 비로

32) Нарова. 러시아와 에스토니아 국경을 흐르는 강. 나르바강이라고도 한다.

33) Иван-город. 나르바시 근처에 위치한 고대 루시의 요새.

34) Ям. 루시 북서부 국경에 위치한 요새로 얌부르크, 얌고로드라고도 불렸으며, 지금의 킨기세프(Кингисепп)를 가리킨다.

35) Копорье. 핀란드만 13㎞ 지점의 이조르스코예 고원의 북서부에 위치한 요새.

36) Орешек. 네바강 수원에 위치한 실리셀부르크 요새를 가리킨다.

37) Корела. 노브고로드의 요새로 지금의 레닌그라드 오블라스티에 위치한 프리오제르스크시를 가리킨다.

소 몰락하기 시작하였던 것이다. 그때까지 모스크바의 힘은 모스크바 애국자에게뿐만 아니라 모스크바의 적에게도 엄청난 것처럼 보였다. 발트해 연안을 둘러싼 그로즈니의 투쟁 돌입, 리가만과 핀란드만에서의 루시 군대의 출현과 고용된 모스크바 사략선의 발트해 등장은 유럽 중부를 경악시켰다. 독일에서 '모스크바인들'은 공포의 적이었다. 그들의 공격 위험은 각 정부의 공식 서신에서뿐만 아니라 리플릿과 팸플릿 같은 광범한 긴급 문헌에서도 열심히 기술되었다. 이에 대해 모스크바인들을 바다에, 유럽인들을 모스크바에 접근하지 못하게 하고, 모스크바를 유럽 문화 중심지로부터 격리시킴으로써 모스크바가 정치적으로 강력해지는 것을 방해하기 위한 조치들이 취해졌다. 모스크바와 그로즈니에 반대하는 이 선동에서 모스크바의 풍속과 그로즈니의 폭정에 관한 신빙성이 없는 많은 이야기들이 날조되었고, 진지한 역사가들은 정치적 중상모략을 반복하고 그것을 객관적인 사료로 받아들일 위험성을 항상 염두에 두지 않으면 안 된다.

그로즈니의 정책과 그의 시대의 사건들에 대해 말해진 것에 더해, 북 드비나강 하구에 영국 순양함들이 등장한 아주 잘 알려진 사실과 영국과의 통상관계의 시작(1553~1554), 그리고 예르마크[38]가 지휘하는 스트로가노프가[39] 카자크 부대에 의한 시베리아 제국의 정복(1582~1584)에 관한 언급도 덧붙이는 것이 필수적이다. 그로즈니에게 이것도 저것도 우연한 것이었다. 그러나 모스크바 정부는 이것이든 저것이든 모두 이용할 능력이 있었다. 1584년에 북 드비나강 하구에 영국인들과의 정기시 교역을 위한 항구로서 아르한겔스크[40]가 건

38) Тимофеевич Ермак, 1537(1540)~1585. 러시아의 카자크 아타만(대장).
39) Строгановы. 16~20세기 초 동안 대상인, 산업가, 지주들을 배출한 러시아 최대의 사업가 가문으로 예르마크의 시베리아 정복을 조직하는 등 러시아 식민 정책에도 일익을 담당하였다. 15세기 말에 한 부유한 농민 가족에서 유래한 것으로 알려져 있다.

설되었고, 영국인들에게는 루시 북부 전체에서 교역에 종사할 수 있는 가능성이 열렸다. 영국인들은 매우 빠르고 확실하게 이 지역을 탐구하였다. 이 시기에 일개 스트로가노프 가문뿐만 아니라 이미 정부 세력에 의해 서부 시베리아에 대한 점령이 시작되었으며, 시베리아에는 '수도' 토볼스크[41]를 비롯한 많은 도시들이 건설되었다.

남부 국경

그로즈니 통치의 가장 음울하고 잔혹한 시기인 1570년대에 모스크바 정부는 타타르족에 맞서 국가의 남부 국경에 대한 경비를 새로 구축한다는 복잡한 대 과제를 설정하였다. 이 국경지역은 오카강 중류의 연안과 오랫동안 일치해왔기 때문에 '연안'이라는 명칭을 지녔다. 16세기 중반 오카강 중류의 이 연안의 동부와 서부 쪽으로 오카강 상류에 위치한 '베르호프'(Верхов)와 랴잔의 고대 요새들의 보호를 받고 있는 주민들은 얼마간 안전하다고 느꼈다. 그러나 오카강 상류와 돈강 상류 사이와 우파(Упа)강, 프로냐(Проня)강, 오세트르(Осетр)강에 살던 루시인들은 16세기 마지막 3분의 1까지 자신들의 용기와 행운에 그 운명이 맡겨졌다. 알렉신(Алексин), 오도예프(Одоев), 툴라, 자라이스크(Зарайск), 미하일로프(Михайлов)는 툴라와 프로냐의 흑토에 자신의 공동체를 세우고자 했던 이주민에게 안식처와 발판을 제공할 수 없었다. 이 요새들은 급속하고도 은밀하게 오카강 중류

40) Архангельск. 러시아연방 북서부에 위치한 아르한겔스크 오블라스티의 주도.

41) Тобольск, 러시아 튜멘 오블라스티에 있는 도시. 16세기에 타타르인이 세웠던 시비르 한국(汗國)의 수도 이스켈이 있던 곳으로, '시베리아'라는 지역명은 러시아인이 '시비리'라 부른 데에서 유래한다. 1587년 카자흐족이 시베리아에서 두 번째 가는 러시아 도시를 건설한 것이 도시의 기원이며, 한때 전 시베리아의 정치와 경제 중심지였으나 뒤에 쇠퇴하였다. 제정시대에는 유형지였다.

연안으로 이동하는 타타르 도당을 저지할 수도 없었다. 나라 내부의 자모스코비에[42]에 있는 변경과 도로의 주민들을 확실하게 방어하지 않으면 안 되었다. 모스크바 정부는 이 과제의 수행에 착수한다. 정부는 처음에 오카강과 돈강 상류 지역을 요새화하고 다음에는 비스트라야 소스나[43]강 전선을 요새화한다. 그리고는 세임[44]강 상류의 전선으로 건너가며, 마지막으로 오스콜[45]강의 흐름과 세베르니(혹은 세베르스키) 도네츠〔Северный(혹은 Северский) Донец〕강 상류를 요새를 건설하여 차지한다. 이 모든 것은 열정적인 속도로 일정한 계획에 따라 겨우 40년 만에 이루어지는데, 이 계획은 이 일을 연구하는데 역사적 자료들이 부족함에도 불구하고 그 후의 관찰자에 의해 수월하게 드러난다.

모스크바 국가 남부 국경의 방어체제는 이러하였다. 적을 격퇴하기 위해 요새들이 구축되었고, 토성과 벌채를 한 땅으로 이루어진 요새화된 국경선이 만들어졌으며, 군대가 요새 방비를 위해 주둔하였다. 적을 감시하고 적의 불의의 공격을 예방하기 위해 요새 선을 넘어 감시 초소—'스토로시'(сторож)—와 기병척후대—'스타니차'(станица)—가 '평원으로' 전진 배치되었다. 이 모든 요새와 감시 초소망은 조금씩, 타타르 부대에도 유리하게 작용한 평원의 도로를 따라 북쪽에서 남쪽으로 내려갔다. 벌채를 한 땅과 토성으로 이 도로들을 차단하는 한편 강과 개울을 거쳐 얕은 여울로 접근하는 통로를 곤란하게 만들었고, 요새를 건설하여 이런저런 도로를 힘들게 하였다. 요새는 타타르 도로를 굽어보도록 때때로 타타르 도로의 측면에도 설치되는 등, 요새를 위한 장소는 아주 신중하게 선택되었다. 물론 남부로 나

42) Замосковье. 모스크바 너머 지역.

43) Быстрая Сосна. 돈강의 지류.

44) Сейм. 데스나강 왼쪽 지류로 러시아와 우크라이나를 흐르는 강.

45) Оскол. 쿠르스크와 벨고로드 오블라스티를 흐르는 강,

아가는 발걸음 하나하나는 이미 존재하는 일련의 요새들에 의존하였다. '평원'에서 발생한 도시 하나하나는 다른 '국경'과 '평원'의 도시들에서 붙잡은 사람들의 노동으로 건설되어 그들에 의해 식민되었고, 직무에 따라 여타 도시들의 망 전체와 긴밀하게 연관되었다. 이 연계는 단지 군사-행정적 관리에 의해서뿐만 아니라 국경의 전시 생활 방식 전체에 의해서도 유지되었다. 모스크바 국가의 남부 전체는 훌륭하게 조직된 단일한 군관구였다.

이 군관구에서 모든 통치행위와 모든 사회생활 방식은 군사적 필요에 의해 결정되었고 국방이라는 한 가지 목표를 지녔다. 이 점에서 정책의 비상한 계획성과 조화는 1571년 모스크바에서 소집되고 보야린들인 보로틴스키[46] 공과 유리예프[47]의 지도하에 활동한 남부 변경의 전문가들의 모임인 '전체 회의'의 결과로 나타났다. 이 회의에 의해 지방 조건에 맞추어지고 그 후 실제로 체계적으로 수행된 국경 방어 계획이 작성되었다. 이 계획에서 경계해야만 하고 싸우지 않으면 안 되었던 적의 특성은 남달랐다. 그들은 민활하고도 대담한 초원의 약탈자였지만, 이와 동시에 견고하지 못하고 좀처럼 눈에 띄지 않았다. 적들은 루시 국경지방을 '노략질'하였지만 노골적으로 전쟁을 벌이지는 않았다. 그들은 포로를 잡아가며 나라를 강탈하고 황폐화시켰으나 나라를 탈취하지는 않았다. 그들은 모스크바인들을 피습의 공포에 떨게 만들었지만, 이와 동시에 불의의 급습이기는 하나 단기간의 공격에 그침으로써 토지를 영구히 빼앗거나 심지어 일시적으로라도 합병하려고 하지는 않았다. 그러므로 그와 같은 적들과의 투쟁 속에서 정해진 국경지방 조직화의 형태도 그만큼 독특하였다. 일련의 요새들이 국경에 세워졌다. 요새에는 상설 수비대가 거주하였고, 적의

46) Михаил Иванович Воротынский, 1510?~1573. 러시아의 군사령관.
47) Н. Р. Юрьев. 러시아의 보야린.

공격시 때에 따라 요새의 성벽 뒤로 숨어야 하는 경우 숨을 수 있도록 인근 주민들을 위한 장소가 마련되었다. 요새로부터는 타타르족의 출현을 감시하기 위해 정찰대가 사방으로 파견되고 1년 중 정해진 시간에 가장 주요한 요새들에는 크림 '차르'의 공격에 대비하여 대규모 병력이 집합한다. 요새 생활의 모든 자질구레한 일들, 정찰대의 모든 코스, 이른바 모든 '연안' 혹은 '평원' 직무 등, 요컨대 방어조치 전체는 명령과 '일람표'에 의해 결정되었다. '좀더 확고히 지킬' 수 있도록 사소한 것 하나하나에 신경을 쓰고 극히 조심할 것을 지시한다. 한편 위험한데도 요새화된 국경지방 전체에 남부의 모든 농민들과 공업민들이 거주하면서 계속 앞으로 나아간다. 그들은 당국의 허락을 받기는커녕 당국에 알리지도 않고 새로운 토지에, 즉 자신들의 '유르트'[48]와 개간된 경지 및 모피업용 토지에 정착한다. 국가의 중앙부로부터 남부로의 모스크바 주민들의 돌진은 너무나 강렬해서 가장 진취적인 분자들을 벌채를 한 땅이나 도시의 장벽이 아니라 빽빽한 삼림과 숲 속의 강물 같은 천연 '요새'가 이주민들을 보호하고 있던 요새 경계 너머로까지 완전히 내던져버릴 정도였다. 초원에 사는 말 탄 약탈자들이 접근할 수 없는 삼림은 루시 이주민들에게는 은신처이자 식량 공급지였다. 숲 속 호수와 강에서의 고기잡이와 사냥 및 야생벌꿀 채취는 이주민들을 다름 아닌 숲 속으로 끌어들였다. 우리 '평원'의 식민 과정을 살펴본 연구자 중의 한 사람(미클라셉스키[49])은 국경지방의 부락들이 강과 숲을 따라 배치되어 있는 것에 주목하면서 다음과 같이 올바르게 말한다. "국가의 북부 지역에서 이동한 루시인은 삼림이 없는 지역에는 정착하지 않았다. 나무로 우거진 숲이 아니라 초원이 그의 이동을 막았다." 이리하여 '평원'의 정부 점유지와 나란히 사적 점

48) юрт. 카프카스 마을의 농민에게 분여된 토지.

49) Иван Николаевич Миклашевский, 1858~1901. 러시아의 역사가.

유지가 발생한다. 적의 특성과 적과의 투쟁수단을 익힌 정부 점유지와 사적 점유지는 대담하게 앞으로 나아갔다. 둘 다 강을 따라 내려갔으며 도로와 주거지의 방어를 위해 광활한 삼림을 이용하였다. 양 식민화 운동은 더욱 빈번하게 서로 마주치고 영향을 미칠 수밖에 없었다. 실제로 정부는 종종 이주민들을 그들의 '유르트'에서 쫓아가 붙잡았고, 사적 점유지를 자신의 세력 하에 두었다. 그리고 그것을 이미 영유권을 갖고 있는 점유자가 계속 이용하도록 내버려두면서 새로 점령한 지역의 주민들을 국경방어에 공식적으로 참가시켰다. 정부는 이 경우에 일찍이 이곳에서 이루어지고 있는 경제활동에 의존하였고 이미 이곳에 존재하는 사회세력을 이용하였다. 그러나 차례로 정부가 새로 차지한 지위는 '평원'에서의 향후 민족이동의 기반이 되었다. 즉 새 요새들로부터 새로운 토지점유가 계속 진행되었던 것이다. 우리가 앞 페이지들에서 알게 되었던 사실인 남쪽으로의 이동에서 모스크바 정부가 경탄할 정도로 빠르게 성공을 거둔 것은 이와 같은 상호작용에 의해 가장 잘 설명될 수 있다. 공동의 적을 경계하면서 사회와 정부 양 세력은 당시 마치 경쟁이라도 하는 것처럼 앞다투어 적을 맞이하러 나가고 상호협력 속에 자신들의 세력과 힘을 증대시킨다. '황야'의 급속하고 체계적인 점유를 알게 되면서 우리는 이 광대한 사업이, 보통 묘사되듯이 모스크바에 '미친 폭군'의 테러만이 존재했던 그런 시기에 조직되고 수행되었다는 사실에 놀란다.

그로즈니에 대한 평가

바로 이러한 것이 그로즈니의 활동과 관련된 사실들의 간략한 개괄이다. 이 사실들이 우리에게 언제나 정확히 알려져 있는 것은 아니다. 이 사실들에서 그로즈니 자신의 개인적 역할과 개인적 중요성이 항상 명확한 것도 아니다. 우리는 엄밀한 학문이 요구하는 명료함과 유효함을 갖고 그의 성격이 가진 특성과 통치능력을 결정할 수 없다.

바로 여기서부터 그로즈니에 대한 평가에서 학문적 이견이 발생한다. 여기서 옛 역사가들은 모순적인 사료들에 완전히 의존하였다. 셰르바토프[50] 공은 그로즈니가 자신에게 "너무나 갖가지 모습으로" 비춰져서 "종종 그가 동일한 사람이 아니었다"라고 말하면서, 이 점을 인정하였다. 카람진은 사료의 모순을 그로즈니 자신의 이중성과 연결시키고, 그로즈니가 깊은 심적 격변과 타락을 겪었다고 생각한다. "청년기에는 덕의 주인공이고 장년기와 노년기에는 광란의 흡혈귀였던 이오안[51] 의 성격은 지성적 인간에게는 수수께끼 같은 인물이다"라고 그는 말한다. 그 후 그의 측들로부터, 즉 공식 모스크바 문헌들로부터뿐만 아니라 자국과 외국의 그에게 적대적인 측들로부터 나온 그로즈니에 관한 평가들이 지닌 편향도 명확해졌다. 역사가들은 당대인들의 이 일방적인 편향을 고려하면서 그것에서 벗어나 그로즈니라는 인물을 직접 조명하고자 하였다. 일부는 이반의 심리적 특성에 주목하였다. 일부는 영원히 이해되지 않는 인물(카벨린)이거나 혹은 모자라는 사람(코스토마로프), 심지어 미친 사람(코발렙스키[52]) 으로 그를 묘사하였다. 좀더 정확한 성격묘사는 그로즈니의 지력과 약한 의지의 불일치를 강조한 사마린[53] 과 그로즈니를 지혜롭고 재능이 있지만 '실패한', 그리하여 병적으로 분노한 인물로 간주한 즈다노프에 의해 주어졌다. 이와 같은 유의 모든 성격묘사는 심지어 기지 있고 훌륭하고 진실처럼 보이던 때에도 근거가 없었다. 그로즈니의 개인적 성격은 지금도 여전히 수수께끼로 남아 있다. 그로즈니의 정치적 능력을 결

50) Михаил Михаилович Щербатов, 1733~1790. 러시아의 저명한 역사가. 주요 저서로 《러시아의 역사》가 있다.

51) Иоанн. 이반.

52) Максим Максимович Ковалевский, 1851~1916. 러시아의 역사가.

53) Юрий Федорович Самарин, 1819~1876. 러시아의 저명한 작가이자 사회활동가.

정하고 국가적 의의를 이해할 것을 염두에 두는 평가들은 좀더 확정적이다. 솔로비요프와 베스투제프-류민 등에 의한 그로즈니의 평가 후, 우리는 정치적 상황을 이해하고 통치과제를 광범하게 설정할 줄 아는 위대한 실무가를 취급하고 있음이 분명하다. 그로즈니가 '선발회의'로 최초의 전쟁과 개혁을 수행하고 있을 때에도, 이후 '회의' 없이 오프리치니나에서 국가적 변혁을 완수하고 리보니야와 폴로츠크를 탈취하며 '황야'를 식민화할 때에도 그는 한결같이 폭넓은 프로그램과 막강한 힘을 갖고 우리들 앞에 등장한다. 자신이 직접 통치하는지 아니면 지도자들을 선택할 수 있을 뿐인지의 여부는 상관이 없다. 이 정부는 항상 좋은 결과와 성공을 가져오는 것은 아니지만 언제나 필수적인 정치적 소양을 갖고 있기 때문이다. 그로즈니와 대립하던 스웨덴왕 요한[54]이 그로즈니의 죽음으로 모스크바에는 지혜롭고 강력한 군주가 없어졌다고 언급하면서, 그로즈니의 계승자를 모스크바 말로 '바보'라고 부른 것은 까닭이 있었던 셈이다.

---

54) Иоаии, 1537~1592. 스웨덴어로 Johan. 스웨덴 국왕 요한 3세를 가리킨다. 재위 1568~1592.

동란 전의 모스크바 국가

16세기 모스크바 생활에서의 정치적 모순

이제 16세기와 17세기 경계에 모스크바 국가가 겪은 가장 힘들었던 위기의 내용을 결정한 모스크바 국가생활과 사회생활의 기본 현상들의 특징으로 눈을 돌려보자.

모스크바 국가와 사회체제의 바탕에 놓여 있던 것은 가면 갈수록 모스크바인들의 주목을 점점 더 끌던 두 가지 내부 모순이었다. 이 중 첫 번째 모순은 **정치적 모순**이라 불릴 수 있는 것으로 클류첸스키의 다음 말로 정의할 수 있다. "이 모순은 그 역사경로가 민주적 전권(全權)으로 귀착된 모스크바 군주가 매우 귀족적인 행정기관을 통해 행동하지 않으면 안 되었다는 사실에 있었다." 이와 같은 체제는 16세기 후반에 모스크바 권력과 명문 보야린들과의 노골적인 충돌을 가져왔다. 두 번째 모순은 **사회적 모순**으로, 국가 방어조직 개선의 필수성에 의해 야기된 군사적 필요의 압력 하에서 그 노동이 국민경제의 기반을 이루던 공업 및 농업 계급의 이익이 봉직 토지소유자들의 이익에 희생되었다는 점에 있었다. 이와 같은 체제의 결과는 탸글로 대중의 불만과 이들이 흑토 및 사유지에서 감당하지 않으면 안 되는 '탸글로

운명'으로부터 이탈하려는 노력이었고, 이 노력은 다시 여러 다른 측면에서 사회생활을 복잡하게 만들었다. 16세기 후반 양 모순은 전개 과정에서 국가적 위기를 창출하였고, 그 위기의 마지막 표현은 이른바 동란시대였다. 우리의 견해에 따르면 이 위기를 창출한 조건을 연구하지 않고, 또 모스크바 국가와 사회구조의 형성 시기를 잠깐이나마 살펴보지 않고 이 시대의 서술에 착수해서는 안 된다.

모스크바 군주의 권력 개념에는 권력에 똑같이 중요한 두 가지 고유한 특징이 포함되어 있었다. 첫째, 모스크바 군주의 권력은 세습재산적 성격을 가졌다. 분령 시대의 구습으로부터 기원한 이 권력은 14~15세기 모스크바공들의 권력을 특징지었던 세습영지 권리와 관념의 직접적인 계승자였다. 옛날에 분령지 전체가 자기 '군주'인 분령공의 세습영지, 즉 세습재산이었듯이, 구 분령지에 성립한 모스크바 국가 전체는 차르와 대공의 '세습영지'로 인정되었다. 이 세습영지 관념은 모스크바 국가에서 심지어 루시 땅 전체로, 즉 모스크바 국가가 영유하고 있지 않으나 영유하고 싶어 하는 부분으로까지 전파되었다. 모스크바공들은 리투아니아공들에게 말했다. "현재 그 도시와 볼로스티들을 우리가 소유하고 있는 우리 세습영지만이 아니라 옛날 우리 조상들로부터 … 내려온 루시 땅 전체가 우리의 세습영지이다." 상속된 분령지에 대한 공의 소유권 일체는 모스크바 군주들의 것이 되었고 국가 전체로 확산되었다. 이 분령지 상속을 기초로 그로즈니가 다음과 같은 말로 표현한 관념과 습관이 발전하였다. "홀로프들을 총애하는 것은 내 마음이고, 처형하는 것도 내 마음이다." 그로즈니 자신도 스스로를 자기 땅의 소유자로 간주하였고, 그의 시대의 사람들도 국가를 군주의 '집', 즉 가계로 바라보았다. 비록 꾸며낸 듯한 문체이기는 하지만 16세기 말과 17세기 초의 가장 인상적이고 솔직한 문필가 중의 한 사람인 이반 티모페에프는 모스크바 조 단절의 결과를 검토하면서 항상 국가를 '권력자의 집'에 비유하기에 이르렀다. 명백히 이와 같은 유추는 당시의 민심 속에 살아 있었다. 둘째, 모스크바 군주의 권력은 민족적 성격으로 두드러졌다. 자신들의 분령지를 확대하고 북부 루시 소유자들 중 가장 강력해진 모스크바 대공들은 명성이 자자한, 분령지적 차원의 '수전노 짓'보다 더 높은 수준의 활동을 벌일 것을 역사로부터 요청받았다. 가장 강력하고 영향력 있는 자로서 그들은 타타르족으로부터의 민족해방이라는 과제를 떠맡지 않으면 안 되었던 것이다. 일찍부터 그들은 타타르족과의 투쟁을 위해 힘을 비축하고 "하느님이 한국(汗國)을 교체할" 때를 추측하기 시작하였다. 14세기 후반에 한국과의 투쟁이 시작되었고 쿨리코보 평원에서 모스크바공은 처음으로 자신의 분령지 이익만을 위해서가 아니라 전 민족적 일을 위해 전사로 나섰다. 그때부터 모스크바 대공들의 의미가 바뀌기 시작했다. 민족적 감정이 그들을 분령지 소유자로부터 민족적 지도자로 변모시켰고, 이미 드미트리 돈스코이는 학자들로부터 '루시의 차르'라는 수식어를 받았다. 모스크바에 의한 새로운 토지의 확보는 '획득'의 단순한 집적이기를 그만두었고 단일한 민족적 권력 하에 대루시 땅을 통합하는 성격을 띠었다. 무엇이 앞서 갔는지, 즉 모스크바 지배자들의 정치적 혜안인지 아니면 민족 대중들의 자각인지는 결정하기 힘들다. 그러나 15세기 후반에 이미 민족국가가 형성되었고 의식적 정책을 수행하였다. 그로즈니 시기 즈음에 오면 모스크바를 '새로운 이스라엘'로, 모스크바 군주를 '정교의 차르'로 선포한 정치이론 전체가 마련되었다. 위에서 언급한 두 가지 특성 — 세습영지 기원과 민족적 성격 — 은 16세기 차르 권력의 지위에 가장 결정적인 영향을 미쳤다. 군주가 자기 제국의 세습영주였다면 제국은 하나의 재산으로서 완전한 무조건적 소유권을 가진 그에게 속했다. 그로즈니도 "남의 것을 가져간 것이 아니라 부모의 유품[1]으로 자기 것을 받았다"

1) благословение родителей. 특히 십자가나 성상 등, 때로는 지참금으로 때로는 분가 때 받는 재산을 가리킨다.

고 말하면서 이 점을 표명하였다. 군주의 권력이 전 루시의 차르와 대공에서 민족통일의 표현자이자 민족독립의 상징을 본 민족 대중의 의식에 의존하였다면, 이 권력의 민주적 성격은 명백하고 나라 안의 어떠한 사적인 권위와 세력으로부터의 독립도 명백하다. 이리하여 모스크바 권력은 절대적이고도 민주적인 권력이었다.

이 권력과 나란히 15~16세기에 모스크바 보야린 계층이 모스크바의 행정 및 사회 제도의 정점에 위치하였다. 보야린 계층의 역사는 지난 10년 동안 상당히 흥미롭고 성공적으로 연구되었다. 그러나 이 연구는 아직 연구자들을 통일된 의견으로 이끌지 못했다. 16세기 보야린 계층의 지위를 모두 똑같이 보는 것은 아니다. 일부는 보야린 계층이 봉사 관계 밖에서는 어떠한 외적 조직도 어떠한 내적 일치도 대중에 대한 어떤 영향도 갖지 못했고, 그런 이유로 어떤 계층적 이익을 위해 권력과의 투쟁에 나설 수가 없던 취약한 정치계층으로 생각한다. 이러한 시각에서는 보야린들에 대한 그로즈니의 박해가 결코 정당화될 수 없는 폭정 현상으로 설명된다. 이와는 달리 다른 관찰자들에게 보야린 계층이 국가의 지배권을 확보하려 하고 영향력과 권력을 위해 공공연하고 비밀스런 투쟁을 벌일 준비가 되어 있는, 당파로 조직된 가장 존귀한 가문들의 과두제적 집단으로 생각된다. 이와 같은 시각은 보야린들에 대한 그로즈니의 정책을 완전히 다르게 조명한다. 그로즈니는 단지 자신을 향한 올가미로부터 자신을 방어했을 뿐으로 그 자신의 표현에 따르면 "자신을 위해 궐기하였다." 끝으로 다른 일부는 보야린 계층의 정치적 요구를 거부하는 것도, 권력과 보야린들 사이에 발생한 충돌의 중요성을 진정한 정치투쟁의 정도로까지 확대하는 것도 가능하다고 생각하지 않는다. 이 마지막 시각에 따르면 보야린 계층은 바로 자신들의 출신의 힘으로 궁정과 국가에서 우선적 지위에 대한 권리를 요구한 고래의 귀족들이었다. 그러나 이 권리는 대권을 갖고 있는 권력을 제한하거나 국가체제 일반을 바꾸는 것을 염두에 두지 않았다. 차례로 16세기 중반까지 권력도 어떤 특정의 것을 보야린들의 권리보다 더 중시하지 않았고 그 권리들을 체계적이고 엄격하게 억압하지 않았다. 하지만 그와 함께 이 권리들을 만족시키거나 심지어 인정하는 것을 자신의 의무라고 간주하지도 않았다. 불확실한 지향과 시각은 군주들과 하인들 사이에 개별적이고 때때로 큰 오해를 불러 일으켰다. 그러나 원칙적으로 권력과 보야린 계층의 상호관계에 관한 문제는 사태가 오프리치니나와 그로즈니의 처형에 의해 결말이 날 때까지 한 번도 제기되지 않았다. 이 마지막 견해는 나머지 두 견해보다 더 신빙성이 있는 것 같다.

16세기에 모스크바의 보야린들은 두 계층으로 이루어졌다. 더 오래되었지만 더 높지는 않은 한 계층은 옛날부터 궁정 직책을 갖고 군주의 두마에 불려오는, 모스크바공 저택의 고래로부터 내려오는 '자유로운 하인' 계급의 상층 가문으로 이루어졌다. 그 후에 성립한 아주 고귀한 다른 계층은 북동부 루시의 분령지와 리투아니아 국경에서 모스크바로 건너와 관직을 차지하게 된, 분령지 소유 공들의 후손 관리들로 형성되었다. 모스크바의 정치적 승리가 궁극적으로 분령 궁정들을 파괴하고 예속된 공 자신뿐만 아니라 그들의 하인들 — 분령 궁정의 보야린들 — 도 모스크바 궁정으로 결집시키던 15세기 중반 이래 모스크바 상층 관리계급의 구성은 이처럼 복잡하게 되었다. 바로 이 시기부터 모스크바에서 문벌제도가 특별한 힘과 중요성을 획득할 수밖에 없었음은 이해가 간다. 왜냐하면 문벌제도만이 새로운 봉직 상황에 처해 있는 이 관리 대중들 사이에 일정한 질서를 유지하고 다소 확실한 관계를 창출할 수 있었기 때문이다. 문벌제도는 또한 모스크바 궁정을 구성한 인물들의 '본향'이 16세기 이 궁정에서의 모든 직무 및 생활 관계의 바탕이 되게 하는 결과를 가져왔다. 물론 지위가 높은 가문, 즉 자신의 분령지에서 모스크바로 분령 세습영지를 보유한 채 영예롭게 이주하는 데 성공한, 옛 분령 왕조의 가계들이 다른 가계들보다 '본향'이 더 높았다. 이들은 논란의 여지없이 모스크바 보야린들의 최상층이었다. 그리고 직무상 뛰어난 능력을 발휘하거나 궁정의 총애를 받는 예외적인 경우에만, "태고 적부터 자신의 군주들 — 모스크바 공들 — 외에는 어느 누구에게도 봉사하지 않은 종신적 군주"로서의, 공 가문이 아닌 옛 보야린 가문들의 개별 대표자들이 이 지위에 올랐다. 모스크바 군주의 이 소수 최고 하인 계층은 자신들이 가서 행동하지 않으면 안 되었던 도처에서, 즉 궁정과 관직, 연회와 군대에서 최고 자리를 차지하였다. '본향'에 따라 그렇게 하지 않으면 안 되었던 것은 차르 슈이스키[2]의 표현에 따르면 일반적으로 "큰 형들이 큰 자리에 앉는 것이 관습이었기" 때문이었다. 그렇게 하는 것이 '풍습'이었고, 이러한 풍속은 보야린 자신들과 군주, 그리고 모스크바 사회 전체 등 모두가 그것을 결정적으로 인정할 만큼 민심을 지배하였다. 군주의 자문관과 그의 군사령관이 되고 나라의 정치관계를 지휘하는 일, 그리고 나라의 지방을 관리하고 상설 '차르 원로원'으로 군주라는 귀인을 둘러싸는 일, 이것은 공-보야린 계층의 천부적 권리처럼 간주되었다. 이 계층은 계속하여 공 출신의 인물들로 구성되었다. 이 인물들에 대해 B. O. 클류쳅스키는 "루시 땅의 모든 고래의 관습적 권력들, 이전에 분령지에 따라 땅을 지배하던 권력들, 이전에 이 권력들은 루시 땅을 부분적이고 개별적으로만 지배했을 뿐이나 지금은 모스크바에 결집되어 모든 땅을 한꺼번에 지배한다"고 정당하게 언급하였다. 그러므로 이 계층의 통치상의 가치는 은상이나 근속(勤續)과는 관계가 없었다. 그 가치는 '하느님의 은총'으로, 조상들에 의해 유산으로 전해진 고래의 권리로서 보야린들에게 속했다. 공-보야린들은 스스로를 조상 전래의 귀족으로 보았기 때문에 자신들이 모스크바에서 차지한 높은 직위를 떠받쳐줄 지주를 무엇보다도 '군주의 계보'에

2) Василий Шуйский, 1552~1612. 러시아의 차르 바실리 4세(재위 1606~1610). 그의 치세에 대해서는 이 책 463~498쪽 참조.

서 찾았다. 모스크바 군주들의 총애와 모스크바 역사 초기에서 비롯한 통치상의 전설은 벨리야미노프(Вельяминов)가와 코시킨가[3] 같이 공 문벌이 아닌 '문벌'의 유서 깊은 모스크바 하인들의 몇몇 가문을 옛날대로 공위에 가깝게 하였다. 그러나 크냐자타들은 이 보야린을, 자신들의 표현에 따르면 그들이 "대공 출신도 분령공 출신도 아니기" 때문에 '문벌' 면에서 자신들과 동등한 것으로 간주하지 않았다. 그로즈니가 공의 딸이 아니었던 아나스타시야와 결혼했을 때, 몇몇 크냐자타의 견해에 따르면, 이것으로 그는 그들을 "강등시켰다. 즉 보야린의 딸과 결혼하여 자기 종의 지위를 상승시킴으로써 그들을 강등시켰던 것이다." 그렇게 말한 공들은 '정신이 나갔고' 종으로서 황후가 된 그녀를 '자신들의 자매'라고 불렀지만, 그럼에도 불구하고 그녀의 비천한 출신에 대해 아주 분명한 혐오감을 갖고 대하였다. 그들이 보기에 코시킨가 보야린 일족은 이반 3세가 친척관계가 될 수 있었던 팔레올로크(Palеолог)가와 비교될 수 없었을 뿐더러 그로즈니의 아버지가 혼인을 하였던 글린스키(Глинский)가 공 일족과도 비견될 수 없었다. 그로즈니가 자신의 아버지와 삼촌보다도 덜 훌륭한 선택을 한 것은 말할 것도 없었고, 공들은 평범한 보야린 일족에서 데려온 그의 부인을 종이라고 부르면서 바로 이 점을 지적하였던 것이다. 그들은 그로즈니의 어린 아들인 드미트리에게 선서하고 싶지 않던 1553년에 노골적이고도 격렬하게 이 평범한 일족에 복종하기를 거부하였다. 그들은 말했다. "우리는 자하린가[4]에게 봉사해서는 안 된

---

3) Кошкин가(家). 러시아 로마노프가의 기원을 이루는 가문으로 그 시조는 표도르 코시카(Федор Кошка)라고 알려져 있다. 그의 아들 이반 표도로비치 코시킨 이후 이 가문은 2~3세대 후 코시킨-자하린가로 불려졌다. 자하린이라는 성은 코시킨의 아들을 자하리(Захарий)라고 부른 데서 유래했다.

4) Захарьин가(家). 코시킨가를 잇는 가문으로 이반 4세의 부인 아나스타시야를 배출하면서 그 후 러시아 정치와 군사에서 중심적 자리를 차지하였다. 17세기에 그 후손인 미하일 로마노프가 러시아 황제가 되었고 20세기 초까

다.” 16세기 공-보야린들의 이와 같은 태도는 대공이나 분령공으로부터 비롯하지 않은 것을 오만하게 취급하는 것이고, 상층 모스크바 보야린들 사이에서 바로 계보상의 자존과 분령시절의 기억을 가진 공 요소가 지배적이었다고 생각할 수 있는 근거를 부여한다.

그러나 사회적 우월과 직무상의 우월에 대한 보야린-공들의 권리를 지탱시켜주는 군주들의 계보 외에도, 그들에게는 사회체제 상부에 크냐자타들을 계속 있게 해주는 또 하나의 기반이 있었는데, 그것은 토지소유였다. 모스크바 계보는 토지귀족이기도 하였다. 모스크바 루시의 고래의 봉직공들은 대개 상속된 토지재산을 소유하였다. 새로 이주한 공과 하인들은 토지 없이 모스크바에 봉사하러 왔다면 토지가 하사되었다. 토지가 적은 자들에게는 봉지가 주어졌고, 이것은 종종 봉사의 대가로 세습영지로 변모하기도 하였다. 사적인 세속적 토지소유에서 모스크바 보야린들이 말하자면 양적으로뿐만 아니라 질적으로도 우위를 점하였음은 논박의 여지가 없다고 생각할 수 있다. 16세기에 귀족 토지소유자들의 배타적인 의무면제 특권이 이전 시기의 유산으로서 여전히 존재하였다. 일부 통치 권리와 세습영지 권리의 결합을 나타내는 이 의무면제 특권은 평범한 보야린들에게 군주의 하사품으로 알려졌다. 그러나 크냐자타-토지소유자들에게 특권과 특전은 군주가 하사한 것이 아니라 옛 분령시절의 잔재를 나타내는 것이었다. 자신들이 주권을 행사하는 세습영지를 갖고 모스크바 군주에게 봉사하러 왔던 분령공과 그 후손들은 모스크바 봉사에서도 보통 이 세습영지를 상실하지 않았다. 그들은 더 이상 독립적인 정치적 소유자는 아니었으나 이전의 권력을 완전히 가지고 있는, 자기 토지와 주민들에 대한 지배자로 남았다. 모스크바 군주와의 관계에서 그들은 하인이 되었으나, 자기 세습영지의 주민들과의 관계에서는 이전처럼 여전

지 러시아를 지배하였다.

히 '군주'였다. 이것을 알고 있던 이오시프 볼로츠키[5]도 모스크바 대공에 대해 그가 '군주들에게 전 루시 땅의 군주'로서 자신의 '재판이 재판되지 않은' 그런 군주라고 말하였다. 크냐자타들에게 고래의 소유권이 이처럼 보존된 것은 연구가 별로 되지 않았지만 논박할 수 없는 중요한 사실이다. 그들이 자신들의 세습영지에서 군주로서의 통치를 보여주는 모든 속성들을 갖고 있었음은 의심할 여지가 없다. 그들은 자신의 궁정과, 그리고 자신들이 모스크바 공에게 봉사하러 갈 때 대동하였던 자신의 '군대'가 있었다. 그들은 토지세가 면제되었다. 그들의 재판권은 거의 제한되지 않았다. 그들은 자신들의 토지를 수도원에 세습영지로 '기증하였고', 자신의 관리들에게 봉지로 하사하였다. 옛 세습영지에 새 세습영지를 더하면서 그들은, 비록 자신들의 새 토지들이 조상 전래로 내려온 토지가 아니어서 그 자신 직접 소유자 전통을 지니지는 못했지만 그 안에 그런 체제를 확립시켰다. 예를 들어 므스티슬랍스키(Ф. М. Мстиславский)는 대공 바실리 이바노비치로부터 죽어서 상속인이 없어서 몰수된 볼로스티인 유호티(Юхоть)를 받았을 때, 즉각 토지를 교회와 관리들에게 하사하기 시작하였다. 그리하여 1538년에 므스티슬랍스키는 '자신의 보야린 아들'에게 일부 촌락을 봉지로 '하사하였고', '기적을 행하는 자 레온티(Леонтий)의 집'에 있는 사제에게 '생계를 해결하고 영구히 점유하도록' 촌락을 주었다. 공들의 뒤를 이어 평범한 보야린들도 자신들의 땅에 바로 그 같은 세습영지 체제를 확립하고 '대군주의 하사로' 그러한 의무면제 특권과 특전을 소유하게 된 것은 당연하였다. 예를 들어 이미 16세기 바로 말(1598)에 이반 그리고리예비치 나고이(Иван Григорьевич Нагой)는 보그단 시도로프(Богдан Сидоров)라는 사람에게 "자신에 대한 봉사와 수고의 대가로 벨스키 우예스트와 셀레호프(Селехов)

---

5) Иосиф Волоцкий, 1439~1515. 볼로츠키 수도원의 수도원장.

슬로보다의 옛 세습영지, 그리고 신개간 마을을 가진 오노프레예보(Онофреево) 부락을 하사하였고", 그의 부인과 자식들, 씨족과 종족은 이 세습영지들에 대해서 "전혀 상관할 필요가 없다"고 덧붙였다. 그러나 이와 동시에 그는 세습영지 하사 증서에서든 자신의 유언장에서든 자신의 옛 하인들을 자유롭게 해 줄 것을 공표하지 않았다. 그렇기는커녕 나고이는 하인에게 자신의 부인과 아들들에게 계속 봉사할 의무를 지웠다. 로마노프가의 명문 가족이었던 표도르 니키티치[6]와 그의 형제들 또한 홀로프이면서도 토지를 소유한 사람 — 니키틴(Никитин)의 둘째 아들 바르테네프(Бартенев) — 을 소유하였다. 1589년 프토로이 바르테네프(Второй Бартенев)는 표도르 니키티치의 '사람'이었을 때 '부동산 등기 증권상 자기 아버지의 세습영지'였던 트로이체-세르기예프 수도원 당국에서 촌락들을 구하였다. 11년 후 알렉산드르 니키티치(Александр Никитич)의 재무관으로 근무하던 바로 이 "종복은 자기 로마노프가를 차르 보리스의 '군주들'로 데려갔다." 한편 '자기 군주들의 포메시크들[7]'인, 토지소유자이면서도 홀로프인 사람들이 16세기에 공공연하고 합법적인 현상이었던 것은 1565년에 차르[8] 자신이 리투아니아 급사 집의 관리관들 속에 있던 보야린의 아들 카자린 트레구보프(Казарин Трегубов)에게 "드미트리예비치 벨스키(Дмитриевич Бельский)를 이바노프[9] 공의 사람으로 말하고", 또 카자린 그가 자기 군주인 이반공에게서 하사받은 '봉지'에

---

6) Федор Никитич Романов, 1553~1633. 루시의 정치가로서 수도사 필라레트의 속명. 니키타 로마노프의 장남. 1619년 총대주교가 되었고 로마노프 왕조의 초대 차르인 미하일 표도로비치의 아버지로서 국정을 좌우하였다.

7) помещик. 포메스티예(봉지)를 소유한 지주. 이하에서는 봉지소유자로 번역한다.

8) 이반 4세를 가리킨다.

9) Иванов. 이바노프는 세례명 이오안에서 왔으며, 이 세례명의 세속적인 이름이 이반이므로 여기서는 결국 이반 4세를 가리키는 것이다.

있었기 때문에 직무에 관해 아무 것도 모른다고 급사에게 말하도록 명령하였던 사실에서 드러난다.

이리하여 모스크바 국가에는 특수한 형태의 특권적 토지소유 — '보야린' 토지소유 — 가 형성되었다. 이 토지소유는 아주 강렬한 특징으로 덜 특권적인 다른 형태의 소유와 구별되었다. 북부의 탸글로 토지소유자, 중부와 서부 및 남부의 봉직 봉지소유자, 매입이나 봉직의 대가로 획득한 세습영지의 소 세습영주 등, 자신의 토지로부터 모든 군주 탸글로와 봉사를 완전히 상실한 이 모든 소 모스크바인들은, 자신의 토지를 재판과 공물로 지배하고, 자신이 그 '군주'로 있는, '보야르스키예 데티'나 — 동일한 사람들인 — '보야르스키 홀로프들'로 이루어진 하인들에 의해 둘러싸인채 대군주의 궁정에 가깝고 군주 두마에 참석하는 등 자신의 분령 '본향'을 과시하는 토지소유자 보야린보다 훨씬 지위가 낮았다. 이들의 사회적 차이는 바로 이 토지소유자 공-보야린 계층을 군주와 함께 모스크바 사회의 운명을 이끌면서 사회 전체 위에 높이 선 특별한 통치계급으로 완전히 변모시킬 만큼 너무나 컸다.

이들은 오직 '대군주'에 의해서만 '재판된' 루시 땅의 '군주들'이었다. 이들은 '모스크바 대군주'의 협력자이자 공동 통치자로서 그를 에워싼 '분령 대 루시공들'이었다. 얼핏 볼 때 이 통치계급은 아주 적절하게 정치적 관계 속에 놓여 있었던 것 같다. 이 계급에게는 그들의 출신인 '본향'에 의해 행정과 통치에서 최고 우위권이 주어졌다. 사회에 대한 영향은 그들의 토지소유에서 확고한 지주를 발견할 수 있었다. 실제로는 16세기에 크냐자타-보야린들은 국가에서 자신들이 차지한 지위에 대해 매우 불만족스러웠다. 무엇보다도 먼저 모스크바 군주들은 계보가 보야린들의 상호관계를 결정할 정도로 그것을 무조건 인정하였지만, 정작 자신들은 자기 보야린들과의 관계에서 계보에 의해서도 분령 시대의 전설에 의해서도 구속받고 싶어 하지 않았다. 자기 자신 속에서 전 루시의 전제 군주를, 그리고 크냐자타들에게서 '교활하고 매우 오만한 종복들'을 본 모스크바 군주들은 그들의 의견에 의해 구속되고 그들의 자문을 따를 필요가 있다고 생각하지 않았다. 대공 바실리 이바노비치(Василий Иванович)는 보야린들을 '스메르트들'이라고 지칭했고, 그로즈니는 그들에게 "우리는 통치자들 밑에서 시중드는 사람들이 필요 없다"라고 말하면서, "전제군주 자신이 직접 나라를 건설하지 않는다면, 전제군주가 뭐라고 불리겠는가?"라고 자기 자신에 대해 자문하였다. 모스크바 군주들과 보야린-크냐자타들 간에 벌어진 이 충돌은 매우 잘 알려져 있으며 우리는 이것에 관한 이야기들을 되풀이할 필요가 없다. 단지, 자신들이 가진 권력의 본질에 관한 모스크바 군주들의 고견은 자기 자신들의 의식뿐만 아니라 당시 성직자들의 교의에 의해서도 유지되었다는 점만 상기하자. 16세기 전반에 크냐자타-보야린들에게, 그들의 정치적 중요성이 비단 군주들에 의해서뿐만 아니라 당시의 지식계에서 지배적이었던 교회 지식인들에 의해서도 거부되고 있음이 아주 분명해졌다. 그런 다음 보야린 계층의 정치적 권위와 더불어 보야린들의 토지소유도 동요하기 시작하였다. 그것은 첫째, 그로즈니의 전쟁 동안 특히 과도하게 보야린 계층에게 부과된 무거운 군복무와 납세 및 부역 의무와 둘째, 16세기 중반 이래 노동 인구가 자신이 살던 옛 지역을 떠나 새로운 땅으로 이주하기 시작한 결과 발생한 노동력 부족 때문이었다. 토지의 일부를 당시의 자본가들인 수도원에게 팔고 저당을 잡힌 보야린들은 이와 동시에, 나머지 자기 토지가 황폐화되고 그곳에서 농민들이 이 수도원들로 유출되지 않도록 조치를 취하지 않으면 안 되었다. 이리하여 보야린 계층은 위로부터, 즉 군주로부터 자신의 절대권이라고 간주되어 온 권리를 완벽하게 인정받지 못하였다. 아래로부터는, 즉 자신의 '노동자들'로부터는 자신들의 경제적 복지가 훼손되는 것을 보았다. 또 그들은 성직자층에서 바로 그 시대에 군주의 '전제권력' 편에 선 정치적 반대자와, 그리고 사방에서 토지와 농부들을 손아귀에 끌어 모으던 경제적 경쟁자들을 발견하였다. 16세기 보야린-공들 사이에서 불안과 초조를 야기한 상황은 간단히 말해 이러하였다.

보야린-공들은 불만을 숨기지 않았다. 그들은 글과 행동으로 불만을 표출하였다. 성직자층에 맞서 그들은 각별한 격정과 자유로 무장하여, 정치적 경향들과 유명한 '오시플랴닌'(осифлянин)파 수도사들의 토지소유 관행을 똑같이 공격하였다. 때때로 사람들이 '오시플랴닌'이니 '지도블랴닌'(жидовлянин)이니 하면서 대놓고 불렀듯이, 이들의 정치적 아첨과 탐욕을 드러내는 16세기의 일부 뛰어난 사회평론적 문헌들에는 보야린들의 시각과 감정이 스며들어 있다. 수도원의 세습영지 획득 권리를 제한하는 문제의 해결은 수도원의 토지소유가 철저하고 가차 없는 도덕적·실제적 평가를 받았던 문헌상의 논쟁에 의해 상당 정도 마련되었다. 이 문헌들에서는 16세기 농민 문제도 총괄적으로 충분히 조명되고 연구되지는 않았지만 뚜렷한 자리를 차지하였다. 그에 반해 보야린파의 문필가들은 국가권력과 통치계급의 관계에 관한 정치적 문제에 대해서는 비교적 적게 숙고하였다. 이 정치적 문제는 다른 문제에 앞서 실제 생활의 표면에 떠오르고, 보야린-공 계급의 정치적 운명에 피할 길 없는 특히 중요한 현상들을 국가에서 반드시 야기하기로 되어 있었다.

공-보야린들과 군주의 관계는 모스크바에서 추상적인 이론적 논의에 의해서가 아니라 순전히 실생활에 의해 결정되었다. 군주 권력의 전일성과 보야린 계층의 귀족적 구성은 서서히 역사적으로 이루어진 사실이었고 이 사실을 부인하는 것은 불가능하였다. 공-보야린들은 16세기 중반까지는 군주의 '전제권력'을 완전히 인정하였고, 군주는 조상 전래로 내려오는 명예에 관한 그들의 개념을 철저히 공유하였다. 그러나 보야린들은 때때로 그들의 군주가 원하는 식으로 처신하지 않았고 군주는 보야린들이 받아들이는 식으로 항상 행동하지는 않았다. 일시적이고 부분적인 오해들이 발생하였으나, 그 결말이 기성의 질서를 변화시키지는 못했다. 보야린들은 불평을 늘어놓으면서 '이탈'을 시도했고, 군주는 불평과 이탈을 처벌하는 등 '실총을 부과'하였지만 어느 쪽도 관계를 근본적으로 개혁할 생각을 하지 않았다. 개혁에 관한 최초의 생각은 그로즈니 때 비로소 생겨난 것 같다. 그때 '선발 회의'라는 이름으로 알려진 보야린 그룹이 형성되었고, 사제 실베스트르와 알렉세이 아다셰프의 지휘 하에 이들은 권력에 맞서 음모를 꾸몄다. 그로즈니 자신은 쿠릅스키에게 보낸 서한에서 이 자들이 무엇을 이루기를 원했는지를 분명히 시사한다. 그로즈니의 표현에 따르면, 그들은 세속적인 일, 즉 국사에 대해 그 자신 몰래 논의하기 시작하였고 그와 보야린들을 '대립시키면서' '권력 탈취'를 개시하였다. 그들은 이반 3세 대공의 '법전'으로 공들에게서 군주로 넘어간 '도시와 촌락들', 즉 세습영지를 공들에게 되돌려주면서, 직위와 세습영지를 제멋대로 불법적으로 분배하였다. 이와 동시에 그들은 그 자유로운 변환이 이반 바실리예비치 때, 바실리 이바노비치 때, 그리고 끝으로 1551년에 되풀이하여 금지된 보야린-공 토지의 소유권 이전을 허용하였다. 그로즈니는 쿠릅스키에게 보야린들에 대해 다음과 같이 썼다. 실베스트르는 "당신들[10]이 필요치 않는" "이 세습영지들을 〔당신들에게 — 옮긴이〕 쓸데없이 분배하였다." 이것으로 실베스트르는 "많은 사람들을 자기 쪽으로 화해시켰으며", 즉 새로운 지지자들을 자기 쪽으로 끌어들였으며, 그리고 이들로 모든 행정기관을 채웠다. "자신들[11]의 추종자들을 배치하지 않은 곳은 한 곳도 없었다"라고 그로즈니는 말한다. 끝으로 보야린들은 군주로부터 보야린 계층에게 은상(恩賞)을 내릴 권리를 제거하였다. 그로즈니는 다음과 같이 썼다. "우리의

10) 보야린들.

11) 보야린들.

보야린들인 당신들은 우리의 은상에 의해서만 우선권의 영예로 명예롭게 될 때, 우리의 조상들로부터 우리에게 주어진 권력을 우리로부터 빼앗았다."[12] 그들은 이 권리를 자기 것으로 하였다. 실베스트르는 차르의 말에 따르면 "우리로부터 보잘것없는 인물만을 확보하려고 하면서" 이런 식으로 자신의 당파를 형성하였고, 이 당파로 통치할 생각이었다. 이반 4세가 쿠릅스키에게 보낸 편지의 이 대목에 주목한 세르게예비치 교수는 쿠릅스키의 《역사》(История) 에서도 자신에게 완벽한 확증을 발견한다. 교수는 심지어 실베스트르가 '추종자들'과 함께 차르 권력의 제한을 법전에 기록까지 했다고 생각한다. 이 주장을 고집하지 않는 것이 좀더 신중한 태도이겠지만, 그로즈니 자신에게 보야린 정책은 자신의 권력에 대한 가장 결정적인 음모였음은 인정할 수 있고 인정하지 않으면 안 될 것이다. 그리고 그로즈니 역시 이 음모에 대해 그만큼 결정적인 반격을 가하였다. 그의 두뇌 속에서 보야린 정책 문제는 사고활동의 강화를 야기하였다. 보야린-공들의 방자함과 반항은 그에게 개인적이거나 왕조적인 위험에만 빠지게 한 것은 아니었다. 그는 방자함의 결과가 더욱 확대되고 복잡해질 수 있음을 이해하였고, 또 그것을 명확히 표현하였다. 그는 다음과 같이 썼다. "그리하여 종복들이 차르에 복종하지 않는다면, 내란은 결코 그치지 않을 것이다." '반역자들'과의 투쟁에 나선 그는 "반역자들에 의해 제국이 타락하고" 있으며, 반역자들이 내란과 방자한 생활을 중단하도록 자신이 그들을 '진실과 빛'으로 인도하고 있다고 생각하였다. 그로즈니는 쿠릅스키가 용맹스런 싸움 정신에 사로잡혀 있지만 이 덕은 국가 내부가 튼튼할 때에만, 즉 "제국의 구조가 좋을 경우"에만 의미와 가치를 지니고 있음을 생각하지 못하고 있다고 쿠릅스키를 신랄하게 비웃는다. 그로즈니에게는 '반역자의 집에' 있었고 국가질서

12) 즉, 보야린들이 가문의 상하와 조상의 관직에 의해서 사회적 우위를 결정하는 제도인 문벌제도에 관여하기 시작하였다라는 뜻.

의 중요성에 대한 고찰이 없는 쿠릅스키 같은 사람은 용기가 있을 수 없다. 그리하여 자기 자신의 이익뿐만 아니라 제국에 대한 걱정도 그로즈니 행동의 지침이 되었다. 그는 개인적 전횡의 권리가 아니라 국가 위력과 질서의 토대로서 독재의 원리를 주장하였다. 처음에 그는 가벼운 조치로 싸움을 한 것 같다. "어느 누구도 사형에 처하지 않았다"라고 그 자신 말하였다. 시끄러운 자문관들과 관계를 끊은 그로즈니는 나머지 모든 사람들에게 "그들로부터 떨어지고 그들을 가까이 하지 말라"고 명령하였으며, 모든 이들과 이것을 선서하였다. 선서에도 불구하고 실총된 자들과 보야린들의 관계가 끊어지지 않자, 그로즈니는 박해를 개시하였다. 박해는 보야린들의 이탈을 야기하였고, 거꾸로 이탈은 새로운 탄압을 야기하였다. 그리하여 마침내 그로즈니가 오프리치니나라고 불리는 국가적 변혁을 결심할 때까지 정치적 상황은 점점 긴박해져갔다.

차르 이반 바실리예비치의 오프리치니나가 무엇인지를 둘러싸고 학자들에 의해 많은 연구가 이루어졌다. 그중 한 학자는 "이 제도는 그것으로부터 해를 입은 사람들에게도 그것을 연구한 사람들에게도 언제나 매우 기괴한 것 같았다"고 냉정하고 적절하게 지적하였다. 실제로 오프리치니나 제도 문제에 관한 원본 문서들은 보존되지 않았다. 공식 연대기는 이것을 간략하게 이야기하고 있으며 제도의 의미를 밝히지 못한다. 오프리치니나에 대해서 언급한 16세기의 루시인들은 그것을 훌륭하게 설명하지 못하고 그것을 묘사할 능력도 없는 것 같다. 서기관 이반 티모페예프에게도 고귀한 공 И. М. 카티레프-로스톱스키에게도 사태는 다음과 같이 생각된다. 그로즈니는 자신의 신하들에 대한 분노 속에 국가를 두 부분으로 나누어, 한쪽을 차르 시메온에게 주고 다른 한쪽을 직접 장악하고서는 자기 부분에게, 즉 "바로 그 부분 사람들에게 폭력을 행사하고 죽음을 내리도록" 훈계하였다. 여기에 티모페예프는 학살되고 추방된, '훌륭한 사상을 갖고 있는 고관들'

대신에 이반은 외국인들을 가까이 하여 "그의 내부의 모든 것이 외국인들의 수중에 있을" 정도로 그들의 영향력 하에 들어가게 되었다고 덧붙인다. 그러나 우리는 오프리치니나의 역사에서 시메온의 통치가 일시적이고 중요하지 않은 에피소드에 불과하다는 것, 외국인들이 오프리치니나에 존재한 것으로 알려져 있기는 하지만 오프리치니나에서 어떤 의미도 없었다는 것, 그리고 제도의 외견상의 목표는 군주의 신하들을 폭행하고 학살하는 데 있는 것이 전혀 아니고 "궁정이 그(군주) 자신과 모든 이에게 자신의 특별한 관습을 행하는" 데 있었다는 것을 알고 있다. 이리하여 우리는 오프리치니나의 개시에 관한 연대기 편자의 짤막한 기록과 그리고 오프리치니나 제도와는 직접 관계가 없는 문서들에 나타난 그에 관한 개별 기억들 외에는 사태를 판단하는 데 확실한 어떤 것도 갖고 있지 못하다.

물론 국가를 오프리치니나와 젬시나로 분할한 것을 '어리석은 짓'으로 선언하고 그것을 소심한 폭군의 변덕으로 설명하기는 아주 쉬운 일이다. 그러나 사태를 바라보는 이와 같이 단순한 시각은 모두를 만족시키지는 않는다. C. M. 솔로비요프는 오프리치니나를, 그로즈니가 자신이 보기에 믿을 수 없는 보야린 통치계급으로부터 형식적으로 분리되고자 하는 시도로 설명하였다. 이와 같은 목적으로 설립된 차르의 새 궁정은 실제로는 테러의 도구로 변질되었고 보야린을 비롯한 모든 다른 이들의 반역 사건을 수사하는 기관으로 왜곡되었다. B. O. 클류쳅스키는 우리에게 오프리치니나를 바로 이와 같은, '국가 반역 사건을 담당하는 고등 경찰'의 수사 기관으로 제시한다. 다른 역사가들도 오프리치니나에서 기괴하고 실패하기는 하였지만 보야린 계층과의 투쟁 도구를 본다. K. H. 베스투제프-류민과 벨로프,[13] 그리고 세레도닌[14]만이 오프리치니나에 큰 정치적 의미를 부여하는 경향이

13) Евгений Александрович Белов, 1826~1895. 러시아의 역사가.

있다. 그들은 오프리치니나가 분령공들의 후손들을 겨냥하고 있었고 그들의 전통적인 권리와 특권을 파괴하는 목적을 갖고 있었다고 생각한다. 그러나 우리의 견해는 이와 같은 진실에 가까운 시각은 바라는 만큼 충분히 파헤쳐지지 않았으며, 이 사실은 우리로 하여금 오프리치니나가 어떤 결과로 또 왜 모스크바 사회의 동란 전개에 영향을 미쳤는지를 보여주기 위해 오프리치니나를 더욱 상세히 기술하게끔 만든다.

오프리치니나 설치에 관한 진짜 명령서는 우리 시대까지 보존되지 않았다. 그러나 우리는 16세기 차르 문서고의 목록으로부터 그 존재에 대해 알고 있으며, 연대기에 있는 것은 완전히 성공적이고 알기 쉬운 축약이 아니라고 생각한다. 연대기에서 우리는 단지 오프리치니나가 그 초기에 어떤 것이었는지에 관한 대략적인 관념만 얻는다. 이것은 그 후의 역사가들 가운데 한 명이 표현하였듯이 '투르크 친위병 같은 특수 친위대'만이 아니라 무엇인가 더욱 복잡한 것이었다. 옛 모스크바 궁정과는 별도로 군주의 특별 궁정이 설립되었다. 이 궁정 안에는 특별 궁정관, 특별 재무관과 서기관들, 특별 보야린과 오콜치[15]들, 정신(廷臣)과 관리들, 끝으로 식료품 궁, 사료 궁, 빵 궁 등, 온갖 종류의 궁전(дворец)에 있는 특별 하인들(дворня)이 있었음이 틀림없다. 이 모든 사람들을 부양하기 위해서 모스크바 국가 각지로부터 도시와 볼로스티들이 징발되었다. 이 도시와 볼로스티들은 오프리치니나를 형성하였고, 이 영지는 옛 통치 제도에 남아 '젬시나'라는 이름을 얻은 토지와 혼재하였다. 1565년에 확정된 이 최초의 영지는 그 크기가 다음 몇 년 동안 국가의 족히 절반을 차지할 만큼 확대되었다.

어떤 필요성 때문에 이 영지에 그와 같이 커다란 크기가 부여되었

14) С. М. Середонин, 1860~1914. 러시아의 역사가.

15) окольчий. 이하 궁내관으로 번역

는가? 연대기 자체는 오프리치니나의 개시에 관한 이야기에서 이에 대한 약간의 대답을 제공한다.

첫째, 차르는 오프리치니나 궁전에서 새 경제를 시작하였고 관습에 따라 궁전 소속의 부락과 볼로스티들을 이 경제에 덧붙였다. 궁전 자체를 위해서는 처음에 크레믈의 한 장소가 선택되었고, 궁전 직무들이 도입되었으며, 1565년에 불탄 수도대주교와 블라디미르 안드레예비치공의 저택 부지가 군주에게 인수되었다. 그러나 어떤 이유에서인지 그로즈니는 크레믈이 아니라, 1567년에 새 궁전인 보즈드비젠카(Воздвиженка)로 옮겨 살기 시작하였다. 모스크바 자체의 몇몇 거리와 슬로보다, 그리고 이에 더하여 모스크바 인근 및 모스크바와 떨어져 있는 궁전 소속의 볼로스티와 부락들이 새 오프리치니나 궁전으로 편입되었다. 우리는 원래의 전체 궁전 토지 가운데 다른 지역이 아니라 왜 하필 이 지역들이 오프리치니나로 편입되었는지 알지 못하며 또 새 오프리치니나 궁전으로 통합된 볼로스티들의 목록을 개략적으로라도 제시할 수 없지만, 이 목록은 그 열거가 가능했다 하더라도 특별히 중요하지 않았을 것이라고 생각한다. 이것에 대해 추측할 수 있듯이, 궁전은 다양한 직책의 설치를 위해 또 궁전 업무를 처리할 정신(廷臣)들의 주거를 위해, 경제적으로 필요한 만큼의 원래의 궁전 토지를 인수하였던 것이다.

그러나 이 정신과 관리들 일반은 자신들이 기반으로 삼을 토지도 보장할 것을 요구하였기 때문에, 둘째, 원래의 궁전 토지 말고도 오프리치니나는 세습영지 토지와 봉지 토지도 필요하였다. 그로즈니는 이 경우 15년 전에 바로 그 자신이 행했던 것을 되풀이하였다. 1550년에 그는 한 번에 '1천 명의 봉지소유자, 보야르스키예 데티 및 고급 하인들'에게 모스크바 주위의 토지를 하사하였었다. 이제 그는 또 '1천 수장에 이르는 궁정 및 도시의 공과 드보랴닌들, 그리고 보야르스키예 데티'를 선발한다. 그러나 이번에는 이들에게 모스크바 주위의 땅이 아니라 다른 우예스트들, 특히 갈리치야,[16] 코스트로마, 수즈달 우예스트 같은 '자모스코비예' 우예스트들과 자오츠키[17] 도시들 등지의 토지를 하사한다. 그리고 1571년부터는 거의 확실히 노브고로드 퍄티나들의 토지도 하사한 것 같다. 연대기의 말에 따르면 이 지역들에서 그로즈니는 토지의 교환을 수행한다. "오프리치니나에 없는 세습영주와 봉지소유자들을 그 도시들로부터 끌어내어 그 대신에 그들에게 다른 도시의 토지를 줄 것을 명령했다." 일부 증서는 연대기의 이러한 지적을 완전히 확증한다. 세습영주와 봉지소유자들은 실제로 오프리치니나 우예스트들에 있는 자신들의 토지를, 그것도 우예스트 전체와 함께 한꺼번에, 즉 그들의 말의 따르면 '도시와 함께' 빼앗겼지만, "군주가 도시를 오프리치니나로 통합했을 때" 그들은 "실총되지는 않았다." 통합된 토지의 대가로 관리들은 군주가 하사하거나 자신들이 찾아낸 다른 토지를 보상받았다. 이리하여 봉토와 함께 오프리치니나로 통합된 우예스트 전체가 근본적인 해체의 운명에 처했다. 우예스트의 토지소유는 재심되었고, 소유자 자신들이 오프리치니나 대원이 되지 않을 경우에만 토지의 주인이 바뀌었다. 이와 같은 재검이 정치질서에 대한 판단에 의해 야기되었다는 것은 의심이 있을 수 없는 것 같다. 국가의 중부 오블라스티들에서는 고래의 분령지에 크

---

16) Галиция(우크라이나어로는 갈리치나, 폴란드어로는 갈리치아, 독일어로는 갈리치엔). 폴란드 남동부로부터 서 우크라이나 지방에 이르는 지역을 가리키는 역사적 명칭. 남북 300km, 동서 700km에 이르는 지역으로 우크라이나 공화국의 리보프, 이바노 프란콥스크, 체르노폴의 여러 주를 비롯하여, 폴란드의 남동부 15주가 여기에 포함된다. 18세기 말부터 제1차 세계대전까지는 폴란드 영토였으나, 현재는 폴란드령과 우크라이나령으로 분할되었다. 이 지역은 옛날부터 흑해 연안에서 발트해에 이르는 통상로이며, 상인들의 원격지 무역과 이민족의 폴란드 침입 경로로 이용되었다. 중심도시로는 크라쿠프, 리보프 등이 있다.

17) Заоцкий. '오카강 너머의'라는 뜻.

냐자타의, 즉 토지소유 공 후손들의 토지소유가 여전히 존재하는 바로 그 지역들이 오프리치니나를 위해 분리되었다. 오프리치니나는 조상 전래로 내려오는 야로슬라프, 벨로제르스크,[18] 로스토프공들의 세습영지들〔로스토프에서 차론다(Чаронда)까지〕, 스타로두프와 수즈달공들의 세습영지들〔수즈달에서 유리예프 및 발라흐나(Балахна)까지〕, 그리고 오카강 상류의 체르니고프 및 다른 남서부 공들의 세습영지들 사이에서 작동하였다. 이 세습영지들은 점차적으로 오프리치니나로 편입되었다. 세습영지에 관한 알려진 명령들 — 1562년의 차르 명령과 1572년의 '젬스키' 명령 — 에 나타난 공 세습영지들의 목록을 비교해보면, 1572년에는 오직 야로슬라프와 로스토프, 오볼렌스크와 모살스크,[19] 트베리와 랴잔의 세습영지들만이 '젬스키' 정부의 관할에 있었음을 볼 수 있다. 1562년의 '옛 군주 법전'에서 거명된 나머지 모든 세습영지들은 이미 오프리치니나로 편입되었다. 그리고 1572년 이후에는 이미 지적했듯이 야로슬라프와 로스토프 세습영지들도 군주의 '궁정'에 통합되었다. 이리하여 그로즈니의 분노와 의심을 산 조상 대대의 분령지 소유자들의 옛 토지들이 조금씩 거의 완전히 오프리치니나의 관리 하에 들어갔다. 바로 이 소유자들에게 그로즈니가 기도한 토지소유에 관한 재심사가 아주 무겁게 떨어진 것이 틀림없다. 그로즈니는 이들 중 일부를 옛 지역에서 떼어 내 오지의 낯선 새 지역으로 흩어버렸고, 다른 일부를 새 오프리치니나에서 봉직하게 하여 엄격한 직접적 감시 하에 두었다. 그로즈니의 유언장에서 우리는 군주가 봉직 공들의 토지를 '자기 것'으로 했다는 수많은 지적을 발견할 수 있지만, 유감스럽게도 이 모든 지적과 유사한 지적들은 오프리치니나에서 공 토지 소유지들이 겪은 격동에 대한 정확하고 완벽한

---

18) Белозерск. 러시아 북서부 볼로그다 오블라스티에 있는 도시.

19) Мосальск. 러시아 서부 칼루가 오블라스티에 위치한 도시.

그림을 전달하기에는 너무 찰나적이고 간략하다. 우리는 오카강 상류의 자오츠키 도시들에서 진행된 상황에 대해서 그나마 비교적 낫게 판단할 수 있다. 그곳에서는 분령공의 후손들인 오도예프, 보로틴스크(Воротынск), 투르베츠(Турбец) 등지의 공들이 조상 대대로 내려오는 자신들의 영지에 거주하고 있었다. "또한 이 크냐자타는 자신의 분령지에 있었고, 큰 세습영지들을 소유하고 있었다"고 쿠릅스키의 유명한 구절은 그들에 대해 말한다. 그로즈니는 오프리치니나로 이 크냐자타의 둥지에 개입했을 때 크냐자타 중 일부를 오프리치니나의 '1천 수장' 속에 집어넣었다. '오프리시니나 군사령관' 중에는 예를 들어 트루베츠의 표도르 미하일로비치공과 오도예프의 니키타 이바노비치공이 활동하였다. 그는 다른 일부를 서서히 새 지역으로 보냈다. 그리하여 보르틴스크의 미하일 이바노비치공에게는 오프리치니나가 설치된 지 얼마 지나지 않아 벌써 그의 옛 세습영지(오도예프 및 다른 도시들의) 대신에 스타로두프 랴폴롭스키(Стародуб Ряполовский)가 주어졌다. 오카강 상류의 다른 공들은 모스크바 우예스트, 콜롬나 우예스트, 드미트로프(Дмитров) 우예스트, 즈베니고로드 우예스트 등지의 토지를 받는다. 이러한 조치의 결과는 다양하고 중요하였다. 우리가 소수의 중요하지 않은 사례를 제외하고 이전에 옛 분령 공국이 존재했던 지역 모두가 오프리치니나 관리에 들어갔음을 상기한다면, 오프리치니나가 봉직 크냐자타 세습영지 토지소유 일반을 지역 전체에 걸쳐 체계적으로 파괴하였음을 이해할 수 있다. 오프리치니나의 진짜 크기를 알고 있는 우리는 그로즈니가 오프리치니나를 설치한 뒤 아주 사소한 부분만 빼고는 크냐자타의 상속 토지를 탈취하고 그들에게 봉지 형태로 다른 토지를 수여하였으며, 크냐자타는 차르가 원할 때까지 그것을 소유하였다는, 크냐자타에 대한 플레처의 말(9장)이 전적으로 옳음을 확신한다. 그리고 플레처가 언급했듯이, 새로 받은 이 토지는 너무나 멀리 떨어져 있는 지역에 존재하여 크냐자타는 그곳에서 태어나지도 알려지지도 않았기 때문에 사람들의 사랑도 받지 못했고 영향력도 지니지 못하였다. 이제 분령공이라고 불리는 상층 귀족들은 나머지 귀족들과 동일시된다고 플레처는 부연한다. 그들은 민족의식과 민족감정에서만 얼마간의 의의를 간직하며 지금까지는 의식(儀式)적 모임에서 외적인 존경을 누린다. 우리의 의견에 따르면 이것은 오프리치니나 결과들 중의 하나를 아주 정확히 판단한 것이다. 이와 같은 조치들에서 비롯한 다른 결과도 못지 않게 중요하였다. 구 분령 소유지에는 여전히 고래의 질서가 살아남았고, 모스크바 군주의 권력과 나란히 옛 권위들이 여전히 기능하였다. 16세기에 '관리들'은 이곳에서 자신들의 토지로부터 '대군주'뿐만 아니라 사적 '군주들'에게도 봉사하였다. 예를 들어 16세기 중반 트베리 우예스트에서는 272개의 세습영지 중에 53개 이상의 세습영지에 있는 소유자들이 군주가 아니라, 블라디미르 안드레예비치 스타리츠키[20] 공과 오볼렌스크, 미쿨린(Микулин), 므스티슬라프, 로스토프, 골리친, 쿠를랴테프(Курлятев) 공들, 그리고 심지어 평범한 보야린들에게 봉사하였다. 일부 세습영지로부터는 봉사가 전혀 없었다. 이러한 체제가 오프리치니나가 가져온 토지소유의 변화로 유지될 수 없었음은 이해가 된다. 사적 권위들은 오프리치니나의 위협 속에 쇠약해져서 제거되고 말았다. 그들의 관리들은 대군주에게 바로 종속되었고 토지소유에 대한 전반적인 재심은 그들 전부를 오프리치니나 군주의 봉사로 끌어들이거나 오프리치니나 경계 밖으로 끌어냈다. 오프리치니나로 크냐자타가 이전에 군주에게 봉사하러 올 때 대동하였던 수천 명의 하인들의 '군세'는 봉사관계 영역에서 옛 분령지 관습과 특권의 다른 모든 자취들이 절멸될 수밖에 없었듯이, 사라질 수밖에 없었다. 그리하여 자신의 새 하인들에게 토지를 하사하기 위해 구래의 분령지들을

---

20) Владимир Андреевич Старицкий. 이반 4세의 삼촌. 이 책 328쪽의 주 4번 참조.

오프리치니나로 통합하면서 그로즈니는 분령지들에서 분령의 잔재들을 새로운 질서로 대체하는 근본적인 변화를 수행하였다. 이 새로운 질서는 분령시대의 기억과 귀족적 전통이 더 이상 존재할 수 없는 군주의 '특별한 관습' 속에 군주 앞에서 모든 이들을 동등하게 만든 그런 질서였다. 흥미로운 것은 조상과 사람들에 대한 이와 같은 재심이 오프리치니나가 개시된 후 오랜 세월 동안 계속되었다는 사실이다. 그로즈니 자신이 대공 시메온 베크불라토비치 앞으로 보낸, 1575년 10월 30일자의 유명한 청원서에서 그것을 생생하게 묘사한다. "군주께서는 자비를 베푸시어, 사람들, 즉 보야린들, 드보랴닌들, 비복들을 선별하라고 명령하십시오. 일부는 보내고 일부는 받아들라고 하십시오. … 모든 사람들 중에서 골라서 받아들이고, 우리에게 필요하지 않은 사람들을, 군주여, 그냥 쫓아버리라고 하십시오. 그리고 우리에게 오고 싶어 하는 사람들을, 군주여, 당신은 자비를 베푸시어 아무 벌도 주지 말고 우리 쪽에 있으라고 명령하시고, 우리한테서 그들을 데려가지 말라고 하십시오. 우리한테서 도망하여 군주 당신에게 받아들여 달라고 머리를 조아리는 사람들과 우리에게서 떠나는 사람들을 당신은 … 받아들이지 말라고 하십시오." 차르 '이바네츠 바실리'(Иванец Василий)가 막 즉위한 '대공' 시메온에게 행한 호소에서 보인 위선적 자기 비하의 이면에는 오프리치니나 제도를 도입할 때 시행하는 관리들의 재심에 관한 당시의 통상적인 명령들 중의 하나가 숨겨져 있다.

셋째, 궁전 세습영지 토지와 봉지 토지 외에도, 연대기에 따르면, "군주는" 많은 볼로스티들을 "코르믈레니에 보상세로 수중에 넣었는데, 그는 이 볼로스티들로부터 나오는 모든 수입을 군주로서의 일상생활을 위해 사용할 것이며, 또 자신의 오프리시니나에 거주할 보야린과 드보랴닌 및 모든 군주의 비복들에게 하사할 것이다." 이 말은 옳지만, 오프리치니나 토지에서 나오는 수입에 대한 연대기의 지적은 완벽하지 않다. 코르믈레니예 보상세는 볼로스티가 자치권에 대한 대가로 지불한 일종의 매취 비용으로서, 1555~1556년에 정해진 특별 세금이다. 우리는 오프리치니나의 수입이 그것에 국한되지 않았음을 알고 있다. 한편으로는 직접세 일반이, 다른 한편으로는 갖가지 종류의 간접세가 오프리치니나로 들어갔다. 시모노프(Симонов) 수도원이 오프리치니나로 편입되었을 때 수도원은 오프리치니나로 '모든 조세'('치안과 나무 바리케이드 치기(засечное дело) 및 화약 제조를 위한 역마세 및 부가세(приметные деньги)', 이것들은 당시의 통상적인 공식이다)를 납부할 것을 명령 받았다. 대노브고로드의 상업 지구가 오프리치니나로 통합되었을 때, 오프리치니나의 서기관들은 그곳에서 1571년의 특별 관세령에 의해 정해진, 관세 이외의 모든 통관수수료를 관리하기 시작하였다. 이리하여 몇몇 도시와 볼로스티들은 재정적인 고려 때문에 오프리치니나로 편입되었다. 그것들의 지정에 의해 '젬스키' 수입과는 별도의 수입을 오프리치니나에게 보내기로 되었던 것이다. 물론 오프리치니나의 모든 영지는, 예로부터 루시에 존재해 왔던 '공물과 연공'을 바쳐왔는데, 특히 봉지소유자들이 없는 공업 지역인 포모리예[21]의 볼로스티들이 그러하였다. 그러나 오프리치니나의 차르 금고에 가장 중요한 이익과 중요성을 제시한 것은 도시의 대포사트였는데, 왜냐하면 아주 풍부한 갖가지 세금들이 포사트의 주민과 시장들로부터 들어왔기 때문이었다. 이 상공업 중심지들이 오프리치니나를 위해 어떻게 선별되었는지를 살펴보는 것은 흥미롭다. 이 경우에 모스크바 국가의 지도에 단순히 친숙해지는 것만으로도 논쟁의 여지가 없고 중요성이 없지 않은 약간의 결론에 도달할 수 있을 듯 보인다. 모스크바에서 국경으로 가는 가장 중요한 도로를 지도에 표시하고 오프리치니나에 통합된 지역을 지도에서 눈여겨보면 모든 주

21) Поморье. 발트해 연안에 위치한 지금의 폴란드 북부 지방을 가리키는 옛 명칭.

요 도로들이 주변의 도시들 대부분과 함께 오프리치니나로 편입되었음을 확인할 수 있다. 심지어 오프리치니나가 단지 국경지역 자체를 제외하고 이 도로지역 전체에서 운영되었다고 과장에 빠질 위험이 없이 말할 수 있다. 모스크바를 국경과 연결하는 모든 도로로부터 오직 남쪽, 툴라와 랴잔에 이르는 도로만이 오프리치니나에 의해 무시되었는데, 그것은 관세를 비롯한 다른 모든 수입이 많지 않고 길 전체가 남쪽 국경지방의 불안한 지역에 놓여 있었기 때문으로 생각된다.

오프리치니나로 몰수된 토지 구성에 대해 우리가 서술한 관찰은 이제 하나의 결론에 도달할 수 있다. 1570년대에 점차 형성되고 있던 오프리치니나 영지는 국가의 중부와 북부 지역들 — 포모리예, 자모스코비예의 도시들과 자오츠키의 도시들, 오보네시스카야 퍄티나와 베제츠카야 퍄티나 — 에 위치한 도시와 볼로스티들로 이루어졌다. 북부의 '대양'에 근거를 둔 오프리치니나 토지들은 '젬시나' 안으로 움푹 파고 들어가 젬시나를 양분하였다. 동부에서는 페름[22] 및 뱌트카의 도시들과 포니조비예(Понизовье) 및 랴잔이 젬시나 소유로 남았다. 서부에는 '독일 국경지방의' 도시들(프스코프와 노브고로드)과 '리투아니아 국경지방의' 도시들(벨리키예 루키와 스몰렌스크 등) 및 세베르스크(Северск) 도시들 같은 국경지역 도시들이 남았다. 남부에서는 이 양 '젬시나' 지대가 국경지방 도시들과 '황야'에 의해 연결되었다. 오프리치니나는 모스크바 북부, 포모리예, 두 개의 노브고로드 퍄티나를 통째로 소유하였다. 중부지역에서는 오프리치니나 토지들이 설명할 수도 없고 묘사할 수도 없는, 그런 혼재지 속에 젬스키와 뒤섞여 있었다. 이곳의 큰 도시들 중에서 오직 트베리, 블라디미르, 칼루가만이 젬시나 소유로 남았던 것 같다. 야로슬라블[23] 시와 페레야슬라블 잘레

22) Перм. 러시아 우랄산맥 서쪽의 공업도시.

23) Ярославль. 러시아의 서부 도시이며 야로슬라블 오블라스티의 주도. 연대기의 1071년에 기록이 나타나는 러시아 고도의 하나이며, 볼가강 수운의 거

스키시는 70년대 중반에야 비로소 '젬시나'로부터 편입된 것처럼 보인다. 여하튼 모스크바 중부의 도시와 볼로스티들 중 대부분은 젬시나를 벗어났고, 우리는 종국적으로 젬시나에는 국가의 변경지방만 남았다고 말할 권리를 갖는다. 우리가 고대 로마의 황제령 및 원로원 영지에서 목도하고 있는 바의 반대 현상이 결국 발생한 것이다. 즉 로마에서는 황제 권력이 군사적 변경지역을 직접 관할하고 구 중심부를 군단의 망으로 꼼짝 못하게 한다. 반대로 여기서는 차르 권력이 국내의 오블라스티들을 분리시키면서 국가의 군사적 변경 지역은 구 지배하에 남겨둔다.

다음은 오프리치니나의 영토 구성에 대한 연구가 어떤 성과를 낳았는지를 보여준다. 1565년에 설치된 모스크바 군주의 새 궁정은 10년 동안 국내의 모든 오블라스티들을 포괄하였고 이 오블라스티들의 봉직 토지소유에서 중요한 변화를 낳았다. 또 새 궁정은 외부의 교통망과 나라의 가장 주요한 거의 모든 시장들을 수중에 넣었으며, 젬시나를 추월할 수는 없었지만 젬시나와 양적으로 비견되었다. 1570년대에 이것은 '차르 친위대'가 결코 아니었고 분령 궁정이라는 의미에서 심지어 '오프리치니나'도 아니었다. 차르 그로즈니의 새로운 궁정은 본질적으로뿐만 아니라 공식 명칭에서도 더 이상 오프리치니나가 아니게 될 정도로 확대되고 복잡해졌다. 즉 1572년 경에 '오프리시니나'라는 단어는 라즈랴트[24]들의 문서들에서 자취를 감추고 '궁정'이라는 단어로 대체된다. 이것은 우연이 아니며 그 창설자의 의식 속에서 오프리치니나가 원래 모습이 바뀐 사실의 아주 분명한 표식인 것이다.

점으로서 발전하였다. 16~17세기에는 수공업과 상업이 발전하였고, 18세기에는 섬유공업이 번창하였다.

24) разряд. 라즈랴드니 청(разрядный приказ)을 가리킨다. 16~18세기 초까지 러시아 국가의 중앙 관청의 하나로서 관리 인사, 군관계 사무, 남부지방 도시 및 우예스트 관계 사무를 총괄하였다.

위에서 기술한 일련의 관찰은 우리로 하여금 오프리치니나에 대한 기왕의 설명이 역사적 실제와 완전히 부합하는 것은 아니라는 시각을 갖게 한다. 우리는 통상적인 견해에 반하여 오프리치니나가 국가 '밖에' 존재한 것이 결코 아니라는 것을 본다. 오프리치니나 제도에는 C. M. 솔로비요프가 표현하였듯이 '국가로부터 국가수반의 제거'라는 것이 전혀 없었다. 그와는 반대로 오프리치니나는 국경의 관리를 '젬스키'에 남겨두면서 국가의 근간적인 부분에서 국가 전체를 수중에 넣었고, 봉직 토지소유의 구성에서 본질적인 변화를 가져왔기 때문에 국가적 변혁을 달성하려고 노력까지 하였다. 오프리치니나는 국가의 귀족구조를 말살하면서, 본질적으로 이와 같은 구조를 허용하고 유지해왔던 국가질서의 그런 측면에 반대하였다. 오프리치니나는 B. O. 클류쳅스키가 말하는 것과는 달리 '사람'이 아니라 바로 질서에 맞서 기능하였고, 그러므로 반역죄의 차단과 예방의 단순한 치안 수단이라기보다는 국가 개혁의 도구였다. 이런 식으로 말한다고 해서 우리가 오프리치니나에서 차르 그로즈니가 상상의 적과 진짜 적들에 가한 혐오스럽게 지독한 박해를 결코 부인하는 것은 아니다. 쿠릅스키도 외국인들도 박해에 대해 그럴 듯하게 많이 이야기한다. 그러나 모든 이들을 전율시킨 동시에 사로잡은 야만과 방종의 무대는 오프리치니나 생활의 저 깊은 곳에서 생기는 일상의 일을 은폐하면서 그 표면에서 들끓는 더러운 거품 같은 것이었다. 그로즈니의 이해할 수 없는 냉혹함과 그의 '크로메시니크'[25]들의 난폭한 전횡은 "사람들, 즉 보야린, 드보랴닌, 보야르스키예 데티 및 비복을 선별"하는 쪽이었던, 오프리치니나의 평범한 활동보다 훨씬 더 당대인들의 이해를 건드렸다. 당대인들은 이 활동의 결과들 — 공 토지소유의 파괴 — 만을 언급하였다. 쿠릅스

---

25) кромешник. 오프리치니크(опричник), 즉 오프리치니나 대원을 가리킨다. кромешник의 어원인 кроме와 опричник의 어원인 опричь는 '~외에'라는 같은 뜻을 갖고 있다.

키는 차르가 세습영지와 재산 및 일용품들을 위해 크냐자타를 죽였다고 말하면서 그 파괴에 대해 그로즈니를 격렬하게 비난하였다. 플레처는 그로즈니가 '분령공들'의 세습영지를 탈취한 후 그들을 강등시킨 것에 대해 침착하게 지적하였다. 그러나 그들 중 누구도 그리고 일반적으로 어느 누구도 차르 이반 바실리예비치가 어떻게 '젬스키' 보야린들이 모르는 사이에 가장 수입이 많은 곳과 상업로에 대한 관리를 수중에 집중시키고, 자신의 오프리치니나 금고와 하인들을 마음대로 처리하면서 관리들을 점차 '선별'하였으며, 그리고는 적절하지 않은 정치적 기억과 권리를 배양시킨 근거지로부터 그들을 떼어내어 새로운 장소에 이식시키거나 아니면 의심의 격노 속에서 그들을 완전히 파멸시켰는지에 대한 완벽한 그림을 우리에게 남겨놓지 않았다.

아마도 오프리치니나 활동의 일정한 계획 및 체제를 차르 분노의 폭발과 오프리치니나 종사단의 자의적 행동으로 간주하는 당대인들의 이 같은 무능력은 오프리치니나의 의미가 후손들의 눈으로부터도 숨겨지게 된 원인이기도 했을 것이다. 그러나 이것에는 다른 원인도 있다. 차르 이반 4세의 개혁 초기가 모스크바 청(廳)들의 서류 사무 처리에서 자취를 별로 남기지 않았던 것처럼, 오프리치니나와 그 봉직토지소유의 개혁도 16세기의 법규와 청 업무에 거의 반영되지 않았다. 오블라스티들을 오프리치니나로 넘기면서 그로즈니는 그것들의 관리를 위해 어떤 새로운 제도 형식이나 형태도 고안해내지 않았다. 단지 그는 그것들의 관리를 특별한 사람들—'궁정 출신의'—에게 위임하였을 뿐이고, 이 궁정 사람들은 '젬스키' 출신의 사람들과 나란히 함께 활동하였다. 바로 이것이 이따금 이런저런 증서를 인증한 서기관의 이름 하나만이 증서가 어디서 발행되었는지 즉 오프리치니나에서 발행되었는지 젬시나에서 발행되었는지, 아니면 이런저런 법규가 해당되는 지역에서만 발행되었는지를 우리에게 보여주는 이유이며, 우리는 이를 통해 업무가 무엇과 관련 있는지, 즉 오프리치니나 관리와 관련 있는지 아니면 젬스키 관리와 관련 있는지를 판단할 수 있는 것이다. 법규 자체에서는 이 경우 어떤 통치기관을 지칭하는지, 젬스키인지 궁정인지가 언제나 정확히 지적되는 것은 결코 아니다. 단순히 '대궁전', '대교구', '라즈랴트'라고 말해지고, 이따금씩만 '젬스키 궁전으로부터', '궁정 라즈랴트', '궁정 대교구에서'와 같은 설명 어구가 부언될 뿐이다. 이와 마찬가지로 직무도 어떤 제도와 관련 있는지, 오프리치니나 제도인지 젬스키 제도인지 표시를 갖고 항상 진술되는 것이 아니었다. 예를 들어 때로는 '군주와 함께 오프리시니나의 보야린들', '대 젬스키 궁전의 궁정관', '궁정 군사령관들', '궁정 라즈랴트의 서기관' 등등이 말해지기도 했고, 때로는 확실히 오프리치니나와 '궁정에' 속한 사람들이 그 사실에 대한 어떤 지적도 없이 서류에서 거명되기도 한다. 그러므로 오프리치니나의 행정구조를 확정적으로 묘사할 어떤 가능성도 없는 것이다. 오프리치니나가 '젬시나'와는 별도의 행정기관들을 전혀 갖고 있지 않았다는 생각은 매우 유혹적이다. 단지 라즈랴트라든가 대교구라는 것만이 존재했던 것 같지만, 이런 저런 관청들의 다양한 서기관들에게 젬스키와 궁정의 업무 및 지역들이 따로따로 위임되었고, 양 업무의 보고와 결정 체제는 똑같지 않았다. 연구자들은 또한 이렇게 가깝고 기이할 정도로 인접한 상황에서 업무와 사람들이 어떻게 경계지어졌는지의 문제도 해결하지 않으면 안 된다. 지금 우리에게는 젬스키 사람들과 오프리치니나 사람들 사이에 피할 길 없고 화해 불가능한 적대가 존재한 것으로 제시되어 있다. 왜냐하면 그로즈니가 오프리치니나 대원들에게 젬스키 사람들을 폭행하고 또 죽이라고 마치 유언한 것인 냥 믿고 있기 때문이다. 하지만 사실은 16세기의 정부가 궁정 사람들과 젬스키 사람들이 서로 적이라고 간주했음은 분명하지 않다. 이와는 반대로 정부는 그들에게 합의에 기초한 공동행동을 할 것을 지시하였다. 그리하여 1570년 5월에 "군주는 젬스키와 오프리시니나의 모든 보야린들에게 (리투아니아)

국경에 대해서 의논하도록 명령하였고 … 젬스키와 오프리시니나의 양 보야린들은 이 국경에 대해 의논하였으며” 한 가지 공동결정에 도달하였다. 한 달 뒤에는 ‘양’ 보야린들이 리투아니아 군주의 칭호 속에 들어 있는 평소와는 다른 ‘단어’에 대해 바로 똑같은 공동 결정을 결의하였고, “이 단어를 확고히 지지할 것을 지시하였다.” 바로 이 1570년과 1571년에 ‘연안’과 변경지방에서 젬스키와 ‘오프리시니나’ 부대들이 타타르족에 맞섰고, 그들에게 젬스키 군사령관과 오프리시니나 군사령관이 ‘서로 만나는 곳에서는’ 함께 행동하라는 명령이 내려졌다. 이러한 모든 사실들은 그로즈니가 자기 제국의 두 부분들 간의 관계를 상호적대의 원리 위에서 구축한 것이 아니며, 만일 오프리치니나로부터 이반 티모페예프의 말대로 ‘토지 전체의 대분열’이 발생했다면, 그것의 원인은 그로즈니의 의향이 아니라 그 의향의 실현방식에 있었다는 생각으로 우리를 이끈다. 시메온 베크불라토비치를 젬시나의 공으로 즉위시킨 단 하나의 에피소드만이 이러한 추론과 모순될 수 있을 것이다. 만일 그것에 진지한 의의를 부여할 수 있고, 또 그것이 ‘젬시나’를 특별한 ‘대공국’으로 분리시킬 의향을 명백히 가리키는 것이었더라면 말이다. 그러나 이것은 일시적이었고, 권력의 확고한 분할 시도가 결코 아니었던 것 같다. 시메온은 모스크바에서 단 몇 개월 동안만 대공이라는 직위를 갖게 되었다. 게다가 그는 차르 직함이 없었기 때문에 제위에 오를 수도 없었다. 한 랴즈랴트 문서에 따르면, 군주는 시메온을 아마도 얼마간의 의식을 치르면서 — 물론 차르 대관식은 아니고 — 단순히 “모스크바에서 대공위직에 앉혔을” 뿐이었다. 시메온이 가진 것은 권력의 그림자뿐이었는데, 왜냐하면 그의 칙서들과 더불어 진짜 ‘전 루시의 차르이자 대공’의 칙서들이 그의 공국으로 씌어졌고, 서기관들은 ‘전 루시의 대공 시메온 베크불라토비치’의 칙서들에 대해 형식적인 답변을 하면서 ‘군주 모스크바의 이반 바실리예비치 공’ 한 사람에게 대답하는 것을 더 좋아했기 때문이었다. 요컨대 이것은 그 의미가 명확하지 않은 일종의 놀이나 괴벽이었으며, 정치적 의미는 미미한 것이다. 외국인들에게는 시메온을 보여주지 않았고 그에 대해 앞뒤가 맞지 않고 애매하게 언급하였다. 그에게 실질적인 권력이 주어졌다면 '젬시나'의 이 새 통치자를 숨기는 것이 불가능했을 것이다.

그리하여 오프리치니나는 모스크바 국가 구조의 모순들 중 하나를 해결하려는 최초의 시도였다. 그 시도는 귀족들 사이에 고래로부터 존재해온 형태의 토지소유를 파괴하였다. 강제적이고 체계적으로 토지를 교환함으로써 이 기도는 필수적이라고 생각되는 곳에서는 어디서나 분령 크냐자타와 그들이 가진 조상 전래의 세습영지들의 오랜 연계를 제거하였고, 그로즈니가 보기에 의심스러운 크냐자타를 국가의 다양한 장소, 특히 국가의 변경으로 흩어버렸다. 그리고 이들은 그곳에서 일련의 봉직 토지소유자로 변모하였다. 이 토지 변경과 나란히 무엇보다도 이들 크냐자타를 겨냥한 실총과 추방 및 형벌이 진행되었음을 상기한다면, 우리는 그로즈니의 오프리치니나에서 분령 귀족들이 완전히 파멸되었음을 확신한다. 사실 분령 귀족들은 한 사람 한 사람 '씨족 전체'가 절멸되지는 않았다. 이것은 일부 학자들의 생각과는 달리, 그로즈니의 정책도 아니었다. 그러나 분령 귀족들의 구성원은 크게 숫자가 줄어들었고, Ф. И. 므스티슬랍스키와 그의 장인 '대공' 시메온 베크불라토비치처럼 그로즈니에게 정치적으로 무해한 것으로 보일 수 있었거나 일부 공들 — 스코핀(Скопин)가, 슈이스키가, 프론스키(Пронский)가, 시츠키(Сицкий)가, 트루베츠코이(Трубецкой)가, 툠킨(Темкин)가 — 처럼 오프리치니나에 봉사하도록 허용된 영예를 받을 수 있었던 자들만이 파멸을 모면하였다. 이 계급의 정치적 중요성은 돌이킬 수 없이 소멸되었고 그로즈니 정책의 성공은 바로 여기에 있다. 그가 죽은 직후 그의 치세에 보야린-크냐자타가 그렇게 두려워했던 일이 현실화되었다. 즉 자하린가와 고두노프가가 그들을 지배하기 시작하였던 것이다. 궁전의 최고 자리는 오프리치니나에 의해 파괴된 상류 문벌가의 집단에서 이들 평범한 보야린 가족들로 넘어갔다.

그러나 이것은 오프리치니나 결과들 중 하나의 결과에 불과했다. 다른 결과는 정부가 주도하는 소유지 동원의 비상한 열정에 있었다. 오프리치니나는 관리들을 하나의 토지에서 다른 토지로 대규모로 이동시켰다. 토지는 한 봉지소유자 대신에 다른 봉지소유자가 왔다는 의미에서뿐만 아니라 궁전 토지나 수도원 토지가 봉지 분배의 대상이 되고 공의 세습영지나 보야린 아들의 봉지가 군주에게 몰수되었다는 의미에서도 주인이 바뀌었다. 마치 소유권이 전반적으로 재검토되고 뒤섞이는 일이 일어난 것 같았다. 이러한 활동의 결과는 주민들에게는 달갑지 않았고 고통스러운 것이었지만 정부에게는 의심이 여지가 없는 중요성을 가졌다. 오프리치니나에서 분령시대로부터 물려받은 구래의 토지관계를 청산하면서 그로즈니 정부는 그 대신에 도처에 토지 소유권을 의무봉사와 굳건히 연결시킨 동일한 질서를 확립시켰다. 그로즈니 자신의 정치적 생각도 국가 방어라는 좀더 일반적인 이해도 이것을 요구하였다. '오프리시니나' 관리들을 오프리치니나로 몰수된 토지에 배치하도록 애쓰면서 그로즈니는 이 토지들로부터 오프리치니나로 들어오지 못한 구 봉직 토지소유자들을 떼어내었지만, 이와 동시에 그는 이들을 토지 없이 방치하지 않도록 신경 쓰지 않으면 안 되었다. 그들은 '젬시나'에 자리 잡았고 군인들이 필요한 지역들에 배치되었다. 그로즈니의 정치적 판단은 그들을 그들의 옛 지역으로부터 쫓아냈고, 전략적 필요는 그들의 새 정주 장소를 결정지었다. 관리들에게 토지를 부여하는 일이 오프리치니나의 도입과 동시에 군사적 성격의 상황에도 따르고 있다는 사실의 가장 명확한 예는 이른바 1571년의 폴로츠크 토지대장들에서 발견된다. 이 토지대장들은 오보네시스카야 퍄티나와 베제츠카야 퍄티나가 오프리치니나로 몰수된 직후 이 두 퍄티나로부터 리투아니아 국경지역으로 이주된 보야르스키예 데티에 관한 자료들을 포함한다. 세베시(Себеж), 네셰르트(Нещерд), 오데리샤흐(Одерищах), 우스뱌트(Усвят)의 국경지역들에서는 노보고르드 관리 각각에게 봉급으로 400~500체티[26]에 이르는 토지가 분배되었다. 이리하여 오프리치니나 대원으로 받아들여지지 않은 이 자들은 노브고로드 퍄티나의 토지들을 완전히 상실하였고 리투아니아 전쟁을 위해 방비를 강화해야 했던 국경지대의 새 정착지를 받았다. 우리는 오프리치니나가 국가의 직무 중심지와 군사 변경지역의 토지순환에 미친 영향력을 이처럼 풍부히 보여주는 전형적 사례를 별로 갖고 있지 못하다. 그러나 이 영향력이 매우 컸음을 의심해서는 안 된다. 이 영향력은 토지동원을 강화하였고 그것을 어수선하고 무질서하게 만들었다. 오프리치니나 소재 세습영지들의 대규모 몰수와 세속화, 봉직 토지소유자들의 대량 이동, 궁전 토지 및 흑토[27]의 사적 소유로의 전환 등, 이 모든 것은 토지관계 분야에서 격렬한 대변동의 성격을 지녔고, 주민들 사이에 아주 확실한 불만 및 공포심을 필연적으로 불러일으킬 수밖에 없었다. 군주에 의한 실총 및 처벌의 공포가 어떤 잘못도 저지르지 않았는데도 '실총되지는 않겠지만 도시와 함께' 씨족의 둥지로부터 국경의 황무지로 이주될지도 모른다는 불안과 뒤섞였다. 강요된 급작스런 이주 때문에 고통을 겪은 것은 자신의 세습영지나 봉지의 정착지를 바꾸고 낯선 상황, 새로운 조건에서 새로운 노동 인구를 데리고 다른 경제를 시작하기 위해 한 경제를 버릴 수밖에 없었던 토지소유자들만이 아니었다. 이 노동 인구도 똑같은 정도로 주인이 바뀜으로써 고통을 받았는데, 이들은 자신들이 거주하던 궁전 토지나 흑토와 함께 사적 종속 상태로 떨어져야 했을 때

26) четь. 40×30 평방 사젠을 가리키는 옛 지적 단위. 1사젠은 약 2.134m.

27) черные земли. 14~17세기 러시아 국가의 자유(국유지) 농민과 도시 부역 노동자들이 이용하는 토지.

특히 그랬다. 토지소유자와 그 농민 인구 사이의 관계는 이미 당시에 충분히 헝클어졌다. 오프리치니나는 그것을 훨씬 더 혼란시키고 불안하게 만들 수밖에 없었다.

그러나 16세기의 토지관계 문제는 모스크바 사회가 직면한 다른 곤경으로 이미 우리를 안내한다. 이제 그 곤경들이 무엇인지 알아보자.

16세기 모스크바 생활의 사회적 모순

오프리치니나에서 제일 먼저 해결된 모스크바 생활의 정치적 모순과 나란히, 위에서 우리는 다른—사회적—모순도 언급하였다. 우리는 이 사회적 모순을 노동 대중의 이해가 이 대중들을 희생으로 생활하는 봉직 토지소유자들의 이해에 체계적으로 종속된 사실로 정의하였다. 모스크바 정부는 국방의 절박한 요구에 의해 이 종속을 용인할 수밖에 없었다. 정부는 자기 정책의 결과들을 완전히 분명하게 상상할 수는 없었기 때문에 이 방향으로 매우 단호히 행동하였다. 15~16세기에 있은, 독일인, 리투아니아인, 타타르족 등 이웃들과의 투쟁은 여하튼 국가의 전투력을 확대시킬 수밖에 없었다. 국경지방에서는 새 요새와 복구된 요새들이 길게 뻗어나갔다. 이 요새들에는 포사트 시설 혹은 농민 시설을 총병과 포병 및 기타 '용구 제작' 슬로보다의 시설로 바꾼, 하층 주민들로 이루어진 수비대가 주둔하였다. 군주를 위한 봉사에 새로 징집된 이 하층민들은 대부분 우예스트들로부터 끌어들여졌고, 그럼으로써 우예스트들은 노동 능력이 있는 자신의 주민들 중 일부를 상실하였다. 우예스트들에는 떠나간 사람들 대신에 다른 종류의 '주민들'이 정착하였다. 그들은 우예스트의 탸글로 공동체 구성원에 들어가지 않았고 농업-공업민 노동 대중에 속하지 않았으며, 대신 이 대중들의 주인으로서 이들보다 위에 위치하였다. 그들은 흑토와 궁전 토지를 그 탸글로 주민들과 함께 풍부하게 분배받은 봉직 봉지소유자 및 세습영주들이었다. 16세기 전체에 걸쳐 자모스코비예의 모스크바 국가 남부와 서부 전역, 서부와 남부 변경지방의 도시들, 그리고 포니조비예에서 이런 형태의 봉직 토지소유인 봉지와 소세습영지들이 확산된 것을 관찰할 수 있다. 고래의 자기 하인계급 이상으로, 자발적이든 비자발적이든, 고귀하든 고귀하지 않든, 군사적 봉사에 적합한 사람들이 필요했던 정부는 자신에게 필수적인 사람들을, 군사적 필요에 부응하는 요소들만 존재했을 뿐인 모스크바 사회의 모든 계층으로부터 도처에서 선발하여 봉지에 심는다. 노브고로드와 프스코프 지역에서 정부는 예를 들어 민회제도 때 이미 존재했던 소 토지소유자 계급 — 이른바 '제메츠'(земец)들 혹은 '스보예제메츠'(своеземец)들 — 을 활용한다. 정부는 그들 중 일부를 관리계급으로 선발하여, 이 '제메츠들의 보야르스키예 데티'로 하여금 그들의 소 세습영지들로부터 봉사하게 하고 이 세습영지들에 봉지들을 수여하였다. 제메츠 중 나머지 부분은 탸글로 주민 계층으로 편입된다. 정부는 하인들이 부족한 다른 경우, 사가(私家)에서 데려왔다. 군주의 서기 키타예프(Д. В. Китаев)가 보야린의 홀로프 수십 가족에게 '토지를 부여하고' 군주에게 봉사하도록 한 경우가 알려져 있다. '갓 세례를 받은' 타타르족과 심지어 이슬람교도로 남아 있는 타타르족도 봉사를 위해 징집되었다. 특히 후자의 타타르족은 봉사에서는 특별 부대로, 토지에서는 특별 일족으로 따로 정착하였다. 그리하여 오카강의 카시모프(Касимов) 및 옐라티메(Елатьме)의 토지와 그리고 볼가강의 로마노프(Романов)시는 항상 타타르족의 것이었다. 끝으로 정부는 16세기에 '황야'와 남부의 강들에서 성장하였고, 그 기원이 불분명한 카자크들의 봉사도 이용하였다. 카자크들은 자신들의 과거에 대해 조사를 받지 않고, 예를 들어 1572년에 그랬듯이 일시적인 봉사를 위해 고용되거나, 또 1585년 예피판(Епифань)에서 그랬듯이 항구적인 봉사로 징집되어 '보야르스키예 데티' 관등으로 승급되기도 하였다. 요컨대, 관리계급은 아주 다양한 신분으로 이루어졌고, 그러므로 매우 빠른 속도로 성장하였다. 중부 오블라스티들에서 관리들의 수가 희망되는 정도에 도달했던 16세기 말에야 비로소 '사제들과 농민들의 자식들, 보야린의 홀로프들, 그리고 수도원의 하인들'을 보야르스키예 데티에 넣지 않는 등, 잘 선별하여 군주를 위한 봉직에 채용해야 한다는 발상이 등장하였다. 그러나 국가의 주요 오블라스티들에서만 그만큼 조심스러웠지, 이전처럼 강하고 용맹스런 사람들이 필요한 남부 변경지역에서는 봉지가 부여된 사람들의 본향에 대한 세밀한 심문을 분별있게 억제하였다.

그리하여 16세기에 관리계급의 수는 아주 빠르게 성장하였고 그와 함께 당시 완벽한 봉사를 보장하던 봉직 토지소유에 포함된 면적도 확대되었다. 관리들을 도시와 포사트에 정주시킨 일이 토착 도시민들에게 수반한 결과들을 언급해야 한다. 군사 슬로보다와 주변 시설들이 포사트 공동체에 파멸적으로 작용하였다. 관리들은 도시민들로부터 택지와 채원, 시장과 일거리를 빼앗았다. 그들은 포사트 주민들을 포사트로부터 몰아내었고 포사트는 황폐화되고 몰락하였다. 도시는 민족 경제생활의 중심지에서 행정-군사 중심지로 변모하였고, 구 도시민들은 뿔뿔이 흩어지거나 그 자리에 남아 다양한 방식으로 군주의 탸글로로부터 벗어났다. 이와 유사한 일이 우예스트들에 관리들이 정주할 때도 발생하였다.

관리들에 대한 토지의 분배는 국경에 좀더 가까운 군대에 토지를 부여해서 그 방어를 부담시켜야 한다는 판단 하에 보통 이루어졌다. 포모리예에는 봉지소유자들을 배치하는 것이 적절하지 않았는데, 포모리예 우예스트들이 어떤 가능한 전장으로부터도 멀리 떨어져 있었기 때문이었다. 그러므로 관리들은 국가의 남반부에서 토지를 받으면서 '평원' 및 서부 국경지대로 밀집하였다. 통상적인 봉직 토지소유자

배치 지역이 제한되면 제한될수록, 이 지구의 국유지(흑토)와 군주(궁전) 토지는 보야린과 보야르스키에 데티의 사적 소유로 더욱더 빨리 이전되었다. 관리계급으로 정부 토지가 이처럼 이전되는 과정은 오프리치니나에서 토지에 대한 재검사와 이 재검사의 결과 — 봉직 토지소유자들의 교체 — 에 의해 복잡해지자, 훨씬 더 급속히 진행되면서 다음과 같은 결말을 낳았다. 즉 봉지로 나눠줄 토지가 16세기 후반 경에 이미 부족하게 되었고 국가의 중부 및 남부 지대에서 관리들에게 토지를 하사하는 일이 힘들게 된 것이다. 플레처의 저술에서 발견되는, 토지 부족에 대한 직접적인 지적을 고려하지 않더라도, 관리들의 봉지 '봉급'과 실제 그들이 받은 급여의 만성적인 불일치는 바로 이것을 증명한다. 봉지소유자들의 실제 급여는 그들의 명목 봉급보다 항상 적었다. 비록 그들의 봉급에 '들어가지 않은' 토지 분을 스스로 '찾을' 권리가 그들에게 유지되고 있었지만 말이다. 토지 부족 때문에 궁전 토지와 흑토뿐만 아니라 심지어 세속 및 교회의 세습영지 소유지도 봉지 분배의 대상이 되었는데, 특히 세속 및 교회의 세습영지 소유지는 바로 봉지 순환에 넣을 목적으로 군주에게 몰수되었던 것이다. 국가의 중부지역에서 바로 이 시기에 많은 양의 버려진 '빈' 토지가 존재한 사정은 봉지 토지가 부족한 사실을 반박하는 것이 아니라 오히려 그것을 좀더 훌륭하게 해명하는 데 일조한다. 이 황무지들은 '쓸모없기 때문에' 인수되지 않았고 분배의 대상이 될 수가 없었다. 그러므로 이 황폐한 급여 대신에 그때까지 봉지소유자들의 것이 아니었던 세습영지 토지와 공동체 토지 중 새 일부 토지로 분배용 봉지 토지를 보충하지 않으면 안 되었던 것이다.

이리하여 16세기 말까지 모스크바 국가의 남반부 우예스트들에서는 봉직 토지소유가 수도원과 군주의 궁전에 속하지 않은 모든 토지를 자신의 순환 속에 포함했다는 의미에서 극한적인 발전에 도달했다. 그와 함께, 남부와 서부 오블라스티들의 탸글로 주민들은 비교적 많지 않은 궁전 볼로스티를 제외하고 전부 사적 소유지와 봉토 및 수도원 토지에 있게 되었다. 탸글로 공동체는 우리가 모스크바 북부에서 알고 있는 그런 모습으로 흑토 볼로스티와 궁전 볼로스티가 사적 토지 경영에 완전히 편입된 곳에서만 무사히 살아남을 수 있었다. 예를 들어 유호츠카야(Юхотская) 볼로스티가 므스티슬랍스키(Ф. М. Мстиславский) 공에게 하사될 때 그랬으며, 또 한 경계 안에 대 보야린 및 수도원 주인들이 형성되는 다른 모든 경우에서 그랬다. 이들 대 소유지에서 농민 공동체는 세금과 연대 책임의 압력 하에 형성되었을 때의 공동체 구조와 관계의 내부 모습을 그대로 보존할 수 있었을 뿐만 아니라, 세습영주들의 사적 소유자로서의 이해의 영향 하에 탸글로 및 국가조직을 넘어 그 위에 세습영지-경제 조직을 획득하기도 하였다. 이 조직은 다양한 면으로 탸글로 주민을 괴롭힐 수 있었지만, 그에게 이익을 주기도 하였다. '타르한'[28] 세습영지에서 강하고 부유한 소유자의 '등 뒤에서' 사는 것은 더 유리하고 안전하고 평온하였으며, 또 관습적 공동체로써 공물과 부역을 부담하기가 더 쉬웠던 것이다. 흑토 볼로스티와 궁전 볼로스티가 평범한 보야르스키예 데티에게 소 토지 조각으로 '분배에' 들어갔을 때, 그 탸글로 주민들은 불행한 운명을 겪었다. 소 봉지 소유지들의 경계는 이전에 통일되었던 볼로스티를 분산된 수많은 사적 경제로 세분하였고, 옛 탸글로 구조는 사라졌다. 봉직 소유자는 자신의 봉지 농민들과 국가권력 사이에 위치하였다. 농민들에게 자신에 유리하게 세금과 부역 등을 부과할 권리를 획득한 그는 이와 동시에 그들에게서 군주의 조세를 징수할 의무도 가졌다. 16세기의 공식 표현에 따르면 농민들이 아니라 그들의 봉직 소유자가 "군주의 모든 조세를 부담하거나", "군주의 모든 조세에서 면제"를 받았다. 예를 들어 1572년의 토지대장은 한 봉지소유자에

28) тархан. 봉건시대 러시아에서 국세 면제의 특선을 받은 상류 몽골인 영주나 그 토지(재산) 혹은 면세 증서.

게 주어진 4년간의 면세에 대해 다음과 같이 표현하였다. "그에게 정해진 기간 동안에는, 정해진 기간까지 그의 이 봉지로부터 농민들에게 그의 군주의 모든 조세를 부과하지 않으며, 면세 기간이 종결되면, 이 봉지로부터 군주의 모든 조세를 그에게 부담시킨다." 농민들을 빈 농장에 '초청'할 권리를 가진 소유자는 자기 봉지나 세습영지의 '구주민[29]들'이 아니라 자기 자신과 계약을 맺을 것을 농민들에게 의무화하였다. 이리하여 탸글로 공동체의 대표자 권력의 기능들은 토지소유자에게 넘어갔고, 그의 수중에서 농민들을 긴박시키는 수단의 하나로 변질되었다.

위에서 기술한 봉직 토지소유 및 사적 토지소유 일반의 발전이 농민 긴박의 결정적인 조건들 중의 하나였음은 의심할 여지가 없다. 농민들이 조세 자치와 경제적 독립으로부터 농업적 후견과 영주 경제에의 종속으로 이행한 것은 정부 토지에서 특권적인 토지경영이 발생한 필연적인 결과였다. 이러한 이행은 개별적인 경우에 용이하고 유리할 수도 있었지만, 일반적으로 시민적 독립의 상실과 같은 것이었다. 탸글로 흑토 볼로스티의 주요 주민들인 농민 구주민들은 자신들이 벗어날 수 없었던 탸글로 운명이 '만성적으로 된' 사람들로서, 자신들의 토지와 함께 사적 소유의 수중에 떨어졌을 때 토지소유자로부터도 벗어날 권리를 획득하지 못했다. 독립적인 조세 공동체에서의 탸글로에의 긴박은 자신들이 토지를 갖다 줄 때 등록한 소유자에의 긴박으로 대체되었다. 이동권의 상실로 나타난 이와 같은 구주민들의 '농노제'는 16세기에 일반적으로 인정된 상황이었다. 정부-조세 관례에서 발생한 이 농노제는 사적 소유자들의 관례에 의해서도 쉽게 습득되었다. 정부는 자신의 이익을 보호하면서 사적 소유자들이 농민 일반 모두가 아니라 단지 탸글로 부담을 지지 않을 뿐인 사람들을 자신들의

---

29) старожилец. 14세기말~16세기 러시아에서 대대로 동일한 토지에 거주하면서 영주와 국가에게 조세를 납부해온 농민.

땅으로 '초청'하는 것을 허용하였다. 즉 "아버지들로부터 자식들을, 형제들로부터 형제들을, 삼촌들로부터 조카들을, 이웃들로부터 기식자들을 〔초청하지만 — 옮긴이〕 그러나 탸글로 흑토지역으로부터는 아니다. 즉 탸글로 흑토지역으로부터는 농민들을 초청해서 면세를 받게 해서는 안 된다." 사적 토지소유자들은 토지와 함께 획득하고, 토지 사용에 익숙해져서 만성적으로 된 사람들을 자유롭게 놓아주지 않았다. 그들은 이러한 '구주민들'을 이미 자신들에게 긴박된 것으로 간주하였고, 구주민들이 떠날 경우에는, 이탈한 탸글로 주민들이 자신들 앞으로 등록되어 있는 토지대장이나 다른 문서를 참조하여 돌려주었다. 이와 같은 질서를 찬성한 것은 토지소유자들뿐만이 아니었다. 정부도 그것을 지지하였다. 정부의 시각에서 볼 때 이 질서는 편리하였고 필연적이었다. 소유자에게 긴박된 노동 주민들은 봉직 토지소유자의 봉사를 양호하게 하는 동시에 사적 소유자 경제의 조세를 양호하게 하는 확실한 근거였던 것이다.

그러나 사적인 종속으로 이행하는 것은 노동 인구에게 쉽게 적응할 수 없는 생활의 혼란을 일으켰다. 이 경우 사태는 정부 토지가 개인에게 이양되는 일이 규칙적인 점진성을 갖고 일어나지 않음으로써 더욱 절박해졌다. 우리는 이양이 오프리치니나에 의해 혼란스러워졌음을 본다. 토지의 이전은 정치적 상황에 의해 촉진되면서 불안하고 무질서한 성격을 띠었다. 비상한 속도와 대규모로 이루어진 '관리들'에 대한 재검은 한 지역의 옛 경제를 파괴하고 다른 지역에서 새로운 경제를 창출하면서, 그들을 토지에서 토지로 이동시켰다. 흑토에서 수도원 토지에 이르는 모든 종류의 토지는 이러한 재검을 받아 소유자를 바꾸었는데, 때로는 군주에게로 흡수되었고, 때로는 다시 사적인 수중으로 넘어갔다. 16세기 모스크바 국가에서 "상당한 인구의 영지들이 거의 지금의 증권 거래소에서 증권이 매매되는 속도로 주인이 바뀌었다"는 B. O. 클류쳅스키의 언급은 바로 이 시기에 가장 잘 어울리는 것이다. 그렇지만 '농민들과 토지를 둘러싼' 이 같은 '게임'이 이 정도의 긴장에 다다른 것은 클류쳅스키가 말하듯이, 부유한 수도원의 수도사들에 의해서만이 아니라 무엇보다도 먼저 그로즈니 정부 자신에 의해서였다. 수도원은 단지 토지를 둘러싼 대재난을 이용했을 뿐이고, 또 이용할 능력이 있었으며, 그로즈니에 의해 분쇄된 차르 하인들의 세습영지 소유지의 파편들을 자신들에게 유리하게 성공적으로 주워 모았다. 이리하여 농민들은 한꺼번에 두 가지 불행을 겪었다. 한편으로 그들이 소유했던 군주의 토지는 국가방어의 필요 때문에 빠르게 대량으로 관리들의 수중으로 넘어갔다. 다른 한편으로 오프리치니나 때문에 발생한 이와 같은 토지이행은 폭력적이고 혼란스러웠다. 거의 이해가 되지 않는 권리 제한과 박해에 대해 농민들은 자신들이 직접 관리하다가 몰수된 토지로부터 급속도로 이탈하는 것으로 대응하였다. 농민 노동이 새로 형성된 관리계급의 재산을 보장하는 토대를 형성하던 바로 그때, 농민들은 다른 곳으로 이주함으로써 자신들의 노동에 자유를 회복시키려고 하였다.

바로 여기에서 우리는 봉직 소유지로 통합된 지역들로부터 16세기 후반에 농민들의 이탈이 가속화된 주요 원인을 본다. 당시의 토지대장과 연대기들은 국가의 중남부 오블라스티들의 극심한 황폐화를, 주로는 한이 모스크바까지 이르렀던 1571년의 타타르족의 공격으로 그리고 부분적으로는 '전염병'과 '흉작'으로 설명하였다. 그러나 이것들은 최후의 부차적 원인에 불과하였다. 주 원인은 토지의 상실에 있었다.

농민 인구의 발전을 촉진한 것은 16세기 모스크바 정치생활의 많은 조건들이었다. 이 조건들 덕분에 농민 대중들 사이에서 이주에 대한 생각 자체가 탄생하였고, 이 조건들에 의해 토지소유자들의 새 토지들로의 이동도 용이해졌다. 이 조건들 중 첫 번째 조건은 모스크바의 막대한 토지획득에서 찾지 않으면 안 된다. 16세기 중반 동부와 남부에서의 타타르족에 대한 승리는 볼가강 중류와 하류, 그리고 오카강 남부 지역을 모스크바의 절대 권력으로 이양하였다. 오카강 상류에서 카마[30] 강 하구에 이르는 새 오블라스티들에는 모래와 점토지의 작은 섬들과 함께, 거의 연속적이고 비옥한 흑토층이 놓여 있었다. 이 흑토는 오래 전부터 대루시의 농부들을 유인하였다. 카잔을 점령하고 오카강 및 돈강 상류의 요새들을 점령하기 훨씬 오래 전인 15세기에 이미 이곳에서는 루시의 정착지들이 발생하였다. 카잔을 점령하면서 모스크바 정부가 새로운 지역에 확립되고 이 변경지역에서의 생활이 더욱 안전해졌을 때, 농민들이 관리들의 수중으로 넘어간 옛 토지들 대신에 새 토지들을 찾아서 이미 알려진 길을 따라 이곳으로 대규모로 뻗어나갔다. 이 새 토지의 식민화 성공은 하류 지역 및 변경 도시들에서의 식민화 성공처럼 인민대중의 자유로운 이동이 정부의 점령 활동 및 새로 점령한 지역의 강화 활동과 합쳐져 단일한 노력을 형성하는 데 달려 있었다.

농민들의 토지관계에서 일어난 급변이 이주를 촉진하는 주된 요인이었고 비옥한 토지의 획득이 이주 운동의 향방을 조건지었다면, 정부가 이주민들과 맺는 관계의 최초 방식은 이주할 결심을 촉진하였다. 새로운 땅에서 정부는 농민들을 서둘러 붙잡아 두고자 하면서 도시들을 건설하고 그 속에 '주민' 임시 부대를 정주시켰으며 상설 수비대를 모집하였다. 때때로 정부는 상인들에게 지방 시장을 이관할 것을 염두에 두면서, 군인들과 함께 도시 안에 상인들도 이식시켰다. 그리하여 카잔 정복 후 몇몇 프스코프 '대상인' 가족들이 프스코프로부터 카잔으로 이주되었고, 고향에서는 이들 '이주자들'이 실총된 사람들이었음에도 불구하고 새 정착촌에서는 그들에게 유리한 상황이 조성되었다. 이리하여 정부는 새로 정복한 지방으로 임시 봉사나 상시 거주를 위해 '주민들'을 파견하였다. 정부는 '도래자들'에게 새 경

---

30) Кама, 러시아연방 서부를 흘러 볼가강 왼쪽 연안으로 흘러드는 큰 지류.

제에 익숙해질 때까지 면세혜택을 부여하면서, 관리 이외의 사람들의 이주도 필요한 만큼 장려하였다. 이와 같은 태도는 사람들을 변경지역으로 이주하게끔 자극하고 경제적 독립과 조세부담의 경감에 대한 희망을 부여할 수 있었을 뿐이었다.

하지만 16세기 마지막 4사분기에 자모스코비예와 서부 우예스트들에서 주민들이 대규모로 감소하였고, 이는 정부 내에 큰 불안을 일으키면서 정부 분위기의 변화를 야기하였다. 토지의 황폐화는 정부로부터 리보니야 전쟁을 지속하는 데 필요한 힘과 수단을 빼앗았다. 황폐화된 봉토로부터는 어떤 봉사도 어떤 지불도 없었으며, 상당한 인구를 가진 더 좋은 교회 토지들은 '타르한들'에게 있었고 봉사와 조세 부담을 갖지 않았다. 스테판 바토리가 그토록 쉽게 대대적인 성공을 거둘 수 있었던 것은 그가 군사적 재능과 좋은 군대를 가지고 있었기 때문만이 아니라 이미 내부 중병으로 무력해진 적을 격파했기 때문이기도 했다. 전쟁의 최후 시기에 그로즈니는 단순히 개인적 소심함의 발작 때문이 아니라 전쟁 수단이 사라졌고 자신의 토지가 '황폐화되며' '황량해졌다'는 인식 때문에 부진과 우유부단함을 보였다고 생각된다. 사태를 바로잡고자 1572년과 1580년에는 봉토를 성직자의 소유로 넘기는 것이 금지되었고, 1584년에는 교회 세습영지들에서 (타르한들의) 면세특권이 취소되었다. 모스크바 주위 전 경지의 5분의 2(37%)가 성직자들의 것이고 나머지 5분의 3을 구성하는 봉지 및 세습영지 토지에서 경제는 단지 3분의 1(23%)에서만 유지되었으며 나머지(40%)는 봉직 토지소유자들에 의해 방치되었음을 상기한다면, 이 조치의 중요성을 상상하기는 어렵지 않다. 모스크바 근교에 관한 데이터를 국가의 중부 일반 전역에 확대 적용할 수 있다면, 전 경작지의 절반 이상이 '타르한'의 수중에 있고 비면세 봉토의 3분의 2가 황폐화되었다고 말할 수 있을 것이다. 당시 정부가 이미 이와 같은 사정을 아주 분명하게 상상하고 있었음은 1584년의 소보르 결정[31]으로부터 명확하다. 교회 토지에서 타르한들의 폐지를 결정하면서, 소보르의 법령은 다음과 같이 말한다. 소유자들은 "이 (토지들)로부터 어떠한 차르 공물과 지방세도 지불하지 않지만, 군인인 관리들은 그들의 토지들에 대해 세금을 지불한다. 이로 인해 타르한 대신에 세금을 지불하는 군인들 때문에 세습영지와 봉지에서 심한 황폐화가 발생한다. 농민들은 관리들을 떠나 면세를 받는 타르한들에게 살러 간다." 이처럼 정부는 농업 위기를 인정하였으나, 이 인정은 다소 때늦은 것으로서 이미 위기가 완전히 확산되었고 사적 토지소유자들이 이 위기와 싸우기 위해 많은 수단을 시험했던 그때 이루어진 것이다. 정부는 16세기 말에야 비로소 자신의 이익과 소유자들의 이익을 지키기 위해 사태에 개입하였고, 방향과 수단의 궁극적인 선택에서 동요하면서 일시적이고 부분적인 조치에만 기대어 행동하였다. 정부는 즉각 모든 탸글로 주민 대중을 한 장소에 긴박시키기로 하지는 않았지만 주민들의 이동을 막는 일련의 장애물을 만들었다. 타르한들의 일시적 철폐, 재산을 담보로 돈을 빌린 사람의 수용 금지, 일정한 제도가 되어버린 권리증서 없이 하인들을 두는 행위의 금지, 7101년(1592~1593) 대장에서의 농민인구 센서스 등이 이러한 장애물이 된 것이 틀림없다. 이러한 조치들로 국가를 위해서는 국가에게 필수적인 양의 봉사와 조세를, 봉직 토지소유자들을 위해서는 떠나고 남은, 그들 토지의 노동인구를 확보하고자 하였다.

그러나 정부 개입보다 훨씬 더 빨리 토지소유자 계급은 위기와 싸우기 위해 당시 경제활동의 조건들과 사회관계의 특수성이 자신들에게 제시하였던 일련의 수단들을 사태에 적용하였다. 토지소유자들은 그 결정적인 중요성을 이해하지 않을 수 없었던 상황 자체 때문에 위기와의 정열적인 투쟁에 나설 수밖에 없었다. 주민들의 반응은 사적

---

31) 1584년 7월 20일에 교회 토지소유에 관해 내려진 교회-젬스키 소보르 결정을 말한다.

토지 경영에서 노동력의 부족을 가져왔고 엄청난 정도로 경제적 '황폐화'를 야기하였다. 16세기 후반의 토지대장은 숲으로 뒤덮인 사람 없는 세습영지들, '노래 없는' 교회들이 있는, 주민들에 의해 버려진 마을들, "사람이 없어서 분배되지 않고" 농민들이 오브로크 때문에 이곳저곳을 '일시적으로' 경작하는 빈 토지들 등, 매우 많은 황무지들을 헤아린다. 어떤 곳에서는 떠나간 주인들에 대한 기억이 여전히 살아있고, 황무지들은 여전히 그들의 이름을 지니고 있지만, 어떤 곳에서는 이미 주인들이 잊혀졌고, "그들의 이름은 아무도 찾지 않는다." 이 사람이 없는 것 때문에 소 봉지 관리의 경제는 완전히 파멸하였다. 그는 봉사를 위해 머무를 곳도 "앞으로 봉사할 곳도 없었다." 그 자신이 사람이 없는 토지를 버리고, 새로운 봉지를 찾아내거나 보야린 궁정에서 피난처를 발견할 때까지 "궁정들 사이를 헤매고" 다녔다. 대 토지소유자들 — 관리든 교회든 똑같이 — 은 훨씬 큰 경제적 내구성을 지녔다. 그들이 마련해 둔 면세특전은 그 자체 노동 인구를 그들의 토지로 끌어들였다. 큰 보야린 세습영지나 수도원 세습영지에서 공동체 조직을 보존할 가능성은 농민들을 대 토지 경영으로 끌어들이는 두 번째 원인이었다. 끝으로 농민들이 대 소유자로부터 이탈하는 것도 그리 쉽지 않았다. 농민들을 획득하는 투쟁에서 대 세습영지의 행정기관은 자신들의 농민들을 유지할 뿐만 아니라 이방인들을 자신들의 토지로 '초청'하는 데도 기교와 영향력과 수단을 충분히 갖고 있었다. 이리하여 소 토지소유자들이 완전히 망했을 때, 좀더 크고 고귀한 소유자들은 버텼고, 심지어 우연히 황폐해지고 사람이 없는 토지의 경제를 부흥시키려고까지 하였다.

이를 위한 우선적 수단은 사유지든 정부 토지든 다른 토지에서 농민을 끌어들이는 데 있었다. 토지소유자들은 군주에게서 사람이 없는 자신들의 세습영지에 대한 '면세특전', 즉 몇 년 동안 국세의 면제를 간청하여 얻었다. 그들은 "이 면세 기간 동안 자신들의 세습영지의 비어 있는 곳에 궁정을 세우고 농민들을 초청하며 전답을 경작할 것이다." 다른 토지에서 무사히 살아남은 경제에 의존하고 자유로운 화폐자본으로 활동하며 정부에게 간청하여 획득한 면세 특권을 가진 이들 소유자들은 실제로 몰락한 경제를 복구하는 데 성공하였다. '탸글로 흑토 출신'이 아니며 단지 탸글로가 면제될 뿐인 농민들을 '초청'하여 자신에게 이식시킬 권리를 가진 그들은 실제로는 다른 토지 소유자들로부터 끌어들일 수 있는 한 누구든 가리지 않고 요청하여 자신들에게로 데려왔다. 노동력을 상실한 측으로부터 격렬한 불만을 야기한 '공급자'(откачник)라는 특별 대리인들을 통한 이와 같은 농민들의 이주가 얼마나 큰 규모로 이루어지고 얼마나 조잡한 형태를 띠었는지는 아주 잘 알려져 있다. 이 작전에 수반된 일련의 강압은 재판소에 큰 일거리를 주었고 정부의 우려를 샀다. 또한 그로즈니 시대에 농민들의 반출에 대한 어떤 조치들이 취해졌다. 1584년 서기관 셰레프디노프(А. Шерефдинов)의 랴잔 토지 이웃들이 다음과 같이 말하면서 이 무법자에 대해 차르 표도르에게 불만을 털어놓았다. 서기관이 "군주 폐하의 봉지를 경작하여 세습영지에 더하고, 아버지 폐하, 우리 군주의 법전을 외면하면서 강제로 군주 폐하 마을의 농민들을 보야르스키예 데티로부터 반출하고 있사옵니다." 이것이 어떤 '법전'인지는 말하기 힘들다. 여하튼 모스크바 정부는 자신의 이익과 소 봉직 토지 소유자들의 이익을 방어하기 위해 농민 반출 사태에 개입할 필수성에 도달하였다. 탸글로를 부담하는 농민들의 이주는 정부로부터 탸글로 토지에서 나오는 정규 수입을 박탈하였고, 관리로부터의 농민들의 이탈은 그의 수입과 봉사 기회를 박탈하였다. 1601년과 1602년의 명령들은 농민 이주에 일정한 제한을 가한 최초의 법률이었다. 소 토지 경영으로부터 대 토지 경영으로의 농민들의 이동은 완전히 중단되었다. 대 토지소유자들은 '자신들 사이에서 그리고 국외자들로부터' 농민들을 데려오는 것이 금지되었다. 소 봉토에서는 우호적으로 — 당시 보통 농민들의 '옷카스'[32]를 수반한 방해, 격분, 싸움, 강탈 등이 없이 — 농민들을 교환하는 것이 허용되었다. 이와 같은 제한들의 목적은 위기로부터 가장 고통을 받은 소 봉직 소유지의 방어였음은 명백하다. 이 목적으로, 정부는 국가질서를 위해 사람이 빈 지역에 농작물의 재배를 부흥시키고자 노력하는 것 같던 대 토지소유자들에 대한 통상적인 보호를 거부하였다. 이 이기적인 활동의 파괴적인 결과를 마침내 모스크바 정치의 지도자들이 이해하였던 것이다.

토지소유자들은 위기와의 싸움을 위한 다른 수단을 농민들의 경제적 예속화에서 발견하였다. 이 예속화는 법률적으로 결정된 형식을 취했느냐 아니냐의 여부는 상관없이, 소유자로부터 농민들의 이탈을 막는 매우 효과적인 방해물이었다. 계약서[33]에 의해 결정된 토지 임대에 대한 지불은 법적으로는 다른 의무에 대한 농민들의 지불과는 관계가 없었음에도 불구하고, 토지소유자와의 임대관계의 중단은 자연스럽게 그와의 모든 나머지 화폐지불의 청산을 가져왔다. 최종 지불 없이 농민들은 방출되지 않았으며, 농민은 묶이면 묶일수록 한 장소에 더욱더 긴박되었다. 사실 다른 토지소유자는 자신의 '공급자'를 통해 그를 매입할 수도 있었으나 이것은 교묘한 수완을 요구했고 항상 가능한 것도 아니었다. 이탈의 권리는 구주민들에게는 인정되지 않았고, 소유자들은 계약서를 가지고 생활하는 농민들을 심지어 '옷카스'에 따라 항상 방출하는 것도 아니었다. 그들은 노동력의 이탈을 예방하거나 그것을 방해하기 위해 갖가지 수단에 호소하였다. 그러한 수단들 중의 하나로서 게다가 매우 관습적이기까지 했던 수단은 농민이 "땅을 경작해야 하고 궁정을 건설해야 하고 새로운 가옥을 세워야

---

32) отказ. 고대 러시아 농민의 자유 이동. 1497년 이른바 유리의 날 전후에 한하다가 이후 완전히 폐지되었다.

33) порядная запись(грамота). 특히 이 계약은 농민이 영주로부터 돈이나 토지를 빌리는 대가로 농민과 영주 사이에 맺어졌다.

하고 낡은 것들을 수리해야 하고 도주하지 말아야 하는" 등, 농민이 바로 그곳에서 살아야 함을 보증하는 내용으로 일부 보증인들이 교부하였던, 농민에 관한 '보증'서였다. 도주의 경우, 보증인인 '포루시크'(поручик)들은 약정된 금액을 보상하였는데, 그 액수는 때로 믿기 어려울 정도로 컸다. 1584년 키릴로프(Кириллов) 수도원에서는 "프릴루츠크(Прилуцк)의 농민으로 야쿠셰프(Якушев)의 아들, 아프토놈(Автоном)에 대한 1,100루블짜리 보증서"를 볼 수 있었다. 때로는 합법적인 이탈조차 직접적인 강압으로 방해를 받았다. 농민들은 학대당하고, 강탈당하고, 철저히 두들겨 맞았다. 토지소유자로부터 받은 경제적 도움인 '대부'나 농민이 소유자에게 진 채무—당시에는 '세레브로'(серебро)라고 불렸다—는 토지소유자에 의해 농민-채무자의 주인-채권자에 대한 개인적 예속의 조건으로서 간주되었다. 이 대부가 종신 봉직 노예약정서[34]를 동반하지 않았고, 또 농민들을 형식적으로 홀로프로 변모시키지 않았음에도 불구하고, 그것은 농민을 마음대로 붙잡아두는 여분의 동기를 주었으며, 농부-채무자에게 필요한 순간 도움을 준 영주를 지키는 의무를 지우는 듯하면서 그의 인식에 압박을 가하였다. 물론 농민 채무의 비상한 확대는 자신들의 자본을 농민의 '세레브로'에 투입할 수 있는 토지소유자들의 편리에 의해서 비로소 설명되지 않으면 안 된다. 키릴로프 수도원이 자신의 농민들에게 임대한 1,500비티[35] 중에서 1,075비티가 수도원에 매인 가족들에 의해 파종되었다는 놀라운 사실은 16세기 후반기 동안 거듭 지적되었다. 이리하여 수도원으로부터 임차된 경지의 70%는 "세습영주의 도움 없이는 자신들의 땅에 파종할 종자를 갖지 못한 사람들"이 이용하였다. 다른 소유지의 사정도 바로 이와 같았다고 가정한다면, 농

---

34) служилая кабала. 이 약정서는 고대 러시아에서 주로 돈을 빌린 사람이 빌려준 사람에게 자기 신분을 맡기는 증서를 가리킨다.

35) выть. 모스크바 국가에서 납세 단위로서의 땅 조각.

민 '이탈'(выход)이 농민 '반출'(вывоз)로 변질된 사실을 아주 만족스럽게 설명할 수 있다. 궁핍해지고 빚을 진 농민 대중은 필연적으로 독자적인 이주를 포기할 수밖에 없었다. 그들에게는 이탈의 수단이 없었다. 주인에게 빚을 지고 그로부터 떠나기를 희망하는 농민들에게는 소유자와의 청산 없이 '도주'하거나 자신들을 매수해서 반출할 공급자를 기다리는 길만 남았다. 약 1580년 경에 트베리에 있는 대공 시메온 베크불라토비치의 궁전 토지에는 2,060개소의 사람이 사는 농장과 332개소의 사람이 없는 농장을 헤아렸으며, 농장들에는 2,217명의 농민들이 있었다. 이 모든 대중들에 대해 토지대장은 센서스가 실시되기 전 몇 년 동안 333건의 농민 이주가 있었다고 언급하였다. 총 300명이 '대공'을 떠나 다른 소유자들의 토지로 가거나 그의 소유지 내의 한 볼로스티에서 다른 볼로스티로 이주하였다. 27명은 시메온 베크불라토비치에게 '새로' 도착했고, 6명은 정착하지 못하고 돌아다녔다. 떠난 농민 총 300명 중에서 53명만이 자주적으로 이주하였고 55명은 불법적으로 도주하였으며 188명은 '반출'되었다. 따라서 떠난 농민 중 63%가 타인의 중개와 도움으로 자신들의 장소를 떠났으며, 18%는 청산 없이 그냥 도주하였다. 오직 6분의 1만이 스스로 '떠날' 수 있었으나, 대다수의 경우 그것은 자기 영주의 토지를 떠나지 않고 그의 한 볼로스티로부터 다른 볼로스티로의 이주에 그친 것으로, 따라서 주인에 대한 자신들의 관계를 바꾸지 않았다. 이와 같은 계산은 아무리 불완전한 것이라 하더라도 매우 결정적인 인상을 준다. 즉 통상 농민의 이탈은 존재하지 않으며 존재하는 것은 반출과 도주라는 것이다. 이탈이라는 옛 질서를 철폐한 것은 법률이 아니며, 소유자의 '세레브로'에 의해 교묘히 뒤얽힌 농민의 필요가 이주의 권리를 가진 농민들을 일정한 정착지에 결박하였다.

이리하여 빚을 진 농민의 경제적 종속은 이탈권의 법률적 제한으로 나아갈 수는 없었으나, 그럼에도 농부를 소유자의 경작지에 묶어두는 실제적인 일상적 수단이었다. 그러나 이 종속은 농민을 완전 홀로프[36]나 채무 홀로프[37]로 변모시키면서 법률적 성격을 띠게 되었다. 1550년의 법전(Судебник)은 제88조에서 "농민이 경작지로부터 완전 홀로프로 팔릴" 가능성을 허용한다. 16세기 말의 종신 봉직 노예신분 등록대장에 의해 매우 가난한 농부들과 농민의 자식들이 채무 노예로 편입된 수십 건의 사례를 확인할 수 있다. 농민신분에서 노예신분으로의 이행은 바로 16세기 말까지 법으로 금지되거나 제한되지 않았으며, 관습적으로 행해졌다. 심지어 모스크바 법은 이와 같은 제도를 용인하기까지 한 바, 이 제도에 따르면 종신 봉직 노예약정서의 교부는 정부에 신고를 하지 않고도 이루어질 수 있었다. 1586년부터 비로소 특별대장에 종신 노예신분의 등록이 의무화되었다. 그 전까지는 법전 제78조의 지시가 있었음에도 불구하고 일은 이것 없이도 잘 진행될 수 있었다. 이런 종류의 거래들이 완전히 마음대로 아무 통제도 받지 않고 행해질 수 있었다면 어떤 자유가 그런 거래를 위해 남았을지 이해가 된다. 토지소유자들은 자신들의 농장에 거처를 마련해주고 그 노동을 기대한 사람들에게 종신 노예약정서를 강요하였다. 노브고로드의 등록 대장에 따르면 홀로프가 되겠다고 '자발적으로 머리를 조아린' 연소자와 외국인 중 상당수는 이와 같은 '자발성'이 계약이 형식적 제도에 의해 수행되었을 때조차도 언제나 의식적인 것은 아니었음을 보여준다. 이 제도 밖에서 예속화는 훨씬 더 노골적이고 조야한 형태를 띨 수 있었다. 노동력과 하인들의 전반적인 부족 속에서 그들을 여분으로 추구할 때 종신 노예약정서는 경작지에 바로 정주시킨다고 이득이 될 것도 없는 사람들을 어떤 장소에 결박시키는 훌륭한 수단이었다. 등록대장에 따르면 대체로 집이 없는 독신자, 고아, 떠돌

---

36) полный холоп. 자유로이 전매(轉賣)할 수 있는 노예.

37) кабальный холоп. 채무 때문에 노예화된 농민으로 전매할 수 없는 노예.

아다니는 젊은 농민이 종신 노예신분이 된 것이 분명하다. 그들은 아직 농가 경영을 맡지는 않았으나 농장의 하인이나 날품팔이 농부로서 이미 유용하였다. 다른 경우 노동자 자신들도 농민보다 '농장에서의' 봉사를 선호할 수 있었다. 타인의 농장에서 힘이 없는 아주 가난한 농부와 떠돌아다니는 재봉공이나 제화공으로 일하는 것이 자신의 빈궁한 농장과 방랑하는 가난한 업종을 직접 경영하는 것보다 나을 수도 있었던 것이다. 바로 이것이 대체로 종신 노예적 종속이나 홀로프적 종속 일반이 형성된 조건들이다. 이 종속은 사람들을 경작지와 탸글로로부터 떼어놓았으나 그들을 토지소유자의 경제로부터 들어내지는 못했다. 종속은 탸글로 경작지[38]와 직접 관계가 없으며 이동성이 매우 크게 두드러지던 농민 공동체의 요소들이 토지소유자들에게 긴박되는 것을 촉진하였다. 이 이동성과 국가 변경지방 및 '평원'으로의 이탈 경향이 뚜렷해지면 질수록, 소유자들은 떠돌아다니는 세력들을 더욱더 활발하게 자기 농장의 종신 노예적 봉사로 끌어들였다. 이러한 조건들 속에서 16세기에 종신 노예적 봉사가 비상하게 발달한 주원인을 본 것은 우리가 처음은 아니다.

그러나 농장에서의 봉사는 종신 노예적이지 아닐 수도 있었다. 예속 문서의 작성을 통해 형식적 제도로 하인(дворня)을 자신에게 필연적으로 결박시켰을 통제의 부재 하에서 소유자들은 전혀 예속 없이 사람들을 자기 쪽에 붙잡아 두었다. 1597년의 법률이 일컫는 바 이와 같은 '자발적' 사람들 혹은 '자유로운 홀로프들'은 실제로는 예속적 하인들과 전혀 구별이 되지 않았는데, 그들의 의사에 반하면서까지 그들을 예속시킬 것을 지시한 1597년 법률도 이를 인정하였다. 일찍이 모스크바 정부는 "자발적 사람을 신뢰하여 예속 없이 그를 붙잡아두는" 자들을 비난하면서, 이러한 '자발적 봉사'를 비호하지 않았다. 실

38) тяглая пашня. 부역으로 경작하는 경지를 가리킨다.

제로 국가질서라는 관점에서 '자발적' 하인들은 바람직하지 못한 것으로 생각된다. 그들은 영주들을 완전히 제 마음대로 버리고 떠날 수 있었기 때문에 그들에게 결박되지 않았다. 국가에게 그들은 국가의 부담을 지지 않았고 파악이 잘 안 되는 것으로 아주 불편했기 때문에 무익하였다. 이와 같은 '자유로운' 하인들의 대열에는 군주를 위한 봉사와 탸글로에서 이탈하고, 사적인 분노뿐만 아니라 국가의 부역의무로부터도 자신들을 은폐해 줄 수 있는 사적 인물에 '매인' 사람들이 쉽게 숨을 수 있었다.

그러나 탸글로와 봉사로부터 개인 농장이나 개인 세습영지로 노동능력이 있는 사람을 유혹할 수 있는 이 가능성은 예속 없는 '자발적' 봉사의 관습을 유지하였다. 탸글로나 봉직 데샤트냐[39]에 등록된 사람들을 형식적으로 홀로프의 신분으로 결박시킬 수는 없었는데, 왜냐하면 정부가 탸글로 흑토 지역과 군주로부터의 이탈을 금지하였기 때문이다. 그러는 사이 많은 이와 같은 사람들이 특권 소유자들의 사유지에 몸을 숨겼고, 국가와의 관계를 단절하면서 '면세' 속에 생활하였다. 그들은 그곳에서 예속 없이 지냈고 매우 자주 '자클랏치크'[40] 라고 불리었다. 토지소유자와 그들의 관계는 아주 다양하였다. 법적인 신분이 극히 애매한 그들은 큰 세태 풍속상의 흥미를 보여준다. 우리는 도처에서 탁신자들을 본다. 수도원 토지에서 그들은 '프클랏치크'(вкладчик), '드보르니크',[41] 그리고 단순히 '탁신자'라고 불린다. 보야린의 토지에서는 그들을 '드보르니크', '자유로운 홀로프', 단순히

---

39) десятня. 고대 러시아에서 드보랴닌과 보야르스키예 데티 등 관리들의 활동 및 임면 등을 기록한 특별 명부. 1554년에 처음 존재한 것으로 알려져 있다.

40) закладчик. 중과세를 피하기 위해 봉건 영주에게 몸을 판 농민 등의 사람을 일컫는다. 이하 탁신자(托身者)라고 번역한다.

41) дворник. 문지기, 수위, 가옥관리인, 청소부 등을 뜻하는 말.

'사람', 그리고 또 '탁신자'라고 부른다. 어떤 경우 이들은 사유 토지 및 농장의 임차인이고, 다른 경우 주변 농장과 '도착자를 위한' 농장의 수위다. 또 다른 경우 이들은 농장 하인이고, 또 다른 경우 이들은 이전에는 탸글로를 납부하였지만 그 후에는 특권 토지소유자들에게 허위로 팔리면서 '세금이 면제된', 즉 탸글로가 면제된 자기 농장과 택지의 주민이다. 이 모든 계층은 법 테두리 밖에서 일어나는 현상이었고, 정부는 이에 맞서 싸울 수단을 오랫동안 찾지 못하였다. 정부는 탁신자를 두는 것을 여러 번 금지하였고 사적 경제에 봉사하는 모든 사람들에 대해 예속을 요구하였지만 이루어지지 않았으며, 이 탁신제도(закладничество)는 알려진 대로 1649년의 법전(Уложение)까지 크게 유행하였다.

우리는 사적 토지 경영이 노동력을 완전히 소유하여 자신에게 결박시키는 데 사용한 방법을 열거하였다. 이 모든 방법은 하나같이 농민 대중과 탸글로 대중 일반의 자유와 권리의 제한을 가져왔고 그중 일부는 정부 이익을 침해하는 경향까지 있었다. 토지소유자들이 새로운 노동자들을 황무지에 이식시키고 그들의 노동으로 이 황무지를 '빈 땅에서 사람이 사는 곳'으로 전환시키자, 정부는 모든 점에서 이익을 얻었다. 상당한 인구가 살고 경작된 세습영지는 정부 자신의 재원과 힘을 바로 확대시켰다. 그러나 이 새로운 노동자들을 타 농장에서 약탈적으로 마구 데려왔을 때, 타 농장뿐만 아니라 정부도 고통을 겪었다. 정부는 농민들을 둘러싼 경쟁을 조정하지 않으면 안 되었고 고통받은 농장으로부터의 수입과 봉사도 잃어버렸다. 소유자가 대부와 세레브로로 자신의 농민들을 노예화하였을 때, 정부는 여전히 평안할 수 있었다. 소유자가 파산한 농부를 대신해 공물을 납부하였고, 토지소유자 계급의 영락 결과에 대한 전반적 문제에 대해서는 당시 아직 숙고되지 않았다. 그러나 파산한 농민이 경지 없는 빈농으로 변모하거나 경지와 함께 홀로프로 팔리면서 이전 소유자의 수중에 남자, 정부도 손실을 입었다. 농민 마을이 황무지화하면서 세금을 납부하지 못했던 것이다. 많은 경우에 그러하였다. 동일한 행동이 사정에 따라 현 질서에 어떤 때는 유용하고 어떤 때는 해가 되었던 것이다. 우리가 정부의 행동에서 보는 우유부단함과 신중함은 이런 상황에 의해 무엇보다도 먼저 설명되어야 한다. 삶은 정부로 하여금 동일한 시기에 다양한 목적에 봉사하게끔 강요하였다. 정부는 토지소유자, 특히 봉직 토지소유자가 노동 인구를 한 장소에 결박시키려는 노력을 뒷받침해야 했다. 이와 동시에 정부는 농업정책에 의해 종종 침해되는 자신의 이익을 보호하고, 또 농민의 이익이 자신의 이익과 가까워져 일치할 때 농민의 이익도 보호해야 했던 것이다. 서로 다르고 본질적으로 조화될 수 없는 노력을 조화시키고 일치시킬 수 없던 정부는 전쟁 막바지까지 자신에게 닥친 위기에서 절대적이고 결정적인 행동 양태를 만들어낼 수 없었고 이 때문에 사태는 더욱더 혼란스럽게 되었다.

정부는 의심할 바 없이 농민을 지역에 묶어두기를 원하였고 소유자로부터의 그들의 이탈을 방치하거나 적어도 그들의 동요를 자기 의향대로 방향 짓고자 하였다, 그러나 정부는 농민의 예속화를 절대적이고 단호히 선포하는 데까지는 이르지 못했다. 통상 일컬어지는 바, 전반적인 '7101년의 센서스'를 수행하면서 정부는 대장들에 농민들을 소유자들에게 속하는 것으로 기입하였고, 그 후 일종의 독특한 토지대장을 토지소유자가 대장에 등록된 농민에 대한 자신의 권리를 보여줄 수 있는 부동산 매매계약서로 삼았다. 그러나 이와 함께 정부는 대장들이 현재 존재하는 모든 농민 인구를 계산할 수 없다는 것을 이해한 것 같았고, 아들과 조카, 기식자 등 탸글로에 등록되어 있지 않은 사람들이 탸글로 경제로부터 이탈하는 것을 묵묵히 지켜보았다. 정부는 농장주인-탸글로 납부자들이 자신의 탸글로 운명을 새로운 '주민'에게 넘겨줄 경우, 때때로 그들을 자유롭게 놓아주곤 하였다. 이리하여 정부는 농민의 이동권을 절대적이고 전반적으로 금지하지는 않았다. 정부는 단지 국가질서와 소유자 이익이라는 조건에 의해 그것을 제한하였을 뿐이었다. 사실인즉슨 바로 여기에 농민들의 긴박화로 가는 최초 조치들도 들어 있었다. 이런 의미에서 행동한 정부는 소유자들의 노력을 지지하였다. 농민 가족 출신의 사람들을 홀로프 신분으로 전환하는 것을 허용하면서 정부는 소유자들의 탐욕도 만족시켰던 것이다. 그러나 다른 한편으로 세기 말에 정부는 새로 획득한 변경지방과 시베리아에 식민을 계속하였고, 이 과정에서 중부 오블라스티들에서 온 탸글로 '도착자들'을 예전의 소유자에게 다시 종속시키지 않고 그곳의 봉직 슬로보다에 정주시키거나 그냥 경작지에 정주시켰다. A. 팔리친의 말에 따르면 '자신의 군인으로 토지의 변경'을 채우기 위해 그로즈니와 보리스 고두노프[42]는 국경의 식민화를 온갖 방법으로 촉진하면서, 국가의 주요 부분으로부터 사람들을 끌어들였다. 이와 같은 정책은 본질적으로 나라의 중심부에서 막기 위해 싸우고 있던 민중들의 동요를 부추기는 것이었고 토지소유자들의 정책에 완전히 반하는 것이었다.

그러나 이 모순은 정책적 양면성의 산물이었던 것 같지는 않다. 오히려 이 모순에는 현상들의 두 영역 위에 서서 그것들을 자신의 관리하에 둘 수 없었던 무력함이 반영되어 있었다. 새로 점령된 지역에서 모스크바 주민들이 확고히 정착하고 새로운 요새들의 보호 하에 규칙적인 경제 활동이 가능해지자, 이곳에서는 구 중심부의 위기에 수반된 현상과 동일한 현상이 반복되었다. 오카강 남부의 변경지역에 등

42) Борис Годунов. 1551~1605. 러시아의 차르(재위 1598~1605). 차르 표도르 1세(1584~98)의 최고 고문관이었고 류리크왕조의 대가 끊긴 뒤 모스크바 공국의 차르로 선출되었다. 유능한 통치자로서 재위 중 군사행동을 성공적으로 수행하였고, 대외무역을 증진시켰으며, 오랫동안 모스크바의 지배를 벗어나 있던 서부 시베리아를 다시 식민화하였다. 지적이고 유능한 통치자였으나 1605년 표도르 1세의 이복동생임을 자처하는 가짜 드미트리 군대의 습격으로 사망하였다. 이 책 423~463쪽 참조.

장한 특권적 토지소유자 — 대부분이 봉직 토지소유자 — 은 탸글로 계급을 압박하는 데 있어 정부의 온갖 비호를 활용하였다. 도시에서 봉직 슬로보다들은 포사트들을 폐지시켰고 우예스트들에서 봉직 세습영지와 봉지들은 농민 공동체 조직을 폐지시켰다. 중부 볼로스티들에서 위기를 야기한 조건들은 남부로 전이되어 주민들의 이주를 한층 더 불러일으켰다. 주민들은 국경 너머로 떠났고 남부의 강들에 위치한 카자크 도시와 부락들을 채웠다. 그곳에서는 농민들로부터 토지를 빼앗고 탸글로 노동자의 이익보다 타인의 노동으로 살아가는 관리의 이익을 선호한 국가질서에 대한 불만이 배태되고 심화되었다.

그리하여 상황은 모스크바 사회를 서로 적대하는 계층들로 양분하였다. 나라의 주요 자본인 토지는 적대를 야기하는 물건이 되었다. 적대의 원인은 농업 계급이 체계적으로 이 자본의 소유로부터 멀어졌을 뿐만 아니라 자신들의 토지를 넘겨받은 토지소유자들에게 예속된 데 있었다. 여기서 모스크바 북부 — 이 용어의 넓은 의미에서 포모리예 — 는 이 위기를 겪지 않았음을 각별히 강조해두자. 그곳에서는 토지가 탸글로 공동체에 속했고 공동체는 토지의 실질적인 주인이었다. 몇몇 지역에서만 수도원이 흑토 볼로스티를 점유하여 수도원 세습영지로 전환하는 데 성공하였으나, 이 때문에 사회생활이 반목과 적대에 시달린 것은 아직 아니었다. 반면 국가의 남반부 주민들은 이 같은 반목과 적대 속에서 도덕적·물질적 힘을 상실하였었다.

바로 이러한 것이 그로즈니가 사망하기 전의 모스크바 생활의 사정이었다. 일부는 오프리치니나로 편입되고, 일부는 절멸되고 축출되고 겁먹고 파산한 상류 관리계급은 심각한 도덕적·물질적 위기를 겪었다. 실총의 위협, 농민들이 떠나버린 경제의 보존에 대한 우려, 빚을 잔뜩 지게 만드는 과중한 직무, 토지소유를 둘러싼 오랜 경쟁자 — 수도원 — 의 성공 등, 이 모든 것은 모스크바 보야린 계층을 압박하고 초조하게 하였으며, 그들 사이에 불만을 키우면서, 그들을 하여금 동란에 참여하도록 준비시켰다. 사람이 살지 않는 봉지와 세습영지에 자리 잡은 소 관리들, 궁정 및 도시 보야르스키예 데티들은 바로 매우 나쁜 상황에 처했다. 리보니야 전쟁과 라투아니아 및 타타르족으로부터의 국경방어는 그들에게 아주 무거운 고통을 가하였다. 군사적 의무는 그들에게 짧은 휴식도 허용하지 않았고, 당시 이러한 의무 완수를 위한 마지막 수단은 농민의 이탈 및 이주와 관리들 자신들의 항상적인 이동 때문에 고갈되었다. 자유로울 뿐만 아니라 필수적인 수단을 소유하지 못하면서 확고한 정착과 규칙적인 안전을 박탈당한 이 사람들은 수도원과 보야린들로 자신들의 사람과 토지가 넘어가는 것을 막는 데 있어 정부의 지원과 지지가 진정 필요하였다. 국가의 탸글로 주민들은 또한 전쟁과 물리적 재해, 그리고 그로즈니 통치의 특수성에 시달렸다. 그러나 주민들의 운명은 국가의 북반부와 남반부에서 큰 차이가 있었다. 활기 있고 활동적이며 부유하고 잘 조직된, 북부의 조세 공동체는 독립적으로 남아 선출된 자신들의 권력을 통해 정부와 직접적인 관계를 유지한 반면, 국가의 남반부에서 흑토 및 궁전 볼로스티의 탸글로 주민들은 사적인 종속을 당하였고, 포사트 공동체는 군인 및 보야르스키예 데티가 자신들의 하인과 농민들을 데리고 도시로 유입됨으로써 사라지고 기진맥진해졌다. 북부 볼로스티들에서 주민들이 지역에 자리 잡고 있던 바로 그때, 남부의 주민들은 국가의 군주 탸글로와, 보야린의 농장 및 영주의 경지를 떠나 돌아다니기 시작하였다. 주민들은 자신들의 토지와 자유를 점차 박탈한 사회구조에 대한 깊은 불만과 적대감을 가지고 고향을 등졌다. 국가의 중부 및 남부 오블라스티들에서는 사태의 진행에 만족했을 단 하나의 사회그룹도 존재하지 않았다고 말할 수 있을 것이다. 여기서는 내적 위기와 그로즈니의 군사적 실패로 모든 것이 동요하였다. 모든 것이 안정을 잃어버리고 발효하였고, 그 발효는 당분간 은폐된 내적 동요의 형태를 띠었다. 하지만 신중한 관찰자의 눈은 이 동요의 불길한 표식을 포착할 수 있었다. 모스크바와 관계없는 제 3자는 이 동요에서 내분과 동란의 위험을 보았으며, 그리고 그는 옳았다.

모스크바 국가에서의 동란

그리하여 17세기의 출발을 알리는 사실 — 동란 — 은 그 기원에서 이전 16세기의 사건이며, 우리 생활의 이전 현상들을 관련시키지 않고 동란시대를 연구하는 것은 불가능하다. 유감스럽게도 역사학은 동란의 필연성이 어느 정도 민족의 내적 생활의 조건들에 의해 결정되었는지, 그리고 어느 정도 우연한 일과 부차적 현상에 의해 야기되고 뒷받침되었는지를 정확히 보여줄 만큼 동란시대의 사정을 오랫동안 충분히 해명하지 못했다. 우리는 다른 유럽의 동란인 프랑스 혁명에 대한 연구로 눈을 돌리면, 이 복잡한 사실이 기원에서도 사태전개에서도 명확하다는 데 경탄할 것이다. 우리는 이 사실의 전개과정을 쉽게 추적할 수 있고, 그곳에서 동란이라는 사실이 봉건제도로 인해 프랑스가 빠졌던 국가적 위기의 필연적 결과임을 똑똑히 볼 수 있다. 우리는 거기에서 봉건 귀족의 우위가 부르주아지의 우위로 교체되는, 오랜 동요의 결과도 본다. 우리에게는 전혀 그런 것이 없다. 우리의 동란은 그냥 얼핏 보더라도 혁명은 전혀 아니며 역사적으로 필연적인 현상인 것 같지도 않다. 동란은 완전히 우연한 현상 — 왕조의 단절 — 으로 시작하였다. 폴란드인들과 스웨덴인들의 개입으로 상당 정도 지속되었고, 이전 형태의 국가 및 사회구조의 복구로 마무리되었으며, 급변하는 사태전개 속에서 우연적이고 설명하기 힘든 다수의 사건들을 제기한다. 우리 국가적 '내분'의 이와 같은 성격 때문에 우리는 그 기원과 원인에 관한 너무나 많은 다양한 견해와 이론을 갖고 있다. C. M. 솔로비요프는 자신의 《러시아사》에서 이 이론 중의 하나를 제시한다. 그는 새로운 국가 원리와 옛 종사단적 원리가 충돌한 결과인 민족적 도덕성의 나쁜 상태를 동란의 첫 번째 원인으로 간주한다. 솔로비요프의 이론에 따르면, 이 충돌은 모스크바 군주들과 보야린 계층의 투쟁으로 나타났다. 솔로비요프는 반국가적 성향을 지닌 카자크들의 과도한 발달을 동란의 다른 원인으로 간주한다. 이리하여 그는 동란 시기를 국가질서가 옛 종사단적 원리 및 수많은 카자크들의 반사회적 경향의 반작용과 부딪치던 신생 모스크바 국가에서 사회적 요소와 반사회적 요소가 투쟁하던 시기로 이해하였다(《러시아사》, 제8권, 제2장). K. C. 악사코프는 다른 시각을 견지한다. 악사코프는 동란을 깊은 역사적 원인이 없는 우연한 사실로 인정한다. 게다가 동란은 '백성'(земля)이 아니라 '국가'(государство)의 사건이었다. 동란에서 백성은 1612년까지는 완전히 수동적인 존재였다. 동란에서 서로 싸우고 으르렁거린 것은 일반 백성들이 아니라 국가의 인물들이었다. 공위기간 동안 러시아의 국가적 토대는 붕괴되어 결국 산산이 부서지고 말았다고 악사코프는 말한다. "이 파괴된 토대 아래에서 탄탄한 백성들의 조직이 나타났다. … 1612~1613년에 백성은 궐기하여 파괴된 국가를 일으켜 세웠다." 동란에 대한 이와 같은 이해가 K. 악사코프의 역사적 시각 전체에서 나왔고 그것이 근본적으로 솔로비요프의 시각과 대립됨을 깨닫기는 힘들지 않다. 세 번째 이론은 И. E. 자벨린에 의해 제기되었다〔《미닌과 포자르스키》(Минин и Пожарский)〕. 이 이론은 첫 두 이론의 결합으로 발생하였지만 그 결합은 매우 독창적이다. 자벨린은 악사코프처럼 동란의 원인을 인민들이 아니라 '정부', 달리 말해 '보야린 종사단 계층'(이 용어들은 그에게 동일한 의미이다)에서 본다. 보야린 계층 및 관리 계층 일반은 낡은 종사단 전통의 이름으로(여기서 자벨린은 솔로비요프의 시각을 지지한다) 이미 오랫동안 반역을 꾀해왔고 동란을 준비하였다. 동란 이전 1세기 동안 백성을 통치하고 이들에 기대어 생활하려는 종사단의 지향 속에서 동란의 기반이 만들어졌다. 고아[1]가 된 인민들은 동란 사태에서 소극적인 역할을 하였고 결정적인 순간에 국가를 구하였다. 그리하여 인민들은 동란에서 어떤 책임도 없고 사태의 원인을 제공한 사람들은 '보야린 계층과 관리 계급'이었다. Н. И. 코스토마로프는 〔다양한 논문들과 저서 《동란시대》(Смутное время)에서〕 다른 시각을 나타내었다. 그의 견해에 따르면 루시 사회의 전 계급이 동란에 책임이 있지만 이 대격동의 원인들은 러시아 내부가 아니라 외부에서 찾아야 한다. 내적으로는 동란에게 단지 좋은 조건들만이 있었을 뿐이다. 원인은 교황 권력과 예수회 회원들의 활동, 그리고 폴란드 정부의 계획에 있다. 동방 교회를 자신에게 종속시키고자 하는 교황의 항상적인 노력과 16세기 말 폴란드와 리투아니아에서의 예수회 회원들의 교묘한 활동을 지적하면서, 코스토마로프는 그들이 폴란드 정부와 마찬가지로 러시아를 정치적으로 약화시키고 교황권에 종속시키기 위해 참칭자에 매달렸다고 주장한다. 그들의 개입으로 우리의 동란은 그처럼 엄중하고 지속적인 성격을 띠게 되었다.

이 마지막 견해는 극히 일방적인 것이다. 동란의 원인들은 의심할 여지없이 모스크바 사회의 외부에서만큼이나 사회 자체 내에도 존재하였다. 우리의 동란은 상당 정도 우연한 상황에도 달려 있었으나, 플레처의 몇몇 증언은 우리에게 동란이 당대인들에게 예기치 않은 사실이 전혀 아니었음을 말한다. 1591년에 플레처는 런던에서 러시아에 관한 저서〔《러시아 국가에 대해서》(*Of the Russian Common Wealth*)〕를

1) сирота. 고대 러시아에서 농민을 부르는 이름. 16~18세기에는 농민을 비롯한 부역자가 스스로를 일컫는 말.

출판하였고 거기에서 완전히 우연한 것으로 여겨질 것 같은 사건을 예언한다. 자신의 책 5장에서 플레처는 다음과 같이 말한다. "여섯 살인가 일곱 살 먹은 동생〔페오도르 이바노비치(Феодор Иванович)〕은 나고이 가문 출신의 어머니와 친지들의 감시 하에 모스크바에서 멀리 떨어진 장소에(즉 우글리치[2]에) 머무르고 있다. 그러나 들리는 소문에 따르면 그의 생명은 차르가 후사 없이 사망할 경우 제위에 대한 의향을 드러내는 자들의 음모 때문에 위험에 처해 있다고 한다." 이것은 황태자 드미트리가 죽기 전에 씌어져 출간된 것이다. 이 장에서 플레처는 "러시아의 차르 가문은 아마도 현재 살아 있는 귀인들의 죽음과 함께 곧 단절될 것이며, 러시아 제국에는 대격변이 일어날 것이다"라고 말한다. 이 소문은 왕조가 단절되기 7년 전에 인쇄되었다. 4장에서 그는 지금은 중단되었지만 이반 4세의 무자비한 정책과 잔인한 행동은 국가 전체를 뒤흔들었으며, 아마도 다름 아닌 총체적인 폭동으로 종결될 수밖에 없게 될 만큼 전반적인 불만과 심각한 증오를 불러일으켰다고 말한다. 이것은 적어도 첫 참칭자가 출현하기 10년 전에 인쇄되었다. 이리하여 동란이 발생하기 오래전에 관찰력이 뛰어난 한 영국인 식자의 머릿속에는 러시아의 사회생활이 비정상적이고 이 결과로 소요가 일어날 수 있다는 관념이 형성되었다. 게다가 플레처는 다가올 동란이 분령 귀족들이 아니라 평범한 드보랴닌들의 승리로 마무리될 것이라고 예상까지 할 수 있었다. 이것 하나만으로도 실제로 16세기 말 루시 사회에서 동란에 총체적 위기라는 그와 같은 긴박한 성격을 부여한 병세가 이미 완연하였다고 우리는 믿을 수밖에 없을 것이다.

---

2) Углич. 러시아 서부의 야로슬라블 오블라스티에 위치한 고대 도시. 16세기 동안 번영하였으나 그 후 쇠퇴하였다.

동란의 첫 번째 시기: 모스크바 제위를 위한 투쟁

왕조의 단절

동란의 발단이자 가장 가까운 원인으로 작용한 것은 차르 왕조의 단절이었다. 이 단절은 이반 그로즈니의 세 아들인 이반과 표도르 및 드미트리의 죽음으로 일어났다. 장남인 이반은 아버지에 의해 살해당했을 때 이미 성인이었고 결혼을 한 상태였다. 그는 성격이 아버지를 완전히 빼다 박았고, 아버지의 모든 업무와 놀이에 참여하였으며, 그로즈니의 특성인 엄격함을 발휘하였다고 전해진다. 이반은 문학 활동을 하였고 박학다식한 사람이었다. 그의 문학 저술로 《안토니 시이스키 전기》(Житие Антония Сийского)가 존재한다〔그렇지만 이 《전기》는 단지 이온(Ион)이라는 어떤 수도사가 쓴 원본을 개작한 것에 불과하다는 사실을 알 필요가 있다. 《전기》는 당시 존재하던 진부한 수사학적 양식에 따라 씌어졌으며 특별한 문학적 가치는 없다〕. 왜 그가 아버지와 틀어졌는지는 알려져 있지 않다. 이 불화에서 아들은 아버지가 휘두른 지휘봉에 얻어맞았고, 타격은 그의 생명을 뺏을 만큼(1582년에) 강력하였다. 그로즈니 자신이 죽은 후 두 아들이 살아남았는데, 이들은 표도르와 아직 아이에 불과하였던 드미트리였다. 드미트리는 그로즈니가 마리야 나가야(Мария Нагая)와 맺은 일곱 번째 혼인에서 태어난 아들이었다.

이반 그로즈니가 죽은 후 곧, 우리에게 정확히 알려져 있지 않은 어떤 소요가 발생하였고, 이 소요는 보야린인 벨스키의 유배와 마리야 나가야 및 드미트리의 우글리치로의 추방으로 마무리되었다. 표도르가 차르가 되었다. 외국 사절 플레처와 사피에가[3]는 우리에게 표도르의 용모를 상당히 분명하게 묘사한다. 차르는 키가 작았고 얼굴

---

3) Лев Иванович Сапега, 1557～1633. 리투아니아어로는 Leonas Sapiega. 리투아니아 대공국의 유명한 정치가, 군사령관, 외교관.

이 퉁퉁하였으며, 걸음걸이가 비틀거렸다. 게다가 언제나 빙그레 웃고 다녔다. 알현 시간 동안 차르를 본 사피에가는 그가 진짜 우둔하다는 인상을 받았다고 말한다. 표도르는 종루에서 종을 올리기를 좋아했고 그 때문에 아버지로부터 종지기라는 별명도 얻었지만, 이와 함께 표도르는 어릿광대와 곰 사냥에도 즐거워하였다. 그의 정신은 언제나 종교적이었으며, 이 깊은 신앙심은 외적 의례를 엄격히 준수하는 데서 잘 나타났다. 그는 국가적 고민들을 멀리하였고 그것들을 측근 보야린들의 수중으로 넘겨주었다. 그의 통치 초기에는 보리스 고두노프와 니키타 로마노비치 자하린-유리예프(Никита Романович Захарин-Юрьев) 등, 보야린들의 중요성이 특히 두드러졌다. 니키타 로마노비치가 예기치 않게 중풍에 걸려 죽었던 1585년까지는 사정이 그러하였다. 권력은 보리스 고두노프의 수중으로 집중되었지만, 그는 강력한 적들 — 므스티슬랍스키공과 슈이스키가의 공들 — 과 싸우지 않으면 안 되었다. 이 투쟁은 이따금 매우 격렬한 성격을 띠었고 고두노프의 완승으로 끝났다. 므스티슬랍스키는 삭발하였고 슈이스키들은 많은 친척들과 함께 유배를 갔다.

이 모든 일이 모스크바에서 벌어지고 있는 동안 마리야 나가야는 아들 및 친척들과 함께 우글리치로 별 탈 없이 유배되어 그곳에서 계속 살았다. 그녀를 비롯한 나고이 가문 전체가 권력을 쥔 보야린들 및 이 보야린들 중 가장 유력한 고두노프와 어떤 관계를 맺어야 했는지는 분명하다. 나가야는 이반 그로즈니의 부인이었고 그의 호의와 사회적 존경을 누렸는데, 그들은 갑자기 황후인 그녀를 먼 분령지 — 우글리치 — 로 추방하여 항시적인 감시 하에 두었었다.

우글리치에서 이처럼 정부의 감시자 역할을 한 사람은 비탸곱스키[4]였다. 비탸곱스키에게서 자신들을 유배 보낸 자들의 대리인을 본

4) Михаил Битяговский. ?~1591. 모스크바 국가의 서기관으로 보리스 고두노프의 측근. 우글리치에서 마리야 나가야의 저택을 관리하였다. 황태자

나고이가는 그에게 좋은 태도를 취할 수 없었다. 우리는 나고이가의 분위기에 대해서 아는 것이 별로 없지만, 드미트리에 관한 일부 증언들을 깊이 생각해본다면 이 가문이 표도르와 가까운 보야린 지배층에게 얼마나 강한 증오심을 품고 있었는지 확신할 수 있다. 물론 모스크바에서는 드미트리에 관해 많은 소문들이 나돌았다. 한편 이 소문들에 대해 외국인들(플레처와 부소프)은 드미트리가 성격이 아버지를 닮아 엄격하고 동물이 고통 받는 것을 바라보는 일을 즐긴다고 전한다. 이와 같은 성격 묘사와 함께 부소프는 드미트리가 한번은 눈으로 눈사람들을 만들어 모스크바 고관들의 이름을 붙여 부른 뒤 칼로 목을 치면서 자신의 적들 — 보야린들 — 을 그렇게 처단할 거라고 말했다는 이야기를 전한다. 그리고 루시 작가인 아브라아미 팔리친은 종종 모스크바에서 사람들이 드미트리에 관해, 그가 자기 형의 측근들인 보야린들과 특히 보리스 고두노프에게 적대적이고 괴상한 태도를 취하고 있는 것처럼 보고하였다고 쓴다. 팔리친은 이와 같은 황태자의 기분을 그가 "측근들에 의해 마음이 어지러워진" 탓으로 설명한다. 실제로 소년이 그와 같은 생각을 표명하였다면, 소년 스스로 그런 생각을 해낼 수 없었으며 그를 둘러싼 측근들이 그것을 불어넣었음은 명백하다. 나고이가의 적의가 표도르가 아니라 주요 통치자로서 보리스 고두노프에게 향할 수밖에 없었다는 점도 이해가 된다. 또한 제위의 계승자로 간주된 드미트리의 기분을 전해들은 보야린들이 성인이 된 드미트리가 자신들에게 그의 아버지 시대를 상기시킬 거라고 우려해서 외국인들이 말하는 대로 그의 죽음을 바랐을 수도 있었음도 분명하다. 이리하여 얼마 되지 않지만 당대인들의 증언은 우리에게 우글리치와 모스크바의 상호관계를 명확하게 드러낸다. 우글리치에서는 모스크바 보야린들을 증오하고, 모스크바에서는 우글리치로부터 밀고

드미트리 이바노비치 살해 혐의로 시민들에 의해 살해당하였다.

가 전해지면서 나고이가를 두려워한다. 이 숨겨진 적의와 드미트리에 관한 소문의 존재를 상기할 때 우리는 드미트리가 살해되기 오래전부터 떠돌았던 소문 — 고두노프의 지지자들이 드미트리에게 준 독약에 관한 소문. 이 독약은 기적적으로 약효가 없었던 것 같다 — 이 충분히 가능한 유언비어라고 판단할 수 있다.

1591년 5월 15일, 황태자 드미트리가 자신의 우글리치 목조가옥의 마당에서 목이 칼에 찔린 채 발견되었다. 교회 종소리를 듣고 달려온 사람들은 아들의 시신이 있는 자리에서 황후 마리야와 그녀의 나고이가 형제들을 보았다. 황후는 황태자의 유모 바실리사 볼로호바[5]를 때리면서 이 살해는 서기관 비탸곱스키의 소행이라고 고함쳤다. 그는 당시 마당에 없었다. 종소리를 들은 비탸곱스키도 달려 왔지만, 도착하자마자 사람들이 그에게 덤벼들어 죽여 버렸다. 또 그곳에서 사람들은 비탸곱스키의 아들 다닐라(Данила)와 조카 니키타 카찰로프[6]를 죽였다. 그들과 함께 일부 포사트 주민들 및 볼로호바의 아들 오시프(Осип)도 살해하였다. 이틀 뒤 황태자에게 위해를 가한 듯한 어떤 '우둔한 여인'이 또 살해당했다. 5월 17일 모스크바에서 이 사태를 알게 되었고 B. 슈이스키공, 궁내관 안드레이 클레시닌,[7] 서기관 빌루즈긴[8] 그리고 크루티츠크(Крутицк)의 수도대주교 겔라시(Геласий)

---

5) Василиса Волохова. 이반 그로즈니의 아들 황태자 드미트리의 유모. 보리스 고누노프의 지시로 황태자 살해에 가담한 혐의를 받았다. 나중에 혐의를 벗고 봉지를 수여받기까지 하였다.

6) Никита Данилович Качалов. 서기관인 미하일 비탸곱스키의 조카. 연대기에 따르면, 보리스 고두노프가 황태자 드미트리를 살해하기 위해 비탸곱스키와 함께 우글리치로 보내졌다고 한다. 드미트리의 살해 혐의로 시민들에 의해 살해당했다.

7) Андрей Петрович (Лупп) Клешнин. ?~1599. 차르 표도르 이바노비치의 서기관. 1586년 궁내관으로 임명. 바실리 슈이스키와 함께 우글리치 사건 조사를 담당하였다. 보리스의 등극과 함께 수도원으로 추방되어 1599년 사망하였다.

로 이루어진 조사 위원회를 우글리치로 파견하였다. 그들의 조사(《국가 증서 및 협약서집》, 제2권에 게재되었다)는 다음의 사실들을 밝혀냈다. (1) 황태자는 동년배 및 어린 아이들과 함께 칼로 '꽂아 넣기'(지금의 스바이카[9]와 유사) 놀이를 할 때, 간질이 발작하여 스스로 목을 베었다. (2) 나고이가는 어떤 근거도 없이 인민들에게 죄 없는 사람들을 이유 없이 살해할 것을 부추겼다. 조사 위원회의 보고에 따라 사건은 총대주교를 비롯한 여타 성직자들의 심판에 맡겨졌다. 그들은 나고이가와 '우글리치 촌놈들'의 유죄를 선고하였지만, 최종 판결은 세속 권력의 수중에 맡겨졌다. 황후 마리야는 빅사(Выкса. 체레포베츠[10] 근처)의 먼 수도원으로 보내져 그곳에서 삭발 당했다. 나고이가의 형제들은 다양한 도시들로 분산되었다. 소요에 가담하여 유죄 판결을 받은 우글리치 주민들은 처형되거나 펠림[11]으로 보내졌으며, 펠림에서 이들은 온전한 마을 하나를 이룬 듯하다. 전해오는 바에 따르면 우글리치는 완전히 황폐화되었다고 한다.

정부가 살인을 부인하고 황태자의 죽음이 불의의 자살이라고 인정했음에도 불구하고, 일반 사람들 사이에는 황태자 드미트리가 보리스(고두노프)의 사주로 보리스의 지지자들에 의해 살해되었다는 소문이 널리 퍼졌다. 일부 외국인들에 의해 처음 기록된 이 소문은 그 후 이미 논란의 여지가 없는 사실의 형태로 전해지며, 우리의 문헌에서도 드미트리의 살해에 관한 특별한 전설들이 나타난다. 이 이야기들이 만들어지기 시작하는 것은 바실리 슈이스키의 시대로, 드미트리의 시성(謚聖)이 완료되어 그의 유골이 1606년 우글리치에서 모스크바로

8) Елизар Данилович Вылузгин. 이반 4세 이래 서기관직 역임.

9) свайка. 큰 못을 땅 위의 고리 속에 세게 꽂는 놀이.

10) Череповец. 러시아 북서부의 볼로그다 오블라스티에 위치한 도시.

11) Пелым. 서 시베리아의 서쪽에 위치한 스베르들로프 오블라스티에 위치한 마을.

옮겨지고 난 이후였다. 이 전설들은 형태가 몇 가지 되지만 모두 동일한 특성을 갖고 있다. 즉 전설들은 살해에 대해 매우 그럴 듯하게 이야기하고 있으나 동시에 역사적 부정확과 모순을 담고 있는 것이다. 또 전설들의 각 판본은 서술방식뿐만 아니라 종종 상호 모순된 다양한 세부사항에 의해서도 구분된다. 가장 널리 보급된 형태는 일반적인 연대기 전서에 포함된 한 개별 전설이다. 이 전설에서는 처음에 보리스가 드미트리를 독살하려고 하였으나 하느님이 독약을 듣지 않도록 한 것을 알고서 친구인 클레시닌을 통해 황태자를 살해하는데 동의한 사람들을 구하기 시작하였다고 말해진다. 처음에 이 계획은 쳅추고프(Никифор Чепчугов)와 자그랴시스키(Владимир Загряжский)에게 제안되었으나 그들은 거절하였다. 비탸곱스키 한 사람만 이에 동의하였다. 이 전설에 따르면 살해 자체는 다음과 같이 이루어졌다. 비탸곱스키의 공모자인 유모 볼로호바가 신의를 저버리고 황태자를 현관 계단으로 산책을 데리고 나갔을 때, 암살자 볼로호프(Волохов)가 그에게 다가와 물었다. "폐하, 지니고 계신 목걸이가 새 것입니까?" "아니, 헌 거야"라고 아이는 말하고 목걸이를 보여주기 위해서 머리를 들었다. 이때 볼로호프가 칼로 황태자의 목을 찔렀으나, "그의 목을 움켜잡지 못하여" 찌르는 데 실패하였다. 그 자리에 있던 유모〔즈다노바(Жданова)〕가 아이를 보호하려고 돌진하였으나 비탸곱스키와 카찰로프가 그녀를 마구 구타하였고 그런 다음 마침내 아이를 참살(斬殺)하고 말았다. 드미트리가 죽은 지 15년에서 20년이 지난 뒤 만들어진 이 전설과 다른 이야기들은 당시 모스크바 사회에서 떠돌던 살해에 관한 소문들을 극히 혼란스럽고 앞뒤가 맞지 않게 전하였다. 그러므로 이것들을 단지 풍문으로 떠돌던 것을 기록한 것으로 바라볼 필요가 있는 것이다. 그것은 목격자들의 증언이 아니라 소문이며, 모스크바 사회가 황태자의 죽음이 횡사라는 것을 확고히 믿었다는 것만을 논란의 여지없이 말해준다.

사회 혹은 사회의 일정 부분이 견지하는 이와 같은 확신은 황태자의 자살이라는 공식 문서들의 주장에 반하는 것이다. 역사가는 이 사건에서 공식 자료와 살해라는 전해오는 이야기들의 일치된 진술을 조화시키는 것이 불가능하고 이쪽이든 저쪽이든 한쪽을 편들지 않으면 안 된다. 이미 오래전부터 우리의 역사가들은(셰르바토프도) 전해오는 이야기들의 편을 들었다. 특히 카람진은 보리스 고두노프를 매우 생생한 '악당'으로 만들고자 하였다. 그러나 전설이 아니라 조사된 기록이 맞다고 주장하는 목소리들도 오래 전부터 학계에 존재해왔다(아르치바셰프,[12] 포고딘, E. 벨로프). 황태자 문제에 관한 모든 자료와 논쟁의 상세한 서술은 튜메네프[13]의 세밀한 논문 "황태자 드미트리의 죽음에 관한 여러 이야기들의 재검토"(Пересмотр известий о смерти цар. Дмитрия)〔〈국민 교육성 저널〉(Журнал Министерства Нар. Просвещения), 1908, 5월과 6월〕에서 찾아볼 수 있다.

이상의 서술에서 우리는 드미트리의 죽음에 관한 문제를 아주 상세하게 살펴보았다. 이렇게 한 것은 드미트리의 죽음이라는 사실에 관해 명확한 견해를 형성하기 위해서인데, 그것은 보리스라는 인물을 바라보는 시각이 이 사건을 바라보는 시각에 달려 있기 때문이다. 만일 보리스가 암살자라면 카람진의 묘사처럼 그는 악당이다. 만일 암살자가 아니라면 보리스는 가장 호감이 가는 모스크바 차르들 중의 한 명이다. 우리가 황태자의 죽음에서 보리스를 비난하고 공식 조사의 신빙성을 의심할 근거를 얼마나 가지고 있는지를 살펴보자. 물론 공식 조사는 보리스를 비난하는 것과는 거리가 멀다. 이 사건에서 보리스를 비난하는 외국인들은 드미트리 건에 관해 러시아인들의 소문을 되풀이하고 있기 때문에 2차 사료로서 부차적인 지위에 있을 수밖에 없다. 한 가지 종류의 사료들이 남아 있는데, 그것은 우리에 의해

---

12) Михаил Петрович Арцыбашев, 1878~1927. 러시아의 작가.

13) Александр Ильич Тюменев, 1880~1959. 러시아의 역사가.

검토된 17세기의 전설과 이야기들이다. 보리스에 적대적인 역사가들은 이 사료들에도 의존한다. 이 자료들을 자세히 살펴보자. 보리스에 반대 성향을 보이는 연대기 편자들의 대다수는 그에 대해 말하면서 소문에 따라 쓰고 있음을 인정하거나 인간으로서 보리스를 찬미한다. 암살자로서 보리스를 질책하면서 그들은 첫째, 우리가 이미 본 대로 드미트리가 살해된 정황을 의견을 일치시켜 전하지 못할 뿐더러, 게다가 내적 모순도 허용한다. 그들이 전하는 이야기들은, 사건이 발생한 지 상당 시간이 경과한 후 드미트리가 이미 시성되고 차르 바실리 슈이스키가 드미트리 사건에 대한 자신의 조사를 부인하고 황태자 살해에 대한 죄를 이미 기억 속으로 사라져버린 보리스에게 공개적으로 뒤집어씌우면서 살해가 공식적으로 인정된 사실이 되었을 때, 만들어졌다. 이 사실을 반박하는 것은 당시 불가능한 일이었다. 둘째, 동란에 관한 모든 전설들은 전반적으로 아주 적은 수의 독창적 판본들을 낳는데, 이 판본들은 그 후의 편찬자들에 의해 매우 많이 개작되었다. 다양한 편찬에 큰 영향을 미친, 이러한 독창적 판본들 중의 하나〔이른바 《어떤 이야기》(Иное сказание)〕는 전적으로 고두노프의 적진영 — 슈이스키가 — 에서 나왔다. 만일 우리가 편찬을 염두에 두지 않고 그것을 고려하지 않는다면, 전설들의 어떤 독창적인 작가들도 결코 보리스에 반대하지 않는 것으로 판명된다. 그들 대부분은 보리스를 매우 호의적으로 평가하며 드미트리의 죽음에 대해서는 종종 침묵할 뿐이다. 더욱이 보리스에게 적대적인 전설들은 공공연히 그를 비방해서 보리스에 대한 비방이 심지어 보리스의 반대파 학자들에 의해서도 언제나 인정되고는 있지 않을 만큼 그를 편파적으로 평가한다. 예를 들어 1591년의 모스크바 방화와 차르 표도르 및 그의 딸 페오도시야의 독살은 보리스의 탓으로 돌려진다.

이 전설들은 그것들을 만든 사회의 분위기를 반영한다. 전설들의 비방은 실제 생활관계에서 바로 나타날 수 있었던 생활상의 비방이다. 보리스는 표도르 치하에서 자신에게 적대적인 보야린들(슈이스키가 등) 속에서 활동하지 않으면 안 되었고, 그들은 보리스를 비명문가 세력으로서 증오하는 동시에 두려워하였다. 처음에 그들은 공개적인 투쟁으로 보리스를 제거하려 하였으나 그럴 수가 없었다. 아주 당연하게 그들은 이 목적을 위해 보리스의 도덕적 신용을 훼손하기 시작했으며 이 점에서 그들은 좀더 성공적이었다. 보리스를 암살자로 소문내기는 쉬웠다. 이 동란시대에는 드미트리가 죽기 이전에도 플레처처럼 이 죽음을 예감하는 것이 가능했다. 플레처는 "차르가 후사 없이 사망할 경우 제위 획득의 의향을 드러내는 자들의 음모 때문에" 드미트리가 죽음의 위협을 받고 있다고 말한다. 그러나 플레처는 여기서 보리스를 지칭하는 것이 아니며, 그의 진술은 명문가 귀족 전체로 확대될 수 있었다. 왜냐하면 그들 또한 제위에 대한 요구자일 수 있었기 때문이다. 부소프는 '많은 보야린들', 특히 그중에서도 보리스가 드미트리의 죽음을 원했다고 말한다. 나고이가는 이러한 관점을 고수하였을 것이다. 당시의 보야린 통치 전체를 증오하면서 그들은 보리스를 오로지 이 통치의 수장으로서 증오하였고, 드미트리의 어머니인 황후 마리야는 완전히 자연스런 논리적 귀결로서 깊은 슬픔의 순간, 아들의 자살에 정부, 달리 말해 보리스 측에 의한 살해라는 성격을 부여하였을 것이며, 보리스에 반대하는 보야린들은 이 우연히 던져진 생각을 이용하고 발전시켜 자신들의 목적을 위해 모스크바 사회에 풀어놓았을 것이다. 이 정치적 비방은 문헌에 기록되면서 17세기 사람들뿐만 아니라 그 후의 세대들, 심지어 학계의 통설이 되었다.

보리스에 대한 비난의 기원이 갖는 현실성을 상기하고 앞뒤가 맞지 않는 사건의 세부사항 전체를 고려해 볼 때, 드미트리가 자살했다는 사실을 고수하기가 힘들고 당장은 위험도 뒤따르지만, 그렇다고 해서 드미트리가 보리스에 의해 살해되었다는 지배적인 견해를 선뜻 받아들일 수도 없다고 결국 말하지 않으면 안 된다. 만일 후자의 견해를 새로운 정당화가 요구되는 것으로 인정하고 바로 그렇게 고려해야 한다면, 보리스의 '죄악'과 관련 없이 그를 차르로 선출한 사실을 해명해야 한다. 보리스가 죄가 있다는 이 지배적인 견해에 관해서는 적절한 확증을 위해서 엄밀히 말해 세 가지 연구가 필요하다. (1) 드미트리 사건에서 자살이 불가능하며 따라서 조사 건이 위조되었음을 증명하지 않으면 안 된다. 벨로프는 이 사건의 진정성을 보여주면서 의학적 시각에서 간질병으로 인한 자살의 가능성을 연구하였다. 의사들은 벨로프에게 그와 같은 자살이 가능하다고 말했다. 조사 건 자체에 관해서 말하자면, 조사는 그 순수성이 두드러진 상세함을 우리에게 제시하고 있어서 세부사항을 위조한다는 것은 당시 완전히 불가능했을 것이다. 왜냐하면 위조를 위해서는 17세기 사람들로서는 갖기 힘든 극히 많은 심리적 감각이 이미 요구되었을 것이기 때문이다. 더구나 (2) 만일 자살이 불가능함을 입증한다면, 또한 살해가 시의적절했다는 것, 즉 1591년에 이미 후사 없는 표도르의 죽음을 예견하고 이 죽음과 관련하여 어떤 계산이 있었을 수 있었음도 입증해야 한다. 이 문제는 전혀 해결되지 않았다. 그리고 끝으로 (3) 이와 같은 계산이 가능했다면, 고두노프만이 당시 그것을 품을 수 있었는가? 고두노프 외에 과연 드미트리의 죽음에 이해관계가 걸려 있던 사람은 없었으며, 위험을 무릅쓰고 살해를 감행할 사람은 없었는가?

이상에서 보듯이 드미트리의 죽음을 둘러싼 정황에는 분명하지 않고 해결되지 못한 문제들이 많다. 이 모든 문제들이 해결되기 전까지는 보리스에게 죄를 묻는 것은 매우 불확실한 근거에 바탕을 둔 것이며, 보리스는 우리의 재판정에서 유죄 판결을 받는 것이 아니라 의혹의 대상이 될 뿐이다. 보리스에게 불리한 증거는 매우 적으며, 오히려 이 지혜롭고 호감을 불러일으키는 인물에게 확실히 유리한 정황들이 있다.

보리스 고두노프의 통치

죽어가면서 표도르는 후계자를 지명하지 않았고, 단지 부인 이리나 표도로브나(Ирина Федоровна)를 모든 '위대한 국가들'에 남겨두었을 뿐이었다. 그가 죽은 직후 모스크바는 황후에게 맹세하고 오빠 보리스 표도로비치(Борис Феодорович)의 도움 하에 통치해 줄 것을 요청하였다. 그러나 이리나는 단호히 통치를 거부하였고 궁전을 떠나 노보데비치(Новодевич) 수도원으로 가서 그곳에서 알렉산드라라는 이름으로 머리를 깎았다. 보리스도 여동생과 함께 정착하였고, 제국은 총대주교와 보야린들이 황후의 이름으로 통치하였다. 모든 사람들은 이 통치가 일시적이며 죽은 차르의 후계자를 선출하는 것이 필수적임을 이해하였다. 그러나 누가 그를 상속할 것인가? 당시의 통념에 따르면, 국가에서 가장 씨족이 좋은 사람이 상속하기로 되어 있었다. 그러나 그때까지 보야린들의 씨족적 계보는 이미 너무나 헝클어지고 복잡해져서 계보를 해명하는 것은 그리 쉽지 않았다. 류리코비치들의 씨족은 수자가 너무 많아 그 구성원들의 상대적 연장순을 정확히 결정하기는 거의 불가능한 것 같았다. 더구나 씨족이 매우 좋은 구성원들 중 많은 이들은 궁정에서 씨족이 덜 좋지만 직무에서 운이 더 좋은 씨족원들에 의해 밀려난 데다, 다른 한편으로 모스크바 보야린들 중에는 류리코비치들이 아닌 사람들로서 씨족이 매우 좋은 사람들도 많았다. 당시 류리코비치들 중에서 특별한 중요성을 누리고 있던 가문은 명문 슈이스키공 가문이었다. 이 가문은 심지어 모스크바 공들 중에서도 가장 오래되었으며, 이 가문과 나란히 다른 씨족—게디미노비치(Гедиминович)들, 므스티슬랍스키들, 골리친들—의 매우 저명한 공들이 보야린 계층의 선두에 섰다. 이 공 가문들 중 가장 재능 있는 가문은 슈이스키 가문이었다. 이 가문은 훌륭한 군사적 재능이나 행정적 재능을 지닌 출중한 인물들을 국가에 거듭 제공해왔다. 므스티슬랍스키들과 골리친들은 덜 훌륭하였으나 슈이스키들과 마찬가지로 언제나 모스크바 보야린 대열에서 맨 앞자리를 차지하였다. 이 보야린들의 사고에 따르면 제위에 선출될 권리는 다른 어떤 씨족들보다도 이 공 씨족들 중 하나에 속했다. 한편 모스크바에는 마지막 차르들 치하에서 매우 중요했고, 영향력에서 오프리치니나에 의해 분쇄되고 쫓겨났던 매우 고귀한 류리코비치들과 게디미노비치들에 결코 뒤지지 않는 공 혈통이 아닌 두 씨족이 있었다. 이들은 모스크바 공들의 오랜 하인들인 로마노프가와 고두노프가였다. 전설에 따르면 로마노프가의 선조는 14세기에 고대 계보들이 표현하는 대로 '프루스'[14]에서 왔다. 그의 후손들은 그 후 코시킨가, 자하린가, 그리고 14세기 중엽부터는 로마노프가(로만 유리예비치 자하린[15]이라는 이름에서)의 이름들로 알려졌다. 이 로만 유리예비치의 딸은 1547년에 이반 4세와 결혼하였고 그리하여 로마노프들은 차르와 친족관계에 들어섰다. 그 때부터 로마노프 씨족은 인민들로부터 큰 호의를 누리게 되었다. 일부 로마노프들인 니키타 유리예비치 로마노프의 아들들은 차르 표도르의 임종을 지켜보기도 하였다. 그들 중에서 가장 출중한 인물로 알려진 사람은 표도르 니키티치 로마노프였다. 그와 그의 형제들 모두는 당시 니키티치들이라는 이름으로 알려졌다.

고두노프 씨족은 일류 씨족은 아니었으며, 조상 전래의 영예에 의해서가 아니라 16세기가 되어서야 — 기원은 14세기까지 거슬러 올라가지만 — 우연히 두각을 나타내었다. 고두노프가의 선조인 타타르인 무르자-체트(Мурза-Чет)는 전설에서 이야기되듯이 14세기에 모스크바공에게 봉사하러 왔다. 그의 후손들이 자신들과 유사한 이류 귀족 무리들 속에서 어떻게 두각을 나타내게 되었는지는 알려져 있지 않

14) Прусс. 발트해 연안에 거주하고 13세기 초에 독일화된 민족을 가리킨다. 오늘날의 프로이센인들의 기원.

15) Роман Юрьевич Захарьин. ?~1543?. 이반 그로즈니 하에서 궁내관과 군사령관 역임.

다. 차르 그로즈니의 지속적인 호의 덕택에 보리스는 그의 오프리치니나에 참여하였다. 그러나 알렉산드로프 슬로보다에서도 보리스는 매우 재치 있게 처신하였다. 인민들의 기억에 의하면 보리스라는 이름은 오프리치니나의 악행과 결코 연결되지 않았다. 고두노프가는 고두노프의 여동생 이리나가 황태자 표도르와 혼인했을 때부터 황실과 특히 가까워졌다. 고두노프가에 대한 그로즈니의 호감은 더욱 커졌다. 이반 4세가 죽었을 때 보리스는 제위에 가장 가깝고 제일 영향력이 큰 보야린들 중의 한 사람이었으며, 표도르 치세 하에서 이 영향력은 실제로 완전히 보리스에게 넘어갔다. 보리스는 총신이었을 뿐만 아니라 국가의 공식 통치자가 되었다. 고두노프의 이와 같은 중요성은 그에 대한 보야린들의 증오를 불러일으키는 원인이 되었다. 그들은 몇 번인가 보리스와 싸움을 시도하였으나 그에게 패배 당했다. 그의 영향력을 동요시키기는 불가능했고 이것은 보야린들에게는 어떤 사태를 예감할 만큼 쓰디쓴 현실이었다. 보야린들은 표도르가 후사가 없게 되면 보야린들 중에서 위상과 영향력이 더욱 강력해질 그가 이 제위에 오르게 되리라는 것을 깨달았던 것이다. 그리고 고두노프의 힘은 유례가 없었다. 그는 엄청난 재산을 보유하였다(플레처는 보리스의 연 수입이 10만 루블에 이른다고 간주하고, 그가 온전한 군대 한 무리를 자기 땅에서 들판으로 배치시킬 수 있었다고 말한다). 궁정에서 보리스의 위상은 외국 사절들이 알현을 구할 만큼 높았다. 보리스의 말은 법이었다. 표도르는 차르로서 지배하였으나 보리스는 통치하였다. 루시와 외국의 모든 사람들이 이것을 알았다. 이 궁정의 총신은 표도르가 죽었을 때 제위를 차지할 훨씬 더 큰 기회가 있었으나 이를 거부하고 여동생을 따라 수도원으로 살러 떠났다.

이리나가 삭발을 하고 제위를 승계하기를 원치 않음을 알게 된 보야린들은 전설에서 말해지듯이 보야린 두마를 임시정부로 삼기로 하고 서기관 셸칼로프[16]를 광장에 모인 인민들에게 보내 보야린들에게 맹세할 것을 제안하였다. 그러나 인민들은 자신들은 "단지 황후만을 안다"고 대답하였다. 황후가 제위를 거부하고 삭발을 했다고 하자 인민들로부터 다음과 같은 목소리가 울려 퍼졌다. "보리스 표도로비치 만세." 그러자 총대주교는 인민들과 함께 노보데비치 수도원으로 파견되어 보리스 고두노프에게 제위를 제안하였다. 보리스는 그 전에 표도르의 영혼을 달래야 한다고 말하면서 이를 단호히 거부하였다. 이에 표도르가 죽은 후 40일이 지나고 차르의 선출을 위해 일반 백성들이 모스크바로 모일 때까지 차르의 선출을 유예하기로 결정하였다. 마르제레트의 증언에 따르면, 보리스 자신은 전체 인민들이 누구를 차르로 뽑아야 하는지를 결정하기 위해 매 도시로부터 8~10명씩 대표들을 소집할 것을 요구했다고 한다. 마르제레트의 이 진술은 타티셰프의 문서에 살려 있는 소문에 의해 아주 잘 설명된다. 즉 소문에 따르면 보야린들이 새 차르의 권력을 자신들에게 유리하게 제한하기를 원했던 반면 이것을 원하지 않은 보리스는 젬스키 소보르에서 "서민들이 보야린들로 하여금 협약 없이 그를 선출하도록 강제했으면" 하는 희망으로 소보르를 기다렸다는 것이다. 이 소문이 옳다면 이 일에서 지혜로운 보리스는 보야린들보다 선견지명이 있는 것으로 드러났다고 말할 수 있을 것이다.

1598년 2월 소보르 사람들이 모여 소보르가 개최되었다. 소보르의 구성은 흥미롭다. 이 소보르에 참가한 사람들은 통상 450여 명 정도로 헤아려지지만, 소보르에 500명 이상의 사람들이 출석한 것이 더 확실한 듯하다. 그들 가운데 성직자가 약 100명, 보야린들이 15명, 궁정 관리들이 약 200명, 도시민과 모스크바 드보랴닌들이 약 150명, 그리고 탸글로 주민(농민이 아님)이 약 50명 정도 있었다. 소보르에 모인 다양한 모스크바 집단들의 수를 고려해볼 때, 우리는 다음과 같

---

16) Андрей Яковлевич Щелкалов, ?~1597?. 두마의 서기관이자 외교관.

은 결론을 내릴 수 있다. (1) 1598년의 소보르는 특히 관리들로 구성된, 관리 소보르였다. (2) 특히 모스크바 주민들이 소보르를 구성하였으며, 다른 도시 출신의 관리 및 탸글로 주민의 대표들은 50명 미만이었다. 이리하여 1598년의 소보르에서 모스크바는 잘 대표되었고, 나머지 지역은 모두 매우 불충분하게 대표되었다. 그러나 모스크바 주민들은 결코 완전한 대표적 위치에는 도달하지 못하였다. 그들이 완전한 대표적 위치에 접근하기 시작한 것은 17세기에 들어서서였으며, 그때도 항상 그런 것은 아니었다. 그러므로 1598년 소보르의 불완전성과 모스크바 주민들의 우세는 많은 사람들이 생각하듯이 보리스 음모의 결과가 아니라 자연스런 일로 간주되어야 한다. 게다가 이 소보르의 구성을 눈여겨보면, 사람들이 보리스를 떠받치는 주요 지주로서 그의 동정자들이라고 여기곤 하는, 수적으로 많은 이 평범한 드보랴닌 계급의 대표자들은 매우 적음을 알 수 있다. 반대로 궁정 관리와 모스크바 드보랴닌들, 즉 좀더 귀족적인 드보랴닌 계층은 소보르에서 다수를 차지하였다. 우리의 관념에 따르면, 바로 이 계층으로부터 보리스의 적이 나타났다. 따라서 보리스의 지지자들은 소보르에 들어오지 못했고 그의 반대자들이 다수 들어올 수 있었다. 그리하여 소보르의 구성이 귀족적이고 모스크바적이라고 생각할 수밖에 없고, 이것은 일부 연구자처럼 1598년의 소보르가 보리스에 의해 왜곡되어 노회한 위선자의 수중에서 노리개가 되었다고 가정할 가능성을 우리로부터 빼앗는다. B. O. 클류쳅스키의 논문 "모스크바 소보르들의 대표자 구성에 관해서"(О составе представительства на московских соборах) 이후 1598년 소보르 구성의 정당성과 적법성은 거의 의심할 수 없을 것이다.

2월 17일 소보르는 보리스를 차르로 선출하였다. 총대주교가 직접 그를 천거하였다. 사흘 동안 사람들은 하느님이 보리스 표도로비치의 감정을 달래는 데 도와주도록 기도하였고 2월 20일 그에게 다시 가서 차르의 제위에 등극할 것을 요청하였지만 그는 재차 이를 거부하였다. 이리나도 그를 축복하기를 거부했다. 그러자 21일에 총대주교는 기적 성상인 성모 마리아상을 들고 엄청난 수의 사람들이 합류한 가운데 노보데비치 수도원으로 십자가의 길을 떠났다. 그리고 만일 보리스가 다시 거부한다면, 그를 파문하고 성직자들은 예배수행을 중단하며 완강히 버티는 그에게 모든 죄를 묻기로 결정되었다. 수도원에서 예배를 집전한 뒤 총대주교는 보야린들과 함께 보리스가 있는 이리나의 방으로 가서 그를 설득하기 시작했다. 그리고 수많은 사람들이 수도원 담장과 그 너머에 서서 보리스에게 제위에 등극해 달라고 큰 소리로 외쳤다. 그때 마침내 이리나가 오빠를 제위에 등극시키는데 동의하였고 그런 뒤 보리스도 이에 동의하였다.

공식 문서 — 보리스의 《선출 증서》(Избирательная грамота) — 는 선출에 대해 이렇게 이야기하고 있으나, 일부 비공식 문헌은 사태를 달리 전한다. 문헌들은 고두노프가 온갖 수단을 써서 제위를 획득했고 협박과 부탁과 매수로 자신의 선출을 일찍부터 보장하려 하였으며, 보야린과 평민들 앞에서는 위선적인 겸손을 보이면서 차르가 되는 최고의 명예를 거절하였다고 말한다. 한편 부소프도 보리스의 매수와 운동에 대해서 말한다. 전반적으로 거의 믿기 어려운 보리스의 선출에 대한 자신의 이야기에서 그는 보리스의 누이인 이리나가 백인대장과 50인대장[17] 들(필시 총병들일 것이다) 이라는 자들을 호출, 매수하여 오빠의 선출을 돕도록 하였고, 보리스 자신은 자신을 찬미하고 인민들을 찬양한 수도사와 과부와 고아들을 대리인들로 선택하였다고 전한다. 보리스는 이 원래의 선거운동 방식을 또 다른 방식으로 강화하였다. 즉 그는 보야린들을 매수했던 것 같다. 그러나 보야린 계층은 보리스가 반대 운동을 벌이지 않으면 안 되었던 그의 적이기도 하

---

17) сотник와 пятидесятник. 고대 루시와 16~17세기 러시아 국가의 총병 연대의 지휘관.

였으며, 만일 운동을 했다면 고아나 과부의 도움만으로 운동한 것이 아니었음은 물론이다. 정체를 알 수 없는 백인대장과 50인대장들의 경우, 만일 이들을 총병으로 이해한다면 그들은 보리스에게 어떤 도움도 줄 수 없었을 것이다. 왜냐하면 그들은 1598년의 소보르에 거의 참석하지 않아서 단지 소보르 밖에서 모스크바 주민 중 하층민들 사이에서만 운동을 할 수 있었을 것이고, 이 하층민들은 소보르에서 그 대표수가 적었기 때문이다. 이런 모순들을 비롯한 여러 모순들 때문에 보리스의 선출에 관한 부소프의 이야기를 의심하지 않으면 안 된다. 부소프는 필시 루시인들의 풍문에 따라 썼을 것이다. 이 풍문은 러시아 이야기들에서 약간 더 명확하게 진술되었다. 러시아 이야기들에서는 또한 보리스가 선출될 때 취한 부도덕한 행동에 관한 소문도 만난다. 그리고 얼핏 보아 이러한 소문이 많다는 사실은 그것이 진짜라고 믿게 만들지만 소문을 좀더 가까이 들여다보면 진짜라는 믿음은 무너진다. 몇몇 흐로노그라프와 개별 이야기들은 다음과 같은 점에서 보리스를 비난한다. 보리스는 지지자들을 모스크바와 도시들로 파견하여 아부와 협박으로 인민들로 하여금 자신을 차르로 선출하도록 설득하였다; 보리스는 대규모 벌금을 물리겠다고 위협하여 인민들을 억지로 노보데비치 수도원으로 끌어 모았고 그들로 하여금 눈물을 흘리며 큰 소리로 통곡하게 하면서 보리스가 제위를 받도록 요청하게 만들었다. 그러나 이 자료들이 들어 있는 이야기들 전부는 편찬집, 그것도 최신 편찬집의 성격을 띠고 있으며, 게다가 보리스를 비난할 경우에는 한결 같이 바로 17세기 초에 만들어진 한 가지 이야기(《어떤 이야기》)를 따른다.

이리하여 보리스에 불리한 이야기가 많다는 사실은 그 중요성을 잃어버리고, 우리는 그에게 적대적인 단 하나의 문헌만 상대하면 된다. 보리스에 적대적인 이 이야기는 슈이스키가의 맹목적인 숭배자의 펜 끝에서 나왔고 사건을 당파적인 시각에서 잘못 평가하면서 편파적으로 다룬다. 우리가 보리스가 제위에 대한 많은 권리를 갖고 있었고 인기를 이용할 수 있었음을 알고 있는데도, 또 최종적으로 소보르가 보리스의 협박을 받지 않았고 바로 그 사람 보리스를 선출하는 쪽으로 인위적으로 조종된 것이 아니라 선출을 완전히 의식적이고 자발적으로 수행하였다고 추정할 수 있는 완벽한 근거를 제공하는 증거를 갖고 있는데도, 보리스를 비난하는 일에서 이 사료에 기반을 둘 수 있을까?

소보르가 열렸을 때 총대주교 이오프[18]는 보리스의 공적과 제위에 대한 그의 권리를 열거하는 능란하고 미사여구로 가득 찬 의미심장한 연설을 하였고, 성직자들의 대표이자 그들 견해의 표명자로서 그 자신은 보리스 표도로비치보다 더 훌륭한 차르는 기대하지 않는다고 말하였다. 보통 소보르에 대한 압력으로 간주되는, 반박을 불허한 이 연설은 그와 같은 비난 없이도 쉽게 이해될 수 있을 것이다. 연설은 논란의 여지없이 소보르 참석자들에게 강한 인상을 준 것이 틀림없지만 자유 토론의 가능성을 배제하지는 않았다. 1598년의 소보르에 대한 연대기 묘사에 따라 판단할 수 있는 한 자유 토론도 있었다. 이 토론에서 "슈이스키가의 공들은 하나 같이 그가 제위에 오르는 것을 원치 않았다. 공들은 그가 어떤 사람인지를 알았고 그가 사람들과 자신들에게 박해를 가할 거라고 생각했기 때문이다. 그 후 공들은 그에게서 많은 고난과 고통과 핍박을 받았다." 지금까지는 《신연대기》[19]의 이 문장을 글자 그대로 믿는 것이 인정되어 왔다. 비록 총대주교 필라레트[20]의 궁전으로부터 나온 것이 명백한 이 연대기가 여기서 슈이

18) Иов. ?~1607. 1530년대에 포사트 주민의 아들로 출생. 세속 이름은 이오안이다. 1589년 모스크바와 전 루시의 총대주교로 취임하였다.

19) Новый летописец. 1630년 경에 필라레트의 측근에 의해 편찬된 연대기. 이반 4세의 통치 말기부터 1619년까지의 루시의 역사에 대한 공식적 해석을 제공한다.

스키라는 이름을 말하자면 눈길을 다른 데로 돌리기 위해 거론하고 있다고 생각하는 것이 더 근거가 있을 것 같지만 말이다. 슈이스키가는 차르 보리스로부터 '그 후' 고통과 핍박을 당하지 않았고 이 점에서 그들은 보리스를 거의 '알지' 못했다. 연대기의 이 구절은 슈이스키가가 아니라 십중팔구 보리스의 치세 동안 실제로 해를 입었던 로마노프가와 관련 있는 것이 틀림없다. 어떤 다른 사료도 고두노프에 반대하는 투쟁에 슈이스키가가 동참했다고 말하지 않는다. 이와는 대조적으로 보리스의 경쟁자로서 로마노프가에 대한 흥미로운 이야기들만이 있을 뿐이다. 심지어 1598년에 제위 때문에 표도르 로마노프가 고두노프와 직접 충돌했다는 암시마저 있다. 그러나 여하튼 소보르의 대다수 사람들은 보리스의 편이었고 우리의 견해에 따르면 그는 완전히 의식적이고 자유롭게 소보르에 의해 차르로 선출되었다. 소보르는 총대주교를 편들었다. 왜냐하면 총대주교가 천거한 보리스가 루시 사회의 눈에는 훌륭한 통치자의 명성을 일정하게 갖고 있었고, 또 모스크바 사람들이 표도르 이바노비치 하에서 보리스가 했던 정의롭고 강력한 통치 및 연대기 편자들이 표현한 '그의 이지와 공정한 재판'을 알고 있으면서, 보리스를 좋아했기(마르제레트가 이 점을 이야기하듯이) 때문이다. 보리스는 전반적으로 인기가 좋았고 인민들의 존중을 받았다. 많은 원인 때문에 가짜 드미트리[21]와 슈이스키[22] 때 그의 기억

---

20) Ф. Н. Филарет, 1553~1633. 러시아의 보야린 출신으로서 모스크바 총대주교의 자리에 올랐다. 그의 아들 미하일 표도로비치 재위 동안 사실상의 러시아의 통치자였다. 표트르 1세(대제)의 사촌이다.

21) 보리스 고두노프는 1605년 죽은 황태자 드미트리를 자처하는 가짜 드미트리(Лжедмитрий)의 군대가 습격하였을 때 사망하였다.

22) 여기서는 러시아의 차르 바실리 4세(재위 1606~1610)였던 바실리 슈이스키〔Василий Шуйский(1552~1610)〕를 말한다. 슈이스키는 러시아의 동란 기간 동안 가짜 드미트리를 쓰러뜨린 뒤 제위에 올랐다가 골리친가와 로마노프가의 지지를 받는 봉기로 축출되었다.

은 박해를 받았다. 동란이 슈이스키가와 참칭자들, 그리고 고두노프와 싸운 구 모스크바 보야린들을 쓸어버렸을 때, 황태자 드미트리의 사망에서 고두노프가 범죄를 저질렀다고 공식적으로 확인되었음에도 불구하고, 17세기의 작가들은 그에게 승리한 동시대인-적들과 그들의 문학적 추종자들이 평가한 것과는 다르게 보리스의 인격과 활동을 평가하였다. 카티레프-로스톱스키[23] 공은 17세기 전반에 개인적 회고로 씌어진 동란에 관한 자신의 저술에서 보리스에게 찬동의 뜻을 나타내고 우리에게 다음과 같은 특징으로 그를 호의적으로 묘사한다. "이 대인(大人)은 아주 탁월하고 이성의 판단이 만족스러우며 명쾌하게 말한다. 또 매우 독실한 정교 신자이며 가난한 사람들을 사랑하고 매우 건설적이다. 국가를 널리 돌보았고 자신에 대해 경이로운 것들을 수없이 창출하였다." 그러나 이와 동시에 이 시기의 일반적 시각에 경의를 표하면서 필자는 오로지 '만족을 모르는 권력욕에 대한 갈구'가 보리스의 영혼을 파멸시켰다고 부언한다. 저명한 활동가이자 문필가로서 Вас. Ив. 슈이스키와 친교를 맺었던 아브라아미 팔리친도 우리에게 그와 같은 동정적인 평가를 전한다. "차르 보리스는 모든 신앙과 통치에 필요한 것들을 어떻게 개선할 수 있는지 노심초사하였고, 불쌍하고 빈궁한 사람들에게 물건을 공급하였으며, 그의 은총은 이처럼 위대했다. 사악한 사람들을 가혹하게 파멸시켰고, 그러한 전인민적인 구조 덕분에 모든 사람들이 그를 좋아하였다." 보리스에 대한 평가에서 가장 독자적인 필자인 Ив. 티모페예프는 보리스에게서 인간과 사회활동가의 높은 업적을 인정한다. 우리는 일부 흐로노그라프에서도 보리스에 대한 찬양을 발견한다. 그중의 하나에는 보리스에 대한 다음과 같은 뛰어난 판단이 있다. 보리스에 대한 전반적인 호의적 묘사 후 흐로노그라프의 필자는 말한다. "보리스는 무고한 사람들에 대한

23) Иван Михайлович Катырев-Ростовский, ?~1640?. 동란 때 활동한 러시아의 공으로 위정자이자 작가.

중상자들의 비방을 격노 속에서 부질없이 받아들였고, 그리하여 전 루시 땅의 수령들의 분노를 자초하였다. 이로부터 숱한 재앙이 그를 향해 일어나 그의 제국을 수놓았던 아름다움을 갑자기 없애버렸다."

보리스에 관한 문필가들의 초기 평가들을 주의 깊게 검토해보면, 그를 좋게 평가하는 의견이 문헌에서 완전히 압도적임이 드러난다. 이전 후손들은 우리보다 더 보리스를 존중했던 것 같다. 그들은 보리스의 훌륭했던 통치와 매혹적인 인격에 관한 여전히 생생한 기억에 의존하였다. 물론 보리스의 동시대인들은 그의 후손들보다 이 사람의 매력을 더 실감나게 느꼈고, 1598년의 소보르는 의식적으로 그를 완전히 선택하였으며, 말할 나위 없이 우리보다 무엇 때문에 그를 선택하는지를 더 잘 알았다.

한편 학자들은 보리스의 차르 선출 건에서든 황태자 드미트리의 사망 건에서든 모두에서 오랫동안 반(反)보리스적인 성향을 보여 왔다. 카람진은 그를 무슨 일이 있어도 차르가 되기를 열렬히 희망하고 자신의 선출에 앞서 저질 코미디를 벌인 인물로 바라보았다. 코스토마로프와 부분적으로는 C. M. 솔로비요프도 그와 같은 견해를 견지하였다. 코스토마로프는 고두노프에게서 어떤 동정적인 모습도 발견하지 못하고 심지어 그의 훌륭한 행동도 사악한 동기로 설명할 태세가 되어 있다. 파블로프〔《보리스 고두노프 통치의 역사적 의의》(Историческое значение царстовования Бориса Годунова)〕와 벨랴예프(젬스키 소보르들에 관한 논문에서)도 그러한 성향이다. 지금까지는 단지 포고딘과 악사코프, 그리고 E. A. 벨로프만이 보리스의 인격에 대해 다른 시각을 견지하였다. 나름의 전통이 된 고두노프에 대한 이와 같은 반감은 관행에 따라 황태자 드미트리의 살해라는 의심스런 사실을 통해 그의 인격을 평가하려 한다는 사실에서 유래한다. 우리는 완전히 신빙성이 있다고는 할 수 없는 이 사실을 버리면, 보리스에게서 비도덕적인 악당이나 음모가를, 또 그의 선출에서 교묘히 연출된 코미디를 볼 근거는 충분하지 않다.

16세기 말의 이 두 가지 역사적 사건 — 황태자 드미트리의 죽음과 고두노프의 차르 선출 — 에 대한 연구는 보리스에게 주어지는 통상적인 비난들이 많은 반박을 허용하고 있고, 너무나 불확실하게 확정되어 있어서 신뢰하기가 매우 어렵다는 것을 우리에게 보여주었다. 이리하여 보리스에 대한 통상적인 시각을 거부한다면, 그에 대해 할 말도 별로 없고 이 유능한 위정자에 대한 평가는 쉬울 수밖에 없다.

보리스의 역사적 역할은 특히 공감이 간다. 나라의 운명은 루시가 도덕적으로 경제적으로 몰락하였던 때인, 그로즈니가 죽었던 바로 그 무렵에 보리스의 수중에 있었다. 우리가 앞에서 말했듯이 16세기의 사회적 혼란과 다양한 종류의 우연한 상황도 이 점에서 그로즈니 통치의 특성에 상당히 기여하였다(예를 들어 동시대인들의 설명에 따르면 이반 4세 하에서의 해외무역은 우리 상품들이 성공적으로 수출되었던 나르바[24] 항을 상실하고 장기간의 폴란드-리투아니아 전쟁 동안 해외로 나가는 길이 계속 폐쇄된 결과 크게 쇠퇴하였다). 그로즈니 이후 끊임없는 전쟁과 무서운 혼란에 진절머리가 난 모스크바 국가는 조정이 필요하였다. 바로 보리스는 기다렸던 조정자였고, 그의 대 공적은 이 점에 있다. 종국적으로 그는 루시 사회를 조정하는 데 실패하였으나, 여기에는 깊은 원인이 따로 있기 때문에 실패의 책임을 보리스에게 돌리는 것은 온당치 못할 것이다. 다만 우리는 보리스의 국가활동 초기에 통치자의 현명한 정책이 확실한 성공을 수반하였다는 점만은 지적해야 한다. 이것에 대해서는 의심의 여지가 없는 증거들이 있다. 첫째, 모든 동시대 외국인과 우리의 고대 이야기 작자들은 그로즈니가 죽은

24) Нарва. 에스토니아 공화국 북부의 소도시. 13세기에 핀란드 연안에 건설된 뒤, 리보니아 기사단(1347~1558), 러시아(1558~1581), 스웨덴(1581~1704) 등으로 지배자가 바뀌었으나, 북방 전쟁 과정에서 최종적으로 러시아에 편입되었다.

뒤 표도르 시대에 평온과 상대적인 안녕이 루시에 찾아 왔다고 거의 이구동성으로 말한다. 사회생활에서 일어난 이와 같은 변화는 관찰자들의 눈에 매우 확실하게 띈 것이 분명하고 그들은 이 변화를 똑같은 충족감을 갖고 서둘러 증언하였다. 여기에 한 이야기 작자가 표도르 시대에 대해 생생한 기억을 갖고 쓴 평가의 예가 있다. "주 하느님께서는 자신의 백성들을 동정하시고 차르와 백성들을 찬미하셨으며 차르에게 평화와 평온을 유지할 것을 명령하시고… 루시가 거주하는 땅에 풍요로움과 평온을 선사하셨으며 위대한 영광을 증대시켰다. 모스크바 국가의 수장들, 공, 보야린, 군사령관 그리고 모든 정교도들은 지난날의 불행을 잊고 평화롭고 평온하게 살기 시작하였다." 둘째, 이 '평화롭고 평온한 삶'을 언급하면서 동시대인들은 누가 그러한 삶을 가져다주었는지에 대해 실수하지 않았다. 그들은 인민적 호감을 불러일으킨 능숙한 통치 덕분에 평화가 도래했다고 인정하였다. 고두노프의 찬양자에 속하지 않는 부소프는 자신의《모스크바 편년지》(Московская хроника)에서 인민들은 보리스의 통치에 '경탄하였고', 물론 자연적으로 차르 왕조가 끊어지면 그가 차르가 되는 것으로 예정하였다고 말한다. 고두노프를 통치자로서 각별히 호의적으로 묘사한 일은 다른 외국인에게서도 쉽게 찾아볼 수 있다(예를 들어 마르제레트). 그리고 러시아에서 8년을 살았고(1601~1609), 고두노프를 매우 싫어하면서 근거 없는 많은 소문들을 그에게 뒤집어씌운 네덜란드인 이삭 마사[25]는 표도르 이바노비치의 시대에 대해 다음과 같은 특징적 평가를 내린다. "모스크바 국가 전체의 상태는 개선되었고 인구는 증가하였다. 고인이 된 이반 대제와 그의 관리들의 무서운 전횡의 결과 완전히 황폐화되고 파괴된 모스크바는… 이제 특히 표도르 공의 선정

25) Исаак Масса. 1587?~1635. 네덜란드 상인으로 1601~1609년에 모스크바 국가에 머물렀다. 귀국한 뒤 이반 그로즈니 시대 이래의 루시 역사에 대한 글을 썼다.

과 온화함 덕분에, 그리고 또한 고두노프의 비상한 능력 덕분에 다시 원상태로 되돌아가 부유해지기 시작하였다.” 이러한 진술은 플레처가 제시한 수치에 의해서 뒷받침되는데, 그는 이반 4세 하에서 현물로 제공되는 연공 잉여의 판매가 청〔廳, 대궁전(Большой Дворец)〕에게 매년 약 6만 루블 정도를 가져다주었던 반면에 표도르 하에서는 약 23만 루블을 가져다주었다고 말한다. 외국인들의 이와 같은 평가에 이미 인용한 적이 있는, 보리스는 “모든 신앙과 통치에 필요한 것들을 어떻게 개선할 수 있는지 노심초사하였고… 그러한 전인민적인 구조 덕분에 모든 사람들이 그를 좋아하였다”는 팔리친의 말을 덧붙이는 것도 무익하지 않을 것이다.

그리하여 보리스 정책의 평화적 방향과 성공은 동시대인들에 의해 확정된 사실이다. 이 사실은 보리스의 정부 조치들의 목록에 그저 눈길을 돌리기만 해도 훨씬 더 확실하게 입증된다. 지혜와 평화 애호 및 아주 신중한 정책이 돋보였던 보리스 통치 및 지배의 대외적 측면은 제쳐두자. 많은 이들은 국제관계에서 보인 이 신중함을 단순히 소심함으로 간주할 뿐이다. 하지만 당시의 전반적인 나라의 혼란, 즉 취약한 국가를 힘에 겨운 전쟁으로 끌어들이지 않기 위해 깊은 외교적 신중함을 요구하였던 혼란을 염두에 둔다면, 보리스의 정책을 비난해서는 안 된다. 보리스 대내 정책의 경우, 그것에 대한 동시대 루시인과 외국인들의 진술을 읽으면 무엇보다도 먼저 한 가지 동기, 한 가지 극히 인도적인 특징을 눈치 챌 수 있다. 그것은 당시의 언어로 표현하면, ‘과부와 고아들의 보호’, ‘하층민들에 대한’ 배려, 기아와 화재의 시대에 수행된 폭넓은 자선활동이다. 이 어려운 시기에 인도적 태도와 자선은 아주 적절하였고, 보리스는 통 크게 자선사업을 하였다. 차르 즉위식 때 보리스가 보인 재정적 후원과 풍부한 선물은 사람들로 하여금 그것에 대해 특별히 언급하게 만들었다. 다양한 특혜 외에도 보리스는 많은 지역에 3년이나 5년 이상 동안 연공을 경감시키거나 심지어 면제시켜주기까지 하였다. 물론 미봉책에 불과했던 이 폭넓은 자선활동은 모스크바 국가의 경제적 복지의 향상을 꾀하는 보리스의 다양한 활동 가운데 단지 한 형태였을 뿐이었다.

이 활동들 가운데 또 다른 형태의 활동은 쇠퇴한 상업과 공업의 활성화를 향한 조치들이다. 공업과 상업의 쇠퇴는 당시 플레처의 수치들이 우리를 확신시키고 있는 것처럼 실제로 가공할 정도에 달한다. 플레처는 이반 4세 치세 초기에 아마와 대마를 실은 배가 매년 100척씩 나르바항을 통해 수출된 반면, 표도르 치세 초기에는 5척만 수출되었다고 말한다. 따라서 수출량은 20배 줄어들었다. 수지(獸脂)는 표도르 치세 초기보다 이반 4세 하에서 2~4배 더 수출되었다. 공업과 상업의 활성화 및 생산성의 확대를 위해서 고두노프는 외국인들에게 상업상의 혜택을 부여하고 업무를 아는 공업 종사자들을 루시로 끌어들인다(고두노프는 특히 절박하게 탐광자들을 요구한다). 그는 공업의 발달과 운송의 안전을 간접적으로 방해하는 것들을 제거하고 치안을 개선하며 다양한 종류의 행정적 남용을 제거하는 일에도 신경을 쓴다. 행정적 남용을 제거하는 일에 신경을 쓰는 것이 특히 필수적이었던 이유는 당시 관청의 전횡이 굉장히 심했기 때문이었다. 즉 뇌물이 없이는 어떤 일도 할 수 없었고, 항상 강압이 뒤따랐다. 그런데도 보리스의 활동은 이 점에서 그의 뒤를 이은 17세기 모스크바 군주들의 활동과 마찬가지로 성공적이지 못했다. 한편 보리스에 대해서는 그가 농민과 토지 소유자들 사이의 관계를 정리하는 데도 신경을 썼다는 이야기가 전해져 온다. 보리스는 농민들이 토지소유자를 위해 일할 노동일 수를 일정하게 정하려고 하였다(1주일에 이틀)고 한다. 이러한 이야기는 농민층에 관한 보리스의 명령들에 깃든 정신과 완전히 일치한다. 이 명령들은 농민들의 해방을 반대하는 것이 아니라 그들의 이주를 악용하는 것에 반대하는 명령들로 이해되어야 한다.

고두노프의 국가활동은 이와 같이 공감을 불러일으키는 성격이 두

드러졌다. 역사는 그에게 뒤흔들린 나라를 진정시키라는 임무를 부여하였고, 그는 유능하게 이 임무를 해결하였다. 바로 이 점에도 차르-통치자로서 보리스라는 인물의 역사적 의의가 있다. 하지만 보리스는 자신의 과제를 해결하면서 그것을 만족스럽게 해결하지 못했고 목표를 달성하지 못했다. 평화와 안녕이 아니라 동란이 그의 뒤를 이었던 것이다. 그러나 그는 이렇게 된 데 잘못이 없다. 보리스가 한편으로는 같이 일하기도 하고 또 다른 한편으로는 싸우기도 하면서 상대하지 않으면 안 되었던 보야린층, 국가유기체의 전반적인 극심한 동요, 불행하게도 겹친 우연한 역사적 사건들 등, 이 모든 것들이 보리스에게 불리하게 작용하였고, 그의 심오한 지혜도 이 모든 것을 잘 처리하기에는 역부족이었다. 이 투쟁에서 보리스는 패배하였다.

보리스 시대의 대외정책은 대규모 사업이랄 만한 게 없으며, 항상 완전히 성공을 거둔 것도 아니었다. 차르 표도르를 폴란드 왕으로 선출하는 문제 때문에, 그리고 뒤에는 스웨덴과 폴란드 사이의 상호관계 때문에(당시 왕조적 사정 때문에 야기된 그들의 적대관계는 유명하다), 폴란드와의 긴 협상 및 논의가 진행되었다. 서방에서 보리스의 목표는 협상을 통해 리보니야를 되찾는 것이었다. 그러나 보리스는 스웨덴과의 전쟁으로 그로즈니가 상실한 도시들만 되찾는 데 성공했을 뿐이다. 정교 동방에 대한 보리스의 정책은 훨씬 더 중요하였다.

우리가 이미 보았듯이 콘스탄티노플의 함락(1453)과 함께 모스크바 사회에서는 그리스인들이 투르크-이슬람교도들의 권력 하에서 원래의 순수한 형태로 정교를 보존할 수 없다는 확신이 생겨난다. 그러는 사이 이 시기까지 타타르의 멍에를 벗어난 러시아는 자신이 완전히 독립적인 국가라고 느꼈다. 루시 성경학자들의 생각은 새로운 방향으로 나아가면서 새로운 시각에도 도달한다. 이 새로운 시각은 처음에 수도사 필로페이가 서기관 무네힌[26]에게 보낸 서한으로 나타났다. 이 서한에는 다음과 같이 적혀 있다. "예언서에 따라 모든 기독교 제국들이 최후를 맞이하여 우리 군주의 유일 제국으로 통합되었음을 알려드립니다. 두 로마가 몰락했고, 세 번째 로마(즉 모스크바)가 일어서며, 네 번째 로마는 없을 것입니다." 이리하여 여기서 우리는 로마가 이단 때문에 몰락했고, 두 번째 로마인 콘스탄티노플도 똑같은 이유 때문에 몰락했으며, 모스크바만이 남았고, 이 모스크바는 네 번째 로마가 없을 것이므로 영원히 정교의 수호자가 되기로 정해졌다는 사상과 만난다. 그리하여 성경학자들의 확신에 따라 콘스탄티노플의 의의는 모스크바로 넘어가지 않으면 안 되었다. 그러나 이 신념은 스스로를 위해 증거를 찾았다. 그래서 16세기 후반에 루시 문헌에는 루시 사회의 종교적·민족적 감정을 만족시키기로 된 일련의 이야기들이 나타났다. 사도 안드레이 페르보즈반니가 루시 땅을 여행하였고 키예프가 세워진 곳을 방문했다는 전설은 이제 다른 의미, 다른 뉘앙스를 갖는다. 이전에는 그 사실에만 만족하였지만, 이제는 그 사실로부터 루시의 기독교는 비잔티움에서만큼이나 오래되었다는 결론이 이미 내려진다. 이반 그로즈니가 포세빈에게 다음과 같이 말했을 때도 이런 의미에서 언급한 것이다. "우리는 그리스 신앙이 아니라 안드레이 페르보즈반니가 가져다준 참된 기독교 신앙을 믿습니다." 그 후 우리는 처음에는 로마에 있었고, 뒤에는 콘스탄티노플로 옮겨졌다가 그곳에서 모스크바로 가져가졌던 흰 두건에 관한 흥미로운 이야기를 발견한다. 물론 순전히 지어낸 이 흰 두건의 편력은 고위 성직자가 동방에서 러시아로 건너간 것이 틀림없음을 입증하는 목표를 가졌다. 게다가 그리스에서 정교가 쇠약해진 것이 틀림없기 때문에 콘스탄티노플을 떠나 루시로 건너간 티흐빈[27]의 성모 마리아 성상에 관한 이야기도 보존되었다. 차르의 왕관과 왕홀 등이 러시아로 전해졌다는 전설도 유

26) Михаил Григорьевич (Мисюрь) Мунехин, ?~1528. 바실리 3세 시대의 저명한 모스크바 서기관.

27) Тихвин. 러시아 북서부의 페테르부르크 오블라스티에 위치한 도시.

명하다. 비록 언제 어떤 상황에서 이 왕관과 왕홀이 등장했는지는 정확히 말할 수 없지만 말이다. 그리하여 루시인들은 모스크바 국가가 고대의 성약(聖約)들을 보존할 수 있는 유일한 국가라고 생각하였다. 바로 이런 식으로 우리 성경학자들의 머리는 돌아갔다. 그들은 종교적인 면에서 그리스인들보다 더 고상하다고 느꼈지만, 사실들은 그와 같은 확신과 부합하지 않았다. 루시에는 아직 차르도 없었고 총대주교도 없었다. 루시 교회는 최초의 정교 교회로 여겨지지 않았고, 심지어 독립도 누리지 못했다. 따라서 생각은 사실들 위에 존재하였고 그것들을 추월하였다. 이제 사실들을 생각에 맞추고자 노력한다. 수도사 필로페이는 이미 바실리 3세를 '차르'라고 부른다. 그는 말한다. "정교 기독교 신앙의 모든 제국은 폐하의 유일한 제국으로 통합되었습니다. 모든 지상의 기독교도들에게 폐하는 유일한 차르입니다." 이반 그로즈니는 차르라는 직함을 받고서 이 임무의 일부를 수행하였다. 그는 동방에서 이 직함을 인정해줄 것을 요구하였고 그리스 주교들은 그에게 확인 증서를 보내주었다(1561). 그러나 성취되지 않은 또 다른 일부가 남아 있었으니, 그것은 총대주교직이라는 제도의 설치이다. 총대주교직의 설치에 대해 모스크바에서는 그리스 주교들이 완전한 독립을 확보하려는 루시 성직자들의 노력에 비우호적인 태도를 취하고 있음을 알았다. 지금까지 그리스인들에게 루시 교회가 얼마간 종속되어 있다는 사실은 모스크바 수도대주교들이 동방의 총대주교들에게 보여준 정신적인 존경과 그들에 대한 다양한 금전적 원조로 나타났다. 동방의 주교들은 루시 교회가 동방 교회에 종속되었다고 주장하면서 이 사실에 큰 의의를 부여하였다. 콘스탄티노플의 함락과 함께 모스크바 수도대주교는 어떤 동방 총대주교들보다 재원이 풍부해지고 권력이 커져갔다. 동방에서 삶은 긴박해졌고 물적 재원은 크게 빈한해졌으며, 바로 여기서 동방 총대주교들은 교회 관계에서 그들에게 종속된 도시인 모스크바에 금전적 지원을 요구할 권리가 있다고 스스로 간주하기 시작하였다. 금품의 희사를 바라는, 모스크바로의 빈번한 여행이 개시되지만 이것은 루시 사회가 보기에는 모스크바 수도대주교의 지위를 더욱더 높이는 것이었다. 전 기독교 콘스탄티노플 총대주교는 전 기독교 모스크바 총대주교로 대체되어야 한다는 주장이 나오기 시작하였다. 물론 그리스 총대주교들은 이 고위직이 자신들의 태고 이래의 속성을 이루기 때문에 자신들만 가질 수 있다는 견해를 견지하였다. 그렇지만 모스크바는 총대주교를 갖기를 원하였고 이러한 희망의 실현을 위해 실제적인 길을 선택하였다. 모스크바는 보리스 고두노프의 통치 동안 이 일에 착수하였다. 1586년 여름 안티오크[28]의 총대주교 이오아킴(Иоаким)이 모스크바에 도착했다. 그에게 모스크바에 총대주교좌를 설치하고 싶다는 차르 표도르의 희망이 통고되었다. 이오아킴은 불분명하게 대답하였지만, 동방에서 이 생각을 퍼트리기 시작하였다. 루시의 서기 보좌관(подьячий)인 오그라코프(Ограков)가 사태가 어떻게 진행되는지 살펴보기 위해 이오아킴의 뒤를 쫓아 동방으로 파견되었다. 그러나 그는 비관적인 소식을 들고 왔다. 막연한 상황 속에서 2년이 그렇게 지나갔다. 갑자기 1588년 여름에 총대주교 중에서 최연장자인 차리그라드의 예레미아스[29]가 스몰렌스크에 도착했다는 소식이 빠르게 전해졌다. 모스크바의 모든 사람들이 흥분하였고, 그가 무슨 까닭으로 왔는지를 두고 온갖 추

28) Antioch. 투르크 남동부에 위치한 도시. 시리아 왕국의 수도로, BC 300년 셀레우코스 1세가 건설한 도시다. BC 64년 로마에 의해 멸망함과 동시에 속주 시리아의 수도가 되어 시리아 총독의 지휘 아래 자유시로서 계속 번영했다. 기독교의 포교 중심지로서도 유명하고 아시아 총대주교구 소재지였다. 7세기에 아랍이 점령한 뒤 셀주크 투르크와 십자군 등에게 계속 점령되었고, 16세기에는 오스만 투르크의 통치하에 들어갔다.

29) Иеремия II Транос, 1530~1595. Jeremias II Tranos. 1572년부터 콘스탄티노플의 총대주교. 1588년 러시아에 처음으로 총대주교좌를 공식 설치하였다.

측이 이루어졌다. 총대주교를 만나 모스크바까지 동행하기 위해 보내진 프리스타프(Пристав)는 “모든 총대주교들의 회의의 결정에서 나온 군주에 대한 명령을 그가 지참했는지”, 그 여부를 알아내라는 지시를 받았다. 모스크바로 가는 길에 예레미아스는 랴잔 대주교의 궁정에 머물렀다. 그에게는 ‘약간 강한’ 사람들이 붙여졌고, 그들에게는 어떤 외국인도 총대주교에의 접근을 허용하지 말라는 명령이 내려졌다. 전반적으로 감옥에 가두듯이 그를 붙잡아두었다. 특히 총대주교좌의 설치에 뜻을 둔 사람들이 그와 담화하였다. 마침내 예레미아스에게 그의 총대주교좌를 콘스탄티노플에서 모스크바로 옮기자고 제안하였다. 그는 동의하였다. 그뿐이었고 사람들은 기다렸다. 하지만 예레미아스 자신은 달갑지 않았다. 모스크바에서는 이를 좋게 이해하였다. 이는 루시 교회에 새 그리스 이설들을 허용하는 것을 의미할 터였다. 그러므로 모스크바에는 이미 수도대주교 이오프가 있기 때문에 예레미아스가 모스크바에 머무는 것은 불편하다고 말해졌다. 예레미아스에게는 수도 모스크바 대신에 어떤 정치적 중요성도 지니지 않은 블라디미르에 거주할 것이 제안되었다. 그리스인들은 이를 모스크바인들이 자신들을 기만하였으며 예레미아스를 총대주교로 결코 원하지 않는다고 이해하였고, 예레미아스는 블라디미르를 거부하였다. 하지만 문제는 원칙적으로는 해결되었다. 예레미아스 자신이 총대주교가 되기를 원치 않는다면 그 대신에 다른 사람을 내세워야 한다는 것이다. 그러나 지금은 물론 총대주교좌를 블라디미르로 옮기는 것은 이미 논외의 일이 되었고, 그래서 예레미아스는 이오프를 모스크바와 블라디미르의 총대주교좌에 임명하였다. 예레미아스는 이오프를 임명하는 데 동의한 일이 동방에서 호의적인지 못한 반응을 불러일으키리라는 것을 알았다. 실제로 동방에서는 모스크바에 새 주교좌를 설치한다는 소식을 냉담하게 받아들였다. 동방에서는 모스크바가 예레미아스를 속였다고 믿었고 이미 행해진 사실을 인가하지 않으려 하였다. 그러나 모스크바가 강력하였고, 거부할 경우 금전상의 원조를 거부할 수 있었기 때문에 저항은 오래 갈 수가 없었다. 그리하여 모스크바에 새로 설치된 총대주교좌를 인정하는 데 동의하였는데도 모스크바 총대주교가 하급 자리를 차지할 수밖에 없었던 회의가 열렸다. 모스크바는 처음에 이것에 만족하였다. 이때부터 루시 교회는 완전히 독립하였다. 루시는 차르가 통치하는 제국이 되었고 모스크바는 총대주교 도시가 되었다. 특히 총대주교좌로 나아가는 이 후자의 발걸음은 당시 모스크바 정부의 전 활동을 지휘하였던 보리스 고두노프의 외교력이 낳은 성과였으며, 고두노프는 이러한 성공을 대놓고 자랑하였다.

보리스의 개인적 자질에 대해서 말하자면, 그는 많은 사람들을 자신에 유리하게 이용할 줄 알았다. 드문 지혜의 재능을 타고나고 계교를 부릴 줄 아는 보리스는 무섭고 변덕스런 그로즈니 하에서 성장하였고, 물론 당시의 최고위 정신(廷臣)들 사이에서 스스로를 제어하고 관리하는 습관을 습득하였다. 그는 언제나 명석하고 공손하며 부드러운 태도를 갖고 나타났으며, 심지어 권력의 정점에 있을 때에도 결코 자신의 힘을 과시하지 않았다. 부도덕이 냉소의 최후 경계까지 이르렀고 사람들의 삶이 저열하였던 오프리치니나의 관습은 어떤 식으로든 보리스에 영향을 미치지 않을 수 없었으나 영향은 예상보다 약했다. 사실 보리스는 우리의 관점에서는 삶과 자유를 진중하지 못하게 바라보았지만, 16세기에는 이반 4세 하의 음울한 루시도 카트린 드 메디시스[30]의 계몽 정책도 펠리페 2세[31]의 무아지경의 경건함도 한

---

30) Catherine de Médicis, 1519~1589. 프랑스 왕 앙리 2세의 왕비이자 프랑스 발루아 왕조의 마지막 세 왕의 어머니. 이 세 왕 시기 동안 그녀는 사실상 프랑스를 통치하면서 약화된 발루아 왕조의 권위를 세우는 데 이바지하였다. 1572년 신교도 5만 여명이 사망한 성 바르톨로뮤의 날 대학살 사건에 책임이 있다.

결같이 가혹함으로 두드러졌었다. 당시의 기준에서 보면 보리스는 심지어 보야린들과 가장 격렬하게 투쟁을 벌인 순간에도 매우 인간적인 인물이었다. 그는 '쓸데없는 피'를 흘리지 않았고 쓸데없이 잔인한 행동을 하지 않았으며 추방된 적들을 '괴롭히지 말고' 잘 대해줄 것을 명령하였다. 유배와 삭발 및 형벌 앞에서 물러서지 않은 그는 말년에 밀고 앞에서도 굴복하지 않았고, 오히려 고무하였다. 그러나 앞으로 보겠지만 그의 말년은 생사를 걸고 싸우지 않으면 안 되었던 보리스의 생애에서 끔찍한 시기였다. 정치영역에서 동시대인들보다 더 비도덕적이지 않았던 보리스는 사생활에서도 도덕적인 인간으로 남았다. 보리스가 훌륭한 가족 구성원이었고 매우 상냥한 아버지였다는 전설이 전해졌다. 개인으로서 그는 고상하게 행동할 능력이 있는 사람이었다. 그로즈니가 아들 이반과 싸울 때 보리스가 이반을 아버지의 구타로부터 막았는데, 이때 그가 보인 행동을 헌신적이라고 부를 수 있을 것이다. 자선과 '빈민 사랑'은 모든 이들에게 알려진 보리스의 천성이 되었다. 교육 받은 이반과의 친밀한 관계는 보리스에게서도 교육에 대한 취향을 발전시켰고, 보리스의 명료한 이성은 그에게 문명화된 서방과 접촉하도록 노력할 것을 명확히 가르쳤다. 보리스는 외국인들을 루시로 초청하여 우대하였고 루시 젊은이들을 외국으로 유학 보냈으며(흥미롭게도 그들 중 어느 누구도 러시아로 되돌아오지 않았다), 몹시 사랑하는 아들에게 당시로서는 아주 훌륭한 교육을 제공하였다. 보리스 하의 모스크바에서 서방 풍속이 퍼지기 시작했다는 이

---

31) Philip II, 에스파냐어로 Felipe II. 1527~1598. 에스파냐의 왕(재위 1556~1598)이자 1581년부터는 포르투갈의 왕. 신교도와 이슬람 세력으로부터 가톨릭의 정통성을 수호하는 역할을 자임하였다. 경건하고 검소하며 신실한 신도로서 네덜란드의 신교도 독립 반란 등 유럽 각지의 신교도 봉기를 진압하였다. 아메리카 대륙에서 쏟아져 들어오는 부를 바탕으로 에스파냐의 전성시대를 열었다.

야기가 있다. 총대주교 이오프는 이러한 새 관습에 반대하지 않았다 하여 비난을 받기까지 하였다. 이 비난은 그에게 매우 격렬하였으나, 그는 차르 자신에게서 이 새로운 풍속에 대한 강력한 지지를 보았으므로 그것을 노골적으로 파헤치기를 두려워하였다.

보리스는 자신의 활동에서 특히 지혜로운 행정가이자 능숙한 외교관이었다. 온화한 천성을 소유한 그는 군 업무를 좋아하지 않았으며, 가능한 한 전쟁을 피했고 몸소 군대를 지휘하는 일이 거의 없었다.

보통의 평범한 비난들로 인한 편견을 갖지 않고 보리스라는 인물의 특성들을 한데 모으기를 요구하는 사람에게, 바로 이러한 것이 보리스의 특성이라고 할 수 있을 것이다. 이 비난들의 근거는 별로 없다. 즉 보리스에 대한 유죄의 증거는 극히 불확실한 것이다. 카람진이 자신의 〈유럽 통보〉(Вестник Европы, 1803)에 보리스 고두노프에 관해 썼을 때 카람진도 이렇게 생각한 것은 물론이다. "망자들의 재는 우리의 양심 외에는 변호자가 없다. 모든 이들이 오랜 묘 주위에서 침묵을 지키고 있다. … 아무 생각 없이 혹은 적의 때문에 연대기 속으로 받아들여진 잘못된 의견을 믿으면서, 우리가 이 재를 비난하고 인간의 기억을 부당하게 찢어버린다면 어떻게 될까?" 그러나 몇 년 후 카람진은 이미 이 의견을 믿었고, 보리스는 그에게(그리고 이로써 많은 이들에게) '성실하고 충고에 귀 기울이는' 사람이 아니라, 지칠 줄 모르는 힘과 끈질긴 간교, 교활, 간책, 간악 등으로 노예적 인물로부터 전제군주의 높이까지 이른 '범죄자'가 되었다.

첫 번째 참칭자

일반적인 평가에 따르면 보리스는 치세 첫 두 해 동안 모범적인 통치자였고, 나라는 몰락으로부터 회복을 계속했다. 그러나 그 후 사태는 달리 진행되었다. 혹독한 재난이 루시와 차르 보리스를 덮쳤다. 1601년 계속되는 비에 곡물이 싹이 텄으나 그 뒤 매서운 추위가 닥쳐 곡물을 뿌리까지 죽이는 바람에 발생한 대흉작의 결과, 믿기 어려울 정도의 기근이 시작되었다. 흉작 첫 해에 사람들은 반쯤 굶고 그 전에 확보해 둔 곡물로 간신히 버텼지만, 이듬해 파종된 종자들이 땅에서 죽어버리자 너무나 끔찍한 진짜 기근이 닥쳤다. 사람들이 무얼 먹고 살았는지 아무도 모른다. 그들은 풀과 건초, 심지어 가축과 사람 시체까지 먹었다. 이를 위해 일부러 사람을 죽였다. 굶주린 사람들의 상황을 완화시키기 위해 보리스는 모스크바에서 무료로 돈과 곡물을 분배하겠다고 선언하였으나, 목표가 좋았던 이 조치는 해악을 가져왔다. 무료 급식을 바라면서 그럭저럭 집에서 입에 풀칠을 할 수 있었을 사람들도 포함하여 수많은 인민들이 모스크바로 몰려들었던 것이다. 모스크바에서는 차르의 희사품이 충분하지 못하였고 많은 사람들이 죽었다. 게다가 희사품도 부정직하게 나누어주었다. 즉 돈과 곡물을 나누어준 사람들이 그것들을 친구와 친족에게 교묘히 나누어주는 바람에 인민들은 계속 굶주릴 수밖에 없었던 것이다. 전염병이 발생하였고 모스크바에서만 12만 7천 명 이상의 사람들이 죽었다고 전해진다. 차르는 더욱 실질적인 조치를 취하기 시작하였다. 차르는 곡물이 비교적 많은 곳에서 곡물을 매점하여 특히 빈궁한 지역에 배송할 것을 명령하였고, 모스크바에서는 굶주린 사람들에게 일거리를 주기 시작하였다.

1604년의 수확은 기근을 중단시켰으나 다른 재앙이 계속되었다. 기근이 있던 시기 동안 많은 일반 사람들은 죽음을 면하기 위해 떼도둑이 되었고 약탈로 먹을 것을 획득하였다. 이 떼도둑에서 중요한 역할을 한 사람은 기근 동안 자신의 주인들에 의해 쫓겨난 홀로프들이었다. 부자들은 이런 식으로 입을 덜고자 하였으나, 형편이 좋아지면 자신들의 홀로프라는 법적 근거를 갖고 그들을 되돌아오게 할 권리를 갖기 위해 그들에게 해방 증서를 발급하지는 않았다. 보리스는 이러한 홀로프들에게 그들을 노예 신분에서 해방시킨, 홀로프 청(Холопий Приказ)의 해방 증서를 교부하도록 지시하였으나, 이것도 홀로프들이 자유로운 상태에서는 일자리를 얻을 데가 아무 데도 없었기 때문에 별로 도움이 되지 않았다. 이들 기근으로 굶주리고 도주한 홀로프들에, 식량부족으로 홀로프 떼도둑에 가담하여 약탈에 나설 수밖에 없었던 굶주린 자유민들이 더해졌다. 루시의 어떤 오블라스티도 도적들로부터 자유로운 곳이 없었다. 그들은 심지어 모스크바 주위에도 어슬렁거렸고, 보리스는 그와 같은 흘로포크(Хлопок) 떼도둑에만 맞서는 데도 대규모 군대를 동원하지 않으면 안 되었으며, 그런데도 이 도적 무리를 가까스로 진압하는 데 겨우 성공했을 뿐이었다.

1601년부터 정치적 시계도 흐려졌다. 마르제레트가 전하듯이 이미 1600년이나 1601년에 황태자 드미트리가 살아 있다는 소문이 나타났다. 모든 역사가들은 참칭자의 등장에 적극적인 역할을 한 것은 보리스에 적대적인 모스크바 보야린들이었다는 데 어느 정도 동의하였다. 우리의 이야기들에도 이와 같은 암시가 있다. 이야기들 중 하나에서는 보리스가 "수령들의 분노를 자초하였으며", "그의 제국을 수놓았던 아름다움을 망쳤다"고 대놓고 말해진다. 부소프는 가짜 드미트리가 보야린들에 의해 내세워졌고, 고두노프 자신은 이것을 잘 알고 보야린들에게 이 사실을 면전에서 솔직히 말했다고 몇 차례나 되풀이한다. 이러한 소문들과 관련하여, 그리고리 오트레피예프[32]가 로마노프가와 체르카스키(Черкасский)가의 궁전을 자주 방문하고 또 그곳에 살았다는 연대기 편자들의 지적과, 그리고 바실리 이바노비치 슈이스키가 나중에 단지 보리스로부터 벗어나기 위해서 참칭자를 인정하였다고 주저하지 않고 말했다는 이야기도 평가를 받을 만하다. 다음과 같은 사정도 참칭자가 루시 음모의 산물이라는 것을 확신케 해준다. 첫째, 목격자들의 진술에 따르면 자칭 드미트리는 대러시아인

32) Григорий Отрепьев. 가짜 드미트리 1세로서 1605~1606년 동안 모스크바 차르를 지냈다.

이었고 러시아어로 훌륭하게 설명하는 박식한 사람인 데 반해, 폴란드 문화는 그에게 별로 영향을 끼치지 않았다. 둘째, 음모가 폴란드 음모라면 음모의 한 가운데에 있었어야 하는 예수회 회원들은 가짜 드미트리가 이미 준비되었을 때 비로소 그에게 매달렸으며, 교황 바오로 5세[33]가 산도미에르시[34]의 군사령관에게 보낸 교서에서 명확하듯이 그를 가톨릭교로 개종시킨 것은 예수회 회원들이 아니라 프란체스코 수도회 수도사들이었다. 셋째, 끝으로 폴란드 사회는 참칭자의 차르 혈통에 대해 불신을 갖고 대하였고 그를 경멸적으로 평가하였으며 의혹을 갖고 그의 사건을 대하였다.

이러한 논거들에 입각하여, 모스크바 사회가 참칭자의 모습으로 다시 한 번 보리스를 공격하려고 하였다는 식으로 사건을 이해할 수 있을 것이다. 표도르 이바노비치 하에서 노골적으로 공격을 가한 모스크바 사회는 언제나 패배하였으며, 보리스는 더욱 강해졌고 명성이 높아졌다. 보야린들은 그가 제위를 차지하는 것을 막을 수가 없었다. 왜냐하면 보리스는 그가 누리는 인기 외에도, 제위에 대한 권리가 인민들의 눈에는 그 자신 퇴락한 왕조와 친족관계가 있는 덕분에 다른 어떤 사람보다도 더 확실하였기 때문이었다. 또 보야린들은 보리스-차르와 노골적으로 싸울 수도 없었다. 왜냐하면 보리스-차르는 보야린들보다 더 강했기 때문이었다. 인민들이 보기에 보리스보다 더 강하고 높은 것은 칼리타 왕조뿐이었다. 오직 칼리타 왕조의 이름으로만 보리스를 타도할 수 있었다. 이런 관점에서 볼 때 드미트리가 보리스에 의해 살해되었다는 소문을 퍼트리고 이 드미트리를 부활시키는 것은 완전히 합목적적이었다. 이 일 앞에서 보야린들은 머뭇거리지 않았다.

---

33) Павел V, 1552~1621. 라틴어로 Paulus V. 제233대 로마 교황(재위 1605~1621).

34) Сандомир. 폴란드어로 Sandomierz. 폴란드의 도시.

보리스는 이미 1600년에 보야린들의 기도를 알아챘음이 확실하며 보리스의 실총은 이와 관련 있는 것 같다. 첫 번째 실총은 보그단 벨스키[35]를 덮쳤다. 그는 표도르 치하에서 추방되었으나 그 후 사면되어 모스크바로 돌아오는 것이 허용되었다. 대략 1600년경에 보리스는 스텝 지역으로 그를 파견하여 북 도네츠 강변에 차료프-보리소프(Царёв-Борисов)라는 작은 도시를 건설하게 하였다. 그곳에서 벨스키는 일하는 사람들을 매우 후대하였고 그들을 먹여주었으며, 그들의 호의를 구하였다. 그는 보리스에게 위험한 것처럼 보였다. 보그단 벨스키가 정확히 무엇 때문에 고통을 겪게 되었는지에 대해서는 다양한 견해가 전해지나, 실총과 고난과 유배가 갑자기 그를 덮쳤다. 전반적으로 이 벨스키 사건은 매우 불분명하다. 우리는 로마노프가 사건에 대해서는 이보다 좀더 많이 안다. 벨스키 다음으로 그들의 차례가 왔다. 로마노프가는 표도르, 알렉산드르, 미하일, 이반, 바실리 등 다섯 니키티치 형제들로 이루어졌다. 그들 중에 모스크바에서 특히 사랑을 받고 인기를 누린 이는 잘 생기고 상냥한 표도르 니키티치였다. 그는 최초의 모스크바 멋쟁이이자 대담한 사람이었다(누군가에게 옷을 입히면서 그 옷에 아첨을 하고 싶으면, 옷이 "표도르 니키티치에 입혀 놓은 것처럼" 딱 맞다고 표현되었다). 1601년 모든 로마노프들은 가족과 함께 곳곳으로 추방되었고 그들 중 두 명(표도르와 이반)만이 이 유배를 이겨내고 살아남았으며, 나머지는 보리스 탓은 아니지만 유배지에서 죽었다. 로마노프가와 함께 그들의 친족들인 체르카스키가, 시츠키(Сицкий)가, 셰스투노프(Шестунов)가, 레프닌(Репнин)가, 카르포프(Карпов)가의 공들도 추방되었다. 한 연대기 편자는 로마노프들이 그들의 사람, 프토로이 바르테네프의 잘못된 밀고 때문에 고통

35) Богдан Яковлевич Бельский. ?~1611. 이반 그로즈니의 총신. 비명문가 출신의 드보랴닌. 동란시대 동안 활동. 1606년에 카잔의 군사령관으로 임명되었으나 1611년에 카잔인들에 의해 살해당했다.

을 겪었다고 이야기한다. 즉 편자에 따르면 프토로이 바르테네프는 세묜 고두노프(Семен Годунов)와의 약정에 따라 로마노프들을 보리스에 '뿌리'를 박지 않았다는 이유로 비난하였었다. 로마노프가의 유배에 대한 흥미로운 문건이 우리에게 전해졌다. 이 문건에는 유배된 보야린들을 학대하지 말고 부드럽게 대하라는 차르의 지시가 들어 있다. 이 문서는 치세 동안의 잔혹한 행위에 대해 지나친 비난을 가하는 것으로부터 보리스를 훌륭하게 변호한다. 비록 그가 실총을 부과할 때 숱한 고문이 가해졌고 수많은 사람들이 고통을 겪었으며, 심지어 그로즈느이 시대와 비교해서도 수많은 밀고들이 횡행하였다는 것이 인정되어야 하지만 말이다. 로마노프들의 유배에 뒤이은 실총들에서 보리스는 사태가 매우 심각하게 계속되고 있었지만 처형이라는 수단은 거의 사용하지 않았다. 보야린들을 박해하면서 어느 누구도 폴란드 국경 너머로 내보내지 않았던 그는 명백히 드미트리의 유령으로 자신을 죽일 수 있었던 음모의 실마리를 불안해하면서 찾았지만 이 실마리를 발견하지는 못했다. 그들은 보리스를 피해 도망치고, 얼마 뒤 죽지 않고 살아난 황태자 드미트리를 사칭하는 어떤 사람이 폴란드에 출현한다.

드미트리를 사칭한 사람이 실제로 누구인지는 알려져 있지 않다. 비록 그의 인격에 관해서는 많은 탐구가 이루어졌고 많은 추측이 표명되었지만 말이다. 모스크바 정부는 1605년 1월에야 그가 갈리치의 보야린 아들, 그리시카 오트레피예프(Гришка Отрепьев)라고 선언하였다. 아마 그 전에는 모스크바에서 참칭자를 누구라고 간주하고 어떻게 불러야 하는지를 몰랐을 것이다. 우리의 옛 역사가들은 전부 이 공식적 진술의 신빙성을 믿었고, С. М. 솔로비요프도 그것을 믿었다. 하지만 솔로비요프는 참칭자의 착각이 그의 편에서는 고의가 아니었으며 오트레피예프 자신은 정작 자신의 차르 혈통을 믿었다는 확신을 견지하였다. 1864년에 첫 번째 참칭자의 인격에 관해 코스토마로프의 뛰어난 연구가 나타났다. 이 저술에서 그는 첫째, 가짜 드미트리와 오트레피예프는 서로 다른 인물이고, 둘째, 자칭 드미트리는 황태자는 아니지만 자신의 차르 혈통을 믿었으며, 셋째, 참칭자는 보야린들의 수중에 있었다는 것을 보여준다. 그는 보그단 벨스키를 이 음모의 가장 중요한 인물로 간주한다. 그 해 1864년에는 비친(Бицын)의 논문〔〈일(日)〉(День), 1864년 51호와 52호, 그리고 〈러시아 문서고〉(Русский Архив), 1886년에 실린 "가짜 드미트리에 관한 진실"(Правда о Лжедмитрии)〕도 출현하였다. 비친(파블로프의 필명)이 보여주려고 하는 바는 모스크바에서는 바로 그리고리 오트레피예프를 참칭자로 준비하고 있었으나, 그가 차르가 되지는 않았던 것 같다는 사실이다. 다시 말해 폴란드에서 오트레피예프를 예수회 회원들이 내세운 다른 미지의 어떤 인물로 대체하였다. 그러나 비친의 논문에는 한 가지 결점이 있다. 즉 논문에는 오트레피예프 전기의 후반부(그가 리투아니아로 도주한 뒤)와 미지의 참칭자 전기의 전반부(그가 황태자의 역할을 하기 전까지)가 없는 것이다. 1865년에는 이콘니코프[36]의 가짜 드미트리에 관한 저술도 나타났다. 이콘니코프는 자신의 논문 "첫 번째 가짜 드미트리는 누구였는가?"(Кто был первый Лжедмитрий)〔〈키예프 대학 통보〉(Киевские Университетские Известия), 1864년 2월〕에서 가짜 드미트리가 때마침 살해에서 목숨을 구한 진짜 황태자라는, 마르제레트와 일부 다른 동시대인들의 관점을 자기 연구의 기반으로 삼는다. 그 후 1866년에는 도브로트보르스키(Добротворский)의 논문〔〈서유럽 통보〉(Вестник Западной России), 1865~1866, 6책과 7책〕이 등장했는데, 그는 자신의 견해에 따르면 가짜 드미트리가 오트레피예프와 다른 사람이 아님을 알려주는 문서를 발견하는 데 성공하였다. 이 문서는 자고롭스크(Загоровск) 수도원(볼린 구베르니야)

36) Владимир Степанович Иконников, 1841~1923. 러시아의 역사가. 키예프 대학 교수 역임. 러시아 학술원 회원.

도서관 책 중 하나에 적힌 표제이다. '정진(精進)에 관한 바실리 대제의' 책에는 면들의 아래쪽에 다음과 같이 언급되어 있다. "천지 창조 7110년(1602) 여름 8월 14일에 오스트로시스크(Острожск)의 공이자 키예프의 군사령관인 … 콘스탄틴 콘스탄티노비치(Константин Константинович)는 우리, 모스크바의 황태자인 수도사 그리고리와 그 동료 수도사들인 바를라암(Варлаам) 및 미사일(Мисаил)에게 이 책을… 주었다." 이 표제로부터 오트레피예프는 바를라암 및 미사일과 함께 키예프에 왔고 오스트로시스크공으로부터 이 책을 받은 것이 분명하다. 그러나 '수도사 그리고리'라는 단어들을 포함한 표제의 일부는 표제의 나머지와는 다른 손에 의해 작성되었다. 도브로트보르스키는 이 필적을 가짜 드미트리의 서명이 있는 문서와 대조하였고 필적들은 그에게 동일한 것으로 보였다. 참칭자에 관한 그 후의 문헌 중에서는 다음을 거론하자. 카잔스키(Казанский) 씨가 쓰고 1877년에 〈러시아 통보〉(Русский Вестник)에 게재된 "첫 번째 가짜 드미트리의 인격에 관한 연구"(Исследование о личность первого Лжедмитрия) (카잔스키는 참칭자에서 오트레피예프를 본다); 그 다음 참칭자의 혈통에 관해서는 절대적인 결론은 삼가하지만 십중팔구 오트레피예프를 생각하고 있는 파벨 피를링[37] 신부의 일련의 탐구들〔《로마와 데메트리우스》(*Rome et Démètrius*) 등〕; 또 이와는 달리 그 판단이 개연적이라기보다는 절대적인 일로바이스키씨의 《모스크바 국가의 동란시대》(Смутное Время Московского государства); 그 다음 리보프의 알렉산드르 기르시베르크(Александр Гиршберг)의 저술, 《디미트르 사즈바니에치》(*Dymitr Sazwaniec*)와 셴킨(E. H. Щенкин)의 저술 《가짜 데메트리우스 1세는 누구였는가?》(*Wer war Pseudo-Demetrius I?*)〔야기치[38] 문서고(Archiv)에 게재〕. 피를링 신부에 의해 출판된 참칭

37) Павел Осипович Пирлинг (Pirling). 러시아인 역사가. 예수회 신부. 파리에 있는 슬라브 도서관 관장 역임.

자가 교황에게 보낸 서한의 복제본은 특히 가치가 있다. 16~17세기 폴란드 수고의 대가인 보두엔 드 쿠르테네(И. А. Бодуэн де Куртене)와 프타시츠키(С. Л. Пташицкий)는 필사 원고가 러시아인(심지어 모스크바인)에 의해 폴란드어로 씌어졌다고 생각하는 경향이 있다.

연구자들의 의견이 불일치하고 역사적 자료들이 불완전한 상황에서 자칭 드미트리라는 인물에 관해 확정적인 견해를 형성하다는 것은 어려운 일이다. 대다수의 역사가들은 드미트리에게서 그리고리 오트레피예프를 인식한다. 코스토마로프는 그의 인격에 대해서 아무 것도 모른다고 솔직히 말하나 B. C. 이콘니코프와 셰레메테프[39] 백작은 드미트리에게서 진짜 황태자를 인식한다. 그러나 오트레피예프가 이 계획에 참여하였다는 것은 반론의 여지가 없다. 즉 그의 역할이 참칭자에게 유리한 선전에 국한되는 일은 충분히 있을 수 있는 것이다(오트레피예프가 가짜 드미트리와 모스크바에 도착한 뒤 가짜 드미트리가 그를 술 취하게 만들었다는 소문이 있다). 또한 가짜 드미트리가 모스크바의 계획이며, 매수된 이 인물은 자신의 차르 혈통을 믿었고 자신의 차르 즉위를 완전히 정당하고 공정한 일로 간주했다는 주장도 가장 믿을 만한 것으로 받아들일 수 있다.

그러나 루시와 폴란드에서의 참칭자의 편력에 관한 통상적인 이야기들을 세밀하게 살펴보자. 이야기들에서는 실화를 꾸며낸 이야기와 구별하기가 힘들다. 보통 오트레피예프에 관해서는 다음과 같이 이야기된다. 젊었을 때 그는 로마노프가와 체르카스키가 공들의 궁정에서 살았고, 여러 수도원을 전전하였으며, 추도프 수도원에 자리 잡았다.

---

38) Ягич(Jagic) Вартослав, 1838~1923. 문헌학자이자 슬라브학자. 베를린, 페테르부르크, 빈 대학 등의 교수를 역임하였다. 국제 슬라브학 잡지인 Archive für Slavische Philologie(1875~1920)의 발행인을 지냈다.

39) С. Д. Шереметев, 1844~1918. 러시아의 역사가.

그리고는 문어체(книжное письмо)를 연마하기 위해 총대주교 이오프에게 인도되었다. 그 후 그는 리투아니아로 도망을 갔고 얼마 동안 소식도 없이 사라졌다가 비시네베츠키(Вишневецкий) 공의 하인으로 다시 표면에 등장하였다. 그곳에서 그는 병환 중에 자신의 차르 혈통을 밝혔다. 비시네베츠키가와 므니셰크(Мнишек)는 참칭자로 하여금 처음으로 폴란드 사회에서 활동을 시작하게 하였다. 참칭자가 알려지고 므니셰크가의 성(城)인 삼보르[40]에 자리 잡자마자 그의 주위에 프란체스코회 수도사들이 나타나서 그의 지성을 장악하고는 그를 가톨릭교로 개종시켰다. 예수회 회원들은 그들의 업무를 계속하였고, 빈틈없는 아씨 마리나 므니셰크[41]는 젊은 황태자의 마음을 사로잡았다.

폴란드 궁정에 보내져 황태자 자격으로 그들의 영접을 받은 참칭자는 첫째, 로마 교황청에서 지지를 받는다. 왜냐하면 그들이 보기에 참칭자는 모스크바 루시에 가톨릭교를 도입하는 데 훌륭한 구실이 되기 때문이다. 둘째, 폴란드 정부로부터도 지지를 받는데, 참칭자는 그들에게 모스크바에서 영향력을 획득하거나(참칭자가 성공할 경우) 동란을 일으킴으로써 강력한 인접국을 약화시킬 수 있는 매우 편리한 수단이었다. 셋째, 남부 스텝의 유목민들과 사기가 저하되어 모험주의 경향을 띤 폴란드 사회의 일정 부분에게서도 지지를 받는다. 그러나 여기서 우리는 전체적으로 폴란드 사회는 참칭자 건에 대해 신중한 태도를 보였지 그의 인격과 이야기들에 매혹된 것은 아님을 지적하지 않으면 안 된다. 모스크바 황태자 사건에 관해 재상이자 군 지휘관인 얀 자모이스키[42]는 완전한 불신을 표시하였다. “이것은 여하

---

40) Самбор. 리보프 오블라스티에 위치한 도시.

41) Марина Мнишек, 1588?～1614?. 산도미에르시 군사령관의 딸로서 첫 번째 가짜 드미트리의 부인.

42) Ян Замойский, 1541～1605. 폴란드어로 Jan Zamoyski. 폴란드의 위정자로 대 헤트만.

튼 플라우투스[43]나 테렌티우스[44]의 코미디다." 폴란드 상류층은 참칭자를 믿지 않았으며, 1605년의 폴란드 세임도 그를 믿지 않아 폴란드인들이 참칭자를 지지하는 것을 금지하고 지지를 한 폴란드인들을 처벌하기로 결정하였다. 국왕 지그문트 3세[45]는 세임의 이 법령을 지키지 않았지만 그러나 그 자신도 참칭자를 공개적이고 공식적으로 지지한다고 결정하지 않았으며, 참칭자에게 보조금을 주고 그가 자원자들을 자신의 종사단으로 모집하는 것을 허용하는 데 그쳤다. 로마 교황청은 '불행한 황태자'에 대한 호감을 좀더 분명하게 표명하였다. 이와 같은 지지 속에 드미트리는 폴란드인들, 주로 카자크들로 이루어진 군대를 이끌고 루시로 진격하였고 루시의 남부 오블라스티들에서 성공을 거두었다. 그곳에서 사람들은 그를 기꺼이 인정하였다. 참칭자와 모스크바 군대 간의 몇몇 작은 충돌은 보리스의 군대가 도덕적 당혹이라는 어떤 기이한 상황에 처해 있지 않았더라면 참칭자는 자신의 볼품없는 부대로써는 모스크바에 당도하지 못했으리라는 것을 명

---

43) T. Macci Plavti (Plautus), BC 254?~BC 184?. 고대 로마의 희극 작가. 대표작으로 《암피트루오》, 《포로》, 《허풍선이 병사》 등이 있다

44) Publius Terentius Afer, BC 195?~BC 159. 고대 로마의 희극 작가. 대표작으로 《계모》, 《자학자》, 《환관》, 《포르미오》, 《형제》 등이 있다.

45) Сигизмунд(Sigismund) III, 1566~1632. 폴란드어로 Zygmunt III. 폴란드의 왕(재위 1587~1632), 스웨덴 왕(1592~1599). 통칭은 바자(waza). 스웨덴 왕 요한 3세의 아들로 합스부르크가의 막시밀리안 대공과 싸워 왕위를 획득하였다. 그러나 스웨덴 왕위를 획득하기 위해 친합스부르크 정책을 취하여 왕권강화를 꾀하였기 때문에 귀족층의 불만을 사게 되었고, 그의 통치에 대한 불만은 결국 제브지도프스키의 반란을 초래하였다. 러시아의 동란시대에는 모스크바공국에 간섭, 한때 모스크바를 점령했으나 차르 지위의 획득에는 실패하였다. 그러나 1618년 데우리노 휴전협정에 의해 스몰렌스크와 체르니고프를 폴란드령으로 귀속시켰다. 또한 폴란드를 오스만제국과 스웨덴의 싸움에 끌어들여, 폴란드의 국력을 약화시켰다. 독실한 가톨릭 신자였던 그는 합동교회(그리스정교의 의식을 따르면서 로마 교황의 주권을 인정하는 교회)를 설립, 반종교개혁에 앞장섰다.

확히 보여주었다. 위대한 차르 씨족의 마지막 인물인 황태자 드미트리의 이름은 모스크바 군대에게서 모든 도덕적 발판을 빼앗았다. 이 부활한 황태자가 진짜인지에 대한 소문을 검증할 처지에 있지 않았던 모스크바 사람들은 그를 믿을 태세가 되어 있었고 자신들의 종교적·정치적 시각에 따라 합법적 차르에 맞서 싸울 수가 없었다. 그리고 보야린들은 그 일부가 참칭자의 성공에 그저 기뻐하였고, 가짜 드미트리의 성공 속에서 혐오스런 고두노프가의 파멸을 예기하면서 차르 군대에 승리할 기회를 드미트리에게 부여하였다.

그리고 고두노프가는 파멸하기 직전이었다. 세베르스크(Северск) 크라이[46]의 사정이 매우 불확실하고 미약한 가짜 드미트리가 차르 군사령관들의 태만 덕분에 시시각각 강화되면서 점점 위협적으로 되어 갈 때, 차르 보리스는 자신과 자신의 가족이 발밑의 기반을 완전히 박탈당하고 합법적 차르의 유령에게 패배를 당했다는 쓰라린 인식 속에 거의 죽어가고 있었다. 보리스의 강력한 인격의 마력이 사라지고 없던 보리스의 아들 하에서 참칭자의 사정은 더욱 빠르게 개선되어 갔다. 보야린들은 더욱 명확하게 행동하기 시작하였다. 새 군사령관인 바스마노프[47]는 군대를 이끌고 바로 드미트리 쪽으로 넘어갔다. 모든 상류 보야린 씨족들은 참칭자를 진짜 차르로 인정하였고 그는 모스크바로 의기양양하게 진격하였다.

모스크바 지성들의 분위기는 매우 위태로웠다. 1605년 6월 1일, 참칭자 측으로부터 플레셰예프[48]와 푸시킨[49]이 나타나 모스크바 슬로보다 중 하나에 멈추고서는 그곳에서 모스크바인들에게 보내는 참칭

---

46) край. 제정 러시아의 지방 행정 단위의 하나.

47) Петр Федорович Басманов, 1568~1606. 보리스 고두노프의 측근으로 군사령관 역임.

48) Л. Плещеев. 드보랴닌.

49) Пушкин. 보야린.

자의 칙서를 낭독하였다. 칙서에서는 황태자의 전체 역사, 그가 목숨을 건지게 된 사정, 군사적 성공 등이 묘사되었다. 칙서는 인민들에게 가능한 한의 특혜를 주겠다는 약속으로 끝을 맺었다. 인민들은 플레셰예프와 푸시킨을 키타이 고로드[50]로 데려 갔고 그들은 그곳의 붉은 광장에서 다시 칙서를 읽었다. 사람들은 이 사건에서 무엇을 믿어야 할지 몰라, 황태자 드미트리의 살해 사건을 심리하였고 누구보다도 드미트리가 사망한 사정 전체를 잘 알고 있던 바실리 슈이스키에게 물어보기로 결정하였다. 전하는 바에 따르면 슈이스키는 인민한테로 가서 자신의 이전 진술을 완전히 버리고, 보리스가 황태자를 죽이러 사람을 보냈지만 황태자는 목숨을 구했고 사제의 아들이 살해되었다고 확신했다. 그러자 인민들은 크레믈으로 돌진하여 차르 표도르와 어머니 및 자매를 붙잡아서 보리스의 옛 보야린 집으로 옮긴 다음 '보리스의 친구들'인 외국인들을 약탈하기 시작하였다. 그 후 곧 참칭자 측으로부터 골리친[51] 공과 마살스키[52]가 고두노프가를 '끝장내기' 위해 모스크바에 도착했다. 그들은 총대주교 이오프를 스타리차[53]로 보내버리고 차르 표도르와 그의 어머니를 살해하였으며 그의 친척들을 유배하고 감금하였다. 고두노프가의 시대는 그렇게 끝이 났다.

1605년 6월 20일 드미트리는 그를 전적으로 확신하는 모스크바인들의 열화 같은 환영 속에 의기양양하게 모스크바에 입성하였다. 나흘 뒤(6월 24일) 제일 먼저 참칭자를 인정한 사람 중의 한 사람인 그리스인 이그나티[54]가 새 총대주교가 되었다. 이윽고 나고이들과 로마

50) Китай-город. 모스크바에서 가장 오래된 역사적 지역 중의 하나. 붉은 광장에서 그리 멀지 않다.

51) Василий Васильевич Голицын, ?~1619. 루시의 공. 보야린. 군사령관직 역임.

52) В. М. Масальский. 모스크바의 공.

53) Старица. 트베리 오블라스티의 볼가 강변에 위치한 도시.

54) Игнатий, 1540?~1620. 그리스 출신의 성직자. 가짜 드미트리 1세 치하

노프들도 유배지에서 되돌아왔다. 로마노프가의 최연장자인 수도사 필라레트는 로스토프의 수도대주교가 되었다. 나중에 유명해진 스코핀-슈이스키[55] 공이 드미트리의 어머니인 수녀 마르파 나가야(Марфа Нагая)를 부르러 갔다. 마르파 측이 참칭자를 아들이자 황태자로 인정하는 일은 궁극적으로 그가 모스크바 제위에 오르는 것을 확고히 하는 것이 틀림없었고, 그녀는 참칭자를 인정하였다. 7월에 그녀를 모스크바로 데려왔고 그녀와 가짜 드미트리 간에 처음으로 감동적인 만남이 이루어졌다. 수녀 마르파는 훌륭하게 다정한 어머니인 척하였다. 드미트리는 사랑하는 아들로서 그녀를 대했다. 드미트리에게서 우리는 그가 자신의 차르 혈통을 믿었고 마르파를 실제로 어머니로 간주했음이 틀림없으며, 그래서 그가 그녀와 만날 때 보인 상냥함이 완전히 진심이었음을 보여주는 많은 증거를 갖고 있다. 그러나 마르파의 행동은 완전히 다르게 나타난다. 참칭자의 외모는 너무나 특별해서 가장 가물가물한 기억조차도 그를 죽은 드미트리와 혼동할 수 없을 것 같았다. 마르파에게 이것은 그녀가 아들과 헤어지지 않았고 아들이 죽었을 때 그 자리에 있었으며 그의 죽음을 비통하게 슬퍼하였던 만큼 더욱더 생각조차 할 수 없는 일이다. 아들 속에 그녀 삶 전체의 희망이 있었기에 그녀는 아들을 매우 소중히 여겼는데, 그런 그녀가 아들을 몰라보겠는가? 그녀가 참칭자에 대해 상냥한 태도를 보인 것은 아들을 부활시킨 이 사람이 그녀가 우글리치에 추방되어 있는 동안 꿈꾸었던 차르 어머니의 지위를 부활시켜주었다는 사실에서 비롯된 것이 분명하다. 이 지위를 위해 그녀는 자칭 아들을 멀리할 경우 벌어질지도 모를 새로운 실총의 가능성을 소심하게 두려워하면

에서 루시의 총대주교를 지냈다.

55) Михаил Васильевич Скопин-Шуйский, 1587~1610. 동란시대의 위정자. 차르 바실리 슈이스키의 조카. 모스크바의 공으로 17세기 초 폴란드-스웨덴 간섭전 때 모스크바 지휘관 중의 한 명이었다.

서 결연히 전인민적인 차원에서 위선적 행동을 벌였던 것이다.

수녀 마르파가 참칭자가 진짜라고 인정하면서 그의 궁극적인 승리를 도와주고 그의 제위 등극을 확고히 하였던 바로 그때, 바실리 슈이스키는 이미 그를 배신하였다. 이 자는 드미트리 사건에서 자신의 진술을 바꾸는 데 주저하지 않았다. 1591년 그는 드미트리의 자살 사실과 보리스의 무죄를 확정하였다. 그러나 고두노프가 죽은 뒤 인민들 앞에서 고두노프가 살인을 저질렀다고 비난하였고 참칭자를 진짜 드미트리라고 인정하였으며 그럼으로써 고두노프가의 몰락을 야기하였다. 하지만 가짜 드미트리가 모스크바에 의해 인정되자마자 슈이스키는 그를 참칭자라고 선언하면서 그에 맞서 음모를 꾸미기 시작하였다. 음모는 새 차르에 의해 제때 폭로되었고, 그는 슈이스키를 선출된 사람들로 이루어진 젬스키 소보르의 재판에 그 형제들과 함께 회부하였다. 아마도 모스크바인들로만 이루어졌을 소보르에서는 어느 누구도 연대기의 표현대로 슈이스키들을 '도와주지 않았으며', '모두'—성직자도 '보야린들과 서민들'도—'그들을 꾸짖었다'. 슈이스키들은 형을 선고받고 유배되었으나 가짜 드미트리에 의해 금방 사면되었다. 참칭자에게 자신의 진정성 문제만큼이나 미묘한 점에서 이 사면은 이 일이 인민의 판단에 넘겨진 상황과 마찬가지로 참칭자가 자신이 '타고난' 진짜 황태자라고 믿었음을 보여주는 것이다. 그렇지 않았다면 참칭자는 슈이스키가가 항상 모스크바 차르들의 측근이었음을 잘 알면서 그들을 존경해왔던 인민들의 심사에 이 문제를 맡기는 위험을 감수하지 않았을 것이다.

모스크바인들은 조금씩 새 차르의 인격에 익숙해져갔다. 차르 드미트리의 성격과 품행은 모스크바인들에게 다양한 인상을 주었으며, 당시의 시각에 따르면 그는 교양은 있으나 교육을 받지 못했거나, 혹은 교육은 받았으나 모스크바인의 기질은 갖지 않은 그런 사람이었다. 그는 차르라는 신분에 맞추어 처신할 능력이 없었으나, 모스크바 차르들을 둘러싼 에티켓과 '의식'(儀式)이 필수적임을 인정하지 않았다. 또 앞뒤 생각 않고 덤벼들기 좋아하였고 점심 후에 낮잠을 자는 것이 아니라 대신 평복으로 모스크바를 어슬렁거렸다. 그는 정교 관습에 따라 행동할 수 없었고 사원들을 방문하지 않았으며 폴란드식으로 옷을 입기 좋아하였다. 또 폴란드식으로 자신의 경비병들에게 옷을 입혔으며 폴란드인들과 교제를 하고 그들을 매우 총애하였다. 그에게는 모스크바한테 밉살스러운 가톨릭교와 폴란드의 냄새가 났다.

그러나 폴란드인의 관점에서 보더라도 그는 교육 받지 못한 사람이었다. 그는 교양이 없었고 폴란드어를 서투르게 구사하였으며 라틴어 구사는 훨씬 좋지 않아 'imperator' 대신에 'in perator'라고 썼다. 물론 그는 개인적 장점으로는 마리나 므니셰크 같은 귀인을 유혹할 수가 없었다. 그는 매우 못생겼다. 길이가 다른 팔, 얼굴에 난 큰 사마귀, 못생긴 큰 코, 곧추 선 머리칼, 호감을 불러일으키지 못하는 얼굴 표정, 허리가 없는 볼품없는 몸집 등 바로 이러한 것이 그의 외모였다. 운명에 의해 폴란드에 던져지고, 지혜롭고 사태파악 능력이 뛰어나며 자신의 행동에서 계산의 의혹이 없는 그는 폴란드에서 외부 '문명'을 습득하고 이것저것을 배웠으며, 제위에 오른 뒤 폴란드와 학문, 그리고 마시고 떠들고 노는 스텝 도락가의 취향과 더불어 폭넓은 정치적 계교에 대한 사랑을 보여주었다. 그는 어떤 전통도 들어 있지 않은 미치광이 같은 머릿속에서 투르크 정복이라는 공상적인 계획을 품었고, 이 정복을 준비하였으며 유럽에서 동맹국을 찾았다. 그러나 이 기괴한 천성에서 이성적인 지력도 일부 눈에 띄었다. 지력은 내정과 대외정책 모두에서 나타났다. 전설에 따르면 보야린 두마에서의 사태 경과를 쫓아가면서 참칭자는 아주 날카로운 사고와 판단으로 보야린들을 놀라게 하였다. 그는 보야린들이 오랫동안 생각하고 오랫동안 논쟁한 일들을 쉽게 결정하였다. 외교관계에서 그는 많은 정치적 수완을 발휘하였다. 로마 교황과 지그문트 국왕에게 특히 많은 신세를 진 그는 보는 대로 그들과 아주 좋은 관계를 맺고 있었고 그들에게 변함없는 충성심을 확신시켜 주었지만, 루시 교회를 교황권에, 루시 정책을 폴란드 외교의 영향력에 종속시키려고 조금도 서두르지 않았다. 폴란드에 있으면서 그는 가톨릭교를 채택하였고 국왕과 교황에게 아주 광범한 많은 약속을 하였으나, 모스크바에서는 가톨릭교와 자신의 의무를 잊어버렸다. 그것들을 상기시켜주었을 때 그는 반투르크 동맹의 제안으로 이에 응답하였다. 그는 그들을 유럽으로부터 구축할 것을 꿈꾸었던 것이다.

그러나 쉽게 빠지는 그의 천성에서 모든 정치적 업무보다 훨씬 중요한 것은 마리나에 대한 애착이었다. 이 애착은 심지어 그의 외교 업무에도 반영되었다. 그는 아주 초조하게 마리나가 모스크바로 오기를 기다렸다. 1605년 11월 크라쿠프[56]에서 그들의 약혼식이 거행되었는데, 여기서 약혼남의 자리를 차지한 사람은 차르의 사절인 블라시예프[57]였다. (이 블라시예프는 약혼식 동안 독특한 행동으로 폴란드인들을 놀라게 하고 웃게 만들었다. 약혼식 동안 예식에 따라 드미트리가 마리나 외에 누군가에게 약속을 한 일이 없느냐고 물었을 때 그는 다음과 같이 대답하였다. "제가 어떻게 알겠습니까? 그 문제에 대해 저에게 아무 훈령이 없었습니다!") 하지만 마리나는 1606년 5월 2일에야 모스크바에

---

56) Kraków. 폴란드 남부 크라쿠프 주의 주도. 8세기 무렵 성채가 축조되었고 10세기 후반 체코 지배 아래 놓였으나, 10세기 말에는 폴란드령이 되었다. 1320~1609년 폴란드 왕국의 수도였으며, 1596년 바르샤바로의 천도 후 쇠퇴하였다. 제3차 폴란드 분할(1795) 후에는 오스트리아령이 되었으며 1809년 나폴레옹에 의해 바르샤바공국에 합병되었다. 1815년 빈회의에서 시가지와 그 주변이 러시아와 오스트리아와 프로이센 보호 아래 놓인 크라쿠프 공화국으로서 자치가 허용되었으나 1846년의 독립봉기가 실패하여 다시 오스트리아에 합병되었다. 그 뒤 오스트리아령 폴란드의 정치와 문화 중심지가 되었으며 제1차 세계대전 후 폴란드로 되돌려졌다.

57) Афанасий Иванович Власьев, ?~?. 16세기 말~17세기 초 러시아의 외교관.

도착했고 8일에는 결혼식이 거행되었다. 예식은 구 루시 관습에 따라 이루어졌으나 여기서 폴란드인들이 결혼식에 참석하고 사소하지만 일부 의식을 지키지 않은 일은 루시인들을 불쾌하게 만들었다. 므니셰크가 폴란드인 수행원들의 불손하고 오만한 품행도 인민들의 마음에 들지 않았다. 폴란드인들의 호의를 가진 차르 드미트리는 이전처럼 인민들에게 마력을 더 이상 발휘하지 못하였다. 그에 반대하는 전반적으로 분명한 흥분은 없었지만, 인민들은 그에게도 그의 폴란드인 친구들에게도 불만이었다. 하지만 이 불만은 한 동안 공개적으로 표출되지 못하였다.

가짜 드미트리는 이미 최후의 고두노프 — 표도르 보리소비치 — 가 사망하고 차르로 등극했던 그 순간, 자신의 창조자들에 의해 예정되었던 소임을 다하였다. 그가 승리한 순간부터 보야린들은 더 이상 그가 필요하지 않았다. 그는 자신의 소임을 끝마치고 어느 누구에게도 더 이상 필요하지 않는 도구처럼 되었다. 없는 것이 차라리 나을 여분의 짐이 되었다. 왜냐하면 이 짐을 제거하면 제위로 가는 길이 제국에서 가장 훌륭한 사람들에게 열릴 것이기 때문이었다. 그리고 보는 대로 보야린들은 참칭자가 차르가 된 첫날부터 이 방해물을 제거하고자 애를 쓴다. 그들은 반보리스 음모를 꾸몄듯이 이제 가짜 드미트리에 대한 공격을 개시한다. 일부 견해에 따르면 이전에 보그단 벨스키가 그랬듯이 슈이스키가 그들의 선봉에 섰다. 그러나 처음에 슈이스키들은 너무나 성급하였고 하마터면 죽을 뻔했으며 우리가 본 대로 추방당했다. 이 교훈은 그들에게 헛되지 않았다. 1606년 봄 B. И. 슈이스키는 골리친가와 함께 매우 조심스럽게 움직이기 시작하였다. 그들은 모스크바 주위에 주둔한 군대를 자기 쪽으로 끌어들이는 데 성공하였다. 5월 16일과 17일 사이 밤에 그들의 부대는 모스크바에 불러들여졌으며, 그곳에서 슈이스키는 이미 충분한 동조자를 확보해 놓고 있었다. 하지만 모스크바의 모든 사람이 절대적으로 반(反) 참칭자의 분위기가 결코 아님을 알고 있는 모반자들은 인민들을 속이는 것이 필요하다고 생각하여 마치 차르를 위하고 그를 무례하게 대하는 폴란드인들에 반대하는 것처럼 폭동을 일으켰다. 그러나 사태는 곧 명확해졌다. 차르는 참칭자라고 선언되었고 5월 17일 아침 살해되었다. 얼마 전까지만 해도 사람들이 감동적으로 만나고 그가 살아 있음을 그토록 기뻐했던 '진짜 황태자'는 '파문된 성직자', '이단자', '폴란드 건달'이 되었다. 이 격변의 시기 동안 총대주교 이그나티가 축출되었고 2~3천 명의 루시인과 폴란드인들이 살해되었다. 모스크바의 서민들은 이와 같은 종류의 사태에 맛을 들이기 시작하였다.

동란의 두 번째 시기: 국가질서의 와해

В. И. 슈이스키공의 차르 등극

모스크바는 차르가 없게 되었다. 코스토마로프의 적절한 표현에 따르면, "드미트리는 고두노프가를 절멸시켰고 그 자신도 유령처럼 사라져버렸다. 그리고 그 뒤에는 모스크바 국가를 하마터면 삼켜버릴 뻔한 무서운 심연이 남았다"("첫 번째 드미트리는 누구였는가", 62쪽). 사실 표도르가 죽은 뒤에 주인은 이리나였고, 보리스는 더욱더 그랬다. 고두노프들이 죽자 드미트리가 주인이 되었으며 드미트리 후에는 어느 누구도 주인이 아니었다. 아니 좀더 정확히 말하면 보야린 층이 주인으로서 행세할 준비가 되어 있었다. 전장에서 보야린 층은 유일한 승리자였다. 이미 드미트리가 타도되기 전에 참칭자를 공격한 보야린들은 그들 중 어느 누가 하느님의 허락으로 차르가 되더라도 이전의 '억울함'에 대해 보복하지 않을 것이며 국가를 '전체 협의에 의해' 운영해야 한다는 약속을 하였다는 이야기가 전해온다. 1598년 경 보리스 하에서 처음으로 떠오른 차르 권력의 제한에 대한 발상이 이제 다시 상기되었다. 1601년부터 보리스가 보야린들에게 유쾌하지 않았듯이, 자신들의 동료들로부터 나온 차르도 자신들에게 '유쾌하지 않을' 수가 있었기 때문에, 보야린들은 한편으로는 자신들의 지위를 공식화하고 다른 한편으로는 통치에 참여하기를 원하였다. 그러나 보야린들에게 기분 좋았던 보장들 외에도 보리스가 선출되었다는 바로 그 사실과 나아가 보리스가 전 백성들의 소보르에 의해 차르로 선출되었다는 사실은 보야린들의 기억 속에 들어왔음이 틀림없다. 하지만 이 소보르 선출은 이 순간 전 권력을 수중에 장악한 계층으로서 보야린들에게 완전히 바람직하지 못한 선례에 불과했다. 이리하여 소보르 없이 일이 진행되었다.

격변 이후 모스크바는 곧 정신을 회복하지는 못하였다. 5월 17일과 18일에도 도시의 분위기는 평상적이지 못했다. 5월 19일 아침 일찍 인민들은 붉은 광장에 모였다. 성직자와 보야린들은 차르 선출을 위해 '자문할 사람들'을 소집하는 서한을 발송할 총대주교를 선출할 것을 인민들에게 제안하였으나 군중 속에서 더 필요한 것은 차르이며 B. И. 슈이스키가 차르가 되어야 한다는 외침이 들렸다. 어느 누구도 성급히 군중들의 이 성명에 반대하지 않았고 슈이스키는 차르로 선출되었다. 그렇지만 여기서 '선출되었다'고 말하기는 힘들다. 동시대인들의 훌륭한 표현에 따르면, 슈이스키는 단지 자신들의 '자발적 참가자들'에 의해 '큰소리로 호출되었을' 뿐이며, 이러한 사정은 슈이스키 정부가 그가 전 백성의 지지를 받아 선출되었다고 내세우고 싶어도 인민들 사이에서 유야무야될 수 있는 그런 성질의 일이 아니었다.

연대기는 슈이스키의 선출에 대해 숨길 수 없는 불만 감정을 갖고, 슈이스키를 어떻게 선출하였는지를 다른 도시들에서 몰랐을 뿐만 아니라 "모스크바에서도 많은 사람들이 알지 못했다"고 말한다. 그리고 이러한 이야기와 나란히 우리는 이 연대기 편자에게서 슈이스키가 우스펜스키 대성당에서 대관식을 할 때 "소보르 없이는 어느 누구에게도 절대 나쁜 일을 하지 않겠다"고, 즉 연대기의 직접적 의미로는 젬스키 소보르의 참여 하에 재판을 구성하여 주재하겠다고 전인민적으로 맹세할 생각을 하였다는 매우 흥미로운 메모를 만난다. 그러나 보야린들과 교회에 있던 다른 사람들은 슈이스키에게 루시에서는 이런 것에 친숙하지 않으니 새로운 것을 도입하지 말라고 말하기 시작한 듯하다. 이 연대기 정보를 우리에게 전해진, 슈이스키가 소보르에서 맹세한 십자가 선서서와 대조해보면, 우리는 이 문서들이 진술하는 증언의 의미에서 그것들 사이에 존재하는 차이를 깨닫는다. 선서서에는 사태가 달리 묘사된다. 선서서에는 소보르에 대해서 한 마디도 언급되지 않고 새 차르는 다음과 같이 말한다. "짐은 다음과 같이 십자가 선서를 하도록… 허용 받았다. 모든 사람의 대군주인 짐은 보야린들이 함께 하는 진실된 재판으로 판결하지 않고는 사형을 내리지 않을 것이며, 또 그들과 같은 생각을 하지 않는 그들의 형제와 부인과 자식들로부터 세습영지와 집과 가축들을 빼앗지 않을 것이다. 또 비록 어떤 사람이 재판과 수사에 의해 사형을 받을 죄에 이른다 하더라도 대상인과 상인과 검은 사람들[58]로부터 빼앗지 않을 것이고, 그들(이 죽은—옮긴이) 후 부인과 자녀들로부터 집과 상점과 가축들을 빼앗지 않을 것이며, 그들은 그의 죄에 책임이 없을 것이다. 또한 정교도들이 죄 없이 파멸하지 않도록 대군주인 짐은 잘못된 논거를 듣지 않을 것이고 수사를 철저히 할 것이고, 서로 대질할 것이고, 어떤 사람을 비방하는 사람은 그의 죄에 따라 처벌할 것이다."

이 구절에서는 통상적으로 보야린들이 슈이스키에게 제시한 제한의 진정한 조건들을 본다. 슈이스키의 이 맹세를 좀더 정확히 정리한다면 그것은 다음 세 가지로 귀착될 수 있을 것이다. (1) 차르 슈이스키는 두마의 결정 없이 어느 누구에게서도 생명을 박탈할 권한이 없다.

---

58) черные люди. 농노, 최하층 납세자 혹은 국유지에 사는 납세 의무가 있는 농민들을 가리킨다.

우리가 이미 알고 있듯이 보야린들은 이미 차르를 선출하기 전에 “전체 협의에 의해 … 제국을 통치한다”는 약속을 하였다는 이야기가 존재한다. 그러나 연대기 편자가 틀리지 않았고 우스펜스키 대성당에서 슈이스키가 실제로 보야린 두마의 이름이 아니라 소보르의 이름으로 맹세를 했다면 우리는 이것이 슈이스키 측에서 보야린들의 제한을 전 백성의 제한으로 대체하려고 시도한 것이라고 주장할 수 있는 권한을 갖는다. 하지만 이 시도는 만일 있었다 하더라도 실패한 것으로 드러났다. 인민들은 슈이스키가 자신들에게 부과한 이 제한을 자발적으로 거부하였지만, 보야린들은 자신들의 약정을 거부하지 않았으며 슈이스키의 증서에서 제한이라는 중요한 권한은 바로 보야린 두마에게 부여된다. (2) 더욱이 В. И. 슈이스키는 어떤 범죄를 저지른 사람들을 박해할 때 죄가 없는 그들의 친척은 박해하지 않겠다고 십자가 선서를 하였다. 슈이스키의 이 약속은 보야린들뿐만 아니라 관리 신분이든 탸글로 신분이든 나머지 관등에게도 똑같이 해당된다. 한 씨족원의 정치적 과실에 대해 온 씨족을 박해하는 관습이 모스크바에 존재했다. 보리스도 다른 군주도 이 관습을 유지하였다. 이제 이러한 관습을 폐지하려는 노력이 벌어졌고, 보야린들의 이해뿐만 아니라 나머지 사람들의 이해도 고려하였다. (3) 끝으로, В. И. 슈이스키는 신중한 심리에 의한 조사가 없이는 밀고를 신뢰해서는 안 되었다. 밀고가 부당한 것으로 밝혀지면 밀고자는 처벌되어야 한다. 새 차르의 바로 이 맹세에서 우리들은 밀고가 체계화되어 가장 사악한 것이 된 때였던 고두노프 시대의 밀고에 대한 암시를 느낄 수 있다. 슈이스키의 모든 약속은 이 세 가지 조건으로 완전히 실행된다. 이제 막 연구된 선서서에서 차르 전권의 실제적인 제한을 찾기는 힘들며 단지 이 전권이 경멸스러운 방식으로 발휘되는 것에 대한 거부만을 볼 수 있다. 즉 차르는 변덕스런 개인적 전횡을 자제하고, 모스크바 국가 시대 내내 존재하면서 항상 법을 수호하고 법을 만들지만 형식적으로 차르 권력을 제한하지는 않던 기관인 보야린들의 재판정을 통해 활동하겠다고 약속할 뿐인 것이다.

그리하여 슈이스키는 백성들의 합법적인 선출이 아니라 보야린들의 계획에 의해 제위에 올랐으며, 때문에 보야린들에게 의존할 수밖에 없었다. 1606년 5월 17~19일에 있었던 격변은 나라 전체에게 그렇게 예기치 않게 발생하였고, 너무나 급속히 사태가 진행되어서 드미트리의 참칭과 그의 타도와 슈이스키의 선출은 백성들에게 전혀 설명할 수 없는 이야기인 것처럼 보였음이 틀림없다. 이 모든 사건은 느닷없이 닥쳤으며 차르 드미트리를 차르 바실리로 교체하는 일이 적법함을 보여주어야 하였다. 슈이스키는 차르로 즉위하자마자 바로 자신의 이름과 보야린의 이름, 그리고 황후 마리야 나가야, 즉 수녀 마르파의 이름으로 순회 칙서를 도시들로 보냄으로써 자신의 정부와 함께 이 일을 하고자 하였다. 이 칙서에서 차르 바실리는 인민들에게 (1) 타도된 차르는 참칭자이고, (2) 슈이스키 자신은 제위에 대한 실제적인 권리를 갖고 있으며, (3) 자신은 적법하게 선출되었지 스스로 차르가 되겠다고 호소한 것은 아니었음을 보여주고자 한다.

В. И. 슈이스키 자신은 칙서에서 드미트리가 참칭자라고 선언하였다. 그는 타도된 차르 드미트리를 그리시카 오트레피예프라고 불렀고, 지금 확신할 수 있는 한 썩 엄밀하지 않은 사실들을 선정해 보여줌으로써 이를 증명하였다. 보야린들과 다른 모스크바 사람들도 자신의 편지들에서 동일하게 증명하였고, 사실들을 선정하는 데 별로 거리낌이 없었다. 마르파 나가야도 별개의 편지에서 이를 증명하였다. 편지에서 그녀는 그리시카 오트레피예프가 자신에게 으름장을 놓았고 겁이 나서 그를 인정하였다고 자백하지만, 동시에 보야린들에게 그의 참칭에 대해서 몰래 말했으며 지금은 전 인민들에게 이것을 확증한다고 쓴다(아니 좀더 정확히 말해서 다른 사람들이 그녀를 위해 쓴다).

그러나, 이 모든 편지들의 내용을 들은 루시인들은 슈이스키가 이 문제에서 입장을 바꾸었고, 슈이스키 자신은 모스크바로 하여금 억지로 차르 드미트리의 진정성을 믿게 만들었으며, 마르파(슈이스키의 경멸스런 협력자이자 슈이스키처럼 당시의 정치적으로 부도덕한 사람들의 표본)도 한때는 열광적으로 참칭자의 친절을 받아들였고 그 친절에 매우 따뜻하게 응대했다는 것을 알았다. 이러한 상황에서 많은 오해와 의혹이 여전히 존재하였고 두세 장의 편지로 그것들을 풀 수가 없었다. 물론 슈이스키 자신도 이것을 이해하였다. 그는 제위에 오른 직후인 1606년 6월에, 이전 차르가 참칭했다는 모든 다른 증거는 제쳐두고, 황태자 드미트리를 시성한다. 그리고 6월 3일에는 그의 유골을 우글리치에서 모스크바의 아르한겔스크 대성당으로 정중하게 옮기고, 그럼으로써 이 종교적 의식을 정치적 신념의 수단으로 변모시킨다.

슈이스키가 보여주고자 했던 두 번째, 그것은 제위에 대한 자신의 천부적 권리이다. 여기서 그는 죽은 왕조와의 단순한 친족관계에 의존할 뿐만 아니라 모스크바 차르들인 다닐로비치(Данилович) 씨족 앞에서 자신이 연장자임을 보여주려고 하기도 한다. 슈이스키 씨족은 모스크바공들의 씨족과 마찬가지로 알렉산드르 야로슬라비치 넵스키의 직접적인 후손들이었고 슈이스키가는 수즈달 공들의 계열인 모스크바의 다닐로비치가와 비교하여 연장자의 혈통을 실제로 이어받았다. 그러나 이 먼 연장자 자격은 지금 인민들의 눈에는 거의 의미가 없었고 그 자체만으로는 슈이스키의 제위 등극을 정당화할 수가 없었다. 이것을 위해서는 인민 의지의 참여와 젬스키 소보르의 승인이 필수적이었지만 새 차르는 이를 개의치 않았다.

하지만, 그럼에도 불구하고 인민들에게 보낸 칙서에서 차르 바실리는 드미트리의 참칭과 제위에 대한 자신의 권리 외에도 자기가 차르로 선출된 일의 정당성과 적법성을 계속 보여주고자 한다. 그는 "모스크바 국가의 모든 사람들의 선출에 의해 조상들의 세습영지에 임명되었다"고 쓴다. 16세기와 17세기에 우리의 선조들은 일찍이 독립적인 정치적 단위들이었고 그 후 모스크바 국가의 일부가 된 오블라스티들을 '국가'라고 불렀다. 이런 관점에서 당시 '노브고로드 국가'와 '카잔 국가'가 존재하였으며 '모스크바 국가'는 종종 모스크바와 그 우예스트들 자체만을 의미하였다. 우리의 의미에서 국가 전체의 개념을 표현하기를 원했다면 '러시아 제국의 모든 위대한 국가들' 혹은 단순히 '러시아 제국'이라고 말했다. 슈이스키가 자신의 선출에 대해 말하면서 이 후자의 표현들을 전혀 사용하지 않은 것은 흥미롭다. 그가 당연히 말해야 했을 것 같고, 또 1613년 미하일 표도로비치를 선출할 때 사람들이 말하고 썼듯이, '러시아 제국의 모든 국가들의 모든 사람들'이 아니라 '모스크바 국가의 모든 사람들'이 그를 선출하였다. 바로 이 점에서 아마도 슈이스키 측의 용의주도함을 볼 수 있을 것이다. 슈이스키는 완전히가 아니라 반 정도만 속이기를 원했던 듯하다. 그러나 슈이스키는 선출의 적법성을 속이는 일에 성공하지 못했다. 물론 인민들에게 슈이스키 선출의 진짜 사정은 비밀로 남을 수가 없었다. 조그만 어린애에 이르기까지 전 모스크바가 바실리가 전 인민이 아니라 자신의 '동료들'에 의해 제위에 앉혀졌으며, 그를 선출한 것이 아니라 큰 소리로 호출하였다는 것을 알았다. 슈이스키의 선출과 품행에는 허용할 수 없는 위선이 있었고, 모스크바인들은 이 위선을 느끼지 않을 수가 없었다.

인민들로 하여금 새 정부를 쉽게 믿지 못하도록 하는 많은 사정들이 있었다. 새 차르의 인격은 보리스의 인격과는 달리 전혀 인기가 없었다. 새 차르는 젬스키 소보르를 기다리지 않고 제위를 차지하였으며, 많은 사람들은 보리스가 이 소보르를 6주나 기다렸음을 기억하였다. 새 차르는 참칭뿐만 아니라 드미트리의 타도에 대해서도 전혀 일관성이 없고 불분명하게 말하였다. 드미트리에 대해서 차르 자신은 이전에는 그가 진짜 황태자라고 증언하였었다. 끝으로 모스크바에서 발생한 사태의 예외성이 많은 소문과 의혹을 불러일으킬 수 있었다.

이 모든 것은 인민들을 곤혹케 하였으며 새 정부에게서 주민들의 확고한 지지를 빼앗아버렸다. 슈이스키는 상황 자체의 힘 때문에 제위에 오를 때 보야린 집단에 의존하지 않으면 안 되었고 인민 전체에 의존할 수 없었으며, 그의 불행은 이 점에도 있었다. 인민들은 슈이스키를 차르로 인정하면서, 도덕적인 관계, 즉 유일하게 권력에 견고한 힘을 부여할 수 있었던 호감으로 그와 연결되지 않았다. 슈이스키는 인민들에 의해 제위에 앉혀진 것이 아니라 스스로 제위에 앉았다. 인민대중은 그를 의심스럽게 바라보았고 멀리하였으며 가장 악한 사회 분자들 전체에게 맘껏 분기할 수 있는 기회를 부여하였다. 이 분기는 질서 전반을 향하였고, 그럼으로써 아마도 성공하지 못할 대표자겠지만 이 질서의 대표자로서 슈이스키를 향하였다.

가장 악한 분자들은 루시 땅의 사회계층 전체와 그 전역에 존재하였다. 슈이스키와 함께 권좌에 있었던 일부 보야린들은 자신들에게 유익하지 않고 음모에 가담하지 않았으며 가짜 드미트리에게 충실했던 보야린들(살티코프,[59] 샤홉스코이,[60] 마살스키, 벨스키)을 오지의 군사령관 직으로 쫓아버리면서, 과두제적 취향을 나타냈다. 동시대인들은 슈이스키 하에서 이 보야린들이 차르 자신보다 더 많은 권력을 지녔으며 가짜 드미트리파 보야린들과 싸웠다고, 요컨대 원하는 바를 했다고 말한다. 권력에 진입하지 못하고 사태 진행에서 영향력이 없으며 새로 확립된 질서에 불만을 가진 또 다른 일부 보야린들은 여느 때처럼 숨겨진 반대파가 되었다. 이 반대파는 누구, 그리고 무엇을 위하여 존재했는가? 물론 개인의 이익과 이미 한번 맛본 참칭자를 위해서였다. 한때 참칭자를 모스크바까지 데리고 간 뒤 흥분 속에 생활하고 크게 동요하고 있던 카자크들은 제쳐두고라도, И. Е. 자벨린이

59) М. Салтыков. 모스크바의 보야린.

60) Григорий П. Шаховской. 루시의 공.

표현하듯이 '루시 대륙', 즉 국가질서를 지탱해주던 중간계층은 발생한 사건들에 곤혹스러워 했으며 여기저기서 드미트리를 위해 슈이스키를 결코 인정하지 않았다. 그들은 드미트리에 대해 어떤 확실한 것도 알지 못했고 드미트리의 허구와 죽음을 믿지 않았으며, 슈이스키가 제위에 오르는 것을 원하지 않았다. 그리고 사회의 상층과 하층 전부 모든 정치적 사건들에서 정의감을 잃어버리고 무엇을 위해 동란에 맞서야 하는지를 몰랐거나, 아주 다양한 동기로 동란을 스스로 준비하였다.

민심의 동란은 실제 동란으로 매우 급속히 전화하였다. 슈이스키가 차르로서 통치한 첫 날부터 이 동란은 시작되었고, 앞서 보리스와 가짜 드미트리를 쓸어버렸듯이 차르를 쓸어버렸다. 그러나 지금 슈이스키 시대에 동란은 이전과는 다른 성격을 지닌다. 이전에 동란은 말하자면 궁전의 보야린 동란이었다. 권좌에 있던 사람들은 왕조가 중단된 순간에 권력의 배타적인 점유가 얼마나 중요한 것인지를 감지하고 이미 표도르 하에서 이 권력을 두고 논쟁하였다. 이때 승리자로 남은 사람은 보리스였고, 그는 제위를 차지하였다. 그러나 그 뒤 궁정의 보야린 음모는 보리스도 제거하였다. 하지만 이 음모는 궁정생활을 바탕으로 해서만 이루어진 것이 아니라 궁정 밖으로 드러나 인민들을 자극하는 음모였다. 이리하여 참칭자가 그 결과물인 이 음모에는 인민대중이 참여하였지만, 그들은 우둔한 세력으로서 바로 이 궁전 보야린 계층의 조정과 지도를 받았다. 참칭자를 제거한 음모는 마찬가지로 과두제적 계략의 성격을 띠었지 인민운동의 성격을 띠지는 않았다. 그러나 그 후 사태는 다르게 진행되었다. 과두제가 실현되었을 때 슈이스키를 지도자로 하는 과두정 집정자들은 갑자기 인민대중에 맞닥트리게 되었다. 그들은 자신들의 목적을 위해 여러 번 이 대중들을 궐기시켰다. 이제 이 대중들은 운동에 익숙해지기라도 한 것처럼 동요하였고, 이미 단순한 수단이 아니라 자발적 세력으로서 어떤 자신들의 목표를 추구하였다. 과두정 집정자들은 자신들의 수중에 습관적으로 간직하였던 운동의 끈이 수중에서 미끄러져 떨어져나가고 그들 발밑의 기반이 흔들리는 것을 느꼈다. 그들이 루시 백성을 다스리는 권력의 역할에 만족하기로 한 바로 그 순간 이 루시 백성은 그들에 맞서 궐기하기 시작하였다. 이리하여 슈이스키의 차르 즉위는 우리 동란의 역사에서 전환점으로 간주될 수 있다. 이 순간부터 동란은 상류계급의 동란으로부터 마침내 인민적 동란의 성격을 띠고 이 인민들의 동란은 슈이스키와 과두정 모두를 물리친다.

만일 연대순에 따라 점진적으로 이 새로운 시기에 발생한 동란의 전개과정을 추적한다면 당신은 어쩔 수 없이 너무나 많은 세부사항 속에서 당혹해 할 것이나, 그것들을 조심스럽게 눈여겨보면 여기서 세 가지 기본 사실을 식별할 수 있는 가능성을 발견한다. (1) 볼로트니코프[61]가 주된 역할을 하는, 슈이스키에 반대하는 최초 운동. (2) 투시노 도적[62]의 등장과 모스크바와 투시노의 투쟁. (3) 외국인들의 동란 개입. 하지만 이 사실들은 점차 하나씩 교대로 나타나지 않으며 종종 병행하여 나란히 전개된다. 볼로트니코프가 승리할 기회를 잃고 나서 여전히 슈이스키의 포위를 강하게 받고 있을 때 투시노 도적이 나타난다. 슈이스키와 도적 사이의 투쟁이 한창일 때 스웨덴인과 폴란드인들이 루시에 나타난다.

먼저 위 사실들 중 첫 번째 사실, 즉 샤홉스코이와 볼로트니코프의 운동으로 눈을 돌려보자. 아무리 이상하게 들릴지라도 궁전에서 드미

---

61) Иван Исаевич Болотников. 1606~1607년 슈이스키에 반대하여 반란을 일으킨 종군 노예 출신의 인민운동 지도자. 이 반란은 러시아 최초의 농민전쟁으로 동란의 주요 원인이 되었다. 반란이 실패로 돌아간 뒤 1608년에 처형되었다.

62) Тушинский вор. 가짜 드미트리 2세의 별명. 그가 모스크바 근교의 마을 투시노(Тушино)에 자리를 잡고 모스크바를 포위한 데서 유래한다.

트리가 아니라 어떤 다른 사람을 죽였다는 소문이 심지어 모스크바 자체에서도 빠르게 퍼져나감에 따라, 사람들은 가짜 드미트리의 시신을 붉은 광장에서 여전히 치울 수가 없었다. 그 전에 대격변이 있던 바로 그 날 참칭자의 지지자 가운데 한 사람인 미하일 몰차노프[63]가 모스크바에서 도주하여 리투아니아 국경으로 잠입한 뒤 삼보르에 나타나 차르의 생존에 대한 소문을 퍼뜨렸다. 몰차노프는 그 자신 참칭자의 역할을 하기를 전혀 원하지 않았으며, 그런 역할을 하겠다고 결심하고 그것을 할 수 있을 다른 어떤 사람을 찾아냈다.

드미트리에 관한 소문은 슈이스키의 지위를 즉각 매우 불안하게 만들었다. 불만을 품은 사람들이 매우 많았고 그들은 드미트리의 이름에 매달렸다. 일부는 대격변 때 그가 살아남았음을 진심으로 믿었기 때문이었고 다른 일부는 그의 이름 외에는 자신들을 단결시키고 반란에 정의를 위한 합법적 투쟁이라는 성격을 부여할 수 있을 다른 어떤 것도 없었기 때문이었다. 몰차노프가 퍼뜨린 소문과 동시에 북부 도시들에서도 그러한 소문들이 나타나 그곳에서 제일 먼저 실제적인 동란을 야기하였다. 가짜 드미트리의 지지자로서 이 때문에 푸티블[64]의 군사령관직으로 좌천된 그리고리 샤홉스코이공은 슈이스키에게 이런 유의 형벌이 갖는 곤혹스러움을 즉각 보여주었다. 그는 푸티블에서 드미트리가 살아 있고 이 드미트리를 위해 도시 전체가 슈이스키에 맞서 곧 궐기할 거라고 선언하였다. 다른 북부 도시들과 내친 김에 말하자면 옐레츠[65]와 체르니고프도 푸티블의 예를 따라 매우 빠르게

63) Михаил Андреевич Молчанов. ?~1611. 차르 보리스 치하의 평범한 드보랴닌. 보리스 고두노프 살해 가담자. 가짜 드미트리 1세의 측근으로 동란 과정에서 반(反) 슈이스키 음모의 중심이 되었다. 나중에 다른 가짜 드미트리 2세 하에서 궁내관을 역임했다.

64) Путивль. 우크라이나 북동부에 위치했던 고대 도시. 동란 시기 동안 이반 볼로트니코프 반란의 중심지 중 한 곳이었고 일시적으로 가짜 드미트리 1세 군대의 근거지였다.

궐기한다. 체르니고프에서는 안드레이 텔랴텝스키[66] 공이 우두머리였다. 그는 1년 전에는 오랫동안 가짜 드미트리 측으로 넘어가기를 원치 않았지만 가짜 드미트리가 살해된 지금은 언제 어디서 그의 유령이 육화되었는지를 여전히 알지 못하면서도 그의 측으로 즉각 넘어간다. 이 사실은 아마도 텔랴텝스키의 관심을 별로 끌지 못한 것 같은데, 왜냐하면 그는 순전히 슈이스키에 대한 적의로 인해 드미트리를 위해서 궐기하였기 때문이었다. 그 후 반란을 일으킨 도시들을 진압하기 위해 파견된 차르 군대가 반란자들에 의해 격파되자 툴라와 랴잔을 비롯한 남부의 다른 도시들도 반(反) 슈이스키 운동에 가담하였다. 게다가 볼가강 유역의 도시들에서도 혼란이 발생하였다. 페름에서는 차르를 위해 모집된 부대들 사이에 동란이 일어났다. 그들은 서로 살육하기 시작하였으며 군무에서 이탈하였다. 뱌트카에서는 노골적으로 슈이스키를 비난하고 살아있다고 간주된 드미트리를 동정하였다. 많은 지방들에서는 농민과 홀로프들이 궐기하였다. 루시인들에 대한 종속을 털어버릴 기회를 즐거이 맞은 이민족들은 동란을 이용하였다. 그들은 농민 무리들과 공동으로 행동하였다. 모르드바족은 홀로프 및 농민들과 연합하여 니즈니 노브고로드를 포위하였다. 멀리 떨어진 아스트라한에서는 인민들과 카자크들이 차르에 대항하여 궐기하였다. 모스크바 자체에서도 인민들 사이에서 비록 폭동으로까지 발전하지는 못했지만 슈이스키를 매우 불안하게 만든 동요가 뚜렷이 있었다.

상호간에 어떤 관련도 맺지 않고 도처에서 발생한 이 모든 소요는 동기에서도 활동가에서도 서로 구별된다. 여러 계층과 신분들이 이 소요에 참여하고 매우 다양한 목표들이 추구된다. 가장 진지한 운동

65) Елец. 리페츠크 오블라스티에 위치한 도시.

66) Андрей Андреевич Телятевский, ?~1611. 루시의 공이자 보야린. 군사령관. 1606년 여름 체르니고프에서 볼로트니코프 반란에 가담하였다.

은 남부의 세베르스크 땅[67]의 운동이었다. 처음에는 그 중심에 샤홉스코이가 섰다. 그는 드미트리를 위해 운동을 일으켰으나 드미트리의 역할을 할 사람을 찾지 못해 자신이 직접 그 사람이 될 수밖에 없었는데, 그렇지 않으면 인민들 사이에서 운동이 멈출 수도 있었다.

이것을 우려하고 또 몰차노프가 드미트리를 사칭하고 있음을 안 샤홉스코이는 그를 오라고 초청했다. 그러나 몰차노프는 오지 않았고 사태는 실패로 돌아갈 위험에 처했다. 이때 우연히 샤홉스코이는 이반 볼로트니코프라는 원기왕성하고 능력이 뛰어난 흥미로운 인물을 접하게 되었다. 볼로트니코프의 삶은 모험으로 가득 차 있다. 그는 텔랴텝스키공의 홀로프였고 어떻게 하여 타타르족의 포로가 되었으며 투르크인들에게 매각되어 몇 년 동안 투르크의 갤리선에서 일하였다. 그 후 그곳에서 어떻게 해방되어 베네치아로 흘러들어갔는지는 알려져 있지 않다. 베네치아에서 그는 폴란드를 거쳐 루시로 잠입하려 했지만 폴란드에서 억류되었다. 그는 폴란드에서 몰차노프를 만났고 몰차노프는 볼로트니코프가 자신의 계획에 유리한 사람인 것을 알았으며 그에게 다가가서 그를 푸티블의 샤홉스코이에게 보냈다. 샤홉스코이는 볼로트니코프를 반갑게 맞았고 그에게 한 부대를 온전히 맡겼다. 볼로트니코프는 자신의 부대를 확대할 수 있는 손쉬운 수단을 금방 발견하였다. 그는 부랑인과 도적, 도망 농민, 홀로프 등 우크라이나에 모여 있는 사회의 밑바닥 인생들을 자신의 깃발 아래로 불러 모아 그들에게 존재하지 않는 드미트리의 이름으로 사면과 특전을 약속한다. 볼로트니코프는 자신의 대리인과 칙서들을 사방으로 보내면서 가능한 곳에서는 어디서나 슈이스키에 반대하고 드미트리에 찬성해서

---

67) Северская земля. 체르니고프, 노브고로드-세베르스키, 푸티블, 릴스크, 셉스크, 스타로두프, 트루프쳅스크를 포함한 모스크바 국가의 남서부에 위치한 땅을 가리킨다. 동란시대에 세베르스크 땅은 두 가짜 드미트리를 지지하여 궐기하였다.

뿐만 아니라 상류계급에도 반대해서 하층계급을 궐기시키고 바로 이 때문에 동란에 어느 정도 사회운동의 성격을 부여한다.

옐레츠 및 크로미(Кромы)의 차르 군대와 볼로트니코프의 첫 만남에서 승리는 볼로트니코프 측으로 돌아갔으며, 이는 국가의 남반부에서 봉기가 성공을 거두는 데 큰 영향을 미쳤다. 툴라, 베뇨프,[68] 카시라,[69] 오룔,[70] 칼루가, 뱌지마,[71] 그리고 트베리 자체는 바실리 슈이스키에게 계속 충성하였지만 트베리의 몇몇 도시들이 궐기하였다. 랴잔에서는 그리고리 순불로프[72]와 드보랴닌으로서 랴푸노프(Ляпунов)가의 두 형제인 프로코피(Прокопий)와 자하르(Захар)가 지도하는 아주 강력하고 열정적인 운동이 나타났다. 랴잔의 주민들은 당시 이야기 작자의 평가에 따르면 특히 용감하고 대담한 성격으로 두드러졌다. 지리적 위치 덕분에 랴잔 땅은 다른 어떤 지역보다 자주 타타르족의 공격을 받았고 타타르족으로부터 루시를 보호하는 보루일 수밖에 없었다. 랴잔인들에게 그와 같은 혹독하고 호전적 성격이 형성되고, 연대기 편자들이 그들을 난폭함과 '격한 말'에서 경이로운 사람들로서 평가하는 것은 당연하다. 랴푸노프 형제는 자기 지역의 아주 전형적인 대표자였고 매우 활발한 활동으로 두드러졌다. 또 아주 단호하고 대담하게 행동하였고 충동적으로 움직였으며 평온하고 건전한 삶이 아니라 이목을 끄는 삶을 살았다. 랴푸노프들(특히 프로코피)은 뛰어난 개인적 능력에 의해 랴잔 봉기의 선두에 서서 봉기를 슈이

68) Венев. 러시아 서부의 툴라 오블라스티에 위치한 도시.

69) Кашира. 러시아 북서부의 모스크바 오블라스티에 위치한 도시.

70) Орел. 러시아 서부 오룔 오블라스티의 주도. 시의 기원은 1566년 모스크바에 대한 타타르족의 내습을 막기 위하여 요새를 만든 데서 비롯된다. 18, 19세기에 상업도시로 번영하였다.

71) Вязьма. 러시아 서부의 스몰렌스크 오블라스티에 위치한 도시.

72) Григорий Федорович Сунбулов, ?~?. 드보랴닌으로서 위정자. 1606년 여름 랴잔의 드보랴닌 부대를 지휘하였다.

스키에게 위협적인 것으로 만들 수 있었다. 실제로 랴잔에서는 반슈이스키 군대가 매우 빨리 형성되었다. 툴라에서도 같은 일이 벌어졌는데, 그곳에서는 보야린 아들 이스토마 파시코프[73]가 봉기의 선두에 섰다. 툴라 군대뿐만 아니라 랴잔 군대도 특히 드보랴닌 군대였으며 슈이스키의 보야린 정부에 반대하고 드미트리에 찬성하는 성향을 드러냈다. 모스크바로 가는 길에 이 드보랴닌 군대는 전반적으로 괴멸되고 완전히 정치적인 성격은 아닌 적의를 가진 볼로트니코프의 무리와 연합하였다. 그들은 슈이스키 정부뿐만 아니라 당시 존재하던 사회구조에도 반대하였다. 이 경우에 사회적 적대자들이 드미트리의 이름으로 연합하였던 사실을 이해하기 위해서는 약간의 명민함이 필요하다. 볼로트니코프와 함께 하였던 홀로프와 부랑자들의 지향은 당시 상류계급이었던 드보랴닌들의 지향과 완전히 대립되었고, 볼로트니코프는 이 상류계급에 맞서 우크라이나를 선동하였다. 랴푸노프들과 볼로트니코프의 이 연합은 동맹자들이 서로 친숙해지자마자 중단될 수밖에 없었음을 미리 예상해 볼 수 있었을 것이다. 실제로 사태는 그런 식으로 진행되었다. 반란자들의 연합군은 모스크바로 접근하면서 모스크바 근교 마을인 콜로멘스코예[74]에 주둔하였다. 슈이스키의 상황은 극히 위태로웠다. 국가의 남반부 전역이 그에 반대하였고 반란군은 모스크바의 그를 포위하였다. 그는 봉기의 진압은 말할 것도 없고 심지어 모스크바를 방어할 군대도 없었다. 모스크바 자체에서는 곡물의 반입이 반란자들에 의해 중단되었기 때문에 곡물이 불충분하였다. 기아가 시작되었다. "도대체 누가 슈이스키를 위해 기아를 겪

---

73) Истома (Филипп Иванович) Пашков. ?~?. 17세기 초의 러시아 위정자. 1606년 여름 옐레츠-툴라 지역의 운동을 이끌었고, 1606년 10월 모스크바 포위 때 볼로트니코프군과 합류하였다.

74) Коломенское. 모스크바 근교에 있는 고대 촌락으로 1960년에 모스크바로 흡수되었다.

고 싶어 했겠는가?"라고 솔로비요프는 적절하게 언급한다(VIII, 163쪽). 그러나 이번에는 슈이스키는 그의 적이 서로 매우 급속히 반목하였기 때문에 무사히 살아남았다. 드보랴닌 군대는 동맹자들의 약탈적 행동 때문에 그들이 무엇에 호감을 갖고 있고 어떤 목표를 갖고 있는지를 깨달았다. 볼로트니코프는 자신의 의향을 숨기지 않았다. 그는 모스크바에 칙서들을 보냈고 그 칙서들에서 상류계급에 맞서 서민들을 노골적으로 궐기시켰다. 우리는 슈이스키 하에서 선출된 총대주교 게르모겐[75]의 편지로부터 이것을 알고 있다. 그는 편지에서 다음과 같이 말한다. 콜로멘스코예의 도적들이 "모스크바로 저주받을 통지문을 발송하여 보야린들의 홀로프들에게 보야린과 그 부인을 죽일 것을 명령하고 그들에게 세습영지와 봉지를 약속한다. 그리고 이 비딱한 놈들과 이름을 알 수 없는 도적들(즉 서민들)에게 대상인 및 모든 상인을 죽이고 그들의 가축을 약탈할 것을 명령하고, 그들, 도적들을 자신들에게 오라고 해서 그들에게 보야린 신분과 군사령관직, 궁내관직과 서기관직을 부여하기를 원한다."

볼로트니코프와 그의 무리들의 이와 같은 행동과 지향은 랴잔과 툴라의 드보랴닌들로 하여금 그들과의 계속된 연대로부터 이탈하여, 아마도 비우호적이긴 하겠지만 그래도 국가질서의 수호자이자 대표자인 슈이스키 측으로 넘어가게 만들었다. 반슈이스키 반란의 최초 주모자들인 순불로프와 랴푸노프가 맨 처음으로 그에게 자수했다. 랴잔과 툴라의 다른 드보랴닌들도 그들의 뒤를 따르기 시작했다. 바로 그때 트베리와 스몰렌스크로부터 드보랴닌 군대가 슈이스키를 도우러 때마침 도착하였다. 군대는 "도적질을 그만두라"고 볼로트니코프를 설득하였으나 볼로트니코프는 남쪽으로 도주하여 세르푸호프[76]로 다가갔

75) Гермоген, 1530~1612. 1606년부터 1612년까지 전 러시아 총대주교를 역임했다.

76) Серпухов. 러시아 북서부 모스크바 오블라스티에 위치한 도시.

다. 하지만 그는 그곳에서 포위를 당할 경우 비축물자가 거의 없음을 알고서 비축물자가 많은 칼루가로 떠났다. 그곳에서 볼로트니코프는 툴라로 이동하여 드미트리를 기다리지 않고 카자크 참칭자 표트르(Петр)를 오라고 해서 그와 함께 자리를 잡았다. 이 표트르는 또 다른 독창적인 참칭자였다. 그는 가짜 드미트리가 살아 있을 때 테레크 카자크들[77] 사이에 나타나 1592년에 태어난 것처럼 말했지만 사실은 결코 존재해본 적이 없는, 차르 표도르의 아들을 사칭하였다. 그는 차르 드미트리에게 자신에 대해 알려주기 위해 사람을 보냄으로써 활동을 개시하였다. 드미트리는 이 사기꾼이 누구인지 좀더 확실하고 정확하게 파악하기 위해 그와 그의 무리를 좀더 자기한테 가까이 오게 하고 싶었다. 그러나 모스크바로 가는 도중에 가짜 표트르는 드미트리가 죽었다는 것을 알게 되었고 뒤돌아가서는 샤홉스코이와 동행하여 그와 함께 툴라의 볼로트니코프한테 갔다. 이리하여 툴라는 반슈이스키 운동의 중심지가 되었다. 하지만 샤홉스코이도 볼로트니코프도 가짜 드미트리에게 만족하지 못했고, 이전처럼 죽은 가짜 드미트리를 대체할 수 있는 참칭자를 찾기 위해 동분서주하였다. 마침내 그런 사람이 나타났으나 그는 이들과 연합하는 데 실패했다. 1607년 봄, 슈이스키는 열정적으로 행동하기를 결심하고 툴라를 포위하였다. 그는 툴라 부근에서 여름 내내 주둔하였고 우파[78] 강에 둑을 쌓아 도시 전체를 물에 잠기게 하여 반란자들을 굶어죽게 하였다. 1607년 10월 툴라는 차르 바실리에게 항복하였다. 볼로트니코프는 카르고폴[79]로 보내져 익사 당하였고 샤홉스코이는 쿠벤스크[80] 호수의 황야로 추방되었으며 가짜 표트르는 교수형에 처해졌다. 슈이스키는 의기양양

77) Терские казаки. 북 카프카스의 테레크 강변에 거주하는 카자크들.

78) Упа. 오카강의 오른쪽 지류.

79) Каргополь. 러시아 북서부 아르한겔스크 오블라스티의 소 도시.

80) Кубенск. 러시아 북서부의 볼로그다 오블라스티에 있는 호수.

하게 모스크바로 되돌아왔으나 승전의 축하는 잠시 동안에 그치지 않으면 안 되었다.

두 번째 참칭자의 등장

슈이스키가 볼로트니코프를 툴라에 유폐하였을 때 보르[81]라는 별명의 두 번째 드미트리 참칭자가 등장하였다. 그가 누구였는지는 알려져 있지 않다. 사람들은 그에 대해 다양하게 해석하였다. 일부는 세베르스크 방면(Северская сторона) 출신의 사제 아들이라고 말하였고 다른 일부는 그를 당무자(堂務者)[82]라고 불렀으며, 또 다른 일부는 차르의 서기관이라고 불렀다. 그의 흔적이 처음 나타난 것은 프로포이스크(Пропойск, 국경 근처의 리투아니아 도시)에서였다. 그는 그곳의 감옥에 있었다. 그는 감옥에서 빠져나오기 위해 스스로를 나고이가의 친척으로 선언하였고 그를 루시의 스타로두프로 보내줄 것을 요구하였다. 스타로두프로 데려가진 그는 그곳에서 자신의 친구를 세베르스크 방면으로 보내 드미트리가 살아서 스타로두프에 있다고 선언하게 하였다. 스타로두프인들은 참칭자를 확신하였고 그에게 돈을 지원하고 다른 도시들로 그에 대해 편지들을 발송하기 시작하였다. 보르 주위로 종사단이 모였으나 일반 백성의 성격을 띤 것은 아니었다. 종사단은 폴란드 모험가와 카자크, 그리고 온갖 종류의 사기꾼들로 이루어졌던 것이다. 이 어중이떠중이 중에서 어느 누구도 그들이 봉사한 차르의 진정성을 믿지 않았다. 폴란드인들은 참칭자를 함부로 대하였고, 카자크들도 자신들이 수많이 날조하기를 배웠던 자기 자신들의 참칭자들처럼 그를 대하였다. 카자크들에게는 사벨리(Савелий), 예렘카(Еремка), 마르틴카(Мартынка), 가브릴카(Гав-

81) Вор. 도적을 뜻한다.

82) дьячок. 정교 교회의 최하위 근무자를 일컫는 말.

рилка) 등 수십 명의 다양한 황태자들이 동시에 존재하였다. 카자크와 폴란드 이주민들에게 참칭자들은 불법적 이득, 즉 당시의 말로 표현하면 '도적질에 대한' 사적인 계획을 은폐하기 위한 단순한 구실에 불과하였다. 참칭자에게 봉사하면서 그들은 어떤 정치적 목적이나 왕조적 목적도 생각하지 않았다. 그러므로 스타로두프의 도적이라는 사람으로 등장한 인물은 왕조나 일정한 국가적 질서의 대표자가 아니라 두 민족, 즉 루시인과 폴란드인들로 이루어진 약탈자 무리 — 루시가 자신의 정치적 약점과 루시 사회의 불안 때문에 자기한테로 불러들인 무리 — 의 단순한 지도자였다. 그러므로 당시의 사회적 질환의 부산물인 두 번째 가짜 드미트리는 보르라는 적절한 별명을 얻었다. 루시 민족은 이 별명으로써 두 가짜 드미트리를 확실히 구분하였고, 실제로 그들 중 첫 번째는 경솔함과 불안함에도 불구하고 두 번째보다 훨씬 더 진지하였고 호감을 불러일으키기까지 하였었다. 첫 번째는 왕조를 부활시켰으나, 두 번째는 아무 것도 부활시키지 않은 채 단순히 '도적질'을 했을 뿐이었다.

충분히 인민들을 모집한 뒤 보르는 루시 원정에 들어갔다. 볼호프[83]에서 차르 군대를 격파하고 모스크바 자체에 접근하였으며 모스크바 근교의 마을인 투시노에 요새화된 자기 진영의 근거지를 두었다. 보르의 성공은 새로운 세력들을 그의 쪽으로 유인하였다. 카자크 무리들이 하나씩 그의 쪽으로 넘어왔으며 왕의 금지에도 불구하고 폴란드의 소귀족들이 하나씩 자신의 종사단을 이끌고 왔다. 온갖 모험가들이 가짜 드미트리를 자진하여 찾아왔으며, 난폭함과 불손이라는 면에서 그들 중 가장 선두에 놓지 않으면 안 되는 사람은 로진스키[84] 공과 리소프스키,[85] 그리고 얀 파베우 사피에하[86]였다.

---

83) Болхов. 러시아 서부의 오룔 오블라스티에 위치한 도시.

84) Роман Н. Рожинский, ?~1634. 동란시대에 가짜 드미트리 2세 편에서 활약한 헤트만.

모스크바와 모스크바 국가 전체의 상황은 불안하였다. 인민들은 심지어 마리나 므니셰크도 인정한 새 참칭자를 믿어야 할지 아니면 사랑할 이유가 없는 슈이스키 편에 남아 있어야 할지 확실하게 알지 못했다. 슈이스키 자신에게는 투쟁을 위한 수단과 사람이 거의 없었다. 국가의 남부는 이미 황폐화되었고 그의 적들이 그곳에서 주인행세를 하였다. 북부에서 적들은 여전히 확고하지는 못했지만 이미 돌아다니면서 그곳을 노리고 있었다. 그렇지만 북부 오블라스티들은 슈이스키를 도와줄 수 있었고 슈이스키는 이 오블라스티들을 방어해야만 하였으나 그에게는 이를 위한 힘이 없었다. 국가의 이 오블라스티들은 국가의 가장 좋은 부분이었다. 솔로비요프의 말에 따르면 그것들은 남부 오블라스티들에 비해 행복이 가득 찬 상태에 있었다. 이곳에는 평화적인 생업들이 타타르족의 공격에 의해 중단되지 않았고, 특히 백해 상업로가 열린 이래 상업활동이 집중된 곳이기도 하였다. 요컨대 북부 오블라스티들은 가장 부유한 지역이었으며 그들 주민 중에는 평화적인 업무에 전념하면서 자신의 노동과 그 과실을 보호하고 질서와 평온을 지키기를 원하는 백성들이 압도적이었다.

약탈적 임무가 정치적 임무를 압도하였던 투시노에서는 바로 북부에서 더 좋은 노획물을 기대할 수 있음을 아주 잘 이해하였고, 모스크바는 투시노를 항상적으로 정찰하였다. 슈이스키는 그들의 앞길을 막았으나 그의 동생 이반은 사피에하에게 격파당하고 북부로 가는 길이 자유롭게 열렸다. 그곳에는 전략적으로 매우 중요한 거점이 남아 있었고, 이 거점을 장악하는 것이 투시노인들에게 이미 필수적이었는

85) Александр Юзеф Лисовский, 1575 혹은 1580~1616. 폴란드어로 Aleksander Józef Lisowski. 동란시대에 활동한 폴란드의 군사령관.

86) Ян Петр Павел Сапега, 1569~1611. 폴란드어로 Jan Paweł Sapieha. 동란시대에 드미트리 2세를 위해 활약한 폴란드의 외교관이자 리투아니아의 헤트만.

데, 왜냐하면 그것을 차지하지 않고서는 북부에 있는 다른 도시들을 차지하는 것이 불가능했기 때문이었다. 이 거점은 트로이츠키 수도원(트로이체-세르기예프 대수도원)이었다. 투시노인들은 무엇보다도 먼저 이 수도원으로 눈을 돌렸다. 당시 수도원의 상황은 방어자들이 적었고 강고한 벽과 수비대의 개인적 용맹만이 수도원의 지주 역할을 하였기 때문에 안전하다고 할 수 없었다. 방어자들의 수는 전부 15,000명으로 이루어져 있었고 이 수에는 전투 가능한 수도사들도 포함되었다. 이 혼성 부대는 1608년 9월에 수도원을 포위한 사피에하와 리소프스키 전 부대와 싸우지 않으면 안 되었고, 이들은 약 20,000명, 심지어 30,000명에 이르는 병력을 갖고 있었다. 투시노인들의 최초 공격은 격퇴되었고, 그러자 그들은 수도원을 포위하기로 결정했으나 수도원은 매우 오랫동안 저항할 수 있었으며 수도원 안에는 많은 양의 식량이 비축되어 있었다. 그 결과 거의 1년 반 동안(1608년 9월부터 1610년 초까지) 지속된 트로이츠키 수도원의 포위는 특별한 소득 없이 끝났다. 굶주림과 질병에 기진맥진한 수비대는 그런데도 항복하지 않았고, 자신들의 저항으로 매우 많은 투시노 병력을 저지하였다.

하지만 이것은 다른 투시노 무리가 북쪽으로 향하는 것을 막을 수는 없었다. 수즈달, 블라디미르, 야로슬라블, 볼로그다[87]를 비롯한 20여 개의 북부 도시들은 보르의 권력을 인정할 수밖에 없었다. 그러나 그곳에서도 이 도적 권력의 특성 전체가 나타났다. 동란 사태가 가장 적게 영향을 미쳤고, 보르가 어떤 사람인지 여전히 모르며, 슈이스키에 대한 믿음과 특별한 사랑을 지니지 않은 북부의 크라이에서는 보르가 약탈자가 아니라 제위를 추구하는 사람으로 아마도 진짜 황태자일 거라고 생각하였다. 그들은 그의 무리가 처음 등장하면 종

87) Вологда. 러시아 북서부 볼로그다 오블라스티의 주도. 러시아 고도의 하나로 12세기의 기록에도 나타나며 16~17세기에는 상업과 수공업의 중심지로서 번영하였다.

종 그를 인정하였으나 곧 이 무리들이 차르의 군대가 아니라 어중이떠중이의 약탈자들에 불과하다고 확신하게 되었다. 슈이스키의 훈계장과 보르의 봉기를 동시에 듣고 또 그들 가운데 누가 제위에 더 적법한 권리를 갖고 있는지를 알지 못하는 루시인들은 이들에 대해 오직 그 지지자들의 품행에 따라 판단할 수 있을 뿐이었다. 슈이스키의 군사령관들은 당시 질서라는 단어가 의미하는 바에서 질서의 수호자였던 반면에 보르는 많은 것을 약속하였지만 아무 것도 실행하지 못했고 질서도 유지하지 못했다. 그로부터는 단지 돈에 대한 요구만이 나왔을 뿐이고, 그의 부하들은 노략질을 하였으며 난폭하게 행동하였다. 게다가 그들은 폴란드인이기까지 하였다. 백성들은 "투시노인들이 몇몇 도시들을 방패 뒤에(즉 무력으로) 장악하거나, 이 도시들이 자발적으로 (참칭자에게) 십자가 선서를 함에도 불구하고 이전에 분령지들이 그랬듯이 모든 도시들이 판[88] 들에게 은상(恩賞)과 세습영지들을 수여"하고 있음을 보았다. 루시인들의 눈에 이것은 질서가 아니었으며, 그래서 북부 도시들은 슈이스키에게 동조하거나 투시노의 드미트리가 참칭자이자 도적이라고 확신해서가 아니라(그들은 이 문제를 다음과 같이 해결한다. "십자가 선서를 서두르지 말고 일이 어떻게 돌아갈지 서둘러 짐작하지 말라." … "우리에게 아직 멀리 떨어져 있으며, 우리는 회개할 시간이 있다"[89]), 질서 위반자에 맞서 질서를 지키기 위해 하나씩 하나씩 봉기하는 것이다.

이 도시들의 운동은 볼로그다와 서로 연락을 취하면서 볼로그다로

---

88) пан. 판이란 폴란드나 우크라이나에서 지주나 주인을 가리키는 말이다. 여기서는 투시노의 폴란드인 약탈자를 가리킨다. 이하에서는 지주라고 번역한다.

89) 이 구절에서 생략된 부분을 포함한 원문은 다음과 같다. "우리가 하나님이 정의의 분노를 온 루시 땅에 보낼 거라고 듣고 있다 하더라도, 그것은 우리에게 아직 멀리 떨어져 있으며, 우리는 회개할 시간이 있다." 그러니 서두르지 말고 신중히 행동하라는 뜻이다.

하여금 보르에게 십자가 선서를 하지 않도록 설득한 우스튜크[90]에서 시작된 것 같다. 도시들은 서로 편지를 교환하였고 서로 종사단을 보냈으며 함께 투시노인들을 공격하였다. 북부에 있던 슈이스키의 군사령관들이나 선출된 지휘자들이 봉기의 선두에 섰다. 유명한 스트로가노프들[91]도 이 운동에 가담하였다. 투시노인들을 몰아낸 뒤 도시들은 서둘러 다른 도시나 모스크바를 도와주었다. 이리하여 니즈니 노브고로드, 블라디미르, 갈리치, 볼로그다, 요컨대 볼가강 중류와 볼가강 북부의 거의 모든 도시들이 투시노에 맞서 봉기하였다.

이 도시들은 적들로부터 벗어나기 위해 충분한 힘을 발견하였으나 이 힘은 슈이스키와 모스크바에게는 흡족하지 않았다. 서로 싸우는 과정에서 모스크바도 투시노도 서로를 압도할 수가 없었다. 투시노는 힘이 별로 없었고 규율은 더더욱 없었지만 모스크바의 상황도 낫지 않았다. 국가 전체가 슈이스키의 말을 별로 듣지 않았고 그를 별로 염려도 하지 않았던 것처럼 모스크바에서도 그는 주인이 아니었다. 모스크바에서는 투시노 때문에 모든 신분들이 극심한 정치적 타락에 빠졌다.

모스크바인들은 이 국가에게도 저 국가에게도, 즉 바실리에게도 보르에게도 봉사하였다. 그들은 어떤 때는 갖가지 희사품과 벼슬과 '작은 마을들'을 얻으러 투시노에 가기도 하고, 또 어떤 때는 모스크바로 돌아와서는 투시노의 하사품을 간직한 채 다시 돌아온 데 대해, 즉 '변절을 그만둔' 데 대해 슈이스키의 포상을 기대하였다. 그들은 투시노와 노골적으로 거래하였고 투시노를 적진이 아니라 벼슬과 금전을 얻는 데 매우 유익한 보조물로 바라보았다. 개별 사람들이 아니라 모

90) Великий Устюг. 러시아 북서부의 볼로그다 오블라스티 북동부에 위치한 고대 도시.

91) Строгановы. 다수의 백작과 남작들을 배출한 러시아의 저명한 가문. 동란 시대 동안 합법적 권력을 지지하여 반투시노 운동에 자금을 지원하였다.

스크바 사회의 대중들이 투시노를 그렇게 대하였고 이러한 상황에서 슈이스키 권력은 물론 견고하고 강력할 수가 없었다. 그러나 보르도 인민들의 진정한 호감을 불러일으키지 못하였기 때문에 자신의 최종 목표를 위해 도움이 되는 것들을 많이 찾아낼 수가 없었다. 두 경쟁자는 모두 허약했고 어느 쪽도 승리를 거둘 수 없었으나 바로 동시에 존재함으로써 인민들에게 악영향을 미쳤고 그들을 타락시켰다.

슈이스키는 자신의 취약함을 잘 깨달았고 보르와의 투쟁을 위한 수단을 외부의 원조에서 찾았다. 비록 자기 군세를 과대평가한 그가 원조에 대한 발상을 처음부터 허용한 것은 아니지만 말이다. 1608년 슈이스키는 동맹에 관한 스웨덴인들과의 협상을 위해 조카 미하일 바실리예비치 스코핀-슈이스키 공을 보냈다. 1609년 2월에 이 협상이 마무리되었다. 다음 조건으로 국왕 카를 9세와 동맹이 체결되었다. 즉 국왕은 3,000명의 기병대와 3,000명의 보병으로 이루어진 원군을 루시인들에게 보내야 하고, 그 대신 슈이스키는 리보니야에 대한 어떤 권리도 포기하고 코렐라[92]시와 그 우예스트를 스웨덴인들에게 양도하며 폴란드에 맞서 항구적인 동맹을 맺지 않으면 안 되었다. 그것은 모스크바 국가에게 가혹한 조건이었다.

스웨덴인들은 약속을 이행하였고 M. B. 스코핀-슈이스키에게 데 라 가르디에[93]가 지휘하는 원군을 지원하였다. 스코핀은 1609년 스웨덴인들과 함께 노브고로드에서 모스크바로 나아가면서 루시의 북서부로부터 투시노 무리들을 소탕하였다. 그는 트베리에서 상당한 보르 병력과 마주쳐서 그들을 격파하였고 이 때문에 투시노인들은 트로이츠키 수도원의 포위를 풀지 않으면 안 되었다. 스코핀은 스웨덴인들이 동맹의 조건이 지켜지지 않았다고 종종 자신에게 도움을 주는 것

92) Корела. 라도가호 지역 카렐리야의 중심지였던 고대 요새.

93) Якоб Понтуссон Делагарди, 1583~1652. 스웨덴어로 Jakob de la Gardie. 스웨덴의 군사령관.

을 거부했음에도 불구하고 곳곳에서 승리를 거두었다.

슈이스키는 스웨덴인들에게 원조를 요청하는 한편으로, 동시에 가용할 수 있는 모든 병력을 보르에 맞서 결집시키고자 하였다. 1608년 아스트라한에서 반란을 진압한 셰레메테프[94]를 모스크바로 불러들인다. 볼가강 상류로 움직인 셰레메테프는 필요에 의해 서서히 진격하면서 도적들을 이 지역으로부터 소탕하였다. 그는 때때로 싸움에서 패배를 당하였으나 마침내 모스크바에 근접하여 1609년 가을에 유명한 알렉산드로프 슬로보다에서 스코핀과 합치게 된다. 합쳐진 스웨덴과 루시의 병력은 투시노가 그들이 모스크바에 도착할 때까지 무사히 살아남았더라면 투시노를 격파할 수 있었을 것이나 투시노는 이미 사라지고 없었다. 스코핀이 모스크바에 나타나기 전에 투시노에 형성되었던 도적들의 임시 도시는 보르에 의해 버려져 불타버렸던 것이다. 스코핀과 데 라 가르디에 움직임의 위협만이 투시노를 사라지게 한 것은 아니었다. 투시노에 더 위험한 것으로 밝혀진 것은 다른 원정, 즉 폴란드 국왕 지그문트의 루시 원정이었다.

이 원정은 슈이스키가 스웨덴인들과 동맹을 맺은 데 대한 대응이었다. 잘 알려져 있듯이 바자(Ваза) 가문 출신으로 아버지 요한(Иоанн) 이후 스웨덴 왕위를 물려받은 폴란드의 지그문트는 이 왕위에서 퇴위되었다. 스웨덴인들은 그의 삼촌 카를 9세를 국왕으로 선출하였으나 지그문트는 이것을 받아들일 수가 없었고 스웨덴에 전쟁을 선포하였다. 카를이 지그문트에 맞서 슈이스키와 동맹을 맺자 지그문트는 슈이스키도 적으로 간주하기 시작하였다. 폴란드의 이익을 위해 모스크바와의 전쟁이 필수적이고 지그문트 자신은 이 전쟁으로 사적인 이익이 아니라 국가의 이익만 추구하겠다고 원로원과 세임을 설득한 국왕은 1609년 9월에 원정에 돌입하여 스몰렌스크를 포위하였다. 지그문

---

94) Федор Иванови Шереметев. 러시아의 보야린.

트는 모스크바 국가에서 자신이 심각한 저항에 봉착하지 않을 것이며 모스크바인들은 인기 없는 차르 바실리를 왕세자 부아디수아프[95]로 흔쾌히 대체할 것이고 스몰렌스크는 항복할 태세가 되어 있다는 등의 소문을 곳곳에서 들었다. 그러나 이 모든 것은 거짓으로 판명되었다. 당시 일급 요새였던 스몰렌스크는 오랫동안 지그문트를 저지하였고 슈이스키는 계속 차르로서 통치하였으며 심지어 투시노의 보르도 왕세자 부아디수아프보다 루시에서 더 인기가 있었다.

이리하여 1609년은 모스크바 사태에 대한 외국인들의 개입에 의해 기념되었다. 모스크바 자신이 스웨덴인들을 불러들였고 그럼으로써 폴란드와의 전쟁을 자초하였다. 외국인들의 개입은 동란의 새롭고 매우 본질적인 요소였다. 개입은 사태의 경과 전체에 즉각 영향을 미쳤는데, 무엇보다도 얼핏 보면 이상하겠지만 투시노에 큰 영향을 미쳤다. 스몰렌스크의 포위는 오랜 시간을 끌었다. 태고 적부터 스몰렌스크는 '드네프르 루시를 여는' 전략적 '열쇠'였다. 모스크바도 리투아니아도 이 도시를 소유하는 것이 아주 중요하다는 점을 잘 이해하였고 도시를 획득하기 위한 싸움이 수세기 동안 계속되었다. 1596년에 모스크바 정부는 스몰렌스크를 좀더 확고히 소유하기 위해서 스몰렌스크를 석벽으로 보강하였다. 강력한 수비대와 성벽으로 둘러싼 요새 외에 스몰렌스크 군사령관 셰인[96]의 기교도 지그문트에게 많은 어려움을 가져다주었고 포위는 처음부터 많은 병력을 요구하였으나 지그문트에게는 병력이 충분하지 않았다. 그리하여 지그문트는 투시노의 폴란드인들에게 사절단을 보내 그들은 참칭자가 아니라 자신들의 국

95) Владислав Ⅳ, 1595~1648. 폴란드어로는 Władysław Ⅳ Waza. 폴란드 국왕 지그문트 3세의 아들인 부아디수아프 4세를 가리킨다. 러시아 차르(재위 1610~1613), 폴란드 국왕(재위 1632~1648).

96) Михаид Борисович Шеин, ?~1634. 동란시대의 루시 위정자. 스몰렌스크의 군사령관 역임.

왕에게 봉사하는 것이 더 적절하다고 말하였다. 그러나 투시노인들은 이 말에 전혀 동조하지 않았다. 투시노의 지주들은 모스크바 국가를 합법적이고 피로써 신성하게 된 자신의 획득물로 바라보는 데 이미 익숙하였고 국왕의 원정에 관한 소문은 그들을 격양시킬 뿐이었다. 그들은 또 지그문트의 스몰렌스크 원정에 관한 소문을 듣자마자 국왕이 남의, 즉 자신들의 팔매에 밤을 줍기 위해 모스크바로 간다고 말하였으며, 국왕과 연합하는 데 동의하지 않았다. 그러나 트로이츠키 수도원을 포위한 사피에하와 투시노에 있던 평범한 폴란드인들은 국왕 쪽으로 경도되었는데, 특히 투시노의 평범한 폴란드인들이 그렇게 된 것은 국왕으로부터 투시노에서는 오랫동안 보지 못한 은상을 받기를 기대하였기 때문이었다. 이리하여 투시노에서 분열이 발생하였다. 보르의 권위는 추락하였고 사람들은 그를 비웃었으며, 특히 투시노에서 유력한 지주였던 헤트만[97] 로진스키가 맞대고서든 등 뒤에서든 그를 비방하였다. 이와 같은 상황에서 보르는 굴욕적인 처지에서 벗어나기 위해서 400명의 돈 카자크들을 데리고 투시노 탈출을 시도했으나 로진스키는 그를 돌아오게 하여 포로로서 감시하기 시작하였다. 그러나 보르는 (1609년 말에) 도주하였고 변장을 한 채 칼루가로 향하여 그곳에서 카자크들을 모집하기 시작하였다. 투시노를 좋아하지는 않았으나 참칭자에 대한 충성을 간직하였던 샤홉스코이가 카자크들을 데리고 그에게 왔다.

보르가 제거되면서 투시노는 그 구성부분으로 분해하기 시작하였다. 폴란드인들에게 원한을 품은 보르도 이것을 촉진하였다. 그는 투시노에 남은 사람들을 서로 싸우게 하려 하였고, 이렇게 하는 데 성공하였다. 폴란드인들은 일부는 국왕에게 가고 일부는 무리를 지어서 어느 누구에게도 봉사하지 않고 약탈만 하였다. 카자크들은 보르에게

97) гетман. 16~18세기 폴란드군의 지휘관이나 우크라이나나 카자크군의 수령을 일컫는 말.

갔다. 보르 측에 있던 루시인 백성들은 칼루가로 가거나 차르 바실리에게 자수하였다. 그러나 그러한 루시인들 중 많은 사람들이 특별한 출구를 선택하여 국왕 지그문트 쪽으로 몸을 돌렸다. 보르를 신용하지 않게 되었으면서도 슈이스키에게 가지 않고 싶던 그들은 슈이스키가 국왕의 아들 부아디수아프를 차르로 그들에게 내세우는 것에 관해 국왕과 협상에 들어가기로 결정한다. 모스크바도 나라도 차지하지 못한 그들은 차르를 국가에 선출한다. 사회적 지위라는 면에서 볼 때 이 루시인들은 과연 누구였는가?

투시노의 두마에 함께 모인 이 성직자와 세속인들은 부아디수아프의 차르 등극을 요청하는 사절단을 국왕에게 보낸다. 물론 사절들에는 투시노에서 비중과 중요성을 갖고 있고 사건을 이해한 저명한 사람들이 포함된다. 여기 그들 사이에서 우리는 특별히 가문이 좋은 보야린들(보르 측에도 이런 유의 보야린은 없다) 도 약탈자의 용모를 갖고 있다고 투시노에게 비친 서민의 대표자들도 보지 못한다. 사절단을 이끈 사람은 살티코프들, 마살스키공과 흐보로스티닌[98] 공, 플레셰예프, 벨리야미노프[99] 로서, 즉 모두 '선량한 드보랴닌들'이었다. 그라모틴[100] 을 비롯한 다른 서기관들도 사절단에 참가하였다. 그들과 함께 표도르 안드로노프,[101] 몰차노프 등 비천한 출신의 사람들도 있었으나 이들은 '빈민'도 부랑인들도 아니었다. 이리하여 루시 투시노인들의 대표들은 중간신분과 다양한 계급의 사람들이다. 그들은 더 이상 자신들을 기만한 투시노의 우두머리의 도움이 아니라 부아디수아

---

98) Иван Андреевич Хворостинин, ?~1625. 러시아의 위정자이며 작가.

99) П. Вельяминов, ?~1609. 동란시대에 활동한 투시노의 군사령관.

100) Иван Тарасович Грамотин, ?~1638. 두마의 서기관. 가짜 드미트리 1세와 2세의 지지자.

101) Федор Андронов, ?~?. 모스크바의 상인, 무두장이. 두마의 드보랴닌이자 재무관. 17세기 초 동란시대의 활동가.

프의 선출과 그와의 협정을 통해 자신들의 희망이 실현되기를 바라면서 국왕에게로 몸을 돌린다.

1610년 2월 4일 스몰렌스크에서 체결된 이 협정은 특히 흥미롭다. 누가 그들의 편인지, 어떤 루시인들이 협정을 작성하여 그 속에 자신의 희망과 바람을 표현했는지를 결정하기 위해서는 이 협정을 이용해야 한다. C. M. 솔로비요프가 자신의 《러시아 역사》에서 처음으로 이 협정을 매우 정확히 평가했음에도 불구하고 연구자들 중 어느 누구도 B. O. 클류쳅스키처럼 그렇게 주의 깊게 숙고하고 그렇게 세밀하게 주해를 가한 사람은 없었다. 무엇보다도 우선 이 협정이 전반적으로 민족적-보수적 지향으로 두드러진다는 점을 지적할 필요가 있다. 협정은 부아디수아프에게 정교와 모스크바가 이전부터 갖고 있던 행정제도 및 신분구조를 변함없이 보존할 의무를 지우면서, 폴란드-리투아니아 정부와 사회의 모든 영향력으로부터 모스크바 생활을 보호하려고 노력한다. 계약은 18개 조항으로 구성된다. 그 법령 중 가장 중요한 것은 다음과 같다. (1) 부아디수아프는 루시 총대주교로부터 차르 대관식을 치른다. (2) 모스크바 국가에서 정교는 이전처럼 숭배되어야 하고 보호되어야 한다. (3) 성직자와 세속 관리들의 재산과 권리는 침해되어서는 안 된다. (4) 재판은 옛날식으로 이루어져야 하며 법률의 변경은 오직 부아디수아프 한 사람의 의지에만 달려 있는 것은 아니다. "그것은 보야린들과 전 백성의 의지에 따를 것이다." 이리하여 보야린 두마만이 아니라 젬스키 소보르도 입법과정에 참여한다. (5) 부아디수아프는 두마의 승인 없이 어느 누구도 처벌할 수가 없으며 재판과 심리 없이 부아디수아프는 죄인의 친척들에게서 재산을 박탈해서는 안 된다. (6) 부아디수아프는 죄 없이 고위 관리들의 지위를 낮추지 않을 의무가 있고, 공적에 따라 하급 관리들의 지위를 올려야 한다. 기독교 나라로의 자유로운 여행은 학문을 위해서 허용될 것이다. (7) 연공은 '옛날식대로' 수집되며, 새로운 연공의 지정은 보야린 두마의 동의 없이는 이루어질 수 없다. 농민들은 모스크바 국가의 경계 너머로, 루시에서 리투아니아와 폴란드로 넘어갈 수 없다. 이 조항은 1610년에 농민들의 이동이 모스크바에서 이미 금지되었다는 증거로서 간주되어서는 안 된다. 단지 이동을 금지할 것을 합의하고자 하는 희망만이 이 요구로 나타났을 수 있었을 것이며, 기성사실이 언급된 것은 아니었다. (8) 홀로프들은 이전 상태에 그대로 있어야 하며 국왕은 그들에게 자유를 부여하지 않을 것이다.

협정의 나머지 조항들은 모스크바 국가와 폴란드 국가의 대외 동맹과 내적 독립 및 자치를 확인한다. 이 협정은 스스로의 묘사에서 부아디수아프가 아니라 지그문트가 루시인들과 맺은 협정으로 제시된다. 실제로는 협정이 본질적으로는 지그문트와 거의 관계하는 것이 아니라 부아디수아프를 염두에 두고 있으면서도, 협정서에서는 국왕이라는 인물이 왕세자라는 인물을 가려버리는 것이다.

협정에 나타난 루시인들의 갈망에 관해 2월 4일의 협정을 살펴보면 우리는 무엇보다도 우선 이것이 '도적의' 협정이 아님을 알게 된다. 협정은 투시노에 압도적인 반국가적 성향이나 시각과는 거리가 매우 멀다. 협정은 카자크들을 당사자가 아니라 국외자로 바라본다. 종교와 민족의 이해는 계약에서 매우 분명하고 진심으로 보호된다. 살티코프는 국왕에게 모스크바의 신앙과 교회를 보호해 줄 것을 요청했을 때 눈물을 흘렸다고 한다. 게다가 협정은 계급만이 아니라 전국가적 이해도 염두에 둔다. 협정은 모스크바 국가 관등 전체의 사람들에 대해 신경을 쓰며, 모든 이들에게 신분과 권리에 대해 다소간의 보장을 제시한다. 비록 모스크바 국가 자체에서처럼 협정에서도 관리들의 이해가 어느 누구보다도 가장 높았지만 말이다. 농민과 홀로프 및 카자크들에 관한 조항들이 이것을 가리킨다. 국가질서를 확인하면서 2월 4일의 협정은 자신의 규정들에서 당시 모스크바에 존재한 질서로부터 별로 벗어나지 않는다. 협정은 모스크바 생활에 알려져 있지 않거나 모스크바인들의 의식 속에 들어 있지 않은 어떤 개혁도 내놓지 않는다. 보야린들의 두마와 재판 그리고 '전 백성들'의 회의에 의한 부아디수아프 개인 권력의 제한은 협정에서는 어떤 정치적 이론으로부터가 아니라 외국 이교 군주를 모스크바 제위에 올린 그 순간의 상황으로부터 나온다. 이 제한은 이전 정치질서의 재편이 아니라 거꾸로 '고대의 모든 선량한 관습'을 모스크바 사정에 생소한 권력층이 저지를 수 있는 침해로부터 보호하고 강화하는 것을 목표로 삼았다.

얼핏 보기에는 눈에 잘 띄지 않지만 협정에서 완전히 새로운 것은 '하급 주민들'을 근속, 즉 '공적'에 따라 승진시키는 발상과 학문을 위해 외국으로 여행할 자유에 대한 요구이다. 후자의 요구에 관해서 솔로비요프는 이 요구가, 알려져 있듯이, 루시인들에게 외국으로의 여행을 허용해주기를 원하였던 첫 번째 가짜 드미트리의 지지자들에 의해 도입되었다고 말한다. '하급 주민들'의 승급에 관해서는 이 조항에서 솔로비요프는 아래에서부터 위로 불던 동란시대의 폭풍에 의해 뽑혀나간 서기관과 비명문가 사람들의 영향력을 본다. 그들은 투시노에는 많지 않았고, 자신들의 근속 지위를 더 오랫동안 유지하기를 원한다. 클류쳅스키는 더욱 강력하고 완벽하게 이 조항을 설명한다. 바로 이 조항은 그가 협정을 지지한 사람들의 상황을 밝혀내는 데 도움을 준다. 이 조항을, 17세기 초 모스크바 관리 상류층에 대한 일련의 다른 관찰과, 그리고 폴란드 원로원 의원들과 함께 이 협정을 작성한 투시노 사절들(살티코프 등)의 사회적 상황과 대조하면서, 클류쳅스키는 2월 4일의 협정이 '꽤 평범한 귀족과 근속한 관리들'의 갈망이 표출된 것이라는 결론에 도달한다. 클류쳅스키는 이미 16세기에 그와 같은 사람들 사이에서 보야린 계층까지 올라가고 국가에서 최고의 지위에 도달하려는 갈망이 존재함을 깨닫는다. 그러나 보야린들은 상대적으로 고귀하지 않은 이 사람들에게는 없는 '높은 가문' 덕분에 최고의 자리를 차지하였다. 그들은 순전히 개인적인 공적 덕분에 직무가 올라갈 수 있었다. 그들은 특유의 지위가 고귀한 보야린이라는 신분을 만들어낸 귀족적 원리를 이 공적, 즉 '근속'으로 대체하고 싶어 하였다. 그들은 "고위 사람들과 하급 주민들은 군주의 은상으로 살며", 즉 '군주의 은상'과 총애 없이는 사람이 한 일족으로 생활하고 유지할 수 없으며, 그래서 군주는 고귀한 사람과 고귀하지 못한 사람 모두에게 은상을 하사할 수 있을 거라고 때때로 발언하였다. 최고의 지위를 갈망하는 이 사람들은 첫 번째 참칭자에 대한 봉사로써 그것을 획득할 요량이었으나, 모스크바에 슈이스키의 보야린 정부가 형성되자 투시노로 가서 최고 지위를 얻고자 하였다. 보르에 의해 기만당한 그들은 모스크바의 보야린들에게 돌아가지 못하고 지그문트에게로 향하였다. 클류쳅스키의 견해에 따르면 바로 그들에 의해서 2월 4일의 협정이 성립되었는데, 이는 받아들이지 않을 수 없는 기발한 추측이다. 실제로 처음에 부아디수아프 쪽으로 향한 사람은 보야린들이 아니라 완전히 서민들만은 아닌 낮은 씨족의 사람들이었다.

투시노 정부와 모스크바 정부의 몰락

투시노인들이 국왕 쪽으로 향했음에도 불구하고 투시노에서는 동란이 계속되었다. 투시노는 황폐화되었고 당시 모스크바에 접근하였던 스코핀-슈이스키의 군대도 그리고 칼루가의 보르도 투시노를 위협하였다. 결국 투시노에서 버틸 가능성이 없던 로진스키는 볼로콜람스크[102]로 가서 유명한 투시노 진영을 불태웠으나 그 자신 볼로콜람스크에서 죽었기 때문에 그의 무리는 곧 와해되고 말았다.

투시노는 멸망하였고 군대가 모스크바에 당도하였으며 스코핀-슈이스키가 도착하였다. 이 사건들은 모스크바인들에게 큰 영향을 미쳤다. 그들은 환호하였다. 일부 강력한 적들이 스몰렌스크에 있고 또

---

102) Волоколамск. 러시아 북서부의 모스크바 오블라스티에 위치한 도시.

다른 일부가 칼루가에 자리 잡고 있으며, 전반적인 상황이 이전과 마찬가지로 여전히 복잡하고 엄중하다는 사실이 그들의 기쁨을 막지는 못하였다. 슈이스키는 투시노의 몰락을 환영하였고 인민들은 스코핀의 도착을 환영하였다. 젊고 뛰어난 군사령관(스코핀은 당시 24살이었다)인 미하일-바실리예비치 스코핀-슈이스키는 인민들의 현저한 사랑을 이용하였다. 솔로비요프의 소견에 따르면 그는 루시인들을 B. И. 슈이스키와 연결시키는 유일한 끈이었다. 스코핀에게서 인민들은 차르 바실리의 계승자를 보았다. 그들은 조카 때문에 삼촌을 견뎌냈고 이 조카를 자신들의 차르로 보고 싶어 하였다. 랴푸노프는 이미 차르 바실리의 생전에 스코핀이 알렉산드로프 슬로보다에 있을 때 그에게 제위를 제안하였고, 이것은 스코핀이 이 제안을 거절했음에도 불구하고 슈이스키로 하여금 스코핀을 냉담하게 대하는 데 도움을 주었다는 소문이 있다. 우리는 스코핀-슈이스키의 인격을 복구하고 인민들이 그를 사랑하게 된 동기를 결정할 수가 없다. 왜냐하면 이 사람에 대한 이야기들이 거의 보존되어 있지 않고 그의 인격은 그의 사후에 별로 자취가 남아 있지 않기 때문이다. 그는 매우 지혜롭고 나이에 어울리지 않게 성숙하였으며 세심한 사령관이었고 빈틈없는 외교관이었다고 한다. 그러나 죽음은 이 뛰어난 인물을 일찍 빼앗아 가버렸으며, 그리하여 운명은 아주 빠르게 슈이스키와 인민들의 연결을 끊어버렸다. 스코핀은 1610년 4월에 죽었고, 세간의 풍문은 근거가 없는 것 같지만 그것을 슈이스키의 탓으로 돌렸다.

스코핀-슈이스키가 죽은 뒤 그의 군대를 지휘할 군사령관이 된 사람은 차르 바실리의 동생인 드미트리 슈이스키였는데, 그는 교만하고 무능력하며 무가치하고 소심한 사람으로서 연약한 멋쟁이였다. 그는 스몰렌스크의 해방에 나섰고 클루시노[103]라는 조그만 마을에서 그를

103) Клушино. 모스크바 오블라스티에 위치한 마을.

향해 다가오던 능숙하고 유능한 폴란드 헤트만 주키에프스키와 마주쳐 그에게 박살나고 말았다(1610년 6월 말). 이 클루시노의 패배는 슈이스키의 운명을 결정하였다. 주키에프스키는 루시 도시들을 점령하고 대단한 외교적 수완을 발휘하여 그들로 하여금 부아디수아프에게 선서를 하게 하면서, 클루시노로부터 모스크바로 급속히 다가왔다. 이와 동시에 클루시노 전투의 결말에 대한 소식을 듣고 보르도 무리를 이끌고 모스크바로 움직여 주키에프스키를 추월하였는데, 주키에프스키가 모자이스크(Можайск, 모스크바에서 100베르스타 지점)에 여전히 있을 때, 보르는 이미 모스크바 근교인 콜로멘스코예 마을에 와 있었다. 슈이스키의 상황은 갑자기 너무나 나빠졌고, 그는 주키에프스키와 강화협상에 나서려고까지 하였으나 성공하지 못하였다. 클루시노 전투가 있은 뒤 몇 개월이 안 돼 차르 바실리 이바노비치는 이미 제위에서 제거되고 말았다.

스코핀-슈이스키가 죽은 직후 프로코피 랴푸노프는 공공연히 차르 바실리에게 반기를 든다. 그는 그를 제위에서 어떻게 '끌어내릴지'를 생각하고 모스크바에서 차르 타도를 선동하기 위해 그곳으로 친구들을 보낸다. 그러나 모스크바에서는 모스크바인들이 클루시노의 전투의 결말을 알게 될 때까지 모든 것이 평온하게 남아 있었다. 드미트리 이바노비치 슈이스키가 모스크바로 돌아오자 모스크바는 동요하였다. 즉 연대기 편자가 전하는 바에 따르면, '모든 사람들 속에서 큰 소요'가 일어나 '차르에게 조금씩 다가가고' 있었다. 모스크바인들은 클루시노가 자신들을 막다른 골목에 빠지게 하였다고 이해하였고, 이것을 슈이스키들의 탓으로, 무엇보다도 차르 바실리의 탓으로 돌렸다. 인민들 사이에서는 그가 불행한 군주이며 "그 때문에 많은 피가 흐른다"고 말해지기 시작하였다. 이전에도 인민들은 슈이스키를 특별히 좋아하지는 않았으나 지금은 그와 그의 친척들을 더 이상 인내하고 싶지 않아서 그에 맞서 노골적으로 무장을 하였다. 그의 친척 중에서 오직 미하일 바실리예비치 스코핀만이 인민들의 호감을 샀었다. 보르가 모스크바에 접근하고 주키에프스키가 모스크바로 올 거라는 소식이 전해지자 소요가 더욱더 커졌다. 다닐로프(Данилов) 수도원에 있던 모스크바 사람들은 콜로멘스코예의 보르 사람들을 만나 사태에 대해 논의를 하고, 투시노 군주를 버리라고 설득하였다. 그러면 그들도 슈이스키를 버릴 것이고 똘똘 뭉쳐서 함께 차르를 뽑아 함께 루시 땅의 적들인 폴란드인들에 맞설 것이라고 말하였다. 이 폭넓은 계획은 실현될 운명이 아니었고 도적들도 가짜 드미트리를 버리지 않았지만, 모스크바인들은 차르 바실리에게 반대하는 말로부터 그에 반대하는 행동으로 매우 빠르게 이행하였다.

랴푸노프의 친구들은 모스크바인들의 분위기를 이용하였다. 1610년 7월 7일 자하르 랴푸노프는 공모자 무리와 함께 슈이스키 궁전에 도착해서는 그 때문에 피가 흐르고 땅이 황폐화되었으며 사람들이 파멸을 맞이하였기 때문에 제위를 포기할 것을 요구하였다. 슈이스키는 확고한 거부로 응답하였다. 그러자 랴푸노프 및 그와 함께 있던 사람들은 궁전을 떠나, 크레믈에서 무언가 비상사태가 발생하고 있다는 것을 알아차린 사람들이 이미 모여 있던 붉은 광장으로 갔다. 곧 붉은 광장은 그곳에 도착한 사람들 모두를 수용할 수 없게 되었다. 그리하여 모든 군중들이 좀더 널찍한 장소를 찾아 아르바트(Арбат) 문을 지나 데비치(Девичий) 수도원으로 갔다. 그곳으로 총대주교 게르모겐과 많은 보야린들이 당도하였고, 슈이스키의 타도에 대해서 말해졌으며, 게르모겐과 몇몇 보야린들의 저항에도 불구하고 '차르를 포위하기'로 결정되었다. 궁정으로 보로틴스키[104] 공이 보내졌고 인민들의 이름으로 슈이스키에게 제위를 포기할 것을 요구하였다. 슈이스키는 굴복하였고 궁전을 떠나 자신의 옛날 보야린 집으로 갔다. 그리고

104) Иван Михайлович Воротынский, ?~1627. 동란시대에 활동한 러시아의 공.

는 그 직후부터 제위의 탈환을 도모하여 음모를 꾸미기 시작하였다. 궁극적으로 그에게서 권력을 획득할 기회를 뺏기 위해 사람들은, 총대주교가 그의 삭발을 허용하고 싶지 않았기 때문에 그를 '강제로' 삭발하여 수도사로 만들었다.

동란의 세 번째 시기: 질서를 확립하려는 시도들

모스크바는 강력하고 활동적인 권력이 매우 필수적이었던 바로 그 순간에 정부를 상실 당했다. 적들은 모스크바 자체의 성벽에 접근하였고 국가의 서부 국경을 점령하였으며 중부 및 남부 오블라스티들에 위치한 도시들을 차지하였다. 국가 영토의 보존을 위해서뿐만 아니라 국가 자체의 독립을 위해서도 이 적들과 싸우지 않으면 안 되었다. 왜냐하면 그들의 성공은 국가를 송두리째 정복할지도 모른다는 위협을 가했기 때문이었다. 정부를 더욱 빨리 복구하는 것이 필수적이었다. 이것은 너무나 자명한 진실이어서 모스크바 국가에서 어느 누구도 이것을 반박할 수가 없었다. 그러나 어떻게 권력을 복구시키고 누구를 권력에 앉힐 것인지에 관한 문제는 극심한 의견상의 차이를 야기하였다. 사회의 다양한 집단은 이에 대해 다양한 시각을 가졌고 다양한 희망을 표명하였다. 그들은 말로부터 행동으로 옮겨갔고 노골적인 인민운동이나 그룹의 비밀 음모를 야기하였다. 권력을 차지하고 정부를 창출하려는 그와 같은 일련의 공공연하고 비밀스런 시도들은 동란의 마지막 시기의 주요 내용을 이루며 이제 우리는 이것들을 연구해야 한다.

이런 종류의 많은 시도들 중에서 특히 세 시도에 주의를 돌려보자. 슈이스키가 타도되고 난 직후 모스크바 주민들은 폴란드-리투아니아 왕국과의 합병을 인정함으로써 질서를 복구하고자 하였고, 그리하여 왕세자 부아디수아프를 모스크바 제위로 초청하였다. 부아디수아프의 권력이 지그문트의 군사 독재로 변질되자 모스크바인들은 랴푸노프 진영에서 민족적 정부를 창출하고자 하였다. 이 정부가 왜곡되어 전 인민적 성격을 잃어버리고 카자크화되자, 이미 포자르스키[105] 공의 국민군에서 백성들의 권력을 창출하려는 세 번째 새로운 시도가 뒤따랐다. 이 백성들의 권력은 마침내 실질적인 국가 권력으로 변화하고 국가 질서를 복구하는 데 성공하였다.

부아디수아프의 선출

모스크바인들은 누구로 대체할지 어떤 사람도 염두에 두지 않고 슈이스키를 제거하였고, 당시 가뜩이나 어려웠던 모스크바의 상황은 이 때문에 훨씬 더 복잡해졌다. 그들은 보야린 두마 외에는 선서를 할 사람이 없었기 때문에 임시로 두마에 선서하였다. 그러나 새 정부는 슈이스키만큼이나 힘과 재원이 별로 없었다. 그리고 모스크바 주변에는 이전처럼 두 적들이 있었고, 이전처럼 "모스크바 국가는 양 측 사이에 끼어 있었다." 처음에 모스크바는 '모든 도시들, 모든 백성들과 합의하여' 차르를 정당한 선거로 뽑는 것이 가능할 거라고 주장하였다. 그러나 소보르의 소집을 위해서는 시간이 필요하였고 적들 — 폴란드인들과 도적들 — 은 이 소보르를 기다리지 않고 힘없는 모스크바를 점령할 것이기 때문에 정당한 선거를 치르기가 불가능하였다. 선출하고 싶은 사람을 선출하는 것이 불가능했으며 제위 계승을 요구하는 두 적들, 부아디수아프나 보르 중에서 한 명을 뽑아야 했다. 그렇지 않으면 모스크바는 필연적으로 멸망할 것이었다. 이와 같은 딜레마에 처해 모스크바인들은 어떻게 해야 할지 몰랐고 그들 사이에 불화가 생겨났다. 이 문제에서 다양한 사회계층 사이에서 다양한 취향

---

105) Дмитрий Михаилович Пожарский, 1578~1641. 러시아의 공. 동란시대의 저명한 위정자.

이 명확히 나타났다. 총대주교와 성직자들은 루시인 차르를 원하였다. 그러나 게르모겐은 젊은 미하일 표도로비치 로마노프[106]를 지목하였으며 나머지 성직자들은 다른 누구보다도 더 바실리 바실리예비치 골리친공을 원했다. 관리든 탸글로 주민이든 모스크바의 소시민들은 총대주교처럼 로마노프를 지지하였다. 귀족들은 부분적으로는 여러 가지 점에서 보야린 출신 차르인 보리스와 슈이스키의 실패한 경험들을 상기하면서 보야린을 제위로 올리고 싶어 하지 않고, 부분적으로는 부아디수아프로부터 특전과 후원을 기대하였으며, 그리고 가장 중요하게는 이미 격변에 익숙해진 모스크바의 서민들이 모스크바 사회질서 일반의 적이고 특히 보야린들의 적인 보르에 대한 호감을 숨기지 않았기 때문에, 부아디수아프를 희망하였다. 보르의 승리는 단지 정치적인 점에서만 보야린들에게 불행한 것은 아니었을 것이며, 그러므로 보야린들은 무엇보다도 보르에 유리한 격변을 두려워했고, 당시 서민들은 이러한 격변을 창출할 능력이 있었다.

차르의 선출 문제를 깊이 생각해볼 기회를 갖지 못한 보야린들은 종말을 피하기 위해, 권력을 이용하여 주키에프스키를 모자이스크에서 모스크바로 서둘러 오게 하고, 주키에프스키는 스스로 표현한 대로 '보르로부터 모스크바를 해방시키기 위해' 모스크바로 간다. 이러한 행동으로 보야린들은 모스크바를 폴란드인들의 수중으로 넘겼고 부아디수아프의 선출 문제를 미리 해결하였다. 모스크바에 다가간 주키에프스키는 부아디수아프의 차르 선출 문제를 제일 먼저 제기한다. 왜냐하면 그가 보기에 그렇게 하지 않는다면 모스크바를 도와준다는

---

106) Михаил Федорович Романов, 1596~1645, 러시아 로마노프 왕조의 초대 황제(1613~1645). 혼란스런 동란시대에 젬스키 소보르(전국회의)에서 차르로 선출된 뒤 나라 안 질서회복에 힘썼다. 그러나 그는 의지가 약하고 통치능력도 부족했기 때문에, 억류지 폴란드에서 귀국한 부친 필라레트가 1633년까지 실권을 잡았다. 그의 시대에 관해서는 이 책 561~612쪽 참조.

것이 의미가 없기 때문이었다. 참칭자와 폴란드 군대에 대한 공포 때문에 모스크바 당국과 그들 뒤의 주민들은 폴란드인을 차르로 선출하는 쪽으로 기울어질 수밖에 없었다. 8월 27일 모스크바는 부아디수아프에게 선서하였다.

그렇지만 이 선서 전에 긴 협상들이 진행되었다. 협상들의 바탕에는 우리에게 익숙한 2월 4일의 협정이 놓여 있었다. 보야린들은 협정을 일부 변경하였다. 그들은 부아디수아프가 정교를 받아들여야 한다고 단호히 주장하였고 (매우 흥미롭게도) 학문을 위한 해외여행의 자유에 관한 조항과 하급 주민들의 승진에 관한 조항을 삭제하였다. 협정을 체결하고 선서를 수행한 바로 그때 주키에프스키는 보르를 모스크바에서 몰아내었고 보르는 다시 칼루가로 도주하였다. 이리하여 모스크바는 다른 적에 대한 복종을 대가로 한 적으로부터 벗어났다.

부아디수아프의 선출에 관한 협정은 지그문트에게 확인을 받기 위해 1,000여 명의 사람들로 이루어진 '대사절단'과 함께 전달되었다. 사절단을 이끈 사람은 수도대주교 필라레트와 B. B. 골리친공이었다. 두 사람 모두 부아디수아프의 경쟁자로 나설 수 있는 아주 고귀한 씨족들의 대표였다. 그들을 모스크바로부터 떼어놓은 것은 주키에프스키의 비범한 계교이고 이것은 거의 확실하다. 주키에프스키는 매우 지혜로운 사림이었고 열혈한 애국자였다. 모스크바에 나타나서 그는 모스크바 사회의 분위기에 재빨리 익숙해졌으며(그의 기록에서 우리는 1610년의 모스크바에 관한 매우 흥미로운 메모를 발견한다), 부아디수아프와 폴란드에게 이익이 될 수 있는 것은 모조리 활용할 줄 알았다. 모스크바가 완전히 기꺼운 마음으로 부아디수아프를 차르로 선출하는 것이 아니라는 것을 알고 있고, 인민들이 자신들이 특별히 좋아하는 후보들 — 골리친과 필라레트의 아들 — 이 있다는 것을 깨닫고 있으며, 상황이 바뀌면 부아디수아프 건은 이 후보들에게 유리하게 돌아갈 수 있다고 느낀 주키에프스키는 부아디수아프에게 위험한 인물들을 모스크바로부터 멀리하는 데 성공한다. 동시에 그는 보르를 쫓아낸 뒤 보르의 이름에 대한 공포를 이용하고, 보르에 유리한 폭동을 피하기 위해 보야린들이 폴란드 수비대에 의한 모스크바의 점령을 허용하도록, 심지어 보야린들 스스로가 그들에게 그 점령을 요청하도록 일을 꾸민다. 그리고 바로 여기서 모스크바 근교의 넓은 평원에 있으면서 절멸될 위험에 처해 있던 주키에프스키의 소규모 군대는 모스크바 요새 내에서 큰 세력이 된다. 모스크바에서 부아디수아프 문제를 그렇게 훌륭하게 처리한 뒤 주키에프스키는 자기 부하 중의 한 사람인 고시에프스키[107]에게 명령을 내리고, 모스크바를 떠나면서 지그문트의 지시에 따라 바실리 슈이스키와 그 형제들을 데리고 간다. 주키에프스키의 이와 같은 출발을 무엇으로 설명해야 하는가? 지그문트의 행동으로 설명해야 한다.

폴란드에서 완전히 확고하게 왕권을 갖지 못한 이 국왕은 또한 스웨덴과 모스크바 제위 계승 요구권도 가졌다. 아들의 이름에 가려진 그 자신은 모스크바 차르가 되기를 원하였다. 주키에프스키는 이미 모스크바와 협정을 맺기 전에 모스크바를 위해 부아디수아프를 지그문트로 대체할 수 있도록 행동하라는 국왕의 지시를 받았다. 그러나 유능한 헤트만은 국왕의 희망이 전혀 불가능하다는 것을 알면서 지그문트의 이름에 선서를 하는 것에 관해 루시인들과 이야기하지 않기로 하였다. 그는 1596년에 종교합동[108]에 도달한, 정교도의 박해자로서

107) Александр-Корвин Гонсевский, ?~1639. 폴란드어로 Aleksander Korwin Gosiewski. 폴란드의 귀족. 17세기 전반기에 주키에프스키와 함께 활동하였으며 1625년부터 스몰렌스크의 군사령관을 역임했다.

108) 1596년의 브레스트 종교회의에서 결정된, 가톨릭과 정교 교회의 연합을 가리킨다. 이 종교합동으로 우크라이나와 벨라루시의 정교 교회는 로마 교황을 자신들의 수장으로 인정했으나 슬라브어 예배와 정교 교회의 의식은 그대로 보존하게 되었다. 이 합동의 결과 우크라이나 그리스-가톨릭 교회가 성립하였다.

국왕이 모스크바인들에게 얼마나 증오감을 일으키는지를 보았다. 하지만 시간이 흐르면 흐를수록 주키에프스키는 루시인들에게 지그문트의 목표를 숨기기가 점점 힘들어졌고, 지그문트는 점점 더 확실히 그 목표를 표명하였다. 모스크바는 부아디수아프에 대한 선서로 자신들의 상황을 단순화시켰고 곤경에서 빠져나오는 출구를 발견하였으며 지그문트와 폴란드인들에게 큰 승리를 가져다주었다. 사태는 종지부를 찍는 것 같았으나 지그문트는 사태를 헝클어트리고 새 드라마의 발단을 제공하였다. 주키에프스키는 모스크바에서 지그문트의 의도를 드러낼 필요가 있었고, 모스크바는 폴란드인들에 맞서 궐기하여 주키에프스키 수고의 모든 성과를 없애고 말았으며, 주키에프스키는 잠자코 있었다. 그는 폴란드 문제를 지그문트 개인과 구분하였고, 폴란드에 동조하여, 지그문트를 위해 전혀 노력하고 일하고 싶어 하지 않으면서 폴란드의 이익을 위해 성실하게 일하였다. 바로 이것이 지그문트가 제위 계승 요구권을 버리지 않는 것을 알아차린 뒤 주키에프스키가 사태의 진척에서 손을 떼고 모스크바를 떠난 이유이다.

지그문트의 제위 계승 요구는 실제로 새 드라마를 개시하였고 모스크바에 알려지게 되었다. 이미 주키에프스키가 떠난 후 얼마 안 있어 대사절단은 (스몰렌스크로 가는 길에) 스몰렌스크의 많은 루시인들이 부아디수아프가 아니라 바로 지그문트에게 십자가 선서를 한다고 모스크바에 편지를 썼다. 최초의 대사절단은 국왕의 계획을 고려하지 않으면 안 되었던 것이다.

사절단이 스몰렌스크에 있던 국왕에게 도착했을 때 그곳에서 부아디수아프의 선출에 관해 협상이 시작되었다. 지그문트는 물론이고 폴란드의 원로원 의원들도 모스크바에서 체결된 협정이 마음에 들지 않았다. 국왕의 회의에서는 나이가 어리다는 이유로 왕세자를 모스크바로 보내지 않기로 결정되었으나 모스크바 사절들은 모스크바 국가의 안정을 위해서는 필수적이라고 하면서 부아디수아프의 즉각적인 도착을 요구하였다. 이에 답하여 폴란드인들은 지그문트 자신이 모스크바를 진정시킬 것이고 그런 뒤에야 모스크바인들에게 자기 아들을 보낼 것이나, 이것을 위해서는 스몰렌스크가 국왕의 이름을 받아들이는 것, 즉 폴란드 요새가 되는 것이 필요하다고 그들에게 말하였다. 게다가 폴란드인들은 왕세자가 정교를 받아들이는 것을 원치 않았다. 이러한 요구들은 모스크바 사절들을 만족시킬 수가 없었다. 모스크바는 가톨릭 국왕을 갖고 지그문트 권력에 굴복하기를 바라지 않았다. 무익한 논쟁 속에 시간만 흘러갔다. 즉 사절들은 국왕이 자신의 요구로 주키에프스키에 의해 체결된 협정을 위반하고 있다고 헛되이 말하였고, 원로원 의원들은 이 협정이 폴란드에게 의무가 아니었다고 그들에게 선언하였다. 하지만 사절들은 협정을 견지하였고 아무 것도 양보하지 않았다. 그러자 지그문트는 자신의 희망이 합법적인 방식으로 실현될 수 없다는 것을 알고 다르게 행동하기 시작하였다. 즉 사절단에서 분열을 일으키려고 하였고 다양한 방식으로 사절단의 이급 참가자들이 지그문트의 희망을 인정하도록 만들기 시작하였으며 이러한 투항자들이 지그문트의 조건을 받아들이도록 모스크바인들을 준비시키기 위해서 그들을 모스크바로 보냈다. 이리하여 국왕은 사절단을 통하지 않고 자신의 일을 수행하였다. 그의 총애를 받아들인 사람 중에는 트로이츠키 수도원의 주방장(관리인)인 아브라아미 팔리친도 있었는데, 그는 국왕으로부터 촌지를 받고서는 모스크바로 향하였었다. 그의 옹호자들은 그가 지그문트를 인정하게 된 것이 스몰렌스크로부터 해방되어 자유로운 몸으로 고국에 훨씬 잘 봉사하기 위해서였다고 말한다. 그러나 자신들에게 위임된 사절단의 업무를 성실히 수행하면서 사절단을 배신하지 않고 대신 고통을 겪은 사절단의 주요 인물들〔예를 들어 서기관 토밀라 루곱스키(Томила Луговский)〕의 애국심과 동일한 차원에서 이와 같은 위선적 애국심을 정당화할 수 있겠는가?

그러나 지그문트의 꾐에 빠진 사절단 참가자들이 모스크바에 도착하기 전에 국왕의 계획이 알려지게 되었다. 부아디수아프의 선출이 끝나고 모스크바가 폴란드인들에 의해 점령당하자마자 모스크바에는 지그문트에 헌신적인 사람들이 등장하기 시작하였다(그들 중에 살티코프들이 있다). 그들은 모스크바 사회에서 지그문트에 대한 복종 사상을 표명하였고 지그문트는 보야린들에게 그들의 충직한 봉사에 대한 포상을 요구하였다. 보야린들은 그들을 포상하였고 지그문트로부터 벌이의 가능성을 보면서 그에게 은상과 '작은 마을들'을 달라고 머리를 조아렸다. 비록 그 자신들은 지그문트가 모스크바로 보내고 모스크바에서 국왕의 이름을 이용하던 비명문가 사람들(예를 들어 표도르 안드로노프)은 백안시하였지만 말이다. 모스크바 사태에 대한 이 모든 지그문트의 개입은 모스크바의 차르 부아디수아프의 이름으로 행해졌더라면 의미를 가졌을 것이지만, 지그문트는 스스로를 위해 행동하였다. 즉 그는 오직 모스크바 군주들만이 쓸 수 있고 내릴 수 있는 칙서와 명령들을 바로 자신의 이름으로 쓰고 내렸던 것이다. 이리하여 보야린들은 이것을 허용하면서 스몰렌스크의 사절단이 인정하고 싶지 않았던 것을 인정하였다. 그러나 모스크바 지도자들 중에서 폴란드인들과 동란의 타락한 영향을 받지 않은 유일한 사람인 총대주교 게르모겐이 이에 반발하였다. 정교의 보존을 염려한 그는 그럼으로써 민족성의 확고한 보호자이기도 하였다. 폴란드인을 차르로 선출하는 것에 대해 탐탐치 않게 동의한 그는 모스크바를 폴란드 영향력으로부터 열심히 지켰고, 모스크바를 지그문트에게 넘기기를 원한 국왕의 부하들에게 주요 방해물이었다.

이와 같은 상황은 모스크바 국가 전역의 인민들에게 비밀로 남아 있지 않았다. 인민들은 왕세자가 모스크바로 오지 않을 것이고, 지그문트가 모스크바를 좌지우지하며, 동시에 폴란드인들이 루시를 공격하고 스몰렌스크 오블라스티의 루시인들을 약탈하며 파괴할 것임을 알았다. 스몰렌스크인들은 이것에 대해 모스크바에 편지를 썼다. 이 모든 것은 마음에 들 수도 없었고 정상적으로 보일 수도 없었으며 국가 전역에서 불평을 야기하였다. 불만은 주키에프스키가 떠난 뒤부터 모스크바의 폴란드 수비대가 규율을 상실하고 피점령국에서처럼 처신한 사실에 의해 더욱 거세졌다. 이전에도 폴란드인들을 좋아하지 않았던 인민들은 이제 그들에 대한 반감을 숨기지 않았고 부아디수아프로부터 떨어져 나와 다른 차르를 원하기 시작하였다. 폴란드인들에 반대하는 이러한 움직임은 아주 빠르게 심각한 정도에 이르렀고 칼루가에 계속 자리 잡고 있던 보르에게 유리하게 작용하였다. 보르의 중요성은 급속히 증가하였다. 보르는 다시 세력이 되었다. 제국의 동쪽 절반은 그에게 선서하기 시작하였다. 동쪽 절반이 그에게 선서한 까닭은 단지 더 나은 후보에 의지할 수가 없었기 때문이었다. 이리하여 폴란드인들과 지그문트에게 인민운동에서 새로운 곤경이 창출되었다. 이 곤경은 보르의 죽음과 함께 줄어들기는커녕 오히려 더 확대되었다. 보르의 사정이 나아진 바로 그때, 보르는 개인적 문제 때문에 그 지지자 중의 한 명에 의해 살해당했다(1610년 12월). 루시인들은 죽은 사람에게 선서하였다.

제 1차 국민군

보르가 죽은 때부터 루시인들은 폴란드인들에 대한 저항을 위해 단합할 기회를 갖게 되었다. 이때부터 동란은 향후의 발전에서 특히 루시인들이 자신들에 의해 상당 정도 허용된 폴란드 압제로부터 해방되려고 노력하는 민족 투쟁의 성격을 띠게 된다.

향후 서술의 내용을 이루는 랴푸노프 운동과 니즈니 노브고로드 운동의 개요로 넘어가기 전에 보르가 죽었던 순간의 모스크바 국가의 상황을 전반적으로 살펴보자. 카자크들이 나라 전역을 돌아다니면서 가는 곳마다 약탈과 방화 속에 마을을 황폐화시키며 사람들을 죽인다. 이들은 투시노가 멸망한 뒤 그곳을 떠났거나 투시노인들과 어떤 관계도 없이 단지 약탈만을 위해 독립적인 소규모 무리로 활동하는 카자크들이다. 국가의 북서부 부분은 스웨덴인들이 장악하고 있다. 클루시노 이후 그들의 군대는 북쪽으로 퇴각하여 모스크바가 부아디수아프를 인정한 때부터 루시인들에 대해 적대적인 행동을 개시하였고 모스크바가 폴란드와 연합함으로써 스웨덴의 적이 되었기 때문에 도시들을 빼앗기 시작하였다. 그러나 폴란드도 루시를 향한 군사작전을 멈추지 않았다. 폴란드인들은 스몰렌스크를 포위하였고 남서부 오블라스티들을 황폐화시켰다. 모스크바 자체는 폴란드 수비대에 의해 장악되었고 모스크바 행정 전체가 폴란드 영향력 하에 있었다. 적성 국가의 국왕인 지그문트는 스몰렌스크 부근으로부터 군주로서 자신의 이름으로 루시를 좌지우지한다. 동시에 어떤 권한도 없이 대사절단을 포로처럼 붙들고 박해하며, 모스크바가 보기에 모스크바가 부아디수아프와 맺은 가장 본질적인 협정의 조건들에 동의하지 않고 있다. 바로 이런 것들이 당시의 사정이었다.

단지 보르의 존재만이 폴란드인들에 대한 '상급' 루시인들의 분노를 억제하였다. 보르와 그가 체현한 사회적 질서, 아니 좀더 정확히는 사회적 무질서는 폴란드인들의 소란보다도 그들을 더 두렵게 만들었다. 이 적과 저 적에 동시에 저항할 힘이 없었던 것이다. 하지만 보르의 손길이 미치지 않고 그를 잘 알지 못하는 루시 땅의 많은 부분들에서는 폴란드의 선의를 기대하지 않으면서 보르에게 투항하기 시작하였다. 그러나 보르는 죽었고 모스크바인들은 소생하였다. 지도자가 없는 보르의 무리는 단순한 약탈자들이 되었고 정치적 힘을 상실하였다. 정치적 적으로서는 단지 폴란드인들만 남아 있었고, 이제 후방에는 더 악질적인 적이 남아 있다는 두려움 없이 그들에 맞서 단결할 수 있었다. 폴란드인들에 맞선 운동이 좀더 명확하고 분명하고 강력하게 나타나기 시작하였다. 그 선두에는 '모스크바 국가의 우두머리'인 총대주교가 있었다.

총대주교는 이 경우 교회의 목자로서 행동하였다. 그는 가톨릭 폴란드의 영향력이 국가 분야에 국한되지 않고 필연적으로 교회 분야로도 넘어갈 수밖에 없다고 정확하게 보았다. 모스크바에서는 1596년의 종교합동을 알았고 종교합동 자체와 폴란드-리투아니아 국가에서 그에 선행하여 일어난 일의 중요성을 이해하였다. 가톨릭교도의 차르 선출을 겨우 허용(그의 정교 수용을 필수적인 조건으로 하고) 한 뒤, 그 후 지그문트가 어떻게 처신하는지를 보고 앞으로 모스크바에 대한 폴란드인들의 항상적인 남용을 예상하면서 총대주교 게르모겐은 정교의 주교로서 정교 신앙의 순수성 보존을 고려하여 더 이상 폴란드인들의 지배를 허용할 수 없었다. 이러한 시각에서도 그는 지그문트에 저항하였다.

지그문트의 충직한 하인들인 살티코프와 안드로노프는 보르가 죽은 뒤 총대주교가 폴란드인들에 반대하여 인민들에게 폴란드인들이 왕세자를 모스크바 국가에 보내지 않고 왕세자가 정교를 받아들이지 않는다면 그는 루시인들의 군주가 아니다라고 '명확히' 말하고 썼다고 국왕에게 보고하였다. 모스크바인들은 총대주교의 의견에 동감하여 폴란드인들에 맞설 태세가 되었다. 총대주교와 세속인들 모두 이것에 대해 편지를 써서 도시들로 보냈다. 또 모스크바인들은 폴란드인들에 의한 스몰렌스크 크라이의 재난에 대해 스몰렌스크인들로부터 받은 편지를 도처에 발송하였다. 이 모든 편지들은 백성들을 폴란드인과 리투아니아인들에 맞서, 그리고 '지기몬트[109] 국왕'에 맞서 궐기하게 하였다. 도시들은 동요하였고 '폴란드인들에 맞선 화합과 단결'에 관해 서로 편지를 주고받았다. 니즈니 노브고로드인들은 (1611년 1월에) 모스크바에서 무슨 일이 벌어지고 있는지를 알기 위해 모스크바에 사자를 보냈다. 사자들은 모스크바에서 폴란드인들이 어떻게 주인행세

109) Жигимонт. 지그문트를 가리킨다.

를 하는지를 보았고 총대주교를 방문했으며, 총대주교는 그들이 적들에 맞서 봉기를 일으키는 데 축복을 해주었다. 니즈니 노브고로드인들은 이것에 대해 다른 도시들에게도 편지를 썼고 폴란드인들에 맞선 봉기가 곳곳에서 타올랐다. 봉기는 부아디수아프에 맞서서가 아니라 부아디수아프에 관한 모스크바 협정을 깨트린 지그문트와 폴란드인들에 맞서 발생했음을 언급해야 한다. 나라 전역은 동요상태에 있었고 행동할 태세가 되어 있었으며 게르모겐을 자신들의 도덕적 지도자로 바라보았다.

그러나 총대주교는 인민운동을 지도하면서 봉기자들의 선두에 설 수 있을 군사 지휘관을 인민들에게 적시하지 않았다. 이와 같은 지휘관이 랴잔 땅에 스스로 나타났다. 그는 우리에게 잘 알려진 프로코피 랴푸노프였다. 그는 보르가 죽기 전에 부아디수아프를 인정하였으나 이미 1611년 1월에 폴란드인들에 맞서 군대를 모집하기 시작하였고 그들과 함께 모스크바로 나아갔다. 인민 종사단이 방방곡곡에서(랴잔, 세베르스크, 무롬,[110] 수즈달 지역, 그리고 북부 오블라스티들과 볼가강 하류 지역에서) 랴푸노프에게 몰려들었다. 민족운동의 세력은 너무나 커서 투시노의 카자크들도 포괄하였다. 운동은 또한 투시노 보야린들인 트루베츠코이[111] 공과 〔돈강의 아타만[112] —편집자〕 자루츠키[113] 공의 지휘 하에서도 모스크바로 나아갔다. 북쪽으로부터는 프로소베츠키[114]와 함께 카자크 무리들이 왔으며, 심지어 한때 대수도원

---

110) Муром. 러시아의 서부 지역 블라디미르 오블라스티의 도시. 오카강의 하항(河港)이며 러시아에서 가장 오래된 도시의 하나이다. 《연대기》의 862년 항목에 처음으로 등장한다. 1392년 모스크바 대공국에 편입되었다.

111) Дмитрий Тимофеевич Трубецкой, ?~1625. 러시아의 공으로 동란시대에 활동한 정치가이자 군사활동가.

112) атаман. 카자크들의 대장을 일컫는 말.

113) Иван Мартынович Заруцкий, ?~1614. 돈 카자크들의 아타만.

114) А. Просовецкий. 카자크 부대의 지휘자.

을 포위하였던 유명한 사피에하도 이제 폴란드인들에 맞서 루시와 정교를 위해 싸우는 데 동의를 하였으나 그 후 단념하였다.

이처럼 다양한 성격의 국민군이 모스크바에 접근해오자, 모스크바는 힘든 날들을 겪었다. 보야린과 폴란드인들은 백성들 사이의 운동을 불법적 폭동으로 간주하였다. 인민들은 이 운동에서 신성한 임무를 보았고 해방자들을 초조하게 기다렸다. 폴란드인과 모스크바 주민들 사이의 관계는 이미 오래전부터 첨예화되었다. 이제 사태는 하루하루 무장충돌을 예상하는 지경까지 진행되었다. 버드나무 일요일[115](1611년 3월 17일)에 거리에서 전투가 발생할 거라고 예상되었으며 폴란드인들은 방어준비를 하였다. 그러나 사태는 아무 일 없이 지나갔다. 그럼에도 불구하고 살티코프는 폴란드인들에게 화요일, 즉 3월 19일에 사람들이 그들을 공격할 것이라고 경고하였다. 이 날까지 최초의 인민 종사단이 모스크바 근교에 나타나리라고 기대되었다. 실제로도 화요일인 3월 19일에 모스크바의 키타이 고로드에서 전투가 시작되었다. 폴란드인들은 키타이 고로드에서 슬로보다들로 돌진하였으나 벨리[116]시에서 인민들에 의해 저지되었다. 국민군의 선발대가 Дм. Мих. 포자르스키공과 함께 서둘러 모스크바인들을 도와주러 왔고(포자르스키는 여기서 부상당하기도 했다), 폴란드인들은 후퇴하여 크레믈과 키타이 고로드에서 두문불출하면서 모스크바와 자모스크보레치에[117]에 불을 지르려고 하였다(향후 방어의 편리를 위해서). 모스크바는 거의 모든 것이 소실되었다. 며칠 동안 폴란드인들의 기습공격 및 그들과 인민들의 충돌이 계속되었다. 마침내 부활제 두 번째 날인 성모수태 고지 제일에 10만 명의 루시군이 모스크바에 다가왔고

---

115) Вербное воскрнсенье. 부활절 전주에 그리스도가 예루살렘에 들어갔을 때 버드나무 가지를 흔들어 환영받은 것을 기념한 날.

116) Белый. 모스크바 근교의 도시.

117) Замоскворечье. 모스크바강 너머 지역.

4월경에 크레믈과 키타이 고로드를 포위하였다. 폴란드인들은 장기간의 농성(籠城)에 들어갔고, 지그문트에 봉사하고 일반 백성의 국민군을 폭동의 무리로 간주한 모스크바 보야린들도 이에 합류하였다. 농성중인 사람들은 비축 물자가 많지 않았고 폴란드 수비대도 별로 크지 않은 총 3,000명에 불과하였다. 이리하여 수비대의 상황은 매우 위급했으나 지그문트는 모스크바를 도울 생각이 없었다. 그의 세력은 스몰렌스크를 장악하는 데도 충분하지 않았던 것이다.

이제 모스크바 근처에 집합하였던 국민군에 대해 눈을 돌려 그 역사를 알아보자. 이 국민군은 공정하게 사회적 적들의 정치적 동맹으로 부를 수 있다. 일반 백성과 카자크들, 사회와 사회질서의 적들이 국민군 속에 연합되어 있었다. 이 국민군 사이에 불화가 나타날 수밖에 없고 내분이 일어날 수밖에 없음은 선험적으로 예견할 수 있다. 장기간의 포위 동안에는 두 공동체, 즉 일반 백성들의 공동체와 카자크들의 공동체 사이에 충돌이 발생할 많은 시간과 동기가 있었다고 판단한다면 국민군의 파멸과 해체마저 예언할 수 있을 것이다. 국민군은 실제로 파멸하였다.

국민군은 모스크바 근교에 도착하자마자 Пр. 랴푸노프와 트루베츠코이공 및 자루츠키공을 사령관으로 뽑는다. 연대기 편자들은 그렇게 쓰고 있으나, 국민군 전체에서와 마찬가지로 이들 군사령관들 사이에 '대불화'가 시작되었다고 말한다. 국민군에서 평범한 일반 관리들의 대표자인 랴푸노프는 자신이 국민군을 지배하려고 노력하였다. 자루츠키는 카자크들의 버릇없음을 묵인하였으며, 그들 둘 때문에 트루베츠코이는 "별로 존경을 받지 못했다." 즉 트루베츠코이는 영향력이 없었다. 그럼에도 불구하고 이 사령관들은 국민군뿐만 아니라 백성들도 통치하였다. 크레믈에서 두문불출하는 보야린들과 나란히 일반 백성들의 의지로 별도의 정부가 만들어졌다. 1년 전 백성들에게 선서하였던 보야린들은 의미를 완전히 상실하였다. 사령관들은 오블라스티 별로 자금의 징수와 병력의 모집에 대한 지시를 내렸고 도시들에서 군사령관들을 교체했으며, 노브고로드를 스웨덴인들로부터 방어하는 데 신경을 썼고 봉지를 분배하였다. 요컨대 그들은 군사적 권력이었을 뿐만 아니라 백성들의 권력이기도 하였으며 정부 역할을 하였다. 이 의미심장한 사실은 국민군이 나라에서 얼마나 큰 신뢰를 누렸는지를 우리에게 보여준다. 나라는 국민군을 믿고 따랐던 것이다.

그러나 훨씬 더 의미심장한 것은 백성들과 군을 통치하는 군사령관들이 무통제가 아니었으며 자신들의 활동이 군의 전체 회의에 종속되어 있던 상황이다. 우리는 비록 국민군의 내부 구조를 확실하게 알지는 못하지만, 첫째 모스크바 근방의 군은 스스로를 '전 백성들'의 의지가 표출된 것으로 간주하였고 권력 면에서 스스로를 군사령관보다 높이 위치시켰으며, 둘째 국민군은 독자적인 두마, 독자적인 회의를 따로 열었다고 생각할 충분한 근거가 있다. 이 회의는 자신들의 법령을 '전 백성들의 결정'이라고 불렀고 따라서 스스로를 우리가 젬스키 소보르라고 일컫는 것으로 간주하였다. 이와 같은 '전 백성들의 결정' 중의 하나가 이 군 회의로부터 우리에게까지 전해졌다. 우리의 역사가들은 이것에 거의 주의를 돌리지 않았으며 단지 코얄로비치 교수만이 자신의 저술들에서 아마도 언제나 올바른 평가인 것은 아니겠지만 세밀한 평가를 내렸다. 이 결정은 카람진에 게재되었고(《역사》, 12권, 부록 793과 794), 완전하지는 않다(그렇기는 하나 카람진 자신은 이 결정의 불완전한 후기 사본을 갖고 있으며 소장한 것을 전부 게재하였다. 자벨린은 카람진 텍스트를 다시 게재하였다). 그런데 이 결정은 우리에게 제 1차 국민군의 역사로부터 매우 흥미로운 특성들을 밝혀준다.

1611년 6월에 국민군은 자신의 지도자들을 향해 군 내에서 이루어지고 있는 무질서와 남용을 중단하는 문제를 생각해줄 것을 전 군의 이름으로 요청하였다. 이 무질서에 대해 연대기 편자는 단지 몇 마디만 아무렇게나 말한다. 즉 그는 군 내에서 일부 사람들이 투시노 보르나 폴란드화된 모스크바에 대한 지난날의 봉사 때문에 다른 일부를 비난하였고, 군인들을 '재산에 따라서가 아니라' '편파적으로' '총애하였으며', 끝으로 주인으로부터 도망을 쳐서 지금 군 내에서 카자크들로, 즉 이미 자유민들로 봉사하는 홀로프들을 어떻게 해야 하고 어떻게 다루어야 하는지를 몰랐다고 말하는 것이다. 처음에 국민군의 군사령관들은 이 도주자들을 자유로운 카자크들로 간주하겠다고 약속하면서 자신들의 깃발 아래로 모이게 하였다. 그러나 국민군 내의 관리분자들은 이와 같은 조치에 동감할 수가 없었다. 그 조치는 관리들이 향후 매우 받아들이기 힘든 질서를 형성하였고, 다른 홀로프들도 이 질서를 이용하여 자유롭게 루시로 되돌아올 수 있을 거라는 희망을 품으면서 주인으로부터 도주할 수 있었다. 그러므로 국민군 내의 도망자 상황은 매우 중요한 문제가 되었다.

바로 여기서, 국민군의 요청으로 랴푸노프와 다른 군사령관들은 걱정거리인 이 마지막 문제들을 숙고하고 해결하기 위해 군 전체의 소보르를 소집하는 데 의견을 같이 하였다. 1611년 6월 29일과 30일, 군의 대표자들, 즉 '모든 도시들' 출신의 모든 관등의 관리들과 카자크 무리의 대표들인 아타만과 카자크들이 소보르에 모였다(이 소보르로부터 위에서 언급한 결정이 우리에게 전해졌다). 이리하여 양 분자(관리 분자와 카자크 분자) 모두 사태의 심의와 결정의 작성에 참여하였다. 앞으로 어떤 분자가 이 결정에서 우위를 차지하였는지가 명백해질 것이다.

6월 30일의 결정은 매우 광범했고 군뿐만 아니라 국가 전체에도 영향을 미쳤다. 군의 대표자들은 스스로 전 인민적인 문제를 결정할 권한이 있다고 생각하였다. 무엇보다도 우선 그들은 "전 백성들에게 결정을 내리고 그 대표들을 선출하였다." 아니 좀더 확실히 말한다면, 이미 이전에 선출된 세 우두머리 — 랴푸노프, 트루베츠코이, 자루츠키 — 를 재가하고 그들 권력의 경계를 정하였다. "군사령관들은 나라를 세우고 온갖 나라의 업무도 군 업무도 관리해야 했다." 즉 군뿐만 아니라 국가도 통치해야 했다. 동시에 그들은 "백성의 결정이나 전 백성의 결정 없이는 … 죄에 의하지 않고는 … 사형을 내리고 유배를 보낼" 수가 없었으며, 실제로 그들은 "전 백성들과 이야기를 하고" 죄인들을 처형하지 않으면 안 되었다. 6월 30일의 결정은 백성들의 결정 없이 누군가를 죽인 사람 자신을 사형에 처해야 한다고 덧붙인다. 이리하여 결정에 따르면 주권은 '전 백성들'에, 달리 말해 군의 표현에 따르면 '전 백성들'을 체현한 군 회의에 속한다. 군사령관들은 단지 백성들의 집행기관일 뿐이다. 백성들은 필요하다면 이들을 교체할 수 있다. 주요 군사령관이나 이류 군사령관들이 나쁘게 일을 하거나 백성들의 결정을 듣지 않게 되면 백성들은 그들 대신에 '전투와 백성들의 일에 유용한' 다른 사람들을 선출할 수 있다. 군과 백성들의 통치라는 기본 문제들이 6월 30일의 결정에 의해 이렇게 해결되었다.

군 소보르의 두 번째 법령 그룹은 포위 때문에 활동을 못하고 있는 모스크바 청들 대신에 군 내에 통치를 수행할 청들을 설치하는 것과 관계가 있다〔다음의 청들을 설치하기로 결정되었다. 관리들의 봉사와 부양 수단 — 봉지 — 을 관리할 대 라즈랴트(Большой Разряд)와 봉지 라즈랴트; 그 뒤 재정을 관리해야 하는 대 교구(Большой Приход); 형사사건을 관리하고 법정의 성격을 지닌 도적(Разбойный) 청과 인민(Земский) 청〕.

소보르 법령의 세 번째 그룹은 봉지와 관련되어 있다. 동란은 봉지 문제에 혼란을 가져왔다. 일부 사람들은 잉여 토지를 불법으로 점거하였고 일부 사람들은 이 토지를 빼앗겼다. 발생한 분규를 해결하고 질서를 회복하는 것이 필요하였다. 이를 위해서 다음을 몰수하기로 결정되었다. (1) 소유자가 군에서 봉사하지 않는 모든 봉지들; (2) 소유자가 봉사를 하고 있더라도 정상적인 봉지의 양 이상으로 봉지소유자에게 존재하는 모든 잉여 토지들. 몰수된 토지들은 재산이 없고 영락한 관리들에게 봉지로 지급하기로 결정되었다. 그러나 봉사가 없는 토지를 모조리 몰수하기로 결정된 것은 아니었다. 다음의 봉지들은 그대로 남았다. (1) 대사절단에 있었고 지그문트가 주요 사절들과 함께 억류한 드보랴닌들의 부인과 자식들의 봉지; (2) 봉사 중에 살해된 드보랴닌들의 과부와 자식들의 봉지; (3) 노브고로드에서 모스크바로 원정을 가는 대가로 M. B. 스코핀-슈이스키에 의해, 정상적 양 이상의 잉여이기는 하지만, 봉지를 받은 드보랴닌들의 봉지. (스코핀의 기억에 대한 존중 외에는 이 흥미로운 법령을 무엇으로 설명할 수 있을까?) 게다가 카자크들이 봉지를 받고 그럼으로써 관리들의 대열에 들어가는 것이 허용되었다. 이 허용은 카자크들에 대한 결정의 유일한 양보로 바라볼 수 있다. 나머지 부분에서 결정은 지금 보고 있듯이 카자크에 반대하는 경향을 갖고 있다.

법령의 마지막 그룹을 이루는 것은 카자크들과 카자크들에 가세한 사람들, 즉 도망자들에 관한 법령들이다. 약탈을 피하기 위해 봉직에 파견되어 도시들로 떠났던 모든 카자크들을 모스크바 근교의 군으로 복귀시키기로 결정되었다. 앞으로는 군의 물자를 확보하려고 카자크들만 파견해서는 안 되고 그들과 함께 관리들도 출장 보내야 한다. 이것으로 카자크의 자유가 속박되고 카자크들에 대한 통제가 제도화되었으며 그에게서 군 주위의 어디선가에서 약탈로 살아갈 기회가 박탈되었다. 더욱 큰 타격을 카자크들에 가한 것은 지금까지는 카자크들로 간주된, 도망 농민과 홀로프들을 이전의 주인에게 돌려주고 그들을 이전 상태로 되돌릴 것을 결정한 규정이었다.

옛날 형태로 사회질서를 복구하려고 한 결정의 모든 법령이 그렇듯이 카자크들에 대한 마지막 일련의 법령들은 6월 3일의 소보르에서 관리들이 자유로운 카자크들을 결정적으로 지배하였음을 매우 분명히 우리에게 보여준다. 즉 사회적 요소가 반사회적 요소에 대해 우위를 점하였다는 것이다. 결정 아래에는 25개 도시의 관리 대표자들의 서명과 나란히 결정을 확인하는 카자크들의 자서(自署)들도 발견되지만 그럼에도 불구하고 카자크들은 그 법령으로부터 많은 것을 허용하였다. 모스크바 진영에서도 나라 전체에서도 사태의 주인이 된 것은 예로부터 기성 사회질서의 사람들인 관리들이었고, 물론 그 선두에는 '전 모스크바 군의 원수'인 프로코피 랴푸노프가 서 있었다. 연대기 편자가 이 결정에 대해 말하면서 랴푸노프가 그것을 작성하라고 '명령했다'고 썼을 때 그의 실수는 이유가 있었다. 자신의 실수로 그는 6월 30일의 결정에 의해 만들어진 랴푸노프 권력의 정도를 정확히 식별하였던 것이다.

제2차 국민군과 그들의 승리

제1차 모스크바 국민군에 대한 자료를 연구하면서 이제 우리는 모스크바 부근에서 합류한 인민 종사단과 카자크 종사단이 지향과 기호의 차이로 서로 평화롭게 살 수 없었다고 말할 수 있을 것이다. 그들의 항상적인 불화는 그들의 상호관계를 좀더 정확히 규정해야 할 필수성을 야기하였고, 상호관계는 관리들에게 유리한 쪽으로 정리되었다. 관리들과 랴푸노프에게 우월을 부여한 결정은 카자크들과 그들의 지도자인 자루츠키와 트루베츠코이의 마음에 들지 않았고, "그때부터 프로코피[118]에 대해 어떻게 그를 죽일까 생각하기 시작했다"고 연대기 편자는 말하고 있으며, 실제로 한 달 뒤 랴푸노프는 살해당하고 말았다. 그의 죽음은 6월 30일의 결정 이후 모스크바군이 직면한 상황과 직접적으로 관련되어 있다. 카자크들과 홀로프들은 이 결정을 받아들일 수 없었고 랴푸노프는 사태를 주재하고 지배한 관리들의 대표자로서 그들의 품에서 떨어져 나갔다. 랴푸노프의 살해에는 모스크바에서 포위된 폴란드인들도 연루되었다. 그들은 포위한 사람들의 진

---

118) Прокофий. Прокопий를 일컫는다.

영에서 동란이 일어나고, 이 유능한 군사령관이 죽기를 원하였으며, 이런 저런 음모를 꾸몄다. 그러나 그들의 선동이 없었더라도 "모든 악행의 늙은 주모자들, 아타만과 카자크들, 그리고 보야린의 홀로프들"(Д. M. 포자르스키공이 랴푸노프의 살해자들을 그렇게 부른다)은 살해에 주저하지 않았을 것이다. 이 살인 속에서 그들은 모스크바에서 자신들의 상황을 개선하고 자신들의 영향력을 확대하며 관리들에 대해 우위를 차지할 수단을 보았다. 그들은 소원을 이루었다. 지도자를 잃어버린 관리들은 힘도 상실하였다. 랴푸노프를 대체할 사람도 없었다. 카자크 지도자들이 사태를 지배하기 시작하였고, 카자크들은 고개를 들었으며, 그들에 의해 압박을 받은 드보랴닌들은 '뿔뿔이 흩어져' 어슬렁어슬렁 집으로 향하였다. 국민군은 붕괴하였고 국가질서는 그 속에서 새로운 패배를 당하였다. 그러나 제1차 국민군의 남은 카자크들이 1611년에도 1612년에도 모스크바 부근에 계속 주둔하였다. 지그문트는 모스크바 수비대를 도와주러 오지 못하였고 모스크바 수비대는 자신의 힘으로 포위자들을 쫓아낼 수가 없었다. 이리하여 모스크바 포위는 계속되었으나 랴푸노프의 죽음은 루시인들에게 큰 슬픔이었고 그들은 국민군의 성공에 대한 믿음을 상실하였다. 그 무렵 루시인들로부터 더 나은 고국의 미래에 대한 희망을 완전히 뺏을 수 있는 사건들이 차례차례 일어났다.

지그문트는 대사절단을 더 이상 껄끄러워 하지 않았다. 모스크바의 소실은 사절들이 좀더 순종적으로 될 거라는 희망을 그에게 주었다. 그러나 그들은 국왕이 주키에프스키가 맺은 협정을 버려서는 안 되며 스몰렌스크의 포위를 풀어야 한다고 고집하였다. 그러한 경우에만 부아디수아프는 모스크바 차르가 될 수 있을 것이다. 향후의 협상이 무위로 돌아갈 거라고 생각한 국왕은 무력에 의존하였다. 모스크바 사절들은 약탈당하였고 포로가 되어 폴란드로 이송되었다(1611년 4월).

1611년 6월 3일 마침내 국왕은 스몰렌스크로 돌격해 점령하는 데 성공하였다. 도시에는 포위 시작 때 약 8만 명의 주민과 많은 물자와 훌륭한 요새가 있었다고 한다. 스몰렌스크가 점령되었을 때 그 안에는 8,000명도 안 남아 있었고 그들은 기아와 질병에 시달리고 있었으며 요새들이 파괴되고 붕괴되었기 때문에 적을 격퇴할 수도 없었다. 당시의 가장 명철한 루시 위정자 중의 한 사람인 스몰렌스크 군사령관 셰인은 고문을 당하였다. 그들은 무엇을 위해 그가 도시를 포기하지 않았으며 어떤 수단으로 그렇게 오랫동안 버틸 수 있었는지 알고 싶어 하였다.

7월 16일 스웨덴인들이 속임수로 노브고로드를 점령하였다. 수도대주교 이시도르[119]와 군사령관 오도옙스키[120]공은 노브고로드인들을 대표하여, 노브고로드는 특별한 국가가 되어 스웨덴 국왕의 아들 가운데 한 명을 차르로 선출하고, 설사 모스크바 국가가 스웨덴 가문이 아닌 곳으로부터 다른 차르를 선출한다 하더라도, 노브고로드는 국가구조를 그대로 보존하면서 스웨덴 왕조와 영구히 합친다는 내용의 협정을 스웨덴인들과 맺었다. 이 협정은 스웨덴 승리자들에 의해 강요되었음이 명백하다. 심지어 계약에 노브고로드 군주가 정교 신자이어야 한다는 요구도 없었다.

그때 프스코프에 때때로 세 번째 가짜 드미트리라고 불리는 시도르카[121]라는 참칭자가 나타났다. 이미 슈이스키 치세에 프스코프에서는 '상급' 주민들과 '하급' 주민들, 하층계급과 상층계급 간의 투쟁인 내란이 시작되었다. 이 투쟁은 어떻게 하여 완전히 프스코프를 국가로부터 분리시켰고 국가 내에 자신만의 특별한 동란의 역사를 만들었

119) Исидор, ?~1619. 노브고로드의 수도대주교. 그리스 출신의 마지막 루시 수도대주교이다.

120) И. Н. Одоевский. 군사령관.

121) Сидорка. ?~1612?. 황태자 드미트리의 참칭자. '프스코프의 도적'이라고 묘사된다.

다. 내분은 폴란드인들과 카자크들에게 프스코프 땅을 제멋대로 파괴할 기회를 주었고, 그곳의 세 번째 참칭자에게 힘을 부여하였다.

그리하여 1611년의 후반기에 스몰렌스크와 노브고로드가 점령되고 프스코프에서 참칭자 세력이 강화되면서 모스크바 국가의 서부 전체가 적들의 수중에 떨어졌다. 모스크바 자체는 그들의 권력으로 남아있었으며 모스크바 해방을 위해 모여든 국민군은 적들이 아니라 내분에 의해 패배하면서 몰락하였다. 이 국민군 속에 만들어졌고 백성들이 신뢰하는 한에서만 본질상 강력하였던 백성들의 권력은 이제 랴푸노프의 죽음과 함께 백성들에게 모든 의미를 잃어버렸다. 루시인들은 의기양양하고 강력한 국가와 사회의 적들에 맞서 지도자 없이 내버려졌다. 루시 국가가 마지막 날들을 견뎌내는 것 같이 보일 정도로 아주 결정적인 시간이 다가왔다.

물론 다른 누구보다도 제일 위험한 것은 폴란드인들이었으나, 그들은 자신들의 실책으로 루시인들의 회복을 도와주었다. 스몰렌스크를 점령한 후 국왕 지그문트는 모스크바의 폴란드 수비대를 도와주러 가는 대신에 승리를 축하하기 위해 폴란드의 세임으로 향했다. 그는 헤트만 호트키에비치[122]와 함께 약한 기병대만 모스크바로 보냈을 뿐이었다. 1611년 10월 호트키에비치는 모스크바 근교의 카자크들에 의해 격퇴 당했고 모스크바를 떠났다. 이 사소한 모스크바로의 정찰을 고려하지 않는다면, 모스크바 국가의 외부 적들은 스몰렌스크와 노브고로드의 점령으로 그에게 아주 강한 타격을 가했으나, 그 후 완전히 무력해졌고 그 결과 승리의 과실을 모조리 잃어버렸다고 말할 수 있을 것이다.

루시인들 또한 자신들이 승리했다고 간주하지 않았으며 일이 난처하게 되었다고 생각했다. 국가의 동부에서는 도처에서의 실패와 전반

122) Ян Кароль Ходкевич, 1560~1621. 폴란드어로 Jan Karol Chodkiewicz. 폴란드-리투아니아 사령관이자 위정자.

적인 고통에 관한 소식의 영향을 받고 다시 운동이 강화되었으며 도시들의 연계가 활성화되었다. 도시에서 도시로 사태에 대한 소식이 전해졌고 모스크바와 다른 지역들에서 받은 편지들이 발송되었으며, 루시인들이 힘든 상황에서 어떻게 버티고 행동해야 하는지에 관해 도시에서 도시로 서면 연락이 갔다(예를 들어 카잔은 페름으로 글을 썼다). 이 서한들에는 온전한 정치 프로그램이 들어 있었다. 볼가강 유역의 산악 도시들과 초원 도시들은 모두 그들이 '화합하고 일치해야 하며' 사회적 질서를 지켜야 하고 약탈을 허용해서는 안 된다는 데 동의하였다. 또 내란을 벌여서도 안 되고 누가 임명하든 새 행정부를 받아들여서는 안 되며 자신들이 믿는 옛 것을 보존해야 하고 카자크들과 교제하거나 관계를 맺어서도 안 된다는 데 의견을 같이 하였다. 하나의 세력을 이룬 이 작은 봉지 공동체들이 발휘하는 에너지와 그들이 서로 붙들고 있는 끈끈함, 그리고 이 집단들 중 다수가 특성으로 갖고 있는 독립성은 우리를 끝없이 탄복시킬 것이다. 루시 북부와 북동부 전체가 당시 대 역사적 위기의 순간에 대중들 속에 나타나는 어떤 정신적 긴장과 명료함의 상태에 있었다. 모든 편지들에는 오랫동안 농촌 주민들에게 떠오르지 않았으나 지금은 모든 이들의 자산이 된 하나의 사상이 아주 간단명료하게 언급되어 있다. 그것은 신앙과 고국과 사회질서를 위해서 모든 사람들은 싸우는 것이 필수적이며, '리투아니아'뿐만 아니라 이 필수성을 인식하지 못하는 모든 사람들 — 카자크들 — 과도 싸우는 것이 필수적이라는 사상이다. 정착민인 백성들은 이제 카자크들과 분리되었고 카자크들이 조력자가 아니라 그들의 적이라는 사실을 마침내 깨달았다. 이 깨달음은 카자크들이 백성들의 질서 전체를 혼란시키고 같은 일에 봉사함에도 불구하고 백성들을 적대시하였던 때인 Пр. 랴푸노프의 죽음 이후 이루어진 것이다. 이제 자신들이 처한 상황이 매우 끔찍하다는 것을 이해하며, 자신들의 곤란을 인식하고 무엇을 어떻게 해야 할지를 판단하려고 하면서, 루시인들은 전반적인 '화합'과 '일치'를 모색하는 것으로 시작하고 니즈니 노브고로드의 예에 따라 처음으로 합동 결의를 내리는데, 즉 과거의 죄업을 씻을 정진(精進)을 전 백성들에게 부과한다.

대중들이 단순히 느끼고 표명한 것은 당시의 상급 주민들에 의해 더욱 발전하였다. 이 과정에서 사상은 더욱 충만해지고 감정이 더욱 분명해졌다. 이들은 대중들에게 깊은 영향을 미쳤고 대중들을 공동의 일 쪽으로 방향 지웠으며 대중들이 단결하도록 도와주었다. 이들의 선두에는 총대주교 게르모겐이 놓여야 하는데, 그는 개인으로서 특별한 도덕적 힘을 갖고 있었고 위정자로서 엄청난 정치적 영향력을 지니고 있었다. 그는 누구보다도 일찍 누구보다도 명확하게 외국인, 더욱이 폴란드인 차르는 모스크바에서 불가능하다는 것을 인식하였다(우리는 이미 어떤 관점에서도 그렇다는 것을 보았다). 이리하여 그는 지그문트를 고수하고 스스로를 그의 '충실한 국가 신하들'이라고 부른 보야린들과 항상 적대관계에 있었다. 이리하여 게르모겐은 인민들을 폴란드에 맞선 봉기에 나서도록 축복하는 데 주저하지 않았다. 이제 이미 유폐 상태에 있으면서도 그는 그런데도 온 백성들에게 폴란드인과 카자크들에 반대하는 편지를 보내는 데 성공하였다. 1611년 8월 모스크바 근교의 카자크 국민군이 보료노크[123](Воренок, 투시노 보르와 마리나 므니셰크의 아들)에게 선서하려고 한다는 소식을 들었을 때 게르모겐은 카잔 수도대주교와 백성들이 카자크들로 하여금 이 저주받을 일을 못하게 말려줄 것을 요청하면서 시급히 니즈니로 편지를 보냈다. 카자크들을 격렬하게 반대하는 이 편지는 그때까지 도시들을 자극한 것보다 훨씬 더한 강도로 그들에 대해 반항케 했음이 틀림없었다. 니즈니는 총대주교의 편지로 반카자크 운동의 중심에 놓였다. 다른 도시들보다 먼저 니즈니는 랴푸노프 이후 카자크들이 '모스크바

---

123) 말 그대로 아기 도적(Вор)이라는 뜻.

의 약탈'을 더욱 심하게 하였음을 알았고, 모스크바가 폴란드인과 카자크들 때문에 어떤 힘든 상황에 처해 있는지를 이해하였다. 니즈니가 어떤 다른 도시보다 먼저 모스크바의 해방을 위해서 궐기한 것도 불가사의한 일이 아니었다.

자벨린은 니즈니가 다른 도시들보다 더 총대주교에 가까웠고, 만일 니즈니와 여타 도시들의 모스크바 해방 운동을 국가 중심의 영향력으로 설명해야 한다면 이 운동을 촉발한 것은 트로이츠키 수도원에서 발송된 애국적 편지가 아니라 바로 니즈니로 보내진 게르모겐의 서한 때문이어야 한다는 것을 처음으로 지적하였다(《미닌과 포자르스키》, 1883년). 자벨린의 조사 전에는 Авр. 팔리친의 《이야기》에 근거하여, 도시들의 두 번째 해방 운동은 트로이체-세르기예프 당국의 편지들 때문에 니즈니에서 시작되었다고 말해지고 씌어졌었다. 자벨린은 그러한 영향력의 원인이 될 수도 있었을 트로이츠키 편지는 이미 운동이 니즈니에서 시작되었을 때 그곳에 도착하였고 그러므로 이 운동을 형성할 수가 없었다고 지적하였다.

그러나 트로이츠키 수도원으로부터 이 영향력의 영예를 빼앗은 우리의 존경할 만한 역사가는 수도원이 모스크바 근교의 카자크들과 맺은 관계와 이 수도원이 보여준 카자크들에 대한 얼마간의 종속을 지적하면서, 당시의 수도원에 중요한 의의를 두는 것을 완전히 부정하는 경향이 있다. 카자크 군 및 권력과의 관계는 수도원이 모스크바에 매우 가까워서 실제로 이 관계를 거부할 수도 없었다는 사실에 의해 충분히 설명되며, 심지어 정당화되기까지 한다. 모스크바 근교의 카자크들은 그 크라이에서는 유일한 민간 권력을 갖고 있었고 이 권력 없이 수도원은 일을 해나갈 수가 없었다. 그와 동시에 뛰어난 인물인 수도원장 디오니시[124]가 수도원의 형제단을 이끌고 있었는데, 온후하

124) *Дионисий*, 1570?~1633. 속세명 다비트 표도로비치 조브니콥스키. 1610년 이후 트로이체-세르기예프 수도원 원장을 역임했다.

고 솔직한 성격의 그는 무척 지혜롭고 신앙심이 깊으며 매우 도덕적이었고 게르모겐의 총애를 받았다. 그는 수도원이 크고 유용한 의의를 얻을 수 있게 수도원의 활동을 조정할 줄 알았다. 수도원의 막대한 재원을 이용하여(수도원은 17세기, 대략 1620년경에 약 1,000개의 마을과 촌락을 갖고 있었고 거의 국가에서 가장 큰 토지소유자였다), 수도원장 디오니시는 수도원의 수입을 동란에서 생겨난 빈민과 병자 그리고 부상자를 수천 명 보살피면서 자선활동에 소비하였다. 이와 동시에 수도원은 나라가 폴란드인들에 맞서 단결할 것을 촉구하는 편지들을 때때로 도시들로 발송하였다. 이 편지들에서 카자크들이 신앙과 질서의 옹호자들로 제시되어 있고 백성들에게 카자크들과 동맹을 맺을 것이 권고되더라도, 트로이츠키 수도원의 활동은 도덕적이고 애국적인 활동으로 여전히 남아 있으며, 수도원의 지도자 디오니시는 당시의 훌륭한 활동가들, 자벨린이 '올곧은 사람들'이라고 적절하게 부른 활동가들의 대열에 포함되어야 한다.

게르모겐과 디오니시 같은 사람들은 중앙에 서서 전 백성들의 분위기를 주도하였다. 도시들에는 다른 사람보다 더 분발하고 더 분명하며 멀리 내다본 지도자들이 있었다. 당시 지역 세계를 이끌고 도시들 간의 관계를 유지하며 자신의 동국인들에게 애국적 영향을 미친 그런 활동가들을 숱하게 셀 수 있다. 그런 지역 활동가 가운데 한 사람 — 미닌[125] — 은 전 인민적 운동에서도 주요 역할을 하기로 운명 지워져 있었다. 또 한 사람의 지역 통솔자인 드미트리 포자르스키공은 그 후 전 백성들의 군사령관이 되지 않으면 안 되었다.

포자르스키와 미닌이라는 인물에 관해서는 많은 것들이 씌어졌고 많은 갑론을박이 있었다. 포자르스키에 대해서 Н. И. 코스토마로프

125) Кузьма Минич Минин (Зазарьев-Сухорук), ?~1616. 루시의 민족 영웅, 17세기 폴란드와 스웨덴의 간섭에 반대한 루시 인민 운동의 시기에 제2차 국민군을 이끈 지도자 중의 한 명이었다.

는 포자르스키가 다른 사람들이 그를 조정할 수 있었기 때문에 많은 일을 하는 역할을 저절로 맡게 된, 아주 정직한 평범한 사람이었다고 생각한다. 이와 같은 견해를 반박하면서 자벨린은 1608년 이래의 포자르스키의 활동을 추적하고 그의 군사활동이 항상 성공하였음에 주목한다. 또 그에게서 충분히 개인적인 독자성과 창의성도 발견하고, 포자르스키는 유능한 군사령관이었으며 매우 존경스럽고 독자적으로 사고하는 시민이었다는 결론에 도달한다. 고대 루시 사회에서는 일반적으로 개인이 자유롭게 행동할 여지가 적었다. 개인은 발언하는 일이 적었고 죽은 뒤 자취도 별로 남기지 않았다. 포자르스키는 당대의 다른 활동가보다 자취를 훨씬 적게 남겼으나, 그런데도 한 가지 특성이 포자르스키에게 우리의 주의를 돌리지 않을 수 없게 하였다. 그것은 비상한 성격의 사태에 대한 명백한 의식적 태도이다. 그는 결코 당혹해한 적이 없으며 무엇을 해야 할지 항상 알고 있다. 모스크바에서 권력이 교체될 때, 그는 그들이 합법적인 한 그들에게 봉사하나 '도적들'에게 가담하거나 복종하지 않는다. 그는 명확한 시각이 있고, 이런저런 사실에 대해 태도를 정확하고 확고히 정할 기회를 주며 자신을 모험주의와 '흥분'으로부터 보호해주는 자신만의 정치철학이 있다. 그는 '머릿속에' 자신의 '차르'가 있다. 타인의 사상과 의지로 포자르스키를 이편이나 저편으로 향하게 해서는 안 된다. 포자르스키가 가문이 썩 좋은 편이 아니었고 관등이 높지 않았음에도 불구하고 그의 인격과 군사적 능력은 그에게 명성을 가져다주었다. 일찍이 1612년에 동시대인들은 그를 높이 평가했으며 포자르스키는 인기가 좋았다. 그렇지 않았다면 니즈니 노브고로드인들은 도시 자체에 두 명의 군사령관을 갖고 있으면서도 포자르스키를 자신들의 군사령관으로 또 선출하지 않았을 것이다.

만일 포자르스키가 그 자신 불리하게도 더욱 위대하고 빛나는 인물인 미닌과 나란히 활동을 하지 않게 되었다면, 포자르스키에 대해서 이러쿵저러쿵하지 않았을 것이다. 우리가 보기에 쿠지마 미닌은 천재다. 그는 독자적인 사고력과 깊이 이해하는 능력을 결합시켰고 스스로를 잊어버릴 정도로 아이디어들로 충만했지만, 그와 동시에 일을 개시하고 조직하며 일로 군중을 고무할 줄 아는 실용적인 사람이었다. 미닌의 주요한 업적은 그가 모두를 지배하는 이념에 구체적인 생명을 부여할 수 있었다는 사실에 있다. 당시 모든 사람들이 신앙과 제국을 구해야 한다고 생각했으나 미닌이 처음으로 어떻게 구해야 할지를 적시하였고, 격문뿐만 아니라 그 전에 랴푸노프가 부여한 것보다 더 탄탄하게 광범한 일을 조직할 수 있었던 자신의 활동으로도 이를 보여주었다. 이렇게 하기 위해서는 특출한 사고력과 성격이 필요하였다.

미닌은 니즈니 노브고로드의 단순한 촌놈이 아니었다. 그는 장사를 하였고 도시에서 가장 눈에 띄는 사람들 가운데 한 명이었다. 니즈니 노브고로드인들은 그를 지방장로 중의 한 사람으로 선출하였고 그러므로 그를 믿었다. 니즈니 노브고로드의 납세 공동체의 업무를 감독하면서 그는 도시의 대경제를 관리하고 세금의 납부로 지방장로들이 공동체로부터 모은 큰돈을 처리하는 데 익숙해 질 수밖에 없었다. 니즈니 노브고로드인들 앞의 어떤 편지나 정치적 통보도 니즈니 노브고로드인들의 총애 받는 사람이자 대표자로서 미닌이 모르게 그를 지나쳐 통과하지 않았다. 그는 사태의 변화를 따라 잡고 있었으며, 동란시대의 사정 때문에 도시의 관행이 되었고 고대의 민회들을 연상시킨 도시의 집회들에서 사태를 심의하였다.

이와 같은 모임들 중의 한 모임에서 (1611년 9월 아니면 10월) 총대주교의 편지와 통보의 영향을 받고 미닌은 포사트의 타글로 주민들로 하여금 국민군을 위한 자금을 수집하고 자체 국민군을 구성하도록 선동하였다. 공동체 세금에 대한 결정이 작성되어, 니즈니 노브고로드인들을 도시 소보르로 소집하였고 당시 니즈니에 도착한 애국적 편지를 이용하여 국민군에 관한 문제를 제기한 니즈니 노브고로드의 군사령관 즈베니고로츠키(Звенигородский) 공과 소보르 사제장 사바(Савва)에게 제출되었다. 소보르에서 니즈니 노브고로드인들은 도착한 편지를 낭독하였다. 이 편지에서는 신앙과 조국의 방어에 나서야 할 필수성이 언급되어 있었다(이 편지는 게르모겐이나 트로이츠키 수도원이 보낸 것이나 사태의 전개에 중요하지 않았다). 편지를 낭독할 때 니즈니 노브고로드의 사제장 사바는 인민들로 하여금 신앙 편에 서라고 설득하는 발언을 하였다. 사바의 뒤를 이어 미닌이 말하기 시작하였다. 그는 어떻게 행동해야 하는지를 지적하면서 그것에 대해 열정적으로 언급하였다. "모스크바 국가를 도와주러 갑시다. 우리의 영지를 아쉬워하지 말고, 아무 것도 아쉬워하지 말고 농장들을 팔아버리고 아내와 자식들을 뒤에 두고, 진정한 정교 신앙을 위해 떨쳐 일어나 우리의 우두머리가 될 사람들에게 머리를 조아립시다." 미닌의 발언은 큰 감동을 불러 일으켰다. 매일 그의 영향력이 증대하였고 니즈니 노브고로드인들은 미닌의 제안에 이끌렸으며 마침내 전 도시 차원에서 국민군을 형성하고 관리들을 소집하며 그들에게 돈을 모아줄 것이 결정되었다.

무엇보다도 일찍 자금 문제에 주의가 기울여졌다. 다른 수단이 없었기 때문에 자발적 공양물을 수집하기 시작하였다. 니즈니 노브고로드인들은 '3일조', 즉 재산의 3분의 1을 내는 등 많은 것을 바쳤다. 공동체는 그렇게 내기로 결정하였고 재산의 크기를 숨기면서 적게 내는 사람에게서 억지로 재산을 빼앗았다. 가지고 있는 재산을 거의 전부 기부한 사람들도 있었다. 최초 활동에 소요되는 돈은 충분한 것으로 밝혀졌다.

두 번째 할 일은 군사령관을 찾아내는 것이었다. 미닌의 제안으로 포자르스키가 뽑혔다. Дм. Мих. 포자르스키공은 당시 니즈니로부터 100베르스타 떨어진 자신의 세습영지에서 살면서 1년 전 모스크바 부근에서 입었던 부상을 치료하는 중이었다. 니즈니 노브고로드인들은 자신들의 군사령관들인 즈베니고로츠키공과 알랴비예프[126]를 회피하고 그에게 눈을 돌렸다.

니즈니에서 온 대표단이 포자르스키공에게 가서 그를 선출하여 그런 높은 위업을 달성하기를 원하는 인민들의 희망을 묘사하자 포자르스키는 처음에는 오랫동안 거절했고, 그 후 마침내 동의를 표명하였다. 그러나 조건이 있었다. 그것은 포자르스키 자신과 함께 국민군에서 경제 부분을 담당하고 "이 대 업무에 종사하면서 공금을 모을" 누군가를 포사트 주민들로부터 선출해야 한다는 것이었다. 여기서 포자르스키는 이 일에서 가장 훌륭한 조력자로서 미닌을 적시하였다. 니즈니 노브고로드인들의 준비 소식은 아주 가까운 도시들에 빠르게 퍼져나갔고, 의지할 곳 없는 스몰렌스크인들과 뱌지마[127]인들, 도로고부시인들, 그리고 폴란드인에 의한 정복의 결과 자신의 오블라스티에서 봉지를 상실하고 아르자마스크 우예스트[128]에서 토지를 취득하기를 희망했으나 모르드바족에 의해 그곳에서도 쫓겨난 바로 그 드보랴닌들이 처음으로 이 소식에 반응하였다. 그들 모두는 군대로 입소되었다. 병력과 자금이 부족하였지만 곧 니즈니 노브고로드인들은 순회편지로 다른 도시들에게 호소하였다. 이 편지에서는 게르모겐의 행동강령이 묘사되었는데, 그 기본 원리는 카자크들과는 별도로 그리고 카자크들에 맞서 행동하는 것이었다. 니즈니 노브고로드인들은 다른 도시들에게 다음과 같이 썼다. "여러분들은 우리와 화합해야 하고, 카자크들이 도적질과 약탈 및 다른 강탈, 그리고 마린카[129]의 아들로써

126) А. С. Алябьев. 러시아의 공.

127) Вязьма. 모스크바 서쪽에 위치한 도시.

128) Арзамасский уезд. 니즈니 노브고로드 오블라스티에 위치한 우예스트.

129) 마린카(Маринка). 마리나 므니셰크를 가리킨다. '마린카의 아들로써'는 '마린카 아들의 제위 요구로써'라는 의미이다.

이전처럼 하류 지역의 군대를 쫓아버리지 않도록 군인들은 함께 폴란드인과 리투아니아인들을 공격해야 한다." 백성들에게 폴란드인들에 맞선 두 번째 봉기의 개시를 가져온 이 호소에 많은 도시들이 응답하였고 콜롬나는 그중 첫 번째였다.

위에서 언급한 편지는 인민들을 마리나 므니셰크와 그 아들 보료노크, 그리고 프스코프의 참칭자 시도르카 드미트리에 대해 경계하게 만들었다. 그들의 상황, 특히 프스코프 보르의 상황은 예기치 않게 개선되었다. 모스크바 부근의 모든 카자크 국민군이 보르에 가담하기 시작하였던 것이다. 이것을 보고 갇혀 있던 모스크바의 보야린들은 인민들에게 모든 도적을 거부하고 부아디수아프에게 충성하라고 훈계하는 편지들로 코스트로마와 야로슬라블 및 다른 도시들에게 호소한다. 나라에서 신임과 세력 및 권력을 상실한 보야린들은 온 백성들이 반대하는 사람의 이름으로 나라를 점점 지휘하고자 하였고, 자신들 주위에 백성들이 주축이 된 세력에 의해 창조되고 뒷받침되는 새로운 권력, 즉 모스크바 부근의 제1차 군대 속에서 창조되어 이미 아주 강력해진 권력이 성장하고 있다는 것을 감지하지 못하였다.

어느 정도 전열을 정비하자 국민군은 1612년 3월에 니즈니를 출발하여 야로슬라블을 향해 나아갔다. 그들은 4월 초에 야로슬라블에 도착하였고 8월까지, 즉 3개월 동안 이곳에 머물렀다. 이 장기 체류는 포자르스키에 대한 많은 비난을 야기했으나(예를 들어 팔리친 측으로부터), 포자르스키의 행동은 군을 계속 정비하고 그들에게 물품을 공급하며, 후방에서 위협을 가할지도 모르는 스웨덴인들의 중립을 확보하고, 북부 크라이에서 빈번히 싸울 수밖에 없던 카자크 무리들을 소탕할 필요가 있었다는 사실에 의해 완전히 정당화될 수 있을 것이다. 포자르스키의 주요 정당화는 그가 홀로 군을 감독한 것이 아니며 그러므로 책임도 그에게만 부과되지 않는다는 데 있다. 그의 군에는 순전히 도덕적인 동기로 공이 복종하였던 최고 권력이 있었다. 그의 군에는 젬스키 소보르가 있었다. 이 소브르의 아주 명확한 징후들에도 불구하고 최근까지 소보르는 학자들의 주목을 받지 못하였다. 문제는 전반적으로 포자르스키 군의 지배 조직은 정보의 부족으로 우리에게 매우 분명치 않다는 데 있다. 단 한 가지 분명한 사실은 공이 '동지들'과 함께 국민군뿐만 아니라, 제1차 국민군에서 그랬듯이, 전 백성들도 지배했다는 것이다. 포자르스키는 탄원서를 접수하였고, 타르한의 면세증서와 은상증서를 수도원에 발급하였으며, 도시에 건물을 지었다. 또 가난한 사람에게 특전을 부여하였고, 자금수집을 군 업무로 정했다. 하지만 이 모든 것을 '전 백성들의 동의'와 '전 백성들의 명령에 따라' 수행하였다. 고대 법규에 얼마간이라도 익숙한 사람은 누구든 우리의 선조들이 '백성들'(земля)라는 용어를 사용할 때 다름 아닌 젬스키 소보르를 의미했음을 알고 있다. 따라서 군사령관들이 자신의 의견만으로 움직이던 랴푸노프와 자루츠키의 군에는 존재하지 않던 소보르 원리는 포자르스키 군에서는 존중되었다. 그러나 제2차 국민군에서 실제로 소보르가 존재했는가? 우리는 도시들에 발송한 4월 7일자 편지에서 포자르스키 주변에 젬스키 소보르가 존재했다는 첫 번째 시사를 본다. 그는 '차르의 영입을 위해' 그리고 외교적·국가적 업무에 대한 자문을 위해 대표들을 보내줄 것을 요청한다. 우리는 이 소보르의 대표들이 누구인지 알지 못하며 소보르에 대해 정확한 정보들을 갖고 있지 않다. 단지 알려진 것은 국민군이 니즈니에 이미 존재하고 있던 그때, 도시들이 자신들의 대표를 파견하였다는 사실뿐이다. 그러나 만일 보존된 다른 자료들을 대조하여 소보르가 실제로 존재했다는 생각에 도달하지 않는다면, 소보르를 갖고 싶다는 포자르스키의 희망만으로 이 소보르가 실제로 존재했다는 결론을 내릴 수는 없을 것이다. 연대기 편자는 군에서는 많은 업무가 '군 전체'에 의해 결정되었고 심지어 비밀을 지켜야 할 필요 때문에 전체 심의에 부치기에 불편한 외교적 업무도… 그렇게 결정되었다고 말한다. 군 전체가 이러한 업무들의 심의를 위해 모인 것이 아니라 군이나 백성들의 대표자들만이 모인 것은 분명하다. 더욱이 1613년의 젬스키 소보르의 한 편지에서 대표들은 자신들이 소보르에 도착하기 전에, 즉 1613년의 소보르가 시작되기 전에 동란 동안 다양한 인물들이 탈취한 궁정 마을들을 '군주의' 국고로 몰수하기 위해 모스크바로부터 특별한 인물들이 '전 백성들의 회의'에 파견되었다고 쓴다. 거기서 우리는 1612년 소보르의 결정 중의 하나에 대한 명확한 시사를 이미 보며 그러므로 비록 명확한 흔적은 남겨두지 않았지만 포자르스키 하에서 소보르가 실제로 존재했다고 결론을 내릴 수 있다. 이 소보르에는 성직자, 관리, 탸글로 신분 등 세 신분의 대표자들이 참석했다고 생각해볼 수 있을 것이다.

1612년 8월 20일 경 국민군은 야로슬라블에서 모스크바로 나아갔고, 그곳에서, 예상될 수밖에 없었듯이, 국민군과 카자크들 사이에 처음에는 적대적인 그 후에는 냉담한 관계가 확립되었다. 국민군은 독립된 진영이 되었고 그럼으로써 카자크들의 적의를 자초하였다. 사방에서 포위당하고 어떤 진지한 원조도 박탈당한, 크레믈과 키타이고로드의 폴란드 수비대는 용감하게 방어하였고 극한적인 궁핍의 지경까지 갔다. 그러나 용맹한 행동에도 불구하고 키타이 고로드는 1612년 10월 22일 함락되었고 그 후 크레믈도 루시인들에게 항복하였다. 모스크바를 장악함에 따라 포자르스키는 11월 15일의 편지로 차르의 선출을 위해 도시들로부터 각 10명씩을 소집하였다.

하마터면 지그문트의 모스크바 원정이 차르 선거를 방해할 뻔하였다. 지그문트는 볼로콜람스크[130] 까지 이르렀다. 세 번 볼로크(Волок)에 접근하였고, 세 번 격퇴되어 돌아갔다. 바로 그때 말하자면 모스크바 점령에서 처음으로 틈이 났을 때 루시인들은 차르 선거[를 — 편

130) Волоколамск. 러시아 북서부 모스크바 오블라스티에 위치한 도시.

집자] 서둘렀다. 이 일은 그들이 완전히 올바르게 이해하였듯이 절박하게 요구되었다. 그들은 군주 없는 "시간이 조금도 있을 수 없고", 그 없이는 "국가를 걱정하고 순례자들을 신경 쓸 사람이 없다"고 말하였다. 그러나 군주에 대해 생각할 때 그들이 부아디수아프나 참칭자 중의 누구를 인정한 것은 결코 아니었다. 실제로 부아디수아프도, 심지어 그 지지자들 사이에 진정성까지는 문제가 되지 않았던 불쌍한 참칭자들도, 얼마간이나마 진지한 차르 후보자가 될 수가 없었다. 그들은 '전 혈족의 종마'로서 어떤 신뢰도 받지 못하였다. 차르의 이름이 질서의 옹호자 모두에게 하나의 깃발이 될 수 있도록 다른 사람을 뽑을 필요가 있었다. 그리고 이 깃발은 백성들의 힘이 폴란드인과 카자크들보다 더 강한 동안, 그리고 무질서의 요소들이 다시 우세해져서 어떤 새로운 제위 계승 요구자를 내세우기 전에 한시바삐 세워지지 않으면 안 되었다.

미하일 표도로비치 로마노프의 차르 선출

1613년 1월 대표로 선출된 사람들이 모스크바로 떠났다. 모스크바는 차르 선출을 위해 '훌륭하고 강인하고 이지적인' 사람들을 보내달라고 도시들에 요청하였다. 한편 도시들은 차르 선출뿐만 아니라 국가를 어떻게 '건설하고', 선출 때까지 어떻게 일을 처리해야 하는지에 대해서도 생각하고, 이에 대해 '계약들', 즉 대표들이 따라야 할 지침을 그들에게 내리지 않으면 안 되었다. 1613년 소보르의 좀더 완벽한 조명과 이해를 위해서는 소보르의 구성에 대한 검토로 눈길을 돌려야 하는데, 그것은 1613년 여름에 작성된 미하일 표도로비치의 선출 증서에 기록된 서명들에 의해서만 판단할 수 있다. 선출 증서에서 우리는 총 277개의 서명들을 보나, 소보르의 모든 사람들이 소보르 증서에 서명을 한 것은 아니기 때문에 소보르 참석자들이 이보다 더 많았음은 명백하다. 예를 들어 다음은 이를 보여주는 증거이다. 니즈니 노브고로드를 위해 증서에 서명한 사람은 4명(사제장 사바, 포사트 주민 1명, 총병 2명)이나 니즈니 노브고로드의 대표는 19명(사제 3명, 포사트 주민 13명, 보제 1명, 총병 2명)이었음은 확실하게 알려져 있다. 각 도시가 Дм. Мих. 포자르스키가 결정한 대로 대표 10명에 만족했다면 소보르에는 50개 도시들(북부와 동부와 남부)의 대표들이 참석하였기 때문에 모스크바에는 약 500명의 대표들이 모였을 것이다. 모스크바 주민과 성직자들을 합치면 소보르 참석자들의 수는 약 700명까지 늘어날 것이다. 소보르는 실제로 사람들로 북적거렸다. 소보르는 아마도 바로 모스크바의 어떤 다른 건물도 수용할 수 없었을 것이기 때문에 때때로 우스펜스키 성당에서 모이곤 하였다. 이제 어떤 사회계급이 소보르에서 대표되었는지, 그리고 소보르가 자신의 신분별 구성에 따른 포로였는지의 문제가 나타난다. 언급한 277개의 서명 가운데 57개는 성직자의 것이었고(일부는 도시들에서 '선출된'), 136개는 고위 관리(보야린은 17개), 84개는 도시 대표의 것이었다. 이 수치 자료들을 결코 믿을 수 없음은 위에서 이미 언급한 바다. 자료들에 따르면 소보르에는 시골(провинциальный) 대표들이 적으나 실제로 이 대표들은 의심할 여지없이 다수를 차지하였다. 그리고 그들의 수, 즉 그들 중 몇 명이 탸글로 주민이고 몇 명이 관리인지는 정확히 결정할 수는 없지만, 그럼에도 불구하고 관리가 포사트 주민보다 더 많은 것 같으나, 소보르들에는 좀처럼 잘 나타나지 않은 포사트 주민도 매우 높은 비율을 차지하였다고 말할 수 있을 것이다. 그 외에도 '우예스트' 사람들의 참석 흔적이 있다(12개 서명). 이들은 첫째, 사유지가 아니라 흑토 국유지의 농민들로서 자유로운 북부 농민 공동체의 대표자들이며, 둘째, 남부 우예스트 출신의 소관리들이었다. 이리하여 1613년 소보르의 대표성은 예외적으로 완벽하였다.

이 소보르에서 무슨 일이 벌어졌는지에 대해서 우리는 당시의 법규와 문헌들에는 전승과 암시와 전설의 단편들만 남아 있기 때문에 어떤 정확한 것도 알지 못한다. 그래서 역사가는 여기서 마치 그 외관을 복구할 힘이 없는 고대 건물의 두서없는 파편들 사이에 처해 있는 듯하다. 공식 문서들은 회의의 경과에 대해 아무 것도 말해주지 않는다. 사실 선출 증서가 보존되어 있으나 그것은 결코 독립적으로 작성되지 않았고 게다가 선출과정 자체에 대한 정보를 포함하고 있지 않기 때문에 우리에게 별로 도움이 되지 않는다. 비공식적 문서들에 대해서 말하자면 그것들은 부족하고 불명확하며 수사적인 전설이거나 이야기들로서 이것들로부터는 확정적인 것은 아무 것도 끄집어낼 수 없다.

하지만 회의의 모습을 복구하는 것이 아니라 — 이것은 불가능하다 — 논쟁의 전반적인 경과, 선출 사상의 전반적인 일관성, 그 사상이 미하일 표도로비치라는 인물로 귀결되는 과정에 대해서 복구를 시도해보자. 소보르의 선출 회의는 1월에 시작되었다. 이 달로부터 시기상 최초의 소보르 문서, 즉 바로 바가(Bara) 오블라스티의 트루베츠코이공에게 주어진 편지가 우리에게 전해졌다. 광대함과 풍부함에서 온전한 하나의 국가였던 이 오블라스티는 16세기와 17세기에 보통 차르와 가까운 사람에게 영지로 주어졌다. 표도르 이바노비치 때 이 오블라스티는 고두노프에게, Вас. Ив. 슈이스키 하에서는 드미트리 슈이스키에게 속했으나 이제 보야린 관등에서 당시 모스크바에서 최고 자리 중의 하나를 차지했던 고귀한 트루베츠코이에게 넘어갔다. 그 후 선출 문제를 결정하기 시작하였고 소보르의 최초 법령은 외국인들로부터 차르를 선출하지 않는 것이었다. 물론 그와 같은 결정에 도달하는 데는 오랜 시간이 걸렸고 일반적으로 소보르의 회의들은 결코 평화로운 특성을 갖고 있지 않았다. 이에 대해 한 연대기 편자는 "여러 날 동안 사람들은 회의를 하나 사태를 확정할 수 없고 쓸데없이 여기저기서 혼란에 빠져 있다"라고 쓴다. 또 다른 연대기 편자도 "각자 자신의 생각대로 하기를 원했으므로 모든 사람들이 크게 흥분하였다"고 증언한다. 외국인 출신의 차르는 많은 사람들에게 당시 불가능한 것으로 보였다. 소보르가 개최되기 얼마 전에 포자르스키는 카를 9세의 아들인 필리프(Филипп)의 선출에 대해 스웨덴인들에게 탄원하였다. 그는 독일 황제 루돌프[131]의 아들 선출에 대해서도 바로 그런 식으로 일을 시작하였다. 그러나 이것은 스웨덴의 중립과 독일의 동맹을 획득할 목적으로 그가 이용한 외교적 술책에 불과하였다. 그럼에도 불구하고 외국인 차르 사상은 모스크바에 존재하였고 바로 보야린들이 그 사상을 갖고 있었다. 프스코프의 연대기 편자는 '장관들'(начальницы)이 그러한 차르를 원했다고 말한다. 나아가 그는 "군의 인민들은 그렇게 되기를 원하지 않았다"고 덧붙인다. 그러나 보야린 계층 출신의 루시인 차르 하에서보다 외국인 하에서 더 잘 안정되기를 원한 보야린들의 희망은 그것에 대립하는, 차르를 자신들로부터 선출하고자 하는 인민들의 아주 강력한 희망과 부딪쳤다. 그리고 이것은 이해가 된다. 루시에 외국인 권력의 등장과 함께 어떠한 폭력과 약탈이 수반되었는지를 너무나 자주 볼 수밖에 없었을 때, 과연 인민들이 외국인에게 공감할 수 있었겠는가? 인민들의 견해에 따르면 외국인들은 모스크바 국가를 파멸시킨 동란에 책임이 있었다.

한 가지 어려운 문제를 해결한 뒤 모스크바 씨족들로부터 후보를 정하기 시작하였다. "사람들은 소보르들에서 모스크바 국가에서 봉사하는 황태자들에 대해서, 그리고 하느님이 그들 가운데서 … 군주가 있도록 한 대 씨족들에 대해서 말하였다." 그러나 그때도 큰 혼란이 일어났다. "많은 사람들을 선출하고자 하면서" 한 사람에게 멈출 수가 없었다. 어떤 사람은 이 사람을, 또 어떤 사람은 저 사람을, 모두 자신의 생각을 고집하려고 하면서 온갖 의견이 나왔다. 연대기 편자의 묘사에 따르면, "그리고 이러면서 적지 않은 날들을 보냈다."

131) Рудольф, 1552~1612. 신성로마제국 황제 루돌프 2세를 가리킨다. 재위 1576~1612.

소보르의 모든 참석자들이 도덕적 자질이나 높은 지위 때문에 혹은 순전히 개인적인 이익에 의거하여 자신이 더 공감하는 보야린 씨족을 지목하려고 하였다. 또 많은 보야린 자신들이 모스크바 제위를 차지하고 싶어 하였다. 바로 여기에 선거 열기가 그 모든 속성 — 선동과 매수 — 을 갖고 들이닥쳤다. 솔직한 연대기 편자는 선거인들이 완전히 사심 없이 행동하지는 않았다고 우리에게 지적한다. "차르가 되기를 원하는 고관 출신의 많은 사람들은 많은 선물을 주고 또 약속하면서 많은 사람들을 매수하였다." 누가 당시 후보로 나섰는지, 사람들이 누구를 차르로 예정하였는지, 우리는 이에 대한 직접적인 증언을 갖고 있지 못하다. 이야기는 В. И. 슈이스키, 보로틴스키, 트루베츠코이가 후보 속에 포함되었다고 전한다. Ф. И. 셰레메테프는 자신의 친척인 М. Ф. 로마노프를 염두에 두었다. 동시대인들은 그가 포자르스키와 다투는 가운데 차르에 오르기를 원하면서 매수 자금으로 20,000루블을 소비하였다고 비난하였다. 당시 그만한 액수의 돈이 개인에게는 물론이고 국가 공금으로도 집중될 수가 없었기 때문에 20,000루블에 관한 이와 같은 추정은 전혀 믿기 어렵다는 것은 말할 필요도 없다.

누구를 선출해야 할지에 관한 논란은 모스크바에서만 진행된 것이 아니었다. Ф. И. 셰레메테프는 필라레트 〔표도르 — 편집자〕 니키티치 로마노프 및 В. В. 골리친과 교신관계에 있었고, 필라레트는 편지들에서 새 차르의 한정 조건들의 필수성에 대해서 말하였으며, Ф. И. 셰레메테프가 골리친에게 다음과 같은 표현으로 보야린들에게 미하일 표도로비치의 선출이 이익이 된다고 썼다는 전설이 보존되었으나 그다지 믿기 힘들다. "미샤 로마노프를 선출합시다. 그는 젊고 우리에게 쉬울 것입니다." 이 편지는 모스크바 수도원들 중의 하나에서 운돌스키[132]에 의해 발견되었으나, 지금까지 그것은 출간되지 않았고 어디에 있는지도 알려져 있지 않다. 개인적으로 우리는 그 존재를 믿지 않는다. 또 셰레메테프가 수녀 마르파〔Марфа, 크세니야 이바노브나 로마노바(Ксения Ивановна Романова)〕와 교신을 했고, 이 교신에서 마르파가 아들이 제위에 오르는 것을 바라지 않았다는 의견을 피력했다는 별로 신빙성이 없는 전설도 있다. 실제로 로마노프가와 셰레메테프 사이에 관계가 존재했다면 이 경우 셰레메테프는 자신과 편지를 주고받은 사람의 체류지를 알았을 것이나, 생각할 수 있는 한 그는 그것을 몰랐다.

마침내 1613년 2월 7일 미하일 표도로비치 로마노프를 선출하자는 결정이 내려졌다. 한 전설(자벨린이 전하는)에 따르면, 소보르에서 처음으로 미하일 표도로비치에 대해 말하기 시작한 사람은 미하일의 제위권을 언명하는 문서를 지참하고 소보르에 참석한 갈리치 출신의 어떤 드보랴닌이었다. 돈강의 어떤 아타만도 똑같이 말하였다. 팔리친은 자신의 《이야기》에서 많은 도시들의 사람들이 자기한테 와서 '로마노프 선출에 관한 자신들의 생각'을 차르의 고관회의에게 전해 달라고 요청했다고 겸손하게 진술한다. 그리고 이 성부[133]가 대표로서의 의무를 다하였고 '고관회의'가 미하일을 선출한 듯하다. 이 모든 전설과 보도에서 흥미로운 사실은 미하일의 선출을 발의한 사람은 상류 사람들이 아니라 평민들이라는 특성이다. 카자크들도 미하일 편에 섰다고 말해진다.

궁극적인 선출은 7일에서 21일로 연기되었고, 소보르의 참석자들로 보이는 사람들이 인민들의 의견을 알아보기 위해 도시들로 파견되었다. 도시들도 미하일에 찬성 발언하였다. '스미르니(Смирный)라는 대상인'이 모든 북부 도시들은 바로 미하일을 원한다는 소식을 갖고 칼루가에서 자기에게 나타났다는 A. 팔리친의 이야기들도 이 시기

---

132) Вукол Михаилович Ундольский, 1815~1864. 유명한 고대 루시 문헌 수집가이자 서지학자.

133) святой отец. 성직자를 높여 부르는 말.

에 속하는 것으로 보아야 한다. 따라서 생각할 수 있는 한 미하일에 반대한 것은 북부의 목소리들뿐이었고 인민대중은 그에게 찬성하였다. 인민대중은 부아디수아프의 선출 때 게르모겐과 인민들 모두 미하일을 찬성 발언하였던 때인 1610년에도 그에게 찬성하였었다. 그러므로 소보르가 인민대중의 압력으로 미하일 표도로비치를 선출하게 되었다는 발상은 가능한 것이다. 코스토마로프〔《동란시대》(Смутное время)〕에게서 이 발상은 아른거리나 매우 약하고 불명확하다. 아래에서 우리는 이 발상을 상세히 기술할 이유를 갖게 될 것이다.

므스티슬랍스키들과 다른 보야린들, 그리고 늦게 도착한 오블라스티들의 대표들과 사자들이 모스크바에 모이자 2월 21일 우스펜스키 성당에서 장엄한 회의가 열렸다. 여기서 미하일의 선출이 만장일치로 결정되었고, 차르의 건강을 비는 기도와 그에 대한 선서가 그 뒤를 이었다. 차르 선출의 소식을 접한 도시들은 미하일의 동의를 받기 전에 이미 그에게 선서를 하였고 십자가 선서문에 서명하였다. 일반적인 관념에 따르면 하느님이 직접 군주를 선택하였으며, 루시의 온 백성이 기뻐하고 환호하였다. 이제 미하일의 동의를 받는 일만 남았고 그것을 받는 것도 적지 않은 수고를 요했다. 모스크바에서는 심지어 그가 어디에 있는지도 몰랐다. 3월 2일 그의 사절단이 '야로슬라블, 즉 군주인 그가 있는 곳으로' 보내졌다. 미하일 표도로비치는 모스크바 포위 이후 자신의 코스트로마 세습영지인 돔니노(Домнино)로 떠났고, 그곳에서 하마터면 폴란드 무리의 습격을 당할 뻔하였는데 전설에 따르면 농민 이반 수사닌[134]에 의해 구조되었다고 한다. 수사닌이 실제로 존재했음을 보여주는 증거는 미하일의 차르 증서인데, 이 증서로 수사닌의 가족은 갖가지 특전들을 받았다. 하지만 이 인물에

---

134) Иван Сусанин. 코스트로마 우예스트의 돔니노 마을의 농민으로 폴란드인들의 공격으로부터 차르 미하일 표도로비치의 목숨을 구한 것으로 유명하다.

대해 역사가들 사이에서 오랜 논쟁이 진행되었다. 코스토마로프는 수사닌에 관한 전설을 연구한 뒤 수사닌이라는 인물은 인민들의 상상이 만들어낸 신화라고 결론을 내렸다. 이런 유의 언명으로 그는 1860년대에 이 인물을 방어하는 온전한 운동을 불러 일으켰다. 코스토마로프에 반대하여 솔로비요프, 돔닌스키(Домнинский), 포고딘의 논문들이 등장하였다. 1882년에 사마랴노프[135]의 《이반 수사닌의 기억들》(Памяти Ивана Сусанина)이 나왔다. 필자는 지역 지도를 첨부하여 수사닌이 폴란드인들을 인도해 간 길을 세밀하게 보여준다. 그의 저술로부터 우리는 수사닌이 로마노프가로부터 신임을 받는 인물이었음을 알 수 있으며, 전반적으로 이 서적은 수사닌에 관해 풍부한 자료를 제시한다. 돔니노로부터 미하일 표도로비치는 고두노프의 선조인 소귀족 체트(Чет)에 의해 14세기에 지어진, 코스트로마의 이파티 수도원으로 어머니와 함께 이동하였다. 이 수도원은 보리스의 기여로 유지되었었고, 가짜 드미트리 때에 로마노프가가 보리스로부터 가져온 것에 대한 대가로 가짜 드미트리가 로마노프가에 증여한 것으로 추정된다.

랴잔과 무롬의 대주교[136]인 페오도리트(Феодорит), 아브라아미 팔리친, 셰레메테프 등으로 이루어진 사절단은 3월 13일 저녁 코스트로마에 도착했다. 마르파는 사절단에게 다른 예방 날짜를 정해주었다. 그래서 3월 14일 십자가의 길을 동반한 사절단이 엄청난 인파의 인민들이 합류한 가운데 미하일에게 제위에 오를 것을 요청하기 위해 떠났다. 사절단이 모스크바에 행한 보고들은 사절단의 활동을 연구하기 위한 사료로 기능한다. 이 보고들로부터 우리는 미하일뿐만 아니라 수녀인 어머니도 처음부터 사절들의 제안을 막무가내로 거절했음

135) Василий Алексеевич Самарянов, 1822～1896. 루시의 지방사 연구자.
136) архиепископ. 수도대주교(митрополит)와 주교(епископ) 사이의 직책.

을 알고 있다. 어머니는 모스크바 사람들이 '매우 소심해졌고', 이와 같은 대 국가에서는 어린아이가 아니더라도 통치하기가 힘에 겹다고 말하였다. 사절들은 오랫동안 어머니와 아들을 설득하지 않으면 안 되었다. 그들은 온갖 말로 구슬렸고 심지어 천벌을 받을 거라고 위협도 하였다. 마침내 그들의 수고는 성공하였다. 미하일은 동의하였고 어머니는 그를 축복하였다. 이 모든 것을 우리는 사절들이 모스크바에 행한 보고 외에도 미하일의 선출 증서로부터도 알고 있다. 그렇지만 이 증서는 이미 위에서 언급했듯이 별로 독창성이 없어서 특별한 가치를 가질 수 없다. 증서는 보리스 고두노프의 선출 증서를 견본으로 작성되었다. 그리하여 이파티 수도원에서 사람들이 우는 장면은 보리스의 증서에서 묘사된, 노보데비치 수도원에서 발생한 비슷한 장면〔푸시킨137)은 자신의 《보리스 고두노프》(Борис Годунов)를 위해 바로 보리스의 증서에서 그 장면을 포착하였다〕을 베낀 것이다.

미하일 표도로비치의 동의가 받아들여지자마자 사절들은 서둘러 그를 모스크바로 보내기 시작하였다. 차르는 출발하였으나 이 여행은 파괴된 도로가 편리한 여정을 방해했기 때문에 아주 느리게 진행되었다.

새 왕조의 의미

미하일 표도로비치 로마노프의 차르 등극의 겉모습은 이와 같았다. 그러나 이 중요한 역사적 순간의 사건들에는 평범한 전설에 의해 우리에게 은폐되고 그 시기를 상세히 연구함으로써 복구된 내적 의미도 있다.

새롭고, 게다가 견고하기까지 한 왕조를 형성시킨, 말하자면, 모스크바 관계의 이 내밀한 측면을 들여다보자.

---

137) Александр С. Пушкин, 1799~1837. 러시아의 시인이자 소설가. 러시아 국민문학의 창시자이다. 작품으로 《예브게니 오네긴》, 《대위의 딸》 등 다수.

1611~1612년 국민군의 지도자들이 모스크바에서 폴란들인들을 '소탕'하는 일뿐만 아니라 모스크바 부근 '진영들'의 중앙 기관을 수중에 장악한 카자크들, 그리고 그들과 함께 통치권력을 파괴하는 일도 자신의 과제로 제기한 것은 현재 완전히 밝혀졌다고 간주할 수 있을 것이다. 실제로 이 권력이 얼마나 취약했든, 그것은 민족적 단결의 중심을 건설하고자 하는 모든 다른 시도를 가로막는 것이었다. 권력은 백성들을 괴롭힌 카자크들의 난폭한 행위를 '전 백성들'에 대한 자신의 권위로써 덮어 감추었고, 마침내 사회적 격변을 일으키고 나라에 '도적'의 질서, 아니 좀더 정확히 말하면 무질서를 확립하겠다고 위협하였다. 상황은 포자르스키공에게 카자크들과의 전쟁을 최우선 과제로 만들었다. 카자크 자신들이 니즈니 노브고로드인들에 맞서 군사활동을 개시하였던 것이다. 루시인들의 내란이 거의 1612년 내내 폴란드인과 리투아니아인들의 간섭 없이 진행되었다. 처음에 포자르스키는 카자크들을 포모리예와 볼가강 유역으로부터 쫓아내 모스크바 쪽으로 격퇴하였다. 모스크바 근교의 그곳에서 그들은 수도의 폴란드 수비대를 꼼짝 못하게 함으로써 포자르스키의 목표에 해롭기는커녕 심지어 유용하기까지 하였다. 두 적 모두 상호투쟁에 의해 피폐해지도록 방치하면서 포자르스키는 야로슬라블에서 모스크바로 서둘러 가지 않았다. 야로슬라블 당국은 심지어 야로슬라블에서 군주를 선출하겠다고 생각까지 하였고, 임시의 국가통치를 위해서뿐만 아니라 군주의 '영입'을 위해서도 이 도시에 전 백성들의 회의를 소집하였다. 하지만 폴란드-리투아니아 원군의 모스크바 접근으로 포자르스키는 모스크바로 나아갈 수밖에 없었다. 그리고 그곳에서 이 부대에 대해 승리를 거둔 뒤 백성들과 카자크들 사이의 최후의 내란이 발생하였다. 국민군의 모스크바 접근 때문에 카자크들 가운데 소수가 나머지 대중들로부터 떨어져 나와서 자루츠키, 그들의 아타만 및 '보야린들'과 함께 남쪽으로 떠나지 않으면 안 되었다. 카자크들 가운데 여타 다수는

스스로를 백성들보다 약하다고 생각하면서 그들과 싸울 것인지 아니면 그들에게 복종할 것인지를 오랫동안 결정하지 못했다. 이 부분의 카자크들의 지도자인 투시노의 보야린 Д. T. 트루베츠코이공이 포자르스키 및 미닌과 합의하여 자신의 '청들'과 지방의 청들을 통합하여 하나의 '정부'로 만드는 데 혼란과 동요의 온전한 한 달이 요구되었다. 보고 체계와 관등에서 선임자였던 트루베츠코이는 이 정부에서 최고 자리를 차지하였다. 그러나 실제로는 다른 편이 지배적이었으며, 카자크들은 본질적으로 봉사를 하고 백성들의 권력에 종속되어 있는 것처럼 행동하면서 국민군에 항복하였다. 물론 이 종속은 즉각 확고해질 수가 없었고, 연대기 편자는 군을 거의 '유혈사태'까지 몰고 간 카자크들의 횡포를 거듭 언급하였지만, 사태는 카자크들이 예전과 달리 백성들의 질서를 뒷받침하는 기반과의 투쟁을 포기하고 권력의 우세를 부인하였다는 점에서 분명해졌다. 카자크들은 와해되었고 백성들에 대한 자신들의 승리를 단념하였다.

카자크들의 이와 같은 패배는 모스크바 사회의 내부 역사에서 모스크바의 '소탕' 못지않게 중요한, 매우 중요한 사건이었다. 폴란드 수비대의 투항과 함께 루시에서 부아디수아프 권력의 모든 그림자가 걷혔다면, 카자크들의 패배와 함께 향후 참칭자 모험의 모든 가능성이 사라졌다. '이교도들로부터' 차르의 선출을 원한 모스크바 보야린들은 동란시대의 폭풍으로 분쇄되어 정치 무대에서 영구히 내려왔다. 그들과 동시에 카자크 탈주 농민들도 참칭자들을 날조한 투시노의 우두머리들과 함께 게임에서 패배하였다. 쿠지마 미닌 및 포자르스키와 함께 도착한 도시의 촌놈들과 평범한 관리들인 '마지막' 모스크바인들이 무대에 등장하였다. 그들은 "일부 다른 땅의 사람들을 모스크바 국가로 영입하는 것도 아니고 마린카와 그 아들을 원하는 것도 아니라" 자신들의 '대 씨족들' 가운데 누군가를 원하고 영입한다는 명확한 사상을 갖고 있었다. 그리하여 모스크바에서 임박한 차르 선출의 주요 조건이 자명해졌다. 그것은 사회세력의 현실적인 상호관계의 결과로서 일정 순간의 실제 상황으로부터 비롯하였다.

1611~1612년 국민군에 형성된 통치권력은 모스크바 주민 중간계층의 노력으로 만들어졌고, 그들의 최고 의견표명 기관이었다. 이 권력은 국가를 차지하였고 수도를 깨끗이 청소하였으며 카자크 진영을 파괴하였고 조직된 카자크 대중 대부분을 자신에게 복속시켰다. 권력은 자신의 승리에 형식을 부여하고 차르 선출로써 나라에 정당한 통치질서를 돌려주지 않으면 안 되었다. 모스크바 점령 3주 후, 즉 1612년 11월 중순에 임시정부는 이미 모스크바로 대표들과 그리고 그들과 함께 군주 선출에 관한 '확고한 조언과 계약'을 보내달라는 초청장을 각 도시로 발송한다. 그럼으로써 선출 시기가 시작된 것처럼 되었고 이 시기는 2월에 미하일의 차르 선출로 마무리되었다. 가능한 제위 후보들에 관한 소문이 곧 떠돌 수밖에 없었다. 우리는 이러한 소문들에 대해 일반적으로 그리고 매우 조금 알고 있지만—알고 있는 것으로부터—당시 존재한 사회 그룹의 상호관계에 관해 얼마간 가치 있는 관찰을 끄집어 낼 수 있다.

최근 바로 1612년 11월 말에 모스크바에서 무슨 일이 일어났는지에 관해 한 가지 중요한 진술이 (기르시베르크[138]의 저술에서) 알려졌다. 이 시기 동안 폴란드 국왕이 자신의 선발대를 모스크바 근처로 파견하였는데, 이 선발대에는 지그문트와 부아디수아프가 모스크바인들에게 보내는 루시인 '사절들', 즉 다닐로 메제츠키(Данило Мезецкий) 공과 서기관 이반 그라모틴도 포함되었다. 그들은 "왕세자를 제위로 등극시키기 위해 모스크바에 말해야" 했다. 하지만 모스크바로 그들을 파견한 일 전체가 좋은 결과를 가져오지는 않았으며 모스크바는 폴란드 선발대와 '격분을 토로하고 싸움'을 시작하였다. 싸움에서 폴

138) Александр Гиршберг, 1847~1907. 폴란드의 역사가. 리보프 대학의 교수를 역임했다.

란드인들은 모스크바에 있던 스몰렌스크의 보야린 아들 이반 필로소포프[139]를 포로로 잡아 심문하였다. 필로소포프가 그들에게 진술한 말이 모스크바 연대기로부터 오래전에 알려졌다. 그들은 그에게 다음과 같이 물었다. "왕세자를 제위에 등극시키기를 원하는가? 그리고 지금 모스크바에는 사람이 많고 물자가 있는가?" 연대기 편자의 표현에 따르면 "하느님은" 필로소포프에게 "말해야 할 것을 발언시켰고", 그는 폴란드인들에게 다음과 같이 말한 듯하다. "모스크바는 사람도 곡물도 많고 모두가 정교 신앙을 위해 죽겠으며 왕세자를 제위에 등극시키지 않겠다고 약속합니다." 필로소포프의 말로부터 연대기 편자는 국왕이 모스크바가 힘이 세고 일치단결해 있다고 결론을 내리고 모스크바 국가를 떠났다고 생각한다. 그리 오래되지 않은 시기에 인쇄된 문서는 다른 각도로 필로소포프의 진술을 조명한다. A. 기르시베르크에 의해 출판된 모스크바-폴란드 관계사 자료들에서 우리는 Д. 메제츠키와 Ив. 그라모틴이 필로소포프의 심문에 관해 국왕과 왕세자에게 행한 진짜 보고서를 읽는다. 그들은 다음과 같이 쓴다. "전하들이시여, 보야린의 아들(즉 이반 필로소포프)은 심문에서 우리와 부대장들에게 다음과 같이 말했습니다. '대군주들인 폐하들에게 봉사하는 모스크바의 보야린들과 상급 주민들 사이에 대군주의 왕세자 부아디수아프 지기몬토비치 폐하를 군주의 자리에 올리고자 하는 희망이 존재하나, 카자크들을 두려워하여 바로 그렇게 말하지 못하고 외국인을 군주의 자리에 올리자고 말합니다. 전하들이시여, 카자크들은 루시인 보야린들 중 누군가를 모시자고 말하면서 필라레트의 아들과 칼루가의 보르를 재어보고 있습니다. 그리고 모든 점에서 카자크들은 보야린과 드보랴닌들보다 강하며 원하는 것을 합니다. 드보랴닌과 보야르스키예 데티는 봉지들로 떠났고 모스크바에는 드보랴닌과 보야르

---

139) Иван Философов. 루시의 보야린.

스키예 데티가 총 2,000명, 그리고 카자크가 4,500명, 그리고 총병이 1,000명, 서민들이 남았습니다. 전하들이시여, 보야린들은 모스크바에 자리잡은 표도르 이바노비치 므스티슬랍스키 및 그 동료들을 두마로 보내지 않고, 그들에 대해 각 도시의 모든 사람들에게 다음과 같이 썼습니다: 이들을 두마로 보낼 것인가, 말 것인가? 드미트리 트루베츠코이공과 드미트리 포자르스키공과 쿠젬카 미닌이 모든 일을 처리하고 있습니다. 앞으로 군주의 직에 있을 사람을 아직 적절히 결정하지 못했습니다.'" 필로소포프의 진술에 관한 보고서의 이 말로부터 폴란드 국왕은 모스크바 연대기 편자가 예상하였던 결론을 충분히 끌어내지 못했음은 분명하다. 국왕은 모스크바에 대규모 수비대가 있다는 것을 의심할 수가 없었다. 즉 당시 성벽의 방어를 위해 유용하였던 서민들을 제외하고도 7,500명의 군인들이 거대한 세력을 구성하였던 것이다. 수비대 사이에는 일치단결이 없었으며, 지그문트는 모스크바에 그에게 적대적인 요소들이 지배적이라고, 그것도 결정적으로 지배적이라고 보았다. 성공의 희망을 품지 못한 그는 되돌아가기로 결정하였다.

바로 이런 상황 속에서 필로소포프의 진술이 우리에게 알려졌다. 싸움을 한 양편은 그 진술에 큰 의미를 부여하였다. 모스크바는 그 진술을 실무적 표현형식이 아니라 말하자면 서사시적 표현형식으로 접했다. 필로소포프 진술의 결과이거나 결과로 생각되는 지그문트의 후퇴는 그들에게 애국적 공적의 영광을 부여하였고 진술 자체는 이 공적의 감동 하에서 연대기 편자에 의해 극히 고상하고 아름답게 편집되었다. 국왕은 서기관 Ив. 그라모틴 같은 현명한 실무가의 실무적 전달 속에서 필로소포프의 진술을 인지하였다. 메제츠키공과 그라모틴의 보고 속에서 모스크바의 상황은 간결하고 적확하게 묘사되고, 우리는 학문적 진실을 위해 이 보고를 주저하지 않고 신뢰할 수 있다.

모스크바 소탕 한 달 뒤 국민군의 주요 세력이 이미 동원 해제된 것은 분명하다. 통상적인 모스크바 규칙에 따라 원정이 끝나자 관리 부대는 자기 우예스트의 '집으로' 돌아가도 좋다는 허가를 받았다. 모스크바의 점령은 당시 원정의 끝으로 이해되었다. 영락한 모스크바에서 수많은 병력을 유지하기는 힘든 일이었다. 더욱 힘든 것은 그곳에서 관리들이 자체적으로 먹고 사는 일이었다. 수도에는 다수의 야전병력 — 드보랴닌 기병과 징집병[140] — 을 유지하기 위한 기반도 없었다. 모스크바에 필수적인 수비대를 남겨두고 나머지를 집으로 보내는 것이 가능하다고 간주되었다. 연대기 편자도 11월 말에 "모든 사람들이 모스크바로부터 떠났다"라고 말할 때 바로 이 점을 이해하고 있다. 그렇지만 통상적인 규칙에 따라 수비대는 모스크바 드보랴닌들, 일부 시골 및 '도시' 드보랴닌 그룹(예를 들어 이반 필로소포프 자신은 모스크바인이 아니라 '스몰렌스크인', 즉 스몰렌스크 드보랴닌 출신이었다), 이에 더하여 총병들(그 수는 동란 동안 줄어들었다), 그리고 끝으로 카자크들로 이루어졌다. 필로소포프는 드보랴닌의 수를 2,000명, 총병의 수를 1,000명, 그리고 카자크의 수를 4,500명으로 정확히 산정한다. 이와 같은 상황은 모스크바 권력의 마음에 거의 들 수 없었을 것이다. 관리와 탸글로 주민들의 도시 종사단이 해산되면서 카자크들은 모스크바에서 수적 우세를 획득하였다. 그들은 집이 없었기 때문에 해산시킬 곳도 없었고, 미덥지 못했기 때문에 봉사하러 도시들로 보낼 수도 없었다. 1611년 6월 30일의 결정으로부터 백성들의 권력은 카자크들에 대한 수적 우세를 획득하자마자 감시를 위해 카자크들을 도시들로부터 데려와 자신의 수중에 두려고 하였고 포자르스키는 1612년 전반의 자기 시대 동안 자기에게 종속된 카자크들을 야로슬라블에 묶어두었으며 그 후 그들을 모스크바로 데려갔다. 그리하여 모스크바에는 아주 많은 카자크들이 있게 되었다. 우리가 당시의 수치 자료를 자유

140) даточные люди. 16~17세기에 농공상 계급으로부터 강제 징집된 병사들을 가리킨다.

로이 이용하는 한, 필로소포프가 언급한 카자크들의 수 '4,500명'은 매우 크나 전적으로 올바르다. 일부 의견에 따라 1612년에 모스크바 부근에는 트루베츠코이공 및 자루츠키공과 함께 약 5,000명의 카자크들이 있었고 그들 가운데 약 2,000명을 자루츠키가 데려갔으며, 나머지는 포자르스키의 국민군에 항복하였다고 생각하지 않으면 안 된다. 정확히 몇 명의 카자크들이 포자르스키와 함께 야로슬라블에서 모스크바에 도착했는지를 우리는 알지 못한다. 그러나 우리는 지금 이야기하고 있는 시기보다 조금 늦은 시기에, 즉 1613년 3월과 4월에 2,323명과 1,140명의 카자크 부대들이 언급되고, 바로 그들에 의해 모스크바에서 카자크들의 존재 전체가 여전히 사라지지 않고 있을 만큼 모스크바에 카자크 대중이 상당히 큰 무리로 있었음은 안다. 이리하여 필로소포프의 수치를 신뢰하고 1612년 말에 모스크바의 카자크 군대는 수적으로 두 배 이상 드보랴닌을 능가하였고 드보랴닌과 총병을 합한 것보다 1.5배 더 많았다고 인정할 필요가 있다. 이 대중들에게 코름을 공급하고 또 그들의 복종과 질서를 유지하지 않으면 안 되었다. 모스크바 권력은 이를 달성하지 못한 것 같고, 백성들에게 패배당한 카자크들은 다시 고개를 들고 수도의 사태를 장악하려고 하였다. 필로소포프도 다음과 같은 말로 카자크들의 이와 같은 분위기를 언급하였다. "모든 점에서 카자크들은 보야린과 드보랴닌들보다 강하며 원하는 것을 합니다."

한편으로 카자크들은 집요하고 뻔뻔스럽게 '코름'과 온갖 은상(恩賞)을 요구하였고 다른 한편으로 자기 후보들의 차르 등극을 '재어보았다'. 코름과 은상에 대해서 연대기 편자는 간략하지만 힘주어 말한다. 즉 그는 카자크들이 크레믈을 점령한 후 "끝없이 은상을 요구하기 시작하였고", "모스크바의 국고 전체를 차지하고는 그들로부터 군주의 국고를 간신히 조금 빼앗았으며", 그들은 한번은 국고 때문에 크레믈로 와서 장관들(즉 포자르스키와 트루베츠코이)을 '죽이기'를 원하였지만 드보랴닌들이 이를 허용하지 않았고 그들 사이에 "가까스로 유혈 사태 없이 일이 마무리되었다"고 전한다. 필로소포프의 말에 따르면 모스크바 당국은 "누군가의 국고로부터 찾아내는 모든 것을 카자크들에게 은상으로 줍니다. (모스크바의 항복 때) 모스크바의 폴란드인과 루시인들로부터 탈취한 모든 것을 카자크들이 가져갔습니다." 마침내 대주교 아르세니 엘라손스키[141]는 필로소포프의 의견을 좇아, 모스크바 소탕 이후 차르 국고를 수색하고 그것을 '무인과 카자크들에게' 배분하였더니 '전 인민이 진정된 일'에 대해 얼마간 상세히 전한다. 명백히 카자크들에게 생활을 보장해주는 문제는 당시 모스크바 정부의 과중한 걱정거리였으며, 카자크들의 폭력 때문에 당국에 위협적이기까지 하였다. 모스크바에서 자신들이 수적으로 우세하다는 것을 인식한 카자크들은 '은상'과 '코름'보다 더 나아갔다. 그들은 포자르스키 성공의 결과 자신들이 상실한 정치적 우월에 관한 사상으로 명백히 되돌아갔던 것이다. 모스크바 소탕 이후 카자크 장관인 보야린 트루베츠코이공이 임시정부의 정상에서 존경을 받고 있었고 카자크들이 모스크바 수비대의 주력을 형성하였다. 모스크바 제위를 누구에게 넘겨줄 것인지에 관한 문제의 결정도 카자크들의 몫일 수 있고 또 몫일 수밖에 없다는 사상은 명료하였다. 이 사상에 입각하여 카자크들은 일찍이 그들이 보기에 가장 훌륭한 인물들을 제위에 적합한지 '재어보았다.' 자루츠키가 데리고 간 옛 투시노 및 칼루가 차르 '보르'의 아들과 옛 투시노 총대주교 필라레트 로마노프의 아들이 그런 사람들로 드러났다.

모스크바 당국은 당분간 모든 카자크들의 비상식적 행위와 제위 요구를 감수하지 않으면 안 되었다. 왜냐하면 카자크들을 완전히 온순하게 만들 수 있는 것은 모스크바로 새로운 국민군을 모아서 무력을

141) Арсений Елассонский, 1550~1625. 그리스인 대주교. 동란시대에 관한 회고록을 남겼다.

동원하든지 아니면 젬스키 소보르를 소집해서 온 백성의 권위를 동원하는 길뿐이었기 때문이다. 소보르의 소집을 서두르면서 정부는 물론 막 끝난 모스크바 원정 이후에 국민군을 동원하는 일은 매우 힘들 거라는 점을 이해하였다. 카자크들에게 영향력을 발휘할 수 있는, 정부가 이용할 수 있는 다른 수단은 없었다. 카자크들에게서 정부가 국왕 지지자들의 영향력에 맞서는 실질적인 지주를 보았기 때문에도 이는 더욱 그럴 수밖에 없었다. 필로소포프가 모스크바의 '보야린들과 상급 주민들'이 '카자크들을 두려워하여' 부아디수아프를 초빙하려는 희망을 숨겼다고 말한 것은 이유가 있었던 것이다. 폴란드인들과 그들의 모스크바 친구들에 맞서 카자크들은 중요한 도움을 줄 수 있었고 지그문트는 십중팔구 '4,500명'에 이르는 카자크들과 그들의 반폴란드 분위기를 고려하여 1612년 말에 모스크바로부터 되돌아갔었다. 지그문트의 대리인 및 지지자들과의 계산은 당시 아직 마무리되지 않았고 차르 부아디수아프 지기몬토비치에 대한 관계도 아직 청산되지 않았다. 필로소포프는 "포위되어 있던 루시인들의 감시자 혐의로 이반 베조브라조프,[142] 이반 치체린(Иван Чичерин), 표도르 안드로노프, 스테판 솔로베츠키(Степан Соловецкий), 바젠 자모치니코프[143]"가 모스크바에서 체포되었고, "표도르와 바젠은 국고를 찾는 과정에서 고문을 받았습니다"라고 전했다. 이에 동의하여 대주교 아르세니 엘라손스키도 모스크바 소탕 때 "국가의 적들이자 대 국왕의 총애 받던 친구들이었던 Ф. 안드로노프와 Ив. 베조브라조프를 많이 고문하였는데, 그것은 차르의 국고와 용기(用器) 및 보물이 어디 있는지 알아내기 위해서였다. … 그들(즉 국왕의 친구들)에게 형벌을 가하는 동안 세 사람이 고문으로 죽었다. 차르 법정의 대 서기관 티모페이 사비노

142) Иван Романович Безобразов, ?~1629. 러시아의 드보랴닌.

143) Бажен Замочников. 동란시대에 세관의 서기관을 지냈다.

프(Тимофей Савинов), 대 국왕에 의해 파견되어 차르 국고의 가장 신임 받는 재무관들이었던 스테판 솔로베츠키와 바젠 자모치니코프가 그들이다"라고 말한다. 당시의 관례에 따라 국왕에 봉사한 '나쁜 사람들, 상인들, 젊은 보야르스키예 데티'를 감시자를 붙여 죽을 때까지 고문하였고, 국왕에 똑같이 봉사한 죄를 지은 대 보야린들은 단지 '두마로 보내지 않았을' 뿐이며, 최고 거물들은 도시들의 전국 회의가 "그들을 두마로 보낼 것이지, 말 것인지?"의 문제를 해결할 때까지 가택 연금 하에 두었다. 필로소포프의 말에 따르면, 보야린 므스티슬랍스키공을 '동료들과 함께' 두마로 보낼 수 있는가라는 문제에 관해 도시들로 보내진 편지들은 우리에게 전해지지 않았다. 그러나 이 문제에 대해 모스크바에서 결국 부정적으로 응답했다고 간주할 근거는 있다. 왜냐하면 므스티슬랍스키와 '동료들'을 모스크바에서 어딘가 '도시들로' 추방하였고 그들 없이 군주의 선출을 단행했기 때문이다. Д. Т. 트루베츠코이공과 Д. М. 포자르스키공 및 '쿠젬카' 미닌의 임시 모스크바 정부는 보야린들과 상급 '주민들' 사이에는 여전히 부아디수아프 측으로의 편향이 살아 있었기 때문에, 국왕에 봉사한 모스크바 보야린들과 모스크바 행정부에 맞선 이 모든 조치를 대체로 카자크들의 공감 속에 취할 수 있었다.

바로 이런 것이 1612년 말의 모스크바 정치생활이었다. 여기서 살펴본 자료로부터 국민군이 국왕과 카자크들에 대해 거둔 승리는 앞으로 더욱 공고히 될 필요가 있었다는 결론이 자명해진다. 적들은 패배당했으나 절멸되지는 않았다. 그들은 상실당한 지위를 복구하려고 하였고 또 실제로 복구할 수 있었으며, 부아디수아프의 이름은 모스크바에서 미약하게 발음된 반면, '필라레트의 아들과 칼루가의 보르'의 이름들이 크게 울려 퍼졌다. 백성들에게는 또 하나의 걱정거리가 당면해 있었는데, 그것은 우리가 보듯이 패배 당한 분자들이 여전히 꿈꿀 수 있었던 외국인이나 참칭자들의 제위 등극이 불가능하도록 젬스키 소보르의 소집을 고수하는 것이었다. 젬스키 소보르가 대부분이 카자크 수비대가 장악한 수도에서 활동하지 않으면 안 된다는 사정은 특히 백성들의 노력이 성공을 거두는 것을 방해할 수 있었다. 도시에서 카자크 대중들이 지배적이라는 사실은 대표자들의 회의를 어쨌든 카자크들의 열망 쪽으로 방향지우면서 회의에도 얼마간 압력을 발휘할 수 있었다.

우리가 판단할 수 있는 한 1613년의 선출 소보르에서 그런 일은 전혀 발생하지 않았다. 외국인들은 미하일 표도로비치가 차르로 선출된 뒤 이 선출이 바로 카자크들의 작품이라는 인상을 받았다. 미하일의 선출 후 첫 몇 달 동안 리투아니아-폴란드 외교관들과 모스크바 외교관들의 공식적인, 따라서 책임 있는 회담들에서 루시인들은 '무례한 말'을 듣지 않으면 안 되었다. 레오나스 사피에가는 모스크바의 사절 젤랴부시스키가 있는 자리에서 바로 필라레트에게 "돈강 지방의 일부 카자크들이 그의 아들을 모스크바 국가의 군주로 들어 앉혔다"고 버릇없이 발언하였고. 또 알렉산데르 고시에프스키는 보로틴스키공에게 '일부 카자크들이' 미하일을 '선출하였다'고 말하였던 것이다. 스웨덴인 자신들로서는 차르 선출 시기에 모스크바에서는 "카자크들이 모스크바의 유력 그룹들 중에서 가장 힘이 세다"는 의견을 표명하였다. 국외자들의 이와 같은 인상은 모스크바의 역사적 회고들에서도 얼마간 확증된다. 물론 이와 같은 확증을 공식적인 모스크바 텍스트들에서는 전혀 찾을 수 없다. 공식 텍스트들은 하느님이 직접 차르 미하일을 내렸고 온 백성들이 그를 영입하였다는 식으로 사태를 제시하였다. 17세기의 모든 루시의 문학적 이야기들도 이 관념적 관점을 습득하였다. 동란을 진압하고 나라를 안정시킨 차르 선출은 특별한 하느님의 은총 같았고, '하느님이 스스로 선포한' 사람의 선출을 카자크들에게 돌리는 것은 백성들의 눈으로 볼 때 말도 안 되는 무례한 소리였다. 하지만 그럼에도 불구하고 온갖 불법을 저지르기까지 하는 카자크들이 합법적 군주의 선출이라는 좋은 일에 참가하고 심지어 주도성까지 발휘하였다는 일부 기억들이 모스크바 사회에 남았다. 아브라아미 팔리친은 젬스키 소보르 동안 카자크들이 바로 미하일 표도로비치 로마노프에 관한 생각을 갖고 드보랴닌들과 함께 모스크바의 수도원 숙소에 있던 그에게로 와서 자신들의 생각을 소보르에 전해 줄 것을 요청하였다고 말한다. 이후 И. Е. 자벨린에 의해 발간된 전반적으로 신빙성이 없는 1613년의 차르 선출에 관한 이야기는 미하일의 선출 권리를, 말하자면 '영광스런 돈강의 아타만'이 소보르에 설명했다는 아주 흥미로운 구체적 사실 하나를 포함하고 있다. М. Ф. 로마노프의 후보 선언과 강화 문제에서 카자크들이 세운 공적에 대한 이 언급들은 매우 큰 가치를 지니고 있다. 즉 그것들은 차르 선출에서 카자크들이 수행한 역할이 물론 외국인들에게 제시된 것과는 다르게 제시되기는 하였지만 모스크바 사람들에게 숨겨지지 않았음을 입증하는 것이다.

인용된 사료들이 시사하는 바에 의거하여 우리는 М. Ф. 로마노프가 후보가 된 것이 어떤 의미를 갖고 1613년의 젬스키 소보르에서 그가 성공할 수 있었던 조건들이 어떠했는지를 명확히 상상할 수 있다.

1612년 말이나 바로 1613년 초에 모스크바로 모인 백성들의 대표들은 '전 백성들'을 충분히 대표하였다. 동란 시기 동안 강화된 대표직 선출의 관행으로 선출 소보르는 실제로 모스크바 한 곳이 아니라 용어의 우리가 쓰는 의미에서 모스크바 국가를 대표할 수 있게 되었다. 50개나 되는 도시들과 우예스트들의 대표자들이 모스크바에 있는 것으로 드러났다. 관리 계급과 탸글로 계급 모두 대표되었고, 카자크들의 대표자들도 있었다. 전체로서 소보르는 모스크바 소탕과 국가질서의 복구에 참여한 모스크바 주민층들의 기관으로 밝혀졌다. 소보르는 지그문트의 지지자들에게도 카자크 정치에게도 봉사할 수 없었다. 그러나 소보르는 국왕 권력이나 카자크 체제의 복구를 여전히 희망한 사람들의 영향력의 대상이 될 수 있었고 또 필연적으로 될 수밖에 없었다. 바로 여기서 소보르는 전자에 대한 희망도 후자에 대한 희망도 빼앗으면서 다른 어떤 결정에도 우선하여 다음 사상을 엄숙하게 확고히 하였다. "많은 부정을 저지른 리투아니아와 스웨덴 국왕 및 그 자녀들과 그리고 일부 다른 땅의 사람들을 모스크바 국가로 영입하는 것도 아니고 마린카와 그 아들을 원하는 것도 아니다." 모스크바 소탕의 결과 및 모스크바 주민 중 보수적 성향의 중간층의 승리와 여전히 싸우기를 원한 사람들이 겪은 궁극적 패배는 바로 이 결정에 있었다. 필로소포프의 표현에 따르면 국왕에 '봉사하고' 부아디수아프를 다시 '국가로 초빙하고' 싶었을 보야린들과 '상급 주민들'의 '희망'은 영원히 사라졌다. '칼루가의 보르'의 차르 등극을 '재어보는 것'도, 따라서 '마린카'와 그녀의 '칼루가 보르' 아들을 고수하던 자루츠키와의 연대를 꿈꾸는 것도 더 이상 불가능하였다.

부아디수아프를 원한 보야린들에 대한 승리는 매우 수월하게 소보르의 것이 되었다고 생각된다. 모스크바의 모든 국왕파는 우리가 이미 보았듯이, 수도가 점령되자마자 임시정부에 의해 분쇄되었고 심지어 '모스크바에 자리 잡고 있던' 최고위 보야린들도 모스크바를 떠날 수밖에 없었으며, 바로 새로운 차르가 이미 선출될 때까지 소보르에 나타나지 못했다. 그들은 2월 7일과 21일 사이에야 비로소 돌아올 수 있었다. 소보르 전에 부아디수아프 초빙 지지자들이 "카자크들을 두려워하여 바로 그것에 대해 말할 수 없었다"면 소보르에서 그들은 카자크뿐만 아니라 카자크들과 하나가 되어 국왕과 왕세자에게 경의를 표하지 않던 '전 백성들'도 두려워하면서 더욱더 조심할 필요가 있었다. 다른 문제는 백성들이 어떻게 카자크들을 물리치느냐는 것이었다. 카자크들은 수가 많아서 강하였고 자기 힘을 자각함으로써 난폭하였다. 백성들이 마린카와 그 아들에 결정적으로 반대하면 할수록 그들은 카자크들이 내세운 다른 후보 — 필라레트의 아들 — 에 대해 더욱더 신중한 태도를 보이지 않으면 안 되었다. 필라레트의 아들은

'보료노크'에 도저히 비견될 수가 없었다. 그의 아버지 필라레트의 이름이 투시노 진영과 관련되어 있었기 때문에 카자크들이 투시노의 추억에 따라 그를 내세운 것은 의심의 여지가 없다. 그러나 로마노프가의 이름은 일련의 다른 모스크바 추억들과도 관련되어 있었다. 로마노프가는 신망 있는 보야린 씨족이었고, 그 저명함은 그로즈니 통치 초기부터 시작되었다. 1613년 선출 소보르가 있기 얼마 전, 즉 1610년에 카자크들과는 완전히 무관하게 M. Ф. 로마노프는 모스크바에서 부아디수아프 경쟁자의 한 사람으로서 가능한 차르 후보로 간주되었다. 소보르가 외국인들과 마린카 아들의 후보 가능성을 일축하고 사람들이 "소보르들에서 모스크바 국가에서 봉사하는 황태자들에 대해서, 그리고 하느님이 그들 가운데서 … 군주가 있도록 한 대 씨족들에 대해서 말하였을" 때 모든 대 씨족 중에서 자연스럽게 카자크들의 의견에 의해 적시된 씨족이 우세해졌다. 카자크들과 백성들은 로마노프가로 일치할 수 있었고, 실제로 일치하였다. 카자크들에 의해 제안된 후보는 백성들에 의해 쉽게 받아들여졌다. M. Ф. 로마노프가 후보가 된 것은 아직 완전히 화해하지 못한 두 사회세력을 아주 미묘한 지점에서 화해시켜서 그들에게 향후의 연대작업의 가능성을 부여했다는 의미를 가졌다. 합의가 이루어졌을 때 양측이 느낀 기쁨은 아마도 진심으로 컸을 것이며, 미하일은 그의 미래의 백성들이 보여준 실제로 '의견이 일치되고 타락하지 않은 회의'에 의해 선출되었다.

결론. 동란의 결과들

역사가들은 보통 모스크바의 해방과 차르의 선출로 동란에 관한 이야기를 끝내는데, 이것은 옳다. 미하일 통치 초기 또한 동란의 해들이지만 그러나 문제는 이른바 동란을 배양하면서 모스크바 사회의 건전한 계층들의 도덕적 불안과 의혹, 그리고 그들의 정치적 약화 속에 들어 있던 원인들, 이 원인들이 이미 제거되었다는 사실에 있다. 이 계층들이 단결하여 모스크바를 차지하고 차르를 선출했을 때 동란에서 활동하던 다른 나머지 분자들은 힘을 상실하고 조금씩 조금씩 진정되었다. 거꾸로 표현하면 미하일 선출의 순간은 폭풍에서 바람이 그친 순간이었다. 바다는 여전히 파도가 높고 여전히 위험하나 점점 수그러들어 잠잠해질 것이 틀림없다.

동란에 의해 불안해진 루시 국가는 그렇게 동요하였다. 많은 성가신 일들이 미하일의 몫으로 떨어졌고 그의 치세 전부는 드라마의 에필로그로 부를 수 있으나 드라마 자체는 이미 끝났고, 대단원이 뒤따랐으며 동란의 결과들도 이미 밝혀졌다.

이제 이 결과들로 눈을 돌려보자. 우리 학문의 가장 중요한 대표자들이 이해하는 대로 동란의 사실을 그 결과들 속에서 살펴보자. 여기서 여느 때처럼 С. М. 솔로비요프에게 첫 번째 자리를 주자. 그는 (《역사》와 수많은 개별 논문들에서) 동란에서 16세기에 국가적 원리가 씨족적 원리와 싸워 승리자로 등장하는 고통스런 시련을 본다. 이것은 비록 완전히 옳은 것은 아니겠지만 아주 심오한 역사적 시각이다. 루시 생활을 대단히 직접적으로 이해하는 사람인 К. С. 악사코프는 동란에서 '백성들'의 승리를 보며, 그 결과는 '백성들'과 '국가'(그는 국가를 우리가 정부라고 부르는 것으로 이해한다)의 동맹 강화라고 여긴다. 동란 동안 '백성들'은 하나의 전체로서 궐기하였고 국가권력을 부활시켰으며, 국가를 구하였고 국가와의 동맹을 굳건히 하였다. 이 시각에서는 С. М. 솔로비요프에서와 마찬가지로 동란의 현실적 결과에 대해서 설명이 없다. 이것은 결과라는 측면에서 본 동란에 대한 일반적인 역사적 평가일 뿐인 것이다. 그러나 И. Е. 자벨린에게는 그런 일반적 평가조차도 없다. 자벨린은 동란의 결과에 대해서 어째서인지 전혀 관심이 없으며 이 자리에서 그에 대해서는 할 말이 별로 없을 수밖에 없다. 이에 반해 동란시대를 결과 없는 시대로 간주하는 코스토마로프의 의견에 대해서는 많은 것을 말할 수 있다. 이 역사가의 시각을 좀더 명확히 제시하기 위해 그의 《모스크바 국가의 동란시대》(Смутное время Московского государства)의 결론 장에서 발췌된 구절을 인용해보자. "동란시대의 결과로서 미하일 표도로비치 치세 동안과 그 후에도 혼란은 계속되었지만, 이 혼란은 특정의 지향들 — 국가질서를 전복하고 이 목적으로 아무 것이나 도적 차르의 깃발을 올리는 것 — 을 더 이상 갖고 있지 않았다. 17세기 초 다른 유럽 국가들에서도 있었던 그런 시기들 동안의 특성과 비슷한 어떤 것도 제시하지 못한 동란시대 자체의 성격은 바로 그러했다. 이런 종류의 심한 동요를 경험한 나라의 정치구조에서는 중요한 변화들이 아주 자주 이 동요 뒤를 따라 일어났다. 우리의 동란시기는 어떤 것도 변화시키지 못하였고, 국가기제와 관념구조, 사회생활, 그리고 도덕과 갈망에 어떤 새로운 것도, 즉 동란 시기의 현상들로부터 비롯하여 생활에 좋은 의미든 나쁜 의미든 루시 생활의 흐름을 새로운 길로 밀고 나갔을 어떤 그런 것도 가져다주지 못했다. 가공할 충격은 모든 것을 뒤집어엎었고 인민들에게 헤아릴 수 없는 재앙을 가져다주었다. 그 후 루시는 그리 빠르게 회복될 수는 없었고, 250년이 지난 지금까지 연대기를 읽지 않은 인민들도 오래 전에 '철저한 파괴'가 있었다고 말한다. 리투아니아가 루시에 느닷없이 나타났고, 소수의 사람들만이 살아남았고 그 때문에 하느님이 리투아니아에 실명을 가져다주는 그런 재앙이 내려졌다. 그러나 우리의 생활구조에는 하느님이 내린 무서운 징벌의 자취가 없다. 동란시기를 뒤이은 시기인 17세기의 루시에서 우리가 16세기 루시와의 차이를 본다면, 이 차이는 이 시기의 사건으로부터 발생한 것이 아니라 이 시기 전에 존재했거나 이 시기 이후 발생한 원인의 결과였다. 루시 역사는 전반적으로 아주 연속적으로 진행되지만, 그 합리적 경로는 동란시대를 뛰어넘고 이전과 같은 길과 수단과 방식으로 자신의 흐름을 더욱 멀리 계속한다. 동란의 힘든 시기에는 앞선 시기에 지배적인 사물의 질서에 낯선 새로운 현상들이 있지만, 그것들은 그 후 되풀이되지 않았으며, 이 시대 동안 파종된 듯이 보이는 것은 그 후 성장하지 않았다."

코스토마로프의 이와 같은 시각에 동의할 수 있는가? 우리는 동의할 수 없다고 생각한다. 우리의 동란은 우리의 사회구조와 동란 후손들의 경제생활에 영향을 미친 현실적인 결과들로 가득 차 있다. 모스크바 국가가 기본적인 외형이 동란 전과 동일한 것처럼 우리에게 보인다면, 그것은 동란에서 승리자로 남은 것이 16세기에 모스크바 국가에서 형성된 국가질서이지, 그의 적들 — 가톨릭적 · 귀족적 폴란드와, 약탈과 파괴를 자행하며 살고 무정형의 '집단' 형태를 취한 카자크들 — 이 우리에게 가져왔을 그런 것이 아니었기 때문이었다. 우리가 보여주려고 하였듯이 동란은 우연히 발생한 것이 아니라 그 전에 루시가 걸렸던 고질병이 발현되고 발전한 것이었다. 이 병은 국가 유기체의 회복으로 마무리되었다. 우리는 동란 위기 이후 바로 그러한 유기체를, 바로 그러한 국가질서를 본다. 이리하여 우리는 모든 것이 변함없이 이전대로 남았고 동란은 특별한 결과가 없는 불행한 사건에 불과하다고 생각하는 경향이 있다. 국가는 동요하였고 다시 강해졌다. 거기서 무슨 새로운 것이 나올 수 있겠는가? 그런데 새로운 것이 많이 나왔다. 병은 무사히 살아남은 유기체에, 이 유기체의 이후 삶에 깊은 영향을 미친 날카로운 자취들을 남겼다. 사회는 병에 걸렸고 회복되었으며 다시 살기 시작했고 다른 것으로 대체되지 않았지만 그 자체는 다른 것이 되었고 변화되었다.

동란에서는 정치적 · 민족적 투쟁뿐만 아니라 사회적 투쟁도 진행되었다. 모스크바 제위 계승 요구자들이 서로 싸우고, 루시인들이 폴란드인들 및 스웨덴인들과 싸웠을 뿐만 아니라 일부 주민 계층은 다른 주민 계층과 반목하였다. 즉 카자크들은 사회의 정착민들과 싸웠고 이들보다 우위를 차지하여 나라를 자기 식대로 건설하려고 하였지만 그렇게 할 수가 없었다. 투쟁은 정착민들의 승리로 귀결되었으며 그

표식은 차르 미하일의 선출이었다. 이 계층은 그들이 구조한 국가질서를 유지하면서 앞으로 나아갔다. 그러나 이 군사적 승리에서 주요 활동가는 누구보다도 큰 승리를 구가한 도시 드보랴닌들이었다. 동란은 그들에게 많은 이익을 가져다주었고 그들의 입지를 강화시켰다. 관리는 이전에도 사회의 위에 있었고 (성직자들과 함께) 나라의 주요 자원 — 토지 — 을 소유하였으며 농민들의 농업 노동을 수중에 넣었었다. 동란은 그의 성공을 도와주었다. 관리들은 기왕에 가지고 있던 것을 보존하였을 뿐만 아니라 동란이라는 상황 덕분에 훨씬 더 많이 획득하였다. 동란은 그들에 대한 농민들의 종속을 가속화시켰고, 그들에 의한 봉지의 더욱 확고한 획득을 촉진하였으며, 보야린 계층(동란 동안 자신의 대표들을 많이 상실하였던)의 파괴와 함께 봉직에서 승급을 하고 국가경영에 점점 더 많이 참여할 수 있는 기회를 그들에게 부여하였다. 요컨대 동란은 모스크바 드보랴닌들의 진급 과정을 가속화하였는데, 만일 이 동란이 없었더라면 그 과정은 비교할 수 없을 정도로 느리게 이루어졌을 것이다.

보야린 계층에 대해서 말하자면 그들은 거꾸로 동란 때문에 많은 고생을 하였다. 그들의 도덕적 신뢰는 추락할 수밖에 없었다. 동란시대 동안 많은 고위 씨족들의 소멸과 다른 씨족들의 경제적 몰락은 비교적 중요하지 않은 사람들에 의한 보야린 씨족들의 보충을 촉진하였고 이로써 씨족들의 중요성이 낮아졌다. 동란시대가 모스크바 귀족들에게 준 고통은 장미전쟁144)이 영국 귀족들에게 준 고통보다 더 컸

144) 영국의 봉건귀족인 랭카스터와 요크 두 왕가 사이의 왕위계승 문제를 둘러싼 내란. 1455년부터 1485년까지 30년 동안 산발적으로 계속되었다. 이 명칭은 요크파는 흰 장미, 랭카스터파는 붉은 장미가 문장인 것에서 유래한다. 내란의 원인은 랭카스터 왕조 헨리 6세의 정부가 약체화되었고, 백년전쟁의 종결(1453)에 따른 귀휴병이 추가됨으로써 팽창한 무장호위대를 거느린 대귀족들이 법과 질서를 무시하고 불온한 움직임을 보인 데 있었다. 오랜 내란 끝에 1485년 결국 새로운 왕 헨리 7세가 튜더왕조를 엶으로

다. 그들은 완전히 쇠약해지지 않기 위해서 비교적 새롭고 민주적인 요소들을 받아들이지 않으면 안 될 정도로 감소하였다. 그리하여 여기서도 동란은 아무런 흔적 없이 지나가지는 않았다.

그러나 위에서 언급한 것들로 동란의 결과들을 모두 말한 것은 아니다. 17세기 루시의 국내 역사를 연구하면 우리는 17세기의 모든 대개혁들을 동란에서 기원을 찾고 동란에 의해 조건 짓지 않으면 안 될 것이다. 16세기에 이미 흔들렸던 나라의 경제적 복지를 뿌리까지 파괴한 동란은 모스크바 정부에게 일련의 재정적 곤란을 창출하였는데, 이 곤란은 정부의 국내 정책 전체를 조건 짓고 포사트 주민과 백성들의 궁극적인 결박을 야기하였으며 모스크바 상업과 공업을 일시적으로 외국인들에게 완전히 종속시켰다. 여기에 그 필연성이 동란이 창출한 상황에서 직접 비롯하는 17세기의 전쟁들을 덧붙인다면, 우리는 동란이 결과들로 매우 풍부하였고, 우연히 나타나서 흔적 없이 지나간, 우리 역사에서의 그런 에피소드를 결코 구성하지 않았음을 이해하게 된다. 큰 오류를 범할 위험 없이, 동란이 17세기의 우리 역사 거의 전부를 조건 지었다고 말할 수 있을 것이다.

동란의 현실적이고 가시적인 결과들은 그토록 풍부하였다. 그러나 루시인들에게 새로움에서 비상하고 결과에서 심각했던 동란기의 사건들은 우리의 선조들로 하여금 개인적 걱정에만 아파하고 개인적 구원과 평온에만 숙고하지 못하게 만들었다. 온 백성들의 고통과 파멸을 보고, 자신과 이방인 관리자들의 수중에 있는 낡은 정치질서가 급속히 교체되는 것을 목격하며, 지역 공동체와 온 백성들의 독립성에 익숙해지면서, 국가 중심의 지휘를 상실한 루시인은 새로운 감정과 관념들을 습득하였다. 즉 사회에는 민족적·종교적 통일의 감정이 강화되고 국가에 관한 더욱 명료한 관념이 형성되었던 것이다. 16세기에

써 전쟁은 종결되었다.

국가는 민족적 공동생활로 여전히 생각되지 않고 군주의 세습영지로 보였으나, 17세기에는 모스크바 사람들의 관념에 따르면 그것은 이미 '나라'(земля), 즉 국가이다. 16세기에 전혀 고유하지 않았던 공익이라는 개념은 이제 모든 루시인들에게 의식적으로 가장 중요시된다. 그들은 국가가 없는 시대 동안 국가를 구하는 것에 대해 걱정을 하고 '백성들 일에 유용한 것'과 "어떻게 하면 백성들 일에 더 이로울 것이었는지"에 대해 생각할 때 이것을 적절한 말로 표현한다. '백성들'에 의해 확립된 새로운 미하일 표도로비치 권력은 백성들의 공익이라는 이 개념을 철저히 습득하고 완전히 국가적 성격의 권력으로 등장한다. 권력은 공동의 어려움에 대해 '백성들'과 상의하며 모스크바 국가에게 중요한 사안들에 대해서는 "이제 국가 전체와의 상의 없이는 단 한 항목에서도 그런 일을 결정할 수 없다"고 외국인들에게 말한다. 이전에 사적 권리 개념이 지배적이었을 때와 나아가 16세기에도 주인-세습영주로서의 군주와 국가의 수장이라는 주권의 담지자로서 군주가 불명료하게 구분되었었다. 16세기에는 국가의 통치는 나라 주인과 그 자문관들의 사적인 일로 간주되었지만, 이제 17세기에는 국가적 업무가 '군주의 일'일 뿐만 아니라 '백성들의 일'이기도 하며, 그리하여 중요한 국가적 업무에 대해서는 이것은 '위대한 국가와 백성들'의 일이라고 말해진다.

동란 동안 획득된 이 새로운, 국가와 민족체에 대한 개념은 우리 선조들의 정치생활을 즉각 가시적으로 바꾸지는 않았으나, 17세기의 생활구조 전체에 영향을 주었고 옛 질서와 확연히 다른 색채를 생활에 부여하였다. 이리하여 역사가는 이 개념들의 출현에 주목하는 것이 중요하다. 16세기 모스크바 국가를 연구하면서 우리가 그 국가의 생활을 완전히 국가적인 생활로 부를 수 있는가라고 여전히 의문을 던질 수 있다면, 17세기에 대해서는 그와 같은 논쟁은 더 이상 불가능하다. 왜냐하면 이미 17세기의 루시인 자신들이 자신들의 국가를 인식했고, 바로 동란시대 동안 그 사태의 새로움과 중요성 덕분에 국가적 관념을 습득했기 때문이다. 사회적 의미와 자각의 이 영역에서 동란의 중요한 결과들을 어느 정도 인정해야 하는지는 설명할 필요도 없는 것이다.

차르 미하일 표도로비치 시대(1613~1645)

집권

제위에 오르기로 동의한 뒤 미하일 표도로비치는 어머니와 함께 코스트로마에서 야로슬라블로 향하였다. 그러자 대 인파가 젊은 차르에게 동정심을 표하면서 그에게 합류하기 시작하였다. 이리하여 1612년 이후 야로슬라블은 다시 한 번 애국운동의 중심이 된다. 이 도시에서 미하일 표도로비치는 한 달 동안 머물렀고 그런 뒤 얼음이 사라지고 물이 줄어든 4월 중순에 길을 재촉하였다. 그러는 사이 모스크바에서는 아직 젬스키 소보르가 해산되지 않았다. 젬스키 소보르는 국가의 모든 업무를 관장하였고 차르와 활발히 서신을 주고받았다. 카자크들의 약탈과 소요가 나라에 아직 계속되고 있었기 때문에 소보르와 차르 사이에는 종종 오해가 발생하였다. 젬스키 소보르는 그들에 반대하는 조치를 취하는 동시에 궁전 토지를 획득한 사람들로부터 토지를 빼앗고 궁정을 위한 물자를 수집하는 등, 차르 궁정의 체제에 대해서도 신경을 썼다. 소요에 대한 소식이 야로슬라블의 미하일 표도로비치에게까지도 전해졌다. 사람들은 그에게로 와서 약탈에 대해 불평하였고 궁정 토지를 빼앗긴 사람들도 달려와서 불만을 토로하였다. 모든 사람들이 처분과 도움을 요청하였으나 차르에게는 어떤 수단도 없었다. 약탈과 소요에 대한 차르의 질문에 대해 소보르는 할 수 있는 한 토지 체제의 정비를 위해 노력하는 중이라고 대답하고 자신들의 조치에 대해 보고하였으나 이 결과들은 미하일에게(아니 좀더 정확하게는 그를 지지하는 사람에게) 매우 불만족스러운 것으로 나타났다. 야로슬라블에서는 소보르가 하는 것보다 더 빠르고 훌륭하게 질서를 확립할 수 있다고 생각하였다. 그리고 여기서 질서가 즉각 확립되지 않는 것을 보고 코름과 은상에 대한 항상적인 불만과 요청을 들었지만 그것들을 만족시키거나 중단시킬 수 없었던 미하일 표도로비치는 '걱정을 하였고' 약간 흥분하여 다음과 같이 소보르에게 썼다. "여러분들도 잘 알다시피, 우리가 차르가 된 것은 우리 자신의 희망이 아니라 여러분들의 요청 때문이었습니다. 여러분들은 여러분 자신들의 의지로 우리에게 십자가 선서를 하였습니다. 그러므로 여러분 모두에게 어떤 일에서도 우리에게 봉사하고 열성을 다하겠다고 십자가 선서를 했음을 상기시키는 바입니다. … " 차르는 이 말로써 소보르가 자신을 번거롭고 귀찮은 탄원자들로부터 벗어나게 해줄 것을 요구하였고 그 자신이 표현한 대로 "이 성가신 탄원들로부터 자신을 떼어 달라"고 요청하였다.

불만에도 불구하고 4월 16일 차르는 자신이 도착할 때까지 거처를 마련해주고 심지어 궁전 건물을 직접 보여 달라고까지 요구하면서 야로슬라블에서 모스크바로 '갔다.' 그러나 소보르에는 건물의 수선을 위한 재료도 기술자도 없었고, 그 때문에 다른 건물이 마련되었으며, 이는 차르의 분노를 불러일으켰다. 차르가 이미 트로이체-세르기예프 수도원 부근에 도착했을 때, 모스크바 주위에서 어슬렁거리던 카자크 무리들에 의해 약탈당하고 구타당한 드보랴닌과 농민들이 그에게 모여들기 시작하였다. 그러자 미하일 표도로비치는 소보르 사절들이 있는 자리에서 어머니와 함께 더 이상 가지 않겠다고 선언하고 그들에게 다음과 같이 말했다. "여러분은 우리에게 머리를 조아리면서 모든 사람이 의식을 회복하여 도적질을 그만두었다고 말했는데, 여러분은 거짓으로 머리를 조아리고 말을 했던 것입니다." 그리고 미하일 표도로비치는 보야린들과 소보르에게 다음과 같이 글을 썼다. "여러분 자신들도 알다시피, 모스크바와 모스크바 부근에서 약탈과 살해가 누그러지지 않는다면 하느님으로부터 무슨 은총을 바랄 수 있겠습니까?" 물론 소보르는 전력을 다해 모든 소요를 끝내고 싶었지만 자신들이 힘이 없음을 알고 있었다. 소보르는 단지 도덕적 권위로써만 유지하고 지배하였으나, 이 권위는 동란의 모든 요소들에게 미칠 수는 없었다. 여하튼 불만에도 불구하고 미하일 표도로비치는 5월 2일 모스크바에 도착하였고 7월 11일에는 차르에 즉위하였다. 이 순간으로 동란 시기는 끝나고 새로운 통치 시기가 시작된다.

차르 미하일 표도로비치의 통치 초기는 전부 학문적으로 관찰된 것은 아니며, 이미 관찰에 성공한 것으로부터 모든 것이 이해가 되는 것도 아닌 그런 역사적 순간으로 지금까지 제시되어 왔다. 젊은 군주가 어떤 인물인지도 이 인물이 어떤 영향을 받고 생활하고 활동했는지도 또 어떤 힘들이 당시 나라의 정치생활을 방향 지었는지도 불명확하다. 겨우 30세 초반으로서 병약했던 차르 미하일은 그 자신의 말에 따르면(1627년 6월) 때때로 자신을 "안락의자에 앉혀 썰매에 태우고 내리게" 할 정도로 "다리가 염려되는" 상태였다. 차르 주변에는 일단의 궁정 귀족들 — 군주의 어머니와 함께 영향력을 미치고 권력을 획득하고자 하였던 차르의 친척들 — 이 모여들었다. 한 동시대인이 군주의 어머니인 "대 수녀 마르파가 자신의 씨족과 함께 그의 하에서 제국을 통치하고 지탱하였다"는 식으로 표현하였음에도 불구하고, 수녀가 단지 궁정만을 지배하고, 제국이 아니라 자신의 '씨족'을 지탱하였음은 명백하다. 정치생활의 흐름은 그녀의 방을 비껴갔고 어떤 다른 세력에 의해, 하지만 그 구성이 전혀 불명확한 어떤 정부에 의해 방향 지어졌다. 이것은 젬스키 소보르나 당시 말해진 대로 '전 백성들'

이 아니었다. '전 백성들'이란 그 정점에 차르가 있고 모스크바 정치의 진정한 지도자들로 이루어진 어떤 다른 정부 하에서 존재했을 자문기관이었을 것이다. 물론 이것은 전체 구성에서 보야린 두마가 아니었다. 하지만 우리는 이들이 정확히 누구였는지 알지 못한다. 당시 두마 사람들의 명부를 들여다보면 우리는 두마원들 중 누구를 단지 고위 관리로 간주해야 하고 또 누구를 영향력 있는 자문관이고 심지어 권력의 지도자로 보아야 하는지 정확히 말할 수 없다.

명확한 구성과 공식적 전권으로써 차르의 권력을 제한한 기관이 아니라 차르 자신에 의해 구성된 궁정 집단이 차르를 지지했음은 거의 확실하다. 차르 미하일은 권력이 제한되지 않았고 어떤 제한 문서들도 그의 시대로부터 우리에게 전해지지 않았다.

권력제한 문제

하지만 차르 미하일의 권력제한 문제에 대해서는 그 대부분이 18세기, 즉 1730년 무렵의 시대와 관계된 일련의 부분적 증거들이 존재한다. 러시아의 역사가 B. H. 타티셰프(미하일 표도로비치를 전인민적으로 선출했으나 권력을 제한하는 문서를 받아들이는 조건으로 선출했다고 간략히 언급한)와 외국인 세 명의 증언들이 그렇다. 그들 중 두 명인 스트랄렌베르크[1]와 포케로트[2]는 그들 시기의 정신으로 권력제한을 상세히 묘사하고 있으며, 슈미트-피젤데크[3]는 권력제한을 담고 있고 18세기에 국영 보관소에 보관되어 있을 것 같은 어떤 문서들에 대해

1) Филлип Иоганн фон Страленберг, 1676~1747. 스웨덴어로 Phiip Johan von Strahlenberg. 스웨덴인 언어학자, 지리학자, 작가, 군인.

2) Фокеродт (Vockerodt) Иоганн-Готтильф. 18세기 초의 모스크바 주재 프로이센 대사관 서기.

3) Шмидт-Физельдек (Schmidt-Phiseldeck) Христофор. 1740~1797. 독일인 작가.

서 간략히 말한다. 이 정보들이 지닌 진정한 의미를 이해하기 위해서는 표트르 대제 말기에 표트르 대제에 의해 손상된 듯이 보이는 최고 관청에 정규적 조직을 부여해줄 어떤 권력기관을 설립할 필수성에 관한 문제가 그의 동료들 사이에서 심의되었다는 사실을 인식하지 않으면 안 된다. 일부 고관들(Д. M. 골리친)의 머릿속에 점차 나라에 합법적 권력을 세우고 군주의 사적인 권위를 제한할, 그런 개혁의 유용성과 가능성에 관한 사상이 탄생한다. 1726년 초 최고추밀원[4]의 설립에서 많은 사람들은 바로 이 방향으로의 첫 걸음을 볼 태세가 되어 있었고 1730년에는 '추밀원 의원들'이 스웨덴의 과두제 질서 쪽으로 나아가는 좀더 확실하고 결정적인 두 번째 걸음도 내딛고자 하였다. 이리하여 우리는 20년에 걸쳐 최고 관료 집단들 내에 일정한 정치사상이 흐르고 있음을 발견한다. 그 흐름은 이른바 개혁에 의해 파괴된 정부기능의 정규성을 복구하려는 마음에서 출발하여 근본적인 국가적 대변혁의 시도로 귀결된다. 처음에 옛 '군주 두마'에 상응하는 무언가를 만들려고 생각하나, 그 뒤 예로부터 내려오는 군주의 일체 권력을 폐지하는 결정에 도달한다. 궁리와 대화들의 이런저런 단계에서 일정한 일에 관여한 인물들은 지난날을, 즉 고대 모스크바에서 행정의 형식과 방법에 관한 동일한 문제들이 제기되고 결정되었던 과거의 순간을 참조하고 비교하는 일에 필연적으로 눈길을 돌리지 않으면 안 되었다. 지난날에서 자신들의 문제에 대한 응답을 찾으면서 그들은 — 구비 전설에 따르면 — 옛날에 존재했던 것을 상기하였고 상기한 것을 자기 식대로 조명하였다. 그들의 상기와 해석들은 일단의 측근과 지인들 사이에서 널리 유포되었고, 바로 이것이 1720~1730년 무렵에 러시아에 살고 러시아에 대해 글을 썼던 외국인들이 당시 인쇄되거나

---

4) Верховный тайный совет. 1726~1730년 동안 존재한 러시아의 최고 국가기관. 예카테리나 1세에 의해 설치되었으며 6명으로 이루어졌다. 모든 참의회와 원로원을 통제하였다. 안나의 제위 등극과 함께 해체되었다.

수고로 된 우리의 역사적 문헌이 다루지 못했던, 동란시대와 미하일 통치 초기에 관한 정보들을 자유롭게 다룬 이유이다. 자신들의 자료들을 다루면서 이 사람들은 때때로 개인 문서와 사적인 대화도 인용하였다. 예를 들어 스트랄렌베르크는 "최근 작고한 원수 셰레메테프에게서 여전히 원본을 볼 수 있었다고 말해지고 그것을 읽은 어떤 사람이 나에게(즉 스트랄렌베르크에게) 그중의 일부 자료들을 알려준" 편지에 대해 언급한다. 미니흐[5] 백작의 저택에 살던 슈미트-피젤데크는 다름 아닌 후원자의 수중에 들어온 소문을 통해서만, 그 자신이 알려주는 바에 따르면 우스펜스키 성당과 어떤 '문서고'에 보존되어 있다고 하는 문서들에 대해 알 수 있게 되었다. 이런 식으로 획득된 역사적 자료들은 물론 정확하고 완벽할 수가 없다. 전설은 동란시대에 B. 슈이스키의 제위 선출이 백성들에 대한 차르의 약속을 수반했다는 것을 알았다. 흐로노그라프들과 수고집들에서는 슈이스키가 십자가 선서를 '원했다'고 하는 바로 그 문서도 찾을 수 있었다. 이리하여 희망과 노력 속에서 슈이스키의 '권력제한' 사실은 확고하게 확립될 수 있었다. 전설은 또 부아디수아프를 선출할 때도 조건이 있었다는 것도 알았다. 심지어 당시 문서들에 접근할 수 있었던 사람들에 의해 조건 자체도 알려질 수 있었다. 그러나 주장된 대로 차르 미하일에게 제안된 조건들은 어느 누구도 알지 못했다. 그렇지만 전설은 차르 미하일 표도로비치가 홀로 옛날식대로가 아니라 백성들의 참여하에 통치하였음을 기억하였다. 차르와 젬스키 소보르의 실제 관계를 알지 못하면서도 사람들은 자기 시대를 이해하는 데 있어 통상적으로 간주하는 식으로 그것을 상상하였다. 그리하여 우리는 스트랄렌베르크에서 묘사되고 포케로트와 미니흐 백작에서 되풀이된 조건들이 나타났다고 생각한다. 조건들은 1613년에 실제로 존재하지 않았으나 당

---

5) Б. Х. Миних, 1683~1767. 원수. 서유럽의 여러 나라에서 복무. 1742~1767년 동안 러시아군에 재직.

시에 당연한 것으로 가정되던 상황을 표현하였다. 즉 그것은 차르 권력이 관료들의 과두제에 의해 제한되었으며, 행정적 · 사법적 · 재정적 기능에서 일련의 정확히 공식화된 조건들과 연관되어 있었다는 것이다. 요컨대 17세기 초에 관한 전설은 18세기 초의 자료들에 입각하였으며, 그 세부 내용은 이 시기들 가운데 전자가 아니라 후자를 특징짓는 것일 수밖에 없다. 우리가 이해하는 바로는 바로 이러한 것이 스트랄렌베르크의 믿기 어려운 이야기들과 또 그에 종속된 포케로트와 미니흐의 증언들을 평가하는 유일하게 올바른 학문적 방법일 것이다. 18세기 나머지 두 증거들, 즉 슈미트-피젤데크와 타티셰프의 진술들에 관해서 말하자면, 이것들은 진술에 불과할 뿐 그 이상은 아니다. 한 사람은 1613년에 '형식적인 항복'이 존재하였다고 말하며, 또 한 사람은 B. 슈이스키와 같은 '문서를 갖고' 미하일을 선출하였다고 말한다. 이 양 정보는 그 저자들이 차르 미하일 표도로비치의 제한 문서에 관해 그들의 시대에 진행된 이야기들의 정당성을 믿었고 그들의 문서 자체는 보지도 알지도 못했다는 사실만을 보여줄 뿐이다.

그리하여 1613년의 권력 제한들에 관해서 단지 18세기의 정보들만이 존재했다고 한다면 우리는 그 제한들을 믿지 않을 것이며, 1730년의 시점들로 '계획'과 또한 그 계획의 좌절도 준비한 루시 사회 집단들의 정치적 경향을 특징짓는 데에만 그것들을 활용할 것이다. 그렇게 할 경우 우리는 차르 미하일의 문서에 관한 전설의 발생을 미하일과 젬스키 소보르의 공동 정부를 주권의 형식적 제한이자 그것도 일정한 모델에 따른 제한의 결과로만 이해하였던 표트르 시대 활동가들의 무능력을 보여준 것으로 해석할 것이다. 그러나 이 경우 문제는 M. Ф. 로마노프 권력의 보야린적 제한에 관해 그의 동시대인 두 명 — 동란에 관한 프스코프의 이야기를 지은 익명의 작자와 유명한 코토시힌 — 이 말하는 것에 의해 복잡해진다. 그들이 말하는 것을 더욱 상세히 기술할 가치가 있다.

'불행과 슬픔과 재액에 관한' 프스코프 이야기는 C. M. 솔로비요프와 마르케비치[6]에 의해 이미 오래 전에 그 진가가 인정되었다. 하지만 지금도 이 고대문헌의 면모는 불충분하게 밝혀졌다. 이야기의 작자는 알려져 있지 않다. 그가 속한 환경 자체도 명확하지 않다. 그가 프스코프든 모스크바든 상류 집단에 끌리지 않고 "하급 주민들의 정신으로, 모스크바에 대한, 그곳에서 이루어지는 모든 것에 대한, 특히 보야린들과 그들의 행실 및 지시에 대한 강한 혐오를 갖고 프스코프 고유의 정신으로" 썼다는 관찰만이 이루어졌다. C. M. 솔로비요프의 이 말에는 작자의 '프스코프 고유의' 지역적 경향이 정치적이지도 않고 분리주의로 변모되지도 않았다는 점이 부언되어야 한다. 그의 저항은 정치적으로 경제적으로 프스코프와 모스크바에게 — 루시 민족 전체에게 — 한결같이 유해한 상류사회 계층의 대표자들로서의 모스크바 보야린들을 겨냥하였다. 작자의 민주적 성향은 자신을 극한으로까지 몰고 가 편파성마저 띠게 한다. 일단 문제가 '지배자들'과 관계되자 그는 온갖 비난과 의혹을 던질 태세가 된다. 그의 견해에 따르면 보야린들인 슈이스키들은 M. B. 스코핀-슈이스키공을 사악하게 죽였다. 그 후 '보야린 씨족 출신의' 다른 사람들은 '자신들의 기독교도 차르'를 증오하였고 모스크바를 파멸시키기보다는 '부정한 이교도 출신'의 차르를 원하기 시작하였다. 폴란드인들로부터 모스크바를 해방시킬 때 보야린인 Д. T. 트루베츠코이공의 '고래의 교만함'은 하마터면 일을 그르칠 뻔했다. 모스크바에서 트루베츠코이와 함께 하였던 '루시 보야린들과 공들'은 부아디수아프에게서 쓰라린 경험을 했음에도 불구하고 또 다시 외국인 차르의 초빙을 기도하였고 두 번이나 스웨덴으로 그를 부르러 사람을 보냈으며, "군인들과 모든 정교도들이 M. Ф. 로마노프를 모스크바 국가의 차르로 선출했기" 때문에 "그들의 사

---

6) Алексей Иванович Маркевич, 1847~1903. 러시아의 역사가.

악한 보야린 회의는 이루어지지 않았다." 스웨덴으로 보낸 사절단의 결과를 기다리지 않고 모스크바를 장악하자마자 루시인들이 모여서 "우리는 차르 없이 한 시간도 지낼 수 없다"고 말하기 시작했을 때, 소보르의 지배자들도 외국인에 대해 말하기 시작하였다. "장관들은 또 다시 이교도 차르를 원하고 인민들과 군인들은 이런 일이 일어나기를 바라지 않았다." 이리하여 미하일 표도로비치가 즉위하기 전까지 권력을 지휘한 보야린들은 인민들을 재앙과 파멸로 몰고 갔다. 미하일 치하에서 지배자들의 파멸적인 활동이 계속되었으나 활동은 정치 영역으로부터 행정적-경제적 영역으로 넘어 갔다. 다음은 작자가 그 활동을 상상한 바이다. 새 군주는 젊고 "나라를 경영할 분별력이 조금도" 없었기 때문에, "빌어먹을 적들은 폭동으로 그에게 국가를 만들어주고 또 다시 지배자들에게 뇌물을 주었다." 지배자들은 포로로 붙잡히고 도망을 갔다가 다시 돌아온 근로 주민들을 "자신들을 위해 격심하게 노동을 시키면서" 다시 인민들을 노예화하기 시작하였다. 그들은 이미 "자신들의 노예들 때문에 파멸이 있었던" '어려운 시기'를 잊어버렸다. 그들은 차르를 두려워하지 않고 군주가 토지대장을 분실한 결과, 즉 "토지대장 목록들이 완전히 파괴되었으므로" 그의 땅이 어디 있는지 몰랐기 때문에, "그의 차르 마을들을 수중에 넣었다."*

* 궁정 마을과 토지는 실제로 동란시대 동안 절취되었으나 1613년 초에 벌써 그것들은 궁정으로 반환되기 시작하였다. 1612~1613년의 소보르는 "경작되고 징집되고 임차된 궁정 마을들을 몰수할 것"을 결정하였고 "몰수인들이 파견되었다." 이리하여 절취는 종결되었다. 그러나 차르 미하일 하에서 적법한 절차를 거쳐 특히 소량의 할당지 형태로 궁정 토지들을 다시 그것도 급속도로 상실하기 시작하였다〔고티예,[7] 《17세기 자모스코비예 크라이》(Замосковный край в XVII веке), M., 1906. C. 320~326〕. 프스코프 이야기의 작자는 이것을 자기 식대로 조명한다. 다른 프스코프 연대기들에서도 보야린들은 토지를 착복한 것으로 드러난다. "군주의 마을들은 군인들을 부양하기 전에 봉지로 보야린들에게 할당되었다"라고 최초의 프스코프 연대기는 1618년 항목에서 말한다. 트로예쿠로프(И. Ф. Троекуров) 공이 검토된

이와 동시에 그들은 절취로 군주의 수입을 감소시킨 후 차르로 하여금 연공의 부담을 확대하도록 강제하였다. “통상적인 연공(оброк)과 공물뿐만 아니라 타글로 주민의 자산의 5분의 1인 5일조(пятая деньга)를 여분으로 모든 토지로부터 거두어들여 군주와 국가의 비용으로 사용하였다.” 심지어 이전에는 “군주인 차르가 그중에서 연공을 하사했던”, 즉 관리들(‘체트베르치크’들이라고 추정한다)에게 은상을 주었던 수입도 “차르가 소비하고 지출하는” 것으로 되었다. 보야린들은 모스크바 부근 ‘포모리예 육지에 몇몇 무사들’이 나타나 ‘사람들을 약탈’했을 때에도 이기적으로 처신하였다. 약탈을 멈추고 자신들의 죄를 깨달은 이 무사-카자크들은 당시 스웨덴인들에 의해 포위된 듯한 프스코프를 도와주러 가기를 원하였고, “수도에 도착하여 자신들에 대해 말하기 위해 차르에게 사람을 보냈다.” 그러자 “보야린들은 이것을 듣고, 이전에는 우리 노예들보다 비천했지만 지금은 우리보다 더 강해져 복종하지 않는 이 자유로운 사람들을 어떻게 자신들의 노예로 만들 것인지를 서로 논의하기 시작하였다. 그리고 약 300명에 이르는 그들의 우두머리들을 도시로 초빙하고… 그들을 옮기고 다시 묶었으며, 다른 군(軍)들로 추방하여 파멸시키고 많은 사람들을 옮겼으며 나머지 15,000명을 리투아니아로 떠나보냈다.” 이 이야기에서 사건은 유명한, 도적 카자크들의 모스크바 원정과 루자강에서의 리코프(Лыков)공에 의한 그들의 패배에 관한 것이 분명하다. 여기서 사건은 카자크들의 관점, ‘도적들’의 관점에서 서술되고 있다. 즉 원정을 정당화하고 심지어 이상화하기를 원한 도적 원정의 참여자가 사건을 서술하는 식으로 말이다. 카자크들의 모스크바 원정이 스웨덴의 프스코프

프스코프 이야기에서는 찬미되었던 반면에 여기서는 악당으로 제시되고 있음이 흥미롭다. 그만큼 프스코프에서는 모스크바 보야린들을 잘 알지 못했던 것이다.

7) Юрий Владимирович Готье, 1873~1943. 러시아의 역사가이자 고고학자.

포위 몇 달 앞서 이루어졌다는 사실은 제쳐두고라도, 원정과 정부의 탄압이라는 상황 자체도 무슨 일이 있어도 지배 보야린들에 반대하는 소박한 경향을 띠면서 완전히 부정확하게 전해졌다. 탐욕스럽고 사악하게 차르 토지와 근로 주민들을 수중에 넣고 차르와 국가 및 인민들을 파멸시킨 보야린들은 작자에게 그의 시대의 주요한 아마도 유일하기까지 한 악으로 생각되고, 그는 온 힘을 다해 이 악을 폭로하였다. 그러므로 우리는 '간악한 보야린들'을 비난하는 동란시기의 카자크 말들을 상기하고서 작자 자체의 이야기도 카자크 이야기로 간주할 태세가 되어 있다. 그러나 이것은 우리의 작자가 카자크들 편이 아니라 카자크들에 반대하기 때문에 옳지 않을 것이다. B. 슈이스키 하의 카자크 폭동에 대해 말하면서 그는 반란자들을 "하느님의 법과 좋은 신앙과 평온 속에서 살기를 원하는 것이 아니라 난폭함과 폭식과 허명과 약탈 속에서 살면서 타인의 소유물을 바라고 리투아니아인과 독일인들에게 접근한 사람들"로 특징짓는다. 그에게 카자크들은 "황야에서 온 반(半) 야수 같았다." 바로 이것이 보야린들에 반대한 이 프스코프인이 카자크 대열로 합류할 수 없었던 이유이다. 프스코프인은 일반 백성으로 완전히 평범한 사람에 불과하다. 그는 차르에게서 구질서의 재건을 위해 하느님에 의해 선출된 권력을 보며, 이 권력 위에 "하느님은 사람들을 구원할 뿔을 세웠다". '하느님의 뜻에 따르는', '매우 상냥하고 온화한' 차르 주위에 악행과 불의가 행해지면 작자는 이것을 단지 보야린들의 계획으로 설명할 수 있다. 사람들이 선량한 군사령관들을 스몰렌스크로부터 소환하고 나쁜 군사령관들을 보내 사태를 잘못 처리한 것, 이것은 보야린들의 책임이다. 보야린들은 이것을 행하였고 차르에게 실패를 은폐하였으며 사자(使者)들을 차르에 보내지 않았다. "그리하여 이런 것이 루시 백성들에 대한 보야린들의 보호라는 것이었다!" 스웨덴인들이 프스코프를 포위하였고 프스코프에서는 기아가 시작되었으며 차르에게 "나쁜 사정에 대해 도시로부터 많은 소식을 보냈다.” 하지만 보야린들은 이 소식들과 사자들을 차르에게 숨겼고, “사람들의 슬픔과 굶주림을 그에게 알려주지 않았으며”, 프스코프는 도움을 받지 못했다. “그리하여 이런 것이 도시에 대한 보야린들의 보호라는 것이다!” 차르와 흘로포바[8]의 결혼이 파탄 났고 그 후 그의 첫 부인이 죽었는데, 보야린들이 이 모든 것에 책임이 있었다. “이 모든 악행은” “자신들의 군주를 싫어하고 잘난체하는” “사악한 마법사와 야수 같은 사람들에게서 비롯된다.” 이야기의 작자가 보야린들 가운데 바로 누구를 루시에서 발생한 악행의 주범으로 이해해야 하는지 정확히 알지 못한 것은 분명하다. ‘고래의 교만함을 갖고’ 오만불손한 보야린 Д. T. 트루베츠코이공도 그에게 그랬다. 자신의 군주를 ‘싫어하고’ ‘복종과 순종 속에 있고’ 싶어 하지 않은 ‘차르 어머니의 조카들’인 살티코프들도 그에게 그랬다. 스웨덴 왕세자를 모스크바 제위로 초빙한 ‘모스크바 부근의 공들과 보야린들’도 그랬다. 스몰렌스크와 프스코프를 도와주지 않은 차르 미하일 표도로비치의 두마원들도 그랬다. 우리에게 트루베츠코이, 살티코프들, 포자르스키와 모스크바에 있는 그의 ‘공들과 보야린들’, 그리고 차르 미하일의 통치 초기부터 그의 두마에 있던 므스티슬랍스키공과 그의 ‘동료들’, 우리에게 이 모든 사람들은 집단과 경향과 명성이 다르다. 프스코프 이야기의 작자에게 이 모든 사람들은 똑같이 ‘무도하고 사악한 무리’이며, 그는 이 속에서 당파와 경향을 구분하지 않는다. 그로즈니의 표현에 따르면 이 시대에 ‘수장의 영예’를 누린 사람들은 모두, 우리의 작자에게는 권력을 잡고 그것을 남용하는 ‘지배자들’이기도 하다. 프스코프 공동체의 민주적 하층민들의 시각에서 작자는 멀리 떨어진 모스크

8) Мария Ивановна Хлопова, ?~1633. 모스크바 드보랴닌의 딸로 차르 미하일 표도로비치의 첫 번째 약혼녀였다. 1619년 살티코프 등 모스크바 보야린들의 음모로 결혼은 파탄 나고 흘로포바는 추방당했다. 이 사건에 대해서는 이 책 589~590쪽 참조.

바의 모든 '지배자들'에 대해 모든 점에서 의심을 품을 태세가 되어 있었다.

바로 이런 것이 프스코프 작자가 차르 미하일의 선서에 관해 간략하게 소식을 전할 때 처해 있던 상황이었다. 이 소식은 문자 그대로 다음과 같다. "차르를 별것 아닌 존재로 만들었고 그를 두려워하지 않았다. 왜냐하면 이 순진한 아이를 여전히 아첨으로 유혹하였기 때문이다. 처음에 그를 제위에 등극시켰을 때 그들의 귀인 씨족과 귀족 씨족에게 맹세를 하게 했다. 잘못이 범죄로 드러나더라도 그때 그들을 처형하지 말고 먼 오지로 보내야 한다고. 그러자 무도한 자들은 음모를 꾸몄다. 오지에서 누군가에게 무슨 일이 일어나고 그들은 서로에 대해 차르에 청원하고 다시 은총을 내리도록 충고하였다. 이로써 루시의 모든 땅을 자신들의 의지에 따라 나누었다." 등등. 이 진술의 정확한 의미는 지배 보야린들이 첫째, 군주가 젊고, 둘째, 그들이 '귀인 씨족과 귀족 씨족' 죄인들을 처형하지 말고 단지 유배 보내도록 군주를 설복하는 데, 즉 '아첨으로 유혹하는 데' 성공하였기 때문에, 군주를 두려워하지 않고 방자하게 행동하는 데 있다. 지배자들이 이것에 어떻게 성공하였는가는 우리의 작자의 구절로부터는 전혀 분명하지 않다. 그의 말은 보야린들이 그를 '제위에 등극'시킬 때 맹세라는 이름 하에 이 약속 하나만을 차르와 체결한 식으로도 이해할 수 있다. 아니면 새 군주를 제위에 등극시키고 그와 일반적으로 권력을 제한하는 '맹세', 즉 선서를 체결했을 때, 보야린들이 군주를 자신들에게 유리한 특수 상황으로 설복시킨 것으로도 이해할 수 있다. 여하튼 문제는 보야린에게 유리하고 보야린이 주도한 어떤 '맹세'와 상황이다. 제한의 형식과 내용에 관해서 작자가 어떤 정확하고 분명한 것을 알지 못한 것은 명백하다. 그러나 그는 '지배자들'의 벌할 수 없음을 달리 설명할 길이 없었기 때문에 '맹세'를 믿었고, 자신의 관념 속에서 이 맹세의 목적 자체를 단지 지배자들을 처형하지 말고 '오지로' 추방해야 하는 의무로만 귀착시켰을 뿐이다. 정치적 사실에 대한 지식이 아니라 차르 '맹세'에 대한 소문이나 자신의 억측에 근거해 이해되지 않는 사실들을 설명하고자 하는 바람, 바로 이것이 모스크바 사태와 관계에 대한 프스코프 작자의 소박한 정보의 근저에 놓여 있는 것이다. 정치생활의 실제 상황에 대한 무지와 결합되고 이 세상의 유력자들에 대한 맹목적 증오로 가득 차 있는, 정치생활 과정에 대한 대단히 평민적인 시각은 프스코프 이야기에 일정한 역사-문학적 흥미를 부여하지만, 그것으로부터 용어의 특수한 의미에서 '사료'의 의미를 빼앗는다. 차르 미하일의 권력 제한에 관해 프스코프의 정보 단 하나만이 보존되었다면 물론 어느 누구도 그것을 신뢰하지 못할 것이다.

다른 종류의 정보로는 잘 알려진 코토시힌의 정보가 있다. 다음은 이 정보의 가장 중요한 내용이다. "차르 이반 바실리예비치 이후의 이전 차르들이 제위로 영입될 때 그들은 편지들을 받았다. … 그런데 현재의 차르(알렉세이)를 제위로 영입했으나 그는 이전의 차르들이 묻지도 않고 … 주었던 편지를 전혀 스스로 주지 않았다. 그런데 그의 아버지인 성스러운 기억의 차르 미하일 표도로비치는 전제군주로 표현되었음에도 불구하고 보야린 회의 없이는 아무 것도 할 수가 없었다." 우리에 의해 중간에 생략된 문구들은 편지들의 내용과 차르 및 보야린들의 권한에 관해 말한다. 인용된 말들에서는 단호하게 다음이 확인된다. 첫째, 이반 그로즈니 이후 모든 모스크바 차르들을 '제위로 영입하였고', 둘째, 그들로부터 권력을 제한하는 '편지들'을 받았으며, 셋째, 차르 미하일의 제한은 실제 효력을 지녔고 그는 보야린 회의와 함께 통치하였다. 코토시힌은 모스크바의 과거를 마르케비치의 표현에 따르면 '좀 시원찮게' 알았고, 그의 영웅 서사시적 진술들을 조심스럽게 검토하는 것이 필수적이다. 이러한 검사의 결과 마르케비치 자신은 코토시힌에 나오는 '영입'이라는 용어를 단어의 우리의 의미에서 선출뿐만 아니라 '전 백성들'이 참여한, 특별한 대관 의식도 의미하는 것으로 이해할 필요가 있음을 밝혀냈다. 코토시힌과 동시대인이었던 한 연대기 편자는 차르의 대관식에 대해 심지어 대관의 발의 자체가 백성들에게 습득되어 있다는 식으로까지 전한다. 예를 들어 그는 차르 표도르 이바노비치의 대관에 대해 다음과 같이 말한다. “사람들이 모스크바 국가의 모든 도시들로부터 도착하여 황태자 표도르 이바노비치에게 우물쭈물대지 말고 모스크바 국가에 자리 잡아 차르 제관을 대관할 것을 눈물로 간원하였다. 군주인 그는 모든 정교도들의 간원을 무시하지 않고 차르 제관을 대관하였다.” 차르 미하일의 대관에 대해서 연대기 편자는 선출된 차르가 모스크바에 도착하자 “온 백성들이 군주에게 와서 차르 제관을 대관하도록 눈물을 흘리며 머리를 조아렸으며 그는 그들의 간원을 무시하지 않고 차르 제관을 대관하였다”고 말한다. 코토시힌도 차르 알렉세이 미하일로비치에 대해 그의 아버지가 죽자 모든 관리들이 그에게 ‘도유식을 거행하고’ 그를 ‘영입하였으며’ ‘대관을 행하였다’고 말할 때 바로 그러한 백성들의 발의를 잘 이해한다. 코토시힌의 진술에 따르면 이 대관에서 지방 관리들의 역할은 신분의 대표자들이 교회 의식에 참석하고 군주를 축하하며 그에게 선물을 증정하는 것에 국한된다. “사람의 이와 같은 영입을 위해 드보랴닌과 보야르스키예 데티 및 포사트 주민들이 도시에서 두 명씩 왔다.” 이리하여 그로즈니 이후 루시 차르들이 ‘영입’되었다는 코토시힌의 정보는 선출 군주의 원리가 모스크바에 확립되었다는 의미로는 결코 이해될 수 없다. 여기서 우리 작자의 용어법은 얼핏 볼 때 제시되는 것만큼 그렇게 명확하고 믿을 만한 것으로 드러나지 않는다. 이와 똑같이 ‘편지들’에 대한 코토시힌의 증언도 적절한 방식으로 이해하고 검토하지 않으면 안 된다. 우리는 모스크바 제위에 어떤 군주들이 선출되었고 그들이 정확히 어떤 방식으로 편지들을 스스로에게 부여했는지는 코토시힌 없이도 안다. 또한 ‘편지들’의 텍스트 자체도 안다. 코토시힌에 따르면 이 모든 ‘편지들’은 동일한 내용을 담고 있다.

"가혹해서도 안 되고 실총을 부과해서도 안 되며, 재판과 죄 없이 어떤 일에 대해 누구도 처형해서도 안 되고, 모든 일을 보야린 및 두마 사람들과 함께 생각하며, 비밀리에든 공공연히든 그들에게 알리지 않고 어떤 일도 해서는 안 된다." 우리는 단지 슈이스키의 문서의 내용만이 이러한 조건들로 마무리되었음을 안다. 외국인 피선출자들과의 협정들은 더욱 광범한 내용을 담았다. 슈이스키는 백성들에게 권력을 남용하지 않고 옛 법과 관습에 따라 통치하겠다는 약속을 하였다. 반면에 폴란드 및 스웨덴 왕세자들과의 협정들은 이웃 국가와 발생한 왕조통합의 형식과 범위를 확정하고 모스크바에 외국인 출신 권력의 수립을 확립하는 것을 목표로 삼았다. 달리 말해 슈이스키의 문서는 단지 개별 인물들과 가족들의 이익만을 보장했고, 다른 '편지들'은 무엇보다도 우선 국가 전체의 완전성과 독립성 및 자주성을 지켰다. 이 점에서 우리에게 알려진 '편지들'의 이 심오한 차이는 코토시힌의 인식 밖에 있던 차이이다. 바로 여기에서 제한 조건 자체를 전달하는 데 있어 그의 부정확함이 비롯된다. 코토시힌에게서 군주의 권력은 어떤 경우에도 차이 없이 보야린 두마('보야린 및 두마 사람들')에 의해 제한된다. 실제로 슈이스키는 보야린들의 재판에 대해서만 이야기하였고 수사, 재판 및 몰수 영역에서만 스스로에게 제한을 부과하였다. 부아디수아프와의 협정에 따르면 행정, 재판 및 재정은 의무적으로 반드시 보야린 두마의 권한으로 들어가야 했고 '나라 전체'만이 법을 제정할 수 있었다. 이것을 아는 우리는 코토시힌의 정보가 서술된 사실을 약간 그리고 극히 피상적으로만 건드리고 있는 것으로 본다. 나머지 영웅 서사시적 자료에서와 마찬가지로 코토시힌은 여기서도 별로 세밀하지 못하고 미덥지 못한 역사가로 판명된다. 일단 일이 이렇게 되면 코토시힌 이야기의 마지막 세세한 부분—차르 미하일의 권력 제한—에 대한 우리의 태도는 매우 조심스러워져야 한다. 차르 미하일이 스스로 정확히 누구에게 편지를 주었는가를 코토시힌은 설명하지 않는다. 또한 그는 누가 차르들의 편지들을 가져왔는지도 전혀 이야기하지 않는다. 그의 진술에 따르면 차르 마하일은 '보야린 회의 없이는' 아무것도 할 수가 없었다. 코토시힌이 자신의 위 인용문에서 보야린 회의를 '보야린 및 두마 사람들과' 두 번 동일시하고 있기 때문에 우리는 보야린 회의의 의미를 정치적 계층으로서의 보야린 신분 집단이 아니라 기관으로서의 보야린 두마로 이해해야 한다. 보야린 두마 자체는 말하자면 미하일 선출시 존재하지 않았고 두마 자신에게 유리하도록 어느 누구도 제한할 수 없었다. 군주의 사적 활동에 대한 통제 기관이자 그의 공동 통치자로서 보야린 두마는 1613년 초에 루시에서 정치적 상황을 제어하고 젊은 차르로 하여금 '스스로 편지를' 주도록 강제할 수 있었던 사람들의 의지에 의해서만 성립할 수 있었다. 그러나 당시 누가 이것을 성립시킬 힘을 가지고 있었는지, 코토시힌은 말도 하지 않고 알지도 못하며, 우리가 미하일의 권력 제한 사실에 관한 그의 정보에 비중을 부여하고 싶으면 이 제한의 성격과 방법을 스스로 결정해야 한다. 이 점에서 코토시힌의 진술은 전혀 납득할 수 없는 것이다.

바로 이러한 것이 차르 미하일 표도로비치 권력의 제한에 관한 정보들이다. 그 정보들 중 어느 것도 추정되는 문서나 '편지'의 텍스트를 정확하고 진실성 있게 전달하지 못하며, 그것들 모두는 갖가지 점에서 불신과 의혹을 불러일으킨다. 그 정보들이 주는 자료로는 실제적인 역사적 사실에 대한 학문적으로 올바른 관념을 형성할 가능성이 없다. 문제는 1613년 제한 증서의 텍스트 진본이 우리에게 전해지지 않았고(설사 언젠가 존재했다 하더라도), 군주의 개인적 권위가 심지어 바로 그의 통치 초기에도 무언가에 의해 속박 당했다는 것을 보여주는 어떤 사실적 증언도 관찰되지 않음으로써 더욱 복잡해진다. 이와 같은 사정 하에서는 그와 같은 증언들이 발견되더라도 제한들에 관한 증언들을 무조건 믿을 수 있는 가능성은 없다. 우리는 미하일의 선출

때 보야린 계층 전체를 대표하는 대 보야린들의 지위가 완전히 훼손되었음을 앞에서 보았다. 사람들은 그들을 변절자로 간주하였고, 임시정부 — 트루베츠코이, 포자르스키 및 '쿠젬카'를 지도자로 하는 보야린 관등과 비보야린 관등의 '장관들' — 가 자리 잡고 있던 두마로 보내지 않았다. 또 그들에 대해 도시들로 편지를 쓰고 그들을 백성들의 재판에 넘겼으며, 그 후 군주를 선출하는 데 부르지 않고, 모스크바에서 추방하였다. 그리고 차르가 선출되었을 때 비로소 수도로 그들을 돌아오게 하였고 2월 21일에 그들 없이 선출되었으나 그들에 의해서도 인정된 제위 후보의 장엄한 선포에 참여할 수 있게 해주었다. '전 백성들'로부터 이제 막 자유와 사면을 획득한, 얼마 전까지만 해도 폴란드인들의 수인(囚人)이었고 그 뒤에는 카자크와 백성들의 수인이었던 그들이, 자신들이 선출하지 않은 차르에게 자신들의 이름이나 동란에 의해 파멸된 신분의 이름으로 무슨 조건이든 어떤 조건들을 내세울 수 있었다고 가정할 수 있겠는가? 물론, 가정할 수 없다. 1613년의 이와 같은 권력의 제한들은 동시대인들(프스코프 이야기)이나 가장 가까운 후손들(추밀원 의원들 시기의)이 아무리 그것들에 대해 말했다 하더라도 전혀 생각조차 할 수 없는 것이다.

통치 초기

모스크바에 도착했을 때 미하일 표도로비치는 다른 대표들로 대체되는 1615년까지 모스크바에 남아 있던 백성들의 대표들을 해산하지 않았다. 1622년까지 사태는 이렇게 진행되었다. 소보르의 일부 구성원이 다른 구성원으로 바뀌었는데, 일부 대표들이 모스크바를 떠나 자신들의 일과 농장으로 돌아가고 다른 대표들로 교체되었다. 젬스키 소보르가 10년(1613~1622년) 동안 지속했다는 사실에 대해서는 전 10년 동안 모스크바에 소보르가 존재했다는 명확한 증언이 없었기 때문에 추측만 이루어져왔지만, 조금씩 이 증언들이 발견되었고, 마침내 디탸틴[9] 교수〔〈러시아 사상〉(Русская Мысль), 1883년 12월〕가 그때까지 알려지지 않았던 1620년의 소보르에 대한 증언도 발견하면서 문제를 궁극적으로 해결하였다. 이리하여 10년 동안 모스크바는 상설 젬스키 소보르를 갖고 있었다(그리고 이 시기 이후에는 소보르들이 매우 자주 열리고 오래 지속되었으나 상설 소보르는 더 이상 없었다). 동란이 아직 멈추지 않았고 소요가 계속되고 있다는 현실 자체 때문에 정부가 생각해낸 현명한 정책이 이 점에서 두드러진다. 1612~1613년부터 질서파 사람들이 경쟁자들보다 더 강해졌기 때문에 동란이 멈출 수밖에 없었음은 그때부터 멀리 떨어진 지금 우리에게 명확하다. 하지만 전반적인 파멸과 카자크들의 약탈, 그리고 그들에 맞선 모스크바의 무력함을 보았고, 사태의 전모를 헤아릴 수 없었으며, 한 세력을 다른 세력과 대립시키던 관계를 이해하지 못했던 동시대인에게 동란은 아직 끝나지 않았고 그가 보기에는 폴란드인과 카자크들이 다시 상황을 좌우할 수도 있었다. 그래서 그들에 맞서 질서의 옹호자들이 단결할 필요가 있었다. 그들은 자신들의 차르 하에서 젬스키 소보르로의 일치를 표명하면서 단결하였다. 그리고 차르는 자신을 선출하였던 사람들과 더불어 행동하는 것이 매우 중요함을 이해하였고 좀 더 훌륭한 통치수단으로서 젬스키 소보르에 기꺼이 의존하였다. 차르를 선출한 사람들과 그들의 피선출자 사이에는 상호 법적 관계에 관한 어떤 문제도 당시에는 존재할 수가 없었다. 권력과 '백성들'은 동맹관계에 있었고 생존을 위해, 당시의 표현에 따르면 자신들의 '가재'(家財)를 위해 공동의 적에 맞서 싸웠다. 그때는 법이라는 추상적인 이론을 공부하기에 너무나 힘든 시기였고, 또 이 추상적인 이론에 언제나 호의를 갖게 만드는 그런 반목도 존재하지 않았다.

실제로 시대는 힘들었다. 카자크들은 계속 떠돌아다녔고 심지어 모

9) Иван Иванович Дитятин, 1847~1892. 러시아의 역사가. 하리코프 및 데르프트 대학의 교수직을 역임.

스크바 근방까지 약탈하였으며 그들 일부는 마리나 므니셰크도 데리고 있던 자루츠키의 지휘 하에 처음에는 루시 오블라스티들을 약탈하고 그런 뒤 차르 군대를 격파하면서 아스트라한을 향해 떠났다. 때때로 급료를 받지 못한 관리들도 약탈을 하였다. 행정당국 자체도 극히 무거운 세금과 엄한 조치로 동란을 야기하면서, 때로 약탈에 나섰다. 또한 백성들도 일반 백성들이 연공 납부를 거부하였던 벨로오제로[10]에서 그랬던 것처럼 때때로 동란을 기도하였다. 정부는 이 힘든 시기 동안 자금도 사람도 없었고, 그 사이 신속히 움직이는 폴란드 부대가 루시 오블라스티들을 약탈하고 파괴하는 등, 폴란드와의 전쟁이 여전히 계속되었다.

그리하여 모스크바 정부는 무엇보다도 우선 군인들에게 급료를 주고 여타 중요한 필요를 충족시킬 자금을 모으는 일을 걱정한다. 차르가 도착한 후 처음 며칠 동안 사람들은 소보르를 열어 체납금을 징수하고 그 뒤 누군가에게 돈을 빌려달라고 요청하기로 결정하였다(심지어 외국 상인들에게도 요청하였다). 파괴된 국가를 도와줄 것을 요청하는 차르와 소보르의 특별 편지가 스트로가노프가에게 발송되었다. 스트로가노프들은 즉각 응답하였다. 그들은 당시로서는 매우 큰돈인 3,000루블을 보냈다. 1년 뒤 소보르는 도시들에서는 심지어 수입에 대해서가 아니라 매 재산에 대해서 5일조를 걷고, 우예스트들에서는 공동체(coxa)로부터 120루블씩 세금을 징수하는 것이 필수적이라고 인정하였다. 스트로가노프들에게는 16,000루블을 할당하는 것이 적합하였다. 그러나 그들에게는 40,000루블이 부과되었고 차르는 그들에게 "자신들의 가재를 아쉬워하지 마라"고 설득하였다.

더욱이 정부는 적들로부터 국가를 어떻게 방어할 것인지도 염려하였다. 아스트라한에 자리 잡고, 볼가강, 돈강, 테레크[11]강의 카자크

10) Белоозеро. 북부 루시의 고대 도시.

들에게 사마라와 카잔으로의 유리한 원정을 약속하면서 그들을 자기 편으로 끌어들이고자 하던 자루츠키가 처음에 큰 주목을 끌었다. 정부는 돈강의 카자크들로부터는 별로 호응을 받지 못했으나, 볼가강 카자크의 일부, 즉 '지푼[12]을 얻어 입지' 못해 어떻게 하든 상관이 없던 젊은이들이 정부 편으로 기울어졌다. 테레크강의 카자크들은 처음부터 전체가 정부에게 항복하였다. 모스크바 정부는 자루츠키와 마찬가지로 카자크들의 힘을 잘 이해하였고 그들을 자루츠키에게서 자기 쪽으로 끌어들이려고 노력하였다. 모스크바는 그들에게 은상과 선물을 보내고 심지어 얼마간은 그들에게 아첨을 하기도 한다. 하지만 카자크들은, 이제 강력해져서 자루츠키를 다룰 수 있게 된 모스크바와 친하게 지내는 것이 더 유리하다는 것을 대부분 이해하고, 그래서 마리나 므니셰크와 그 아들이 여전히 그에게 머무르고 있는데도 자루츠키에게 가지 않는다. 카자크들의 지지를 받는 한에서 위험한 존재였던 자루츠키가 매우 급속히 그리고 매우 비참하게 끝을 맺은 것은 이것에 의해 설명된다. 아스트라한은 그에 맞서 소요를 일으켰고, 많지 않은 총병대(700명)가 자루츠키를 그가 두문불출하던 아스트라한의 성채로부터 끌어내 구타하였으며 마리나 므니셰크와 그 아들을 포로로 잡았다. 그 뒤 모스크바로 압송된 자루츠키와 마리나의 아들은 처형당했다. 마리나는 루시 인민들에게 음울한 기억을 남긴 채 감옥에서 모험으로 가득 찬 폭풍 같은 인생을 마감하였다. 이 '이단'에 관한 인민들의 기억은 하나같이 적의가 넘치며, 17세기 문헌에서 우리는 연민의 목소리는커녕 심지어 그녀에 대한 미약한 동정마저도 만나지 못한다.

자루츠키는 제거되었고 볼가강과 돈강은 진정되었으며, 국내와 북

11) Терек. 카스피해로 흘러 들어가는 북 카프카스의 강.

12) зипун. 거친 나사천으로 짠 옛날 농부의 겉옷.

부의 카자크 무리들을 끝장내는 일이 남았다. 1614년 9월 1일 젬스키 소보르는 이 카자크 무리들에 대해 논의를 하고 그들에게 훈계를 하기 위해 대주교 게라심(Герасим)과 리코프공을 보내기로 결정했다. 소보르의 결정에 의해 파견된 리코프는 카자크들이 때로는 약탈을 중단하고 모스크바에 봉사하는 데 동의하였고, 때로는 다시 거부를 하고 소요를 일으켰다고 통고하였다. 특히 아타만 발로벤[13]이 광포하게 날뛰었으며, 그의 무리는 주민들을 잔인하게 괴롭히고 약탈했으나 그 후 리코프와 협상을 하고 나서 모스크바로 가기로 결정하였다. 모스크바에 다가가면서 카자크들은 트로이츠키 도로 상에 있는 로스토킨(Ростокин) 마을에 멈추었고 군주에게 사람을 보내 그에게 봉사를 원한다고 머리를 조아렸다. 그들의 명부를 작성하기 시작하자 그들은 다시 완강하게 버텼고 모스크바를 위협하기 시작하였다. 그러나 그때 리코프공이 북부에서 군대를 이끌고 모스크바에 도착하였고 모스크바로부터도 궁내관 이즈마일로프(Измайлов)가 카자크들을 공격하였다. 카자크들은 몇 번 격파 당했고 그 후 흩어져 달아나버렸다. 그들 중 일부는 사로잡혀 감옥으로 이송되었으며 발로벤은 처형당했다.

이와 같은 엄중한 상황 속에서 또 폴란드도 다루지 않으면 안 되었다. 극단적인 재정적 곤란에 처해 있던 지그문트는 모스크바로의 원정을 실행할 수 없었다. 그러나 폴란드 무리들(비정규)은 연대기 편자가 적확하게 표현하고 있듯이 '지나가면서' 루시 땅을 공격하는 등, 계속 루시 오블라스티들과 심지어 북부 오블라스티들을 습격하였다. 소러시아[14] 카자크들과 체르카스족도 똑같이 행동하였다. 오블라스티의 주민들과 모스크바 자체 모두 그들에 맞서 활발하게 활동하였다. 그리하여 정규적인 전쟁은 없었지만, 미하일 표도로비치가 선출

---

13) Михаил Баловень. 동란시대에 활동한 카자크들의 아타만.

14) Малороссия. 지금의 우크라이나를 가리킨다.

될 때에도 부아디수아프가 여전히 모스크바 제위의 후보로 간주되었고, 강화는 공식적으로 체결되지 않았으며, 차르의 아버지 필라레트 니키티치는 포로로 잡혀 있었다. 그리고 1613년(3월)에 포로교환을 위해서 젬스키 소보르에 의해 드보랴닌 알라딘(Аладьин)이 모스크바에서 파견되었다. 필라레트의 석방이 지연되지 않도록 알라딘은 미하일의 선출에 대해서 말하는 것이 금지되었고, 이에 대해 누가 물을 경우 그것은 사실이 아니라고 확인해야 했다. 알라딘은 필라레트를 만났고 또 모스크바에 유리하게도 폴란드가 지금 전혀 전쟁준비를 하지 않았음을 알았다. 이것은 모스크바의 원기를 너무나 북돋는 것이어서 군사령관들인 체르카스키공과 부투를린[15] 공에게 스몰렌스크를 포위하도록 지시가 내려졌으나, 그들은 이곳에서 1615년 6월까지 어떤 활동도 하지 않고 숙영하지 않으면 안 되었다. 1614년 말에 다시 폴란드와의 외교협상이 시작되었다. 폴란드 자신이 협상을 시작하였고 사절들에게 국경에서 만나 강화협상을 시작하자고 제안하였다. 젤랴부시스키와 함께 회담개최에 동의하는 답장이 모스크바에서 보내졌고, 1615년 9월에 스몰렌스크에서 멀리 떨어지지 않은 곳에서 회담이 열렸다. 루시인들 측에서는 보로틴스키공과 시츠키(Сицкий), 그리고 궁내관 이즈마일로프가 회담에 참석하였고, 폴란드인들 측에서는 호트키에비치, 레오나스 사피에가, 고시에프스키(모두 루시인들에게 낯이 익었다)가 참석하였다. 독일 황제의 사절 에라즘 간젤리우스(Эразм Ганзелиус)가 중재자 역할을 하였다. 그러나 1616년 1월까지 연장된 이 협상은 아무 소득 없이 끝났고 양국 관계는 계속 불명료하게 남았다.

스웨덴과의 관계도 사정이 훨씬 더 어려울 정도로 매우 불명료했다. 스웨덴 또한 루시 차르에 대한 자신의 후보자로 왕세자 필리프를

15) Василий Васильевич Бутурлин, ?~1656. 러시아의 군인이자 외교관.

갖고 있었고, 그와 함께 모스크바와 전쟁 중이었다. 러시아와 폴란드의 협상에서 독일인 간젤리우스가 중재자였듯이, 여기서는 영국인 존 메릭[16]이 바로 그러한 역할을 하였다. 하지만 스웨덴은 구스타프 아돌프[17]가 지그문트처럼 물자가 부족하였음에도 불구하고 (1614년 가을에) 심각한 전쟁을 개시하였다. 구스타프 아돌프는 매우 성공적으로 전쟁을 수행하여 몇몇 도시를 점령하였지만, 그와 동시에 강화 협상에 기꺼이 동의하였고, 이 협상은 1616년 1월부터 1617년 2월까지 처음에는 데데린(Дедерин)에서 그 다음에는 스톨보프(Столбов)에서 온전히 1년 동안 계속되었다. 1617년 스톨보프 협정에 따라 다음이 결정되었다. 구스타프 아돌프는 노브고로드를 포함하여 정복지 전부를 루시인들에게 양도하고 20,000루블을 받았으며, 네바강과 얌, 이반-고로드, 코포리에, 오레셰크 도시들 — 1595년에 보리스 고두노프에 의해 모스크바에 반환된 바로 그 도시들 — 을 포함한 핀란드만 남부 연안을 영유하였다. 구스타프 아돌프는 강화에 만족하였다. 실제로 그는 한 적국으로부터 벗어났고(이제 덴마크와 폴란드 단 두 나라만이 적국으로 남았다), 더욱이 돈이 크게 쪼들렸는데 그것도 받았다. 외교적 목표도 달성되었다. 그는 세임에서 모스크바에 대해 이제 이 적국은 자신의 허락 없이는 단 한 척의 선박도 발트해로 진입시킬 수 없다고 오만하게 말하였다. "대호수들인 라도가호와 페이푸스[18]호,

16) Джон Мерик, ?~1638. John William Merrik. 러시아에서 활동한 유명한 영국인 상인.

17) Gustaf Adolf, 1594~1632. 스웨덴 왕 구스타프 2세(재위 1611~1632). 구스타프 바사의 손자로 카를 9세를 계승하여 즉위하였다. 1613년 크네레드 화약에 의해 부왕 이래 계속되던 덴마크와의 전쟁을 종식시켰다. 1617년에는 러시아와도 화친하고, 폴란드와의 전쟁에 전력을 다해 1629년 리블란트 등을 얻고 휴전, 발트해의 패권을 거의 확립했다. 절대주의 체제를 정비하고, 대외정책을 통해 스웨덴을 유럽의 강국으로 만들었다고 평가된다.

18) Пейпус. 러시아어로는 추트 호수. 에스토니아와 러시아 국경에 위치한 호

나르바 오블라스티, 30마일의 드넓은 소택지와 강력한 요새들이 우리를 적으로부터 갈라놓고 있습니다. 러시아는 바다를 빼앗겼고, 하느님이시여 이제 루시인들이 이 시냇물을 뛰어넘지 못하도록 해주소서." 그러나 스톨보프 강화로 모스크바도 목표를 달성했다. 첫째, 자신에게 매우 큰 중요성을 가진 노브고로드 오블라스티가 모스크바에게 반환되었다. 둘째, 적국이 하나 줄어듦에 따라 제위 계승 요구자도 한 사람 줄어들었다. 이제 폴란드를 더욱 대담하게 다룰 수 있게 되었다.

1616년 여름이 되었다. 모스크바는 폴란드에 맞서 공격적인 전쟁을 개시하였으나 어떤 진지한 결과도 갖지 못했다. 그리고 이때 바르샤바의 세임은 모스크바를 수중에 넣기 위해 부아디수아프를 보냈지만 폴란드인들은 서둘러 행동하지 않았고 많은 병력을 동원하지 않았다. 왕세자는 1년 뒤 총 11,000명에 이르는 적은 수의 병력을 이끌고 공격에 나섰다. 그러나 이제 모스크바는 심지어 이 얼마 안 되는 부아디수아프의 병력에 맞서서도 진격할 태세가 되어 있지 않았다. 모스크바는 강력한 수비대들을 도시들에 배치하였고 방어에만 국한하였다. 한편 "길 잃은 자들을 평화의 길로 인도하러" 간 부아디수아프의 영광의 군대는 은상을 받지 못했다. 그리하여 소요를 일으키고 약탈을 하였으며 부아디수아프는 '자신을 부양한' 폴란드의 도움을 요청했으나 소용이 없었다. 1618년에야 비로소 세임은 전쟁을 그 해에 종결시키라는 의무와 함께 그에게 적은 액수의 자금을 할당하였다. 그러자 1618년 여름 왕세자는 모스크바로 이동할 때 모자이스크에 주둔하던 리코프 병력의 배후에 남지 않기 위해 모자이스크 부근에서 행동에 들어갔다. 그는 몇 번 도시를 점령하고자 하였으나 모든 노력이 헛수고로 돌아갔다. 이 포위에 일곱 달이 지나갔고 그래서 부아디수

수. 유럽에서 네 번째로 크다.

아프에게는 영광을 획득하는 데 다섯 달 만이 남았다. 바르샤바로부터는 약속만이 왔고, 은상을 받지 못한 군대는 다시 소요를 일으키기 시작했으며, 그래서 1618년 9월 부아디수아프는 모자이스크를 점령하지 않고 모스크바로 가기로 결정하였다. 헤트만 사가이다치니[19] 도 남쪽에서 그곳으로 왔다. 연합한 그들은 진격하였으나 모스크바인들이 포위를 준비하는 데 성공하였기 때문에 모스크바를 점령할 수가 없었다. 그러자 부아디수아프는 트로이츠키 수도원으로 후퇴하였고 수도원의 항복을 요구하였으나 또 실패하였다. 마침내 그는 협상에 들어갔으며 데울린(Деулин, 수도원 부근)이라는 마을에서 이른바 데울린 강화가 체결되었다. 포로 교환이 결정되었다. 폴란드는 자신들의 정복지(스몰렌스크와 세베르스크 땅)를 유지하였고 부아디수아프는 모스크바 제위 계승 요구권을 포기하지 않았다. 모스크바에게 조건들은 엄중했으나 왕세자의 영광도 크지 않았다. 그리고 1619년 7월 1일 폴랴노프카강(Поляновка, 뱌지마 부근)에서 포로교환이 있었다. 이 결과 필라레트 니키티치와 이 날까지 살아남았던 대사절단의 구성원들이 고국으로 돌아왔다. 사절단의 확고하고 성실한 활동가였던 토밀로루곱스코이와 스몰렌스크의 방어자였던 셰인이 고국 땅을 다시 밟았다. 그러나 루시 보야린들의 '기둥'이었던 B. B. 골리친은 이국에서 죽었다. 석방된 지 2주일이 지난 6월 중순 필라레트 니키티치는 모스크바에 도착하였고 6월 24일 그는 총대주교에 임명되었다. 게르모겐이 죽은 이래(1612년) 모스크바에는 총대주교직이 이미 오래 전에 군주의 아버지에게 지명되었기 때문에 총대주교가 없는 상태였다.

그의 도착과 함께 이른바 이중권력이 시작되었다. 미하일은 아버지 — 총대주교 — 의 도움으로 국가를 경영하기 시작하였다. 이것에서 비롯한 차이를 이해하기 위해서 총대주교의 귀국 전에 모스크바에서

19) Петр Конашевич Сагайдачный, ?~1622. 우크라이나 카자크들의 헤트만.

무엇이 이루어졌는지를 살펴보자. 미하일 표도로비치는 16세 소년으로 제위에 올랐다. 물론 우리는 그에게 미친 영향을 탐구해야 한다. 그러나 보야린들 사이에서는 표도르 이바노비치 하의 고두노프 같은 압도적인 인물을 식별할 수 없다. 게다가 당시의 궁정생활에 관해서는 전반적으로 명확한 정보의 결여 때문에 추측만 할 수 있다. 미하일 표도로비치 자신은 현명하고 온화하나 특색이 없는 인물이었다. 자료의 부족 때문일 수도 있고 실제로 그럴 수도 있으나 우리 앞에 그는 '개성'을 갖지 않은 평범한 인물로 나타난다. 어린 시절 때 그는 셰스토프(Шестов) 가문 출신의 어머니 크세니야 이바노브나의 감독〔ферула. 후견 — 편집자〕하에 양육되었다. 필라레트 니키티치는 완고하고 엄격한 도덕적 인물이었으나 이 점에서 그의 부인은 그를 더욱 뛰어넘은 것 같다. 그녀의 지성과 강한 성격 및 의지에 대한 관념을 구성해보기 위해서는 그녀의 초상화를, 즉 낮게 내리 깔린 눈썹, 험상궂은 눈, 커다란 매부리코를 그리고 무엇보다도 우선 비웃는 듯하면서도 동시에 명령을 내리는 듯한 입술을 쳐다보는 것만으로 충분하나, 이 표식들은 온화함과 선량함에 대해서는 별로 말해주지 않는다. 1613년까지 그녀가 견뎌온 모든 것 — 항상적인 박탈, 유배 및 수도원, 그녀의 성격과 전혀 닮지 않는 부득이한 온순, 그 후 남편 및 아들과의 이별, 그들의 생애 동안 끊이지 않은 불안정 — 이 더욱더 그녀의 성격을 담금질하였고, 그녀가 획득한 자유와 권력의 힘 전체를 더욱 깊이 느끼게 만들었다. 이러한 열정적인 어머니가 아마도 어린 시절처럼 지금도 어머니의 의지에서 벗어나지 못하고 그녀를 거역하지 못한 아들의 온순한 성격에 어떤 압력을 가할 수밖에 없었는가는 이해가 되며, 바로 이 그녀가 아들이 차르가 되었을 때 그를 위해 활동하였던 것이다. 여제가 된 마르파는 이전 황후들이 사용하던 모든 일용품을 수중에 넣고 보야린 부인들에게 그것들을 주었으며 완전히 차르 식으로 생활하기 시작하였고 무엇보다도 존엄한 여제로서 종교와 신앙 문제에 종사하였다. 그러나 그녀는 궁정생활에도 큰 영향을 미쳐 궁정생활의 방향을 지었으며, 자신의 친척들을 위로 진급시켰다. 또 그들에게 일자리를 주었고 그럼으로써 수녀이자 전능한 여제의 비호를 이용하여 놀라운 남용을 저지르고도 처벌을 받지 않을 수 있는 기회를 그들에게 부여하였다. 그녀가 총애하던 친척들 중에는 미하일 표도로비치 통치 초기에 자신들이 꾸민 음모로 유명하였던 살티코프들도 있었다. 그러나 자신들의 일을 챙길 수 있었던, 수녀 마르파의 부하들 중에서 국사를 챙길 수 있고 대외정책에 확고한 방향을 부여한 사람은 단 한 사람도 없었다. 당시의 모스크바 정책은 명확한 행로가 없었고 우연한 사건들이 정하는 방향으로 진행되었다. 젬스키 소보르들은 행정부에 의해 자신들에게 검토가 맡겨진 일을 결정하였다. 그러나 소보르의 심의가 더 필요하다는 것을 알고 있는 사람은 행정부에 없었으며, 원칙적으로 오래전에 결정되었고 단지 집행 조치만을 요구한 그런 일(1614년 9월의 카자크들에 관한 일)의 심의도 중요한 업무와 함께 소보르에게 자주 넘겨졌다.

1619년까지 일은 그렇게 계속되었다. 젊은 차르는 훌륭한 자문관들이 없었고, 대신 그의 주위에는 궁정 음모와 행정적 남용에 능하고, 프스코프 연대기의 편자에 따르면 기만과 '수뢰'에 능한 사람들이 꼬였다. 그러나 지혜로우며 일에 능하고 익숙하였던 인물인 군주의 아버지가 도착하자 모스크바의 사정은 일변하였다.

필라레트 니키티치 — 젊은 시절에는 모스크바에서 최고 미남이자 멋쟁이였던 — 는 절정기에 '마지못해' 삭발을 하고 수도사가 되었다. 그 후 그는 감옥과 투시노에서의 생활, 폴란드 포로 등을 경험하지 않으면, 요컨대 매우 많은 일을 겪지 않으면 안 되었지만, 이것은 그와 그렇지 않아도 강한 성격을 더욱더 단련시켰다. 동란 동안 그는 가장 중요한 국가 차원의 문제들에 직면하면서 노련해졌고 이로써 국가적 인물이 되었다. 그러나 그 속에서 의지와 에너지를 함양하고 지력을 형성시켰던 이 삶의 학교는 그의 성격에 변덕스러움과 엄격함, 심지어 전제적 기질도 부여하였다. 필라레트가 총대주교로 임명되었을 때 그에게는 차르와 마찬가지로 '대군주'라는 직함이 부여되었다. 새로운 대군주 속에서 모스크바는 큰 횡재를 하였는데, 명확한 목표를 가진 지혜로운 행정가라는 가장 필요로 하던 것을 획득하였던 것이다. 심지어 교회 영역에서도 필라레트는 교회의 교사이자 지도자라기보다는 행정가였다. 우리에게는 그에 대한 동시대인들의 평가들이 보존되어 있다. 그 평가들 중 하나는 다음과 같이 말한다. 필라레트는 "성서를 어느 정도 이해하였고, 성격이 실총을 잘 부과하며 의심이 많았다. 또 차르 자신이 그를 두려워할 정도의 그런 권력을 지녔다. 차르 고관회의 의원인 모든 관등의 보야린들을 유폐와 … 다른 징벌로 매우 괴롭혔다. 성직자 관등에게는 호의적이었으며 탐욕적이지 않았고, 온갖 차르 업무와 군 업무를 통솔하였다." 실제로 모스크바에 도착한 뒤 필라레트는 군 업무와 온갖 차르 업무를 장악하였고 가족의 평화를 깨지 않고 매우 빠르게 그의 부인과 함께 친척들이 발탁한 사람들을 쫓아버릴 수 있었다. 살티코프들은 제일 먼저 실총을 당한 사람들에 속하였고, 이들은 흘로포바 사건으로 그에 의해 유배되었다. 흘로포바 사건은 극히 흥미롭다.

자식을 사랑하는 마르파는 일찍이 1616년에 아들의 약혼녀를 구하려고 애를 썼고, 그녀의 선택은 로마노프가에 충실한 젤랴부시스키가 출신의 마리야 흘로포바에게 떨어졌다. 그녀는 마르파가 있는 곳에서 살았고 1616년에 공식적으로 차르의 약혼녀로 선포되었다. 그러나 흘로포바에 대한 살티코프들의 적의가 결혼을 방해하였다. 차르의 친척들은 살티코프들에게서 영향력의 경쟁자들을 보았다. 적의의 원인은 차르 약혼녀의 아버지와 살티코프들 중 한 명과의 사이에 벌어진 사소한 말다툼이었다. 결혼식이 있기 조금 전에 약혼녀가 예기치 않게 병이 걸렸는데, 이 병은 그 자체로서는 하찮았지만 살티코프들의 음모 때문에 다른 차원을 얻었다. 그들은 이 병을 이용하였고 흘로포바는 '못쓰게 된' 것으로 간주되었으며 속임수를 썼다는 비난을 받은 친척들과 함께 토볼스크로 보내졌다. 필라레트가 돌아왔을 때 차르 친척들의 음모가 밝혀졌고 흘로포바를 유배지에서 돌려보내기로 결정되었다. 이것은 특히 온화하고 개성 없는 외모의 젊은이였던 미하일이 여전히 옛 약혼녀를 열렬히 사랑하고, 나머지 모든 면에서는 어머니에게 절대 복종하면서도 자신을 다른 사람과 결혼시키려는 그녀의 희망에는 결정적으로 저항하였기 때문이었다. 그러나 살티코프 편을 든 마르파는 마리야를 다시 궁전으로 들이고 싶지 않았고, 흘로포바를 죽은 쿠지마 미닌의 옛 궁정에 이주시킨 뒤 니즈니 노브고로드에 남겨둘 것을 고집하였다. 살티코프들은 자신들의 세습영지로 보내져 그곳에 거주했다. 흘로포바를 금방 포기하지 못한 미하일 표도로비치는 29살이 되어서야 비로소 마리야 블라디미로브나 돌고루코바[20]와 결혼하였다(당시 결혼은 보통 일찍 이루어졌기 때문에 이는 극히 드문 경우이다). 하지만 그녀는 얼마 지나지 않아 사망하였고 그 후 미하일은 두 번째로 예브도키야 루키야노브나 스트레시네바[21]와 결혼하였다.

1619~1645년 동안의 통치 활동

그리하여 필라레트 니키티치의 도착과 함께 군주의 총신들은 권력을 포기하고 그에게 영향력을 양보하지 않으면 안 되었다. 달리 어떻게 할 수가 없었다. 필라레트는 아버지의 권리로 미하일에 가장 가깝게 되었고 아버지가 아들에게 그렇게 하듯이 미하일을 지도하였던 것이다. 이리하여 이중권력이 개시되었고 그것도 공식적으로 개시되었

20) Мария Владимировна Долгорукова, ?~1625. 보야린 블라디미르 돌고루코프의 딸로서 차르 미하일의 첫 번째 부인.

21) Евдокия Лукьяновна Стрешнева, 1608~1645. 루키얀 스트레시네프의 딸로 1626년부터 차르 미하일의 두 번째 부인.

다. 즉 모든 칙서들은 대군주 두 명의 이름으로 씌어졌던 것이다. 미하일의 이름은 칙서들에서 총대주교의 이름 앞에 놓였으나 필라레트의 의지와 열정을 알면 실제로 누가 우위에 서 있는지를 알아차리기는 어렵지 않다.

그리하여 정력적이고 숙련된 손의 지휘를 받는 국가질서 확립 작업이 시작되었다. 국가생활의 모든 측면들이 정부의 주의를 끌었다. 필라레트의 관여로 재정, 행정과 재판의 개선, 그리고 신분의 정비에 관한 노력이 시작되었다. 1633년 필라레트가 죽었을 때 모스크바 국가는 정비 면에서 이미 완전히 달라져 있었다. 필라레트는 모스크바 국가를 위해 물론 전부는 아니지만 매우 많은 일을 하였다. 동시대인들도 그의 지력과 일을 정당하게 인정하였다. 한 연대기는 다음과 같이 말한다. 필라레트는 "하느님의 말씀을 집행하였을 뿐만 아니라 모든 나랏일도 주재하였다. 많은 사람을 폭압으로부터 해방시켰고 그의 시대에는 군주 자신들 외에는 유력한 사람이 전혀 없었다. 필라레트는 군주에 봉사하고 군주 없는 시대 동안 승진되지 못한 사람들을 모두 발탁하고 승진시키고 자비 속에 거두어들였으며 어느 누구도 질책하지 않았다." 동시대인의 이 찬사에는 많은 정당한 평가가 들어 있다. 새로 생겨난 국가질서는 실제로 많은 것을 필라레트에게 빚지고 있으며, 총대주교라는 위압적인 인물에 대한 우리의 호감이 아마도 그의 국가적 공훈들에 대한 호감보다 더 작을지 몰라도 우리는 이것을 인정하지 않을 수 없다. 그러나 이 역사가는 국가정비 업무에서 필라레트의 유익한 영향력을 깨달으면서도 이 영향력의 한계를 정확히 지적할 수가, 즉 필라레트에게 개인에게 속하는 것과 다른 사람에게 속하는 것을 구분할 수가 없음을 인정하지 않으면 안 된다. 우리 선조들의 생활에서 개인은 자신의 역량을 나타낼 자유가 적었으며, 언제나 대중의 그늘에 가려 있었다. 여기서 우리는 국가를 안정화시키는 데 필라레트가 가진 일반적인 의미만을 지적할 수 있을 뿐이다.

미하일 정부의 국가활동을 일반적으로 개관하면 이 의미는 좀더 명확히 드러난다.

필라레트 이전에 나라를 정비하는 노력이 없었다고 말할 수는 없다. 젬스키 소보르는 항상 이런 일에 종사하였다. 그러나 숙달된 지도자가 없는 상태에서 정비는 비체계적으로 진행되었다. 게다가 평화를 보장하기 위해서만 동란의 현상들과 싸우고 어떻게든 정비되지 않으면 안 되었다. 사료에 의해 판단할 수 있는 한 필라레트 이전에 모스크바 정부에게는 국내 정비와 관련하여 두 개의 주요한 이해, 두 개의 과제가 있었다. 첫째, 가능한 한 많은 재원을 국고로 모으고, 둘째, 관리들을 정비하는 것, 달리 말해 군대를 정비하는 것이 그것이었다. 이러한 목표를 위해 소보르는 두 차례 — 1615년과 1616년에 — 납세자 연소득의 20%를 걷는 5일조를 부과하고 또 매 공동체별로 120루블씩을 걷는 공동체세[22]를 — 1616년에 — 징수하기로 하였다. 양 세금의 차이는 20%가 '농가'로부터 납부되었던 반면에 공동체세는 경지의 면적으로부터, 즉 '소하'[23]로부터 징수되었다는 데 있었다. 그 외에 통상적인 연공들도 순조로이 납부되었다. 하지만 이와 같은 막대한 징세와 그 외에 정부가 의존하였던 공채에도 불구하고 정부는 재원이 충분하지 않아 납세 계층에게 감면의 혜택을 줄 수 없었고, 심지어 체납금을 용인할 마음을 품을 수도 없었다. 연공은 평소대로 엄격하게 징수되었고 물론 이 연공은 인민들에게 매우 큰 부담으로 작용했다. 두 번째 목표를 위해 정부는 여러 지역으로 거듭 보야린들을 보내 관리들을 '심사하고', '징집'하였는바, 즉 봉직에 적합한 드보

---

22) посошное. 16~17세기 루시 국가에서 공동체(соха)로부터 징수한 국가 토지세. 1679년에 호세(戶稅, подворное обложение)로 대체되었다.

23) соха. '소하'는 원시적인 러시아식 목제 쟁기라는 뜻도 있고 13~17세기 러시아의 과세 단위로서 일정 면적의 농경지를 가리키기도 하며, 약간의 농가로 이루어진 공동체를 말하기도 한다.

랴닌들의 자식들을 채용하고 그들에게 봉지를 분배하였다. 첫 번째 목표를 위해서도 두 번째 목표를 위해서도 국가의 사유지 사정이 어떠한지를 알아야만 했고 그래서 토지대장을 작성하고 납세 평가를 하기 위해 '서기들'과 '감시원들'이 파견되었다. 그러나 말하자면 나중에 필라레트가 보여주었던 경제적 안목의 부재 때문에 정부의 모든 의도는 행정당국과 주민들 양측 모두로부터 되는 대로 시행되고 엄청나게 남용되었다. 서기와 감시원들은 일부 사람은 묵인하고 다른 일부는 억누르며 뇌물을 받았다. 그리고 주민들은 연공을 면하려고 애쓰면서 종종 서기들을 기만하였으며, 자신들의 재산을 숨기고 그럼으로써 자신들에게 유리한 잘못된 평가를 받는 데 성공하였다.

필라레트는 모스크바에 도착한 지 2주일 후 총대주교직에 임명되자마자 이미 가장 중요한 국가 문제들을 제기하고 그것들을 소보르의 해결에 맡긴다. 그의 주의를 끈 첫 번째 문제는 바로 재정 업무, 즉 연공징수 업무의 혼란이었다. 그리하여 1619년 6월에 젬스키 소보르는 특히 재정 업무에 관해 주목할 만한 결정을 내린다. 차르 총대주교가 행한 다음과 같은 진술이 소보르의 주목을 받았다. (1) 파괴된 토지로부터는 연공을 차등 징수한다. 파괴된 토지 중 일부는 감시대장에 따라 연공이 부과되며 못지않게 파괴된 다른 토지로부터는 토지대장에 따라 연공이 징수된다.* (2) 토지조사 때는 감시원과 서기들의 항상적인 직권 남용이 허용된다. (3) 탸글로 주민들로부터도 항상적인 남용이 있었다. 그들은 대규모로 저당 잡히거나(즉 특별한 종류의 채무 종속 관계에 들어가 그럼으로써 탸글로로부터 해방되고 공동체로부터 탈퇴하였다) 공동체로부터 그냥 탈퇴함으로써, 공동체는 연대보

* 감시(дозор)는 재산의 정비 상태에 따라 이루어지는 세무 재산 평가로 연공 납부 때 감면 혜택을 가져올 수 있는 사정(채무, 화재, 적들에 의한 파괴 등)을 고려한다. 인구조사(перепись)는 보통의 세무 재산 평가로 납세자들의 복지에 주의를 기울이지 않는다.

증의 결과 이탈한 구성원들의 세금을 대신 납부하지 않으면 안 되었다. (4) 이 납세와 관련된 남용 외에도 많은 사람들이 유력자들(즉 행정가나 영향력 있는 보야린 등)이 "자신들에게 강압과 모욕을 주고" 있기 때문에 "유력자들로부터 자신들을 방어해주기"를 요청한다. 바로 이 남용들에 대해서 군주는 또 소보르에서 "어떻게 하면 그것을 바로잡고 나라를 정비할 수 있는지"를 말하였다. 소보르는 다음과 같이 결정을 내렸다. (1) 파괴되지 않은 지역들에서 조사를 다시 수행하고, 서기와 감시인들을 믿을 만한 사람들로부터 선발한다. 이들에게서 뇌물을 받지 않고 기록하고 '공정하게' 일하겠다는 약속을 받은 뒤 선서하게 한다. (2) 뛰쳐나와 보야린과 수도원들에 '저당 잡힌' 탸글로 주민들을 찾아내서 공동체로 되돌려주고 그들을 데리고 있던 사람들에게 벌금을 부과한다. (3) '액수별로'(즉 개개 목록별로) 지출과 수입이 얼마나 계산되고, 파괴 때문에 수입이 얼마나 줄어들었으며, 돈이 얼마나 들어오고 그것을 어디에 지출했으며, 돈이 얼마나 남았고 어디에다 지출을 예정하는지 등, 국가 세출세입표를 만든다. (4) 유력자들에 대한 불평에 관해서는 보야린들인 체르카스키공과 메제츠키공에게 특별 수사 지시로 '유력자들'의 모욕에 관해 자세히 수사할 것을 위임한다는 차르의 명령과 소보르의 결정이 있었다. 끝으로, (5) 대표들을 새 대표들로 대체하는 등 젬스키 소보르의 구성을 혁신할 것을 결정하였다.

이 소보르의 결정에서는 두 가지 특성이 크게 두드러진다. 납세계급들의 불만족스런 경제상황 및 납세회피와, 그 후 '유력자들의 모욕'에 관한 아주 빈번한 탄원들이 보여주는, 행정당국의 불만족스런 상황과 그들의 직권남용들이 솔직하게 묘사되고 있는 것이다. 미하일 표도로비치 정부가 시행한 다음의 모든 국내 조치들은 바로 (1) 행정을 개선하고, (2) 국가의 지불능력과 직무능력을 고양시키는 데 뜻을 두었다.

1) 행정에 관해서 말하자면, 정부가 수단이 없어 위로부터의 감시

가 취약하고, 또 아래로부터의 강력한 지역 결사체들이 없는 사정을 이용하여 오블라스티들에서 군사령관들과 청(廳) 직원들이 일련의 강압적 행동과 불법적 행동을 할 수 있었다. 동란 전에는 지역 관청이 단일한 형태를 띠고 있지 않았다. 이미 보았듯이 차르 이반 4세 하에서는 오블라스티 통치자들 — 지방장관과 볼로스티 장관 — 의 직권남용을 제한하기를 바라면서 정부는 도시 및 농촌 공동체들로 하여금 스스로 재판관과 통치자들을 선출하도록 허락하였고, 새 대표들은 구바 장로, 친애하는 수장, 지방 재판관 등의 명칭을 얻었다. 그러나 이 자치가 실제로 모든 곳에 다 도입된 것은 아니었다. 일부 지역에서는 지방장관들이 대표들과 나란히 혹은 심지어 혼자서 통치하였다. 동란시대에 자치는 무슨 일인지 가는 곳마다 사라진다. 전쟁 시기인 동란은 군사 권력, 즉 군사령관을 오블라스티 통치자의 역할을 수행하게 만들기도 한다. 17세기 초 군사령관들의 수중에는 통치와 재판의 모든 부문들이 집중된다. 이를 이용하여 그들은 통치와 재판을 개인적으로 이익이 되는 일로 만들었다. 한 차르 칙서가 전하는 바에 따르면, "도시들에서 군사령관들과 청 직원들(그들의 조력자들)은 모든 일을 우리의 (차르) 명령에 따라서 수행하지 않고, 수도원, 관리, 포사트 주민, 우예스트 주민, 지나가는 모든 사람들에게 강압적 행동을 하고 온갖 손해를 끼친다. 많은 이들이 뇌물과 선물과 코름을 받는다." 지역 행정당국의 남용들이 가진 효과에 관해 끝맺음을 하기 위해서는 모든 '강압적 행동과 손실들'을 명확히 묘사하고 있는 일련의 당시 탄원들을 살펴보기만 하면 된다. 그 예를 위해서 (시베리아에 위치한) 만가제야[24]의 군사령관들인 그리고리 코코레프(Григории Кокорев)와 안드레이 팔리친(Андрей Палицын)의 활동을 언급해보자. 팔리친은 사모예트인[25]들이 야사크[26](연공)를 가져오면 코코레

24) Мангазея. 서부 시베리아에 타스(Таз)강 우안에 위치한 도시로 17세기 동안 상공업 중심지였다.

프가 그들을 술취하게 하였고 그런 식으로 야사크와 돈이 약삭빠른 군사령관의 수중에 흘러들어갔다고 그를 밀고하였다. 그 후 코코레프는 종종 주민들이 푸짐한 음식을 가져와야만 했던 주연을 열었고, 누군가 적게 가져올 경우 그것을 가져온 사람의 면전에 음식물을 던지고는 그를 떠밀어 쫓아내버렸다. 부자들 중에서 누군가 군사령관의 마음에 들지 않자 그는 예기치 않게 툰드라 지역으로 좌천되었으며, 몸값을 주고서야 비로소 그와 같은 유의 유배를 모면할 수 있었다. 그뿐만 아니라 코코레프는 종종 결백한 척하였고 뇌물을 결코 받기를 원하지 않았다. 그러나 그때에도 군사령관의 지지자들 중 어떤 사람이 도와주러 등장하여 청원자에게 '전 공동체의 중재인한테'(그는 코코레프의 부인을 그렇게 불렀다) 가보도록 제안하였다. 이 중재인은 일을 중재해주고 뇌물을 받았다. 이번에는 코코레프가 자신의 동료가 선술집을 경영하고 보드카로 모든 사람을 취하게 만든다고 그를 밀고하였다. 점점 군사령관들의 반목은 전면적인 전쟁으로 비화한 것 같다. 행정 당국의 대표자들 사이에는 충돌이 일어났고, 이 과정에서 몇몇 포사트 주민들이 살해되었다. 이러한 유의 현상들을 모면하고 동란의 유산인 일반적인 횡포를 중단시킬 힘을 갖지 못한 정부는 개별 인물들을 처벌하는 동시에 1619년에는 수사(搜査) 청을 설립하고, 1621년에는 공동체가 군사령관들에게 뇌물을 주고 그들을 위해 일을 하며 그들의 불법적 요구를 일반적으로 시행하는 것을 정부가 금지한 칙서를 전 백성들에게 보내면서, 행정당국에게 좀더 쉽게 탄원할 수 있게 해주었다. 위에서 언급한 것을 이행하지 못할 경우 정부는 백성들에게 징벌을 가하겠다고 위협하였다. 그러나 이러한 관행은 그런 유의 백성들에 대한 색다른 호소가 그렇듯이, 여전히 효력이 없었다. 군사

---

25) самоед. 네네츠, 에네츠, 은가나산, 셀쿠프 등 지금은 사모디예츠(самодиец)로 총칭되는 사아미(саами) 종족의 옛날 이름.

26) ясак. 시베리아와 극동의 소수민족들에게 부과한 모피와 가축 등의 현물세.

령관들은 계속 직권을 남용하였고 백성들은 1642년, 그러니까 언급한 조치가 시행된 지 20년이 지나 열린 소보르에서 다음과 같이 말한다. “도시들에서 모든 사람들은 군주의 두 군사령관 때문에 완전히 가난해지고 궁핍해졌다.” 군사령관들은 인민들에게 몹시 가까이 있었다. 군사령관의 불만은 한 도시민에게 매우 현저하게 영향을 주었고 부득이하게 그로 하여금 뇌물을 주게 하고 군사령관을 위해 일하게 만들었으나 그럼에도 불구하고 그의 징계를 구하기는 힘들었다. 징계를 위해서는 모스크바로 가지 않으면 안 되었던 것이다.

1627년 정부는 모든 지역에 구바 장로를 부활하기로 마음먹었고, 그들을 상급 드보랴닌들, 즉 부유한 사람들로부터 선출할 것을 지시하였다. 이 조치는 군사령관의 영향력을 제한하였다. 많은 도시들이 이 조치를 이용하여 자신들은 군사령관을 갖지 않고 단지 구바 장로만 가지겠다고 요청하였고 이는 허락을 받았다. 이리하여 구바 장로는 형사 업무뿐만 아니라 오블라스티 관리 전체를 수중에 집중하였고 지방재판장도 겸임하였다. 그러나 다른 한편으로 도시들은 때때로 구바 장로에 여전히 불만이었고 그들에게 군사령관들을 임명해줄 것을 요청했다. 이리하여 1639년에 구바 장로를 요청했던 드미트로프[27] 시는 1644년에 벌써 자신에게 군사령관을 임명해달라고 조르고 있다. 카신[28] 시도 시의 구바 장로가 “수치스럽게 행동하여 심하게 맞았으며”, 이전에 카신에 군사령관들이 있었어도 그와 같은 ‘도적질이 없었기’ 때문에, 군사령관을 요청하였다〔심지어 이 직책에 바람직한 인물로 데멘티 라자레프(Дементий Разарев)를 지목하기도 하였다〕. 그리고 다른 도시들도 이미 알려진 인물이 적합하지 않았기 때문에 바로 그런 식으로 구바 법을 포기한다. 우리 식대로 하면 ‘법’인 구바 제도가

27) Дмимров. 모스크바 오블라스티에 위치한 작은 고대도시.

28) Кашин. 트베리 오블라스티 동부에 위치한 고대 도시.

당시 법으로 생각되지 않았음은 분명하다. 즉 우예스트들에서는 업무에 적합한 사람들이 모두 정부에 의해 '봉직으로 차출되었기' 때문에 그런 사람들이 매우 적었던 것이다. 하지만 일부 공동체는 당시 완전한 자치를 보존하였다. 이들은 이른바 흑토들, 특히 북부의 대부분을 차지하였다.

바로 이러한 것이 미하일 표도로비치 치하의 지방 통치의 사정이었는데, 따라서 이 통치는 혼합적 성격을 지니는 것이었다.

미하일 표도로비치 하의 중앙 통치에 대해서 말하자면, 그것은 16세기에서 물려받은 옛 청(廳) 형태의 옛 형식으로 모스크바에서 부활되었고, 단지 시간의 필요 때문에 새 청들이 추가되었을 뿐이었다. 많은 청들이 미하일 치하에서 설치되었으나, 그것들은 어떤 옛 청 영역의 어떤 한 부분만을 전문화하는 등, 동란 이전의 옛 형식에 따라 정비되었다. 군주의 보야린 두마가 이전처럼 통치 전체의 중심에 있었고 모든 것을 지휘하였다.

2) 행정에 대한 관심 외에도 모스크바는 동란 이후 복지수준을 전반적으로 높이는 일에도 큰 관심을 보였다. 물론 복지수준을 제고하기 위한 노력은 16세기에도 고유한 것이었다. 나라의 복지는 직무와 부담을 적절히 정비하기 위해서도 정부에게 필수적이었다. 우리가 복지에 대한 관심이라고 일컫는 정부의 모든 관심은 바로 이러한 형태를 취하였다. 인민들의 복지는 당시 국가 의무를 정비하는 일과 뒤섞여 있었던 것이다.

이것은 모스크바 국가에서 국가 의무는 신분적 성격을 띠고 있었기 때문에 우리를 미하일 표도로비치 하의 신분정비에 관한 문제로 안내한다. 봉직 신분으로 시작해보자. 이 신분에 대한 정부의 관심은 두 가지 종류였다. (1) 관리들에게 토지를 제공하는 문제, 즉 달리 말해 봉지 문제와 (2) 관리들과 농민들의 관계 문제, 즉 달리 말해 농민 문제가 그것이다. 이미 알려진 대로 군사 드보랴닌 계급을 부양하는 주요 수단은 토지였고, 토지에서는 농민의 노동이었다. 물론 동란은 봉지 소유의 정당성을 동요시키고 불안정하게 만들었다. 다수의 드보랴닌들이 봉지에서 쫓겨났고 다량의 봉지가 황폐화되었으며 그와 함께 많은 궁전 토지와 흑토들이 봉지로 넘어갔다. 봉지 없는 봉지소유자들과 나란히, 어떻게 해서든 불법적이거나 남몰래 봉지를 취득한 사람들이 존재하였다. 정부는 초기에 직무에 적합한 드보랴닌의 실제 수도 그들의 확보 정도도 알지 못했다. 정부는 초기 전쟁들이 진행되던 격렬한 시기 동안 이 모든 것을 되는 대로 알려고 애를 썼고, 불법적으로 탈취된 국유지를 몰수하였으며,* 관리들을 심사하고 "봉지를 부여하였다." 그리고 이런 저런 봉지소유자들의 토지에 대한 권리를 엄격하게 검사하지 않고, 파산한 봉지소유자들에게 화폐로 은상을 지불하였으며, 관리계급의 확대를 위해서 '도적질을 그만둔' 카자크들에게 직무를 맡겼다. 요컨대 정부는 관리계급을 명료하게 하였고 봉지 문제에서 옛날 관행을 따랐으며, 기회가 있으면 봉지 문제에 대해 특별 명령을 내렸고, 마침내 1636년에는 이 명령들을 전부 모아놓은 '봉지법전'을 편찬하였다. 그러나 이 열광적 활동이 곧바로 완벽한 정비를 가져올 수는 없었다. 관리들의 상황은 실제로 매우 힘들었다. 이 결과 그들 가운데 많은 이들이 "도적질을 하고", "징집 기피자 명부에 남아 있었던" 바, 즉 직무소집에 나타나지 않았으며, 이것은 감시의 소홀로 탈 없이 지나갔다. 다른 이들은 성실히 봉사하였지만 그들의 봉

* 국유지 환원에 대해서는 두 가지 의견이 존재한다. 일부는 환원의 존재 자체를 부정하면서, 모스크바 정부가 심사 때에 토지를 갖고 있던 사람들을 위해 그 소유를 더욱 확고하게 만들었다고 말하는(베스투제프-류민) 반면, 다른 일부는 드보랴닌과 정부의 투쟁이 가차 없이 혹독하게 진행되어 절대주의의 승리로 마무리되었던 스웨덴처럼 환원이 있었다고 생각한다. 우리는 그와 같은 환원은 없었지만 그럼에도 첫 번째 의견에 동의해서는 안 된다. 왜냐하면 우리는 분명하고 의심의 여지가 없는 환원의 징표들을 발견하기 때문이다.

사는 당시 말해진 대로 "아무 대가가 없었다." 그리하여 1633년에 모스크바 드보랴닌들, 즉 최고 등급의 드보랴닌들*은 전쟁에 나갈 수 없다고 머리를 조아렸다. 일부는 토지가 없었으며, 다른 일부는 토지가 있었으나 농민들이 없는 빈 땅이었다. 그리고 농민들이 있다 하더라도 전부 3, 4, 5명이나 6명에 불과했고, 이것은 봉직을 위해서는 극히 적은 수였다. 정부는 그들의 탄원을 심사하였고 봉지소유자는 농민이 적어도 15명은 있어야 봉사할 수 있다고 인정하였다. 1642년의 소보르에서 이 수치가 드보랴닌 자신들에 의해 15명이 아니라 50명으로 결정되는 것은 흥미롭다. 그러나 상층 드보랴닌들의 사정이 그러할진대 하층 드보랴닌들의 사정은 훨씬 더 나빴다. 우리는 이것을 당시의 많은 문서들, 특히 1641년에 모스크바에 있던 많은 도시들의 드보랴닌들이 자신들의 생활 개선에 대해 제출하였던 탄원들로부터 확인한다. 이 탄원들은 비참한 상황을 묘사하면서, 말하자면, 많은 드보랴닌들이 "군주에게 봉사함으로써 빈곤을 겪지 않기를 원하고 있으며, 홀로프 신분으로 떨어지고" 있음을 지적하였다. 이미 1550년의 법전(Судебник)은 봉직 중인, 즉 '징집된' 드보랴닌들이 홀로프가 되는 것을 금지하였고 이제 1642년에 정부는 탄원에 응답하여 모든 드보랴닌 일반에게 이것을 금지하였다. 드보랴닌들이 홀로프가 되고 토지소유자의 자유로운 신분보다 예속적 홀로프 신분을 선호하는 현상은 물론 어려운 경제적 사정을 보여주는 확실한 징표다. 드보랴닌 자신들은 자신들의 실패 원인을 봉직의 과중함과 봉직상의 남용에서, 즉 드보랴닌들 사이의 봉직 부담의 불균등한 배분(그들은 1642년의 소보르에서 이를 지적하였다)에서, 그리고 나중에는 자신들의 생계가 달려 있던 농민 노동의 부실에서 찾는 경향이 있었다. 1646년의 한 주목할 만한 탄원은 바로 이러한 농민 노동의 사정에 대해 말한다. 이 탄원

---

* 체르카스키공 및 포자르스키공이 대 폴란드군 원정 과정에 동반한 드보랴닌들.

은 농민을 예속민으로 불법 전용한 사실에 대해 상당히 상세하게 전한다. 16세기에 진행된 농민을 위한 이 투쟁은 17세기에도 계속된다.

우리는 16세기 농민들에 관한 논의에서 16세기 말에 있었던 이른바 농민들의 결박을 신분 전체를 묶는 전반적인 국가적 조치로 이해해서는 안 되며, 단지 일부 농민들의 이주를 제한하고 이주를 위한 지역을 제한하는 것(보리스 고두노프의 명령들)으로 볼 필요가 있다는 결론에 도달하였었다. 17세기에 농민들은 한 토지소유자에서 다른 토지소유자로 이전되고 16세기 때와 똑같은 계약을 그들과 체결하지만, 이와 나란히 합법적으로는 더 이상 이전될 수가 없어서 도망을 가거나 불법적으로 반출되는 농민 부류도 존재한다. 17세기에 이 두 부류의 농민들 사이에 어떤 차이가 있었고, 그들 중 한쪽이 무엇에 근거하여 자신의 자유로운 이주 권리를 갖고 있었으며, 다른 쪽은 무엇 때문에 이 권리를 박탈당하였는지를 설명하기는 힘들다. 미하일 표도로비치 시대의 농민들이 처한 상황에서 우리는 여전히 매우 많은 불명료한 것들이 있으나 십중팔구 그와 같은 농민들의 분화 근저에는 경제적 사정, 즉 토지소유자들과 그들의 화폐 관계가 놓여 있었을 것이다. 도망 농민이 되는 사람은 청산을 하고 떠나야만 했으나 그렇게 하지 않고 떠났던 사람이다. 16세기에는 무기한으로, 그 다음에는 도망한 뒤 5년 동안(1597년의 명령으로) 이러한 농민들을 색출하여 원 주인에게 되돌려주었다. 그리고 5년이 지나면 도망한 농민들은 자유롭게 되었다. 그러나 드보랴닌들이 이 기한의 연장을 바라고 또 요청하였기 때문에 미하일 표도로비치는 1615년과 1637년에 일부 토지소유자들을 위한 특전의 형식으로 이 시효를 10년으로 변경한다. 그리고 1642년에는 드보랴닌들이 기한의 결연한 폐지를 요구한 1641년의 탄원 때문에 10년 기한은 이미 도망 농민들의 일반적인 규칙이 되었고, 다른 토지소유자들에 의해 강제로 반출된 농민들에게 그 기한은 15년이 되었다. 이러한 기한의 연장은 물론 봉지소유자들에게 유리한 것이었고, 봉지소유자들은 이를 기반으로 더 나은 생활을 영위하고 더 훌륭하게 봉직을 수행할 수 있었다. 여기서 농민들의 이해는 관리 신분들의 이해에 희생되었다.

17세기에 이미 토지 없는 농민들을 양도하고 판매하는 일이 나타난다. 이런 일은 예를 들어 한 봉지소유자의 농민이 다른 봉지소유자의 농민에 의해 살해당하면 후자의 소유자가 자기 농민들 중 한 명으로 손실을 당한 소유자에게 보상을 하는 식으로 이루어졌다. 토지소유자들 간의 공공연한 거래에 의해 농민들이 노골적으로 양도되기도 하였다. 바로 여기서 봉지소유자들이 농민들을 확고하게 소유하고 있었음이 명확하게 드러난다. 하지만 모든 농민들이 토지에 결박된 것은 아니었다. 토지대장에 등재되어 있지 않고 친족들과 함께 사는 사람들은 여전히 한 토지에서 다른 토지로 이주하고 계약을 맺을 수 있었다. 그러나 우리는 이주한 농민들이 일정 기간이 아니라 영구적 기한으로 새로운 계약을 체결하기 때문에 이와 같은 제도가 오래 지속되지 못하는 것을 본다. 바로 이것이 봉지소유자들이 나머지 농민들도 확보한 수단이었다.

이제 포사트 주민들로 넘어가자. 17세기 전반에 우예스트에서 농사를 짓는 농민과 포사트에 자리 잡은 포사트민 사이에는 거의 어떤 권리상의 차이도 없었다. 포사트 주민은 우예스트에서 경작지로 이주할 수 있었고, 농민은 포사트에 자리를 잡고 상공업에 종사할 수 있었다. 차이는 단지 농민이 토지로부터 연공을 납부하고 포사트 주민이 '시설'로부터 연공을 납부하는 것뿐이었다. 이러한 특징에만 의거해서는 우리는 특별한 계급으로서의 포사트 주민들에 대해서 말할 수 없다. 이 포사트 주민들이 적은 수밖에 존재하지 않았던 사실은 매우 놀랄 일이었다. 17세기에 많은 도시들에는 포사트 주민이 전혀 없었다. 예를 들어 알렉신[29]에서는 1650년경에 "포사트 주민이 한 명 있었고" "그는 죽었다"고 군사령관은 쓰고 있다. "크라피브나[30]에는 포사트 주민이 세 명밖에 없었고 이들은 모두 좋지 않았다"(즉 가난하였다) 라고 또 다른 군사령관이 쓴다. 모스크바 자체에서는 동란 이후 포사트 주민의 수가 동란 전에 비해 3분의 1로 줄어들었다. 상공업 계급의 수가 적은 사실은 17세기 모스크바 국가에서 공업과 상업이 미약하게 발달하였음을 보여주는 것이다. 우리는 16세기에 있었던 상업과 공업의 쇠퇴에 대해 이미 적절한 곳에서 언급할 기회가 있었다. 지금 17세기 전반에도 이러한 쇠퇴가 지속된 이유는 무엇인가? 물론 동란과 이 시기의 비참한 결과들인 전반적인 파괴, 게다가 과중한 연공과 5일조 및 10분의 1세의 징수, 행정당국의 강압이 주된 이유이다. 그런 다음 여기에 국고의 독점, 독점 판매권, 끝으로, 사적 자본의 부재(단 뛰어난 북부 산업가인 스트로가노프들은 예외였다) 가 덧붙여져야 한다. 더구나 외국인들의 경쟁도 루시 상업의 발달을 저해한 중요한 사실이었다. 미하일 표도로비치의 통치 바로 초기에 영국인들은 국내에서 세금 없이 자유롭게 상거래를 할 수 있는 권리를 취득하였고 네덜란드인들도 1614년부터 국내에서 절반의 세금으로 상거래를 할 수 있게 되었다. 그리하여 1613년부터 1649년까지 우리는 외국인들로부터 상업상의 특권을 제거해달라는 일련의 루시 상인들의 탄원을 발견한다. 자신들의 사업이 겪고 있는 열악한 상태에 대해 불평하면서 그들은 모든 것을 외국인들의 경쟁 탓으로 돌린다. 루시 상업의 쇠퇴를 야기한 것은 이 경쟁이 유일한 것은 아니지만, 그럼에도 불구하고 루시 시장은 실제로 17세기에 외국인들의 수중에 떨어졌고 이것은 루시 상인 계급의 교역에 악영향을 주었다. 왜 정부가 외국 상인들에게 특권적 상황을 부여하면 나라가 이익을 볼 거라고 생각했는지는 결정하기 힘들다.

---

29) Алексин. 툴라 오블라스티에 위치한 소도시. 13세기에 건설되었고 15~16세기 동안 중요한 군사 요새였다. 18세기 이후 중요성을 상실하였다.

30) Крапивна. 툴라 오블라스티에 위치한 소도시.

모스크바 정부는 외국인 산업가들에게 특권적 조건을 제공하면서 훨씬 더 명료하고 올바르게 행동하였다. 정부는 지금까지 알려지지 않았던 다양한 공업을 러시아에 널리 보급하고자 하는 노력을 따랐다. 루시에서 활동한 외국인 산업가들 중에서 우리는 무엇보다도 먼저 이른바 '탐광자(探鑛者)들' — 무기 제작자들과 주물공들 — 을 만난다. 그리하여 1640년에 영국인 **카트라이트**(Картрейт)는 모스크바 부근에서 금광석과 은광석을 찾기 시작하였으나 물론 아무 것도 발견하지 못했고 약정에 따라 이 탐사작업으로 발생한 모든 비용을 지불하지 않으면 안 되었다. 2년 후 **보리스 레프닌**[31]은 금광석을 채굴하기 위해 탐광자들을 대동하고 트베리로 갔지만 그의 사업 또한 성공을 거두지 못하였다. 광석을 찾으면서 정부는 이미 16세기부터 무기와 주물 작업에도 관심을 쏟았다. 툴라는 무기제작으로 유명하였고 1632년 네덜란드 상인 **비니우스**[32]는 그곳에 대포와 포탄 등을 주조하는 공장을 건립할 수 있는 허가를 얻었다. 그 후 마르셀리스[33]가 그의 회사에 합류하였다. 그 뒤 얼마 후 통역관 자하르 니콜라예프(Захар Николаев)와 금광업 기술자인 파벨 엘렌도프(Павел Эльрендоф)가 주물작업을 아는 기술자들을 고용하기 위해 외국으로 파견되었다. 무역의 자유와 외국인들로부터 나라의 경제적 이익을 기대한 모스크바 정부의 외국인들에 대한 전반적인 환대는 많은 외국인들을 국내로 끌어들였다. 미하일 표도로비치 때 모스크바에 체류했던 홀시타인 사람

31) Борис Репнин. ?~1670. 러시아의 공으로서 정치가이자 군인. 여러 청들의 수장과 아스트라한 및 스몰렌스크의 군사령관을 역임하였다.

32) Андрей Денисович Виниус. ?~1652?. 미하일 표도로비치 때 러시아를 방문한 네덜란드의 상인. 처음에는 곡물 거래에 종사하였으나 나중에 툴라에 주물 및 제철 공장을 세웠다.

33) Петр Гаврилович Марселис. ?~1672. 러시아의 공장 소유주로 함부르크 상인의 아들. 1629년에 러시아로 건너와 1639년부터 비니우스의 동업자가 되었다.

올레아리의 평가에 따르면 약 1,000명에 이르는 프로테스탄트 가족들이 당시 모스크바에 거주하였다(우리의 선조들은 가톨릭교도보다는 프로테스탄트와 좀더 쉽게 친교를 맺었다). 루시인들은 외국인 상인들보다 외국인 산업가들에 대해 훨씬 관대한 태도를 취하였고, 그들에게 배울 무엇인가가 있다는 것을 발견하였다.

바로 이것이 미하일 표도로비치 정부가 국가의 경제생활을 향상시키고 그 재정을 개선하기 위해 취했던 방식의 간략한 개관이다.

그리하여 반복컨대 미하일 표도로비치 통치시대의 통치활동에서 주요 목표는 동란으로 동요한 국가를 진정시키는 것이었고 정부는 이 목표를 두 가지 방법으로, 즉 (1) 행정적 남용의 근절과 (2) 사회복지의 제고를 위한 조치들로 달성하고자 하였다.

여기서, 의식적으로 혹은 무의식적으로 한 가지 원리가 모스크바의 통치자들을 지배하였던 것 같다는 사실을 지적할 필요가 있다. 즉 모든 것은 옛날식으로, 즉 이전 차르들 하에서 행해지던 식대로 이루어져야 한다는 것이 그것이다. 이러한 원리에 의거하여 그들은 아무 것도 개혁하거나 새로 설립하기를 바라지 않았다. 동란 이후 국가를 복구하면서 그들은 옛날 형식에 의존하였고 옛 방식으로 활동하였다.

그러나 모스크바 정부는 자신의 목표를 완벽히 달성하지도 못했고 자신의 원리를 엄격히 관철하지도 못했다. 옛날로 돌아가면서, 옛 통치기제 전체를 복구하면서, 모스크바인들은 무엇이든 바꿀 생각을 하지 않았지만 그와 동시에 많은 것을 변경하였다. 예를 들어, 오블라스티 통치에서 군사령관 권력이 임시 권력에서 상설 권력이 되고 그와 함께 민간 권력이 되는 식으로 정부가 다소 체계적으로 군사령관직을 도입했을 때, 바로 그런 종류의 변화가 발생하였다. 더욱이 옛날식으로 지역체제를 유지하며 서둘러 지역업무를 정돈하고 봉직을 정비하면서, 정부는 점점 더 농민들을 결박시키는데, "이런 일은 옛대 군주들 하에서는 없었다." 다른 한편으로 관리계급에 최고의 중요성을 부여하고 점점 더 그들의 지위를 보장하면서, 드보랴닌 국민군이 불편하고 불만족스럽다는 인식에 도달하며, 이 때문에 병대(兵隊)와 기병대라는 외국 군 체계가 만들어진다. 1632년의 셰인 부대의 경우 이미 외국 형식에 따라 편제된 15,000명의 정규군이 스몰렌스크 부근에 주둔하였다. 미하일 표도로비치 정부의 활동이 보수적 이념에 따르면서도 실제로 자신의 결과에서, 만일 이러한 표현이 적절하다면, 개혁적이었음을 보여주는 증거를 위해서는 이러한 사례들로 완전히 충분하다. 이리하여 결과는 의도와 어긋났다. 이런 일이 발생한 것은 아마도 동시대인들은 깨닫지 못했겠지만 과거로의 회귀를 불가능하게 만든 많은 변화들을 동란이 사회생활과 그 관계 속으로 가져들어왔기 때문이었다. 그리하여 동란은 나랏일에서 완전히 비상한 상황을 루시 사회에 창출하였다. 젬스키 소보르는 미하일 표도로비치 하에서 국가통치의 본질적인 요소로 인정되었고, 이 사실에서 우리는 결코 보수적 경향을 찾아낼 수가 없다. 왜냐하면 16세기에 주권은 미하일 표도로비치가 소보르들을 바라본 식으로 소보르들을 바라볼 수 없었기 때문이다. 그리고 어느 누구도 나랏일에 대한 사회의 참여라는 이 사실에 반대하지 않았다. 새로운 생활조건이 그런 관행을 없애버릴 때까지는 말이다. 1613년부터 미하일 표도로비치 통치 전 기간 동안 군주의 권력은 루시 백성들의 권력과 병립하였다. 모든 중요한 나랏일은 차르의 명령과 소보르의 결의에 따라 결정되었으며, 소보르의 이름으로 보내진 순회 편지들이 이를 항상 증언한다.

통치의 결과들

그리하여 미하일 표도로비치 정부는 과거에도 충실하지 못했고, 행정을 개선하고 복지수준을 제고한다는 자신의 목표도 달성하지 못했다. 그럼에도 불구하고 정부는 많은 일, 그것도 아주 많은 일을 하였다. 루시의 외적들인 폴란드와 스웨덴은 모스크바에서 다시 강력한 적을 보기 시작하였고, 카자크들은 진정되었다.

모스크바 정부는 심지어 스몰렌스크를 두고 폴란드 왕국과 전쟁을 재개하였다. 지그문트 국왕의 죽음(1632년)과 폴란드에서 시작된 '공위 상황'이 동기로 작용하였다. 즉 새 국왕이 선출될 때까지 폴란드인들과 리투아니아인들은 전쟁을 치를 수가 없었던 것이다. 외국군 체계를 본뜬 새 부대들과 옛 드보랴닌 국민군들로 이루어진 총 32,000명에 이르는 모스크바 군대는 스몰렌스크로 향하였고 국경 부근의 많은 소도시들을 점령하였으며 스몰렌스크를 포위하였다. 스몰렌스크는 특히 강한 요새였기 때문에 포위는 오랫동안 계속되었다. 비록 동란시대 동안 스몰렌스크의 군사령관을 지내고 지그문트 국왕으로부터 도시를 영웅적으로 방어하였으며, 도시뿐만 아니라 그 인근도 잘 알던 보야린인 셰인이 모스크바 군대를 지휘하였는데도 말이다. 8개월 동안의 포위 후 새로 선출된 국왕인 폴란드인 부아디수아프 지그문트[34]가 스몰렌스크를 도우러 오는 데 성공하였다. 그는 루시인들을 요새로부터 격퇴하였을 뿐만 아니라 그들을 그들의 진영 안에 몰아넣었다. 오랜 전쟁에 피로해진 모스크바 군대는 부아디수아프가 이끄는 새 군대의 공격을 견뎌낼 수가 없었고, 셰인은 국왕과 협상에 들어갔다. 그는 폴란드인들에게 자신이 가진 모든 대포와 군수품을 건네고 모스크바로 떠나는 데 동의하였다(1634). 셰인은 이 불명예스런 퇴각 때문에 모스크바에서 자신의 동료로서 두 번째 군사령관인 이즈마일로프와 함께 변절자로 처형당했다. 전쟁은 계속되었으나 부아디수아프는 어떤 새로운 성공도 거두지 못했다. 그리하여 1634년 여름, 그는 강화협상을 개시하였다. 국경 인근의 작은 강인 폴랴노프카[35]강에 모스크바와 폴란드 사절들이 모였고 '항구적 강화'를 체결하였다. 동

34) Владислав Сигизмундович, 1595~1648. 폴란드어로 Władysław Zygmunt Waza-Jagiellon. 폴란드의 부아디수아프 4세. 재위 1632~1648.

35) Поляновка. 뱌지마와 도로고부시 사이에 흐르는 강.

란 동안 지그문트에 의해 점령된 스몰렌스크와 여타 도시들은 폴란드 왕국 소속으로 남았다. 그러나 부아디수아프는 모스크바 제위에 대한 권리를 완전히 포기하였고 미하일 표도로비치를 전 루시의 차르로 인정하였다. 이것은 매우 중요하였다.

하지만 전쟁에 지치고 동란의 파란을 여전히 잊지 못한 모스크바 국가는 경제적으로 너무나 약화되어 있었다. 그래서 미하일 표도로비치 통치 말기인 1632~1634년의 젬스키 소보르들(폴란드 전쟁에 관한)과 1637년의 젬스키 소보르(투르크 문제에 관한)에서는 정부가 재원은 물론이고 심지어 사람마저 부족하다는 사실이 심의의 대상이 되기까지 하였다. 1632~1633년에는 젬스키 소보르의 결정에 따라 5일조, 즉 '5분의 1'조가 징수되고(이런 종류의 징세는 미하일 표도로비치 하에서 이미 세 번이나 수행된다), 이 세금은 이전보다 그 총액이 적었다. 1642년의 소보르(아조프[36] 문제에 관한)에서는 신분들의 필요와 희망이 정부에게 매우 명확히 드러났다. 아조프 문제에 관해 이 소보르의 대표들이 제출한 서면 의견들, 즉 '이야기들'이 우리에게 전해졌다. 특히 흥미로운 것은 하급 관리들과 타글로 주민들의 '이야기들'이다. 하급 관리들은 자신들의 이야기에서 당시로는 뛰어난 정치적 식견을 보여주었고 온전한 군사적·재정적 계획을 제시하였다. 아조프에 관해 소보르에게는 두 가지 문제가 제시되었다. (1) 돈의 카자크들로부터 아조프를 받을 것인가? (2) 받는다면 어떤 수단으로 그것을 유지할 것인가? 첫 번째 문제에 관해 성직자들과 소수의 대표들은 명확한

36) Азов. 돈강 하구의 항구 도시. 6세기에 비잔티움 제국의 식민지가 되었고, 10~11세기에 키예프 루시에 편입되었다. 1067년 무렵 투르크계의 폴로베츠인에게 빼앗겼는데, 그들이 아조프(아자크) 한이라는 이름을 붙였다. 그 뒤 투르크와 돈 카자크들이 점거했으나 1696년에 표트르 1세가 점령한 뒤 도시가 형성되었다. 이후에도 투르크와 러시아의 쟁탈 지역이 되었으나, 1774년에 최종적으로 러시아에 편입되어 아조프 오블라스티의 주도 및 군사 요새로 발전하였다.

의견을 내놓지 않고 결정을 군주의 뜻에 맡겼다. "아조프시의 접수는 군주 폐하의 뜻에 달려 있습니다"라고 그들은 말한다. 나머지 다수의 대표들은 아조프를 접수하는 데, 따라서 투르크의 술탄[37]과 결별하는 데 솔직하게 찬성하였다. 두 번째 문제는 소보르의 구성원들, 특히 소 드보랴닌들에 의해 매우 긍정적으로 검토되었다. 그러나 당시 우리에게 가장 흥미로운 것은 아조프 방어 계획과 나란히 정부에게 전반적인 파괴와 이 어려운 시기에 잘 살았던 유일한 계급인 행정당국 인사들의 권력남용을 지적하는 대표들의 의견들이다. 다음은 말하자면 도시 드보랴닌들이 서기관들에 대해 말하는 것이다. "군주 폐하의 서기관과 서기 보좌관들은 폐하의 화폐 은상과 봉지 및 세습영지를 수여받았고, 끊임없이 폐하의 업무를 수행하면서 뇌물로 받은 올바르지 못한 많은 재산으로 부자가 되었습니다. 또 많은 세습영지들을 사들였고 많은 자신의 집들과 입 밖에 낼 수조차 없는 난잡한 석조 궁전들을 지었습니다. 성스러운 기억의 이전 군주들 치하에서, 그런 집에 살 만한 가치가 있던 고귀한 가문 출신의 사람들도 그런 집은 갖고 있지 않았습니다." 또 다음은 상인 계급의 상황에 대한 묘사이다. "폐하의 홀로프들인 우리 도시의 대상인들과 중소상인들[38]은 도시들에서 자기 본업들로 먹고 살고, 우리에게는 봉지와 세습영지가 전혀 없습니다. 모스크바와 다른 도시들에서 해마다 끊이지 않고 군주 폐하의 직무를 담당하고, 끊임없는 봉직과 또 스몰렌스크 봉직 동안 우리가 군과 모든 관리들을 도와주기 위해 폐하께 드렸던 5일조 때문에 우리

37) султан. 이슬람 국가의 군주를 일컫는 말.

38) 모스크바 국가 하에서 상인은 두 부류로 나뉘었다. 가장 부유한 상인은 고스티(гость)라 불리었고, 그 다음 부류의 상인은 고스틴나야 이 수콘나야 소트냐(гостинная и суконная сотня)라 불리었다. 엄밀히 말해 고스틴나야 소트냐는 고스티와 마찬가지로 외국 무역을 담당하는 대상인들이고, 수콘나야 소트냐는 중소 소매 상인들을 일컫지만, 여기서는 편의상 이 둘을 한꺼번에 '중소상인들'이라고 번역한다.

중 많은 이들이 가난해지고 몰락하였습니다. 모스크바와 다른 도시들에서 폐하께 봉직하면서 우리는 십자가 맹세 하에 큰 이익을 갖고 군주 폐하의 공금을 모읍니다. 이전 군주들 치하와 폐하의 이전 시절에는 5~6개 당 100을 징수하는 데 반해 지금은 우리와 우리의 모든 땅으로부터 5~6개 당 1,000 이상을 징수합니다. 그리고 우리의 시장들은 사정이 매우 좋지 않게 되었습니다. 왜냐하면 독일인과 페르시아인 등 많은 외국인들이 모스크바와 다른 도시들에 있는 우리의 시장들을 모두 빼앗았기 때문입니다." 가장 낮은 서민들인 검은 백인대의 '이야기들'도 마찬가지로 흥미롭다. "우리 천애 고아들인 검은 백인대[39]와 슬로보다들의 백인대장과 수장[40]들 및 탸글로 주민들은 지금 자신들의 죄업으로, 대 화재와 5일조 및 징병인들 때문에, 폐하의 천애 고아인 우리가 스몰렌스크 봉직 동안(1632~1633) 군주 폐하께 드렸던 달구지들 때문에, 도시의 땅 문제와 관련하여 집 문에서 걷는 세금과 군주 폐하의 과중한 연공 때문에, 그리고 우리 천애 고아들이 모스크바의, 군주 폐하의 갖가지 직무에서 대상인들과 함께 혹은 대상인들을 제외하고 봉사하는 많은 봉직 대표들 때문에, 가난해지고 몰락하였습니다. 그리고 이 엄청난 불행 때문에 백인대와 슬로보다의 많은 탸글로 주민들이 사방으로 뿔뿔이 흩어지고 자신들의 집들을 내버리고 있습니다"(《국가 증서 및 협약서집》, 제3권, 113호). 이와 같은 장면들은 진실과 가까웠고 정부에게 대단한 소식은 아니었다. 삶은 실제로 힘들었다. 국가는 매우 많은 희생을 요구하였고 상황은 얼마간이라도 부유해지거나 풍족해지는 것을 허용하지 않았다. 자신의 경제 상태에 불만을 가진 사회는 자신이 몰락한 원인들을 찾고 여기

39) сотня. 16~17세기 모스크바 공국 시대의 상공민으로 편성된 보병대를 일컫는 말.

40) старостишка. староста를 가리키는 말. 소사회나 소집단의 사무 처리를 위해 선발된 장(長)을 일컫는다.

저기서 원인들을 발견하면서 군주에게 그것들을 제거해달라고 머리를 조아린다.

17세기 중반의 수많은 개인적 탄원과 집단적 탄원을 바라보고 있으면 우리는 백성들이 특히 무엇에 괴로움을 당했고, 무엇에 반대하였는지를 알게 된다. 관리들은 모스크바인들과 도시민들에게 봉직의무가 과중하게 떨어지고 또 그들 사이에 의무가 불균등하게 배당되는데 대해 불만을 터뜨렸다. 그 외에 그들은 농민들과 자신들의 관계에 대해서도 불만을 가졌다. 농민들은 그들로부터 계속 도망을 쳤고, 미하일 표도로비치 하에서 도망자들에게 10년의 기한이 설정되었는데도 그들을 색출하기는 어려웠다. 대 토지소유자들은 종종 농민들을 유혹하였고, 그 결과는 보야린과 성직자들에 대한 드보랴닌들의 불만으로 나타났다. 성직자들에 대한 드보랴닌들의 불만 중의 하나는 또 1584년의 금지에도 불구하고 성직자들이 관리들의 토지를 착복하였고, 이 토지들이 봉직에서 빠져나가면서 그 사이 이 봉직이 점점 더 과중하게 나머지 다수의 봉토에 떨어졌다는 사실이었다. 그리하여 봉직을 경감하고 농민 노동을 더욱 확실하게 공급하는 것, 바로 이것이 관리 신분들의 관심거리가 되었다.

탸글로 주민들은 과중한 연공에 대해 불평하였으며 실제로 이 연공은 그들에게 큰 부담이었다. 그들은 완전히 자신들을 파산시킨 5일조의 징수 때문에 특히 큰 고통을 당했다. 그런 종류의 과중한 연공들은 탸글로 주민들을 공동체로부터 도망가게 만들고, 공동체는 연대보증 때문에 이탈한 구성원의 몫도 지불하지 않으면 안 되었다. 이와 같이 도주한 사람들을 위해서 온전한 공업 슬로보다들이 존재하였던 보야린과 수도원 영지에는 언제나 피신처가 마련되어 있었으며, 도주한 사람들은 연공 면제자로서 저당 잡혔고, 이런 식으로 법망을 빠져나가 연공과 의무로부터 해방되었다. 위에서 언급한 슬로보다들은 탸글로 공동체들과 상공업 부문에서 경쟁하면서 탸글로 공동체의 복지를 훨씬 더 심하게 훼손하였다. 이것에 국한하지 않고 연공 면제자들은 심지어 슬로보다와 포사트 자체에도 침투하고 그곳에서 시설들을 구입함으로써 연공을 면제시켰다. 그리하여 포사트에게 공업 부문에서의 과중한 연공과 경쟁은 큰 해악이었고, 이 때문에 포사트는 공동체로부터의 전출과 공동체로의 전입을 금지하는 식으로 스스로를 폐쇄하려 하였으며, 나중에는 자신의 연공 부담을 경감하기를 원하였다. 우리는 상인들 자신이 외국인들의 경쟁이라는 형태로 새로운 불쾌한 상황에 봉착했음을 이미 보았었다.

전반적으로 모든 계급들이 한결같이 군사령관의 강압과 청(廳)의 사무처리 지연 때문에 고통을 당하였다.

바로 이러한 것이 미하일 표도로비치가 죽었던 당시, 동란을 극복하고 국가를 붕괴에서 구하는 데 성공한 사회의 상황이었다.

차르 알렉세이 미하일로비치의 시대(1645~1676)

1645년 차르 미하일 표도로비치가 생을 마감하였고 한 달 뒤 그의 부인도 죽음으로써 알렉세이 미하일로비치(Алексей Михайлович)는 고아가 되었다. 그는 열여섯 살에 불과하였고 물론 자신의 비범한 통치를 독자적으로 시작하지 않았다. 처음 3년 동안 국가를 통치한 사람은 그의 교육자 보리스 이바노비치 모로조프[1]였다. 모로조프는 의심할 여지없이 유능한 사람이었으나 솔로비요프가 총기 있게 표현하였듯이, "높아질 능력이 없어서 군주의 총신이 되지 못한" 사람이었다. 그의 '시대'는 3년 동안 계속되었고, 이 시대는 살티코프들 때보다 좋았으나 그럼에도 불구하고 암울한 시기였다.

상황은 가난하고 재원이 취약한 알렉세이 미하일로비치 치하의 루시에 즉각적으로 대응을 요구하는 국가적 과제를 부과하고 또 그런 문제들을 제기하였다. 그리하여 당신은 알렉세이 미하일로비치 통치 내용의 역사적 풍부함에 부득이하게 놀랄 수밖에 없게 된다.

무엇보다도 우선 불만족스런 국내 상황은 정부에게 수많은 법적·경

---

1) Борис Иванович Морозов, 1590~1661. 보야린으로 1634년 제위 계승자 알렉세이 미하일로비치의 훈육자가 되었다. 차르 알렉세이 통치 초기에 러시아 정부를 이끌었으며, 정부의 요직을 두루 거쳤다. 1649년 법전(Уложение)을 마련하는 데 적극적으로 관여하였다.

제적 과제를 제기하였다. 탄원과 소요로 나타난(즉 합법적 방식뿐만 아니라 불법적 방식도 이용한)—여기서 소요는 스텐카 라진[2]의 반란 정도에 이르렀다—이 과제들은 강한 입법활동을 야기하였고, 그 활동의 강도는 우리를 완전히 경탄하게 한다. 이 활동은 법전(Уложение)과 신상법(Новоторговый устав), 종법집(宗法集, Кормчая книга)의 발간, 그리고 끝으로 다수의 사법(私法)으로 나타났다.

큰 법적·경제적 문제들과 나란히 종교-도덕적 문제들도 제기되었다. 기도서와 의식의 개정 문제는 교리의 기초로 넘어가면서 잘 알려진 대로 정교 분열로 끝났고 그와 함께 문화적 차용 문제와 뒤얽혔다. 이와 나란히 니콘[3] 문제에서, 즉 니콘과 차르의 문제에서 명확히 드러난 교회와 국가의 관계 문제가 떠올랐다.

국내 문제 외에도 역사적으로 매우 중요한 정치적 대외 문제인 소러시아 문제가 무르익었다. 소러시아의 병합과 함께 그로부터 이탈한 볼로스티들의 루시에의 병합 과정이 개시되었고, 이리하여 소러시아의 병합은 모스크바의 역사적 임무 문제에서 모스크바 측의 첫 걸음, 그것도 성공적인 첫 걸음이었다. 지금까지 리투아니아와 폴란드가 루시에 대해 공격적 역할을 하였지만, 이제부터 그 역할은 모스크바로 넘어간다.

---

2) Степан Тимофеевич Разин. 1630?~1671. 1670~1671년에 러시아에서 있었던 대규모 농민 반란의 지도자. Стенька Разин이라고도 한다. 이 책 634~638쪽 참조.

3) Никон, 1605~1681. 전 러시아의 총대주교(1652~1660). 니즈니 노브고로드의 농민 출신으로 교회 통일에 노력하여, 기도서와 의식의 단일화를 목적으로 하는 개혁을 실시하였다. 총대주교를 태양, 차르를 달로 비유하여 교권의 우월을 공언하였다. 차르는 교회의 강화를 지지하였으나, 자신의 권력의 약화를 바라지 않았으며, 토지 소유자인 드보랴닌들도 차르의 편을 들었다. 1666년의 교회 회의는 니콘의 교회개혁을 인정하였지만, 니콘 자신은 비난을 받고 수도원에 유폐되었다. 교회 개혁에 반대한 보수파는 분리파를 형성하였다. 이 책 643~685쪽 참조.

여전히 미약하고 여전히 이 모든 과제를 해결할 준비가 되어 있지 않았던 모스크바는 그럼에도 불구하고 그것들을 처리하였다. 자기 역할을 위해 그 정도의 노력이 투여되었던 국가는 몰락한 것이 아니라 성장하고 튼튼하게 되어 1676년에 국가는 1645년의 국가와 완전히 다르게 되었다. 국가는 정치구조에서뿐만 아니라 복지라는 면에서도 훨씬 강력해졌던 것이다.

모스크바 국가가 역사적 생활과 발전에 대한 능력을 갖고 있다고 인정할 때에만 이러한 현상의 일반적인 원인들을 설명할 수 있다. 모스크바 국가는 역사적 전통을 갖고 있고 수백 년 동안 자신의 목표들을 확고히 추구해온 건강한 유기체였다.

알렉세이 미하일로비치 정부의 국내활동

통치 초기와 회의 법전

알렉세이 미하일로비치 시대를 기억한 야코프 돌고루키[4] 공은 표트르 대제에게 다음과 같이 말했다. "군주 폐하, 어떤 때는 폐하의 선친께서, 어떤 때는 폐하께서 더 많은 찬미와 축복을 받을 만합니다. 국가의 주요 업무는 세 가지입니다. 첫째는 국내의 징벌이고, 군주 폐하들의 주 업무는 공정한 재판입니다. 이 점에서 선친께서는 폐하께서 행하신 것보다 더 많이 행하셨습니다." 이 말은 '매우 온화한' 차르의 입법활동에 대해 그의 가장 가까운 후손들이 얼마나 높은 평가를 하는지를 잘 보여준다. 우리가 보기에는 표트르가 개혁이라는 면에서 아버지를 뛰어넘었는데도 알렉세이를 심지어 표트르보다도 더 높이 치

4) Яков Федорович Долгорукий. 1639~1720. 러시아의 공으로서 군사령관이자 외교관. 표트르 1세 측근 중의 한 사람.

고 있는 것이다.

유감스럽게도 위에서 인용한 돌고루키의 말은 나랏일이 위에서 언급한 모로조프의 수중에 있던 알렉세이 미하일로비치 통치의 처음 3년 동안에는 해당될 수가 없다. 노련한 행정가였던 모로조프는 자신과 친척들을 잊어버리고 싶어 하지 않았고 종종 공공의 이익을 자신의 이익에 희생시켰다. 알렉세이 미하일로비치의 훈육자로서 그는 알렉세이에게 큰 영향력을 행사했고 그의 큰 사랑을 받았다. 자신의 지위를 보장할 요량으로 그는 죽은 황후의 친척들을 멀리하고 대신 '자신의' 친척들로 젊은 차르를 둘러싼다. 더욱이 1648년에 이 총신은 군주 부인의 자매인 밀로슬랍스카야(Милославская)와 결혼함으로써 차르의 친족이 된다. 이번에는 차르와의 친족관계와 모로조프의 호의에 기대어, 사리사욕에 눈이 완전히 먼 차르의 장인 일리야 다닐로비치 밀로슬랍스키[5]가 가장 중요한 국가 직책들을 그에 못지않게 탐욕스러운 친족들로 채우고자 하였다. 그들 중에서 뇌물을 받음으로써 인민들의 특별한 증오를 받은 사람은, 아주 동일한 목표를 위해 극히 분명하고 난폭하게 행동한 푸시카르스키 청[6] 장관 트라하니오토프[7]와 인민청[8]의 재판관 레온티 플레셰예프[9]였다. 1648년 6월 초 이것은 모스크바에서 전반적인 불만을 야기하였고, 이 불만은 우연히 노골적인 소

---

5) Илья Данилович Милославский. ?~1668. 모스크바의 보야린. 차르와 모로조프의 장인. 총병대 대장 역임.

6) Пушкарский приказ. 15세기 말부터 17세기까지 화약과 화포를 관리한 중앙 관청.

7) Петр Тихонович Траханиотов. ?~1648. 모로조프의 측근. 1648년 모스크바에서 발생한 중하층 시민들의 소금 폭동(Соляной бунт) 때, 인민들의 요구로 차르에 의해 사형 당했다.

8) Земский приказ. 16세기 후반~17세기 모스크바 국가의 중앙 관청. 모스크바의 복지와 질서유지, 조세징수 및 민·형사 재판 등을 담당하였다.

9) Леонтий Степанович Плещеев. ?~1648. 인민 청의 재판관으로 1648년의 소금 폭동 때 사형 당했다.

요로 발전하였다. 차르는 인민들에게 공정한 재판을 약속하면서 직접 그들을 진정시켰고, 그와 함께 모로조프를 모스크바에서 키릴로프 수도원[10]으로 추방하는 것이 필요하다는 것을 알았으며, 트라하니오토프와 플레셰예프는 처형당했다. 여름에 있은 모스크바 소요와 관련하여 7월에는 솔비체고츠크[11]와 우스튜크 등 많은 다른 도시들에서도 소동이 발생하였다. 도처에서 소동은 행정당국을 겨냥하였다.

모스크바 소동이 있은 직후 정부는 법전의 편찬에 착수하기로 결정하였다. 이 결정은 우리가 이해하는 바로는 뜻하지 않게 소동과 연관되어 있다. 즉 모스크바에서의 노골적인 소동 같이 오랫동안 볼 수 없었던 현상은 재판과 법률 업무의 개선이 필수적이었음을 아주 집요하고 분명하게 보여주는 것이었다. 총대주교 니콘도 사태를 그런 식으로 이해하였다. 그는 말하자면 다음과 같이 말하였다. "모든 사람들은 자발적으로도 아니고, 참된 진실 때문도 아니며, 모든 검은 사람들로부터의 공포와 내분 때문에 (법전에 관한) 소보르가 열렸다고 알고 있다." 당시, 즉 1648~1649년에 모스크바가 실제로 불안을 느꼈다는 것을 보여주는 많은 암시들이 존재한다. 1649년 초에 모스크바 포사트 주민 중의 한 사람인 사빈카 코레핀(Савинка Корепин)은 모로조프와 밀로슬랍스키가 "우리(즉 인민들)를 두려워하고 공동체 전체가 동요할까 봐" 체르카스키공을 추방하지 않았다고 감히 확언하기까지 하였다.

재판과 법률 업무를 개선할 필요성은 매 단계 매 순간 정부와 인민 양쪽 모두에 의해 감지되었다. 생활 전체가 이 필요성을 말하였고, 법전의 편찬에 대한 탄원이 언제 제출되었고, 어느 탄원이 법전(Уло-

---

10) Кириллов монастырь. 니콘이 마지막으로 머물렀던 Кирилло-Белозерский монастырь를 가리킨다. 볼로그다시 북서부에 위치.

11) Сольвычегодск. 러시아 북서부의 아르한겔스크 오블라스티에 위치한 소도시.

жение)의 서문에서 언급되고 있는지와 같은 문제(뛰어난 법전 연구자 중의 한 명인 자고스킨[12]은 이 문제를 폭넓게 검토한다)는 쓸데없는 호기심인 듯하다. 법률을 재검토하고 싶게 만든 원인은 두 가지였다. 무엇보다도 먼저 법률 자료들, 특히 무질서하고 우연한 자료들을 법전으로 편찬할 것이 요구되었다. 15세기 말(1497) 이래 모스크바 국가는 이반 3세의 법전(Судебник)과 차르의 개인적 명령(указ)들, 그리고 끝으로 국가와 지방의 '구습', 즉 관습에 의해 통치되어 왔다. 이반 3세의 법전은 특히 재판에 관한 법률이었고, 단지 지나가면서 국가조직과 통치 문제를 건드렸을 뿐이다. 이 법전의 공백들은 항상 개인적 명령들로 채워졌다. 공백들의 집적은 이 법전 이후 두 번째 '차르' 법전의 편찬을 가져왔다(1550). 그러나 차르 법전도 곧 바로 보충이 필요하게 되었고, 그리하여 여러 경우에서 개인적 명령들로 보충되었다. 이 명령들은 종종 '법전 보충 조항들'이라고 불린다. 그것들은 청들에 모였고(매 청은 업무의 종류에 따라 조항들을 한 데 모았다), 그 후 '명령집'(Указная книга)에 등록되었다. 청 직원들은 행정업무나 재판업무를 이 명령집에 의거하여 처리하였다. 그들에게 어떤 개별 경우에 내려진 명령은 모든 유사한 경우에서 선례가 되었고 그럼으로써 법률이 되었다. 때때로 서로 모순되는 이와 같은 종류의 개별 법규들은 17세기 중엽까지 엄청난 수가 쌓였다. 체계의 부재와 모순은 한편으로는 행정당국을 곤란하게 하였고 다른 한편으로는 행정당국이 법을 남용할 수 있게 해주었다. 법을 알 기회를 박탈당한 인민들은 전횡과 '불공정한 재판' 때문에 크게 고통을 겪었다. 17세기에 법률을 하나의 전체로 통일하고 그것에 분명한 형식을 부여하며 법률에 붙은 군더더기를 털어내고 다량의 개별 법률 대신에 하나의 법전을 가질 필요성이 사회적 의식 속에 이미 명확해졌다.

---

12) Н. П. Загоскин, 1851~1912. 러시아의 역사가.

그러나 법전만이 당시 필요한 것이 아니었다. 우리는 동란 이후 미하일 표도로비치 하에서 이 동란의 결과들 — 경제적 혼란과 풍기 문란 — 과의 투쟁이 실패했음을 보았다. 17세기에 사회생활의 형편 전체가 전반적인 불만을 야기하였다. 모든 주민층들이 각자 경건한 소원들(*pia desideria*)을 갖고 있었고 그들 중 어느 누구도 자신의 위치에 만족하지 않았다. 당시의 수많은 탄원들은 비사적(非私的)인 사실들이 탄원자들을 불안하게 만들었고 사회생활의 일반적 근본 규범들이 개정될 필요가 느껴졌음을 명확히 보여준다. 생활을 편하게 해주지 않는 낡은 법률들을 확인하고 총괄하는 것이 아니라 새로운 생활의 필요에 따라 그것들을 재검토하고 개정할 것을 요구한 것, 바로 거기에 개혁의 필수성이 있었다.

130개(그 이상은 아님) 도시들에서 소보르로 모여든 대표들이 법전 편찬 작업에 관련되었다. 대표들 중에는 약 150명의 관리와 약 100명 타글로 주민이 있었다. 모스크바 드보랴닌과 궁정관리들은 소보르에 비교적 적었는데, 왜냐하면 이번에도 그들로부터 대표들을 보낼 것이 요구되었지만 이전과는 달리 대표들이 머릿수대로 허용된 것이 아니었기 때문이었다. 두마와 신성회의[13]의 고위 성직자들은 전원 참석하였다. 풍부한 대표성이라는 면에서 이 소보르는 가장 성공적인 소보르 중의 하나라고 부를 수 있을 것이다(우리는 1613년에 열린 소보르에는 단지 50개 도시의 대표자들만 참석한 것을 기억한다). 새 법전은 이 대표들에게 새 법전의 서문이 표현하고 있듯이, '낭독되었다.'

사람들이 '울로제니예'(Уложение)라고 부르는 이 법전을 검토해보면 우리는 이것이 첫째, 수데브니크(Судебник), 즉 단지 재판에 관한 법률이 아니라 현행 헌법과 민·형법의 표현인 모든 법규들의 법전임을 깨닫는다. 25개 장과 거의 1,000개에 이르는 조항으로 이루어

13) освященный собор. 총대주교를 필두로 하는 고위 성직자들의 모임을 가리킨다.

진 이 법전은 국가생활의 모든 영역을 포괄한다. 이것은 비잔티움과 리투아니아 법의 도움을 받아 옛 루시 법령들로 이루어진 법률들의 집성이다.

둘째, 이 법전은 옛 자료들의 기계적 집성이 아니라 그것들을 개작한 것이다. 법전은 많은 새로운 법규를 담고 있으며, 우리가 이 법규들의 내용을 살펴보고 그것들을 당시 사회의 상황과 비교해보면 법전의 새 조항들이 꼭 이전 법률을 보충한 것이거나 세세한 부분들을 수정한 것이 아님을 깨닫는다. 반대로 그것들은 중대한 사회개혁의 성격을 띠고 있고 당시의 사회적 필요에 대한 대응이다.

그리하여 법전은 도망 농민들의 색출을 위해 수색 기간을 폐지하고, 그럼으로써 궁극적으로 그들을 토지에 결박시킨다. 관리계층의 이 절박한 필요에 응답하여 법전은 바로 이것으로 사회생활의 여러 측면 중 한 측면에 대해 중대한 개혁을 수행한다.

더욱이 법전은 성직자들이 세습영지들을 획득하는 것을 금지한다. 이미 16세기에 토지를 획득하고 세습영지를 소유할 수 있는 성직자들의 권리에 맞서는 투쟁이 진행되었다. 보야린과 모든 관리들은 이 권리에 크게 만족하였다. 그리하여 1580년에 처음으로 세습영주들이 '공양(供養)을 위해서' 유언에 의해 자신들의 세습영지를 성직자들의 소유로 넘기는 것이 금지되었고, 1584년에는 나머지 형태의 성직자들에 의한 토지 획득도 금지되었다. 그러나 성직자들은 이 법령들을 회피하면서 계속 상당한 토지를 자신들의 수중에 넣었다. 이러한 상황에 대한 관리들의 불만은 17세기에 토지소유자들의 특권과 성직자들 일반, 특히 수도원의 남용에 반대하는 수많은 탄원들로 터져 나온다. 법전은 성직자뿐만 아니라 종교기관이 다시 세습영지를 획득하는 것을 금지하면서(그러나 이전에 획득된 세습영지는 몰수되지 않았다) 이 탄원들을 만족시킨다. 성직자들에 대한 두 번째 불만은 갖가지 재판상의 특권들이었다. 여기서 새 법률 모음집은 주민들의 희망을 충족시켰다. 즉 주민들에게는 수도원 청이 설립되어 이때부터 성직자 신분은 일반적으로 이 청의 소관이 되고, 성직자들의 나머지 재판상 특권들도 제한된 것이다.

게다가 법전은 처음으로 포사트 주민들을 고정시키고 고립시키면서, 그들을 폐쇄적 계급으로 변화시킨다. 그리하여 포사트 주민들은 포사트에 결박된다. 이제 포사트를 떠날 수가 없고, 마찬가지로 탸글로 공동체와 관계없고 이질적인 어느 누구도 포사트로 들어올 수가 없다.

물론 연구자들은 이 모든 개혁들과 17세기 전반 백성들의 통상적인 불평들 사이에 긴밀한 연관이 있음을 깨달았으나, 대표들이 법전을 '청취하였을' 뿐만 아니라 그 자신들이 직접 법전을 만들지 않으면 안 되었다는 발상은 최근에야 비로소 학문적 인식 속에 들어왔다. 아주 정밀한 검토에 따르면, 법전의 최대 혁신들은 모두 대표들의 집단적 탄원에 의해, 즉 그들의 주도로 생겨났고, 대표들은 본질적으로 자신들의 이익과 관계없는 법전 부분들의 편찬에도 관여한 것이 드러난다. 요컨대 첫째, 법전 작업은 단순한 법전 편찬을 넘어섰으며, 둘째, 법전에서 시행된 개혁들은 대표들의 탄원에 바탕을 두었고 나아가 탄원들에 담긴 정신에 맞추어 수행되었음이 드러나는 것이다.

1648~1649년의 젬스키 소보르의 의의는 바로 여기에도 있다. 즉 법전은 사회적 개혁이었던 만큼 그 프로그램과 방향도 백성들의 탄원과 프로그램에서 비롯하였다. 법전에서 관리계급들은 이전보다 더 많이 농민 노동을 지배하였고 세습영지가 관리들 사이의 유통에서 더 이상 이탈 못하도록 하는 데 성공하였다. 탸글로 포사트 공동체들은 고립을 성취하는 데 성공하였고 상류계급의 포사트 침입과 자기 구성원들의 탸글로 회피로부터 자신들을 방어하였다. 그럼으로써 포사트 주민들은 적어도 앞으로 바쳐야 할 탸글로를 경감할 수 있었다. 전반적으로 모든 백성들은 보야린 및 성직자들과의 재판업무와 행정당국과의 관계를 얼마간 개선시키는 데 성공하였다. 상인들은 바로 이 소

보르에서 외국인 상인들의 일부 특권들을 제거함으로써 그들의 경쟁을 상당히 약화시켰다. 이리하여 1648년의 대표들의 중요성이 큰 것이었는지를 결정하는 일은 힘들지 않다. 만일 그들 활동의 결과로 판단한다면 그 중요성은 매우 컸다.

이 순간의 정치적 중요성

바로 그러한 것이 1648년의 소보르에서 중간계급이 거둔 승리의 내용이었다. 그들은 새 법률로부터 승리자로 등장하였고, 당시 사회 피라미드의 위와 아래에 위치한 세상의 경쟁자들은 패배하였다. 1612~1613년에 사회의 중간층이 자신들의 내적 연대와 힘의 우위 덕분에 우세하였던 것과 마찬가지로 1648년에도 그들은 분위기 및 활동의 통일과 소보르에서의 수적 우위 덕분에 성공하였다. 법전의 편찬을 가리키는 '백성들의 큰 일'에 참여한 사람들은 모두 그 순간의 중요성을 기억하였다. 그 순간은 일부 사람들을 기쁘게 하였다. 즉 개혁이 자신에게 유리하게 마무리된 사람들은 정의의 승리가 도래하였음을 발견하였다. 한 드보랴닌은 다른 드보랴닌에게 다음과 같이 쓴다. "오늘 자비로운 군주께서는 힘센 자들을 제국에서 쫓아냈는데, 군주 폐하께서는 공동체가 알지 못한 강압을 쓰지 않았습니다!" 일부는 정해진 길을 따라 계속 나아가야 한다고 생각하기까지 하였다. 그리하여 쿠르스크[14]의 관리들은 자신들의 소보르 대표인 말리셰프(Мальшев)에게 불만이었고, 한 표현에 따르면, "군주 소보르 법전의 모든 조항들에 대해 군주의 명령이 백성들의 탄원에 따라 수행되지 않았다"는 이유로, 다른 표현에 따르면 "그가 모스크바에서 그들 개개의 변덕스

14) Курск. 러시아의 서부 쿠르스크 오블라스티의 주도. 키예프 루시의 요새로서 10세기부터 알려졌으며, 14세기에는 리투아니아령, 16세기 초에 러시아령, 16세기 말부터는 크림 타타르족을 방어하기 위한 요새의 하나였다. 18세기부터는 상업 중심지가 되었다.

런 마음을 법전에 시행하지 않았다"는 이유로 그에게 '웅성거렸다.' 그러나 일부가 받은 것보다 더 많은 것을 원했다면, 다른 일부에게는 수행된 것이 나쁘고 불길한 것 같았다. 면세를 받는 개인적 종속의 처지에서 과중한 군주의 탸글로를 부담하는 처지가 된 탁신자들은 "우리는 무릎까지 차오른 피 속을 걸어 다녀야한다"고 음울하게 말하였다. 그들의 의견에 따르면, 사회는 극심한 동란을 거쳤고("공동체 전체가 동요한다"), 법전으로 모든 것을 빼앗기고 불행해진 대중들은 모든 사람들이 이 대중들을 두려워하는 듯하기 때문에 박해자들에 대한 노골적인 폭력을 계획할 수도 있었다. 서민들만 이런 식으로 생각한 것이 아니었다. 총대주교 니콘은 법전을 법이 없는 '저주받을' 책이라고 부르면서 법전을 신랄하게 비판하였다. 니콘이 보기에 법전은 '건방진 사람'인 오도옙스키[15]에 의해 차르의 지시와는 다르게 편찬되어 소요로 혼란스런 '공동체' 앞에서 공포에 빠진 젬스키 소보르에게 넘겨졌다. 그는 "모든 사람들은 자발적으로도 아니고, 참된 진실 때문도 아니며, 모든 검은 사람들로부터의 공포와 내분 때문에 소보르가 열렸다고 알고 있다"라고 썼다. 물론 니콘을 흥분시킨 감정은 보야린 탁신자들의 감정과 다른 것이었으며, 그는 한 중요한 기록에서 군주의 애초 의도는 '아무리 폐기된 것이라도' 그저 옛날 법들을 모아서 총대주교와 성직자들이 아니라 세속사회에 부여하는 데 있었다고 지적하였다. '거짓 입법자' 오도옙스키의 기만과 모든 검은 사람들의 내분으로 '이 지시가 총병과 촌놈을 대동하고 총대주교에게' 내려졌고, 백성들이 요청한 새로운 법률들에서 성직자들의 재산상의 특권과 재판상의 특권에 대한 불쾌한 침해가 허용되었다. 그러므로 니콘은 법전의 적법성을 인정하지 않았고 군주에게 거듭 법전을 '그만둘 것'을, 즉 폐기할 것을 요청하였다. 바로 이러한 것이 당시 고위 성직자들의

15) Н. И. Одоевский, 1605?~1689. 러시아의 공이자 외교관.

가장 유력한 대표자가 소보르와 법전에 대해 취한 태도였다. 나머지 고위성직자들도 그에게 동조한 것은 확실한 것 같다. 법전의 개혁은 교회 조직의 독립성과 특수성이라는 원리 자체를 동요시켰고, 성직자들과 교회 영지를 전국가적인 재판 하에 두었다. 그뿐만 아니라 개혁은 교회 토지소유자들의 경제적 이익을 심하게 침해하였다. 성직자들이 개혁에 동조하는 것은 그들이 개혁을 시행한 젬스키 소보르 자체에 동조하는 것이 불가능한 것처럼 불가능하였다. 보야린들도 1648년의 소보르 행동을 승인할 근거가 없었다. 17세기 중반 동란에 의해 뿔뿔이 흩어진, 공(公) 기원의 구 보야린 계층의 잔당들뿐만 아니라 좀더 평범한 '본향'을 가진 보야린 계층의 잔당들로부터 궁정-관료적 성격의 새로운 귀족이 형성되는 데 성공하였다. 어떤 정치적 권리도 갖지 않은 이 보야린 계층은 '관리적' 성격을 띠었고 관리 계층으로 변신하였으며, 이미 보았듯이 소보르들을 통하지 않고 통치하였다. 새로운 보야린들과 그들의 조력자인 서기관들은 그 자신들이 평범한 드보랴닌 계층과 때때로 그보다 낮은 계층으로부터 비롯하였으나, 그럼에도 불구하고 그들은 구 보야린 계층의 토지뿐만 아니라 일찍이 분령-공 영지를 특징지은 옛 형태의 토지소유적 특권도 계승한다는 자부심과 큰 열망을 갖고 있었다. И. Е. 자벨린에 의해 정리된, 고귀한 Б. И. 모로조프의 세습영지 문서들은 모로조프의 '궁정'과 '청'에 존재하였던 순수한 국가적 통치방식이 어떠했는지를 정확히 이해할 수 있게 해준다. 모든 면에서 특권과 사실상의 무책임에 의해 뒷받침되는 바로 이 광대한 경제적 규모는 소 봉지 관리와 도시민들의 불평 대상이기도 하였다. 법전은 법과 권력 앞에서 일반적인 평등의 원리를 실현하였고("높은 관등에서 낮은 관등에 이르는 모스크바 국가의 모든 관등의 사람 전부에게 재판과 징벌은 모든 업무에서 평등하였다"), 이로써 모스크바 보야린 및 서기관들의 반발과 지방 공동체의 신분이 낮은 사람들의 찬성을 야기하였다. 소보르의 탄원들을 통해 폭압자들의 모욕으로부터 자신들을 보존해달라는 이 신분이 낮은 사람들의 요구를 모스크바 행정당국은 오만하게 '소동'이라든지 '여러 어수선한 일'이라고 불렀고 소동을 일으킨 사람들을 '난동자'라고 불렀다. 모스크바 보야린 관료 및 서기관 관료들은 소보르 사람들의 법전과 탄원들이 보이는 성향들을 결코 좋아할 수가 없었다.

그리하여 나라의 평온을 위해 소집한 1648년의 소보르는 모스크바 사회에 불화와 불만을 가져왔다. 목표를 달성한 지방 사회의 소보르 대표자들은 유력자와 농노 대중을 자신들의 적으로 만들었다. 탸글로와 봉지소유자에 대한 결박을 받아들일 수 없던 농노 대중이 '소요'를 일으키고 돈강으로 탈출해 농민반란을 준비하는 것으로 저항하기 시작했다면, 사회 상류층은 합법적인 활동방식을 선택하여 정부로 하여금 젬스키 소보르를 완전히 중단하게 만들었다.

1648년의 젬스키 소보르는 새 왕조 치하의 소보르들 중에서 가장 완전하고 가장 활동적이며 가장 영향력 있는 소보르였다. 모스크바에서의 전 활동기간 동안 명예롭게 국고에서 경비를 지불받은 대표들은 때때로 개별적 임무를 위해서뿐만 아니라 지역 및 중앙 통치직으로도 모스크바 행정부 대열로 편입되었다. 외부의 존경과 함께 그들에게는 신뢰도 주어졌다. 그러나 이와 동시에 1648년의 소보르 상황에는 이미 소보르들의 급속한 해체와 종언을 가져올 원인들이 숨어 있었다. 이 종언은 너무나 예기치 않게 도래하여 그것은 최근의 관찰자에게 정부 체제에서 발생한 대격변으로 보일 정도였다.

법전에 관한 소보르 이후 모스크바에는 1650년과 1651년 그리고 1653년에 소보르들이 더 개최되었다. 이들 중 1650년의 소보르는 당시 매우 격렬한 혼란에 빠져 있던 프스코프를 진정시키는 문제를 다루었다. 뒤의 두 소보르들은 소러시아의 병합 문제를 다루었다. 1653년 소보르의 마지막 회의는 10월 1일에 있었고, 모스크바에서 소보르는 더 이상 소집되지 않았다. 모스크바 정부가 이를 의식적으로 거부했다고 생각해볼 수 있을 것이다. 1653년 이후 전문가들의 의견을 들어볼 필요가 있다고 인정된 경우 모스크바에서는 더 이상 '모든 관등의 대표들'이 아니라 단지 해당 업무에 가장 가까운 신분의 대표들만이 자문을 위해 소집되었다. 그리하여 1660년과 1662~1663년에는 재정 및 경제 위기를 처리하기 위해 모스크바시의 보야린과 대상인 및 탸글로 주민들 사이에 협의회가 열렸다. 1672년에 사절 청에서는 상층 모스크바 상인들이 아르메니아인들의 비단 거래 문제를 심의하는 데 참여하였다. 1677년에는 오트베트나야 궁[16]에서 똑같은 문제가 대상인들에게 제기되었다. 1681~1682년 동안 모스크바에는 단일 신분의 두 위원회가 존재하였다. 그중 하나인 관리 위원회는 군 조직 문제를 다루었고 다른 하나인 탸글로 위원회는 연공 부과 문제를 다루었다. 두 위원회 모두 대표자인 B. B. 골리친[17] 공 한 사람의 지휘하에 있었지만 한 번도 동일한 대표들의 궁 하나로 합쳐지지는 않았다. 딱 한 번 관리 위원회의 위원들이 신성회의 및 두마와 함께 문벌 제도의 폐지 의식을 위한 일반회의를 연 적이 있을 뿐이었다. 그러나 이것은 물론 우리가 이 용어를 이해하기로 약속한 의미에서 젬스키 소보르가 아니었다. 모스크바 권력은 특별 보고가 요구되는 문제에서는 전문가들의 자문에 의존하고, 일반적 문제에서는 비록 국가적으로 매우 중요하더라도 관리와 보야린들의 '소보르'에 만족하였다. 그리하여 1673년과 1679년에 신성회의와 두마는 투르크와의 전쟁 때문에 특별세를 징수하기로 결정하였다. 이전에는 이와 같은 징세가 변함없이 젬스키 소보르들에 의해 정해졌었다. 요컨대 1653년 이후 모스크바 정부는 소보르들을 전통이 적시해준 다른 형태의 협의회들로 체계적

16) Ответная палата. 모스크바 차르 궁정의 동쪽 면의 북쪽에 위치한 궁전. 이 궁전에 근무한 사람들은 대개 각국 사절들과의 여러 협상에 종사하였다.

17) Василий Васильевич Голицын, 1643~1714. 러시아의 공. 여제 소피야의 총신이었다.

으로 대체하기 시작하였다. 우리는 동란시대 이전에 이미 보야린 두마 산하에 전문가들의 위원회가 존재했고 또 관리와 보야린들의 '소보르들'이 존재했으며, 이 위원회와 '소보르들'은 '전 백성들의' 대표 '회의'보다 훨씬 더 오랫동안 소중히 보존되어 왔음을 보았다. 사람들은 '전 백성들의' 대표 '회의'가 바람직스럽지 못하다는 것을 인정한 뒤 위원회와 '소보르들'이 덜 의미가 있지만 더 편리하고 안전하다고 생각하면서, 그것들 쪽으로 쉽게 방향을 돌렸던 것이다.

하지만 백성들은 젬스키 소보르에 대한 권력의 태도가 바뀌었음을 알아차리고도 기회가 닿는 대로 그들 자신들은 버림받은 기관을 여전히 소중히 하고 있음을 숨기지 않았다. 1662년 심각한 재정위기에 빠진 혼란의 시기에 모스크바 정부가 대상인과 중소상인 그리고 평민 백인대와 슬로보다 사람에게 자문을 구했을 때, 이 모든 사람들은 위기의 극복을 위한 조치의 일환으로 소보르를 소집할 것을 제안하였다. 대상인과 중소상인들은 다음과 같이 말했다. "그것은 국가 전체, 모든 도시와 관등의 일이고, 그것에 대해 우리는 대 군주 폐하께 원하옵니다. 대 군주께서는 아무쪼록 이 일을 위해 모스크바의 모든 관등과 도시로부터 상급 주민 5명씩을 뽑을 것을 지시하옵소서. 그들 없이 우리만으로 이 큰 일을 처리하는 것은 불가능하옵니다." 검은 사람들도 똑같이 요청하였다. "이 일에 대해 군주 폐하께 원하옵니다. 대 군주께서는 모든 관등과 도시로부터 상급 주민들을 뽑을 것을 지시하옵소서. 도시 사람들이 없이 동전(銅錢) 문제에 대해 말할 수가 없습니다. 왜냐하면 그것은 국가 전체, 모든 도시 및 모든 관등의 사람들 일이기 때문이옵니다." 그러나 소보르의 운명은 이미 결정되었고 대 군주는 소보르를 더 이상 소집하지 않았다.

우리의 언급 이상으로 소보르의 소집이 중단된 원인들에 대해 많이 말할 필요는 없다. 17세기에 모스크바 사회의 중간계급의 정치기관으로 구실한 소보르들은 처음에 군주와 긴밀하게 연합하였다. 군주는 선출 당시 그 자신이 중간계급의 사랑 받는 지도자였기 때문이다. 두 친근한 정치적 권위인 차르와 소보르의 협력적 공동 통치는 주권이 신분적 영향력으로부터 해방되고 그 주위에 궁정-귀족 관료층이 형성될 때까지 계속되었다. 1648년 젬스키 소보르의 지방 대표자들과 '유력자들' 사이에, 즉 하원과 상원 사이에 불화의 징후가 처음 나타났을 때 통치계층은 소보르의 도움을 받기를 중단하고 옛날부터 모스크바 관습으로 존재해온 다른 형태의 협의회들에 의존한다. 젬스키 소보르는 자신의 활동이 1648~1650년 동안 국가를 동요시켰던 '공동체의 대혼란'과 연관되어 있기 때문에 더 이상 신뢰를 받지 못한다. 이제 권력은 더 이상 소보르가 아니라 그 자신의 집행기관들에서 지주를 찾는다. 통치의 관료화가 시작되고, 표트르 대제가 자신의 제도들에서 완벽히 표현하였던 '청' 원리가 승리를 구가한다.

바로 이런 것이 소보르 쇠퇴의 내적 원인이었다. 소보르를 바라보는 정부의 시각을 변화시킨 주요 원인 제공자가 총대주교 니콘이었음은 의심할 여지가 없다. 고위 수도원장의 일원으로 1648년의 소보르에 참석한 니콘은 직접 그 훌륭한 소보르를 보았다. 훨씬 뒤에 그는 매우 신랄한 한 글에서 소보르에 부정적 태도를 표출하였다. 1652년 후반에 니콘은 총대주교가 되었다. 이 시기에 소러시아 문제는 이미 소보르들의 심의로 넘어갔다. 1653년 소보르가 이 문제를 결말지었을 때 새로운 업무는 더 이상 소보르들로 넘겨지지 않았다. 군주의 총신이자 동시에 주교였던 니콘은 교회를 돌보았을 뿐만 아니라 국가 전체도 지배하였다. 그가 집권하고 있던 바로 이때 젬스키 소보르는 종언을 고하였다.

내적 곤경

한편, 법전 편찬 문제에서 흥미로운 것은 법전이 1649년 5월에 인쇄되어 세상에 나오기도 전에 이미 그 준비된 조항들이 개별 법규 형태로 공포되어 시행에 들어갔다는 특별한 사실이다. 이리하여 모스크바에서는 사람들이 1649년 이전에 입법작업의 결과들을 알고 있었고 많은 개혁들을 부정적으로 바라보았다. 개혁으로 손해를 본 사람들은 남몰래 극히 무례한 말을 내뱉었다. 그러나 이와 함께 모스크바에서는 눈에 띄게 동요가 심해져서 1649년 1월 6일에는 모스크바인들이 소요가 발생할 거라고 기대할 정도였다. 하지만 소요는 없었다. 이 점에서 흥미로운 것은 개혁에 불만을 가진 사람들(결박에 불만인 포사트 주민들이 많았다) 이 '옛날 적들'인 모로조프와 밀로슬랍스키를 새 제도의 기반을 놓은 사람들로 간주했다는 사실이다. 그들에 대해 사람들은 차르 알렉세이가 "보야린들인 모로조프와 밀로슬랍스키의 입에서 나오는 것만 바라보고 있으며, 그들이 모든 것을 지배하고 있다"고 적의를 갖고 말하였다.

하지만 모스크바에서 일은 순조로이 진행되었다. 그러나 1년 뒤(1650년 초에) 프스코프에서 소요가 시작되었고, 프스코프 뒤를 이어 노브고로드도 동요하였다. 사람들은 보야린들(즉 행정당국)과 모로조프 및 그의 '독일인 친구들'에 맞서 소란을 일으켰다. 이 시기에 스웨덴과의 협정에 따라 정부는 많은 액수의 돈과 많은 양의 곡물을 스웨덴에 보냈다. 외국으로 돈과 곡물을 반출하는 것을 인민들은 보야린들의 반역행위로 간주하였다. "보야린들은 곡물과 돈을 독일인들에게 보내고, 군주는 그것을 알지 못한다"고 인민들은 말했고, '군주의 명령이 있기 전에' 스웨덴 파발들을 붙들고 곡물을 가져가지 못하게 하였다. 노브고로드에서 소요는 재빨리 끝났으나 프스코프 주민들의 소요는 훨씬 완강하게 계속되었다. 특히 공업에 종사한 주민층인 포사트 주민들이 알렉세이 미하일로비치 통치 초기의 소요 전부에 가담한 것은 특기할 만하다. 물론 이것의 원인은 17세기 중반 이 계급이 처한 매우 어려운 상황에서 찾아야 한다. 프스코프에서 소요는 광범하고 매우 격렬한 성격을 띠었다. 지역 당국은 권위를 완전히 상실하였다. 프스코프인들은 사건을 조사하기 위해 모스크바에서 파견된 두마 사람들에 대해서도 폭력을 행사하였다. 그러자 모스크바에서는 위협을 가하려고 프스코프에 맞서 군사력을 사용하기로 결정했다. 호반스키[18] 공이 소수의 병력으로 도시를 포위하였으나, 프스코프인들은 굴복하지 않았다. 1650년 7월 소요를 걱정한 모스크바 정부는 소요를 일으킨 사람들에게 훈계를 하기 위해 주교인 라파일 콜로멘스키(Рафаил Коломенский)와 선출된 모스크바인들을 모스크바에서 파견하기로 결정했고, 이 훈계는 호반스키의 군대보다도 더 효과가 있었다. 프스코프인들은 말을 들었고 자수하였다. 모스크바 정부가 이 소요를 얼마나 심각하게 보았는지는 1650년 7월에 이 소요를 다룰 젬스키 소보르를 소집한 한 가지 사실만으로도 분명한데, 하지만 이 소보르에서 어떤 결정이 내려졌는지는 알려져 있지 않다. 필히 이 결정은 유화적이었을 것이다. 정부는 아마도 당시 도처에서 소요의 기미가 있었기 때문에 엄중한 조치를 피한 것 같다. 알렉세이 미하일로비치 통치 때처럼 그렇게 소요가 많던 차르 시대는 없었다. 당시 소요가 프스코프에서만 있었던 것이 아니며, 모스크바가 완전히 진정된 것이 아니라는 것은 사절 청에서 열린 소보르 이후 모스크바 탸글로 주민들이 소환되어 “도적들의 말을 할 사람 전부를 군주에게 알려주라”는 지시를 받았다는 사실에서 분명하다.

소러시아 문제가 바야흐로 불거지려고 했을 때 사정은 바로 이러하였다. 러시아는 소러시아 때문에 1654년부터 폴란드와 전쟁에 돌입하였다. 전쟁에서 이겼음에도 불구하고 정부의 재원부족과 열악한 경제사정이 곧 드러나기 시작하였다. 정부는 특별 징수에 호소하였으나 (1662년과 1663년에 미하일 표도로비치 때처럼 ‘5일조’가 징수되었다), 그것으로도 충분하지 않아 정부는 지출을 축소하고자 하였다. 하지만

18) Иван Андреевич Хованский. 17세기 초~1682. 공이자 보야린으로 러시아의 군인이며 위정자. 총병대 대장과 여러 지역에서 군사령관을 역임했다.

이 모든 시도들이 소망된 목표를 전혀 충족시키지 못하는 것을 보고 정부는 유통 중인 화폐의 가치를 독단적으로 올림으로써 어려운 상황에서 벗어나고자 하였다. 당시 우리는 여전히 자체 금화가 없어서 네덜란드와 독일 금화들이 유통되고 있었다. 네덜란드 금화는 1루블의 가치를 지니고 있었고 외국 은화(탈레르[19])가 42~50코페이카로 유통 중이었다. 정부는 외국 은화를 루시 은화로 재주조하여 21알틴[20]과 2덴가,[21] 즉 64코페이카를 만들었고, 이리하여 외국 화폐 한 닢은 15~20코페이카의 이익을 가져왔다(코토시힌의 말에 따르면).

물론 국고의 상당한 이익은 여기에 있었다. 그러나 여전히 이익을 확대하고 싶어 하여 외국 화폐들에게 1루블의 가치를 부여하기 시작하였다. 이 목표로 외국 화폐들에 낙인을 찍었으며, 낙인이 찍힌 외국 화폐는 도처에서 1루블로 받아들여졌고 낙인이 없는 외국 화폐는 통상의 가치인 42~50코페이카로 유통되었다. 정부의 이와 같은 조치는 불가피하게 외국 화폐들에서 낙인의 위조를 가져왔고 이 상황은 다시 새 화폐에 대한 불신과 함께 재료 가격의 등귀를 불러일으켰다. 그러자 1656년에 보야린 르티셰프[22]는 말하자면 금속 화폐를 발행하는, 즉 은화와 동일한 형태 및 크기를 가진 동화를 주조해서 은화와 동일한 가격으로 유통시키는 계획을 제안하였다. 이것은 1659년까지 충분한 성공을 거두었고 100 은 코페이카는 104 동 코페이카와 교환되었다. 그 후 은이 시중에서 사라지기 시작하였으며, 사태는 더욱 악화되어 1662년에는 100 은화 당 300~900 동화가 교환되었고, 1663년에는 1,500 동화를 주고도 100 은화를 가져오지 못했다. 한 마디로 말

---

19) талер. 약 3마르크에 해당하는 옛 독일 은화.

20) алтын. 옛날 화폐 단위로 3코페이카에 상당하는 동전.

21) деньга. 2분의 1코페이카 동전.

22) Федор Михайлович Ртищев. 1625~1673. 보야린으로 17세기 모스크바 루시의 위정자. 차르 알렉세이 미하일로비치의 친족.

해 여기서 80년 후 프랑스의 존 로[23]에게 일어난 것과 유사한 역사가 일어났던 것이다. 모스크바 정부에 큰 도움을 줄 수 있었을 르티셰프의 대담한 계획이 왜 그토록 빠르게 정부를 위기로 몰아넣었을까?

비극은 대담하지만 실현 가능했던 계획 자체가 아니라 엄청난 남용 속에서 그것을 제대로 집행할 수 없었던 무능력에 있었다. 첫째, 정부 자체가 너무나 대범하게 동화를 발행하였고 그럼으로써 이미 동화의 가치 하락을 촉진하였다. 마이어베르크의 말에 따르면 5년 동안 2,000만 루블을 발행하였는데, 이는 당시로서는 엄청난 액수였다. 둘째, 엄청난 남용이 일의 성공을 방해하였다. 차르의 장인 밀로슬랍스키는 주저하지 않고 동화를 주조하였고, 주조액은 10만 루블에 이르는 것으로 전해진다. 화폐의 주조를 담당한 사람들은 자신이 갖고 있는 동 금속으로 스스로 화폐를 만들었고, 심지어 뇌물을 받고 지지자들이 그렇게 하는 것을 허용하였다. 주요 혐의자와 방임자들(밀로슬랍스키 같은)이 그대로 남아 있었기 때문에 처벌은 사태해결에 별로 도움이 되지 않았다. 책임 있는 인사들이 저지르는 이와 같은 남용과 나란히 위조자들이 가혹하게 처벌되었음에도 불구하고 인민들 사이에

23) John Law, 1671~1729. 영국의 은행가. 에든버러 출생. 런던에서 경제학을 공부한 뒤 암스테르담에서 은행 실무를 연구했다. 1705년에 귀국하여 스코틀랜드, 오스트리아, 프랑스 등지에 국립은행 설립 계획을 제출해 오를레앙 공의 비호 아래 특허장을 얻었으며, 1716년 5월에는 프랑스에서 일반은행 설립 특허장을 획득하였다. 1717년에는 루이지애나 회사를 설립하여 21년 동안 독점적 무역권을 획득하였고, 조폐권과 징세청부권까지 획득하여 이른바 '미시시피 체제(로 체제)'를 확립했다. 1719~1720년에는 프랑스 재정총감에 취임하였고 공채 처리를 위하여 많은 은행권을 발행했다. 그러나 식민지경영의 확장, 지폐 남발로 신용이 떨어지고, 화폐 가치가 폭락하기 시작했으며, 법령에 의해서 지폐 액면은 반액으로 절하되고, 1주일 후 은행은 지불을 정지했다. 이로써 프랑스 전역을 공황 상태로 몰아넣어 프랑스 절대왕정에 대한 국민의 불신이 극에 달했다. 그는 관직을 버리고 벨기에로 도망친 뒤 베네치아에서 죽었다.

서도 금속 화폐를 비밀리에 위조하는 일이 흔해졌다. 마이어베르크는 자신이 모스크바에 체류하고 있는 동안 약 400명의 사람들이 화폐위조 혐의로 투옥 중이었다고 말한다(1661). 코토시힌의 증언에 따르면 순전히 '그런 돈 때문에' "이 시기 동안 7,000명 이상의 사람이 사형에 처해졌다." 이보다 훨씬 많은 사람들이 추방되었으나 부정은 중단되지 않았다. 심지어 외국에서 위폐를 들여왔다고 전해진다.

바로 이런 것이 모스크바 재정업무의 실패를 가져온 원인들이었다. 무엇보다도 먼저 동화에 대한 노골적인 불신이 동화로 은상을 받은 모스크바 군인들로부터 동화를 전혀 받지 않기 시작한 새로 병합된 소러시아에서 나타났다. 그리고 루시에서도 똑같은 일이 발생하였다. 예를 들어 채권자들은 채무자들로부터 은화로 채무의 변제를 요구하면서 동화를 받지 않으려고 하였다. 동화의 가치하락과 함께 끔찍한 물가등귀가 나타나, 코토시힌이 말하는 대로 많은 사람들이 굶주림으로 죽었고 동시에 폴란드 전쟁을 위한 '5일조'의 납부로 연공이 확대되었다. 이와 같은 상황 속에서 모스크바와 다른 지역들에서 소요가 뚜렷이 발생하였다. 자신들의 힘든 상황을 증오하는 보야린들의 탓으로 돌리고 그들이 반역을 저지르고 폴란드인들과 친교를 맺고 있다고 비난하면서, 1662년 7월 화폐주조 시의 부정을 알게 된 인민들은 모스크바에서 보야린들에 맞서 노골적인 소요를 일으키고 떼를 지어 콜로멘스코예에 머무르던 차르에 몰려가 보야린들을 처리해 달라고 요청하였다. '매우 조용한 차르' 알렉세이 미하일로비치는 군중들을 달래 진정시키는 데 성공하였으나 사소한 우연적 상황이 다시 소요를 자극하였고 그러자 소요를 일으킨 사람들은 군사력으로 진압되었다.

정부는 자신의 사업이 실패로 돌아간 것을 보고 또 소요의 진압으로 더 이상 저항이 없게 되자, 1663년 동화를 폐기하기로 결정했고 군대에 은으로 은상을 지불하기 시작하였으며, 개인들이 동화로 결제하는 것뿐만 아니라 심지어 동화를 소지하는 것도 금지하였다. 직접 동화를 녹여버리든지 아니면 일정 기간 동안 국고로 제출하여 동화 1루블마다 10 은 덴가, 즉 원 환율의 20분의 1을 받든지, 둘 중의 하나를 선택하지 않으면 안 되었다. 실패로 끝난 이 사업은 인민들의 복지에 큰 영향을 미쳤고, 매우 많은 사람들을 완전히 파산에 이르게 하였다.

주민들의 경제적 불만에 근거를 둔 17세기 중반의 모든 소요들은 대중들 사이에서 저항의식을 배양하였으며 그들의 동요를 촉진하였고 차르 알렉세이 시대의 사회생활을 완성시킨 거대한 운동을 서서히 준비하였다. 우리는 스텐카 라진의 반란에 대해 말하고 있는 것이다. 이 반란은 특히 격렬하고 심각하였으며 게다가 이전 소요들과도 뚜렷이 구분된다. 그것들은 지역적 성격을 띠고 있던 반면 라진의 반란은 이미 전국가적인 동란의 성격을 띠고 있다. 라진의 반란은 이전 소요들이 그랬듯이 경제상황에 대한 불만의 결과일 뿐만 아니라 사회체제 전체에 대한 불만의 결과이기도 하였다. 우리가 알고 있듯이 이전 소요들은 일정한 프로그램이 없었으며 단순히 사람들과 그 사람들의 행정적 남용을 겨냥한 반면, 라진의 반란자들은 명확히 의식된 프로그램은 없었지만 행정당국으로서뿐만 아니라 상류사회 계층으로서의 '보야린들'에 반대하였다. 그들은 카자크 체제와 국가 체제를 대립시켰다. 바로 이와 마찬가지로 봉기에 가담한 사람들도 이전 계층들이 아니었다. 여기서는 이전과는 달리 도시의 탸글로 주민들이 앞장을 서지 않았다. 운동은 카자크들 사이에서 시작되었고 그 후 농민층과 부분적으로만 도시민들 — 포사트 주민들과 하급 관리들 — 에게로 넘어갔다.

이 거대한 운동의 원인을 설명하는 데 있어 우리는 서로 훌륭하게 보완하는 두 가지 견해가 있다. 솔로비요프의 견해와 코스토마로프의 견해가 그것이다(나중에 피르소프[24] 교수의 개요가 나타났다).

솔로비요프에 따르면, 알렉세이 미하일로비치 시대 동안 인구의 일정 부분이 카자크들로 합류하는 일이 중단되지 않았다. 그렇기는커녕 이런 식으로 자신의 처지를 개선하고자 한 도망 농민과 홀로프들의 수는 인민들의 어려운 경제적 상황의 결과 더욱 늘어났다. 소러시아의 합병과 함께 도망자들은 그곳으로 향하려고 하였으나, 우크라이나를 카자크들의 나라로 인정하고 싶지 않던 모스크바 정부는 도망자들을 인도해줄 것을 우크라이나에 요구하였다. 이리하여 도망자를 인도하는 일이 없는 돈강으로 가는 길만이 자유로운 '고아의 길'로 남았다. 그러므로 돈의 인민들은 계속 늘어났고 부양수단은 줄어들었다. 17세기 중반 돈강과 드네프르강으로부터, 말하자면 아조프해와 흑해로 진출하는 일이 폴란드와 타타르족 때문에 불가능하게 되었다. 카자크들이 싸워서 "지푼을 얻어 입을" 곳이 없게 된 것이다. 볼가강과 카스피해가 여전히 남아 있었으나 볼가강의 하구는 모스크바 국가의 수중에 있고, 그곳에는 아스트라한이 서 있다. 하지만 카자크들은 볼가강으로 천천히 나아갔다. 그러나 처음에는 대략 1659년부터 소규모 약탈자들의 무리들이 형성된다. 곧 이 무리들은 유능한 지도자를 갖게 되고 소규모로 시작된 운동은 점점 확대된다. 그리고 이 소규모 약탈자 무리들로부터 거대한 무리들이 형성되고 이들은 카스피해 주변을 마구 휘젓더니 그곳에서 '풍부한 지푼들'을 입수한다. 그러나 카스피해에서 돈강으로 귀환하는 일은 꾀를 부려야 가능했다. 집으로 가는 통행 허가를 획득하기 위해서는 다시는 바다로 가지 않겠다고 약속하면서 거짓으로 순종하는 척하지 않으면 안 되었다. 이 통행 허가는 주어졌으나 카자크들은 다시 한 번 카스피해로 원정을 갈 경우 자신들이 징벌을 면치 못할 것이라는 것을 알게 된다. 카자크들의 첫 책략이 있은 후 볼가강에서 바다로 가는 길은 그들에게 단단히 닫혔다. 이리하여 마지막 출구를 상실한 가난한 카자크들은 국가 내부로 향하

---

24) Н. Н. Фирсов, 1864~1934. 러시아의 역사가.

게 되고 상류계층에 맞서 하류계층을 궐기시킨다. "바로 이런 것이 스텐카 라진의 반란이라는 이름으로 우리 역사에 알려진 현상이 갖는 의미이다"라고 솔로비요프는 끝을 맺는다(《러시아사》, 제9권 1장을 볼 것). 하지만 그의 설명은 단지 카자크들만 건드리고 있을 뿐, 카자크 운동이 백성들에게로 넘어가는 원인들은 해명하지 않고 있음을 지적하지 않으면 안 된다.

코스토마로프는 반란에서 '루시 생활의 두 주요 제도인 분령-민회 제도와 군주 제도' 사이에 벌어진 태고로부터의 투쟁을 본다(17세기에는 그것들을 국가 제도와 카자크 제도로 부르는 것이 더 적절할 것이다). 스텐카 라진의 공격은 카자크들이 기력이 없어지고 '새로운 원리'가 될 수 없었으며 좀더 참신한 무언가를 실현할 수 없었기 때문에 실패하였다. 또 카자크들 자신들이 '낡은 제도'였고 노쇠로 인한 해체를 겪었기 때문에 실패하였다. 이 점에서 지적할 필요가 있는 것은 코스토마로프가 여기서 카자크들을 별개로 존재하는 무언가로 간주하지 않는다는 점이다. 코스토마로프에게 카자크들은 국가 영토 밖에 형성된 사회가 아니다. 그에게 카자크들은 사회구조에 불만을 갖고 이 구조로부터 국가의 변경으로 떠난 모든 사람들의 총체이다. 17세기에는 그런 사람들이 매우 많았다. 모스크바 국가의 국내 상황을 일방적이기는 하지만 숙련된 솜씨로 개괄하면서 코스토마로프는 "도주와 동요, 그리고 일반적으로 통상적 생활방식에 대한 불만의 원인들(즉 일반적으로 카자크 사회의 출현 원인들)이 시민적 질서의 내적 유기체에 놓여 있었다"고 지적하는데, 그의 연구는 우리에게 카자크들의 반란이 어떻게 백성들의 반란으로 발전하였는지를 충분히 설명한다〔코스토마로프, 《연구서와 연구 논문들》(Монографии и исследования), 제2권을 볼 것〕.

일반적으로 스텐카 라진의 사건에서는 카자크들의 측면과 백성들의 측면이라는 두 측면을 구분하는 것이 필수적이다. 운동은 처음에는 순전히 카자크적이었고 '지푼 획득', 즉 루시인과 페르시아인들을 겨냥한, 대규모이기는 하지만 단순한 약탈의 성격을 띠었다. 이 운동의 지도자는 이른바 '빈민들'로 무리를 형성한 스텐카 라진이었다. 이들은 새 카자크들로서 늘 남의 돈으로 흥청망청 놀 기회를 찾는 불안정한 사람들이었다. 돈강에서 이런 종류의 '가난한' 사람들의 수는 도망 홀로프들 — 모스크바 국가에서 온 농민들과 부분적으로는 포사트 주민들 — 의 유입으로 점점 더 늘어났다. 바로 이 무리를 데리고 스텐카는 처음에는 볼가강에서 다음에는 카스피해 연안에서 약탈을 하기 시작하였다. 페르시아 연안을 파괴한 카자크들은 풍부한 노획물을 갖고 1669년 볼가강으로 돌아왔으며, 그곳에서 돈강으로 향했다. 돈강에서 라진은 자신의 업적과 카자크들이 긁어모은 재물에 관한 소문이 점점 더 퍼져나가면서 가난한 사람들을 점점 더 강하게 자기 쪽으로 끌어들였기 때문에 매우 큰 중요성을 누리기 시작하였다. 돈강에서 겨울을 난 라진은 모스크바 보야린들에 반대한다고 소문을 퍼트리고 다녔고, 실제로 1670년 여름에는 더 이상 약탈이 아니라 반란의 성격을 지닌 무리를 모아 볼가강으로 나아갔다. 거의 전투 없이 아스트라한을 접수해 카자크 사회의 형태로 도시를 정비한 아타만은 볼가강 상류로 진출했고 그리하여 심비르스크[25]에 다다랐다. 바로 여기서 백성들은 카자크들이 지나가는 곳마다 그들에 합류하면서 궐기하기 시작하였다. 그들은 "차르를 지지하고 보야린들에 반대하는" 등 상류계급에 맞서 봉기를 일으켰다. 농민들은 자신들의 봉지소유자들을 약탈하고 죽였으며, 무리를 지어 카자크들에 합류하였다. 볼가강변의 이민족들도 소요를 일으켜서 라진의 세력은 거대한 규모에 이르렀다. 모든 것이 니즈니와 카잔을 점령하고 모스크바로 가겠다는 그의 계획을 도와주는 것 같았지만, 뜻밖에도 그는 심비르스크에서 실패를 맛

25) Симбирск. 유럽 러시아 중부에 위치한 볼가강의 항만 도시로 울리야놉스크 오블라스티의 주도.

보았다. 스텐카는 그 군대의 일부가 유럽식 편제로 교육받은 바랴틴스키[26] 공에게 패배를 당하였다. 그러자 농민 무리들을 운명의 전횡에 맡겨두고 라진은 카자크들과 남쪽으로 도주하여 돈강 지역 전체를 궐기시키려 하였으나 여기서 그는 자신에게 항상 반대해온 구 카자크들에게 붙들렸고 모스크바로 압송되어 처형당했다(1671). 곧 국가 내지방의 봉기도 진압되었다. 비록 농민들과 홀로프들은 얼마 동안 계속 소요를 일으키고, 아스트라한에서는 카자크 무리가 바시카 우스(Васька Ус)의 지휘 하에 여전히 맹위를 떨치고 있었지만 말이다. 그러나 아스트라한도 마침내 보야린인 밀로슬랍스키에게 항복을 하였고 소요를 일으킨 주동자들은 처형당했다.

활발한 입법활동

이제 우리는 1648~1649년 법전의 평가로 시작했던 알렉세이 미하일로비치의 입법활동을 개괄하는 일로 되돌아가는 것이 적절할 것이다.

우리는 이미 법률들의 집성일 뿐만 아니라 당시의 필요와 요구에 아주 성실하게 대응한 개혁이기도 한 이 법전의 의미에 대해서 말하였다. 법전만으로도 알렉세이 미하일로비치 통치 시기는 명예로울 것이지만 당시의 입법은 그것에 그치지 않았다. 입법활동과 생활과의 관계는 생활이 언제나 입법활동을 앞지르는 식이어서, 사회생활은 언제나 어떤 법전의 틀을 벗어난다. 법률은 국가생활의 흐름과 사회관계에서 한 순간을 표현하고 확인하는 반면, 생활은 끊임없이 발전하고 복잡해지며 새로운 순간마다 새로운 입법적 결정을 요구하고 법률의 상세한 부분을 폐지한다. 요컨대 생활은 법률에 반영되는 것이다. 생활이 풍부해지면 질수록 생활이 급속히 진보하면 할수록 법률의 변

---

26) Юрий Никитич Барятинский, ?~1682?. 모스크바의 공이자 보야린으로서 군사령관 역임. 스텐카 라진의 반란을 진압하고 1654~1667년 대 폴란드 전쟁의 사령관.

화는 더욱더 신속하고 깊이 이루어지며, 거꾸로 생활의 정체가 크면 클수록 입법활동은 더욱더 적어지는 것이다. 17세기는 결코 정체의 시기가 아니었다. 알렉세이 미하일로비치 시대부터 모스크바 국가생활의 개조 시기가 시작되고, 정부가 동란 이전의 옛 형태에 따라 국가를 건설했던 미하일 표도로비치 때는 여전히 없던 우리 생활원리의 개조를 위한 의식적 노력이 나타난다. 사회는 긴박하게 돌아갔고 이 생활의 긴장은 법전에 매우 신속하게 영향을 미쳐 이제 생활에 뒤떨어지기 시작한 법전은 변경과 보충을 요하게 되었다. 그리하여 1649년부터 표트르 대제 직전까지 법전에 필수적인 정정과 보충을 가져온 이른바 신명령(Новоуказ) 조항들이 다수 나타났다. 정부의 모든 명령을 집대성하겠다는 생각을 갖고 있었으나 이 목표를 달성하지 못한 스페란스키[27]에 의해 편찬된 법률들의 전집에는 1649~1675년에 600여개 명령 조항이 들어가고 표도르 알렉세예비치 시대 동안 약 300개 조항, 그리고 1682년부터 1690년까지(즉 표트르 군주 시절 전까지) 약 625개 조항이 들어간다. 전부 합쳐 약 1,535개 명령인 이것들이 법전을 보충하였다.

이 명령들의 대다수는 사적 명령들, 즉 보야린 두마에게 행한 서기관들의 보고들에 의해 발생한, 경우에 따른 명령의 성격을 띠었으나, 이 사적 법령들 사이에서 우리는 이미 알렉세이 미하일로비치 시절에 일반적 성격을 띤 매우 광범하고 발달된 법규들을 종종 만나며, 이것

27) Михаил Михайлович Сперанский. 1772~1839. 러시아의 정치가. 페테르부르크의 신학교를 졸업한 뒤 1797년부터 내무성에 근무하였다. 알렉산드르 1세의 인정을 받아 1809년 10월 러시아 최초의 헌법 조안이라고 할 만한 대폭적인 국가개혁안을 작성했지만, 보수적인 관료 및 귀족층의 반대와 나폴레옹 전쟁 때문에 그 일부만 시행되는 데 그쳤다. 1812년 황제의 총애를 잃어 시베리아로 유배되었으나 1819년에는 시베리아 총독으로 취임하였다. 니콜라이 1세의 즉위와 함께 중앙 정계로 복귀하였고《러시아 제국 법령 전집》의 편집을 지휘하였다.

들은 급속한 국가 성장을 보여주는 의심할 바 없는 증거이다.

민족생활의 어떤 한 영역에 대한 개별 법전의 성격을 띤 이와 같은 일반적 법규들 중에서 다음의 법규들을 주목할 만하다.

(1) 상인들의 탄원에서 발생한, 상품 관세에 관한 명령. 모스크바 국가에서는 매우 다양한 상업세가 존재했다고 말할 필요가 있다. 상품들은 이동하는 동안 많은 세밀한 평가를 받았으며 세금이 붙여졌다. 상인은 가는 곳마다 세금을 지불하였다. 사람들은 그로부터 신고세, 여행세, 통관세 등을 받았다. 그리하여 17세기에 정부는 이 세금을 몇 가지 종류로 축소하고자 하였다. 차르 알렉세이의 총신인 모로조프에 기원을 둔 1646년의 중요한 소금세는 그 주도자에 대한 인민들의 불만을 결과한 그런 시도이다. 위에서 언급한 시도와 유사한 시도는 "모스크바를 비롯한 도시들에서 징수하는 상품 관세"에 관한 명령이며, 이 명령에는 이 관세를 "얼마나 걷을지, 또 어떤 상품에서 걷을지"에 관한 지시들도 포함한다〔《러시아 제국 법령 전집》(Полное Собрание Законов Российской Империи), 제1권 107호〕.

(2) 세금을 간소화하고자 하는 이와 같은 시도는 독점판매권의 남용에 대해 설명하는 1654년 4월 30일의 《규정》(Уставная грамота)과 일부 세금들, 특히 방문세의 제한으로 나타났는데, 방문세의 경우 이 세금은 "상품 평가 1루블마다 일정 비율의 세금을 걷는 것으로 대체되었다"(《러시아 제국 법령 전집》, 제1권 122호).

(3) 이전 시대의 모든 상업세를 1루블 당 10덴가의 세금 하나로 대체한 유명한 1667년의 《신상법》에는 위에서 언급한 정부의 희망이 아주 명확하게 반영되어 있다. 새로 제정된 10덴가의 세금은 상품을 판매할 때 판매자로부터 징수하기로 법률로 규정되었으나, 판매자가 그 전에 상품을 매입할 때 이미 일부를 지불했을 경우, 상품을 판매할 때 10덴가에서 남은 부분만 지불하였다. 101개 조항(94개 조항+7개 보충조항)으로 이루어진 신상법은 상업에 관한 완벽한 법률이다. 그

속에는 다른 국가와 루시 상인들의 교역 및 모스크바 국가 내 외국인들의 교역에 대한 규정들이 매우 상세하게 작성되어 있다. 한편 외국인에게는 소매거래가 금지되었고, 단지 모스크바 상인과 그 자신이 교역하는 도시의 상인에게만 도매로 판매할 수 있었다. 물론 이로써 상품이 가능한 한 많은 손을 거치도록 하였고 그럼으로써 국고의 관세수입을 늘이고자 하였다. 상업에 관한 고유의 규정 외에도 신상법은 재판의 지체 등 전반적으로 행정당국의 남용으로부터 상인들을 보호하고자 한다.

위에서 인용한 모든 신명령 조항들은 상공 주민을 염두에 두었고, 알렉세이 미하일로비치 통치 시대 전반기에 발생한 소요들과 얼마간 연관이 있음은 거의 확실하다.

(4) 좀더 일반적인 의미를 가진 것은 1669년 1월에 발간되고, 법전 21장과 22장(21장 "약탈과 도적 건들에 관해"와 22장 "사형과 형벌에 관해")을 개정하고 보충한 조항인 **《도적, 약탈 및 살인 건에 관한 신명령 조항들》**(Новоуказные статьи о татебных, разбойных и убийственных делах, 《러시아 제국 법령 전집》, 431호)이다. 모스크바 국가의 형법은 여기서 최종적으로 정리되었다. 형사적 성격의 130개 법전 조항에다 법전은 128개 조항을 부가하였는데, 이 128개 조항 중 일부는 이전 법전을 되풀이한 것이며, 다른 일부는 현행 법전을 개정하고 보충한 것이다.

알렉세이 미하일로비치의 입법활동을 개관할 때 이른바 **종법집**(宗法集, Кормчая книга), 즉 **노모카논**(Номоканон)의 발간도 언급해야 한다. 이 이름으로 불리는 것은 그리스 교회법의 고대문헌으로 이 문헌은 교회 관리 및 재판에 대한 비잔티움 황제와 교회의 법령들을 포함하였다. 11세기 그리스에서 발생한 그리스의 노모카논들은 매우 일찍(A. C. 파블로프[28]의 견해에 따르면, 이미 11세기에) 루시에서 슬라브어로 번역되었고 우리에게서는 교회 문제에서 법률과 대등한 효력을 얻었다. 루시에서 노모카논들은 최신의 교회 법령과 루시 세속 법률들로 보충되었다(예를 들어 《루스카야 프라브다》가 전문 부가되었다). 이 세속적 성격의 법률이 보충된 이유는, 성직자들이 자기 땅에 사는 주민들을 재판할 권리를 가졌고 또 세속 문제에 관해 국가에 자문을 해야 하는 일이 종종 발생했으므로 형사 문제와 특히 국가적 문제에서 우리 법률의 발전을 주시하지 않으면 안 되었기 때문이었다.

이번에는 거꾸로 세속 권력도 노모카논에 포함된 비잔티움 황제의 법령들이 루시에서 현행법의 효력을 지니고 있었기 때문에 노모카논의 지식이 필요하였다. 도시법이라는 이름으로 알려진 이 법령들은 우리에게서는 세속 재판의 영역에 적용되었고 법전(Уложение) 편찬 때 출전으로 받아들여졌다. 1654년 차르 알렉세이 미하일로비치는 종법집에 있던 이 도시법들에서 발췌한 것들을 감독을 위해 군사령관들에게 송부하였다. 바로 이런 것이 고대 루시에서 노모카논이 갖는 의미였다.

알렉세이 미하일로비치 치하에서 종법집은 1650년에 총대주교 이오시프[29]에 의해 처음으로 발간되었다. 그러나 1653년에 이 종법집은 이전에는 없던 몇몇 조항들을 부가할 필요가 있음을 발견한 니콘에 의해 개정되었다. 내친김에 말하자면 이 조항들에는 로마 교황들이 자신들의 세속 권력을 정당화하는 수단으로 삼았던, 그 자체 날조된 콘스탄티누스 대제[30]의 증서인 이른바 《콘스탄티누스의 기진장》[31]

28) Алексей Степанович Павлов, 1832~? 러시아의 교회법학자.

29) Иосиф. 모스크바와 전 루시의 5대 총대주교(1642~1652).

30) Flavius Valerius Constantinus I, 274?~337. 로마 황제(306~310 副帝, 310~337 正帝)로 처음으로 그리스도교를 공인하고 그리스도교로 개종하였다.

31) Donation Konstantini. 로마 황제 콘스탄티누스 대제가 교황 실베스테르 1세(314~335)와 그의 후임자들에게 라테란 궁전과 로마의 토지를 비롯한 이탈리아 토지의 대부분을 기부하였다는 내용의 완전히 날조된 문서. 이 문서

이 부가되었다. 이와 유사한 부가가 물론 총대주교의 권력을 더욱 높이는 형태로 니콘에 의해 수행되었다.

우리의 대략적인 개관으로부터 알렉세이 미하일로비치 시대의 입법 활동이 얼마나 많은 결실을 맺었는지 분명해졌다. 이 활동이 인민의 이익에 대한 진실한 바람에 의해 고무되고, 항상 지방의 탄원들을 경청하면서 가능한 한 탄원들에 호의적으로 대응했음에도 불구하고, 활동은 전 통치기간 동안 빈번하게 발생하였던 소요와 소동이 확실히 잘 말해주고 있듯이 국가를 안정시키지 못하였다.

알렉세이 미하일로비치 하의 교회 업무

니콘

이제 차르 알렉세이 시대 동안 교계에서 이루어진 업무로 눈을 돌려보자. 당시 교회와 관련되어 발생한 사건들의 의의는 매우 컸다. 정교 분열이 시작되었고, 이것은 지금도 여전히 흘러간 역사적 문제일 뿐만 아니라 생활의 문제로 남아 있는 것이다. 또 당시 교회 권력과 세속 권력의 관계에 관한 문제도 발생하였다. 이 문제도 저 문제도 니콘의 활동과 관련되어 있다. 그러므로 무엇보다도 먼저 걸출한 총대주교라는 인물 자체로 눈을 돌려보자.

17세기의 가장 위대하고 유력했던 러시아 활동가 중의 한 사람으로 속세에서 니키타(Никита)라고 불리던 총대주교 니콘은 1605년 5월 니즈니 노브고로드 근처 벨리예마노프(Вельеманов) 마을의 한 농가에서 태어났다. 니키타의 어머니는 그가 태어난 직후 죽었고 그는 매

를 갖고 교황은 로마 황제로부터 직접 로마와 이탈리아 전체에 대한 지배권을 물려받았다고 하면서 자신의 절대 권력을 주장하였다. 로마 교구의 권력을 강화하기 위해 8~9세기 프랑크 왕국에서 위조된 것으로 알려져 있다.

우 악독한 여자였던 계모로부터 많은 것을 견뎌내지 않으면 안 되었다. 이미 그때부터 니키타는 계속되는 박해가 그의 성격에 나쁜 영향을 줄 수밖에 없었지만, 강한 의지를 갖고 있음을 드러내었다. 니키타는 비범한 능력을 보여주었고 빠르게 글을 깨우쳤으며 책 읽기에 몰두하였다. 그는 심오한 성서 세계 전체를 터득하였고 마카리 젤토보츠키[32]의 수도원으로 떠나 그곳에서 경전들을 부지런히 읽었다. 니키타는 결혼을 하였고 스무 살이 되던 해에 사제직에 서임되었으며 한 마을에서 사제 생활을 하였다. 니키타는 자신의 박식함을 알게 된 모스크바 상인들의 요청으로 모스크바로 이주하였다. 그러나 그는 모스크바에서 오래 있지 못했다. 자녀 전부가 차례차례 죽은 데 충격을 받아 그는 백해로 떠났고 안제르(Анзер) 섬의 한 암자에서 니콘이라는 이름으로 머리를 깎고 출가하였다. 그곳에서 수석 스타레츠 옐레아자르[33]와 불화를 일으킨 니콘은 코제오제르스키(Кожеозерский) 수도원으로 떠났고 그곳에서 1642년부터 1646년까지 수도원장으로 있었다. 임명을 받은 지 3년째가 되던 해 니콘은 수도원 일로 모스크바로 향하였고, 모스크바에서 그는 당시 일반적으로 수도원장들이 하던 대로 젊은 차르 알렉세이 미하일로비치를 예방하여 인사를 드렸다. 차르는 자신의 희망으로 총대주교 이오시프로 하여금 니콘을 로마노프가 조상 전래의 묘지가 있던 모스크바의 노보스파스키(Новоспаский) 수도원의 원장직에 임명하게 할 만큼 코제오제르스키 수도원장이 마음에 들었다. 조상들의 묘지가 있는 사정 때문에 경건한 차르는 종종 그곳으로 가서 선조 영혼들의 안식을 위해 기도하였고 니콘과 많은 이야기를 나누었다. 알렉세이 미하일로비치는 친구가 없이는 살 수가 없고 성격이 마음에 드는 사람들과 온 영혼으로 교제를 하는, 그런 친밀한

---

32) Макарий Желтоводский, 1349~1444. 러시아 정교의 사제로 운자 호수 부근에 수도원을 건립하고 그곳에서 생을 마쳤다.

33) Елеазар Анзерский, ?~1656. 솔로베츠키 수도원의 스타레츠.

부류의 사람들에 속했으며, 그래서 그는 수도원장에게 금요일마다 이야기를 나누기 위해 궁전으로 오라고 분부하였다. 차르의 호의를 이용하여 니콘은 모든 불행한 사람과 박해받는 사람들을 위해 차르에게 '호소하기' 시작하였고 그리하여 인민들 사이에서 선량한 변호자이자 대리인이라는 영예를 얻었다. 머지않아 그의 운명에 새로운 변화가 일어났다. 1648년 노브고로드의 수도대주교인 아파나시가 세상을 떠났고 차르는 누구보다도 자신이 좋아하는 사람을 선택하였다. 예루살렘 총대주교 파이스키(Паиский)는 노보스파스키 수도원장을 노브고로드 수도대주교직에 임명하였다. 노브고로드에서 니콘은 매우 훌륭한 설교로 유명해졌다. 노브고로드 땅에서 기근이 시작되자 그는 빵과 돈으로 인민들에게 큰 도움을 주었고 그 외에도 노브고로드에 양로원 네 곳을 건립하였다. 1650년 인민들의 반란이 발발하였고 이 소요 동안 니콘이 취한 행동의 모습에서 우리는 교회 분열 때도 보게 될 통 크고 단호한 성격이 이미 드러나고 있음을 본다. 그는 즉각 반란의 우두머리 모두에게 저주를 퍼부었고 이 때문에 그는 심지어 폭도들에게 폭행을 당할 정도로 인민들의 분노를 샀다. 그러나 그와 동시에 니콘은 노브고로드인들을 위해 차르에게 청원하였다.

노브고로드의 수도대주교로 있으면서 니콘은 예배가 좀더 정확하고 올바르며 엄숙하게 이루어지도록 신경을 썼다. 당시 우리 선조들의 깊은 신앙심에도 불구하고 예배는 매우 잘못된 형식으로 수행되었다. 빨리 진행하기 위해 잡다한 것을 한꺼번에 읽고 노래해서 기도하는 사람들이 거의 이해할 수가 없었다. 예절에 맞게 수도대주교는 이 '다성법'[34]을 없애고 이른바 '따로따로 부르는' 매우 심한 불협화음 노래 대신에 키예프식 노래를 차용하였다. 1651년 모스크바에 온 니콘은 수도대주교 필리프(Филипп)의 유골을 솔로베츠키[35] 수도원에서 수

34) многогласие. 개개의 독립한 소리가 동시에 울리는 것을 가리킨다.

도로 옮겨 고위 성직자 앞에서 이반 그로즈니의 오랜 죄업을 씻으라고 차르에게 조언하였다. 차르는 유골을 가지러 니콘 자신을 솔롭키로 보냈다(1652).

니콘이 유골을 가지러 솔롭키로 갔던 바로 그때 모스크바 총대주교 이오시프가 별세하였다(1652). 총대주교좌에는 니콘이 선출되었다. 그는 이 선출에 대해 거부로 응답하였다. 그러자 우스펜스키 대성당에서 차르와 그의 측근들이 수도대주교에게 거부하지 말라고 눈물을 흘리며 간원하였다. 마침내 니콘은 동의했지만, 그는 조건을 달았다. 그것은 차르와 보야린들, 신성회의 및 모든 사람들이 '성 사도들과 성부들의 그리스도 복음 교리와 규칙 그리고 경건한 차르들의 법들'을 보존하고 모든 점에서 "수장이자 목자이자 가장 훌륭한 아버지와 다름없는" 니콘 자신의 말을 경청할 거라는 엄숙한 맹세를 하느님 앞에서 해야 한다는 것이었다. 차르와 그의 뒤를 이어 교회 당국 및 보야린들이 이를 약속하였고 1652년 7월 25일 니콘은 총대주교로 임명되었다.

전례서의 개정과 분열

니콘이 가장 우선적으로 신경을 쓴 문제 중의 하나는 전례서를 개정하는 일이었는데, 이 일은 정교회의 분열을 가져왔다.

우리는 전례서에서 잘못된 것이 많았음을 안다. 이미 이반 4세는 스토글라프 소보르[36]에서 '종교서들에 관한' 문제를 제기하였다. 그는 "서기들이 틀린 번역으로 책을 쓰지만 쓰고 난 뒤 바로잡지 않는다"라고 소보

---

35) Соловецкий. 러시아 백해상에 위치한 제도(諸島). 유명한 솔로베츠키 수도원이 위치해 있다. 줄여서 솔롭키(Соловки)라고도 한다. 나중에 이 수도원은 볼셰비키 정권 하에서 최초의 소련 강제수용소 가운데 하나가 되었다.

36) Стоглавый собор. 1551년 모스크바에서 열린 회의로 이 회의에서 종교적 법문집인 스토글라프, 즉 100항목 결의집이 제정되었다.

르에서 말했다. 스토글라프 소보르가 필사본 책들에 들어 있는 틀린 것들에 대해 많은 주의를 기울였음에도 불구하고 소보르 자체가 착오에 빠졌는데, 예를 들어 두 손가락으로 성호를 긋고 알렐루야를 두 번 부르는 것이 그것이었다. "성호를 그을 때 두 손가락으로 해야 하는지 세 손가락으로 해야 하는지", 그리고 "알렐루야를 두 번 불러야 하는지, 세 번 불러야 하는지"를 몰랐던 루시에서는 이미 15세기에 이 문제들에 대한 논쟁이 있었다〔B. O. 클류쳅스키의 《시론》[37] (Опыты)에 실린 "프스코프 논쟁"(Псковские споры)〕. 이반 4세 하에서 발간된 최초의 전례서들에는 많은 오류가 저질러졌다. 똑같은 오류가 슈이스키 하에서 발간된 전례서들에도 있었다. 동란이 끝난 뒤 인쇄소(Печатный двор)가 복구되자 무엇보다도 먼저 전례서들을 바로잡을 것이 결정되었다. 그리하여 1616년 이 일은 우리에게 잘 알려진 트로이츠키 수도원 원장 디오니시와 이 수도원의 수도사들인 로긴(Логгин)과 필라레트 그리고 여타 다른 '종교적이고 이성적인 스타레츠들'에게 맡겨졌다. 디오니시에 대해 우리는 그가 어떤 인물인지를 안다. 비참한 동란시대에 대중 속에서 애국심을 불러일으킬 수 있던 그의 선량하고 고매한 천성은 실제적인 평범한 활동에는 무능력한 것으로 드러났다. 수도원장은 형제단을 엄격히 자신에게 복종시킬 수가 없었던 것이다. 수도원에서 원장보다 더 큰 영향력을 누린 사람은 수도사-합창단원으로서 둘 다 아주 멋진 목소리를 갖고 있던 로긴과 필라레트였다. 필라레트는 너무나 무지해서 종교시들의 의미뿐만 아니라 정교 교의도 왜곡하였다(예를 들어 그는 하느님을 인간과 유사하다고 간주하였다). 그들 둘 다 디오니시를 증오하였고, 수도원장은 바로 그와 같은 사람들과 함께 전례서 개정에 착수하지 않으면 안 되었다. 이미 전례서 '교정자들' 중에서 어느 누구도 그리스어를 몰랐다는 한

37) 1912년 모스크바에서 발간된 그의 논문집 《시론과 연구》(Опыты и исследования)를 가리킨다.

가지 사실만을 보더라도 개정 사업이 만족스럽게 진행될 수 없었음은 분명하다. 또 개정된 전례서를 옛 루시 및 그리스 필사본에 따라 검사해보자는 생각도 어느 누구의 머리에 떠오르지 않았다. … 어쨌든 개정에 착수하였다. 교정자들 사이에서 일은 아무 불화도 없이 진행되지는 않았다. 처음에는 성수식[38](聖水式) 기도문[39]에 '불로'(и огнем)라는 불필요한 단어를 삭제하는 문제 때문에 논쟁이 발생하였다. 이것을 이용하여 로긴과 필라레트 그리고 성기소(聖器所) 관리 보제인 마르켈(Маркелл)은 디오니시를 이단으로 비난하는 밀고장을 모스크바로 보냈다.

당시 모스크바에서는 여전히 필라레트 니키티치를 기다리고 있었고 크루티츠크(Крутицк)의 수도대주교인 이오나(Иона)가 총대주교좌의 업무를 보고 있었는데, 그는 당연하게도 이 사건을 판단할 능력이 없었다. 그는 디오니시의 적들 편에 섰다. 게다가 차르의 어머니 수녀 마르파도 디오니시에게 적대적이었으며, 사람들 사이에서는 "세상으로부터 불을 가져가기를 원하는" 이단자들이 나타났다는 소문도 퍼졌다. 사건은 디오니시를 키릴로프-벨로제르스크 수도원에 유폐하는 것으로 마무리되었다. 그러나 이 감금은 오래 가지 않았다. 곧 모스크바로 예루살렘 총대주교 페오판(Феофан)이 도착하였고 그 즈음 필라레트 니키티치가 돌아와 총대주교로 임명되었다. 디오니시 사건에 대한 심문이 다시 이루어져 그의 무죄가 인정되었다. 하지만 그럼에도 불구하고 모스크바에서는 '불로'라는 부가어를 두고 논란이 계속되었다. 페오판의 증언에 불안해진 필라레트는 그로 하여금 그리스로 가서 이 부가어에 대해 잘 알아보도록 부탁하였다. 페오판은 그의 부

38) водоосвящение. 물 축성식. 구력 1월 6일(신력 1월 19)의 신현제(神現祭) 때 목욕을 하는 의식.

39) 당시의 성수식 기도문은 다음과 같다. "성령과 불로 이 물을 정화하소서"(Освяти воду сию Духом Твоим Святым и огнем).

탁을 들어주었고, 알렉산드리아의 총대주교와 함께 '불로'라는 부가어가 삭제되어야 함을 확인하는 증서를 모스크바로 보냈다. 이리하여 부가어를 없애기로 결정하였다.

필라레트(1619~1633)와 이오시프(1634~1640)가 총대주교좌에 있을 때에도 전례서의 개정은 계속되었다. 그러나 개정은 내부의 일로 간주되어 내부의 수단으로 '펜의 실수'를 바로잡는 데 국한하였다. 즉 우리의 전례서를 고대 그리스 전례서와 대조하는 일이 필요하다고 생각하지 않았던 것이다. 하지만 이러한 대조가 필수적이라는 생각은 이미 필라레트 하에서도 나타났다. 1632년 대수도원장 이오시프가 동방에서 도착하여 교회 업무에 필수적인 그리스 서적과 '라틴 이단' 서적들을 슬라브어로 번역하는 데 결정적인 역할을 하였고, 게다가 그는 "교훈실에서 어린이들에게 그리스어와 읽고 쓰기를 가르치지" 않으면 안 되었다. 그러나 1634년 초에 이오시프는 죽었고 그의 학교는 문을 닫았다.

총대주교 이오시프(1642~1652) 하에서도 개정은 완전히 동일한 방식으로 진행되었다. 즉 루시인들은 그리스 서적들을 참조하지 않고 개정하였다. 이오시프 하에서는 나중에 분열의 선봉에 서게 되는 몇몇 사람들이 개정 업무에 크게 영향을 미쳤다. 그들은 사제장들인 이반 네로노프[40]와 아바쿰 페트로프,[41] 그리고 블라고베셴스키(Благо-

40) Иван Неронов, 1591~1670. 사제장으로서 러시아 초기 구교도 운동 지도자 중의 한 사람.

41) Аввакум Петров, 1620?~1682. 러시아의 사제장. 니즈니 노브고로드 출생. 사제의 아들로 태어났으며, 처음에는 인근 지방의 교회에서 사제로 근무하였지만, 1647년부터는 성계와 속계 도덕의 쇄신을 꾀하는 모스크바 사제들의 그룹 '경건파'에 가담하였다. 1652년 경건파의 니콘은 총대주교에 취임하자, 기도서의 개정에 착수함과 동시에 그때까지 2개의 손가락으로 성호를 긋던 것을 3개의 손가락을 쓰도록 하였고, 성가의 알렐루야를 2회가 아닌 3회 반복할 것 등 예배 의식의 개혁을 강행하였다. 이에 아바쿰을 비롯

вещенский) 대성당의 보제 표도르(Федор)였다. 이들은 총대주교와 친밀한 블라고베셴스키 사제장이자 차르의 참회 청문 사제였던 스테판 보니파티예프[42] 그룹 출신이었다. 아마도 그들의 영향으로 이오시프 하에서, 예를 들어 그 후로 유일하게 올바른 십자가 표식으로 간주되기 시작한 두 손가락으로 성호 긋기 같은 새 전례서의 많은 오류와 올바르지 못한 견해들이 도입되고 확산되었을 것이다.

그러나 그와 동시에 이오시프 시대부터 좀더 나은 쪽으로의 전환도 두드러지게 나타난다. 1640년 서부 루시 크라이 학원(коллегия)들을 본받아 모스크바에 수도원과 학교를 세우자고 키예프 수도대주교 표트르 모길라[43]가 제안하였다. 그 뒤 1645년에는 차리그라드의 총대주교 파르페니(Парфений)가 수도대주교 페오판을 통해 모스크바에 그리스 및 러시아 전례서의 출간을 위한 인쇄소와 루시 어린이들을 위한 학교를 세우자고 제안한다. 그러나 미하일 표도로비치 하에서 이 제안은 물론 다른 제안도 공감을 얻지 못하였다. 알렉세이 미하일로비치가 차르로 등극한 후 사태는 다르게 진행되었다. 매우 온화한 차르는 (1649년에) 표트르 모길라의 후계자인 키예프의 수도대주교 실베스트르 코소프[44]에게 편지를 써서 그에게 수도사 학자들을

한 경건파의 대부분은 가혹한 탄압에도 불구하고 끝까지 개혁에 반대하였으며, 그 결과 러시아 정교회로부터의 분리파가 형성되었다. 분리파는 정부와 교회의 박해를 받으면서도 장기간에 걸쳐 러시아의 오지인 시베리아에서 독자적 종교생활을 하였다. 아바쿰은 1653년 가족과 함께 시베리아로 유배되어 10여 년간 온갖 고통을 겪었지만, 모스크바로 돌아와서도 그 신념은 변하지 않았기 때문에 다시 북러시아로 유배되어 화형에 처해졌다. 말년에 집필한 자서전은 힘 있는 필치와 인간미가 풍부한 내용을 담은 명문으로 알려져 있다.

42) Стефан Вонифатьев, ?~1656. 모스크바 크레믈의 블라고베셴스키 대성당의 사제장. 차르 알렉세이 미하일로비치의 참회 청문 사제. 모스크바 사제들로 이루어진 '경건파'의 지도자.

43) Петр Могила, 1596~1647. 1632년부터 키예프의 수도대주교 역임.

보내줄 것을 요청하였고, 차르의 희망에 따라 아르세니 사타놉스키[45]와 예피파니 슬라비네츠키[46]가 모스크바에 도착하였으며, 슬라비네츠키는 이후 모스크바에서 최초의 권위 있는 학자가 되었다. 그들은 우리의 전례서들을 개정하는 작업에 참여하였다. 이와 동시에 침전관(寢殿官)인 표도르 미하일로비치 르티셰프[47]가 모스크바 인근에 안드레옙스키(Андреевский) 수도원을 건립하였는데, 그 안에는 그가 남부에서 초청한 키예프 수도사 학자들의 공동 숙사가 있었다. 이리하여 키예프 학문이 처음으로 우리에게 다가왔다.

이 1649년에 예루살렘 총대주교 파이시(Паисий)가 모스크바에 도착하여 우리의 전례 의식을 살펴보고는 차르와 총대주교에게 많은 '새로운 요소들'을 지적하였다. 이것은 당시의 관념으로는 '이단' 문제에 관한 것이었기 때문에 엄청난 반향을 불러 일으켰다. 그리고 무의식적으로 이단에 빠질 바로 이 가능성은 정부로 하여금 의식과 전례서의 '새로운 요소들'에 많은 주의를 기울이게 하였다. 이것의 결과는 그리스 의식들을 습득할 목적으로 수도사 아르세니 수하노프[48]를 아폰[49]을 비롯한 여타 지역으로 파견하는 것이었다. 얼마 후 수하노프는 모든 이들을 훨씬 크게 동요시킬 소식을 모스크바로 보내왔다. 그것은 아폰의 수도사들이 루시에서 출간된 전례서들이 이단으로 밝혀

44) Сильвестр Коссов, ?~1657. 1647년 표트르 모길라의 뒤를 이어 키예프 수도대주교 역임. 성직자 문필가로 유명.

45) Арсений Сатановский. 키예보-브라츠키 수도원의 수도사제. 총대주교 니콘 하에서 전례서를 교정하고 번역하였다.

46) Епифаний Славинецкий, ?~1675. 우크라이나의 수도사제. 문헌학자, 역사가, 번역가, 교육자.

47) Федор Михайлович Ртищев, 1625~1673. 17세기 모스크바 루시 시대에 활동한 명사. 1656년 이래 차르의 궁정관을 지냈다.

48) Арсений Суханов, 1600?~1668. 러시아의 수도 사제. 외교관. 트로이체-세르기예프 보고야블렌스키 수도원 건립.

49) Афон. 그리스 북부에 있는 그리스 정교의 성지 아토스(Athos)산을 가리킨다.

졌다면서 불살라버렸다는 소식이었다. 이와 동시에 모스크바 고위 성직자들은 우리의 관점에서는 별로 중요하지 않지만 당시에는 '교회의 큰 업무'처럼 보였던 갖가지 교회 문제들, 그중에서도 주로 우리에게 이미 익숙하였고 한편으로 르티셰프와 사제장 네로노프가 없애기 위해 노력해 왔던 '다성법' 문제에 관해 차리그라드의 성직자들에게 자문을 구하기로 결정하였다. 그리스인들의 자문에 따라 1651~1652년에 마침내 교회 예배에 단성법을 도입하기로 결정되었다. 이리하여 루시의 교회 업무에서 동방 그리스 교회의 사례와 자문이 중요한 의의를 가지게 되었다.

이처럼 의식과 전례서들을 개정하는 데 키예프인과 그리스인들을 끌어들이면서 이 점에서 새로운—'이질적'— 요소가 나타났고, 사람들은 사소한 오류를 바로잡는 일에서 당시의 관념으로 이단이라고 불리어진 좀더 본질적인 오류들을 바로잡는 일로 점차 나아갔다. 일단 사태가 이단을 바로잡는 문제의 성격을 띠고 이 문제의 해결을 위해 이질적인 도움이 끌어들여지자 개정 문제는 내부 일이라는 이전의 의의를 잃고 교회간(敎會間) 일이 되었다.

그러나 이 일에 대한 외부인의 개입은 많은 루시인들에게 불만과 그들에 대한 적의를 불러 일으켰다. 그리스인뿐만 아니라 키예프 학자 및 키예프 라틴 학문에 대한 적대적 태도가 나타났다. 키예프인들에 대한 태도에 나타난 이와 같은 적의는 1596년의 브레스트 종교합동에 기인하였다. 그때부터 모스크바에서는 남서부의 성직자들을 가톨릭교도로 의심하기 시작했던 것이다. 서방의 예수회를 본떠 표트르 모길라가 세운 키예프 아카데미의 성격 자체도 이 의심을 더욱 깊게 하였다. 주지하는 대로 이 아카데미에서는 라틴어가 중요한 역할을 하였고 루시인들은 로마교회의 언어인 라틴어를 배우는 사람들은 필연적으로 '가톨릭교'로 유혹될 거라고 의심하면서 라틴어를 배우는 것을 매우 못마땅하게 바라보았다. 모스크바에서는 남부 러시아의 지식인들을 전부 '라틴계'라고 생각하였다. 우리에게 친숙한 사제장 네로노프는 언젠가 니콘에게 다음과 같이 말하였다. "우리는 무엇보다도 먼저 당신께서 우리에게 여러 번 이렇게 말하는 것을 들었지요. 그리스인들과 젊은 루시인들이 믿음을 잃어버리고 그들에게는 확고한 선량한 풍습이 없다고 말입니다." 그러나 당시 이러한 말로써 가톨릭교에 대해 적대적 태도를 표출할 수 있었던 것은 비단 니콘이나 네로노프뿐만이 아니었다. 매우 많은 모스크바 사람들도 이러한 태도를 표출하였다. 유력한 무리였던 사제장 보니파티예프의 그룹도 이러한 사람들에 속하였다. 이 그룹의 이념은 그룹 밖으로 확산되어 예를 들어 평범한 모스크바인 골로소프(Голосов)에게도 영향을 주었다. 그는 이단에 빠지지 않기 위해 키예프 수도사에게서 배우기를 원치 않으면서 르티셰프에 대해 다음과 같이 말하였다. "키예프 사람인 표도르 르티셰프한테서 글을 배우는데 그 글에 이단도 들어 있다. 라틴어로 배우는 사람은 잘못된 길로 빠지게 된다." 골로소프 같은 사람들은 키예프인만 이단자로 간주한 것이 아니라 키예프인들과 그들의 학문에 호의를 가진 사람도 이단자로 간주하였다. 모스크바인들은 다음과 같이 말했다. "보리스 이바노비치 모로조프는 키예프인들을 총애하기 시작하였는데, 이것은 이미 그가 바로 그러한 이단으로 기울어졌음을 분명히 보여주는 것이다."

정교를 떠난 사람들에게 보인 이러한 적대적 태도는 그리스인들에게도 마찬가지였는데, 이 경우 적대적 태도는 피렌체 통합과 그리스인들이 투르크인들에게 예속된 사실에 기인하는 것이었다. 그러한 태도의 특징을 묘사하기 위해 당시 교육받은 루시인 가운데 한 사람이었던 아르세니 수하노프가 그리스 성직자들에 대해 한 말을 인용해보자. "로마 교황은 교회의 수장이 아니며 그리스인들은 원천이 아니다. 이전에는 그들이 원천이었지만 지금은 완전히 고갈되었다." 그는 그리스인들에게 말하였다. "당신들 자신도 갈증으로 고생하는데 어떻게 당신들이 스스로의 원천으로부터 빛을 충분히 쬘 수 있겠는가?" 루시에는 이미 오래전에 그리스인들을 적대적이고 다소 거만하게 대하는 태도가 생겨났다. 콘스탄티노플이 함락되고 투르크의 멍에를 짊어지게 된 그리스 성직자들은 모스크바 국가로부터 '희사'를 바라면서 루시에 출현하기 시작하였고, 루시 사회와 문헌에서는 이제 제1의 정교 중심지로서 콘스탄티노플의 중요성이 유일하게 자유롭고 강력한 정교 국가의 중심지인 모스크바로 넘어갈 수밖에 없다는 사고가 등장하여 확고하게 되었다. 민족적 긍지를 갖고 우리의 선조들은 독립 모스크바만이 정교의 순수성을 보존할 수 있고 또 보존하고 있으며, 동방은 15세기에 이미 이 순수성을 견지할 수 없었고 로마 교황과 화합을 음모하였다고 생각하였다. 투르크 지배 하에서 동방의 성직자들이 처한 부자유스런 상황은 모스크바인들이 보기에, 리투아니아와 폴란드에서 루시인들이 가톨릭교의 항상적인 압박 하에 있으면 법을 신봉할 수 없듯이 그리스인들도 법을 신봉할 수 없음을 충분히 보증하는 것이었다. 외국인 정교도들을 향한, 의심에 가득 차면서도 동시에 오만스런 태도가 매우 많은 모스크바인 사이에 존재하였다. 그들은 위에서, 즉 신앙의 문제에서 자만심이 가득한 저 높은 우월의식을 갖고 그들을 내려보았다.

그리고 갑자기 외국인 정교도들, 즉 그리스 주교와 소러시아의 학자들이 모스크바 교회의 의식과 전례서를 개정하는 문제에서 지도자가 된다. 그들의 이러한 역할은 모스크바 성직자들의 마음에 들지 않았고 자부심이 강한 모스크바인들을 격분시켰음이 분명하다. 교회 문제에서 모스크바가 우위를 차지한다는 고상한 관념을 지닌 사람들에게 교회 문제를 개정하는 작업에 외국인을 끌어들이는 일은 신앙의 문제에서 루시 성직자들이 무지하고 모스크바 의식은 이단임을 인정하는 사실로부터 필연적으로 비롯될 수밖에 없었던 듯하였다. 이것은 모스크바의 정교가 순수하다는 그들의 고상한 관념과 배치되는 것이었다. 그들의 민족적 긍지는 이것에 모욕을 느꼈고, 그들은 바로 이 모욕당한 민족 감정에 입각하여 개정에 저항하였다.

총대주교가 된 니콘은 좀더 체계적으로 개정작업을 수행하였고 고대 그리스 사본들에 근거하여 오류뿐만 아니라 의식도 개정하기 시작하였다. 의식에 대해 그는 항상 동방과 상의하였다. 당시의 관념에 따르면 의식의 개정은 이미 신앙의 영역에 대한 간섭으로서, 즉 용서할 수 없는 시도였다. 개정작업에서 키예프인들과 동방은 적극적이고 심지어 가장 중요한 역할을 하기 시작하였다. 개정은 궁극적으로 교회간 문제가 되었다. 격렬한 항의가 발생하였다.

그러나 니콘 하에서 전례서와 의식의 개정이 어떻게 진행되었고 개정에 맞서 최초의 항의들이 어떻게 등장했는지에 대한 서술로 넘어가기 전에 니콘이 바로잡지 않으면 안 되었던 전례서의 잘못된 부분이 어떤 것이지 살펴보자.

1) 교회 전례서들의 텍스트에는 동일한 기도문을 번역하는 과정에서 수많은 오기(誤記)와 오식(誤植), 사소한 부주의와 불일치가 존재하였다. 그리하여 동일한 전례서에 있는 동일한 기도문이 어떤 때는 '죽음으로 죽음을 짓밟으시고(наступи)', 어떤 때는 '죽음으로 죽음을 유린하시고(поправ)'처럼 다르게 읽힌다. 이러한 수많은 비본질적 착오로부터 더욱 많은 논쟁이 야기되었으며, 다음과 같은 것들이 좀더 중요한 것으로 여겨졌다. (1) 교리 해설 제8항의 잉여 문구인 '참되고 생명을 주시는 성주(聖主)의 영혼'. (2) 예수 이름(Иисус 혹은 Исус)의 기술과 발음. (3) 성모 및 여타 축일을 위해 교회 기도들을 왜곡하는 것. 사제는 "우리의 참된 하느님인 그리스도께서는 성스럽고 영광된 탄생과 모든 성자들의, 극히 청결한 성모의 기도로 우리에게 자비를 베푸시고 우리를 구원하시도다", 혹은 그리스도께서는 '성스럽고 영광된 진당(進堂)[50] 혹은 수태고지[51]의' 성모의 기도로 등으로 말하였다. 또 사도 베드로의 성스러운 쇠사슬[52] 축일(1월 16일)에는 "그리스도

께서는 … 성스러운 쇠사슬의, 찬미해마지 않는 사도 베드로의 기도로" 등으로 말하기도 하였다.

2) 의식면에서 우리 교회가 동방 교회로부터 가장 뚜렷이 벗어난 점은 다음과 같았다. (1) 준비 의식은 다섯 개의 성병(聖餅)[53] 대신 일곱 개의 성병으로 이루어졌다. (2) 알렐루야를 세 번, 즉 3회 대신에 2회, 즉 두 번 불렀다. (3) 태양의 진로를 거슬러 걷는 대신 태양의 진로를 따라 걸었다. (4) 사제는 지금과는 달리 예배 후 마침기도를 왕문(王門)[54]에서 했다. (5) 동방에서 성호를 그을 때와는 달리 세 손가락이 아니라 두 손가락으로 성호를 그었다, 등등.

위 사실들에서 볼 때 루시 교회가 동방 교회로부터 일탈한 모습은 교리에 근원을 두었다기보다는 외적이고 의식적이었던 측면임이 분명하다. 그러나 우리 선조들이 보기에 의식은 큰 역할을 하였던 바, 그들은 이 모든 일탈들을 '이단'으로 간주하면서 그것들에 엄청난 중요성을 부여하였다.

이제 니콘의 개혁으로 넘어가자. 니콘이 총대주교직에 오르기 전인 1649년에 이미 모스크바에 도착한 예루살렘 총대주교 파이시는 위에서 언급한 대로 루시 교회에 보이는 몇몇 새로운 요소를 지적하였다. 그가 집으로 돌아갈 때, 아르세니 수하노프도 동방의 의식을 연구하고 옛 교회 서적을 수집하기 위해 그와 함께 동방으로 파견되었다. 1651년에는 나자렛의 수도대주교 가브리일(Гавриил)이 모스크바에

---

50) введение. 성모 마리아가 세 살 때 예루살렘의 성당에 봉헌된 일.

51) благовещение. 천사 가브리엘이 마리아에게 성신에 의한 처녀 수태를 고지한 일.

52) 예수의 제자 베드로를 묶었던 쇠사슬을 가리킨다. 사도행전에 따르면 헤로데 왕이 베드로를 잡아 쇠사슬에 묶어 감옥에 가두었는데, 천사가 나타나 쇠사슬을 풀고 그를 구해준다.

53) 정교의 성체 예식에서 사용하는 빵을 말한다.

54) царские врата. 교회 내 제단 중앙 입구에 난 문을 가리킨다.

와서 또 루시 교회의 의식이 동방 교회의 의식을 벗어났다고 지적하였다. 1652년에는 콘스탄티노플의 총대주교 아파나시도 똑같이 지적하였다. 그때(1652) 스타레츠들이 두 손가락 성호 긋기가 기술되어 있는 모스크바의 인쇄 서적들을 이단으로 선언하고 소각했다는 소식이 아폰으로부터 전해졌다. 1653년 수하노프가 동방에서 귀국하여 '프로스키니타리야'(Проскинитария) 라는 이름이 붙은 자신의 보고서에서 모스크바의 의식과 동방의 의식 사이에 차이가 있음을 확인하였다. 비록 그 자신은 동방의 모든 것에 대해 회의적인 태도를 취했지만 말이다. 모스크바 교회와 동방 교회의 차이에 대한 수많은 이 지적들은 모스크바 고위 성직자들에게 교회 의식을 점검해서 만일 의식이 올바르지 않은 것으로 판명된다면 개정하지 않으면 안 됨을 보여주었다.

총대주교직에 오를 즈음에 니콘에게 이러한 점검과 개정이 필수적이라는 사상이 무르익었다. 총대주교가 된 뒤 총대주교의 장서들을 조사한 그는 장서 속에서 정교회들이 완전히 일치해야 되고 교리를 아주 엄격히 준수해야 한다고 말하는, 총대주교좌의 확언에 관한 증서를 발견하였다. 이것은 그로 하여금 루시 교회가 그리스 정교 법으로부터 이탈한 것인지 아닌지를 조사하게 만들었다. 교리해설(Символ Веры) 뿐만 아니라 다른 서적에서도 그는 직접 일탈을 보았다. 그러나 일 자체의 중요성 때문에 이 모든 일탈을 공공연히 체계적으로 점검하자고 즉각 결정을 내리기가 힘들어서 니콘은 부분적인 조치로 개혁을 시작하였다. 1653년 그는 기도문 '내 생의 주이자 군주'를 읊는 동안 12번을 절하는 대신 4번 절하라고 지시하였다. 전혀 중대하지 않던 이 개혁은 그럼에도 불구하고 많은 모스크바 사제들, 즉 블라고베셴스키 사제장인 스테판 보니파티예프와 모스크바 카잔스키 대성당의 사제였던 Ив. 네로노프가 중심적 자리를 차지하고 있던 이오시프 그룹에게 참을 수 없는 짓 같았다. 바로 이 그룹에 유리예프(Юрьев)

의 사제장 아바쿰 등이 가담하였다. 니콘 자신도 지난 날 이 그룹에 속했었다. 그는 이 그룹의 나머지 구성원들과 함께 민족적-보수적 성향으로 두드러졌었지만, 교회의 수장이 되고 좀더 폭넓은 식견을 확보하였을 때 그는 이 성향을 잃어버렸다. 그가 가진 견해의 변화는 그의 옛 친구들도 모르는 바가 아니었다. 이오시프 하에서 누리고 있던 영향력을 상실하고 개정에 대한 소문이 계속 떠돌며 그리스인과 키예프인들이 존재하는 데 불만을 가졌던 이 사람들은 니콘의 새 조치를 검토하기로 하고 그것이 이단적 조치임을 발견하였다. 아바쿰은 말했다. "서로 함께 모여 곰곰이 생각하니 마치 겨울이 닥쳐온 기분이었다. 심장은 얼어붙었고 다리가 후들거렸다."

그들은 개정에 대한 소문이 현실화되기 시작하였음을 알아차렸고, 이것에 공감을 하지 않아 니콘에 대한 탄원서를 작성해서 차르에게 제출하였다. 탄원서에서는 니콘의 새 조치뿐만 아니라 당시 아직 결정되지 않았던 두 손가락 성호 긋기에 대해서도 언급되었다. 니콘은 이단에 빠졌다고 비난 받았다. 모스크바 사제들은 니콘의 의도와 준비되고 있는 개혁을 잘 알았고 이미 사전에 개혁에 맞서 저항했음이 분명하다. 그들의 탄원서는 성공하지 못했다. 하지만 이 탄원서 때문에 니콘과 이 그룹 사이에 상호 불만이 시작되었고 그룹 일부 구성원들의 유형을 초래한 궁극적인 결렬이 일어났다.

1653년에 열린 성직자 소보르에서 무롬[55]의 군사령관의 밀고로 성물 모독으로 재판을 받은 로긴 사건이 논의되었다. 소보르에서 로긴을 변호한 사제장 네로노프는 니콘에게 신랄하고 불손한 태도를 거듭 표출하였고 이 때문에 그는 소보르에 의해서 순종을 위해 수도원으로 보내졌다. 네로노프가 추방된 뒤 카잔 대성당의 다른 사제들과 불화를 빚은 아바쿰은 그 자신 말하는 대로 "당분간은 마구간이 다른 교회

---

55) Муром. 러시아 공화국 블라디미르 오블라스티에 있는 오카강의 하항 도시. 862년 이래 존재한 고대 도시이다.

들보다 낫다"는 이유에서 헛간에서 철야기도를 거행하였다. 그는 로긴과 함께 이 무례한 행동 때문에 체포되어 재판을 받았다. 또 그들이 네로노프에 대한 판결을 두고 차르에게 총대주교에 대해 불만을 토로한 것도 재판에 넘겨진 이유였다. 아바쿰은 토볼스크로 추방되었다. 니콘에 의해 계획된 개정의 바로 첫 단계에서 벌어진 니콘과 유력한 모스크바 사제 그룹 간의 이 충돌은 그에게 교회 개정에서 홀로 행동하는 것이 완전히 불가능함을 보여주었다. 그의 개인적 명령은 앞으로도 이와 같은 반발을 야기할 수 있을 것이다. 그러므로 소보르를 소집해서 그 권위로 개정 문제를 지지하고 법제화하는 것이 필수적이었다. 그리하여 1654년 봄에 총대주교는 군주와 함께 교회 소보르를 소집한다. 소보르에는 수도대주교 5명, 대주교와 주교 5명, 대수도원장과 수도원장 11명, 그리고 사제장 13명이 참석하였다. 소보르는 니콘의 연설로 시작되었고 이 연설에서 그는 우리 전례서와 의식들이 올바르지 못하다고 지적하면서 그것들을 개정하지 않으면 안 됨을 보여주었다. 소보르는 개정이 필수적임을 인정하였고 고대 서적 및 그리스 서적들과 대조하여 모든 서적을 개정할 것을 결의하였다. 콜롬나의 주교 파벨만이 별도의 의견을 제출하였는데, 그는 개혁에 조금도 저항하지 않았지만, 특히 기도문 '내 생의 주이자 군주'를 읊는 동안 해야 할 절의 수를 새로 부과한 것에 대해서는 반대하였다. 소보르에 대한 이 반항 때문에 콜롬나의 파벨은 비싼 대가를 치렀다. 그는 니콘에 의해 즉각 추방당했다.

그러나 이 반항은 루시 소보르의 결정이 일부 사람들에 의해 인정될 수 없고 개정 같은 중요한 문제에서는 최고 권위가 필요하다는 것을 보여주었다. 좀더 성공적인 활동을 위해서 동방 교회 전체의 권위를 확보하는 것이 필수적임이 니콘에게 명확해졌다. 그리하여 1654년 소보르의 결의를 실행하기 시작하면서 총대주교와 차르는 (1654년에) 개정 건과 관련하여 26문제를 포함하는 편지들을 콘스탄티노플로 송부하고 콘스탄티노플 총대주교 파니시에게 이 문제들에 대해 답변을 해줄 것을 요청한다. 파니시는 콘스탄티노플 성직자들의 소보르를 소집하고 니콘의 계획과 1654년 모스크바 소보르의 결의를 완벽히 승인하는, 이 소보르의 '행동'을 모스크바로 보냈다. 이리하여 그리스 교회는 루시 전례서들의 개정 문제에 공식적으로 끌어들여졌다.

일찍이 고대 슬라브 서적들을 모스크바로 수집한 니콘은 이제(1654) 고대 그리스 서적들을 모으기 위해 다시 한 번 아르세니 수하노프를 동방으로 파견한다. 아폰 수도사들의 공감과 협조 덕분에 수하노프는 아폰으로부터 약 500권의 서적을 반출하는 데 성공한다. 안티오크의 총대주교와 알렉산드리아의 총대주교도 그와 같은 공감을 갖고 니콘을 대하였다. 그들도 나름대로 모스크바로 고대 서적들을 보냈다.

전례서 개정 작업을 위해 새로운 자료들을 수집하는 것과 동시에, 새로운 인물들 — 키예프의 수도사제 예피파니 슬라비네츠키, 아르세니 사타놉스키, 그리고 아폰에서 온 '신성한 산사람' 디오니시와 로마 및 베네치아에서 공부한 아르세니-그레크[56] 같은 그리스인들 — 이 개정의 선두에 놓여졌다. 그리스인과 남부인들은 아르세니-그레크가 소러시아와 그리스로 왔을 때 그를 가톨릭교도-이단으로 간주하였고, 그 때문에 그는 모스크바에 도착하자 시험을 위해 솔롭키로 3년 동안 보내졌다. 솔로베츠키 수도사들이 그를 정교도로 인정하자 니콘은 그를 교정원으로 받아들였다. 그러나 그의 이단성에 대한 소문이 계속 모스크바에 떠돌았고 그의 존재는 많은 구습의 지지자들(예를 들어 네로노프) 사이에 희망을 불러일으켰다.

새 교정원들의 저술로서 최초의 개정 전례서인 《미사서》(Служебник)가 마침내 1655년에 발간되었다. 이 서적은 일부러 소집된 성직

---

56) Арсений-Грек. 그리스 태생의 수도사로 총대주교 니콘 하에서 전례서를 교정하고 번역하였다.

자 회의에서 사전에 통독되었고 회의에 참석한 안티오크의 총대주교 마카리(Макарий)와 콘스탄티노플 총대주교로부터 독립한 세르비아의 수도대주교 가브리일(Гавриил) 같은 그리스 고위 성직자들에 의해 승인되었다.

전례서의 개정과 함께 의식의 개정도 협의되었고 이를 위해 소보르들이 소집되었으며 1656년 소보르에서 처음으로 두 손가락 성호 긋기 문제를 다루었다. 한편 인민들 사이에 새로운 요소들에 대한 불평이 나타났다. 사람들은 곳곳에서 새 전례서들을 타락한 것으로 간주하면서 받아들이려 하지 않았다. 그러나 저항자들의 선두에 설 수 있는 사람들이 아직 없었다. 스파소-카멘스키(Спасо-Каменский) 수도원으로 추방당한 이반 네로노프만이 북부에서 총대주교에 맞서 사람들을 궐기시키면서 반(反)니콘 운동의 중심지처럼 되어 있었다. 그 후 네로노프는 유형지에서 모스크바로 탈주하는 데 성공하였고 모스크바에서 그는 니콘의 눈을 피해 열정적으로 그에 반대하는 선전을 전개하였다. 1656년 소보르에서 네로노프는 (발견되지 않았는데도) 공모자들과 함께 유죄 판결을 받고 파문에 처해졌다. 그 후 네로노프 자신이 니콘을 찾아가서 용서를 빌면서 이 불화는 화해로 종결되었지만, 그럼에도 불구하고 몇몇 연구자(수도대주교 마카리)는 이 파문을 정교 분리의 시초로 간주한다.

그리하여 1658년 니콘이 총대주교직을 사퇴할 때까지 사태는 그렇게 진행되었다. 전례서 및 의식 개정을 둘러싼 전체 상황과 1653~1658년 동안(저항의 개시부터 니콘의 제거까지)에 벌어졌던 이 개정에 맞선 저항을 생각해볼 때, 우리는 한편으로는 니콘이 완전히 의식적으로 개정작업에 착수하였고 이 작업에서 적극적인 활동가였지만, 그는 자신의 직권으로 많은 것을 결정하지는 않았으며 거의 모든 자신의 조치들을 위해 루시 소보르는 물론이고 동방 소보르들의 인가를 요구하였다. 루시 교회의 특수한 사태에 대한 가톨릭 교회 전체의 이 같은 인가는 사태가 엄중하며, 또 루시 교회에서 전교회적으로 이단을 근절한다는 그런 성격도 부여하였다. 루시의 옛 의례를 이단으로 보는 시각은 의심할 바 없이 당시 존재하였고 1656년 소보르에서 (네로노프에 반대하여) 나타났다.

1654~1655년의 콘스탄티노플 소보르는 루시 교회의 일탈에 대해 훨씬 더 가볍게 생각하였다.

한편 옛 의례의 숭배자들이 보기에 니콘의 수정은 완전히 이단이었으며, 이들은 바로 니콘이 '이단적인' 새로운 요소들을 도입하였기 때문에 그에게 저항하였다.

그러나 니콘에 대한 저항에 시선을 돌리면 우리는 다른 한편으로 1653년부터 1658년까지의 시기 동안 니콘에 대한 반항이 격렬하고 대규모로 표출되지 않았다는 사실에 주목해야 한다. 네로노프만이 명백히 격렬하게 저항한 사람이었다. 확실히 개정에 대한 반항은 개정조치가 취해지기 전에 나타났다. 개혁이 계획상으로만 여전히 존재하고 있을 때도 사람들은 저항하였던 것이다〔우리는 모스크바 사제들이 1653년에 이미 두 손가락 성호 긋기를 옹호하면서 반(反)니콘 탄원서를 차르에게 제출했음을 보았다. 두 손가락 성호 긋기는 1655~1656년부터 비로소 금지되기 시작했지만 말이다〕. 니콘에 대한 이 반항은 이오시프 하에서 유력하였으나 니콘 하에서 모든 것을 잃어버린 한 사제들의 그룹으로부터 처음 시작되었다. 그것은 부분적으로는 니콘에 대한 개인적인 적의 때문에, 부분적으로는 개정작업이 비러시아인들의 수중으로 넘어갔다는 사실에 의해 모욕당한 민족적 자부심 때문에 나타났다. 게다가 총대주교에 대한 이 반항은, 되풀이 말하건대, 많은 이들이 저항 그룹에 은밀히 공감하고 있었지만, 1658년까지는 노골적인 분리로 나아가지 않았고 또 격렬한 양상을 띠지도 않았다(내친김에 말하자면 이것에 대해서는 1650년대에 총대주교와 함께 모스크바에 와서 흥미로운 기록을 남긴 안티오크의 총대주교 마카리의 보제 파벨 알렙스키[57]가 증언한다).

이러한 것이 1658년 니콘이 총대주교직을 그만둘 당시의 상황이었다. 니콘의 제거 이후 교회 개혁에 대한 반항은 급속히 확대된다.

니콘이 총대주교직을 그만둔 뒤 루시 교회의 수장이 된 사람은 크루티치[58]의 수도대주교 피티림[59]이었다. 똑같은 교정원들이 개정작업에서 제일 중요한 자리를 차지하고 있어서 개정은 똑같은 방향으로 진행되었으나 니콘이 없는 상황에서 이전의 열정도 없었다. 니콘의 개인적 성격과 막강한 권력 및 영향력에 의해 크게 억눌렸던 개정에 대한 저항은 그의 제거와 함께 점점 더 명확하고 대담하며 집요하게 된다. 영리하고 예리한 사람으로 밀고에 수완을 보인 음모가였던 네로노프가 이전과 마찬가지로 그 선봉에 선다. 그는 예전에 모스크바 당국이 응석을 받아주어 버릇이 나빠졌고 유력한 지위를 지니고 있었다(모스크바 카잔 대성당의 사제장). 고위 성직자들의 저항 문제에서 그는 그들에게 후회를 가져다주기도 하고 그들을 등지기도 한다. 네로노프는 개인적인 품성보다는 자신의 지위 덕분에 저항자들 사이에서 일정한 역할을 하였다고 말하지 않으면 안 된다. 또 다른 지도자는 사제장 아바쿰이었다. 그는 타고난 지혜를 가진 위대한 천재였으나 교육을 받지 못한 사람이었다. 그는 스스로 자신에 대해서 다음과 같이 말하였다, "나는 이해도 잘 못하고 학식이 짧은 사람이며 변증법도 수사학도 철학도 배우지 못했지만 그리스도의 지혜를 갖고 있고,

---

57) Павел Алеппский, ?~1670?. 안티오크의 총대주교 마카리의 아들로 부사교(副司教, архидьякон). 본문에서 언급하고 있는 기록은 원래 아랍어로 씌어졌으며, 1836년 The Travels of Macarius라는 제목으로 런던에서 영어로, 1896~1899년에는 Путешествие антиох. патриарха Макария라는 제목으로 모스크바에서 러시아어로 번역, 출간되었다.

58) Крутицы. 모스크바의 타간스키구에 위치한 크루티치 총대주교 교회(Крутицкое Патриаршее подворье)를 가리킨다.

59) Питирим Крутицкий, ?~1673. 제9대 모스크바 총대주교 역임.

사도가 말하듯이 말로는 무식하지만 이성으로는 무식하지 않은 사람이다." 아바쿰의 이러한 자기 과신적 언행은 자만심의 표현이 아니었다. 아바쿰은 광신자이다(그는 환상을 보고 하느님과 직접 통교한다고 믿는다). 그러나 그는 정직하였고 청렴하였으며 맹목적으로 어떤 하나의 감정으로 가득 찰 수 있었고 고난을 받을 준비가 되어 있었다. 아바쿰은 차르에게 보낸 탄원서 중 하나에서 조용히 말한다. "우리의 끈질긴 탄원 때문에 군주여 당신께서는 슬퍼하고 있음을 압니다.… 우리의 늑골을 부러트리고 우리를 풀어준 뒤 채찍으로 학대하며 추운 곳에서 굶주림으로 괴롭힐 때 우리도 유쾌하지 않습니다.… 하느님을 위하여 교회 전체가 괴로워하고 있습니다." 그는 이렇게 부언하면서 나아가 신앙 때문에 자신이 받은 모든 고난을 이야기한다. 자신에게 충실했던 그는 순교자적 죽음을 맞이하였다. 특히 흥미로운 그의 저술들에는 때때로 좁은 도량과 광신이 관찰되지만, 그 속에는 매우 공감이 가고 그에 대한 존경심을 불러일으키는 면모도 있다. 니콘의 제거 이후 이미 두각을 나타낸 새 지도자 중에는 다음과 같은 인물들이 유명하다. 예전에 네로노프에게 파문을 내렸지만 그 후 저항자들의 대열에 가담한 뱌트카의 주교 알렉산드르, 전혀 호감이 가지 않는 인물로서 새로운 요소들을 파헤쳤다는 이유로 1661년 추방당한 사제 라자리(Лазарь. 라자리를 알고 있던 유명한 세르비아인 유리 크리자니치[60]는 그를 매우 보기 추한 모습으로 그린다), 자부심이 강하고 매우 자가당착적이었던 하급 인사로 별명이 푸스토스뱌트였던 니키타.[61] 이 분

60) Юрий Крижанич, 1618~1683. 신학자, 철학자, 사회 평론가. 크로아티아 민족주의자이자 범슬라브주의자로 교회합동의 지지자이기도 했다. 1659년 모스크바에 도착한 뒤 친가톨릭·친서방적 시각 때문에 토볼스크로 16년 동안 추방당했다.

61) Никита Пустосвят, ?~1683. 수즈달의 사제로 1682년 구의식 운동의 가장 두드러진 지도자.

리파 지도자들과 나란히 다음과 같은 인물들이 있다. 나머지 다른 분리파 지도자들과 비교하여 신학적으로 충분히 교육 받았던 사람인 보제 표도르, 나아가 모스크바의 한 수도원장으로 은밀하게 분리파에 헌신했고, 다른 이들과 달리 지도자의 역할은 하지 안했지만 그럼에도 불구하고 분리파의 업무를 크게 도운, 네로노프의 제자 페옥티스트(Феоктист). 좀 덜 눈에 띄는 다른 일련의 활동가들이 이들의 뒤를 따른다. 그들 중 일부는 1650년대와 1660년대에 모스크바에서 활동하면서 사회의 큰 지지를 받았고 심지어 황실에서도 그들에게 동조하는 사람들이 있었다.

황후 마리야 일리니치나(밀로슬랍스카야)[62] 자신은 그들 중 일부에게 공감하였으며 그녀의 친척인 보야린 부인 페오도시야 프로코피예브나 모로조바[63]와 공후 예브도키야 프로코피예브나 우루소바[64]는 노골적인 분리파였고 구 의례를 신봉했기 때문에 고통을 받았다〔Ф. П. 모로조바의 전기를 위해서는 자벨린의 《루시 황후들의 생활》(Быт русских цариц)과 티혼라보프[65]의 《저작집》(Собрание сочинении)을 참조〕.

사회의 공감과, 분리파 지도자들의 활동을 보고도 못 본 척하던 당국의 태만 덕분에 교회 개혁의 반대자들은 1658년부터 1666년까지의

62) Мария Ильинична (Милославская), 1625~1669. 차르 알렉세이 미하일로비치의 첫 번째 부인. 1648년 이래 결혼 생활 동안 13명의 자녀를 두었다.

63) Феодосия Прокопьевна Морозова, 1632~1675. 보야린 부인으로 아바쿰의 지지자. 보롭스크(Боровск)로 추방당해 그곳에서 죽었다.

64) Евдокия Прокопьевна Урусова, ?~1675. 페오도시야의 동생으로 그녀와 함께 보롭스크로 추방당했다.

65) Николай Саввич Тихонравов, 1832~1893. 러시아의 고문헌학자. 러시아 문헌학에서 문화-역사학파의 대표자. 1859년 이래 모스크바 대학 교수 역임. 사후 학술원 회원(1896).

기간 동안 모스크바에서 매우 자유롭게 활동하였고 많은 이들이 자신들의 시각을 체화하는 데 성공하였다. 이 기간 동안 최초의 니콘 반대자 그룹은 교회의 새로운 요소에 반대하는 온전한 일파로 성장하였다. 교회 불화 초기에 많은 것을 의미하던 개인적 동기는 이제 사라졌고 의례의 변화와 새 이단에 반대하는 순전히 근본적인 저항으로 대체되었다. 요컨대 루시 교회의 분열이 시작되었던 것이다.

분열이 나타난 것은 모스크바만이 아니었다. 교회 개정에 대한 저항은 국가 전역에 존재하였다. 예를 들어 저항은 블라디미르, 니즈니 노브고로드, 무롬에 나타났다. 극북의 솔로베츠키 수도원에서는 이미 1657년부터 '새로운 요소들'에 맞선 격렬한 운동이 나타나 노골적인 폭동인 유명한 솔로베츠키 반란으로 성장하는데, 이 반란은 1676년에야 비로소 진압되었다. 북부 루시에서 솔롭키가 발휘하는 엄청난 도덕적 영향력은 분열이 북부 전체로 확대되는 결과를 가져온다. 교회의 구습을 지키기 위한 이 운동에는 당시의 교육받은 사람들뿐만 아니라(예를 들어 성직자층) 일반 인민 대중도 가담한 것에 주목해야 한다. 분리파 지도자들의 글이 급속히 퍼져나가고 모든 사람들이 그것을 읽는다. 분열의 급속한 확대는 연구자들을 깜짝 놀라게 한다. 연구자들은 한편으로 분열은 모스크바 분리파 지도자들의 영향을 받음이 없이 많은 지역에서 즉각 독자적으로 발생하고, 다른 한편으로 어쨌든 분열이 나타났을 것 같은 곳에서는 그들의 선전에 매우 쉽게 접목되는 것에 주목하면서도, 그와 함께 이와 같은 교회 반대파의 급속한 성장을 만족스럽게 설명할 수가 없다. 분열의 초기 역사와 그 확대과정은 원인을 설명하는 데 있어 추측 이상으로 나아갈 수 있을 만큼 아직 제대로 연구되지 않았다.

하지만 분열의 역사에 관한 학술적 저술들에서 분열 출현의 원인에 관한 문제가 거듭 논의되었다. 이 원인들을 설명하는 데 있어 두 가지 경향이 존재한다. 한 가지는 분열을 전적으로 교회의 분열로 이해한다. 다른 한 가지는 분열에서 완전히 종교적 내용만은 아닌, 교회 저항의 형태를 띤 사회 운동을 본다(샤포프). 이 점에서 분열 발생의 원인 문제를 분열의 급속한 확산 문제와 구별해 볼 때, 분열을 낳은 저항은 니콘 개혁의 특성이라는 원인 때문에 전적으로 교계에서 발생하였고, 또 분리파 지도자들이 자신들의 저술에서 표명한 분열의 이론은 전적으로 종교적 이론이어서 우리는 분열을 전적으로 종교적 현상 이외의 현상으로 볼 근거를 갖고 있지 못하다고 말할 수 있을 것이다. 분열의 급속한 확산 문제에 관해서는 우리 선조들의 종교적 인식에 놓여 있는 원인들 외에 당시의 사회생활의 조건도 간접적인 형태로 작용할 수 있었을 것이다. 우리가 보았듯이 생활은 매우 불안하게 이루어져서 신앙 문제에서 사람들을 더욱 예민하게 만든 불만 의식을 사회에 불러일으킬 수 있었다. 이리하여 오직 사회생활의 조건만이 분열의 급속한 확산에 영향을 미칠 수 있었던 것 같다.

1660년대에 니콘 이후 개정작업을 수행한 사람들에게서 열정이 부족하고 또 당국이 저항에 관대한 태도를 취한 덕분에 분리파는 명백히 모스크바에 확고히 자리 잡았다. 몇몇 주교들(예를 들어 뱌트카의 알렉산드르)은 공개적으로 분리파에 가담하였고 '유혹'은 해를 거듭할수록 점점 더 대담해져 갔다. 이와 같은 상황에서 1666년 모스크바에서 분열에 관한 교회 소보르를 소집하기로 결정되었다. 소보르는 1666년 봄에 소집되었다. 무엇보다도 먼저 소보르에서는 그리스 총대주교들은 정교도인가?, 그리스 전례서들은 올바르고 믿을 만한가?, 전례서와 의식의 개정을 결정한 1654년의 모스크바 소보르는 올바른가? 같은 선결 문제들이 심의되었다. 심의과정에서 소보르는 이 문제들에 긍정적으로 응답하였고 그럼으로써 니콘의 개혁이 올바르다고 인정하였으며 개혁을 확인하고 원칙적으로 분열을 비난하였다. 그런 뒤 소보르는 우리가 알고 있는 분리파 지도자들을 재판하여 사제직을 박탈하고 추방형에 처하였다. 그들 모두(아바쿰과 보제 표도르를 제외하고)는 소보르가 끝난 후 참회하고 다시 교계와 접촉할 수 있었다. 재판 후 소보르는 교회 개혁을 따를 것을 지시하는 순회 편지를 작성하여 성직자들에게 보냈고, 교회 개혁의 학문적 변론으로서 분리파의 글들을 반박하는 유명한 키예프인 시메온 폴로츠키[66]의 저서《통치의 홀장(笏杖)》(Жезл правления, 모스크바, 1666)을 검토·출간하였으며, 그에 이어 분열에 관한 일련의 논쟁적인 저술작업에 착수한다.

1666년의 소보르 직후인 1666~1667년 알렉산드리아와 안티오크의 총대주교들이 참석한 가운데 교회의 '대 소보르'가 모스크바에서 개최되었다. 총대주교 니콘 건에 관해 소보르가 소집되었으나 분열 문제도 다루었다. 소보르는 니콘 개혁의 세부사항을 전부 승인하면서(아래에서 보듯이 니콘을 비난하였지만), 니콘의 결정에 복종하지 않고 그의 새 제도를 수용하지 않는 사람들을 파문에 처했다. 우리 분열의 역사에서 이 파문은 매우 중요하였다. 이 파문에 의해 구 의례의 추종자들은 전부 이단의 신세가 되었다. 파문은 지금까지도 같은 종교 안에서 구교도의 정교 접근을 방해하는 돌멩이 역할을 하고 있다. 당시 이 파문은 여전히 일정 형태가 없던 운동 — 강력하지만 뿔뿔이 진행되던 저항 — 을 즉각 형식적인 분열로 바꾸어놓았고 1667년 소보르가 희망한 대로 동란을 중단시키는 대신 동란을 강화시키고 격화시켰을 뿐이다. 그때, 즉 1667년부터 우리는 한편으로는 분리파의 극도의 확산과 그 이론의 내적 발전(17세기 말에 두 가지 조직, 즉 사제파 조직과 무사제파 조직이 형성되기 시작하였다)을, 다른 한편으로는 교회와 교회를 도와주는 국가에 의해 분리파에 맞서 취해진 일련의 조치들을 관찰한다. 이 조치들에는 훈계조치와 징벌조치 두 가지 종류가 있었다. 전자는 우리에게 분열에 관한 광범한 논쟁적 문헌들을 낳았고,

---

66) Симеон Емельянович Полоцкий, 1629~1680. 벨라루시 태생의 저명한 교계인사, 신학자, 작가. 표트르의 이복형인 차르 표도르 3세의 개인 교사이자 궁정 시인이었다.

후자는 분리파를 국가에서 특별한 지위에 처하게 하였다. 1850년대 이전에는 분리파에 반대하는 교리적-논쟁적 저술들에 의해서만 분열이 알려졌다. 역사적 현상으로서 분열에 대한 학문적 연구는 순전히 외적인 조건에 의해 19세기 후반부터 비로소 가능해졌다. 1850년대 일부와 1860년대에 분열에 대한 연구가 매우 활발하게 진행되었으며, 분리파의 고대문헌이 발간되고 분리파 생활의 개요가 씌어지며 분열의 역사가 연구되기 시작하였다. 분열에 관한 긴 역사적 저술들의 목록이 빈니차[67]의 주교로 나중에 모스크바의 수도대주교가 된 마카리의 《러시아 정교 분열의 역사》(История Русского раскола, 상트페테르부르크, 1855)에 의해 시작된다. 나머지 저술들 중에서는 А. П. 샤포프의 저술 《러시아 구교의 분열》(Русский раскол старообрядчества)과 그리고 멜니코프[68]의 저술들인 《정교 분열에 관한 편지들》(Письма о расколе) 및 《사제파의 역사적 개요》(Исторические очерки поповщина)*를 언급해두자. 분열의 탁월한 역사는 수도대주교 마카리의 《러시아 교회사》(История Русской церкви) 제12권과 특히 캅테레프[69] 교수의 저서들인 《총대주교 니콘과 그의 반대자들》(Патриарх Никон и его противники) 및 《총대주교 니콘과 차르 알렉세이 미하일로비치》(Патриарх Никон и царь Алексей Михайлович, 전2권)에서 훌륭하게 연구되었다. 유감스럽게도 나머지 다량의 저술들 중에는 내용이 전혀 충실하지 않은 저작이 많다. 분리파 자신

---

67) Винница. 우크라이나 공화국의 공업 도시로 14세기 이래 존재한 고도이다.

68) Павел Иванович Мельников-Печерский, 1818~1883. 러시아의 작가.

69) Николай Федорович Каптерев, 1847~1917. 러시아의 역사학자. 모스크바 신학교(Московская Духовная Академия) 교수. 학술원 회원 및 제9대 국가 두마 의원 역임.

* 그는 자신의 독특한 소설들인 《숲 속에서》(В лесах)와 《산 속에서》(На горах) 및 별도 이야기들에서 분리파의 생활을 탁월하게 개관하였다.

들도 역사를 썼다. 그들의 역사저술 중에서는, 분열의 시작과 확산에 관한 정보가 들어 있는 세묜 데니소프[70](18세기)의 《러시아 포도나무》(Виноград Российский)와 파벨 류보피트니[71]의 《구교회의 핵심 연대기》(Хронологическое ядро старообрядческой церкви, 1650년부터 1819년까지의 사건들의 목록)를 언급할 가치가 있다. 그러나 이 양 저술은 학술적이지 않다. 최근에는 구교 문헌의 전 목록을 포함하는 드루지닌[72]의 뛰어난 저술 《러시아 구교도들의 글들》(Писания русских старообрядцев, 상트페테르부르크, 1912)이 나타났다.

총대주교 니콘 사건

알렉세이 미하일로비치 하의 교계에서 두드러지게 나타난 또 다른 요소는 이른바 '총대주교 니콘 사건'이었다. 통상 이 이름으로 이해되는 것은 1658~1666년에 벌어진 총대주교와 차르의 불화 그리고 니콘으로부터의 총대주교직 박탈이다. 니콘과 차르의 다툼, 총대주교직으로부터의 니콘의 제거, 그리고 니콘에 대한 재판은 그 자체 대 사건들이지만, 그것들은 여기서 루시에서의 속권과 교권의 관계 문제가 개인적인 다툼 및 교회의 곤경과 뒤섞여 있기 때문에도 더욱더 역사가의 특별한 관심을 끈다. 아마도 이와 같은 상황 때문에 이 사건은 학계의 큰 주목과 많은 연구들을 낳았다. 예를 들어 C. M. 솔로비요프는 《러시아사》 제11권에서 니콘 사건에 매우 중요한 위치를 부여하였다. 그는 니콘에 전혀 동정적인 태도를 취하고 있지 않으며, 그의

70) Семен Денисов, 1682~1747. 구교도 활동가로서 40여 편에 이르는 신학적 저술을 집필하였다. 그의 형 안드레이는 1694년에 유명한 구교 중심지인 비곱스카야 푸스틴(Выговская пустынь) 수도원을 설립하였다.

71) Павел Любопытный, 1772~1848. 저명한 구교 활동가. 보르네시의 대주교.

72) В. Гр. Дружинин. 러시아의 역사가.

좋지 않은 성격과 영리하지 못한 품행 때문에 사건이 그처럼 격렬한 형태를 띠었고, 총대주교의 폐위와 추방 같은 참혹한 결과를 야기했다고 그에게 책임을 돌린다. 수보틴[73]은 자신의 저술 《총대주교 니콘 사건》(Дело патриарха Никона, 모스크바, 1862)에서 솔로비요프가 표명한 견해에 반대하고 나섰다. 그는 이 사건에서 니콘을 정당화하는 특성들을 분류하고, 차르와 총대주교의 불화가 가져온 참혹한 결과의 책임을 니콘의 적인 보야린들과 이 사건에 끌어들여진 그리스인들에게 돌린다. 러시아 역사에 관한 모든 개설서에서 니콘에 대한 지면이 많이 발견된다. 우리는 여기서 니콘 문제가 출전별로 검토되고 솔로비요프에서와 거의 똑같은 태도가 표명되어 있는 수도대주교 마카리의 저술(《러시아 교회사》, 12권, 상트페테르부르크, 1883)과 객관적으로 씌어지고 복잡하게 뒤얽힌 사실들을 엄격하게 복구하고자 한 규베네트[74]의 저술〔《총대주교 니콘 사건의 역사적 연구》(Историческое исследование дела патриарха Никона), 전2권, 상트베테르부르크, 1882와 1884〕을 언급하자. 하지만 모든 예전 저술들의 중요성은 위에서 말한 캅테레프 교수의 주요 저술들의 출현과 함께 떨어졌다. 외국인의 저술들 중에는 영국인 신학자 팔머(William Palmer)를 언급할 필요가 있는데, 그는 자신의 저술 《총대주교와 차르》(*The Patriarch and the Tzar*, 런던, 1871~1876)에서 니콘에 관한 러시아 학자들의 저술 일부와 알려져 있는 자료는 물론이고 러시아에서 아직 알려져 있지 않은 다량의 자료를 영어로 번역하면서 니콘 사건에 관한 훌륭한 자료집을 만들었다(그는 모스크바 종무원 장서의 자료들을 이용하였다).

니콘 사건 전체가 만일 상세한 보고를 한다면 극히 많은 지면을 차지할 다량의 사소한 사실들로 이루어져 있다는 사실을 고려하여, 니

73) Николай Иванович Субботин, 1830?~?. 러시아의 작가이자 역사가.

74) Николай Александрович Гюббенет, 1824~1897. 러시아의 역사가. 국립 문서고를 관리하였다.

콘의 총대주교직 사퇴와 니콘의 폐위를 간략히 서술해보자. 우리는 이미 어떻게 니콘이 총대주교직에 올랐는지를 보았다. 니콘이 알렉세이 미하일로비치보다 거의 25살이 많다는 것에 주목할 필요가 있다. 이 나이의 차이는 그가 차르에게 영향을 미치는 것을 용이하게 해주었다. 그것은 동갑내기의 친교가 아니라, 매우 지혜롭고 활동적이며 대단한 달변의 능력을 가진 노령의 인물이 연소한 차르의 부드럽고 민감한 영혼에 미친 영향이었다. 한편으로는 소년의 사랑과 심오한 존경이 있었고 다른 한편으로는 이 소년을 지도하고 싶은 희망이 있었다. 니콘의 열정적이지만 냉담한 성격은 그런 감정으로는 니콘의 이상적인 공감을 바라는 차르의 바람을 만족시킬 수가 없었다. 니콘은 실천가였고 알렉세이 미하일로비치는 이상주의자였다. 니콘이 차르가 교회 업무에 간섭하지 않는다는 조건하에 총대주교가 되었을 때 니콘의 중요성은 매우 컸다. 조금씩 조금씩 그는 교회 운영뿐만 아니라 국가 운영의 중심이 된다. 차르와 차르의 본을 따서 사람들은 니콘을 보통 총대주교를 부를 때의 호칭인 '위대한 지배자'가 아니라 군주의 아버지로서 총대주교 필라레트만이 누렸던 직함인 '위대한 군주'라고 부르기 시작하였다. 니콘은 궁정에 매우 가까웠고 이전 총대주교들보다 더 자주 차르의 식사에 참가하였으며 차르 자신도 종종 그를 방문하였다. 총대주교와의 업무적 관계에서 보야린들은 차르 앞에서처럼 그의 앞에서도 스스로 자신들의 이름을 애칭으로 불렀다〔예를 들어, 한 편지에서 다음과 같이 말한다. "위대한 군주인 가장 거룩한 총대주교 니콘에게 … 미시카 프론스키(Мишка Пронский)는 동료들과 함께 머리를 조아립니다"〕. 니콘 자신도 스스로를 '위대한 군주'라고 부르고, 총대주교 필라레트처럼 편지들에서 차르 이름과 나란히 자신의 이름을 쓴다. 새로 발간된 1655년의 미사서에서 니콘은 심지어 다음과 같은 말을 사용한다. "주께서는 그들 군주들(즉 차르 알렉세이 미하일로비치와 총대주교 니콘)에게 … 그들 마음속의 희망을 들어주소서. 유일한 군주의 명령 하에서 살아가는 모든 정교도들이 모든 곳에서 … 우리의 참된 하느님을 찬양하듯이 그들의 주권 하에서 살아가는 모든 사람들이 기뻐하게 하소서." 이리하여 니콘은 자신의 통치를 주권이라고 불렀고 자신의 권력을 노골적으로 군주의 권력과 동일시하였다. 당대의 표현에 따르면 니콘은 총대주교가 된 뒤 "높이 서 있고 두루 다니기를 좋아하였다." 이리하여 그는 본분을 망각하고 오만에 빠졌다는 질책을 받았다. 그는 실제로 '위대한 군주'처럼 오만하게 행동하였는데, 이것의 근거가 있었다. 즉 니콘은 1654년 차르가 전쟁터에 나가고 보야린 두마가 차르로서의 그의 말을 들었을 때 전 국가를 통치하기에 이르렀던 것이다. 니콘의 정치적 영향력은 당대인들이 그의 권력을 차르의 권력보다 심지어 더 큰 것으로 간주할 태세가 될 만큼 자라났다. 네로노프는 니콘에게 다음과 같이 말하였다. "거룩한 군주시여, 당신께서 모든 이들에게 공포스럽고, 또 사람들이 그가 누군지 아느냐, 잔인한 짐승, 즉 사자인가, 곰인가, 늑대인가 라고 위협하면서 서로 이야기하는 것은 당신께 얼마나 큰 영광인지요. 저는 다음 사실에 깜짝 놀랍니다. 차르 군주 권력의 말을 더 이상 듣지 않고 모든 이들이 당신으로부터 공포를 느끼면서 차르 권력보다 더 심하게 당신의 사절들을 두려워합니다. 어느 누구도 그들과 이야기할 수 없고, 그들로부터 총대주교를 아십니까? 라는 질문만 계속 되풀이하여 받습니다." 니콘 자신도 가장 강력하지는 않지만 권력 면에서 스스로를 차르와 동등하다고 간주하는 경향이 있었다. 니콘은 언젠가 한 소보르에서 (1653년 여름) 네로노프와 논쟁을 벌이다가 네로노프가 차르의 소보르 참석을 요구하자 그의 참석이 필요 없다고 경솔하게 말하였다. "차르의 도움은 나에게 쓸모도 없고 필요도 없습니다." 그는 이렇게 외치면서 완전히 이 도움을 무시하였다.

그러나 니콘의 영향력은 법과 관습이 아니라 순전히 니콘에 대한 차르의 개인적 호의에 근거하였다(니콘이 총대주교가 아니었더라면 우리는 그를 총신이라고 불렀을 것이다). 니콘의 이와 같은 지위는 거만하고 자기 과신적인 품행과 더불어 궁정 조신들과, 그의 승진 때문에 영향력의 일부를 상실한 보야린들〔밀로슬랍스키가와 스트레시네프(Стрешнев)가〕 사이에서 적대감을 불러일으켰다. 차르 가족도 니콘에 반대했다는 증거가 있다(마이어베르크의). 궁정에서는 니콘을 차르의 호의만으로 유지되는 초대하지 않은 전제군주로 보았다. 이 호의를 제거하면 니콘의 영향력은 사라질 것이고 그의 권력은 축소될 것이다.

하지만 니콘 자신은 그렇게 생각하지 않았다. 그는 총대주교의 권력을 자신이 그 발휘에 성공한 정도와 다르게 상상하지 못했다. 그의 관념에 따르면 총대주교의 권력은 매우 높고 심지어 속세의 주권보다 더 높다. 니콘은 종교 문제에 대한 세속 권력의 완전한 불개입을 요구하였고 이와 함께 정치 문제에 폭넓게 참여하고 영향을 미칠 권리를 총대주교에게 남겨놓았다. 교회 운영의 영역에서 니콘은 스스로를 전권을 가진 유일한 군주라고 간주하였다. 그는 휘하의 성직자들을 냉혹하게 대하였으며, 거만하고 다른 사람들의 접근을 불가능하게 했던 바, 요컨대 교회의 모든 성직자와 신도단을 운영하는 데 있어 진정한 전제군주였다. 니콘은 매우 주저함이 없이 중벌을 내렸고 죄를 범한 자들에게 쉽게 저주를 내렸으며 엄격한 조치를 취하는 데 전혀 망설이지 않았다. 열정적인 성격과 권력에의 갈망이라는 면에서 사람들은 니콘을 교황 그레고리우스 7세 힐데브란트[75]와 기꺼이 비교한다. 하지만 니콘은 교회를 통치하는 동안 그의 전임자인 이오시프 하에서 성직자들을 괴롭히면서 불평을 야기했던 남용과 고통을 근절하지 못했다. 1653년 니콘에 의해 유지되고 새로 만들어진 질서는 차르에게 제출된 총대주교에 대한 흥미로운 탄원을 불러일으켰다. 탄원은

75) Gregory VII, ?~1085. 본명은 힐데브란트(Hildebrand). 1073~1085 교황 역임. 황제 하인리히 4세와 서임권 문제를 놓고 대립하여 그를 파문하는 등 교권 확립에 크게 기여하였다.

새로운 요소들의 반대자들이 제출했지만, 니콘의 개혁뿐만 아니라 그의 행정 습관도 언급하면서 비동정적이나마 행정가로서의 니콘을 매우 신중하게 묘사한다. 이 탄원에 따르면 성직자 내에서도 그에 대해 심한 불평이 존재했음은 분명하다. 니콘에 대해서는, 개별 인물들은 그를 좋아하였으나 그의 개성이 전반적인 동정을 불러일으키지는 못했음을 대체로 지적할 필요가 있다. 비록 그의 도덕적 위력 때문에 대중들이 그에게 복종했음에도 불구하고 말이다.

1654년의 폴란드 전쟁 전까지 니콘에 대한 젊은 차르의 공감은 동요하지 않았다. 전쟁터로 나가면서 알렉세이 미하일로비치는 가족과 국가를 니콘의 보호에 맡겼다. 니콘의 영향력은 그의 많은 당돌한 언행들 — 니콘이 차르의 도움에 대해 말하면서 도움이 '필요 없다'고 하고 니콘이 울로제니예를 '불법'으로 이루어진 '저주받은 법전'이라고 부르면서 마음에 들어 하지 않았던 사실 — 이 차르에게 알려졌음에도 불구하고 점점 증가하는 것 같았다. 그러나 전쟁 동안 차르는 성인이 되었고 많은 새로운 것을 보고 발전하였으며 더욱 큰 독립을 획득하였다. 차르의 민감한 천성에 영향을 미친 전시 생활과, 알렉세이 미하일로비치가 원정 중에 모스크바의 영향력과 모스크바의 획일적인 생활로부터 해방된 사실은 이를 촉진하였다. 그러나 차르는 그 자신은 변했지만 옛 친구들에 대한 이전의 관계는 여전히 변화시키지 않았다. 그는 니콘과 매우 좋았고 예전처럼 그를 친구라고 불렀다. 하지만 그들 사이에 조그만 언쟁이 발생하였다. 이 불화는 1656년 사순절 제5주차에 교회 문제를 두고(신현제 성수식 제도를 두고) 일어났다. 니콘이 교활하게 행동했다고 그의 죄상을 폭로하면서 차르는 격노하였고 말다툼 과정에서 니콘을 '촌놈이며 우둔한 사람'이라고 불렀다. 그러나 그들의 우정은 그루지야 황태자 테이무라스(Теймураз)의 영접 과정에서 궁내관 히트로보[76]와 메셰르스키(Мещерский) 공이 충돌하는, 모두에게 잘 알려진 사건이 일어나던 1658년 7월까지는 여전히 계속되었다. 1658년 7월 돌연한 파탄이 뒤따랐다.

니콘과 알렉세이 미하일로비치의 관계가 파탄 난 원인을 설명하는 데 있어 연구자들은 이 사건에 관한 불충분한 사실적 자료 때문에 서로 의견이 갈린다. 일부(솔로비요프와 수도대주교 마카리)는 파탄을 한편으로는 차르의 격노와 다른 한편으로는 니콘의 난폭한 품행으로 설명한다. 그들에게 사태는 차르와 총대주교 사이가 서서히 냉각되었고 냉각 자체가 어느덧 파탄을 낳은 것으로 생각된다. 다른 일부〔수보틴, 규베네트, 그리고 《알렉세이 미하일로비치 통치의 역사적 중요성》(Историческое значение царстовования Алексея Михайловича, 모스크바, 1854년)을 집필한 데르프트 대학의 고 메도비코프(П. Е. Медовиков) 교수〕는 자신들이 니콘 사건에서 매우 본질적인 중요성을 부여하는 경향이 있는 보야린들의 중상과 간계가 파탄을 낳았다고 주장한다. С. М. 솔로비요프도 이 사건들에 대한 보야린들의 연루를 부인하지 않고 있지만 그들의 음모와 '속삭임'은 부차적 요인으로서 그에게 두 번째로 중요시되고 있을 뿐임을 지적하지 않으면 안 된다.

니콘의 의견에 따르면, 차르가 테이무라스가 입국했을 때 총대주교의 보야린을 모욕한 히트로보에게 마땅한 징벌을 가하지 않고 총대주교의 예배에 참석하는 일을 그만두자, 니콘은 '모스크바의' 총대주교직을 거부하고 차르와의 의논을 기다리지 않은 채 자신의 보스크레센스키 수도원으로 떠나버렸다. 며칠 뒤 차르는 두 정신(廷臣)을 총대주교에게 보내 그의 행동을 어떻게 이해해야 하는지, 즉 니콘이 총대주교직을 완전히 거부하는지 않는지를 물었다. 니콘은 자신을 '모스크바의' 총대주교로 간주하지 않는다고 매우 신중하게 대답하였고, 새로운 총대주교의 선출과 총대주교의 업무를 크루티치의 수도대주교 피티림의 임시 관리로 이관하는 것에 동의하였다. 그런 뒤 니콘은 알렉

---

76) Богдан Матвеевич Хитрово, 1615~1680. 러시아의 대귀족으로 무기고 대신 역임.

세이 미하일로비치에게 자신을 면직시켜 달라고 청원하였고 차르는 그의 의무를 면제시켜주었다. 니콘 개인에게 속한 보스크레센스키 수도원(모스크바에서 북서부로 40베르스타 지점)에 자리 잡은 그는 농사와 건축에 종사하였고, 알렉세이 미하일로비치에게 군주의 희사품으로서 자신의 수도원을 내버리지 말 것을 요청하였다. 차르 자신도 호의적으로 니콘을 대하였고 둘의 관계는 불화로까지 악화되지는 않았다. 사람들은 니콘이 '총대주교직에 있기'를 전혀 원하지 않는다고 차르에게 보고하였고, 차르는 니콘의 자리를 메울 새 총대주교를 선출하는 일을 걱정하였다. 당시 모든 문제는 총대주교의 선출에 놓여 있었다. 사태는 평화스럽게 처리될 것 같았지만 곧 불평이 시작되었다. 니콘은 속세의 사람들이 모스크바에 남겨둔 총대주교의 문서를 조사하고 있음을 알고 모욕을 느꼈으며 이 일에 관해 격렬한 비난을 담은 편지를 군주에게 썼다. 그리고 편지에서 내친 김에 어느 누구도 모스크바에서 니콘을 찾아오는 것이 허용되지 않고 있는 사실에 대해서도 푸념하였다. 그 후 그는 사람들이 자신을 총대주교로 간주하지 않고 있다고 불평하기 시작하였고 수도대주교 피티림이 정해진 의식 — 나귀 행렬[77] — 에서 총대주교를 맡기로 결정한(1659년 봄) 데 대해 매우 분노하였다. 이에 관해 니콘은 '모스크바의' 총대주교로 남아 있기를 원하지 않지만 총대주교직을 사임하는 것은 아니라고 선언하였다. 그리하여 모스크바의 총대주교가 아닌 니콘은 여전히 루시 교회의 총대주교라는 결론이 나와 교회 업무에 개입할 권리가 있다고 생각했다. 모스크바에서 새 총대주교를 뽑는다면 두 명의 총대주교가 루시 교회에 존재할 판이었다. 모스크바에서는 어떻게 해야 할지 몰랐고 새 목자를 선출하지 않기로 결정하였다.

1659년 여름 니콘은 예기치 않게 모스크바에 와 잠깐 머무르면서

---

77) 예수가 예루살렘에 입성할 때 새끼 나귀를 타고 들어간 데서 유래.

차르의 큰 환대를 받았다. 그러나 그들의 타협과 화해는 이루어지지 않아 관계는 여전히 모호하였고 사태는 해결되지 않았다. 그 해 1659년 가을 니콘은 차르의 허락을 받고 자신의 다른 수도원 두 곳, 즉 이베르스키(Иверский) 수도원(발다이[78] 호수에 위치)과 크레스트니(Крестный) 수도원(오네가[79] 근처)을 방문하러 갔다. 그때서야 비로소 니콘의 장기적인 부재 속에서 차르는 사태를 숙의하고 무엇을 해야 할지를 결정하기 위해 종교 소보르를 소집하기로 결심하였다. 1660년 2월 루시의 성직자들은 회의를 개시하였고 사태를 검토한 끝에 자신의 의지로 신도단을 떠난 니콘에게서 성 사도들과 소보르들의 규칙에 따라 총대주교직과 사제직을 박탈해야 한다고 결정하였다. 결의의 올바름을 완전히 신뢰하지 못한 차르는 당시 모스크바에 체류하던 그리스 주교들도 회의에 초대하였다. 그리스인들은 소보르 결의의 정당성을 확인하였고 소보르에게 교회 규칙에서 정당화를 새로 찾아주었다. 그러나 키예프인 학자 예피파니 슬라비네츠키는 소보르의 결의에 동의하지 않았으며, 소보르가 교회 규칙을 잘못 해석하고 있음을 밝히고 니콘에게서 총대주교직은 박탈해야 하지만 사제직은 박탈해서는 안 됨을 지적하는 별도의 의견을 차르에게 제출하였다. 이리하여 차르가 보기에 그리스인들의 권위가 흔들렸고, 그는 소보르의 결의를 시행하기를 지체하였다. 많은 소보르 구성원들(그리스인들)이 니콘에게 관용을 베푸는 경향이 있었고 군주에게 이를 부탁함에 따라 더욱더 그랬다. 그리하여 소보르의 도움으로 사태를 해결하려는 시도는 성공하지 못했고 모스크바는 총대주교가 없게 되었다.

니콘은 스스로를 계속 총대주교로 여겼고 모스크바의 새 총대주교는 그 자신이 임명해야 한다고 토로하였다. 그는 보스크레센스키 수

78) Валдайское озеро. 노브고로드 오블라스티에 위치한 호수.

79) Онега. 아르한겔스크 오블라스티 북서부에 위치한 도시.

도원으로 돌아갔고, 물론 그의 폐위에 관한 소보르의 판결을 알았으며, 이제 잃어버린 권력을 되돌리는 것이 쉽지 않음을 이해하였다. 모스크바를 떠난 그는 사람들이 그를 총대주교로 복귀시켜 달라고 간원할 거라고 기대하였지만 그런 일은 일어나지 않았으며, 1660년 소보르는 그에게 모스크바로 오라고 요청하지 않을 것임을 궁극적으로 보여주었다. 다른 사람들도 니콘의 영향력이 완전히 사라졌음을 보았다. 시골에서 니콘의 이웃이었던 궁내관 보보리킨(Боборыкин)은 한때 절대적인 권력을 지니고 있던 총대주교에게 땅 한 뙈기를 양보하지 않으면서 그와 논쟁에 돌입하였던 것이다. 총대주교에 대한 재판이 보보리킨에게 부여한 것에 불만을 품은 니콘은 책망과 격렬한 비난으로 가득 찬 편지를 차르에게 쓴다. 또한 당시 그는 전임 총대주교에게 거의 신경을 쓰지 않은 피티림과도 화합하지 못하여 그를 파문에 처하기까지 한다. 자신에게 유리한 사태전개를 기대하지 않은 니콘은 전반적으로 자제력을 잃고, 철저히 몰락한 중요한 활동가로서 자신에게 닥친 불쾌하고 모욕적인 상황에 극도로 흥분한다. 그러나 니콘의 격렬한 적대적 행동이 그의 예전 친구인 차르 알렉세이로 하여금 그에게 점점 더 반대하게 했음에도 불구하고, 1662년 이전까지는 니콘에 맞서 어떤 결정적인 조치도 취해지지 않는다.

1662년 자신의 직무가 면직된 가자(Газа)의 수도대주교 파이시 리가리트[80]가 모스크바를 찾았다. 그는 아주 교육을 잘 받은 그리스인으로서 동방의 여러 지역을 널리 돌아다녔으며 좀더 나은 생활보장을 위해 모스크바에 왔다. 17세기에 그리스 성직자들은 이와 같은 의도를 갖고 아주 기꺼이 모스크바를 찾았다. 파이시는 곧 모스크바에서 친구들과 영향력을 확보하는 데 성공하였다. 차르와 총대주교의 관계

80) Паисий Лигарид, 1610~1678, 1652년 이래 가자의 수도대주교. 1662년 총대주교 니콘의 초청으로 루시에 왔지만 차르를 옹호하였다. 키예프에서 사망하였다.

를 눈여겨 본 그는 니콘의 별이 이미 저물었음을 힘들이지 않고 알아차렸고 누구의 편에 서야 하는지를 이해하였다. 파이시는 그 자신 니콘의 호의와 친절한 편지로 모스크바에 왔음에도 불구하고 니콘에 반대하였다. 처음 도착하자 그는 니콘과 연락을 취하였고 그에게 '결백한 고통'에 대한 천국에서의 보상을 약속하였으나, 그와 더불어 차르에게 굴복하라고 그를 설득하였다. 그러나 초기부터 그는 차르에게 주저하지 말고 총대주교의 복종을 요구하며, 만일 복종하지 않으면 그를 폐위시키고 "총대주교 사태를 내버려두지" 말라고 권고하였다. 모스크바에서는 가장 박식한 인물로서 리가리트에게 보야린 스트레시네프[81] (니콘의 적) 의 이름으로 니콘의 품행에 관한 약 30개의 문제를 제출하였고, 파이시는 이 문제를 갖고 총대주교가 올바르게 행동했는지를 결정하였다. 리가리트는 모든 문제를 니콘에 불리하게 결정하였다. 그의 답변을 알게 된 니콘은 약 1년 동안 반박작업을 진행하여, 리가리트에 대한 답변으로 열정적이고 매우 정확한 변론서 한 권을 온전히 집필하였다.

리가리트의 영향 하에 차르 알렉세이 미하일로비치가 1662년 말 니콘에 관한 두 번째 소보르를 소집하기로 결정한 것은 명백하다. 그는 랴잔 대주교 일라리온(Илларион)에게 소보르를 위해 기소장 같은 것을 작성 — 니콘의 '온갖 죄'를 수집 — 하라고 명령하였고 소보르에 동방의 총대주교들을 부르라고 지시하였다.

자신에 대한 차르의 태도에 압박을 느낀 니콘은 이전에도 차르에게 편지를 보내 '주님을 위해' 자신에 대한 태도를 바꾸어 줄 것을 요청하면서 강화를 모색하였었다. 이제 그는 군주와 화해하고 소보르를 미리 피하기 위해 은밀히 모스크바에 가기로 결심하고 (1662년 크리스마스) 저녁에 도착하였다. 하지만 그의 시도가 헛될 거라는, 아마도 모

81) Степан Лукьянович Стрешнев, ?~1666. 보야린. 니콘의 폐위에 열렬히 가담하였다.

스크바의 친구들의 연락을 받고 니콘은 그날 저녁 되돌아갔다. 화해가 불가능하다는 것을 안 니콘은 다시 행동을 달리 하였다. 1663년 여름 그는 위에서 언급한 보보리킨(그와의 사건이 니콘에게 계속 진행 중이었다)을 파문에 처하였다. 파문은 보보리킨이 이 파문을 차르 자신과 차르의 가족을 파문한 것이나 마찬가지라고 생각할 수 있었고, 또 그가 모스크바로 사건을 가져가는 것을 잊지 않으면서 실제로 그렇게 하였다는 이중의 의미가 있는 것이었다. 차르는 이 사건과, 이 사건을 심리하는 과정에서 니콘이 방자하게 처신하고 차르에 대해 극히 무례한 말을 수없이 내뱉었다는 사실을 알고 매우 슬펐다. 하지만 판사 자신들이 이 사건을 다루기 시작하자 총대주교는 그들의 문제들과 자신에 대한 그들의 불신에 격분하였다. 차르 알렉세이 미하일로비치는 니콘에게 여전히 일말의 호감을 가졌었지만, 이 사건 이후 이 호감은 완전히 사라질 수밖에 없었다.

1662년 12월에 초청장을 받은 동방의 총대주교들은 1664년 5월에야 비로소 답변을 보내주었다. 그들은 모스크바에 오지는 않았으나 차르가 초청장과 함께 니콘 사건에 관해 보낸 문제들에 대해서는 매우 긍정적으로 대답하였다. 그들은 니콘의 품행을 비난하였고, 지역(루시) 소보르도 총대주교를 재판할 수 있음을 인정하였기 때문에 그들이 모스크바에 출현하는 것은 자신들에게 쓸 데 없는 일로 여겨졌다. 그러나 차르 알렉세이 미하일로비치는 총대주교들이 모스크바에 올 것을 확실히 원하였고 그들에게 초청장을 재차 보냈다. 교회의 최고 권위의 도움으로 니콘 사건을 해결하려는 차르의 이 희망은 아주 당연한 것이었다. 차르는 앞으로 더 이상 한 점의 의혹도 남아 있지 않고 니콘이 소보르에 저항할 가능성이 없기를 원하였다.

그러나 니콘은 소보르가 자신에게 적대적일 거라고 생각하면서 소보르를 원하지 않았다. 그는 소보르가 두렵지 않은 척하였으나 동시에 소보르의 필요성을 없애기 위해 화해로 가는 첫 걸음을 공공연하게 내디뎠다. 그는 일부 친구들〔보야린 쥬진(Н. И. Зюзин)〕의 도움과 아마도 그들의 발상으로, 예전에 총대주교로서 모스크바를 떠났던 것처럼 총대주교로서 모스크바에 가기로 결심하였다. 1664년 12월 1일 밤 그는 예기치 않게 우스펜스키 대성당의 새벽 예배에 나타났고, 총대주교로서 예배에 참석하였으며 다음과 같이 말하면서 군주에게 자신의 도착 사실을 알렸다, "저는 어느 누구의 박해도 받지 않고 총대주교직을 떠났고 이제 어느 누구의 부름도 받지 않고 총대주교직으로 복귀하였습니다." 하지만 곧바로 궁정에 소집된 성직자 및 보야린들과 의논한 군주는 니콘에게 가지 않았고 그에게 모스크바를 떠나라고 명령하였다. 니콘은 자신의 최종 몰락을 알아채고 완전히 관계를 단절하면서 동이 트기 전에 떠났다. 니콘의 모스크바 방문 사건은 조사를 받았고 쥬진은 유배형에 처했다. 니콘은 총대주교 재판을 기다리지 않으면 안 되었다. 1665년 니콘은 총대주교들이 자신의 사건을 좀 더 올바르게 재판할 수 있기 위해 자신의 품행을 정당화하는 서한을 총대주교들에게 비밀리에 발송하였다. 그러나 이 서한은 중간에 가로채졌고, 지나치게 신랄하게 씌어져 있었기 때문에 재판에서 니콘에 불리한 유죄의 증거가 되었다.

1666년 가을에야 비로소 알렉산드리아의 총대주교 파이시와 안티오크의 총대주교 마카리가 모스크바에 도착하였다(콘스탄티노플 총대주교와 예루살렘 총대주교는 오지 않고 앞 두 사람의 도착과 니콘 재판에 대해 동의를 표하였다). 1666년 11월 니콘도 소환된 소보르가 개시되었다. 그는 모욕을 받은 것처럼 처신하였으나 소보르가 옳다고 인정하였다. 그는 오만불손하게 변명하였으나 소보르에게 복종했다. 차르 자신은 눈물로 니콘의 '모욕'을 열거하면서 그를 책망하였다. 12월에 니콘에 대한 판결이 내려져 니콘은 총대주교직과 사제직을 박탈당하고 페라폰토프 벨로제르스키 수도원[82]으로 유배되었다. 이리하여 '총대주교 니콘 사건'은 일단락되었다.

니콘은 자신의 판결을 불안하게 경청하였다. 그는 그리스인들을 '부랑인들'이라고 부르면서 그리스인 성직자들을 격렬히 욕했다. "희사품을 얻으러 온갖 데를 다 다니시라"고 그는 그들에게 말했고 총대주교의 두건과 홍장에서 황금과 진주를 떼어내 나누어가지라고 야유하였다. 니콘의 야유는 당시 많은 이들에게 친근하고 분명하였다. 실제로 그리스인들은 "희사품을 얻으러 온갖 데를 다 다녔다." 또 강력한 군주의 마음에 들도록 니콘을 판결하려 하고 재판의 완수에 기뻐하면서도, 그와 동시에 이제 그들에 대한 차르의 후원이 감소하지 말아야 한다는 희망을 피력하는 것을 잊지 않았다. 이러한 후원을 확보하기 위해 그들은 1666년의 소보르 이전은 물론이고 소보르 동안에도 차르의 권력을 찬미하고 심지어 교회 업무에서도 그의 권위를 확립하고자 애쓰면서 니콘에게 교계의 독립을 추구한 죄를 물었던 것이다. 방자하고 일관성이 없으며 많은 과실을 범한 니콘은 자신의 몰락에서 차르의 후원을 염려한 그리스인들보다 우리에게 더 공감을 일으킨다.

소보르는 만장일치로 니콘에게 유죄를 선고했으나 그에 대한 판결을 공식화하기 시작했을 때 속권과 교권의 관계에 대한 문제를 둘러싸고 소보르에서 큰 의견차가 발생하였다. 그리스인들이 편찬한 판결에서 속권에게 유리한 경향이 아주 분명하고 단호하게 실현되었다. 그리스인들은 교회와 신앙의 문제에서 속권에 권위를 부여하였고, 일부 루시의 주교들(바로 이전의 니콘의 적들)도 교회의 징벌을 받았다는 이유로 교회에 반대하였다. 이리하여 권력 관계의 문제는 1666~1667년 소보르에서 원칙적으로 제기되었고 소보르에 의해 교권에 불리하게 해결되었다.

이 문제는 이 소보르에서 필연적으로 제기될 수밖에 없었다. 그것

---

82) Ферапонтов Белозерский монастырь. 1398년 성 페라폰트에 의해 건립된 수도원으로 볼로그다 오블라스티의 키릴로프(Кириллов) 시 근처에 위치.

은 니콘 사건에서 완전히 본질적이었고 1666년 소보르 훨씬 전에 나타났다. 니콘은 투쟁하였으나 개인적인 불화뿐만 아니라 자신이 견지한 원칙 때문에 몰락하였다. 니콘의 모든 언설과 서한에는 이 원칙이 직설적으로 표명되었고, 차르 알렉세이 미하일로비치가 (1662년 스트레시네프의 문제들에서 리가리트에게, 그리고 1664년 문제들에서 총대주교들에게) 차르 권력과 주교 권력의 크기 문제를 제기하였을 때, 그 자신도 그것을 느꼈다. 니콘은 교회 운영이 세속 권력의 모든 간섭으로부터 자유로워야 하지만 교회 권력은 정치 문제에 영향력을 발휘해야만 한다는 주장을 강력히 옹호하였다. 니콘의 이 시각은 교회가 사회의 최고 이해 당사자들의 지도자라는 고상한 관념으로부터 탄생하였다. 니콘의 생각에 따르면 교회의 대표자들은 그럼으로써 나머지 권력들보다 상위에 있을 수밖에 없다는 것이었다. 그러나 이와 같은 견해는 니콘을 현실과 완전히 불화하게 만들었다. 니콘이 생각하였듯이 그의 시대에 국가는 교회보다 우월하였고 교회에 그 마땅한 지위를 되돌려주어야 하였으며 그의 활동도 이 방향을 향했다〔이콘니코프, 《루시 역사에서의 비잔티움의 문화적 의의에 관한 시론적 연구》(Опыт исследования о культурном значении Византии в Русской Истории), 키예프, 1869년 참조〕. 바로 이 때문에 니콘과 차르의 불화는 단지 친구들과의 사적인 다툼에 불과한 것이 아니었고 그 경계를 넘어섰다. 이 불화에서 차르와 총대주교는 대립되는 두 가지 원리의 대표자들로 등장하였다. 니콘은 우리 생활의 역사적 추세가 그의 숙원에 여지를 주지 않았고, 또 총대주교가 된 그는 차르의 호의가 허용하는 한에서만 그 숙원을 실현하였기 때문에 몰락하였다. 우리 역사에서 교회는 한 번도 국가를 압도하지 못하였고 국가보다 더 높아보지 못했으며 교회의 대표자들과 수도대주교 필리프 콜리체프[83] (니콘

83) Филипп(세속 이름 Федор Степанович Колычев), 1507~1569. 1566~1568년 동안 모스크바와 전 루시의 수도대주교.

이 그토록 존경한) 자신은 단지 도덕적 힘만을 향유했을 뿐이다. 그러나 이제 1666~1667년에 정교 주교들의 소보르는 의식적으로 국가를 교회보다 더 높이 두었다.

알렉세이 미하일로비치 하의 문화적 격변

알렉세이 미하일로비치 치세 동안 우리에게 당시의 사회 분위기를 부분적으로나마 특징지어주는 몇 가지 사실에 더 주목하는 것이 중요하다. 알렉세이 미하일로비치 하에서는 의심할 여지없이 강력한 사회 운동이 존재하였다. 우리는 이미 몇몇 발현 속에서 그것을 알게 되었다. 예를 들어 우리는 당시의 경제적·종교적 조치들이 어떤 저항을 불러일으켰는지를 보았다. 그러나 이 조치들은 이 운동의 한 측면인 문화운동은 건드리지 않았다. 이 문화운동에 주의하면서, 한 연구자는 당시 두 가지 사회 방향이 서로 싸웠으며 투쟁은 '가장 마음으로부터 우러나오는 이익과 갈망을 위해' 수행되었고 "그 때문에 철저한 비극성이 두드러졌다"고 알렉세이 미하일로비치 시기에 대해 말한다. 문화적으로 새로운 요소들은 옛 이상들의 불가침권과 싸웠고 생활의 모든 측면을 건드렸으며 여기저기서 승리하였다. 그러나 옛 것과 새 것의 투쟁에 관해 완벽한 그림을 제시하고 싶은 연구자는 곤경에 처하게 될 것이다. 왜냐하면 이 투쟁은 문헌적 흔적을 거의 남겨놓지 않았기 때문이다. 우리는 사회생활의 다양한 경향과 단편적으로만 친숙해지고 그 주요 대표자들만 거론할 수밖에 없다.

15세기 전에 루시는 교회 관계에서 콘스탄티노플 총대주교에 종속되었으며, 그리스 황제(케사르, 즉 차르)를 정교의 최고 군주로 보았다. 그리스인과 가톨릭교도 사이에 있었던 1439년의 피렌체 통합은 루시인들 사이에서 그리스인 신앙의 순수성에 관한 의혹을 불러일으켰다. 루시인들은 콘스탄티노플의 함락(1453)을, 정교를 상실했다 해서 하느님이 그리스인들에게 내린 징벌로 보았다. 15세기에 이런 식으로 정교도 그리스 차르는 사라졌고 합동과 부정한 투르크인들의 지배 때문에 그리스 정교는 광채를 잃었다. 그리고 이 시기에 모스크바 공국은 루시를 통일하였고 모스크바 군주는 대강국으로 성장하였으며 모스크바의 수도대주교는 자유롭고 강한 나라의 목자가 되었다. 루시 애국자들에게는 모스크바가 콘스탄티노플을 계승해야만 하고 차르(케사르)와 총대주교를 가져야만 하는 것이 분명했다. 15세기와 16세기의 경계에 표명된 이 사상은 식자들을 사로잡았고 정부에 의해 실현되었다. 즉 1547년 이반 4세는 차르가 되었고 1589년 모스크바 수도대주교는 총대주교가 되었다. 그러나 진보적 운동을 불러일으킨 이 사상은 그 후 전개과정에서 보수적 시각으로 귀결되었다. 강대한 그리스가 이단 때문에 몰락했다면, 신앙의 순수성을 잃어버릴 때 모스크바도 몰락할 것이다. 따라서 이 순수성을 소중히 간직하고 그것을 파괴할 수 있는 변화를 허용하지 않는 것이 필수적이다. 바로 이것에서부터 경건한 국가를 보존하려는 노력이 당연히 생겨났다. 당시 사상가들의 교육받지 못한 지성은 교리와 외적 의식을 구분할 수가 없었고, 영원한 정통 신앙과 민족적 안녕의 증표로서 사소한 의식조차 열심히 지키기 시작하였다. 의식은 습관과 뒤섞였고 교회 의식으로서 세속의 습관이 보존되었다. 사상의 이 보수적 방향은 많은 선진적 사람들을 사로잡았고 대중에 깊이 침투하였다. 많은 사람들도 사상의 이러한 방향을 모스크바 사회의 특성이자 심지어 표트르 이전 지성계의 유일한 내용으로 간주한다.

독립에 대한 갈망과 보수성에 대한 만족은 어쩐지 타인의 것을 모방하고자 하는 얼마간의 갈망과 나란히 전개되었다. 루시에서는 서유럽 지식인들의 영향력이 자신의 수단에 만족할 수 없었던 나라의 실제적 필요로부터 나타났다.

필요는 정부로 하여금 외국인들을 초대하게 만들었다. 그러나 그들을 불러들이고 후대까지 했지만 정부는 동시에 그들로부터 민족 신앙과 생활의 순수성을 열심히 지켰다. 하지만 외국인들과의 만남은 여전히 '새로운 요소들'의 원천이었다. 우월한 그들의 문화는 반박의 여지없이 우리 선조들에게 영향을 미쳤고 교육운동이 개별 인물들(바시안 파트리케예프[84] 등)에서이기는 하지만 이미 16세기에 루시에 나타났다. 그로즈니 자신은 교육에 대한 필요를 느끼지 않을 수 없었다. 그의 정치적 반대자인 쿠릅스키도 교육의 강력한 지지자이다. 보리스 고두노프는 우리에게 이미 유럽 문화의 노골적 친구로 제시된다. 가짜 드미트리와 동란은 이전보다 훨씬 가깝게 루시를 '가톨릭교도 및 루터교도들과' 친숙하게 만들었고, 17세기에 모스크바에서는 나라에서 큰 상업적 특권과 막대한 경제적 영향력을 누리는 매우 많은 외국인 군인과 상인 및 공업인들이 나타나 자리를 잡았다. 모스크바인들은 그들과 매우 친숙하였고 이리하여 외국인들의 영향력은 강화되었다. 우리 문헌에 동란 시기 동안 외국인들의 강압이 궁극적으로 루시인들로 하여금 그들과 정신적 교류를 못하게 했다는 의견도 존재하지만(코얄로비치. 《러시아 인민의 자각의 역사》, 상트페테르부르크, 1884를 참조), 모스크바 사람들이 서유럽인들과 그토록 가까워본 적도, 그들로부터 그렇게 자주 갖가지 생활의 사소한 것들을 배운 적도, 17세기만큼 외국 서적들을 번역한 적도 그 이전에는 없었다. 당시의 널리 알려진 사실들은 우리들에게 모스크바 정부에 대한 외국인들의 실제적인 도움에 대해서뿐만 아니라 모스크바에 자리 잡은 서방 사람들이 모스크바인들 사이에 미친 지적·문화적 영향력에 대해서도 분명히 말한다. 이미 17세기 중반 차르 알렉세이 치하에서 뚜렷해진 이 영향력은 물론 즉각적으로가 아니라 서서히 형성되었고 차르 알렉세이 이

84) Вассиан Патрикеев, 1470?~1545?. 러시아의 교회 및 정치계 인사, 사회평론가.

전인 그의 아버지 치하에서도 존재하였다. 그들의 이전 시기에 외부 영향력의 전형적인 보유자는 흐보로스티닌[85]이었다. 그는 처음에는 가톨릭교의, 다음에는 어떤 극단적 종파의 영향력 하에 들어갔으며 그 후 죄를 뉘우치고 머리를 깎고 수도사가 된 '이단'이었다. 그러나 이것은 문화적 봄을 알리는 최초의 제비였다.

17세기 중반에 문화적 서유럽인들과 나란히 모스크바에 키예프인 스콜라 철학자들이 나타나고 비잔티움 학자 수도사들이 자리를 잡는다. 이때부터 모스크바 사회에 낯선 세 개의 영향력, 즉 루시 키예프인들, 더욱 낯선 그리스인들, 그리고 전혀 낯선 독일인들의 영향력이 모스크바인들 사이에서 작동한다. 그들의 존재는 알렉세이 미하일로비치 하에서 점점 더 가까이 나타나 하나의 현안이 되었다. 그들 모두는 의심할 여지없이 루시인들에게 영향을 미쳤고, 그들로 하여금 점점 더 뚫어지게 자신들을 보게 만들었으며, 루시 사회를 두 개의 진영, 즉 구 습관을 고수하는 사람들과 신 습관을 옹호하는 사람들로 양분시켰다. 일부는 '악마의 유혹'으로서 새로운 사조와 관계를 끊었고, 다른 일부는 진심으로 교육과 문화를 향해 나아갔으며 '악마의 유혹'을 실생활에 도입하기를 꿈꾸면서 개혁을 생각하였다. 그러나 양 진영 모두 온전한 방향을 제시하지 못하였으며 많은 그룹으로 세분되었고, 이 그룹들을 무엇이든 어떤 질서 속에 놓기는 매우 힘들다. 17세기의 모든 개별 인물들이 각각 옛 사람인지 새 사람인지를 결정하기는 쉬우나 그들의 실현성 없는 희망을 하나의 온전한 프로그램으로 결합시키기는 힘들다. 각자는 완전히 자기 식대로 사고했으며, 당시 존재했던 견해의 대혼란 속에서 얼마간이라도 일정한 사회적 경향을

85) Иван Андреевич Хворостинин, ?~1625. 1606년 궁내관이 되고 그 후 가짜 드미트리 1세 하에서 수라관(水剌官)을 역임. 슈이스키 하에서는 참칭자와 가깝고 또 이단을 범한 혐의로 유배당했다. 그 후 군사령관 등을 지냈다.

지적하기는 불가능하다.

우리는 알렉세이 미하일로비치 시기가 세속적 개혁과 교회 개혁으로 가득 찼음을 알고 있다. 이 개혁 속에서 많은 이들이 새로운 요소들을 보았고 그것들에 맞서 궐기하였다. 물론 이 많은 사람들은 구습관을 고수하는 자들이었다. 우리에게 익숙한 분리파 지도자들이 교회의 새로운 요소들과 키예프인 및 그리스인들에 반대하였고, 사회의 상당 부분이 그들을 지지하였다. 만일 그렇게 표현하는 것이 적절하다면, 종교계의 보수-민족적 성향은 바로 이것에 의해 성립되었다. 그 활동가들, 특히 종교 활동가들은 자신들의 관점에서 서구의 모방과 수염삭발 및 기타 '이단들'을 비난하였다. 그들과 나란히 역시 종교적 관점에서 세속적 개혁에 불만을 품은 사람들이 있었다. 울로제니예에 뚜렷이 적대적인 태도를 취하고 자신의 서한들에서 루시의 경제 상황을 암울하게 그렸던 니콘 자신이 그랬다. 그는 다음과 같이 썼다. "많은 지역들에서 누가 굶지 않고 누가 죽을 지경으로 굶는지 모릅니다. 왜냐하면 아무 먹을 것도 없고 은상을 받은 사람이 아무도 없기 때문입니다. 비천한 사람들, 힘없는 사람들, 눈먼 사람들, 다리를 저는 사람들, 과부들, 여자 수도사들, 그리고 남자 수도사들, 전부 무거운 공물을 부과 받았습니다. 오늘날 한 곳에 자리 잡고 사는 사람은 아무도 없습니다." 그는 이러한 빈궁한 상황의 원인을 울로제니예와, 울로제니예를 뒤따르는 새로운 질서에서 찾는다. 이 질서 때문에 하느님은 루시에 재앙을 내렸다. 왜냐하면 새 질서는 니콘이 생각하듯이 이단이기 때문이다. 세속적으로 완전히 보수적인 바로 이 니콘은 독일인도 좋아하지 않았고 그들을 모방하지 말라고 설교하였다. 모든 사람들에 대한 민족적 우월이라는 근시안적 감정을 바탕으로 둔감하고 무례하며 오만한 모스크바 사회의 대중들은 이처럼 세속적으로도 종교적으로도 의식적인 보수적 인물들을 지지하였다. 우리는 이 대중들에서 "그리스 증서에는 이단도 있다"고 생각하는 하급 관리 골로소프(Голосов)와 그 일파도, 개혁에 불만을 품은 수많은 그 밖의 사람들도 본다.

매우 확정적인 형태의 반대자들이 그들에 맞섰다. 이들 17세기의 '서구주의자들'은 학문과 경험으로 유럽 문명의 달콤함과 우월을 인정한 이론가와 실천가들이었다. 이 진영은 크리자니치와 코토시힌이라는 작가 두 명을 우리에게 제시하였다. 우리는 르티셰프, 오르딘-나쇼킨,[86] 마트베예프[87] 등 이 진영의 많은 실천적 활동가들을 알고 있다. 키예프 수도사들(시메온 폴로츠키 등)도 자신들의 활동으로 이 진영에 속했다.

이 성향의 가장 완벽한 이론가이자 가장 흥미로운 인물은 의심할 여지없이 크리자니치였다. 태생이 크로아티아인인 그는 자기 고국의 비참한 상황 때문에 그들을 압박하는 독일인들에 맞서 슬라브인들을 단합시켜야 한다는 사상에 도달하였다. 범슬라브주의적 몽상을 품고 동시에 가톨릭교에 봉사하면서 그는 모스크바 국가에서 자신의 꿈을 실현할 수 있는 통일된 슬라브 강국을 보았다. 그러나 모스크바에 도착한 뒤 그는 이 강국이 얼마나 무지하고 무질서한지를 알았고 모스크바가 마땅한 높이에 올라서고 자신의 역사적 임무 — 슬라브인들의 연합 — 를 감당하기 위해서는 개혁이 필요하다는 것을 이해하였다. 크리자니치는 루시인들에게 독일인들에게서 배우되 생활의 외적 형식을 모방하는(그의 의견에 따르면 이것은 쓸모없는 짓이다) 데 그칠 것이 아니라 나라의 정신문화와 외적 복지를 제고할 수 있는 것을 차용하라고 권고하면서 이 개혁을 설교하기 시작하였다. 일부분은 모스크바에서 일부분은 비정통 신앙을 견지한 죄로 가야 했던 시베리아의 유

86) Афанасий Лаврентьевич Ордин-Нащокин, 1605~1680. 러시아의 위정자이자 군인이며 외교관.

87) Артамон Сергеевич Матвеев, 1625~1682. 보야린으로서 차르 알렉세이의 총신. 1671~1676년 동안 외무대신을 지냈다.

배지에서 씌어진 정치적 논문들에서 우리는 루시 인민들의 천성적 능력에 대한 찬미, 인민들의 나쁜 속성과 무지에 대한 묘사, 그리고 이와 함께 크리자니치가 보기에 루시에게 필수적인, 특히 경제적인 개혁에 대한 최상의 계획을 발견한다. 이 계획의 몇몇 부분에서 실천가 표트르 대제는 이론가 크리자니치와 만났다. 예를 들어 두 사람 모두 국가 경제에서 공업의 발전에 매우 큰 중요성을 부여하였다.

완전히 다른 성격의 사람은 또 한 명의 작가 그리고리 카르포비치 코토시힌이었다. 그는 전반적으로 많이 알지는 못했으나 외국인들과 가까운 곳에서 활동하게 해 준 사절 청에서의 근무로 문화적 취향을 발달시켰다. 코토시힌은 스웨덴으로 망명하였을 때 독일인들의 습속에 훨씬 더 마음이 끌렸다. 자신의 저술들에서 모스크바 제도들을 상기하면서 그는 매우 많은 모스크바적인 것들에 대해 부정적인 태도를 취하였으나, 이 부정은 그에게서는 모스크바 관습과 서유럽 관습의 비교로부터 비롯된 것일 뿐 어떤 사회-문화적 지향의 결과는 아니다. 코토시힌은 거의 그것을 갖지도 못했다.

우리가 거명하는 실천적 활동가, 교육의 열렬한 옹호자 중에서 최고의 자리를 차지하는 사람은 아파나시 라브렌티예비치 오르딘-나쇼킨이다〔그에 대해서는 〈러시아의 과거〉(Русск. Старина), 1883년, X와 XI에 게재된 이콘니코프의 논문을 참조〕. 그는 유능한 외교관이자 행정가로서 매우 뛰어난 사람이었다. 그의 명석한 국가 행정적 지혜는 당시에는 희소했던 교육과 결합되었다. 그는 라틴어, 독일어, 폴란드어를 알았고 매우 박식하였다. 오르딘-나쇼킨의 외교적 봉사는 그에게 실제로도 외국 문화에 친숙해질 가능성을 부여하였고, 그는 매우 확고한 서구주의자로 모스크바에 나타났으며, 그를 좋게 말하는 외국인들(마이어베르크, 콜린스[88])도 그런 식으로 그를 묘사한다.

---

88) Самюэль Коллинс(Samuel Collins), 1619~1670. 영국인 의사로 1660년부터 9년 동안 차르 알렉세이 미하일로비치의 주치의를 지냈다. 당시의 유

나쇼킨보다 훨씬 더 서방의 눈길을 끈 사람은 차르 알렉세이의 친구이자 또한 17세기 외교관이었던 아르타몬 세르게예비치 마트베예프였다. 정교 모스크바에서 그는 실내 극장을 만들기로 결정하고 자신의 하인들에게 '코미디 예술'을 가르쳤다. 그의 집에는 서유럽 가구가 있었고 서유럽 관습이 나타났다. 지인들은 연회와 주연을 위해서가 아니라 담화를 위해서 그를 찾았고, 남자 주인뿐만 아니라 여자 주인도 손님들을 맞았는데, 이것은 아직 모스크바에 도입되지 않았던 관습이었다. 마트베예프는 또 외국에서 배우들을 초빙하자고 차르를 설득하였고, 알렉세이 미하일로비치는 극 공연에 즐거워하는 데 익숙해졌다. 마트베예프의 집에서는 C. M. 솔로비요프가 표현하듯이 '변화된' 마트베예프의 집의 습관을 차르 황실로 들여올 표트르 대제의 어머니 나탈리야 키릴로브나 나리시키나[89]가 크고 있었다.

그러나 '독일인들의' 영향과 나란히 그리스인 및 키예프-신학 교육의 영향도 진전되었다. 키예프인 학자들은 17세기 후반 궁정에서 매우 유력하게 되었다(그들 중 가장 눈에 띈 사람은 처음에는 예피파니 슬라비네츠키였고 다음에는 시메온 폴로츠키였다). 그들의 영향력 하에 완전히 들어간 사람은 키예프인들과 절친했던 차르의 침전관 표도르 미하일로비치 르티셰프였다. 어떤 친구가 쓴 그의 《전기》는 르티셰프에게서 특히 다른 자질에 앞서 깊은 신앙심과 고상한 인도적 정신의 특성들에 주목한다는 점에서 흥미롭다. 실제로 르티셰프는 유명한 동전(銅錢) 사업의 계획이 그의 작품이라는 이야기가 있기도 하나 국가 행정활동의 영역에서 거의 자취를 남기지 않았다. 오히려 그는 우리

명한 과학자였던 로버트 보일(Robert Boyle)에게 보낸 편지에서 당시 러시아의 상황을 기록하였고, 이 편지들은 1671년 *On the Present of Russia*라는 제목으로 영국에서 출간되었다.

89) Наталья Кирилловна Нарышкина, 1651~1694. 황후로서 차르 알렉세이 미하일로비치의 두 번째 부인. 표트르 대제의 어머니.

에게 신학과 종교적 업무 및 묵상에 철저히 몰두한 정신적 계몽의 애호가로서 그려진다. 그는 명상을 즐기는 천성을 갖고 있었다.

능력이나 신분에서 두드러진 이들 서구 생활과 계몽의 숭배자들을 뒤 이은 사람들은 좀더 지위가 낮은 사람들로서, 이들은 서방과의 직접적인 만남을 통해서나 혹은 다른 이들의 영향 하에 학문에 친숙해지면서 학문에 대한 존경으로 가득 차게 되었다. 그런 사람들 중에서는 예를 들어 러시아에서 도망치기 전에 서방에 이끌렸던 오르딘-나쇼킨의 아들과, 폴란드 주재 루시 변리공사인 탸킨(Тяпкин)의 아들을 언급할 수 있을 것이다. 폴란드에서 교육을 받은 탸킨의 아들은 폴란드 국왕에게 라틴어로 과장되게 학문에 감사하였다.

모스크바는 서유럽 생활의 관습을 눈여겨보았을 뿐만 아니라 17세기에 실용적 필요의 관점에서 서구 문헌에 관심을 갖기 시작하였다. 당시 가장 교육을 잘 받았던 기관인 사절 청에서는 군주를 위해 서구의 신문에서 나온 정치적 뉴스들을 번역하는 것과 함께 대부분 응용학문의 지침서들인 책 전체를 번역하였다. 독서에 대한 사랑이 의심할 여지없이 17세기 루시 사회에서 커져갔다. 당대로부터 우리에게 전해진 풍부한 수사본(手寫本) 서적들이 이를 잘 말해주는데, 이 서적들에는 종교적·세속적 성격의 모스크바 필사본 저술은 물론이고 번역 작품들도 포함된다. 그와 같은 사실들을 찾아낸 연구자는 18세기 초의 문화적 격변이 문화적 측면에서도 우리 선조들에게 전혀 예기치 않은 새로운 현상은 아니었다고 생각할 준비가 되어 있다.

그리하여 우리는 알렉세이 미하일로비치 치하의 사회사상이 표출한 두 가지 기본 경향의 윤곽을 그렸다. 하나는 민족적-보수적 경향으로서, 교회 영역의 개혁뿐만 아니라 세속 영역의 개혁도 반대하며, 동시에 그리스인 및 독일인들을 이질적인 외국 요소로서 적대적으로 대한다. 또 다른 성향은 그리스 및 키예프 학문과 서구 문화를 지향하는 서구주의적 경향이었다. 그런 뒤 우리는 두 원리 — 자기만족적 정체와 모방 움직임 — 의 충돌이 많은 전사들을 낳았으나 그럼에도 불구하고 그들을 일정한 그룹으로 통합하는 데 실패했고 특히 혁신가들 사이에서 명확한 세계관과 법체계를 만드는 데 성공하지 못했음을 보았다. 서구주의자들 중에서는 단지 한 사람 크리자니치만이 자신의 이상과 희망과 갈망이 분명하였다. 나머지 다른 사람들은 별로 명확하지 못하다. 단지 그들 가운데 르티셰프처럼 그리스인들과 키예프인들에 더 끌린 사람이 누구인지, 혹은 오르딘-나쇼킨처럼 독일인들과 더 친한 사람이 누구인지만 명백할 뿐이다.

차르 알렉세이 미하일로비치의 인격

차르 알렉세이 미하일로비치라는 인물은 서구주의자와 구습을 고수하는 사람들 사이에서 이쪽에도 저쪽에도 전혀 속하지 않았다. 17세기 중반의 모스크바 국가에서 진행된 문화적 발효 시기에 모스크바 사회가 표트르 대제와 같은 지도자가 있었더라면 문화적 개혁은 실제보다도 더 일찍 수행되었을 것이다. 그러나 차르 알렉세이는 이러한 지도자가 될 수 없었다. 그는 매우 미려했고 고결하였지만 극히 유약하고 우유부단한 사람이었다.

차르 알렉세이 미하일로비치는 하나의 이상으로 충만하여 이 이상을 열정적으로 실현하고 격렬히 싸우며 실패를 극복하고 표트르처럼 실천 활동에 자신의 모든 것을 걸 수 있는, 그런 천성을 갖지 못했다. 아들과 아버지는 성격이 완전히 달랐다. 모든 사상을 실행하고자 하는 표트르의 갈망은 평온하고 사색적인 알렉세이 미하일로비치의 개성에 완전히 낯선 것이었다. 표트르의 전투적이고 강철 같은 천성은 살아 있지만 유약한, 그의 아버지의 천성과 완전히 대비되었다.

차르 알렉세이는 천성 외에도 유년기와 청년기의 인상들에 의해 표트르에게 주어진 것과 같은 확고한 정신과 의지를 자기 자신 속에 길러본 적이 없었다. 다섯 살까지는 모스크바의 궁전의 규방에서 수많은 유모들로 둘러싸이고, 그 후 다섯 살부터는 훈육자인 유명한 보리스 이바노비치 모로조프의 후원으로 넘겨진 차르 알렉세이는 조용히 성장하였다. 다섯 살부터 그는 철자를 배우기 시작했고 그 후 일독기도서, 시편, 사도행전으로 나아갔다. 일곱 살 때 쓰기를 배웠고 아홉 살 때 교회 성가를 배우기 시작했다. 교육은 대체로 이것으로 마무리되었다. 이와 나란히 놀이가 진행되었다. 황태자에게는 장난감이 주어졌다. 말하자면 그에게는 '독일산' 말, 갑옷, 악기와 오락용 썰매 등, 요컨대 어린이 놀이를 위한 보통 물건들이 모두 있었다. 그러나 당시로서는 흥미로운 진기한 것도 있었는데, 그것은 모로조프가 황태자를 교육할 때 보조 재료로 썼다고 하는 '독일 인쇄물', 즉 독일에서 새겨진 그림이었다. 황태자에게는 책도 주어졌다. 이 책들로 13권으로 이루어진 그의 장서가 만들어졌다. 열네 살이 되던 해에 황태자는 인민들에게 장엄하게 선포되었고 열여섯 살에 고아가 되어(아버지와 어머니를 모두 잃었다) 제위에 올랐으며, 그 후 가족과 궁전 외에는 실생활에서 아무 것도 보지 못했다. 보야린 모로조프가 젊은 차르에게 매우 강력한 영향을 미친 것은 이해가 된다. 모로조프는 차르에게 아버지를 대신하는 사람이었다.

차르 알렉세이의 그 후 생활은 그에게 많은 인상과 중요한 생활경험을 가져다주었다. 국가경영 문제와 처음으로 부닥친 일, 1648년 모스크바에서 비상한 소요[90]가 발생하여 '군주 차르가' '공동체를 만족시키기 위해' 궐기한 '공동체'에게 모로조프를 제거하기로 약속하면서, "구세주 성상에 입맞춤을 하였던" 일, 1654~1655년 군사활동의 무대였던 리투아니아와 리보니아로 원정을 떠나 주위에서 스몰렌스크와

90) 1648년 모스크바에서 발생한 중하층 시민들의 소금 폭동(Соляной бунт)을 가리킨다.

빌나를 보고 리가에서의 군사적 실패의 목격자가 된 일 등, 이 모든 것들은 알렉세이 미하일로비치의 인격에 점점 영향을 주었고 이 인격을 결정하였으며 성격을 형성하였다. 차르는 어른이 되었고 미숙한 젊은이로부터 독창적이고 지성적이며 도덕적인 용모를 지닌 매우 명확한 사람이 되었다.

당대인들은 차르 알렉세이 미하일로비치를 진심으로 좋아했다. 차르의 외모 자체가 바로 그에게 유리하게 작용하였고 사람들을 그에게 끌어들였다. 그의 살아 있는 푸른색 눈동자 속에는 좀처럼 보기 드문 선량함이 빛을 발했다. 그의 눈초리는 당대인들의 평가에 따르면 사람을 놀라게 하는 것이 아니라 용기를 북돋우고 희망을 주었다. 아마색의 턱수염을 가진 통통한 붉은 군주의 얼굴은 온화하고 상냥한 동시에 진지하고 엄숙하였으며, 통통한(그 후 지나치게 통통해지까지 한) 그의 모습은 당당하고 점잖은 위엄을 유지하였다. 하지만 알렉세이 미하일로비치의 제왕다운 모습은 어느 누구에게도 공포심을 불러일으키지 않았다. 이 위엄을 만든 것은 차르의 개인적 자긍심이 아니라 하느님이 그에게 부여한 직책의 중요성과 신성함에 대한 인식이라고 사람들은 이해했다.

일반적인 의견에 따르면 매력적인 외모는 훌륭한 정신을 반영하는 것이었다. 차르와 전혀 관계없는 사람들 — 바로 차르와 모스크바에서 멀리 떨어진 외국인들 — 은 얼마간 열광하면서 차르 알렉세이의 장점을 묘사하였다. 예를 들어 그중 한 사람은 알렉세이 미하일로비치가 "모든 기독교도 인민들이 갖기를 원했으나 소수의 인민만이 가진 그런 군주"라고 말했다(로이텐펠스[91]). 또 어떤 사람은 차르를 '가장 선량하고 가장 지혜로운 군주들과 나란히' 놓았다(콜린스). 또 다른 사람

---

91) Рейтенфельс(Jakob Reutenfels), ?~?. 발트해 부근 쿠를란트 출신. 1671~1673년 동안 모스크바에 체류하고 당대의 모스크바를 묘사하는 기록을 남겼다.

은 "차르가 비상한 재능을 부여 받았고 훌륭한 자질을 갖고 있으며 드문 미덕을 갖추고 있다", "그는 그를 공경하는 만큼이나 그를 사랑하는 모든 백성들의 마음을 끌었다"고 평가하였다(리제크[92]). 또 어떤 이는 노예 사회에서 무한정한 권력을 가지고 있음에도 불구하고 차르 알렉세이가 타인의 재산이나 생명 혹은 명예를 훼손하려고 기도하지 않았다고 지적하였다(마이어베르크). 이러한 평가들은 우리가 그 저자들이 모스크바와 모스크바인들의 친구나 찬양자가 전혀 아니었음을 상기한다면 우리의 눈에 훨씬 더 큰 가치가 있다. 모스크바 국적뿐만 아니라 심지어 모스크바 이름도 버린 루시인 망명객 코토시힌도 외국인들에게 완전히 동의하여 차르 알렉세이를 '매우 온화한' 차르라고 부르면서 그에 대해 자기 나름대로 매우 좋게 말한다.

아마도 알렉세이 미하일로비치는 그를 알 기회가 있었던 모든 이들에게 명철한 인물로 보였던 것 같으며 덕성과 유쾌함으로 모든 사람들을 놀라게 하였다. 당대인들의 그와 같은 인상은 다행히도 개별 인물들의 의견이나 평가보다 좀더 확고하고 정확한 자료들 — 즉 차르 알렉세이 자신의 편지나 저술들 — 에 의해 검사될 수 있다. 그는 쓰는 것을 매우 좋아했고 이 점에서 그는 회고록이나 개인적으로 주고받은 문헌들이 매우 부족한 자기 시대의 드문 현상이었다. 차르 알렉세이는 비상한 열의를 갖고 직접 펜을 잡든지 자신의 생각을 서기관들에게 받아쓰게 하였다. 그의 개인적인 문학적 시도는 장황하고 문학적으로 씌어진 편지와 교서를 작성하는 데 그치지 않았다.* 그는

---

92) Адольф Лизек, ?~?. 17세기의 오스트리아 대사관 서기.

* 차르 알렉세이의 많은 글들이 출간되었다. (1) 바르테네프(И. П. Бартенев), 《차르 알렉세이 미하일로비치의 편지 모음집》(Собрание писем ц. Алекс. Мих.), 모스크바, 1856; (2) 《제국 러시아 고고학 협회의 슬라브 및 러시아 고고학 지부 기요(紀要)》(Записки Отделения славянской и русск. археологии имп. Русск. археол. общества), 제2권; (3) 《모스크바 문서고와 외무성 모음집》(Сборник Моск. архива и М. Ин. Дел),

심지어 비르시[93]를 짓는 시도도 하였다(B. O. 클류쳅스키의 표현에 의하면 "작자에게 시로 여겨질 수 있는" 몇 문장). 그는《매부리 길의 법전》,[94] 즉 자신의 매부리들에게 내리는 상세한 지시문을 작성하였다. 그는 폴란드 전쟁에 관한 간단한 보고서도 쓰기 시작하였다. 그는 업무상의 서류를 썼고 자필로 텍스트를 정정하고 공식 증서에 부기하는 습관이 있었으며 그렇다고 항상 관청식의 무미건조한 서술의 그늘로 떨어지는 것은 아니었다. 그의 문학적 시도들 가운데 상당 부분이 우리에게 전해졌고 그것도 전해진 것은 대부분이 그가 좀더 생기 있고 솔직하며 삶이 좀더 완벽했을 때인 젊을 때 쓴 것이다. 이 문학적 자료들은 우리에게 군주의 인격을 아주 분명히 묘사하고 있으며 이 인격이 얼마나 공감이 가고 흥미로운지를 충분히 이해하게 해준다. 차르 알렉세이는 매우 쉽게 이야기했고 당시에 보통 따르던 미사여구 없이 거의 항상 말하였으며, 말하자면 자신의 저술들에서 발언하고 철학적으로 논하기를 좋아하였다.

이 저술들을 읽으면 무엇보다도 우선 알렉세이 미하일로비치의 비상하게 풍부한 감수성과 민감한 성격이 눈에 띈다. 그는 '입술이 들여마시는 것처럼' 자신을 둘러싼 현실에서 나오는 인상들을 마구 흡수한

제5권; (4) 솔로비요프,《러시아사》, 제11권과 12권. 이 글들은 거듭 학자들로 하여금 알렉세이 미하일로비치의 성격을 묘사하게 해주었다. C. M. 솔로비요프(《러시아사》제12권 끝 부분에서), M. E. 자벨린〔《러시아 유물 및 역사 연구 시론》(Опыты изучения русских древностей и истории)에서〕, Н. И. 코스토마로프〔《전기 속의 러시아 역사》(Русская история в жизнеописаниях)에서〕, B. O. 클류쳅스키(《러시아사 강좌》, 제3권에서)의 성격 묘사만 지적하자.

93) вирши. 17~18세기에 러시아와 우크라이나에서 유행한 음절시(音節詩).

94) Уложение сокольничья пути. 정확한 이름은《우랴드니크라고 불리는 책: 매부리 길 의식의 새로운 법전과 거행》(Книга глаголемая Урядник: новое уложение и устроение чина сокольничья пути)이다. 매 사냥에 관한 아주 상세한 지침서로서 1656년에 제작되었다.

다. 모든 것이 한결같이 그를 흥미롭게 하고 흥분시킨다. 정치 문제, 전황 보고, 총대주교의 죽음, 원예, 교회에서 노래하고 예배 보는 문제, 매사냥, 연극 공연, 술 취한 수도사가 그가 좋아하던 수도원에서 살해당한 일 등등… 그는 모든 것에 한결같이 활기 찬 태도를 취하고, 모든 것이 한결같이 그에게 강력한 영향을 미친다. 그는 총대주교가 죽은 뒤 울고 수도원 재무관의 당돌한 언행에 눈물을 흘린다. "눈물이 날 정도가 되었다! 기적을 행하는 자(사바[95])는 내가 안개 속에 걸어가는 것을 본다"라고 그는 사빈 수도원[96]의 이 보잘 것 없는 재무관에게 쓴다. 이런저런 것에 몰두하면서 차르는 중요한 것과 중요하지 않은 것 사이에 뚜렷한 차이를 두지 않는다. 그는 자기 군대의 패배와 수도원의 싸움에 대해 똑같은 열의와 주의를 갖고 쓴다. 사촌 형제(외사촌)인 마튜시킨[97]에게 1657년 6월 19일의 발크(Валк)강 전투를 묘사하면서 차르는 다음과 같이 쓴다. "형제여 자네에게 알려주겠네. 마트베이 셰레메테프(Матвей Шереметев)는 독일인들과 전투를 치렀다네. 드보랴닌들은 추위로 떨었고 모두 퇴각하였지만 마트베이는 지류에 남아 독일인들을 격파하였네. 하지만 다른 부대가 그를 향해 왔고 마트베이는 소수의 병력만 이끌고 그들을 향해 진격했지. 말이 쓰러졌고 그는 그만 사로잡히고 말았다네! 모든 관등의 사람들을 다 합해 우리 사람들은 51명이 죽었고 35명이 다쳤어. 3,000명 중에서 그 정도 죽고 모두 무사히 퇴각한 것에 하느님께 감

95) Савва. 1398년. 모스크바 오블라스티. 즈베니고로드시 인근에 사빈 수도원을 건설한 유명한 성직자.

96) Саввин монастырь. 원래 이름은 사비노-스토로젭스키(Саввино-Сторожевский) 수도원이다. 모스크바 오블라스티의 즈베니고로드시에서 20㎞ 떨어진 스토로제보이 산에 위치해있다. 1398년 장보제 사바에 의해 건립되었으며 17세기 후반 차르 알렉세이 미하일로비치의 후원을 받은 것으로 유명하다.

97) Аф. Ив. Матюшкин. 두마의 드보랴닌.

사하네. 그렇지만 재앙이 그렇게 일어난 것에 모두 울고 있다네!… 전투를 한 독일인들은 모두 2,000명이었지. 우리가 더 많았는데도 재앙이 그렇게 닥쳤던 거야. 그렇지만 마트베이에 대해 슬퍼하지 말게. 그는 무사할 것이고 영광을 받을 것이네! 사람들이 무사한 것을 기뻐하게. 마트베이는 별 탈 없을 거야." 차르는 용맹한 셰레메테프에게 공감하고 '추위에 떠는' 그의 병사들이 무사히 퇴각한 것을 기뻐한다. 그는 패배의 치욕을 '재앙'으로 설명할 태세가 되어 있고, 책임자들에게 분노하고 있지 않을 뿐만 아니라 오히려 그들을 진심으로 애석하게 여긴다. 차르는, 수도원에 배치된 총병대 10인대장의 머리를 지팡이로 상하게 하고 총병들의 무기와 안장 및 지푼을 마당 밖으로 치우라고 명령을 내린, 위에서 언급한 사빈의 재무관 니키타의 공적에도 단지 동감을 하지 않을 뿐 똑같은 수준의 주의를 돌린다. 차르는 니키타에게 (간단한 관청증서 대신에) 서한을 보냈다. "전 루시의 차르이자 대공 알렉세이 미하일로비치로부터 하느님의 적, 하느님을 증오하는 자, 그리스도를 파는 자, 기적을 행하는 자들의 집(즉 사빈 수도원)을 파괴하는 자, 사탄의 공모자, 저주받을 적, 불필요한 조소자, 사악하고 교활한 악인인 재무관 니키타에게." 이 서한에서 알렉세이 미하일로비치는 니키타에게 다음과 같이 물었다. "누가 고아인 너에게 기적을 행하는 자의 집과 죄 많은 나를 다스리라고 요구하였느냐? 대수도원장 외에 누가 이 권력을 너에게 부여하여 그의 승낙 없이 나의 미하일로프가(家) 총병들과 사람들을 때렸느냐?" 니키타가 총병들이 그의 방 옆에 배치된 것을 능욕으로 간주했기 때문에 차르는 수도사가 사탄의 거만을 부리고 있다고 비난하면서 다음과 같이 큰 소리로 말하였다. "총병들이 짐승 같은 네놈 옆에 서 있는 것은 참으로 좋은 일이다! 그것은 네게 더 낫고 네게 더 영예로운 일이며, 우리의 지시에 따라 수도대주교들 옆에도 총병들이 서 있다!… 우리가 바른 길을 벗어나 온 정신과 마음으로 하느님의 명령을 행하지 않으면, 너와 우리는 하느님 앞에서 무슨 가치가 있겠으며, 마음에서 우러나온 우리의 사상은 무슨 가치가 있겠느냐?" 차르는 수도사에게 무법 행동에 대한 대가로 모욕적인 징벌을 내렸다. 니키타에게 '소보르 전체 앞에서' 차르의 칙서를 읽어준 뒤, 총병들이 목에 쇠사슬을 하고 족쇄를 한 그를 그의 방으로 데려가야 했던 것이다. '오만불손한 불평'에 대해 차르는 수도사에게 위협도 가하였는데, 그것은 기적을 행하는 자에게 수도사에 대해 불평하고 하느님 앞에서의 재판과 변론을 요청하겠다는 것이었다.

눈물까지 흘리고 정신적 '안개'까지 겪으면서, 그렇게 활력 있고 강력하게 차르 알렉세이 미하일로비치는 자신의 마음을 사로잡았던 모든 것을 이겨냈다. 차르가 겪는 사적·국가적 생활의 예외적 사건뿐만 아니라 일상생활의 아주 평범한 일도 쉽게 민감한 성격을 더욱 예민하게 만들면서, 그의 성격은 때로 열광과 분노, 생생한 연민으로까지 발전하곤 하였다. Аф. Ив. 마튜시킨에게 보내는 진지한 편지 중에서, 어린 매 두 마리와 그것들로 사냥을 시도한 일로 온통 가득 찬 편지 한 장이 있다. 알렉세이 미하일로비치는 자신이 어떻게 이 '사냥용 새들'을 '시험해보았는지', 어떻게 그들 중 한 놈이 '너무나 훌륭하게 날고' '하느님의 가호와 너(마튜시킨)의 기도 및 행운 덕분에' 오리를 멋있게 '사로잡았는지'를 열광적으로 묘사한다. "오리의 목을 흐물흐물하게 만들자 오리는 열 번 내팽개쳐졌다"(즉 떨어질 때 열 번 뒤집혔다). 마튜시킨과 업무상 교신이라도 할라치면 차르는 그에게 예를 들어 다음과 같은 사소한 소식을 전해주는 것을 빠트리지 않는다. "우리 진영 타인스키(Таинский) 마을에 새로운 매부리 미시카 세묘노프(Мишка Семенов)가 불 옆에 앉아 잠깐 졸다가 불로 넘어졌네. 사람들이 불에서 끌어내 보니 조금도 타지 않았는데, 그는 불 속으로 쓰러진 것을 실감도 하지 못했다네." 1654~1655년 전염병이 창궐한 시기에 차르는 가족을 떠나 전쟁터로 나갔고 친척들에 대해 매우 불안해하였다. 차르는 자매에게 다음과 같이 썼다. "저의 군주 그리스도를 위해 온갖 물건에 의한 떼죽음을 조심하세요. 저의 이 바람을 가볍게 생각하지 마세요!" 그러나 전쟁과 역병이 알렉세이 미하일로비치의 생각을 완전히 사로잡은 듯하고 근심어린 편지들에서 친척들에게 '역병을 조심하라고 당부하던' 바로 그 시기에, 그는 그들에게 스몰렌스크에서 자신을 깜짝 놀라게 했던, 봄에 일어나는 하천의 범람을 묘사하는 일을 자제하지 못했다. 그는 이렇게 쓴다. "다음을 알게 되었습니다. 드네프르에는 강물 위에 다리 7개가 놓여 있었습니다. 포마(Фома)의 주간[98] 동안 이미 다리에서 물을 퍼낼 만큼 강물이 불었습니다. 저는 (다리가) 유지되기를 바랍니다.…" 또 언젠가 코름 청((кормовой дворец)에서 차르에게 올린 보고서에 차르 일용품으로 그곳에서 끓인 크바스[99]가 실패했고 크바스 한 종류가 맛이 상해서 총병들만 마시게 할 거라고 적혀 있었던 것 같다고 한다. 알렉세이 미하일로비치는 총병들을 대신하여 화를 냈고 보고서에서 격분하여 보고자에게 지시하였다. "네가 마셔라!"

차르 알렉세이 같이 활기 있고 감수성이 풍부한 사람이 성미가 매우 급하고 화를 아주 잘 낼 수 있었다는 것이 이상한 일인가? 외적인 온화함과 진실한 선량함에도 불구하고 알렉세이 미하일로비치는 기분에 따라 불만을 자유로이 터뜨렸고 분노하였으며 호통을 치고 심지어 싸움을 하기까지 하였다. 우리는 그가 무례한 요구를 했다 하여 '고아'인 수도사를 크게 꾸짖는 것을 보았다. 고위 인사들과 좀더 신분이 귀한 사람들도 '매우 온후한' 차르로부터 거의 그처럼 혼쭐이 났다. 1658년 문벌주의적 거만함을 보이고 Аф. Лавр. 오르딘-나쇼킨과 싸웠다 하여 Ив. Ан. 호반스키공에게 불만을 품은 알렉세이 미하일로

98) Фомина неделя. 부활절 후 다음 첫 주. 결혼식과 환락의 시기이다.

99) квас. 곡류, 주로 쌀보리와 엿기름으로 만든 러시아인들이 즐겨 마시는 음료.

비치는 말하자면 다음과 같은 표현으로 차르의 질책을 전하기 위해 사람을 보냈다. "대군주는 이 봉사를 위해 이반공 당신을 발탁하고 선택하였지만, 어느 누구나 당신을 바보라고 불렀으며, 당신은 이 봉사에 대해 우쭐해서는 안 되는 것이다. … 대군주는 즉 불복종과 아파나시(오르딘-나쇼킨) 때문에 당신과 당신의 모든 일족이 파멸할 것이라고 말하라고 명령하였다." 다른 때에는(1660) 자신의 '총신'인 이 호반스키-타라루이(Хованский-Тараруй) 공의 패배에 대해 마튜시킨에게 전하면서 차르는 '그의 경솔한 파렴치'를 패배의 원인으로 돌렸고 군사적 낭패 때문에 그 자신은 "6월 15일부터 7월 5일까지 들판에 놀러 나가지 않았고 새 사냥이 방해를 받았다"*고 분노에 차서 고백하였다. 하지만 호반스키공의 경솔한 파렴치와 '우둔함'에도 불구하고 알렉세이 미하일로비치는 죽을 때까지 그에게 계속 일을 맡겼다. 필시 '타라루이'(즉 허풍장이)와 '바보'는 유용한 업무적 자질도 습득했던 것이다〔총병대 반란이 있던 1682년의 무시무시한 시기에 정부는 바로 이 타라루이를 총병청(銃兵廳)의 우두머리로 임명하기로 결정했음을 상기할 필요가 있다〕. 언젠가 차르 알렉세이 미하일로비치는 '그리스도 십자가의 적이자 새로운 아히토펠[100] 그리고리 로모다놉스키[101] 공에게' 호반스키보다 훨씬 강하게 썼다. 아마도 사소한 죄 때문에〔병사를 적시에 군사령관 즈메예프(С. Змеев)에게 보내지 않았다〕, 차르는 다음과 같은 질책을 그에게 보냈다. "주 하느님께서는 네가 대군주인 짐에게 노골적으로 흉악한 봉사를 한 데 대해 너에게 복수할 것이다! … 너는 하느님과 우리 군주의 사업을 잃어버렸고 주 하느님 자신은 너를 잃어버릴

---

100) Ахитофел(Akhitofel), ?~?. 구약성서의 '열왕기' 및 '사무엘'에 나오는 인물로 다윗왕의 자문관 가운데 한 사람이다. 다윗의 아들 압살롬이 아버지에 맞서 반란을 일으켰을 때 그의 편을 들었다.

101) Григорий Григорьевич Ромодановский, ?~1682. 러시아의 공으로서 위정자이자 군인. 총병대 반란 동안 살해되었다.

* 바르테네프, 65쪽.

것이다!… 너 자신은 기독교도들을 혐오하는, 끔찍이도 저주받은 수치스런 증오자이고 — 사람들을 보내지 않았기 때문에 — 짐에게 확실한 배반자이자 가장 진정한 사탄의 아들이며 악마의 친구이다. 너는 아무도 돌아온 못한 지옥의 나락으로 떨어질 것이다.… 시기하는 자여, 진실로 짐의 말을 거역하는 자여! 나는 네가 교활하고 노회한 계획으로 이 일을 어떻게 수행했는지를 죄다 알고 있다. 우리는 바보이자 악질적인 공(公)인 네 동료를 고문하고 날품팔이 클림카(Климка)를 목매달을 것을 명령한다. 하느님께서는 군주인 짐이 동쪽과 서쪽과 남쪽과 북쪽에 있는 자신의 사람들을 공정하게 통치하고 재판하도록 축복하고 또 맡기셨다. 짐은 하느님의 사업과 모든 땅에서의 군주인 짐의 일을 사람의 능력에 따라 결정하지, 모든 땅의 일을 미움이 가득한 너 혼자서 하라고 결정하지 않는다. 모든 땅을 다스리는 것은 인간의 본성에 비추어 불가능하므로. 그러니 오직 악마만이 모든 땅을 헤매고 다닌다!…" 그러나 이번에는 Гр. Гр. 로모다놉스키를 험담하였지만, 다른 때에 차르는 비르시의 형식으로 그에게 호의적인 '명령'을 내린다.

하느님의 종복이여! 하느님의 이름에 관해 큰 뜻을 품어라
하느님이 승리를 가져다줄 거라고 온 마음으로 기대하라!
브류호베츠키[102]를 사랑하고 그와 대 협의를 가져라.
그러면 나 자신과 하느님의 사람들과 우리의 연안들이 견고해질 것이다.

따라서 차르는 호반스키처럼 로모다놉스키도 비난과 분노를 받을 만한 사람이라고 항상 생각한 것은 아니었다. 성미가 급하고 싸움을 좋아하는 알렉세이 미하일로비치는 우리가 보고 있듯이, 싸움을 벌이

102) Иван Мартынович Брюховецкий, ?~1668. 1663~1668년 동안 우크라이나의 헤트만.

다가도 진짜 상냥한 태도로 쉽게 넘어가는 등, 분노가 변덕스럽고 또 잘 가라앉는다. 심지어 군주의 격분이 최고조에 올랐을 때에도 분노는 곧 후회를 불러와 화해와 평온의 희망으로 대체되었다. 보야린 두마의 한 회의에서 장인인 보야린 И. Д. 밀로슬랍스키의 눈치 없는 당돌한 언행에 갑자기 화가 난 차르는 그에게 심한 욕을 퍼붓고 때리면서 발길질로 그를 방에서 밀어내버렸다. 차르의 분노는 물론 본성 면에서 전반적으로 밀로슬랍스키를 존경할 수 없었기 때문에 그와 같은 험악한 모습을 띠었다. 하지만 장인과 사위의 좋은 관계는 이것으로 손상되지는 않았다. 두 사람 모두 쉽게 사건을 잊어버렸다. 차르의 외가 쪽 친척으로서 알렉세이 미하일로비치가 높이 평가하던 연로한 궁신 로디온 마트베예비치 스트레시네프[103]와의 사건은 더욱 심각했다. 이 노인은 나이 때문에 차르와 함께 '방혈'(放血)하기를 거부하였다. 알렉세이 미하일로비치는 거부가 자신에게 매우 거만하고 방자한 행동으로 비쳤기 때문에 울화통을 터뜨렸으며 스트레시네프를 폭행하였다. 그 뒤 차르는 자신이 존경하는 사람을 어떻게 무마하고 위로해야 할지를 몰라 화해를 요청하고 그에게 많은 선물을 보냈다.

그러나 차르의 선량한 마음은 그가 쉽게 용서하고 화해한 사실에 의해서만 입증되는 것은 아니다. 당대인들은 하나같이 그를 매우 선량한 사람이라고 부른다. 차르는 은혜를 베풀기 좋아하였다. 그의 궁정 내 특별 건물에는 순전히 차르의 지출로 이른바 '상류(즉 궁정) 순자들', '상류 적빈자들', '맹신자들'이 살았다. 순례자들은 연로함과 생활 경험, 경건함과 지혜 때문에 존경받는 노인들이었다. 차르는 겨울 저녁, 옛날 '30~40여 년 전에' 있었던 일에 관해 그들의 이야기를 들었다. 그는 그리스도를 위해 맹신자들의 무분별을 존중함으로써 당시

103) Родион Матвеевич Стрешнев, ?~1687. 차르 알렉세이 미하일로비치의 친척으로 궁내관. 1663~1680년 동안 시베리아 청 관장. 차르 표트르 대제의 황태자 시절 훈육자.

의 사회 전체가 보기에 그들을 청렴하고 겁이 없는 폭로자이자 예언자로 만들었을 정도로 그들의 노후를 평안하게 해주었다. 그와 같은 맹신자 중의 한 사람, 즉 바실리 맨발(Василий Босой) 혹은 '불구자'(Уродивый)는 차르 알렉세이 시절에 그의 자문관이자 스승으로서 큰 역할을 하였다. 차르의 서한에서는 '우리 형제 바실리'에 관한 존경의 언급이 거듭 눈에 띈다. 생시에 이와 같은 사람을 돌보면서 차르는 '순례자'와 '적빈자들'이 죽은 뒤에는 성대한 장례식을 치러주었고 그들의 기일에는 '코름'을 도입하였으며 교회와 감옥에다 희사품을 나누어주었다. 이러한 희사품은 큰 축일에도 차르로부터 나왔다. 때때로 차르는 감옥을 둘러보고 '불행한 사람들'에게 희사품을 나누어주곤 하였다. 차르는 특히 '위대한' 혹은 '기쁜' 성 부활절 전의 '무서운' 주간에 감옥과 양로원을 방문하여 희사품을 나누어주었고 가끔 감옥의 '죄수들'을 석방하였다. 또 지불능력이 없는 채무자를 되사기도 하고 무산자와 환자도 도와주었다. 알렉세이 미하일로비치는 적빈자들에 대한 '동냥'과 '코름'이라는 당시의 평범한 일상적 형태에 선행과 사람에 대한 사랑이라는 의식적 힘을 도입할 수 있었다.

적빈과 육체적 고통만이 차르 알렉세이 미하일로비치의 주의를 끈 것이 아니었다. 온갖 불행과 온갖 고난이 그의 마음속에서 반향과 공감을 불러 일으켰다. 그는 가장 따뜻하고 겸손하며 다정한 위안을 줄 수 있는 능력이 있었고 또 주려고 하였으며, 이 위안은 그의 깊은 선량한 마음을 무엇보다도 잘 묘사하는 것이었다. 이 점에서 괴로워하는 두 명의 아버지에게 보낸 그의 유명한 편지들은 주목할 만하다. 그것은 니키타 이바노비치 오도옙스키[104] 공과 아파나시 라브렌티예비치 오르딘-나쇼킨에게 그들의 아들들에 대해 보낸 편지이다. 오도옙스키

104) Никита Иванович Одоевский, ?~1689. 러시아의 공, 보야린, 외교관, 위정자, 군인. 1650~1660년대 러시아 정부의 유력한 구성원. 1649년 울로제니예 작성을 주도했다.

공이 카잔에 있을 때 그의 맏아들인 장성한 아들 미하일공이 집에서 갑자기 죽었다. 차르 알렉세이는 몸소 따로 편지를 써서 가슴 아픈 상실을 아버지에게 알려주었다. 그는 고인에 대한 찬양으로 편지를 시작하였는데, 이 찬양을 간접적으로—군주가 베시냐코프(Вешняков) 마을의 미하일공과 그의 동생 표도르공 집을 찾았을 때 그들이 그를 얼마나 예의 바르고 잘 대해 주었는지를 말해주는 이야기 형태로—표현하였다. 그런 뒤 차르는 미하일공의 편안하고 경건한 최후를 묘사하였다. 성찬식이 끝난 후 그는 "완전히 잠들었고 흐느낌이나 고통이 전혀 없었다." 여기서 밝은 톤의 묘사는 물론 아버지의 절통을 달래기 위해 일부러 이루어졌다. 그런 다음 장황하고 때로는 매우 상냥한 위로의 말들이 뒤따랐다. 이 말들의 바탕에 놓여 있는 것은 고통 없이 '정결과 참회 속에서' 밝게 최후를 맞이한 일이 '좋은 일'이며, 자연적 슬픔의 순간에도 기뻐해야 할 주님의 은혜라는 생각이다. "하느님께서 행하신 것을, 자신의 은혜로 이루신 것을 기뻐하고 즐거워하세요. 그리고 당신은 이 슬픔을 비탄과 능욕이 아니라 기쁨을 갖고 받아들이세요." "애도하고 눈물을 흘리지 않는 것은 불가능하고 또 눈물을 흘릴 필요가 있지만 특히 하느님의 분노를 사지 않을 정도 내에서만 그렇게 하세요!" 말로 하는 위로에 만족을 하지 못한 알렉세이 미하일로비치는 실제로도 오도옙스키를 도와주러 갔다. 즉 차르는 장례식을 맡았던 것이다. 그는 다음과 같이 쓴다. "하느님께서 원했던 한 나는 장례식에 모든 것을 보냈는데, 왜냐하면 내가 당신에 대해 하늘의 하느님과 지상의 나 외에는 당신에게는 의지할 사람이 아무도 없다는 것을 진정으로 잘 알고 있었기 때문이지요."* 위로 서한의 말미에 차르는 자필로 마지막 상냥한 말을 썼다. "니키타 이바노비치공이시여! 슬퍼하지 말고 단지 하느님께 의지하며 우리를 믿으세요!"

---

* 이 편지 부분은 어떤 특별한 의미를 지니고 있는 것 같다. 오도옙스키가 공들의 가족은 결코 가난하지 않았다.

알렉세이 미하일로비치의 의견에 따르면 А. Л. 오르딘-나쇼킨의 슬픔은 Н. И. 오도옙스키공의 상실보다 더 가슴 아픈 것이었다. 차르의 말을 빌면 "지혜로운 드보랴닌인 그대에게 이보다 더 큰 재앙은 앞으로 없을 것이오. 세상에 이보다 더 큰 재앙은 없습니다!" 이름이 보인(Воин) 인 오르딘-나쇼킨의 아들은 외국으로 도망을 갔다. 그는 공무로 출장을 갔다가 관비와 "업무에 관한 많은 지시와 보고서를 갖고" 반역자로서 도주하였다. 경악한 아버지의 퇴직 요청에 대해 차르는 그에게 '대군주인 짐으로부터 관용의 말'을 전하였다. 이 말은 관용적이었을 뿐만 아니라 감동적이기도 하였다. "그리스도를 사랑하는 사람이고 평화를 사랑하는 사람이며 가난을 사랑하는 사람이고 노동을 사랑하는 사람"인 아파나시 라브렌티예비치를 많은 수식어로 찬미한 뒤 차르는 아파나시 그뿐만 아니라 그의 배우자에게도 '그들의 큰 슬픔과 비애'에 대해 공감을 한다고 따뜻하게 말한다. 자신의 '선량한 대리인이자 사랑하는 친구'의 퇴직에 대해 그는 아버지가 아들의 반역에 책임이 있는 것으로 생각하지 않기 때문에 들으려고 하지도 않는다. 아버지가 반역자를 신뢰하듯이 차르 자신도 그를 신뢰하였다. "그리스도와 짐의 충직한 종복인 당신은 당신 아들의 우둔함을 이해하고 받아들여야 할 것입니다! 그는 어수룩한 인간이고 대군주인 짐은 그것을 알지 못했습니다. 짐은 여러 번 당신 아들과 관련된 많은 일에 대해 당신에게 명령하였지만 당신 아들이 내뱉는 말 아래에 그와 같은 단순한 생각의 독이 있음을 보지 못했지요!" 차르는 심지어 반역을 저지른 대단한 젊은이가 아니라 단지 미혹 당했을 뿐인 젊은이가 결국 돌아올 거라는 희망으로 아버지를 위로하려 들기까지 한다. "대군주인 짐은 당신의 아들이 방황하는 것에 놀라지 않습니다. 소심한 성격으로 그런 짓을 했다는 것은 대단한 일입니다. 그는 젊은 사람으로서 이 세상에서 하느님의 창조물과 하느님의 손으로 만들어진 피조물을 보기를 원했지요. 새가 이리저리 날아다니다가 충분히 난 뒤에는 다시 둥지로 되돌아오듯이, 당신 아들도 육신의 둥지와 특히 성스러운 세례반(洗禮盤)에 담겨 있던 성령의 정신적 애착을 기억해 내고 곧 당신에게로 되돌아올 것입니다!" 얼마나 깊은 인자함과 넓은 도량을 가졌으면 '세상에' 이보다 더 큰 재앙이 '없는' 참극을 당한 사람들에게 이 아름다운 위로의 말을 건넬 수 있었겠는가! 그리고 차르는 옳은 것으로 드러났다. 아파나시의 '아들 보이카(Войка)'는 먼 나라에서 프스코프로, 그리고 거기서 모스크바로 곧 되돌아왔고, 알렉세이 미하일로비치는 Аф. Л. 오르딘-나쇼킨에게 그의 충직하고 헌신적인 봉사를 감안하여 아들을 승진시키고 죄를 없애주었으며 자신의 두 눈에게 아버지 마을에 살게 해주는 허가서가 있는 모스크바 서류를 보고 서명하라는 명령을 내렸다는 내용의 편지를 쓰는 즐거움을 맛보았다.

알렉세이 미하일로비치의 활기 있고 감수성이 풍부하며 예민하고 친절한 성격은 그에게 선량한 즐거움과 웃음을 선사할 수 있는 큰 능력을 부여하였다. 그의 뛰어난 유머 감각은 그의 천재적인 아들 표트르를 연상시킨다. 알렉세이와 표트르 둘 다 말과 행동으로 농을 즐겼다. 마튜시킨에게 보낸 편지 중에는, 마튜시킨이 없을 때 누군가 '덜 구워진' 나쁜 빵을 차르에게 주었다는 익살맞은 지적으로 순전히 마튜시킨의 약을 올릴 목적으로 씌어진, 읽기가 쉽지 않은 암호 같은 '뜻 모를' 편지가 한 장 있다. '그러면 평안하시길' 하고 차르는 자신의 총신이 저지른 조리상의 실책 같은 것에 대한 암시를 관대하게 끝맺는다. 마튜시킨에게 보낸 또 다른 편지는 훨씬 더 장난기 어리다. 차르는 '원정' 중에 편지를 쓰는데, 자신의 여형제-공주들을 잠깐 속일 계략을 세우라는 부탁으로 글을 시작한다. "마치 나한테 있다가 온 것인 양 타고 가는 옷(여행복) 차림으로 그들한테 가서 잘 지냈느냐고 안부를 물으라." 따라서 마튜시킨은 당시 군주가 살고 있던 모스크바 인근의 '소년병' 마을로부터 직접 도착했다고 그냥 공주들에게 거짓말하라고 명령을 받았던 것이다. 이 부탁의 뒤를 이어 차르 알렉세이는 마튜시킨에게 다음과 같이 전한다. “매일 아침 연못에서 끊이지 않고 스톨니크[105] 들을 목욕시키는 것이 즐겁다. … 그것을 위해 제 시간에 나한테 오지 못한 사람이 누구인지 보고 있다가 그 사람을 목욕시킨다!” 분명히 이 즐거움은 가혹한 것은 아니었는데, 왜냐하면 스톨니크들은 얼핏 보아 스스로 연못으로 뛰어들었기 때문이다. 군주는 목욕을 시킨 후 차별적으로 그들을 식탁으로 불렀다. 차르 알렉세이는 계속 이야기한다. “나한테서 목욕을 한 사람들은 양껏 먹으니, 다른 사람들은 자신들이 일부러 늦게 오면 자신들을 목욕시키고, 결국에는 식탁에 앉힐 것이라고 말한다. 많은 사람들이 일부러 늦게 온다.” ‘매우 온화한’ 차르는 아들 표트르가 자발적인 술친구와 강요된 술친구들에게 행한 가혹한 조롱을 마치 이 스톨니크들의 소박한 목욕으로 바꿔놓기라도 할 듯이 즐거워하였다. 차르 알렉세이의 유명한 ‘매부리 길의 우랴드니크(урядник) 라고 불리는 책’과 표트르 대제의 못지않게 유명한 ‘가장 익살맞은 회의’[106] 의 의식들을 비교하는 일도 머리에 떠오른다. 아버지의 ‘심심풀이’가 아들의 ‘익살’보다 얼마나 더 점잖으며, 아들의 신랄한 냉소가 알렉세이 미하일로비치의 순진한 장난보다 얼마나 더 저열한지! 평범한 매부리를 대장으로 모시는 익살맞은 사냥 ‘의식’을 차르 알렉세이는 솔직한 상징적 활동과 뜻 모를 공식으로 에워쌌는데, 이것들은 소박함과 단순함 때문에 조금밖에 가치가 없지만 그 바탕에는 젊고 건전한 사냥에 대한 열정과 아름다운 새 본성에 대한 감동적인 사랑이 놓여 있다. 차르 표트르에게서 바쿠스[107] 와 이

---

105) стольник. 13~17세기 러시아에서 보야린 다음의 궁정 고관들을 가리킨다.

106) всешутейший собор. 정확한 이름은 ‘가장 익살맞고 가장 술 취한 회의’(всешутейший и всепьянейший собор) 이다. 표트르 대제 시절에 존재한, 차르의 자문관과 술친구들로 이루어진 사적 클럽. 이 모임의 참석자들은 방탕한 의식을 통해 가톨릭 교회와 러시아 정교회를 조롱한 것으로 악명 높다.

107) Бахус (Bacchus). 로마 신화의 주신.

바시카 흐멜니츠키[108]에 대한 예배가 숭배의 성격을 띠었던 반면에 차르 알렉세이의 《우랴드니크》에서는 매부리가 '술 취하는 일'이 "어떤 용서도 없이 레나강으로 추방되어야 하는" 죄였다. 매부리로 승진시키는 '우스꽝스런' 의식을 만들고 그 속에서 자신의 즐거움에 경의를 표한 뒤 차르 알렉세이는 자필로 특이한 주석을 달았다. "재판의 공정함과 군(軍) 조직의 관대한 사랑을 결코 잊지 마시오. 업무에도 시간을, 오락에도 시간을!" 업무와 오락을 결합시키는 능력은 업무의 영역에 장난을 기꺼이 도입했다는 점에서도 차르 알렉세이에게 뚜렷이 드러났다. 그의 서한에서 우리는 유머가 기대되지 않는 곳에서 유머를 거듭 만난다. 그리하여 1655년에 '충직하고 우수한' 총병대 대장인 총신 A. C. 마트베예프에게 다양한 종류의 업무 소식을 전하면서 알렉세이 미하일로비치는 내친김에 말하자면 다음과 같이 쓴다. "스웨덴 국왕 카를(Карл)로부터 사절이 도착했는데 그는 두마 사람으로서 이름은 우데우들라(Уддеудла)요. 너무 영리해서, 두마 사람인데도 그를 사는 데 반 루블을 줄 정도로 비쌉니다. 대군주인 짐은 10년 만에 처음으로 그런 멍텅구리 같은 사절을 보고 있는 거요." 스웨덴 외교의 진행에 대해 전반적으로 비웃으면서 차르는 계속 쓴다. "국왕이 사절을, 그것도 두마 사람을 보내 소식을 전한 것은 우리 대군주에게는 영예로운 일이지요. 우둔하기는 하나 뭘 하긴 해야겠지요? 우리에게는 참으로 영예로운 일입니다!" 1656년 코켄가우젠[109]으로부터 여형제들에게 보낸 매우 진지한 편지에서 차르는 이 견고한 도시를 다행히도 점령한 사실을 상세하게 전하면서 익살맞은 비유적 표현을 쓰는 것을 자제하지 못하였다. "극히 견고합니다. 깊은 호(壕)는 우리

108) Ивашка Хмельницкий. 표트르 대제와 그의 친구들이 술을 마시는 행위를 익살스럽게 표현할 때 쓴 말.

109) Кокенгаузен. 라트비아의 서 드비나강 오른 편에 위치한 지금의 코크네세(Кокнесе)의 1917년 이전 이름. 고대 루시의 도시이자 분령 공국이었다.

크레믈 호의 동생 격이고, 요새는 스몰렌스크 도시의 아들 격입니다. 요새는 지독하게 견고합니다." 알렉세이 미하일로비치가 업무 이외의 일로 보낸 개인적 편지는 이러한 종류의 익살과 언급이 풍부하다. 그것들에는 특별한 재치나 핵심을 찌르는 기지는 없으나 웃음을 짓게 하는 쾌활한 온유함과 성향은 많이 있다.

이런 것이 바로 감수성이 풍부하고 민감하고 생동감 있고 온화하고 사교성 있고 쾌활한 차르 알렉세이 미하일로비치의 성격이었다. 이 풍부한 자질은 당시의 시대정신 속에서 훈육에 의해 다듬어진 것이다. 사람들은 알렉세이 미하일로비치를 책에 익숙하게 하고 그에게서 지적 관심을 불러 일으켰다. 독서와 묵상의 버릇은 알렉세이 미하일로비치 성격의 밝은 면을 발전시켰고 그에게서 특히 매력적인 인격을 창출하였다. 그는 당시 모스크바 사회에서 가장 교육을 잘 받은 사람 축에 들었다. 성서, 교회, 세속적 지식 등 그가 갖고 있는 다방면의 박학다식은 그의 모든 저술들에 흔적이 흩어져 있다. 그가 당대의 문헌들을 완전히 습득하고 문장어도 미세한 데까지 체득했음은 명백하다. 진지한 편지와 저술들에서 그는 화려한 표현방식으로 빠져들기를 좋아했으나 그렇다고 형식미를 위해 명료함과 심지어 의미까지도 희생시킨 당시의 학자-웅변가들과 닮지는 않았다. 차르 알렉세이에게는 모든 화려한 금언이 숙고되었고 모든 문장 구절에서 생생하고 명확한 의미가 엿보인다. 그에게는 쓸데없는 말이 없다. 그는 자신이 읽은 모든 것을 숙고하였다. 분명히 그는 깊이 생각하는 데 익숙하였고, 많이 생각한 것을 자유롭고 쉽게 표현하는 데 익숙하였으며, 게다가 생각한 것만을 말하였다. 그리하여 그의 말은 언제나 진심에서 우러나오는 것이었고 내용으로 가득 찼다. 그는 아주 기꺼이 발언하였고 그러므로 그의 정신적 세계가 아주 분명하게 드러났다.

독서는 알렉세이 미하일로비치 내부에 매우 심오하고 의식적인 신앙심을 형성시켰다. 그는 기도를 많이 하였고 금육을 엄격히 지켰으며 모든 교회 규정들을 아주 잘 알았다. 영혼의 구원은 그의 주요 정신적 관심사였다. 이러한 관점에서 그는 다른 사람들도 판결하였다. 그는 어떤 죄인을 질책할 때 그의 죄행으로 영혼을 죽이고 사탄에 봉사한다고 반드시 지적하였다. 당시에 일반적이었던 관념에 따라 차르는 의식의 엄격한 수행에서 영혼을 구원하는 수단을 보았고, 그리하여 그 자신 매우 엄격하게 모든 의식을 준수하였다. 1655년 안티오크의 총대주교 마카리와 함께 루시에 있었고 알렉세이 미하일로비치가 교회의 성직자들 사이에 어떻게 비춰지고 있었는지를 우리에게 묘사하였던 보제 파벨 알렙스키의 수기를 읽는 것은 흥미롭다. 이 수기로부터 차르가 의식에 어떤 중요성을 부여하고 얼마나 꼼꼼히 의식의 정확한 집전에 유의하였는지가 아주 분명히 드러난다. 그러나 알렉세이 미하일로비치는 우리의 선조들이 지향했던 의식과 금욕주의적 절제에 자신의 종교적 인식을 모조리 다 쓴 것은 아니었다. 그에게 종교는 의식이었을 뿐만 아니라 고결한 도덕적 규율이기도 하였다. 매우 신앙심이 깊은 차르는 그와 동시에 코미디를 관람하고 독일인들을 후대하면서도 죄를 범하고 있다고 생각하지는 않았다. 알렉세이 미하일로비치가 보기에 연극 공연과 외국인과의 교제는 신앙에 거스르는 죄업이나 범죄가 아니라 완전히 허용할 수 있는 즐겁고 유용한 새로운 요소였다. 하지만 그런데도 그는 종교의 순수성을 열렬히 지켰으며, 의심할 여지없이 가장 정교도적인 모스크바인 중의 한 명이었다. 그의 지혜와 박학다식함만이 그로 하여금 대다수의 당대인들이 정교를 이해하는 것보다 훨씬 더 폭넓게 정교를 이해하게 해주었던 것이다. 그의 종교적 인식은 의심할 바 없이 의식(儀式)의 수준을 넘었다. 그는 철학자이며 도덕가였고 그의 철학적 세계관은 엄격하게 종교적인 것이었다. 그는 종교적 도덕이라는 저 높은 곳에서 주위의 모든 것을 바라보았다. 밝고 온화하며 선량한 차르의 심성에서 비롯한 이 도덕은 추상적이고 냉혹하며 생명 없는 윤리적 규정의 메마른 법전이 아니었다. 그것은 온화하고 감성이 넘치며 애정 어린 말로 들렸고 명확하게 살아 있는 의미로 가득 찬 사람들에 대한 따뜻한 관계로 나타났다. 숙고하고 관찰하는 버릇은 선량하고 온화한 성품과 함께 알렉세이 미하일로비치 내부에 당시로서는 두드러지는 감정의 섬세함을 개발시켰고 그리하여 특히 누군가를 위로해야 할 때 그의 도덕은 때때로 놀랄 정도로 훌륭하고 따뜻하며 동정적으로 나타났다. 위에서 언급한, 장남 미하일공의 죽음에 대해 Ник. Ив. 오도옙스키공에 보낸 차르의 편지는 이 감동적 도덕의 고상한 본보기를 제시한다. 이 편지에서는 타인의 정신세계를 사랑하고 이해할 줄 알며, 매우 섬세하게 말하고 생각하고 느낄 줄 아는 각별히 겸손한 인간이 명확히 보인다. 그와 같은 이해의 섬세함과 자신의 상황 및 책무에 윤리적 평가를 내릴 수 있는 능력은 뛰어난 '조항문',[110] 즉 총대주교 이오시프의 죽음을 묘사하고 있는 내용이 들어 있는 글로서 알렉세이 미하일로비치가 노브고로드 수도대주교 니콘에게 보낸 편지에 잘 나타난다. 사실 이오시프는 차르의 사랑을 거의 받지 못하였고, 차르의 눈에 그는 큰 윤리적 권위를 갖지 못하였다. 그러나 차르는 이 고위 성직자를 존중하고, 마땅한 주의로써 그를 대하는 것을 자신의 책무로 간주하였다. 그리하여 그는 병든 총대주교를 염려하여 그를 위문하고 심지어 임종시에는 옆에 있기까지 하였으며 장례식에도 참석하였다. 또 몸소 총대주교가 갖고 있던 '수도원 재산'의 명의를 변경하기 위해 매우 큰 애를 썼고 유언 집행인으로서 총대주교의 방을 "1과 반주일 째부터 매일 찾았다." 이 모든 일에서 알렉세이 미하일로비치는 이미 전 루시의 총대주교로 선임된 니콘에게 자발적인 보고도 한다. 차르의 독특한 매력을 완전히 알기 위해서는 그의 '조항문' 전체를 통독할 필요가 있다. 총대주교의 최근 병환은 완전한 생동감을 갖고 매우 선명

110) статейный список. 15~17세기 러시아 국가에서 문제별로 정리된 각 청의 공식 기록 문서를 일컫는다.

하게 묘사된다. 거기서 차르는 유언을 반드시 해야 한다는 것에 대해서 모스크바 관습에 따라 이오시프에게 상기시킬 기회를 놓쳐버린 사실을 슬퍼한다. "(그는 니콘에게 다음과 같이 쓴다) 그대는 그에게 영혼을 맡길 유언장을 상기시켜주지 못한 사실에 대해서 죄 많은 나를 용서하시오." 차르는 이오시프가 이미 상태가 아주 나쁘다는 것을 생각하지 않고 그에게 겁을 주는 것을 미안하게 여겼다. "그는 내가 유언장에 대해 말해야 하는 것을 기억하오. 그 때문에 나를 피합니다!" 여기서 개인적인 겸손함은 차르 알렉세이로 하여금 차르 자신들이 병환 중일 때 서기관들이 '유언장'에 대해 상기시켜주었던 과거의 가혹한 관습을 포기하게 만들었다. 죽은 총대주교를 교회로 옮겼고 차르는 눈으로 시신의 부패 과정을 볼 수 있었던("엄청나게 부풀어 있다", "얼굴이 몰라보게 부풀어 있다") 바로 그 순간에 빈 교회에 안치된 관으로 갔다. 차르 알렉세이는 겁이 났다. 그는 다음과 같이 쓴다. "이런 생각이 적에게서 나한테 전해 옵니다. 네가 밖으로 뛰쳐나가면 바로 벌떡 일어나 네 목을 조르리라!… 나는 성호를 긋고 사랑하는 그의 손을 잡고 키스하기 시작했지만 머릿속에는 다음과 같은 말이 맴돕니다. 흙에서 났으니 흙으로 돌아간다. 무엇을 두려워하는가? … 그리하여 생기가 돌아온 나는 기도를 하면서 그의 손을 잡았던 것입니다!" 장례식 동안 실수가 있었다. "성스러운 총대주교〔니콘을 가리킴 — 옮긴이〕시여, 이런 실수가 있었습니다. 종을 치지 않고 매장을 했던 것입니다!… 이전의 총대주교들은 종을 치면서 매장을 했는데 말입니다." 오직 차르만이 종을 쳐야 한다는 것을 기억해냈고 그리하여 이미 그 시간이 지난 뒤에야 사람들은 종을 치기 시작하였다. 총대주교의 장례식이 끝난 뒤 알렉세이 미하일로비치는 자선에 쓸 목적으로 총대주교의 개인 재산을 검사하는 일에 착수하였다. 차르는 이 재산 가운데 일부를 완전히 팔아치우기도 하였다. 차르 자신은 은제 '식기들'이 마음에 들었고 물론 그는 자신을 위해 그것들을 획득할 수도 있었을 것이다. 즉 차르에게는 그의 말을 빌면 '네 배로 값을 치를' 만큼 돈이 충분히 있었을 것이다. 그러나 군주는 매우 고결한 판단을 유지하였다. "(차르는 니콘에게 쓴다) 성스러운 총대주교시여, 이 점에서 나를 용서하시오. 나는 다른 식기에 대해서는 조금도 흑심을 품지 않았으며 하느님의 은혜와 당신의 성스러운 기도로 자제를 했습니다. 성스러운 총대주교시여, 진실로, 내가 (식기를) 갖고 돈을 지불한다면 바로 하느님으로부터 재앙과 사람들로부터 치욕을 당할 것이며, 또 내가 무슨 영지 관리인이겠습니까?" 바로 여기서, 신으로부터의 재앙과 사람들로부터의 치욕을 두려워하고 자신의 미신적 공포를 기독교적 감정에 종속시킨 17세기의 전제군주가 진정한 겸손과 윤리적 신중함 및 양심이라는 어떤 특성들을 갖고 우리 앞에 나타나는 것이다!

윤리적 심사숙고에 바탕을 둔 이 겸손의 감정은 군사령관인 유리 알렉세예비치 돌고루키[111]공에 대한 차르의 아주 흥미로운 질책에서도 잘 나타난다. 돌고루키는 1658년 리투아니아에 맞서 성공적으로 작전을 펼쳤고 헤트만 고시에프스키[112]를 포로로 잡았다. 그러나 그의 성공은 개인적 주도의 결과였다. 그는 차르의 지시나 허락을 구하지 않고 상황판단에 따라 행동하였다. 게다가 무슨 이유에서인지 자신의 행동들, 특히 모스크바에서 승인하지 않았던, 빌나로부터의 퇴각에 대해 제때 차르에게 알려주지 않았다. 그리하여 돌고루키를 어떤 행동에 대해서는 찬양하지만 다른 행동에 대해서는 비난을 하지

111) Юрий Алексеевич Долгорукий, ?~1682. 러시아의 공이자 군사령관. 총병대 대장으로서 1682년 총병대 반란 중에 살해당했다.

112) Викентий-Корвин Гонсевский, ?~1662. 폴란드어로 Wincenty Aleksander Korwin Gosiewski. 알렉산데르 고시에프스키의 둘째 아들. 폴란드인 고관으로서 리투아니아의 헤트만. 1658년 루시의 군사령관 유리 돌고루키의 포로가 되어 모스크바에서 4년을 보낸 뒤 1662년 포로 교환으로 리투아니아로 되돌아갔으나 급여를 받지 못해 반란을 일으킨 군에 의해 그해 살해당했다.

않으면 안 되는 일이 벌어졌다. 차르 알렉세이는 돌고루키의 행동에 대한 불만을 공식적으로 보여줄 필요가 있음을 알았지만, 그에게 부드럽고 관대한 질책을 담은 편지를 비공식적으로 보냈다. "통보가 없지만(즉 돌고루키의 전황 보고가 없지만) 그대를 찬양하고 은상을 내릴 것을 약속하오"라고 군주는 썼으나 이 찬양이 사적이고 비공개적이라고 덧붙였다. "관용의 말을 보내기를 원하지 우리 군주의 다른 은총을 보낼 수는 없소. 그대의 통지가 없고 이해가 되지 않아 이에 항의하여 편지를 쓰는 것이오!" 돌고루키가 자신에게 '불명예스런 짓'을 했다고 설명한 뒤 차르는 친밀한 관계에서만 이루어질 수 있는 질책을 하기 시작한다. "간단히 말해서 그대는 나를 위해서 무엇에 대해 관대한 애정을 보여주는 글을 한 줄도 쓰지 않았소! 그대는 친구들에게 썼지만 친구들은 — 진정으로 — 그대에 대해 수군대면서 그대가 어떻게 서두르고 어떻게 다른 짓을 하는지를 비웃고 있소. … 니키타 이바노비치(오도옙스키) 공이 그대를 선동했기를 바랍니다. 그의 말을 듣는 것은 쓸데없는 짓이었소. 그대 자신은 그가 어떤 옹호자인지 알고 있고, 모스크바에서 그에 대해 어떻게 말들을 하는지 듣고 있소." 그러나 신랄한 질책과 동시에 차르는 돌고루키에게 상냥한 말도 한다. "그대는 이 편지에 대해 슬퍼하지 말아야 할 것이오. 나는 당신이 좋아쓰고 있으며 걱정하지도 않소. 그런데 설상가상으로 그대의 아들은 내가 당신과 그를 매우 싫어한다고 말하고 있소!… 물론 그대가 딱하오. 정말로 하느님은 당신이 모든 일을 머지않아 완수하기를 바랐는데 … 그대 자신은 어찌할 바를 몰랐던 거요!" 편지 끝부분에서 차르는 자신의 질책을 비밀에 부치라고 명령함으로써 돌고루키에게 경의를 표한다. "이 짐의 편지를 다 읽으면 봉인을 한 뒤 이것을 갖고 그대에게 온 사람 편에 들려 짐에게 보내시오." 공로가 있지만 형식적으로는 죄를 범한 사람의 공식적인 징계를 호의적인 친밀한 훈계로 완화해 설명하려는 차르 알렉세이의 이 희망은 매우 사려 깊고 겸손하며 재치 있는 것이었다.

차르 알렉세이 미하일로비치가 다양한 인물의 행위를 심의하지 않으면 안 되었던, 아니 때로는 질책하지 않으면 안 되었던, 위에서 인용한 편지와 같은 차르의 모든 서한들에는 한 가지 흥미로운 특징이 눈에 띈다. 차르는 매우 세심한 정신을 드러내고 있을 뿐만 아니라 사태를 분석할 수 있는 능력도 있고 또 그렇게 하기를 좋아한다는 것이다. 그는 언제나 매우 자세하게 잘못을 보여주고 죄인이 바로 누구에게 또 무엇을 잘못하였는지, 그리고 그의 과실이 얼마나 심하고 중한 것인지를 설명한다. 우리는 차르가 (1668년) 네진[113]과 체르니고프의 수비대를 구출하기 위해 서두르지 않았다고 질책한 그리고리 세묘노비치 쿠라킨[114]에게 보낸 메시지에서 이와 유사한 고찰의 가장 특징적인 전형을 발견한다. 차르는 쿠라킨이 지연의 결과 "무슨 일이 벌어질지 전혀 염려하지 않았다"는 점에서 사려 깊지 못했다고 질책하였다. "다음과 같은 일이 벌어질 것이오. (차르는 군사령관에게 설명한다) 첫째, 하느님을 격노시킬 것이고… 많은 피를 헛되이 흘릴 것입니다. 둘째, 사람들을 잃게 될 것이고 사람들에게 공포와 조급함을 가져다 줄 것이오. 셋째, 대군주의 분노를 살 것입니다. 넷째, 사람들은 수치심과 치욕감에 시달릴 것이고 그 때문에 그들을 쓸모없이 잃게 될 것입니다. 다섯째, 세상에서 하느님이 선사한 명예와 영예가 극히 비천한 일로… 사라질 것이고 명예 대신에 온갖 질책과 적절치 못한 교섭을 갖게 될 것이오. 보야린 그대에게 할 말을 다했소이다. (알렉세이 미하일로비치는 끝을 맺는다) 하지만 성스러운 동방 교회의 선행으로 하느님의 사업과 군주의 일이 선량한 사령관의 업무 속에

---

113) Нежин. 우크라이나의 체르니고프 오블라스티에 위치한 고대 도시.

114) Григорий Семенович Куракин, ?~1679년 이후 사망. 러시아의 군사령관. 폴란드 및 크림과의 전쟁에 참가하고, 1673~1675년 동안 차르 알렉세이가 모스크바를 비운 동안 모스크바를 관리하였다.

완수되었소. 보야린 그대에게 은상을 내리고 영예를 수여하지만 그대의 늙음을 애석해 하오!" 이와 같은 구두상의 실천을 관찰해보면 차르 알렉세이가 철저히 많이 숙고했다는 생각이 든다. 그리고 이 숙고는 그가 읽은 텍스트들과 표면적으로 시의에 알맞은 외부의 사상들이 충실하고 생생하게 알렉세이 미하일로비치의 머릿속에 되살아난 데 있는 것만은 아니었다. 정신노동은 그로 하여금 세계와 사람에 대한 자기 자신만의 시각과 또 그와 함께 그 자신만의 철학적-윤리적 자산을 이룬 일반적인 윤리적 개념을 형성하게 해주었다. 물론 이것은 당시의 의미에서 세계관 체제가 아니었다. 그럼에도 불구하고 알렉세이 미하일로비치의 인식에는 모든 사적인 경우를 쉽게 자신의 일반적 개념 속에 넣어 철저히 평가하게 하는 뛰어난 도덕적 구조와 질서가 있었다. 일반적 내용과 체제 속에서는 이러한 정신적 구조를 복구시킬 가능성은 없다. 왜냐하면 무엇보다도 그것의 소유자 자신이 이것을 결코 신경 쓰지 않았기 때문이다. 하지만 하나의 예를 위해, 알렉세이 미하일로비치가 종교적-윤리적 기반에 입각하여, "사람들을 공정하게 재판하고" "고립무원의 사람들을 도와주기" 위해 신에 의해 확립되고 지정된 권력으로서, 모스크바 국가에서의 차르 권력이 갖는 기원과 중요성에 관해 명확하고 확고한 개념을 가졌음을 하다못해 지적해두자. 차르 알렉세이가 Гр. Гр. 로모다놉스키에게 한 말은 이미 위에서 인용되었다. "하느님께서는 군주인 짐이 동쪽과 서쪽과 남쪽과 북쪽에 있는 자신의 사람들을 공정하게 통치하고 재판하도록 축복하고 또 맡기셨다." 차르 알렉세이에게 이것은 우연한 미사여구가 아니라 그의 권력이 지속적으로 견지하는 확고한 정식이었다. 차르는 자신이 가진 전권의 의미와 목적에 생각이 미칠 때마다 언제나 의식적으로 이 정식을 반복하였다. 예를 들어 Н. И. 오도옙스키공에게 보내는 편지에서 차르는 "군주인 나와 보야린인 그대들이 어떻게 살아야 하는지"를 말하면서 이 주제에 대해 다음과 같이 썼다. "대군주인 짐은 주 하느님께서 … 우리 대군주와 보야린인 그대들이 우리와 한마음으로, 친애하는 주님의 사람들을 공정하고 평등하게 재판할 수 있게 해주시도록 … 매일 창조주께 요청한다오.” 여기에 든 예는 특히 이 경우 처음으로 모스크바 국가에서 주권 권력의 발상이 그처럼 철저하게 정의된 차르 알렉세이의 구절의 출전이 역사가에게 분명하기 때문에 가치를 지닌다. 알렉세이 미하일로비치는 아마도 차르 대관식이나 직접적으로는 솔로몬[115]의 지혜서[116] 제9장에서 차르 재판의 본질에 관한 자신의 생각을 얻었던 것 같다. 신앙의 문제에서 외부적 강제에 대한 차르의 태도도 이에 못지않게 주목할 만하다. 매우 신중하기는 하지만 명백히 확고하고 대담한 생각을 갖고 차르는 당시 자신이 비상하게 높은 권위를 부여하던 수도대주교 니콘에게 이 문제에 대해 쓴다. 그는 원정 중에 자신을 수행하는 세속사람들을 금욕주의적 복종으로 괴롭히지 말라고 요청한다. “규칙을 지키라고 강요하지 마세요. 성스러운 주교 군주시여, 지혜를 잘 익히면 더욱 지혜로워질 것이지만 어리석은 사람에게는 고통이 있을 것입니다!” 그는 니콘에게 니콘이 “어느 누구에게도 억지로 하느님을 믿으라고 강요하지 않는다”고 하는 그의 동반자 중의 한 명의 말에 주의를 기울이게 한다. ‘성국사(國士)와는 비교도 안 될 정도로’ 수도대주교를 존경함에도 불구하고 알렉세이 미하일로비치는 니콘과 뜻을 같이 하지 않고 그로부터 시달림을 당한 강요된 정진자 및 기도자들과 생각을 함께 한다. 억지로 하느님을 믿도록 강요해서는 안 된다, 바로 이것은 명백히 알렉세

115) Соломон(Solomon), ?~?. 고대 헤브라 왕국 제3대 왕(BC 960?~BC 922?). ‘지혜’가 뛰어난 왕으로 알려졌으며, 《구약성서》 가운데 ‘아가’, ‘잠언’ 등의 지혜문학은 전통적으로 그에게서 비롯하였다. 즉위 뒤에 왕국의 절정기를 구축하여 후세 ‘솔로몬의 영화’로 칭송을 받았다.

116) 종교문학에서 ‘지혜’ 장르의 한 전형으로서 윤리적인 관점에서 인간 존재의 내적인 성찰을 권한다. 유대교와 개신교는 정경으로 인정하지 않고 외경으로 취급하지만 로마 가톨릭교는 정경으로 인정한다.

이 미하일로비치 자신의 신념이었다.

항상적인 종교적 분위기와 긴장된 도덕적 사색 속에서 알렉세이 미하일로비치는 자신의 금욕주의 및 매력적인 교훈을 부여하는 성향과는 거의 어울릴 수 없는 듯이 보이는 한 가지 호감을 주는 특성을 습득하였다. 차르 알렉세이는 미를 사랑하고 이해한다는 의미에서 매우 심미적이었다. 그의 심미주의적 감정은 매 사냥에 대한 열광, 그리고 나중에는 농업에 대한 열광에서 무엇보다도 분명하게 드러났다. 사냥꾼의 적나라한 느낌과 흥분 및 소란스런 움직임을 가진 사냥이 주는 보통의 기분 전환 외에도 매 사냥은 차르 알렉세이 내부에서 미적 감정도 충족시켰다. 《매부리 길의 우랴드니크》에서 그는 다양한 수렵용 새들의 아름다움과 새들의 비행이 가진 매력, 사냥의 외적 우아함에 대해 매우 섬세하게 논의한다. 그에게 '군주의 아름답고 영광스런 새 사냥'의 우랴드스트보, 즉 체제는 "아름다움과 경이로움을 확립하고 선언한다." 높은 매의 비행은 "보기에 아름답고 즐겁다." 황조롱이가 포획하고 비행하는 모습은 "보기에 좋다." 그는 매부리 복장의 아름다움에 유의하고 카프탄[117]의 금장은 '금색'이거나 은색이라고 미리 분명히 해 둔다. "금장에 맞추어 색깔도 다르게 결정된다." 매부리는 "인간의 시각에 멋있게 보이고 또 매의 아름다움을 잘 보여주기 위해", 즉 새를 편하고 아름답게 볼 수 있도록 새를 간수할 것을 요구한다. 아름다움과 우아함의 요소는 차르 알렉세이의 전 사냥의식 '체제'에서 전반적으로 마지막 역할을 하는 것이 아니다. 바로 이 미적 감정은 차르로 하여금 교회예배의 외적 경건함에 매혹 당하고, 때때로 외적 아름다움을 위해 내적 품위를 망가뜨리면서까지 그 경건함을 엄격히 따르도록 강제하였다. 파벨 알렙스키의 수기들에서는 차르가 우리의 이해로는 침묵과 경건을 유지하지 않으면 안 될 바로 그 순간 체제와

117) кафтан. 표트르 대제 전에 루시에서 유행한 옷자락이 긴 남성용 겉옷.

아름다움을 도입하면서 교회를 어떻게 운영했는지에 대한 많은 예를 볼 수 있다. 교회의 의식뿐만 아니라 궁정 및 군사 퍼레이드도 '의식'과 '체제'의 관점에서, 즉 외적인 체제, 아름다움과 웅장함의 관점에서 알렉세이 미하일로비치를 비상하게 사로잡았다. 예를 들어 그는 첫 리투아니아 원정에 앞서 군의 사열과 전송을 아주 열심히 수행하였고 웅장하고 아름다운 의식으로 그것들을 에워쌌다. 차르의 큰 미적 취향은 좋아하는 장소를 선별하는 데서도 나타났다. 차르 알렉세이 미하일로비치가 즐겨 찾던 즈베니고로드[118]의 사빈-스토로젭스키(Саввин-Сторожевский) 수도원[119]의 사정을 아는 사람은 이 수도원이 모스크바 구베르니야 전체에서 가장 아름다운 곳 중의 하나인 데 동의할 것이다. 콜로멘스코예 마을에 가본 사람은 물론 모스크바강의 높은 강변에서 바라보는 정말 아름다운 그곳의 모습을 기억한다. 이 장소들의 평온한 아름다움 — 대러시아 풍경의 일상적인 형태 — 은 '매우 온화한' 차르의 성격과 아주 잘 들어맞는다.

독실한 신앙심 및 금욕주의와 사냥의 즐거움 및 쾌활한 인생관의 결합은 알렉세이 미하일로비치의 천성과 철학에서 모순이 아니었다. 그의 내부에서 신앙과 기도는 기분전환과 오락을 배제하지 않았다. 그는 의식적으로 사냥과 코미디 오락을 허용하였고 죄를 짓는 것으로 생각하지 않았으며 후회하지도 않았다. 그에게는 오락에 대한 자신만의 시각이 있었다. 그는 매부리들에 내린 교시에서 다음과 같이 쓴다. "이 들판의 오락은 슬픈 마음을 정말로 위로합니다. 즐거워하고 기분을 풀며 좋은 오락으로 슬픔을 잊으시오. … 그러면 어떤 우울과 슬픔도 당신을 이기지 못할 것입니다." 이리하여 알렉세이 미하일로비치의 의식 속에서 사냥이라는 오락은 슬픔의 반작용이며, 오락에

118) Звенигород. 모스크바 근교에 위치한 러시아 고대 도시 중의 하나. 12세기 이래 존재한 것으로 알려져 있다.

119) Саввин-Сторожевский монастырь. 이 책 699쪽의 주 96번을 볼 것.

대한 이와 같은 시각이 그의 펜에서 나온 것은 우연이 아니었다. 차르가 보기에 인생은 슬픔이 아니며 슬픔은 치료 받아야 되고 쫓겨나야 한다. 바로 하느님이 그렇게 하라고 명령을 내렸다. 그는 오도옙스키에게 아들의 죽음에 대해 울지 말 것을 요청한다. "애도하고 눈물을 흘리지 않는 것은 불가능하고 또 눈물을 흘릴 필요가 있지만 특히 하느님의 분노를 사지 않을 정도 내에서만 그렇게 하세요." 그러나 인생이 힘들고 음울한 시련이 아니라면 차르 알렉세이에게 그것은 전면적인 쾌락도 아니다. 인생의 목표는 영혼의 구원이고 이 목표는 선량하고 경건한 생활로 달성된다. 그리고 선량한 생활은 차르의 의견으로는 엄격한 질서 속에 이루어질 수밖에 없다. 즉 생활 속에서 모든 것은 자신의 자리와 시간을 갖고 있어야만 한다는 것이다. 오락에 관해서 말하자면 차르는 매부리들에게 다음과 같이 상기시킨다. "재판의 공정함과 군(軍) 조직의 관대한 사랑을 결코 잊지 마시오. 업무에도 시간을, 오락에도 시간을." 이리하여 차르 알레세이가 열렬히 애호하는 오락은 그럼에도 불구하고 그에게는 오락에 불과할 뿐 일을 방해해서는 안 되는 것이다. 그는 사람이 무엇을 수행하든 모든 일에 질서, 즉 '의식'을 도입할 필요가 있다고 확신했다. "아무리 일이 사소하더라도 의식에 따라 공정하고 규칙적이고 조화롭고 정연하면, 어느 누구도 부끄럽지 않고 어느 누구도 비난받지 않으며, 모두가 칭찬받고 모두가 찬양받으며, 사소한 일에 공정과 의식과 모범이 적절히 놓여 있음에 감탄한다." 의식과 정돈은 알렉세이 미하일로비치에게 모든 일에서 성공을 보증하는 담보물이었다. 그는 "의식이 없으면 모든 일이 확립되지 않고 공고히 되지 않는다. 체계가 없으면 일이 허비되고 다시 나태해진다"라고 말한다. 그리하여 차르 알렉세이 미하일로비치는 크고 작은 모든 일에서 질서에 큰 신경을 쓴다. 그는 자신의 영혼이 밝고 명확할 때에만, 완전히 모든 것이 밝고 평온하며 모든 것이 제 자리에 있고 모든 것이 의식에 따라 존재할 때에만 행복하였다. 일과 오락을 혼합하고 엄격한 금욕주의의 헌신과 순수하고 평화적인 즐거움을 결합시키면서, 차르 알렉세이는 무엇보다도 바로 이 내적 균형과 외적 질서에 신경을 썼다. 차르 알렉세이를 끊임없이 제어한 이러한 염려는 합리적이고 절제 있는 쾌락 속에서 평온한 정신적 균형, 즉 '부동심'(不動心)을 구한 최초의 에피쿠로스[120] 주의자들과 그를 비교가능하게 한다(여기서 분석은 매우 에두를 수밖에 없지만).

지금까지 차르 알렉세이 미하일로비치는 자신의 밝은 측면들로 우리에게 다가왔으며, 우리는 그것들을 흥미롭게 살펴보았다. 그러나 그늘도 있었다. 물론 한때 차르가 니콘에게 자기 자신에 대해 부여했던 평가는 진심이 아니며 겉으로 내보이기 위한, '긍지라기보다는 겸손'으로 간주하지 않으면 안 된다. "짐을 지배하시와, 짐은 하느님의 은총과 당신의 성스러운 축복에 의해 진정한 기독교도 차르인 것처럼 불리고, 자신의 사악하고 혐오감을 불러일으키는 일 때문에 차르는 물론이고 개만도 못한 놈입니다." 당대인들은 사악하고 혐오감을 불러일으키는 차르 알렉세이의 일을 알지 못한다. 하지만 그들은 때때로 그에게 불만이 있었다. 그가 젊었을 때인 울로제니예 제정 작업을 하던 시기에(1649), 인민대중들의 분위기는 많은 이들이 지껄일 만큼 뒤숭숭하였다. 개혁에 격분한 거리의 싸움꾼들 중의 한 명인 사빈카 코레핀(Савинка Корепин)은 모스크바에서 젊은 군주에 대해 차르가 "보야린들인 모로조프와 밀로슬랍스키의 입으로부터 모든 것을 본다. 그들이 모든 것을 지배하고 군주 자신은 이것을 알고서도 침묵을 지

120) Epicouros BC 342?~BC 270?. 고대 그리스 철학자. 에피쿠로스는 욕망이나 격정에서 생기는 미혹, 죽음의 불안, 신들의 처벌 등과 같은 미신에서 인간을 해방시키려 했다. 쾌락한 삶이란 편안한 삶이며, 이것은 과도한 욕망이나 격정에서 해방되는 것, 공공생활을 피해서 숨어 사는 것, 빵과 물의 생활에 만족하는 것, 그리고 우정을 존중함으로써 실현될 수 있다고 주장하였다.

키고 있다"고 나오는 대로 지껄였다. 차르가 다른 사람들의 '입으로부터 본다'는 생각은 이후에도 가끔 나타난다. 콜로멘스코예 대주교 이오시프(1660~1670)의 행동에는 차르 알렉세이와 보야린들에 대한 가차 없는 평가가 거듭 드러났다. 이오시프는 대군주에 대해 "치세 중에 어떤 재판도 스스로 할 능력이 없고 사람들이 그를 제어한다"고 말하고, 보야린들에 대해서는 "보야린들은 하모프(Хамов) 일족으로서 군주는 그들이 무엇을 하는지 모른다"고 말하였다. 매우 흥분한 순간 이오시프는 그 일반적 의미가 차르가 완전히 일에 무능력함을 나타내는 매우 경멸적인 욕설로 알렉세이 미하일로비치를 불렀다. 이와 같은 평가에 맞닥트리면 당신은 그것을 어떻게 해석하여 알렉세이 미하일로비치의 분별력과 폭넓은 관심을 보여주는 많은 증거와 조화시켜야 하는지 모른다. '매우 온화한' 차르가 정말로 온화한 것은 선량함에 의해서였지 이해력에 의해서가 아니었다. 이것은 역사적 자료에 익숙한 모든 이들에게 명확하다. 집중적인 관찰만이 차르 알렉세이의 천성에서 그에게 존재한 불만을 해명하고 설명할 수 있는 두 가지 특성을 드러낸다.

활달하고 지성적이었음에도 불구하고 차르 알렉세이 미하일로비치는 우유부단하였고 때로 소심한 사람이었다. 그의 선량함과 우유부단을 이용하여 주위 사람들은 제멋대로 굴었을 뿐만 아니라 '온화한' 군주 자신에 대한 권력도 장악하였다. 차르의 편지들에는 이에 놀라워하는 증언들이 들어 있다. 1652년 그는 니콘에게 궁정관인 알렉세이 리보프(Алексей Мих. Львов)공이 "퇴직을 간청하였다"고 쓴다. 그는 대궁전 청에서 오랫동안 제멋대로 재직하던 악질적인 무법자였다. 차르는 리보프에서 벗어날 수 있는 데 기뻐하였고 "궁전에 바실리 부투를린[121]을 앉혔다." 소박한 자만심을 갖고 그는 니콘에게 전한다. "나

121) Василий Васильевич Бутурлин, ?~1656. 차르 알렉세이 미하일로비치 때 가장 저명했던 보야린 중의 한 명. 스톨니크였으며, 군사령관과 궁

의 말은 이제 궁전에서 매우 잘 수용되고 (모든 일이) 지체 없이 수행됩니다!" 그러므로 리보프공의 파렴치함은 차르의 말도 무서워하지 않을 정도였고 군주의 허약함은 너무 극심해서 자신의 궁정관으로부터 스스로 벗어날 수 없을 정도였다! 이 예의 뒤를 이어 당시에 하찮은 청의 관리인 플레셰예프(Л. Плещеев)가 "군주는 나를 지배하고 나는 노름꾼이다!… 모든 모스크바가 나의 수중에 있고 나는 보야린들에게 지시를 내렸다"고 하면서, 파렴치하게 잘난 척할 수 있었음이 이해된다. 플레셰예프에 의한 군주의 언급에서는 요컨대 군주 자신의 소박한 편지에서와 마찬가지로 군주의 이름 앞에서 두려움을 전혀 느끼지 않았다는 바로 그 암시가 드러난다. 흥미로운 것은 궁정의 관리와 청의 관리들은 선량한 군주가 보지 않는 곳에서 제멋대로 했을 뿐만 아니라 군주가 보는 곳에서도 감히 자신의 기분을 보여주었다는 사실이다. 1654년의 원정에서 알렉세이 미하일로비치의 주위 사람들은, 트루베츠코이공에게 보낸 편지에 실린 그의 말에 따르면, "우리와 함께 결코 한 마음이 아니라 구름이 낀 것처럼 특히 두 마음으로 갑니다. 때로는 확실하고 희망에 차 있는 유용한 공기를 갖고 나타납니다. 때로는 폭염과 격노, 갖가지 교활하게 행동하는 악천후와 모스크바 풍속을 지니고 나타납니다. 때로는 사악한 절망을 갖고 파멸을 예언합니다. 때로는 평온하고 파리한 얼굴을 하고 간사한 마음을 지닌 채 떠납니다.… 하느님 증인이시여, 이 두 마음으로부터 어떻게 될 것인가에 대해서는 나는 이미 전혀 기대하지 않습니다." 성격상 의지가 박약한 차르 알렉세이는 주위 사람들의 분위기를 장악할 수가 없었고 죄인을 엄하게 다룰 수가 없었으며 무법자를 쫓아낼 수도 없었다. 그는 갑자기 폭발하고 욕설을 퍼붓고 심지어 때릴 수도 있었으나 그 후 빠르게 누그러져서는 화해를 구하였다. 그는 리보프공의 재직을 인내하였고 악질

내관을 역임하였다.

적인 장인 밀로슬랍스키를 주위에 계속 남겨두었으며 니콘의 한정 없는 권력욕이 만발하게 하였다. 왜냐하면 그는 관리들의 권력 남용과 궁정의 영향력 및 강한 성격의 인물과 싸울 힘이 없었기 때문이었다. 악을 근절하지 않고 쓸모없는 인물을 쫓아내지 않으며 타협과 미봉책을 찾고 타조처럼 눈을 감고 수풀 속에 숨는 것, 바로 이것이 의지박약과 소심함의 결과인 알렉세이 미하일로비치의 일상적인 방식이었다. 그는 어떤 불쾌한 사건에 공개적으로 개입할 필요성이 있음을 보았을 때 가장 졸렬하게 생각하였다. 그는 소심하게 책임 있는 설명에서 도피하여 서둘러 다른 사람들 밑으로 숨었다. 니콘에게 보낸 편지에서 그는 주위 사람들 사이에서 그에 대해 불만이 존재한다고 알려준 뒤, 차르는 이제 다음과 같이 단서를 붙인다. "성스러운 군주시여, 당신께서 납셔서 이 편지를 간수하시고 몰래 숨겨주세요! … 그(불평자)에게 말하시고, 성스러운 군주시여, 당신께서는 당신의 이름으로 나 외에 누군가가 (그의 불평에 대해) 당신께 쓴 것처럼 말하세요." 옆으로 비켜 서 있고자 하는 바람은 아마도 알렉세이 미하일로비치 자신을 부끄럽게 한 것 같고 그는 니콘에게 불만을 가진 보야린들과의 담판을 모스크바에 올 때까지 연기할 것을 제안한다. 그는 대질심의 전에 시간이 불만의 날카로움을 제거하고 적들을 누그러뜨릴 거라는 바람 속에서 "여기 내 앞에서라면 당신께서는 우리 둘이서 함께 보복할 수 있을 것입니다"라고 제의한다. 서면질책에 대한 그의 선호는 선량한 군주의 정신적 소심함으로 설명되어야 한다. 남들이 보지 않는 등 뒤에서는 많은 것을 강력하고 준엄하고 화려하게 쓸 수 있었지만 남들이 보는 앞에서는 호통을 치기가 힘들었고 또 그렇게 하기에는 연약하였던 것이다. 남들이 보는 앞에서 차르 알렉세이가 누군가를 꾸짖을 수 있었던 때는 그에게 언어와 함께 손도 자유롭게 되었을 때인 격렬한 분노의 일시적인 폭발 순간뿐이었다.

그리하여 성격의 나약함은 차르 알렉세이 미하일로비치의 어두운 본성 중의 하나였다. 그가 가진 또 하나의 부정적 본성은 뭐라고 명명하기보다는 묘사하기가 더 쉽다. 차르 알렉세이는 일할 능력도 없었고 일할 생각도 없었다. 그는 노동의 시흥과 희열을 몰랐고, 이 점에서 아들 표트르와 완전히 대조적이었다. 그는 자신의 사냥을 가리켜 일컬었고, 그의 다른 모든 오락도 그렇게 부를 수 있는 이른바 '작은 것들' 사이에서 생활하고 즐거워할 수 있었다. 그의 모든 에너지는 자신이 오랜 교회 및 궁전 관습 속에서 보았던 '의식'의 수행에 집중되었다. 그의 모든 창의성은 그의 시대 동안 그와는 상관없이 모스크바 귀족들의 생활 속으로 침투하기 시작한, 유쾌한 '새로운 요소들' 주위에 국한되었다. 국가통치는 차르 알렉세이가 직접 책임지기를 원한 업무가 아니었다. 그것을 위해서는 보야린과 청의 관리들이 존재하였다. 처음에 차르 알렉세이 대신 보리스 Ив. 모로조프가 통치하였고 그 다음에는 니키타 Ив. 오도옙스키공의 시대가 왔다. 그의 뒤를 이어 총대주교 니콘이 총신이 되었고 니콘은 고위 성직자 업무뿐만 아니라 차르의 업무도 주재하였다. 니콘의 뒤를 이은 사람은 오르딘-나쇼킨과 마트베예프였다. 차르 알렉세이의 활동의 모든 순간에서 우리는 그의 주위에서 신임을 받고 대신 통치를 하는 사람들을 본다. 말하자면 차르는 그들의 노동에 참가해서 그들을 찬미하거나 그들과 논쟁하고, 외적 '우랴드스트보'에 마음을 쓰며, 사건들에 대해 편지를 쓴다. 요컨대 그는 일단의 실제 일꾼들과 활동가들의 주위에서 안절부절한다. 그러나 그는 그들과 함께 일할 수도 없고 전투적인 지도자의 권력의지로 그들의 마음을 끌 수도 없다.

선량하고 소심하며 활달하지만 열정적이지 않고 일을 할 줄 모르는 차르 알렉세이는 전사나 개혁가가 될 수가 없었다. 한편 역사생활의 흐름은 국내외적으로 차르 알렉세이에게 특히 힘들고 위급한 많은 과제들을 제기하였다. 경제생활 문제, 법적·교회적 문제, 어려움이 계속되는, 소러시아를 위한 투쟁, 이 모든 것들은 정부 당국과 인민들의 각별한 노력을 요구하였다. 당시 우리의 선조들은 수많은 결정적 순간들을 이겨내지 않으면 안 되었지만 그럼에도 불구하고 힘과 방법이 빈약한 루시는 외부의 투쟁으로부터 승리자가 되어 빠져나오는 데 성공했고 이럭저럭 국외의 곤란을 수습하는 데 성공하였다. 알렉세이 미하일로비치의 정부는 자신이 수행하지 않으면 안 되는 모든 일에서 일정한 고지에 섰다. 능력 있는 사람들이 등장하였고 방법이 발견되었으며 실패가 활동가들로부터 에너지를 빼앗아 가지는 못했다. 한 가지 방법이 성공하지 못하면 목표를 달성하기 위해 새로운 방법이 모색되었다. 요컨대 격렬하고 긴장된 활동이 전개되었고, 국가생활의 모든 영역에서 시대의 활동가들 뒤에는 차르 알렉세이라는 선량하고 활달한 인물이 눈에 띄었다. 그를 제외하고 어떤 일도 진행되지 않는다고 느껴진다. 그는 전쟁의 경과를 알고 있고 외교활동을 지도하기를 원하고 있으며 내정에 관한 일련의 문제와 지시들을 보야린 두마에 들여온다. 그는 총대주교 니콘 사건에 적극적으로 참여한다. 그는 어느 곳이든 가는 곳마다 항상 업무를 이해하고 언제나 선량하고 성의 있었으며 상냥하다. 그러나 그는 결정적인 움직임을 하나도 만들지 못하고 단호한 발걸음을 한 걸음도 내딛지 못한다. 그는 모든 문제에 완전한 이해를 갖고 대응하였으며 그것들을 해결하지 못한 것도 아니다. 그러나 그의 천재적인 아들을 특징지었던 그런 열정적인 에너지, 표트르의 특성을 이루었던 그런 대담한 창의성은 그로부터 전혀 기대할 수는 없다.

16~17세기 남부 루시와 서부 루시 역사의 주요 순간들

알려진 대로 13세기와 14세기에 서부 루시와 남부 루시의 지역들은 리투아니아 대공의 재산이 되었다. 외부로부터의 위협은 리투아니아 종족을 단결시켰고 종족의 호전적 성격을 강화시켰으며, 리투아니아와 루시가 공동으로 살기 시작한 리투아니아 국가를 창설하였다. 그러나 리투아니아에 의해 창설된 이 국가는 루시가 수적으로뿐만 아니라 문화적으로도 리투아니아를 눌렀기 때문에 루시적으로 되었다. 러시아어가 리투아니아에서 지배적으로 되었고 궁정과 법률에서 사용되었다. 러시아 정교는 어떤 첨예한 투쟁 없이 리투아니아의 고대 종교를 밀어냈다. 루시 공의 딸들에게 장가를 든 리투아니아 공들은 혈연의 면에서는 반(半)루시인이, 언어와 신앙의 면에서는 온전한 루시인이 되었다. 정교와 오랜 역사적 생활에 의해 창출된 루시 문화는 반(半)야만의 리투아니아인들 사이에서 빠르게 성공을 거두었다. 요컨대 교양 있는 루시 인민들이 교양이 떨어지는 리투아니아 종족을 성공적으로 동화시켰던 것이다.

그러나 폴란드인, 독일인, 루시인 등 자신들의 이웃들에 비해 가장 늦게 역사생활로 진입한 리투아니아는 루시의 영향력만 느꼈던 것이 아니었다. 독일인들은 양쪽(튜턴인들과 리보니아 기사단)에서 리투아니아에 가톨릭교 세례를 하였고 그들을 자신들의 노예로 삼았다. 처음에 적대적이었던 폴란드인들은 리투아니아의 도움으로 그들 둘 모두에게 똑같이 혐오스러웠던 독일인들에게 반대하기 위해 나중에는 예전의 적이었던 리투아니아와 연합관계를 맺으려고 하였다. 폴란드와 리투아니아의 접근을 위한 방법으로 기능할 수 있었던 것은 리투아니아와 폴란드 지배자들의 혼인이었다. 즉 결혼이 이루어졌던 것이다. 폴란드 국왕 카지미에시 3세[1]는 게디미나스의 딸과 결혼했으나 이 혼인은 정치적 결과를 낳지 않았지만 그에 반해 리투아니아 대공 요가일라와 폴란드 여왕 야드비가[2]의 혼인은 결과를 낳았다. 그것은 요가일라이치아이[3]의 권력 하에 리투아니아와 폴란드의 왕조연합을 이룬다는 조건하에 성립되었다. 이 혼인과 연합 자체의 발기는 리투아니아가 아니라 폴란드에서 시작되었다. 폴란드 지주(пан)들은 독일인들도 리투아니아도 두려워하였다. 그들은 리투아니아로부터 일부 지역을 받고 독일인들에 맞서 동맹을 맺기를 원하였다. 왕조연합은 항구적인 탄탄한 동맹의 가능성을 부여하였고 폴란드가 리투아니아에

---

1) Казимир III, 1310~1370. 폴란드어로는 Kazimierz III. 폴란드 왕(1333~1370). 대왕 또는 농민왕으로 불리며 영어로는 카시미르이다. 부아디수아프 1세의 아들이다. 폴란드왕국의 강화와 통일을 목표로 1343년 독일 기사단으로부터 쿠야비 지방을 탈환하였으며, 1349~1352년 할리치 공국을 정복하여 폴란드의 국제적 지위를 높였다. 또한 카지미에시 법전 편찬으로도 알려졌으며 도시와 상인을 보호하였고 1364년 크라쿠프에 야기에워 대학의 전신이 된 아카데미를 창설하였다.

2) Ядвига. 폴란드어로는 Jadwiga. 폴란드의 여왕(1371~1399). 1386년 리투아니아의 요가일라 대공과 결혼하였고, 요가일라는 이때부터 폴란드 국왕이 되었다.

3) Ягеллоны. 리투아니아어로는 Jogailaičiai, 폴란드어로는 Jagillonowie. 14~16세기 리투아니아의 대공 가문. 좀더 자세한 사항을 위해서는 이 책 340쪽의 주 29번을 참조할 것.

대해 영향력을 발휘할 거라는 희망을 주었다. 이 가능성과 희망 속에서 폴란드에서는 폴란드에게 완전히 성공을 거둔 것으로 판명된 정치적 연합이 성립하였다. 1386년 요가일라는 폴란드 국왕뿐만 아니라 가톨릭교도가 되었다.

리투아니아와 폴란드의 연합은 두 가지 주요 조건 하에서 체결되었다. (1) 국내 체제와 국가운영은 연합한 국가와는 관계없이 이전대로 남는다. (2) 외교관계는 양 국가가 공동으로 수행한다. 이리하여 리투아니아의 내정상의 자치는 유지되었다. 하지만 리투아니아-루시 사회는 연합에 크게 불만을 가졌다. 요가일라에 의한 종교의 교체, 즉 그가 이교도 리투아니아를 가톨릭교로 개종하는 것을 허락한 일을 비롯한 여타 양보들은 리투아니아와 루시의 격렬한 저항을 폴란드에게 야기하였다. 능욕당한 인민의 감정은 리투아니아의 강력한 분령공이었던 비타우타스의 권리주장을 지지하였고, 요가일라가 여전히 살아있는 데도 그에게 리투아니아에 대한 완전한 지배와 리투아니아 대공의 직함을 부여하였다.

비타우타스는 리투아니아 국가의 위력을 최고로 발달시키는 동시에 몰락의 단서도 제공하였다. 그는 리투아니아에서 매우 인기가 있었고, 가톨릭교도도 정교도도 이교도도 모두 그를 자신들의 사람이라고 생각하였다. 이것은 비타우타스로 하여금 자기 국가의 중요성을 제고시키는 일련의 위업을 완수하는 데 일조하였다. 그러나 모든 사람들과 화합하고자 하는 희망, 리투아니아의 운명에서 가톨릭교와 폴란드의 의의에 대한 명확한 견해의 부재는 비타우타스로 하여금 폴란드 영향력에 대해 반격을 가할 수가 없게 하고 자신이 누구에게 의지해야 하는지를 간파할 수 없게 하며 종국에는 루시 주민들을 자기한테서 멀어지게끔 만들었다. 이러한 상황은 리투아니아를 폴란드에 예속시켰고 리투아니아 몰락의 원인이 되었다.

1410년 그룬발트 전투에서 리투아니아와 폴란드 연합군은 독일인들의 군대를 격파하였고 그럼으로써 이 국가들의 동맹은 정당화되었다. 그러나 1413년 고로들로[4]에서 열린 리투아니아와 폴란드인들의 공동 세임에서는 이미 존재하는 폴란드와 리투아니아의 왕조연합뿐만 아니라 실질적인 연합이 결정되었고 그리하여 폴란드 국가체제의 특성들이 리투아니아로 이식되었다. 가톨릭교를 받아들인 리투아니아 드보랴닌들은 폴란드 슐라흐타[5]의 체제와 법들을 도입하였고, 리투아니아에는 폴란드의 것들과 비슷한 세임과 직책들이 설치되었다. 리투아니아를 폴란드 체제에 종속시킨 이 고로들로 결정은 어떠한 정치적 필연성에 의해서도 야기된 것이 아니었으며 역사에 의해 정당화되지도 않았다. 비타우타스는 폴란드에 접근하면서 독일인과 루시에 맞선 발판을 찾고자 하였다. 가톨릭교를 보호하면서 그는 국왕의 칭호에 이끌렸고 이 칭호는 가톨릭 서구로부터만 그에게로 올 수 있는 것이었다. 그러나 비타우타스는 자신이 그 영광에 대해 그토록 신경쓰던 자신의 국가에서, 종교적 반목의 뒤에는 민족적 반목이 존재하는 만큼 더더욱 위험한 종교적 내분의 근거를 창출하였다.

비타우타스 이후(1430) 15세기와 16세기에 고로들로의 결정에도 불구하고 라투아니아는 정치적인 면에서 독립과 자치를 엄격히 지켰다. 폴란드인들은 리투아니아-루시 사회로부터 실질적인 연합을 인정받는데 실패하였다. 리투아니아에서는 폴란드인들을 외국인들로 바라보았고 그들과 별도로 공을 갖고자 하였으며 폴란드인들이 리투아니아에 오는 것을 마지못해 허용하였다. 가톨릭교는 폴란드인들이 바라는 것과는 전혀 다르게 천천히 확산되었다. 리투아니아는 루시 땅들 — 볼린과 포돌리아[6] — 을 확고히 고수하였고 그것들을 폴란드에 넘겨주고

4) Городло. 폴란드의 서 부크 강변에 있는 도시.

5) шляхта(실랴흐타). 폴란드어로는 szlachta(슐라흐타). 폴란드나 리투아니아의 소귀족(드보랴닌) 계층을 가리킨다. 폴란드-리투아니아 연합국가 주민의 30%를 차지했던 것으로 알려져 있다.

싫어 하지 않았다. 요컨대 폴란드인들은 비록 1501년에 리투아니아공과 폴란드 국왕 알렉산데르가 연합을 고수하려는 단호한 시도를 했음에도 불구하고 국가연합에 성공하지 못했다. 폴란드인들은 리투아니아 사회에 대한 문화적 영향력에서는 더 성공적이었다. 고로들로 세임 이래로 리투아니아에는 폴란드 사회체제의 일부 특성들이 일반화되었다. 1413년까지 리투아니아 체제는 루시 체제에 가까이 다가갔다. 대공 아래에서 분령공들이 통치하였고 그들 주위에는 종사단이 무리지었으며, 도시는 민회제도를 가졌고 농민들은 자유롭게 이동하였다. 1413년부터 폴란드 체제가 도입되면서 리투아니아에는 폴란드를 모방하여 소귀족 계층이 형성되기 시작하고 그들 사이에 가톨릭교와 폴란드 풍습이 확산된다. 도시들은 '폴란드 도시들의 마그데부르크법[7]'을 도입하고 농민들은 농노제적 예속상태에 이른다. 리투아니아에는 폴란드처럼 세임과 세이미크(сеймик, 지방 세임)들이 나타나고 폴란드 예를 따라 종신직도 등장한다. 헤트만(수령)은 군 수장이며 군인들의 재판관으로 그 휘하에 소 헤트만, 즉 야전 헤트만들이 있었다. 칸츨레르(канцлер)는 국새의 보관자이며 국가 서기이다. 포츠카르비 젬스키[8]는 재무관이고 나드보르니(надворный)는 공의 재무관이다. 군사령관(воевода)은 오블라스티들을 관장하였고, 장로(староста), 카스텔랸,[9] 데르자베츠[10] 등 모든 지방 관리관들이 그의 권한

---

6) Подолия. 드네스트르강과 남 부크강에 있는 루시 땅.

7) Магдебургское право(Magdeburger Recht). 가장 유명한 도시법 체제 중의 하나. 봉건 도시법으로서 13세기에 독일 도시 마그데부르크에서 처음으로 제정되었다. 이 법에 따르면 도시민들의 경제 활동과 재산권, 사회·정치 생활 및 신분은 생산과 화폐-상품 교환의 중심지로서 도시의 역할에 상응하는 자체 법적 규정에 의해 규제된다.

8) подскарбий земский. 공물과 세금의 징수를 감독하고 국가 재정을 관리하는 고대 폴란드와 리투아니아의 관직.

9) кастелян. 봉건 국가에서 성과 주변 영지를 지배하던 행정관.

하에 있었다. 마르샬로크(маршалок)는 슐라흐타과 그 세임의 대표였고, 그것에는 젬스키 마르샬로크(공국 전체 슐라흐타의 대표), 군(郡)[11](오블라스티) 마르샬로크, 궁정 마르샬로크(궁정 공 드보랴닌의 대표)가 있었다. 보이트[12]와 부르미스트르(бурмистр)는 시 자치체의 대표들이었다. 보이트는 국왕에 의해 드보랴닌 중에서 임명되었고 부르미스트르는 시민들(소시민들)이 자신들 중에서 선발하였다. 자유로운 공(公) 도시들과 나란히 리투아니아 귀족들의 사적 권리에 속한 많은 도시들이 있었다는 점에 주목해야 한다. 이리하여 리투아니아에서 폴란드 제도가 발전함에 따라 드보랴닌들은 압도적인 중요성을 획득하였다. 그들은 점차 농민층과 일부 소시민층을 소유하기 시작했고 일부 다른 소시민층에 대해서도 지배자로 나타났다.

16세기 후반 이전까지 우리가 언급한 사회적 체제는 낡은 루시 생활양식을 조금씩 몰아내면서 형성되고 있을 뿐이었다. 폴란드 슐라흐타가 폴란드에서 차지하던 바로 그러한 상황을 차지하고자 하였던 리투아니아의 드보랴닌들이 무엇보다 가장 큰 폴란드 영향을 받았다. 그러나 폴란드 법들을 도입하기 위해서 드보랴닌들은 가톨릭교도가 되지 않으면 안 되었고 가톨릭교의 수용은 완전한 폴란드화를 가져왔다. 신앙의 양보는 정교를 여전히 믿는 사람들의 저항을 불러일으켰다. 농민 노동을 수중에 넣으려는 시도는 가톨릭교도-드보랴닌들과 정교 농민들 사이에 깊은 틈을 열어젖혔다. 나라에서 정치적 권리를 확보하고자 하는 희망은 리투아니아 슐라흐타에 맞서 리투아니아-루시 분령공 후손들인 리투아니아 귀족들을 궐기시켰다. 그리하여 폴란드 영향력은 리투아니아-루시 국가의 생활에 첨예한 대립을 가져왔

10) державец. 지방에서 조세를 징수하던 관리이자 전쟁 시에 동원을 책임지던 군의 수장.

11) повет. 우크라이나(1929년까지)와 폴란드의 군(郡).

12) войт. 중세 폴란드, 우크라이나, 벨라루시의 시 관리.

고, 리투아니아 사회의 상층과 하층으로 이루어진 강력한 당파는 폴란드로의 대대적인 접근에 저항하였다.

16세기 전반부터 모스크바 국가는 옛 루시의 '오치나'인 서부 루시의 땅을 모스크바에 반환하는 문제를 리투아니아에 격렬하게 제기하였다. 모스크바는 리투아니아에서 많은 공감을 불러일으켰고 많은 서부 루시 지배자들이 자진해서 모스크바 권력 하에 들어갔다〔체르니고보-세베르스크공들, 노보실스키(Новосильский) 공들, 벨렙스키(Белевский) 공들, 오도옙스키공들, 보로틴스키공들, 글린스키공들 등〕. 모스크바는 전쟁을 치른다든가, 아니면 가톨릭교와 폴란드를 떠난 리투아니아 귀족들이 단순히 복종을 받아들임으로써 운 좋게 땅을 획득하였다. 리투아니아의 생존은 위험에 빠졌다. 폴란드에게 끌린 리투아니아인들은 폴란드 동맹을 더욱 강고하게 유지하기 시작하였다. 그러나 모스크바에 그로즈니 시대가 와서 모스크바에서 리투아니아로의 크냐자타들의 역이동이 시작되지 않았더라면 폴란드와의 연합은 결코 이루어지지 않았을 것이다.

16세기 모스크바에서는 민주적이며 엄밀히 군주제적인 체제가 전개되었고, 리투아니아 귀족들은 모스크바로의 합병으로 정치적 영향력을 상실하든지 아니면 폴란드로의 합병으로 종교적-정신적 독자성을 상실하든지 둘 중의 하나를 선택하지 않으면 안 되는 상황에 처했다. 폴란드도 루시도 리투아니아에게 공격적으로 나갔기 때문에 중도는 없었다. 16세기 중반인 1560년대에 모스크바 군대는 폴로츠크를 점령하였고 리투아니아에서 주인처럼 행세하였으며 마지막 대공인 지기만타스 아우구스타스[13]는 폴란드와의 연합을 고수하였다. 리투아

13) Ягеллон Сигизмунд II Август, 1520~1572. 폴란드어로 Zygmunt II August Jagiellończyk. 리투아니아어로는 Žygimantas Augustas. 폴란드의 국왕이자 리투아니아 대공(재위 1548~1572). 1569년 루블린 연합으로 리투아니아와 폴란드는 하나의 국가(Речь Посполита)가 되었다.

니아의 저항에 폴란드는 라투아니아를 차르 그로즈니의 제물로 내버려 두겠다는 위협으로 응답하였다. 1569년 루블린[14]에서 열린 세임은 반 년 동안 연합에 대해 논의하였다. 리투아니아 사절들이 심지어 세임을 떠나기도 했으나 가장 중요한 서부 루시 고관들〔오스트로시스키(К. Острожский) 공 등〕이 연합을 지지하는 바람에 연합이 형성되었다. 이반 그로즈니의 권력이 아니라 민족적 독립의 상실을 택하였던 것이다.

1569년의 실질적 연합의 조건은 다음과 같았다. 즉 리투아니아와 폴란드는 하나의 분할될 수 없는 국가로 결합하였고 한 명의 군주, 공동 세임, 공동 원로원〔сенат, 리투아니아어로는 라다[15]〕을 두지만, 별도의 법률과 별도의 통치자들, 그리고 별도의 군대를 유지한다. 서부 루시 땅의 일부(볼린, 우크라이나, 포드랴히야[16])는 리투아니아에서 떨어져 나와 소 폴란드[17]에 합병되었다. 폴란드인들은 리투아니아

---

14) Люблин. 폴란드의 중동부에 위치한 대도시. 폴란드어 및 영어로는 루블린(Lublin)이라고 한다. 폴란드 루블린 주의 주도. 10세기 이전부터 형성된 교역 중심지로, 1317년에 도시권을 획득하였다. 1569년 폴란드-리투아니아 연합을 재형성한 역사적 조약의 조인지이다. 1809~1815년 바르샤바 왕국에 통합되고, 그 뒤로는 러시아령 폴란드 왕국에 속했다. 1918년 독립 폴란드 부활에 즈음하여 최초의 정부가 들어섰고, 제2차 세계대전 말기에는 국민해방위원회가, 그 후에는 폴란드 인민공화국 임시정부가 들어섰다.

15) рада. 우크라이나어나 폴란드어로 회의, 집회, 평의회라는 뜻을 지닌 말. 독일어의 라트(Rat), 러시아어의 소비에트(совет)에 해당된다. 역사상 여러 가지 경우의 통치기관, 대표회의, 대중집회 등을 가리키는 용어로서 사용되었다. 예를 들면 우크라이나 카자흐의 집회를 라다라고 하였다. 현재 우크라이나와 폴란드에서는 권력기관을 가리키는 말로서 최고 라다, 각료 라다 등의 말이 사용되고 있다.

16) Подляхия. 폴란드의 고대 지역을 가리키는 지명. 지금의 세들레츠 주와 루블린 주 및 롬진 주 일부를 포함한다.

17) Малая Польша. 폴란드 남동부 비수아강 상류와 중류에 걸친 지역을 가리킨다.

에서 외국인들로 간주되지 않았고 직위를 가지거나 땅을 획득할 수 있는 권리가 있었다. 이와 같은 조건 하에서 폴란드 생활양식이 급속히 리투아니아로 이전되었고, 그리 큰 정치적 영향력을 갖지 못한 리투아니아의 슐라흐타는 강력한 리투아니아 귀족들의 압력 하에 폴란드인들과의 공동 세임들에서 급속히 영향력을 획득하였다. 농민들은 형식적으로 농노화되었고, 도시들은 협소한 소시민 단체들에 갇혔으며, 외국인들, 특히 유대인들이 넘쳐났다. 이에 대해 폴란드는 모스크바에 맞서 리투아니아를 도와주었고 서부 루시 오블라스티들이 동부 루시에 합병되는 것을 방해하였다.

폴란드에게 공감하지 못하고 폴란드의 압제가 가진 위험을 잘 알았던 일부 서부 루시 사회의 절망을 묘사하기는 힘들다. 리투아니아의 대표들이 무릎을 꿇고 눈물을 흘리며 지기만타스 아우구스타스에게 폴란드와의 합병으로 리투아니아를 파멸시키지 말 것을 요청하였다고 전해진다. 하지만 이 병합은 국왕의 의지와 고관들의 동의로 완수되었고 리투아니아와 리투아니아-폴란드 루시에게 두 가지 파멸적인 결과를 초래하였다. 첫째, 첨예한 종교적 투쟁, 둘째, 첨예한 사회적 투쟁이 그것이다. 첫 번째 결과는 종교 연합을 낳았고 두 번째 결과는 일련의 농민-카자크 봉기를 낳았다. 이 결과들을 검토해보자.

1) 루블린 연합결정에 의해 신앙의 자유가 보장되었음에도 불구하고 폴란드-리투아니아 군주들은 이 자유에 공감하지 못하였다. 서부 루시는 정교를 믿는 한 폴란드와 확고히 결합할 수가 없었다. 민족의 결합을 위해서는 종교의 통일이 필수적이었고, 그러므로 폴란드 정부는 정교의 근절을 원하였다. 그러나 폴란드 정부의 영토에서, 독일로부터 전해지고 리투아니아에서 특히 큰 환영을 받은 프로테스탄티즘이 발전하였다. 1565년 프로테스탄티즘과의 투쟁을 위해 예수회 회원들이 폴란드와 리투아니아에 나타났고 정부의 도움으로 아직 확고한 뿌리를 내리지 못했던 프로테스탄티즘을 재빨리 질식시켰다. 예수회

회원들은 프로테스탄티즘을 잘 처리하자 이제 자신들의 힘을 '분리파 교인들', 즉 정교도들로 돌렸다. 그들이 스테판 바토리로 하여금 그리스 분파를 절멸시키려는 생각을 하게 만들었는지 아니면 스테판 바토리가 정치적 의향에서 이 목표를 내세웠는지 결정하기는 힘들다. 이 문제에 대한 폴란드의 관심은 로마 교황청의 희망과 맞아 떨어졌다. 스테판 바토리는 선견지명이 있는 폴란드 정치가인 동시에 루시에서 가톨릭교의 확산을 바란 충직한 교황의 동맹자이기도 하였다.

문제는 이 시기에 교황청이 교황들이 유럽이 공통으로 인식하기를 원한 오랜 구상을 갖고 있었다는 데 있다. 그것은 유럽에서 투르크인들을 쫓아내기 위한 십자군 원정이라는 구상이었다. 이 구상은 스테판 바토리의 뛰어난 지성도 사로잡았다. 투르크인들과의 투쟁계획이 로마와 폴란드 양쪽 모두에서 똑같이 부지런하게 작성되었다. 로마도 폴란드도 투쟁이 성공을 거두기 위해서는 모스크바를 무기로 끌어들여야 한다고 주장하였지만, 이 무기를 좀더 잘 활용하기 위해서는 모스크바를 교황 하에 두는 것이 필수적이었다. 이반 그로즈니는 투르크인들과의 투쟁에 공감을 나타냈으나 가톨릭교도와의 연합에 관해 들으려고도 하지 않았고, 이 때문에 로마교회도 그와의 동맹을 미덥지 못한 것으로 생각하였다. 모스크바에게 가톨릭교도 군주를 강요할 필요가 있었다. 스테판 바토리와 포세빈은 이것을 모스크바를 가톨릭화하고 그 도움을 확보하기 위한 좋은 방법으로 간주하면서 그렇게 생각하였다. 예상대로 서부 루시의 정교는 쉽게 곧 바로 근절할 수 있었다.

이리하여 폭넓은 정치적 공상은 폴란드 및 서부 루시의 가톨릭교의 현실적 이해와 뒤얽혔고, 그 속에서 가톨릭교의 활발한 선전을 야기하였다. 예수회 회원들은 정교분파의 근절에 착수하였다. 그들은 처음에 인쇄된 말을 들고 나왔다. 표트르 스카르가[18]의 책 《하느님 교회의 통일에 관해서》(О единстве Церкви Божьей)가 나왔고, 이 책은 가톨릭 교리와 정교의식을 가진 교회연합이 필수적이라는 사상을 설파하였다. 그런 다음 실제적 선전의 차례가 시작되었다. 인민들의 교육은 예수회 회원들의 수중으로 넘어갔고 정교도 젊은이들은 가톨릭적 시각에서 양육되었다. 십자가 행렬의 금지로부터 거리에서의 단순한 구타에 이르기까지 젊은이들의 생활과 활동의 모든 영역에서 정교도들에게 불쾌한 많은 일들이 시행되었다. 상류 드보랴닌 계급 출신의 많은 사람들이 곧 바로 가톨릭교로 유혹 당하였고, 이 유혹은 너무나 성공적이어서 정교에는 소수의 서부 루시 드보랴닌들만 곧 남게 될 정도였다.

정교도들은 위협을 느꼈고 강력한 반격이 필수적임을 깨달았다. 그들은 정부에 기댈 수가 없었다. 그들은 스테판 바토리에게서도 그의 후계자인 지그문트 3세에게서도 신앙의 박해자를 보았다. 서부 루시의 정교 고위 성직자들은 도덕의 타락과 순전한 세속적 갈망 및 내부의 무질서라는 면에서 처지가 고상하지 못했다. 게다가 이들은 나라에서 정치적 중요성도 갖지 못했다. 이리하여 사회는 자신의 힘으로만 대표되었다. 처음에 서부 루시의 귀족들이 사회를 지지하였다. 예를 들어 콘스탄틴 오스트로시스키공은 정교서적의 발간을 위해서 학교와 인쇄소를 설치하였고 정교를 뒷받침하기 위해 여러모로 신경을 썼다. 그러나 귀족들은 예수회 회원들이 펼친 선전의 결과 조금씩 가톨릭교로 개종하였고 그 덕분에 많은 정치적 권리를 획득하였다. 귀족들의 배신과 함께 투쟁의 무게중심은 서부 루시의 서민들에게 놓여졌다. 그들은 교회조직이 그들에게 부여한 수단들을 활용하면서 투쟁을 어깨에 짊어졌다. 서부 루시의 도시민들은 교회의 조력자와 후원자인 형제단들을 갖고 있었던 것이다. 이 형제단은 도시의 자치(마그데부르크 법에 입각한)라는 조건 하에서 만들어졌고 일부 도시들(리보

---

18) Петра Скарга, 1536~1612. 유명한 예수회 설교사.

프와 키예프 등)에서 큰 발전을 보았다. 교회의 행복을 근심하면서 형제단들은 정교의 완전성과 순수성도 근심하였고 시민들뿐만 아니라 가톨릭교의 수용을 면한 드보랴닌들도 이 문제로 끌어들였다. 가톨릭교도와 투쟁하는 가운데 신앙의 보존과 정교의 발전, 그리고 도덕의 개선을 위해 애를 쓰면서 형제단들은 자기 주교들의 결점에 주목하지 않을 수 없었다. 가장 주요한 형제단들은 고위 성직자들의 개선을 위해 동방의 총대주교들로부터 자기 고위 성직자들에 대한 통제와 재판의 권리를 얻었다(16세기 말). 가톨릭교로부터 자신들을 방어하면서 그들은 자신들의 고위 성직자들을 추적하여 못살게 굴었고, 그럼으로써 무의식적으로 정교도 사이에서 대립을 조장하였다.

신도단 측에서의 추적은 정교 사제들의 처지를 참을 수 없게 만들었다. 자신의 신도들도 가톨릭교도들도 그리고 정부도 그들을 압박하였다. 일부 정교 주교들은 자신들의 생활을 좀더 엄격한 형태로 개조하는 것이 아니라 국가에서 좀더 나은 지위를 획득하기를 바라면서 가톨릭교와의 연합을 통해 이를 달성하고자 하였다. 연합에 대한 생각은 루츠크[19] 주교 키릴 테를레츠키[20]의 머리에서 무르익었고 많은 주교들의 마음에 들었으며 브레스트 주교 이파티 포체이[21]와 키예프 수도대주교 미하일 라고자[22]의 지지를 받았다. 연합의 준비가 국왕 지그문트에 의해 극비 속에 언명되었고 그 후 1595년에 테를레츠키와 포체이는 로마로 가서 모든 서부 루시 주교들의 이름으로 교황에게

---

19) Луцк. 우크라이나 공화국 볼린 오블라스티의 주도. 11세기 이래 존재해온 고도.

20) Кирилл Терлецкий, ?~1607. 루츠크와 오스트로크의 주교(1585~1607).

21) Ипатий Поцей, 1541~?. 브레스트 주교로 연합의 지지자. 1599~1613년 동안 연합파 대주교를 지냈다.

22) Михаил Рагоза. 키예프와 갈리츠크의 수도대주교. 1596~1599년 동안 연합파 대주교를 지냈다.

그의 권위에 복종할 태세가 되어 있음을 언명하였다.

서부 루시는 자기 주교들의 계획을 알게 되자 그것을 받아들이지 않고 무력으로 연합의 시행에 저항할 태세를 갖추었다. 바르샤바 세임에서 루시인 고관들은 자발적인 연합을 지지하는 주교들의 타도를 요구하였다. 이리하여 서부 루시의 교회에서는 노골적인 분열이 일어났고, 사람들은 이 분열을 1596년 가을 브레스트에서 열린 교회 소보르에서 진정시키고자 하였다. 그러나 소보르에서 이 분열은 형성되었을 뿐이었다. 정교도들은 연합파 주교들로부터 그들의 직위를 박탈하였고 연합파는 정교를 믿는 성직자들에게 저주를 퍼부었다. 그리하여 연합은 성립되지 않았다.

그러나 교황청은 자기 수중에 서부 루시의 모든 고위 성직자들로부터 받은 연합 인증서를 가지고 있었기 때문에 연합이 성립했다고 간주할 권리를 지니고 있었고 또 그렇게 간주하였다. 폴란드 정부도 이러한 관점에 입각하였다. 정부는 이제 정교도들을 이교도들로, 고위 성직자들과 또한 폴란드 정부에 대한 반항자로 생각하였다.

충분한 권리를 지녔던 리투아니아-루시 종교는 '경멸스런 홀로프[23] 분리파'(특히 하층계급들이 추종하였기 때문에)로 변질되었고, 곧 박해를 받기 시작하였다. 정교도들은 사제들을 갖지 못하였고 예배도 도시에서는 금지되었기 때문에 들판에서 이루어졌으며, 세례를 받기 위해 아이들을 100베르스타나 멀리 데려갔다. 다른 곳에서는 교회들이 유대인들의 독점으로 넘어갔고 그들은 교회의 예배와 성례에 제 마음대로 무거운 세금을 부과하였다. 폴로츠크의 연합파 주교 이오사파트 쿤체비치[24]는 무덤에서 정교도들을 꺼내 개들에게 먹이로 던져주었

23) хлоп. 홀로프를 가리킨다.

24) Иосафат Кунцевич, 1580~1623. 폴로츠크의 분리파 대주교(1618~1623). 속명은 이오안. 1623년 분리파 신앙의 확산에 반대하는 비텝스크 봉기에서 살해당했다. 1868년 가톨릭 교회에 의해 시성되었다.

다. 그러나 이와 같은 상황 속에서도 정교도들은 키예프-페체르스크 대수도원과 키예프의 수도대주교직, 그리고 신학교를 유지하고 지켜냈다(표트르 모길라[25]의 노력으로). 세임들에서 정교에 유리한 몇몇 법령을 확보하면서 그들은 학교와 자선기관들을 설립하였다. 이 모든 것은 폴란드-가톨릭교의 박해와 싸우는 합법적 투쟁방식이었다. 그러나 비합법적 방법도 있었으니, 그것은 카자크들이 주요 역할을 한 봉기였다.

2) 카자크 계층은 리투아니아-폴란드 국가의 변경에서 매우 오래전에 형성되었다. 리투아니아-폴란드의 스텝 국경에서 크림 한국이 출현하면서 타타르족과의 투쟁을 위한 국경 민병대로서 카자크들의 자유로운 공동체가 등장하였다. 카자크들은 타타르족의 리투아니아와 폴란드 침략을 격퇴하였을 뿐만 아니라 그 자신도 크림과 투르크를 습격하였다. 그들은 리투아니아와 폴란드의 백성들로 간주되었으나 자신들의 국가에 복종하지 않았다. 타타르족과 그들의 투쟁은 전반적으로 국가에 유용하였지만, 그들이 흑해에서 약탈을 일삼자 폴란드는 투르크와 크림으로부터 큰 불쾌한 일을 당하였다. 이런저런 상황 때문에 폴란드 정부는 16세기에 카자크들을 국가의 감시와 통제 하에 두는 것에 대해서 심각하게 생각하지 않으면 안 되었다. 폴란드 당국은 카자크들로부터 정부군을 구성해 그들의 도움으로 스텝 변경에 점차 질서를 세우려고 하였다. 동시에 당국은 슐라흐타의 우크라이나 식민을 장려하였고, 그 때문에 우크라이나의 자유로운 주민들 — '카자크들' — 은 '흘로프'나 농노가 되었으며, 우크라이나에는 폴란드에게 일상적인 사회질서가 세워졌다. 16세기 국왕들의 조치 때문에 봉직에 들어간 카자크들에게 16세기 말까지 유명한 자치가 발달하였다. 그들은 헤트만과 대장(재판관, 서기, 부대장 등)을 선출하였고, 연대

25) Петра Могила, 1596~1647. 키예프와 전 루시의 수도대주교. 위대한 교회 성직자이자 교육가.

(관구)로 나누어졌지만, 연대에는 일정한 수(600명)의 등록된 카자크들, 즉 명부(등록부)에 기입된 카자크들인 완전한 권리를 지닌 카자크들만이 있었다. 포드네프로비예[26]의 나머지 주민들은 단순한 농민들로 간주되었다. 1590년 나머지 주민들의 방자한 행동을 제어할 목적으로 구속적인 특별조치가 취해졌다. 등록되지 않은 카자크들을 흘로프 계층에 포함하였고, 토지와 함께 이들을 카자크 우크라이나에 정주한 폴란드 슐라흐타에게 부여하였다. 한편 농민들은 폴란드와 리투아니아를 떠나 바로 드네프르로 감으로써 이 흘로프 계층과 심해지는 폴란드와 지주들의 박해를 벗어났다.

우크라이나가 폴란드의 오블라스티가 되었던 루블린 연합 이후 우크라이나에는 특수한 폴란드 제도들이 확립되었다. 그러나 동시에 이 특수한 제도들은 리투아니아 국가 전역에서도 승리를 거두기 시작했으나 폴란드 자체 내에서는 귀족적 드보랴닌 질서가 더욱더 격렬한 특성을 갖고 나타났다. 이러한 상황은 불만을 가진 사람들이 국가 중심부로부터 남부 스텝으로 이탈하는 현상을 가속화하였고 폴란드 정부는 이 스텝을 수중에 넣고자 강력히 노력하였다. 이리하여 우크라이나는 불만을 가진 사람들의 수가 늘어나고 있던 바로 그때 그들의 피난처이기를 그만두었고, 이는 큰 사회적 혼란을 야기하였다. 등록되지 않은 카자크들은 지주의 수중에서 벗어나서 점점 더 남쪽으로 내려가 타타르족에 접근하였으며, 드네프르강의 급류 너머에서 독특한 카자크 요새 — 자포로지예 카자크의 본영지(Сечь Запорожская) — 를 형성하였다. 이곳에서는 카자크 전통이 확고히 되었고 이슬람 세계와의 투쟁이 계속되었으며, 폴란드와 우크라이나의 국가체제에 불만을 가진 사람들 전부가 그곳으로 향하였다. 폴란드가 자포로지예도 수중에 넣으려고 하자 일련의 유명한 카자크 봉기들이 일어났다. 헤

26) Поднепровье. 드네프르강 유역을 가리킨다.

트만들〔코신스키(Косинский), 로보다(Лобода), 날리바이코(Налибайко), 타라스(Тарас), 파블류크(Павлюк), 오스트라니차(Остраница)〕의 지휘 하에 카자크들은 루시 민족의 종교적·세속적 독립을 위해 활동하면서 폴란드로 돌진하였다. 이 봉기들은 실패하였다. 폴란드인들은 자포로지예 본영지마저 파괴하였고, 우크라이나를 더욱더 확고히 수중에 넣었으며 인민들을 점점 더 심하게 억눌렀다. 소요가 진정되면 대개 우크라이나로 폴란드 요소들—지주와 가톨릭 사제(ксендз)들—이 더욱 거세게 유입되었고 카자크들은 이 이방인들의 홀로프가 되었다. 물론 이와 같은 질서는 우크라이나의 주민들을 만족시킬 수 없었으며, 전반적인 재난은 카자크를 홀로프와 더욱 긴밀하게 연결시켰다. 봉기는 전적으로 카자크적 성격뿐만 아니라 지방적인(земский) 성격도 띠고 있었고 서부 루시 전역의 농민들의 지지를 받았다.

17세기 중엽까지 급류 너머뿐만 아니라 우크라이나 전역에서도 불만이 극도로 고조되었다. 1648년 크림 타타르족의 도움으로 카자크군 서기 보흐단 흐멜니츠키[27]가 새로운 카자크 봉기를 일으키자 우크라이나 전체—카자크와 농민 모두—가 그의 편에 섰다. 모든 민족이 인민들의 자유와 신앙을 위해 궐기하였다. 요컨대 종교적·사회적

27) Богдан Хмельницкий, 1595~1657. 우크라이나 독립운동 지도자. 부유한 카자크 출신으로 키예프의 아카데미에서 공부한 뒤 한때 투르크와 대항하던 폴란드군에 복무하였다. 1640년대 중반 무렵부터 폴란드에 대한 반란을 일으켰으나 패하여 1647년 자포로지예로 피신, 그곳에서 수령으로 추대되었다. 1648년 우크라이나의 카자크 지도자로 폴란드 귀족의 압박에 대항하여 폴란드군을 격파하고 이듬해 폴란드와의 사이에 '즈보로프의 화의'를 맺었다. 1651년 다시 폴란드와의 전쟁이 일어났으나, 농민의 지지를 얻지 못하여 패하였다. 이 때문에 같은 그리스 정교를 믿는 러시아 정부에 원조를 요청하고, 1654년 러시아와의 교섭이 성립되어 우크라이나는 러시아에 합병되었다.

폴란드 체제의 결과들에 대한 언급이 있었던 것이다. 타타르족의 도움으로 흐멜니츠키는 폴란드인들에게 승리를 거두었고 즈보로프[28]에서 국왕 얀 카지미에시[29]로 하여금 이전에 자유로웠던 카자크들을 반환하는 데 동의하도록 강요하였다. 등록된 카자크들의 수는 4만 명 정도에 이르렀다. 그러나 이것은 우크라이나를 만족시킬 수가 없었다. 왜냐하면 우크라이나 전체가 들고 일어났지만 일부 카자크들의 상황만 개선되었을 뿐 나머지 루시인들과 정교도들은 다시 폴란드인들의 권력 아래로 들어가지 않으면 안 되었기 때문이었다. 그러므로 봉기가 다시 일어났고 다시 흐멜니츠키가 선두에 섰다. 카자크들의 동맹자인 크림의 한은 흐멜니츠키에게 등을 돌리고 벨라야 체르코피[30]에서 카자크들의 수를 2만 명으로 줄이는, 카자크들에게 불리한 협약이 폴란드인들과 체결되었다. 흐멜니츠키에게는 이것으로 사태가 종결되지 않았음이 명백했다. 그러나 우크라이나는 폴란드에 맞서 싸움을 할 어떤 힘이 없는 것도 명백하였다. 같은 신앙을 가진 모스크바에 도움을 청하는 것은 아주 자연스런 일이었다.

1651년 흐멜니츠키는 차르 알렉세이에게 '소러시아를 수중에' 받아들일 것을 요청하였다. 모스크바에서는 이 폴란드 오블라스티들의 합병을 즉각 결정하지 못하였다. 왜냐하면 그것은 폴란드와의 전쟁을 의미했기 때문이었다. 차르 알렉세이는 외교적으로 소러시아를 옹호하였지만, 이것은 어떤 결과도 낳지 못하였다. 흐멜니츠키는 다시 전쟁을 할 수밖에 없었고, 모스크바에게 복속을 재차 요청하였다. 그러자 모스크바의 젬스키 소보르는 1653년 소러시아를 받아들이기로 결

---

28) Зборов. 우크라이나의 테르노폴 오블라스티에 위치한 소도시.

29) Ян II Казимир Ваза, 1609~1672. 폴란드어로는 Jan II Kazimierz Waza. 바자 왕조 출신의 마지막 폴란드 국왕(재위 1648~1668).

30) Белая Церковь, 우크라이나 수도 키예프 부근에 있는 도시. 로시 강변에 위치해 있으며 1032년에 건설된 것으로 알려져 있다.

정하였고 1654년 1월 8일 우크라이나는 차르 알렉세이에게 맹세하였다. 등록된 카자크들의 수는 6만 명으로 결정되었다. 소러시아에게는 자신의 사회적 조직이 그대로 남았고 헤트만에게는 외교관계를 맺을 권한이 남았다(폴란드와 투르크 제외). 우크라이나와 모스크바의 연합군은 1654~1656년 동안 폴란드인들에게 강력한 패배를 안겼고, 이 패배는 때마침 스웨덴군의 공격이 더해지면서 폴란드를 거의 파멸의 지경까지 몰고 갔다. 그러나 폴란드는 러시아와 스웨덴의 불화로 한숨을 돌리게 되었고 소러시아와 벨라루시의 땅을 양도하면서 러시아와 휴전에 도달하였다.

그리하여 모스크바는 루시가 오래 전에 상실한 루시 땅을 획득하였다. 그러나 소러시아와 그 인접 국가들에 의해 생겨난 곤란 때문에 이 땅을 유지하기가 쉽지 않았다. 소러시아에서는 17세기 후반 전체가 동란의 시대였다. 16세기와 17세기에 일찍이 혼란스러웠던 카자크 우크라이나에서는 폴란드-리투아니아 국가의 영향 하에 잘 알려진 사회질서가 형성되었다. 자유롭고 등록부에 기입된 카자크들과 나란히, 등록부에 기입되지 않은 카자크들을 자신의 노예로 삼은 폴란드 지주 계층이 등장한다. 카자크 계층 내부로부터 특별한 권리를 받은 도시민들이 증가하고, 좀더 부유하고 유력한 사람들 — 자신들을 드보랴닌과 동일시하고자 하는 '스타르시나'[31] — 의 계급이 두드러진다. 폴란드로부터 우크라이나의 분리가 일어나고 소러시아에서 폴란드-리투아니아 드보랴닌들이 사라지자, 드보랴닌 땅의 새로운 소유자들('스타르시나')은 C. M. 솔로비요프의 표현에 따르면 '폴란드 슐라흐타의 모습이나 모스크바 드보랴닌의 모습으로' 카자크들로부터 분리되고자 한다. 나라에서 우세한 지위를 차지하고자 하는 그들의 열망은 카자크 지주 계층으로부터 해방된 나머지 일반 대중의 저항에 봉착한다. 민

31) старшина. 16~18세기 카자크인들의 부유한 상류층을 일컫는 말.

주적인 카자크 계층과 스타르시나 사이에는 소리 없는 투쟁이 전개된다. 소러시아의 도시들은 모스크바에 의한 자신들의 권리 확증에만 신경을 쓸 뿐, 그들의 이해가 카자크들의 이해와 충돌하는 곳에서는 카자크들의 이해를 동정하지 않는다. 성직자들도 도시처럼 행동한다. 소러시아에서는 모두가 따로 행동하고, 각각의 사회집단은 타인들을 희생하고 오직 자신의 이익만 모스크바로부터 보장 받는다. 이러한 '만인에 대한 만인의 전쟁'에서 모스크바는 일부는 만족시키지만 또 다른 일부의 불만을 야기하면서 조정자이자 중재자의 역할을 한다. 모스크바는 소러시아에서 확고한 발판도 마련하지 못하고, 상류계층 대부분이 귀족적 성격을 지닌 폴란드로 이끌리는 속에서 단지 민주적 계층의 공감 위에서만 자신의 영향력을 확고히 하면서, 소러시아에서 서서히 자신의 과제들을 처리한다. 계속되는 동란 — 모스크바에 대한 소러시아인들의 '배반' — 에도 불구하고 모스크바는 소러시아를 굳건히 고수하고 점점 더 확고하게 자기 쪽으로 끌어들인다(특히 드네프르강 좌안).

이미 1657년에도 카자크 스타르시나는 모스크바에 힘을 보여주기 시작하였다. 보흐단 흐멜니츠키가 죽은 후 카자크 스타르시나의 대표로서 폴란드의 동정을 받던 사람인 서기 이반 비곱스키[32]가 헤트만직을 차지하였다. 그러나 그에 맞서 폴타바[33]의 부대장인 마르틴 푸시카리[34]는 평범한 카자크들과 자포로지예를 궐기시켰다. 내분이 시작되었고 그 와중에서 푸시카리가 죽고 비곱스키가 승리하였다. 1658

---

32) Иван Выговский(혹은 Виговский) Евстафьевич, ?~1664. 소러시아의 헤트만(1657~1659). 보흐단 흐멜니츠키의 후계자.

33) Полтава. 우크라이나 중부 폴타바 오블라스티 주도. 1174년부터 올타바 또는 르타바라는 이름으로 문헌에 나타났다. 1709년 폴타바 전투에서 러시아 표트르 1세가 스웨덴군을 격파한 곳이며, 1802년 주도로 승격되었다.

34) Мартын Пушкарь, ?~1658. 폴타바의 부대장(1648~1658). 1648~1654년의 폴란드로부터의 우크라이나 해방 전쟁에 참가하였다.

년 비곱스키는 폴란드에게 항복하였고, 1659년 코노토프[35] 근처에서 모스크바군에 대패를 안겨주었다. 그러나 그는 카자크 자신들에 의해 타도되었고 유리 흐멜니츠키[36](보흐단의 아들)가 헤트만이 되었다. 그는 모스크바에 맹세하였지만 폴란드와 모스크바의 제2차 전쟁이 시작되자 폴란드인들에게 항복하였다. 하지만 드네프르강 좌안은 모스크바에 계속 충성하였으며 1662년에 자포로지예 사람 브류호베츠키[37]를 특별 헤트만으로 선출하였다.

1667년 폴란드와 모스크바 국가 사이에 체결된 안드루소보 휴전[38]에 따라 좌안 우크라이나는 영구히 모스크바의 것이 되었다. 브류호베츠키는 순종하는 백성이 되었고 그 자신 소러시아 자치권의 축소를 근심하였다. 그러나 이것은 우크라이나에서 전반적인 불만을 야기하였으며 이 때문에 브류호베츠키 자신도 1668년에 모스크바로부터 이탈하였다. 확고한 정책이 없던 브류호베츠키는 동란의 와중에서 곧 죽었고 좌안의 주민들은 폴란드 체제를 원하지 않으면서 다시 모스크바로 이끌렸다. 이 민주적인 공감의 대표자는 헤트만 므노고그레시니[39]였는데, 스타르시나는 모스크바에서 그를 비방한 뒤 타도하는 데 성공하였다. 1672년부터 이반 사모일로비치[40]가 헤트만에 오르면서 비

35) Конотоп. 우크라이나의 숨스까(Сумьска) 오블라스티에 위치한 도시.

36) Юрий Зиновьевич Богданович Хмельницкий, 1641~1685. 우크라이나의 헤트만(1657, 1659~1660)으로 보흐단 10세의 장남.

37) Иван Брюховецкий. 우크라이나의 헤트만(1663~1668). 헤트만 야킴 삼코(Яким Самко)의 후계자.

38) 우크라이나와 벨라루시를 둘러싸고 1654년부터 러시아와 폴란드 사이에 벌어진 전쟁을 종결시킨 휴전. 안드루소보(Андрусово)는 스몰렌스크 근처에 있는 마을 이름이다. 이 휴전의 결과 폴란드는 스몰렌스크와 체르니고프를 포기하고 좌안 우크라이나에 대한 루시의 영유를 인정하는 대신 우안 우크라이나와 벨라루시를 계속 통제하였다.

39) Демьян Игнатьевич Многогрешный, ?~1692년 이후. 우크라이나의 헤트만(1669~1672). 헤트만 브류호베츠키의 후계자.

로소 드네프르강 좌안의 내정이 안정되기 시작했다. 하지만 대신 외부로부터의 위험이 나타났다. 드네프르강의 폴란드 우안은 폴란드에서 투르크로 넘어갔다. 투르크의 술탄[41] 메흐메트 4세[42]는 1672년 우크라이나 전체를 정복하기 위해 원정을 조직하였고, 이리하여 1681년까지 지속된 모스크바와 투르크인들과의 전쟁이 시작되었다. 전쟁의 무대는 드네프르강 우안이었다. 모스크바는 이 지역을 획득하는 데 실패했고 대신 좌안을 확고히 영유하였다. 이것만으로도 이미 모스크바는 엄청난 성공을 거두었다. 소러시아의 병합은 폴란드에 대해 모스크바 국가가 거둔 최초의 중요한 공세였다. 그 전까지 모스크바는 거의 항상 수세적 입장에 있었고 힘의 우위는 대체로 폴란드 쪽에 있었다. 하지만 이때부터 인접국들의 관계는 변한다. 명백히 폴란드보다 강력해진 모스크바는 폴란드에 대해 공세를 취하면서 이전에 받은 모욕에 대해 복수를 하고 자신의 옛날 땅을 되찾는다. 이와 함께 동란 때문에 얼마 전까지만 해도 무력했던 모스크바는 이제 다른 인접국들이 보기에 해마다 성장하고 내정이 어려운데도 점점 더 외교적 비중이 커진다. 당시 활동했던 모스크바 외교관들은 자신들의 활동에 완전히 만족할 수 있었다.

---

40) Иван Самойлович Самойлович, ?~1690. 우크라이나의 좌안 헤트만(1672~1687)이자 우안 헤트만(1674년부터).

41) султан(sultan), 이슬람교 최고 권위자인 칼리프가 수여한 정치적 유력 지배자의 칭호. 아랍어로 왕, 지배자를 뜻함.

42) Магомет IV(Mahomet IV), 1642~1693. 투르크어로 Mehmet Ⅳ. 1648~1687년 동안 통치한 오토만 투르크의 술탄.

차르 표도르 알렉세예비치 시대(1676~1682)

옛 질서와 새 질서의 투쟁에서, 승리는 알렉세이 미하일로비치의 아들들에서 정신적으로 시민권을 획득하고 실생활에서 현실화된 새로운 요소들로 급속히 기울어졌다. 새로운 요소들을 법제화하기 위해서는 모스크바 군주는 새 질서 쪽으로 기울어져 그것을 지지하는 것이 필수적이었고, 그리하여 우리는 알렉세이 미하일로비치의 두 아들인 표도르와 표트르가 매우 확실하게 새로운 요소들을 지지했음을 본다. 그러나 표도르 알렉세예비치 치세 동안 이루어진 문화개혁의 역사는 다음 변혁시대와는 확연히 구분된다.

표도르 알렉세예비치 치세 동안 개혁은 모스크바나 궁정 세계를 떠난 적이 없었다. 개혁은 단지 모스크바 사회의 상류층만 건드렸고 그들 속에서만 진행되었을 뿐이었다. 이 시대의 인민들의 눈에는 국가의 조치들은 여전히 개혁적이지 않았다.

또한 표도르 알렉세예비치 치세에는 개혁의 성격도 표트르 치세 때와 달랐다. 표도르의 치세 동안 우리는 키예프와 그리스의 영향력을 찾아볼 수 있고, 문화적으로 새로운 요소들은 특히 교회의 이해에 봉사한다. 선대인 알렉세이 미하일로비치 치세 때와 마찬가지로 서구로부터의 차용이 여전히 비체계적으로 이루어지면서 단지 국가의 사적인 실제적 필요만 만족시킬 뿐이다. 우리는 그러한 예를 유럽 모델을 본떠 군대를 만든 데서 찾아 볼 수 있다. 표트르 대제 하에서는 키예프의 영향력뿐만 아니라 서구의 영향력도 작동한다. 동시에 개혁의 영역도 확대되어 교회부문과 상류계급에만 국한되지 않는다. 새로운 요소들은 생활의 모든 측면과 국가 유기체 전체를 체계적으로 포위한다.

그러나 이미 보았듯이 표도르 하에서도 표트르 하에서도 새로운 요소들의 성공을 위해서는 최고 권력의 인가뿐만 아니라 발기도 필수적이었다. 루시 사회 자신은 대부분이 개혁의 필수성을 이해하였지만 사회는 자력으로는 개혁을 향해 나아갈 수가 없었다. 왜냐하면 개혁을 실현할 수 있을 어떤 탄탄한 독립적 사회단체도 없었기 때문이다. 국가에 의해 설립된 지방의 단체들은 독립적인 활동을 보여주지 못한 채 모두 국가를 위해 존재하였다. 단지 개별 인물들만이 자신의 생활 내에서 새로운 요소들을 도입하였으나 이것은 개인적인 일에 불과했을 뿐(알렉세이 미하일로비치 때처럼), 정부가 이 일에 공감하지 않는다면 더 진전되지도 못할 것이었다. 그러므로 정부만이 자신의 권위로써 개혁을 실현할 수 있었다.

허약하고 병든 표도르 알렉세예비치는 이 방향으로 별로 나아간 것이 없으나 그가 아버지보다 더 확실한 개인적 공감을 갖고 개혁을 지지하였다는 것은 소중한 사실이다. 시메온 폴로츠키에 의해 양육되고 폴란드어와 라틴어를 알고 있으며 비르시를 짓던 표도르 자신은 정신적으로 키예프인이 되었다. 그는 키예프 영향력이 맘껏 발휘되도록 여지를 주었고, 이 영향력은 작지만 뚜렷한 일부 폴란드 특성들을 우리에게 가져다주었다.

표도르 알렉세예비치는 열네 살에 제위에 등극하였다. 그는 여전히 매우 허약하고 병든 소년이었다. 황실은 반목으로 가득 차 있었고 두 당파들 사이에 투쟁이 전개되었다. 한편으로는 표도르의 계모인 나탈리야 키릴로브나 나리시키나[1]의 당파가 있었고, 다른 한편으로 차르 알렉세이의 첫 번째 부인인 마리야 일리니시나[2]의 친척들이 모여 있던 차르의 자매들과 이모들의 당파, 밀로슬랍스키 가문이 있었다. 밀로슬랍스키가가 우위를 점하였고 그 결과 아르타몬 세르게예비치 마트베예프[3]가 몰락하였다. 그는 서구학문에 미쳐 마법을 부린다고 비난받아 푸스토제르스크[4]시로 유배당했다. 그러나 마트베예프를 파멸시킨 밀로슬랍스키가의 영향력은 오랫동안 지속되지는 않았다. 그들을 대신한 사람들은 차르 표도르의 총신인 침전관 야지코프[5]와 스톨니크 리하쵸프[6]였는데 이들은 교양 있고 유능하며 양심적인 사람들이었다. 그들은 차르와 매우 친밀했으며 일에 대한 영향력도 매우 컸다. 골리친[7]공의 중요성은 조금 덜 했다. 표도르 알렉세예비치 시대의 가장 중요한 내정사에서는 당시 모스크바의 모든 것을 지휘하던 바로 이 사람들의 발기를 모색하는 것이 빠뜨려서는 안 될 필수적인 일이었다.

표도르 통치 초기에 모스크바 정부는 외정 문제 — 소러시아 문제에 대한 투르크의 개입과 소러시아 자체 내에서 발생한 혼란 — 에 완전

---

1) Наталия Кирилловна Нарышкина, 1651~1694. 차르 알렉세이 미하일로비치의 두 번째 부인. 1671년 차르 알렉세이와 결혼하였다. 아들 외에 두 딸을 두었다.

2) Мария Ильинишна Милославская, 1626~1669. 1648년 차르 알렉세이 미하일로비치와 결혼하였다. 8명의 딸과 5명의 아들을 두었다.

3) Артамон Сергеевич Матвеев, 1625~1682. 대귀족으로 차르 알렉세이의 총신. 1671~1676년 동안 외무대신을 지냈다.

4) Пустозерск. 15~18세기의 고대 루시의 도시. 러시아 극북 페초라 강 하류의 푸스토예 호수 근처에 위치. 1499년에 세워졌다.

5) Иван Максимович Языков, ?~?. 루시의 보야린. 차르 표도르의 침전관 역임.

6) Василий Богданович Лихачев, ?~?. 스톨니크.

7) В. В. Голицын, 1643~1714. 모스크바 국가의 공(公). 표트르 대제의 누나로서 공동 차르 이반 5세의 치세 동안 실질적 지배자였던 소피야의 총신.

히 몰두하였다. 아주 큰 수고를 하고서야 (1681년에) 새로 병합한 변경지역을 유지하는 데 성공하였다. 이와 같은 복잡한 외정사 때문에 표도르 정부의 내정 활동에는 그의 통치 말기 전까지 어떤 진취적인 움직임도 보이지 않는다. 그 대신 바로 최후의 시기에 새로운 차르 총신들의 영향 하에 이러한 내정 활동이 활발해지면서 얼마간 흥미로운 조치와 계획들을 남겼다.

예를 들어 표도르 알렉세예비치 통치 바로 마지막 날들에 고등학교, 즉 이른바 그리스-라틴 아카데미의 설립계획이 작성되었다(이 계획은《고대 러시아 비블리오피카》제8권에 게재되었다). 이 계획은 다음과 같이 생겨났다. 동방에서 수도사 티모페이(Тимофей)가 모스크바에 왔다. 그는 그리스 교회가 처한 재난과, 동방에서 정교를 뒷받침하는 데 필수적인 그 학문의 끔찍한 상태에 대한 이야기로 차르의 마음을 크게 움직였다. 이것은 모스크바에 30명 정원의 신학교를 세울 동기를 부여하였으며, 티모페이 자신이 학교장이 되었고 그리스인 두 명이 교사가 되었다. 그리하여 정교의 뒷받침이 이 사업의 목표였다. 그러나 사람들은 이 작은 학교에 만족하지 못하고 여기서 아카데미 설립 계획이 출현하며 아카데미의 성격은 단순한 학교를 훨씬 뛰어넘는다. 아카데미에서는 문법, 시학, 변증법, 그리고 '정신', '자연', '법' 철학을 가르쳐야 했다. 아카데미의 교사들은 모두 동방에서, 그것도 총대주교들의 보증을 받고 오지 않으면 안 되었다. 그러나 이것으로 아카데미의 과제가 모두 해결된 것은 아니었다. 아카데미는 신앙의 순수성을 감독하고 이교도에 맞선 투쟁의 무기여야만 했고, 아카데미로부터 정교의 변호자들이 배출되어야 했다. 또 아카데미에게는 외국인이든 루시인이든 모든 정교도들을 심사할 권한이 부여되었다. 솔로비요프는 다음과 같이 말한다. "차르 표도르의 계획에 따르면, 모스크바 아카데미, 그것은 이교 서구와의 필연적인 충돌 속에서 정교회가 건설하기를 원한 성채이다. 그것은 단순한 학교에 불과한 것이 아니라 무서운 종교재판정이다. 교사들과 함께 감시자가 비정교 죄라는 말을 내뱉으면, 죄인을 위해 모닥불이 타오른다"(《러시아사》, 제8권, 제2장). 아카데미가 표도르가 죽은 뒤에 설립되었고, 최초의 교사들로서 학자들인 리후트 형제(이오아니키와 사프로니)[8]가 동방으로부터 초빙되었음은 언급할 필요가 있다.

표도르 통치기에 있었던 또 하나의 뚜렷한 조치는 문벌제도의 폐지였다. 1681년 말에 모스크바에서 두 개의 위원회가 소집되었다. 하나는 봉직 계층에서 선발된 사람들로 이루어졌고 군사력의 향상을 토의할 목적으로, 즉 명령에서 언급된 대로 '군 업무의 안정과 관리를 위해서' 소집되었고, 다른 하나는 탸글로 주민들 중에서 선발된 사람들로 이루어졌으며 새로운 연공 제도를 만드는 데 종사하였다. 두 위원회 모두 B. B. 골리친공의 지휘 하에 활동하였다. 이 선발자들의 회의는 정원이라는 면에서 젬스키 소보르를 완벽하게 구성할 수 있었으나 위원회들은 한 번도 소보르로 결합하지 못하고 각자 따로 회의를 가졌다. 탸글로 위원회는 토지세를 인두세로 대체할 때 다시 한 번 쓸데없이 모스크바 국가의 연공 제도에 대한 불만이 팽배해 있음을 보여주고 표트르 대제에게 선례를 부여했지만, 결국 아무 성과도 없이 끝났다. 이와는 달리 봉직 위원회는 중요한 결과를 낳았다. 위원회는 군사조직에서 다양한 개혁을 계획한 것 외에도 대표들은 활동과정에서 군주에게 문벌제도의 폐지를 탄원한다는 생각에 도달하였다. 이에 대해 1682년 1월 12일 군주는 탄원서와 '문벌'의 폐지를 심의하기 위한 성직자, 두마, 궁정 관리 대표들의 성대한 회의를 소집하였다. 회의에 왜 봉직 위원회가 아니라 고위관리의 대표들이 참여했는

8) Лихуд 형제(Иоаникий와 Сафроний). 이오아니키는 1717년에, 사프로니는 1730년에 사망했다. 그리스인 교사들로서 1685년 모스크바에 도착해 이듬해부터 자이코노스파스키 수도원에 설립된 아카데미에서 8년 동안 교사로서 활약하였다.

지가 처음부터 이상하게 보일 수 있지만, 문제는 첫째, 군주가 탄원서 자체로부터 이 사안에 대한 위원회의 의견을 알고 있었고, 둘째, 바로 상류층에서 문벌제도가 확고했다는 데 있다. 상류층은 특히 문벌제도를 적극적으로 적용하였고 이 관습의 폐지문제에서 가장 깊은 이해관계를 갖고 있었다. 차르가 문벌제도에 관해 성직자들에게 제기한 문의에 대해 총대주교는 다음과 같이 대답하였다. "저와 신성회의는 매우 현명한 차르의 호의를 실행하기 위한 위대한 차르의 계획을 정당하게 찬양할 수가 없습니다." 보야린들과 궁정 드보랴닌들 자신들은 '문벌'을 폐지할 것을 요청하였다. "그 때문에 지난 시절에는 많은 군, 사절 및 모든 업무에서 그런 경우로부터 크게 불쾌한 일과 무질서와 파괴가 이루어졌고 적들이 즐거워하였으며, 우리들(관리들) 사이에는 추악한 일 — 지속적인 큰 반목 — 이 있었습니다." 이와 같은 답변들에 의거하여 차르는 문벌관계를 기입한 라즈랴트 문서들을 불사르라고 지시하고 지금부터는 어느 누구도 문벌이 없다고 선언하였다. 이에 대해 회의는 만장일치로 응답하였다. "그리하여 하느님을 증오하게 하고, 불화를 일으키고 형제를 증오하게 하고 사랑을 쫓아내는 이 문벌제도는 앞으로 영원히 불타 죽습니다." 1682년의 '소보르 법전'(Соборное Уложение)은 문벌제도의 폐지에 대해 바로 이렇게 전한다. 그러나 그렇게 되기 전 70~80년 동안 보야린들은 문벌제도를 매우 확고하게 유지하였으며 보야린들은 다음과 같이 말하였다. "그들에게 문벌이 없는 것은 죽음입니다." 왜 이 옛 관습은 일찍이 실총을 당해 감옥에 가더라도 씨족의 영예를 끝까지 지킨 사람들의 저항을 조금도 받지 않은 채 이렇게 쉽게 파괴되었는가? 문제는 문벌이 상대적이었다는 데 있다. 낮은 문벌 자체는 명문가 사람들이 낮은 문벌을 똑같이 차지하는 한에서는 명문가 사람의 명예를 훼손하지 않는다. 그러므로 문벌에 의해 인정되기 위해서는 태고 이래로 존재해온 존귀한 씨족들의 상대적인 명예를 이해하지 않으면 안 되었다. 그러나 17세기에 명문가의 보야린들은 차례차례 죽어가거나(당시 오도옙스키가의 공들은 고귀한 가문 중의 하나로 간주되었지만, 이미 16세기에 그들은 더 이상 그렇지 않았다), 경제적으로 몰락하였다(이 오도옙스키들 중 일부는 봉지나 세습영지가 없었다). 그 결과 보야린들의 대열에서 개인적으로 탈락하고 숱한 가계들이 영락하는 와중에서 문벌에 의해 인정받기는 매우 어려운 일이었다. 게다가 17세기에는 구 보야린들의 몰락 덕분에 직위가 높아진 비명문 드보랴닌들이 끊임없이 명문 귀족들과 섞인다(예를 들어 1668년 62명의 보야린과 두마 사람들 중에서 단지 28명만이 16세기에 그 선조들이 두마에 참여했던 구 씨족에 속했다). 그러나 이 새로운 드보랴닌들은 문벌의 상하를 다투었음에도 불구하고 이 관습을 거의 소중히 여길 수가 없었다. 그들에게는 문벌제도에 의한 진급을 근속원리로 대체하는 것이 더 유리하였다. 구성원들의 감소와 강등으로 어려운 상황을 겪고 모스크바 정부의 새로운 선진 관리들과 충돌하는 와중에서 봉직에서 실패한 구 보야린들은 17세기에 끊임없이 벌어졌던 '문벌'의 빈번한 폐지를 무심하게 바라보았다. 문벌제도는 구 보야린들이 와해된 결과 사실상 불편하게 되었고, 바로 이 때문에 이들 보야린들에게 가치를 잃었으며 새로운 봉직 귀족들에게도 현실적인 의미를 획득하지 못하였다. 클류쳅스키 교수는 이에 대해 다음과 같이 정당하게 언급한다. "비보야린 계층은 16세기에 자신들이 무서워하던 문벌이 없었기 때문에 죽었지만 문벌은 보야린 계층이 죽었기 때문에 사라졌으며, 문벌을 고수하는 사람은 아무도 없게 되었다." 문벌제도의 폐지와 관련하여 이 학자는 표도르 치하에서 만들어진 '보야린들의 봉직 연장순에 관한 규정안'을 제시하였다. 이 안은 민간 권력과 군사 권력의 완전한 분리라는, 모스크바 국가에서는 비상한 발상을 처음으로 표출하였다. 다른 한편 이 안은 상설 지방장관직(블라디미르와 노브고로드 등)의 설립을 제안하였고, 한 지방장관의 다른 지방장관에 대한 엄격한 연장순을 확정하였다. 하지만 이 모든 지시는 실현되지 않았고, 연공별 연장순(직무에 따른)에 의한 씨족별 연장순(문벌제도에서의)의 대체는 일어나지 않았다.

찾아보기
(인 명)

ㄱ

ㄴ

ㄷ

ㅅ

ㅇ

ㅈ · ㅊ

ㅋ

ㅌ

ㅍ

세르게이 표도로비치 플라토노프
(Сергей Федорович Платонов, 1860~1933)

1860년 체르니고프에서 태어난 세르게이 표도로비치 플라토노프는 9세 때 상트페테르부르크로 이주하여 1879년부터 1882년까지 상트페테르부르크대학의 역사-문헌학 학부에서 수학하였다. 1888년 17세기 동란시대에 관한 논문으로 석사학위를 취득하였고, 이를 바탕으로 1890년 모교인 페테르부르크대학의 러시아사 교수직에 임명되어 1916년까지 재직하였다. 이 기간 동안 로마노프조 황실의 몇몇 아이들을 개인적으로 가르치기도 하였으며, 여자 교육대학을 1905년부터 1916년까지 책임지기도 하였다. 사회주의 혁명 후인 1920년에는 소비에트 정부와 폴란드 사이에 맺어진 리가조약의 협상에 전문가로 참여하였다. 또 같은 해에 소비에트 학술원 정회원이 되어, 소련 정권의 전복이라는 근거 없는 혐의로 스탈린 테러의 희생물이 되었던 1929년까지 학술원 도서관 관장이자 학술원 연구소인 푸시킨연구소 소장을 역임하였다. 5년 유형형을 받은 그는 1933년 유형지인 볼가강 유역의 사마라에서 사망한 것으로 알려져 있다. 대표적인 저서로 《러시아사 강의》 외에 《보리스 고두노프》, 《이반 뇌제》, 《동란시대》, 《표트르 대제》 등이 있다.

김남섭

서울대학교 서양사학과에서 학사와 석사를, 미국 인디애나대학 역사학과에서 러시아사로 박사학위를 취득했다. 귀국 후 서울대, 인하대, 가톨릭대 등에서 서양사를 강의했으며, 현재는 서울산업대 기초교육학부 조교수로 재직하고 있다. 주요 저서로 《러시아의 민족정책과 역사학》(공저), 《세계의 과거사 청산》(공저), 《꿈은 소멸하지 않는다》(공저) 등이 있고, 《러시아의 민중문화: 20세기 러시아의 연예와 사회》, 《20세기 러시아 현대사》, 《소련 경제사》 등을 번역했으며, 소련 역사에 관한 몇 편의 논문을 학술지에 발표했다. 주요 관심사는 스탈린시대의 소련 역사로 최근에는 스탈린 테러와 강제수용소의 실상에 관한 연구에 특히 힘을 쏟고 있다.